PREPARAÇÃO TURBO INSS

JusClass

O presente livro possui Material de Apoio para acesso gratuito na plataforma JusClass.

Para acessar o material, siga as instruções a seguir:

1. Entre no site da Editora Juspodivm https://www.editorajuspodivm.com.br/, com seu login e senha;
2. Dentro de "Minha Conta", selecione a opção "Materiais Exclusivos" e clique no ícone de identificação do JusClass;
3. Em caso de dúvidas, esclarecimentos ou sugestões, acesse nossa Central de Atendimento https://www.editorajuspodivm.com.br/central-de-relacionamento

Caso tenha adquirido o seu exemplar em uma de nossas livrarias parceiras:

1. Acesse o QRCode abaixo;
2. Preencha o formulário com os dados solicitados;
3. Localize seu Código de Verificação - PIN, logo abaixo do QR Code;
4. Aguarde o e-mail com as informações de acesso;
5. Aproveite seu material!

PIN: JUS3215

NIDAL **AHMAD**
LUANA **PORTO**
LUIZ **DUTRA**

PREPARAÇÃO TURBO INSS

2024

EDITORA *Jus*PODIVM
www.editorajuspodivm.com.br

EDITORA *Jus*PODIVM
www.editorajuspodivm.com.br

Rua Canuto Saraiva, 131 – Mooca – CEP: 03113-010 – São Paulo – São Paulo
Tel: (11) 3582.5757
• Contato: https://www.editorajuspodivm.com.br/central-de-relacionamento

Diagramação: Equipe *Jus*PODIVM

Capa: Ana Caquetti

P927 Preparação Turbo – INSS / coordenação de Nidal Ahmad, Luana Porto e Luiz Dutra – São Paulo: Editora JusPodivm, 2024.
440 p.

Vários autores
ISBN: 978-85-442-4883-6

1. Concurso e provas. 2. INSS. I. Ahmad, Nidal. II. Porto, Luana. III. Dutra, Luiz. IV. Título.

CDD 341.33312

BIBLIOTECÁRIA RESPONSÁVEL

Ana Carolina Ribeiro Mois – CRB7 – RJ 007348/0

AGRADECIMENTOS

Este livro de conteúdos e resolução de questões é direcionado para a preparação de candidatos ao concurso do INSS e contém exposição de assuntos que foram explicitados por professores do Ceisc. Saberes, dicas e prática profissional de nossos professores estão materializados em cada escrita de capítulo, e a eles agradecemos o empenho, a dedicação, o comprometimento com uma preparação adequada aos examinandos.

Por ser justo o reconhecimento da autoria de parte de conteúdo em cada disciplina, registramos aqui os nomes de todos os professores que são autores dos capítulos das disciplinas que compõem esta edição da obra:

Ana Paula Teixeira Porto
Ariel Rocha Zvoziak
Ben Hur Botelho
César Vianna
Daniel Machado de Campos Alves
Dineia Anziliero Dal Pizzol
Franciele L. Kühl
Guilherme Volpato
Gustavo Rodrigues
Luiz Henrique Dutra
Mateus Silveira
Matheus de Gregori
Raquel Peruzzo

Também registramos agradecimento especial à equipe de colaboradores do Ceisc que contribuiu de forma direta na confecção desta obra, seja na seleção de questões para o material impresso, seja na configuração do banco de questões digital, seja na construção de cronograma ou editoração:

Cindy da Cunha Klein
Eduarda Freitas da Rosa
Eduardo da Rosa
Maurício Barros
Rafaela Paz
Luana da Silva Cardozo
Wallace Weschenfelder

A todos, o nosso reconhecimento pelo trabalho dedicado e comprometido com a entrega de conteúdo de qualidade que possa ser uma ponte para o estudo direcionado e assertivo de todos que buscam a aprovação e nomeação concurso.

Os Organizadores

APRESENTAÇÃO

Boas-vindas aos novos futuros servidores do INSS!

Estudar para um concurso de caráter nacional, como o do INSS, buscando a aprovação e a nomeação, não é tarefa rápida e nem simples, uma vez que exige domínio de diferentes disciplinas e muita dedicação para compreensão da forma como cada tema pode ser abordado em questões da prova.

Para quem lê esta apresentação, essas habilidades e competências, em um primeiro momento, podem parecer inalcançáveis - mas não são: se houver dedicação, estudo focado, disciplina, método adequado de aprendizagem e – muito importante – material de apoio objetivo e assertivo para a compreensão de temas relevantes em cada disciplina da prova.

Considerando isso, o Ceisc, comprometido com a oferta de conteúdo de qualidade e metodologia de ensino exitosa, assim como são os cursos preparatórios para concursos e Exame da OAB, e com a expertise de mais de oito anos contribuindo para a realização do sonho de diferentes profissionais de tornarem-se servidores públicos, oferece agora este livro voltado à preparação para o concurso o INSS, cujo edital, em breve, deverá ser lançado.

É importante frisar que o Ceisc já tem demonstrado muito bom desempenho em preparação de candidatos para concurso de outras áreas – como a de Segurança Pública e Tribunais –, tendo muitos alunos aprovados e nomeados. Também já conta com outras publicações voltadas a estudos para concursos, como o livro preparatório para o concurso o TSE, que teve a sua primeira edição esgotada antes mesmo de ser lançado o edital da prova.

Esses dados indicam a boa receptividade dos livros elaborados por professores do Ceisc e são também elementos que apontam para a aceitação, no mercado, de uma obra que apresenta uma identidade editorial muito clara: apresentar conteúdo focado em temas mais recorrentes do tipo de concurso, esquemas de memorização de informações e ainda resolução de questões.

Dessa forma, o livro está composto por apresentação sucinta de temas recorrentes em todas as disciplinas que compuseram a última prova de concurso do INSS. Esses conteúdos foram elaborados por especialistas em concursos e por professores com ampla trajetória no exercício profissional das áreas em que atuam profissionalmente e, também, na docência, além de a grande maioria ter formação em nível de Mestrado e serem estudiosos de suas áreas e disciplinas, o que lhes dá autoridade e credibilidade na abordagem dos temas.

E, por fim, mas não menos importante, este livro apresenta dois diferenciais: a disponibilização de resoluções de questões e o gabarito comentado em vídeo pelos professores de cada um dos capítulos de disciplinas do livro. Para acessar as questões, basta que você faça a leitura do QR-Code, indicada nas páginas iniciais desta obra, siga os passos do cadastramento e assim poderá resolver mais questões e treinar seu raciocínio e conhecimentos para obter êxito na prova.

Desejamos a todos um excelente estudo, uma produtiva resolução de questões e, sobretudo, sucesso no concurso do INSS. Lembramos que nossos professores-autores têm suas respectivas páginas nas redes sociais, nas quais apresentam conteúdos e dicas para prova.

Os Organizadores

SOBRE OS AUTORES

ANA PAULA TEIXEIRA PORTO

Possui graduação em Letras – Língua Portuguesa e Espanhol (UFSM), Especialização em Educação a Distância (PUCRS), Mestrado, Doutorado e Pós-doutorado em Letras (UFRGS). Atua no ensino de Língua Portuguesa e de literaturas em cursos de graduação desde 2005 e em programas de mestrado em doutorado nas áreas de Letras e Educação desde 2012, nos quais desenvolve atividades de pesquisa e extensão. É docente de cursos preparatórios desde 2007. É autora e organizadora de artigos, capítulos e livros sobre língua, leitura, literatura, educação e tecnologias, assim como produtora de materiais didáticos para EAD. É servidora pública na função docente.

ARIEL ROCHA ZVOZIAK

É advogado, pós-graduado em Direito e Processo do Trabalho e Direito Administrativo. Professor especialista em concursos públicos e de pós-graduação. Docente.

BEN HUR FIGUEIREDO BOTELHO

É advogado e professor. Mestre em Direito. Especializações em Direitos Humanos, Direito Constitucional, Direito Administrativo, Direito Tributário e Docência do Ensino Superior. Atua como Professor em Graduação e Preparatórios para Concursos Públicos. Ex-servidor público municipal. Autor de diversos artigos científicos e de livro autoral sobre políticas públicas.

CÉSAR VIANNA

É pós-graduado em Gestão de TI, Bacharel em Sistemas de Informação, empregado público do Serpro – Serviço Federal de Processamento de Dados, atua na docência para concursos desde 2005. Palestrante e idealizador do método de estudo de informática para concursos: Informática com Papel e Caneta.

DANIEL MACHADO DE CAMPOS ALVES

É formado pela UnB (Universidade de Brasília) em Matemática – Licenciatura. Professor de Matemática, Raciocínio Lógico, Estatística e Matemática Financeira para concursos desde 2008 e com larga experiência em concursos da área bancária, tribunais e policiais.

Ao longo dos últimos anos participou da aprovação e nomeação de milhares de concurseiros sempre apresentando a Matemática e suas derivações de forma leve e direta. Atualmente é professor exclusivo do CEISC.

DINEIA ANZILIERO DAL PIZZOL

É advogada. Doutoranda em Direito pela Universidade Federal do Rio Grande do Sul (UFRGS), com Mestrado em Ciências Criminais pela PUCRS. Atua como professora de graduação, pós-graduação e cursos preparatórios para carreiras jurídicas desde 2006. Julgadora no Tribunal de Ética e Disciplina da OABRS entre 2020 e 2022. Ex-servidora da segurança pública do Rio Grande do Sul e autora de diversos artigos e capítulos de livros na área jurídica. Membro da Comissão de Segurança Pública e da Comissão Especial de proteção de dados da OABRS. Capacitação em Negociação, Theory and Tools of The Harvard Negotiation Project, na Harvard University em Cambridge, Massachusetts.

FRANCIELE L. KÜHL

É professora na graduação, pós-graduação e cursos preparatórios para concurso público e exame de ordem; pesquisadora e palestrante. Mestra em Direito pelo Programa de Pós-Graduação em Direito - Mestrado e Doutorado da Universidade de Santa Cruz do Sul, na área de Políticas Públicas. Pós-graduada em Direito Processual Civil. Graduada em Direito pela Faculdade Dom Alberto. Professora de Direito Administrativo no Centro de Ensino Superior Dom Alberto e nos cursos preparatórios para OAB e concursos públicos no CEISC Cursos Preparatórios Ltda. Autora em diversos livros.

GUILHERME VOLPATO

É advogado, mestre em Direito (UFSM), professor de direito previdenciário na Faculdade Antonio Meneghetti (AMF) e curso preparatório para OAB (CEISC), professor de cursos de pós-graduação, cursos de prática previdenciária e cursos preparatórios para concursos públicos, graduado no Programa Especial de Graduação de Formação de Professores para a Educação Profissional (UFSM).

GUSTAVO RODRIGUES

É Mestre em Matemática Pura (IMPA); professor licenciado em Matemática Licenciatura Plena, atua desde 1999 em cursos preparatórios para concursos públicos. Professor de Raciocínio Lógico-Matemático no Ceisc e no Matemática Sem Trauma.

LUIZ HENRIQUE DUTRA

É advogado e consultor jurídico. Palestrante. Professor da CEISC. Mestre em Direito Constitucional. Especialista em Direito Constitucional. Especialista em Direito do Trabalho. Especialista em Direito Processual do Trabalho. MBA – Identidade Empresarial. Coordenador do Curso de Pós-Graduação em Direito e Processo do Trabalho e do Curso de Pós-graduação em Direito Previdenciário do CEISC-UNISC.

MATEUS SILVEIRA

É advogado e consultor jurídico de Direito Constitucional e Direitos Humanos. Mestre em Direitos Humanos. Especialista em Processo Constitucional e Direito Público. Professor Universitário de Direito Constitucional e Direitos Humanos. Professor do Ceisc para exame da OAB e concursos. Palestrante nacional na área dos Direitos Fundamentais, Direitos Humanos e da responsabilidade socioambiental.

MATHEUS DE GREGORI

É mestre em Direito pela Universidade Federal de Santa Maria (UFSM). Especialista em Direito Público. Professor substituto na UFSM (2018-2019). Professor da Faculdade de Direito de Santa Maria e do Ceisc. Advogado e Assessor jurídico municipal. Pesquisador e autor de obras jurídicas.

RAQUEL PERUZZO

É atualmente Policial Civil no Rio Grande do Sul. Especialista em Direito. Instrutora da Academia de Polícia Civil do Estado do Rio Grande do Sul. Instrutora de Direitos Humanos na Escola Superior dos Oficiais da Brigada Militar e do Corpo de Bombeiros Militar. Ex-membro da Ordem dos Advogados do Brasil – 2009 a 2014. Capacitação no Curso Swat-Brasil 2015 e no Curso de Formação em Segurança de Dignitários em 2018. Atuou como assessora especial da Chefia de Polícia do Estado do Rio Grande do Sul entre os anos de 2019 e 2023. Palestrante e Professora de Direito em pós-graduação e preparatórios para concursos públicos.

SUMÁRIO

RACIOCÍNIO LÓGICO-MATEMÁTICO 325

Gustavo Rodrigues

SEGURIDADE SOCIAL 353

Guilherme Volpato
Luiz Henrique Dutra

LÍNGUA PORTUGUESA

Ana Paula Teixeira Porto

Sumário:

1. Compreensão e interpretação de textos.
2. Tipologia textual.
3. Ortografia oficial.
4. Emprego das classes de palavras.
5. Emprego do sinal indicativo de crase.
6. Acentuação gráfica.
7. Regências nominal e verbal.
8. Concordância nominal e verbal.
9. Sintaxe do período e da oração
10. Redação oficial.

1. COMPREENSÃO E INTERPRETAÇÃO DE TEXTOS

A compreensão e a interpretação de textos sempre estão presentes na prova de Língua Portuguesa, a partir de um ou mais textos, que podem ser explorados de forma isolada ou comparativa. Mas você sabe o que é compreender e interpretar?

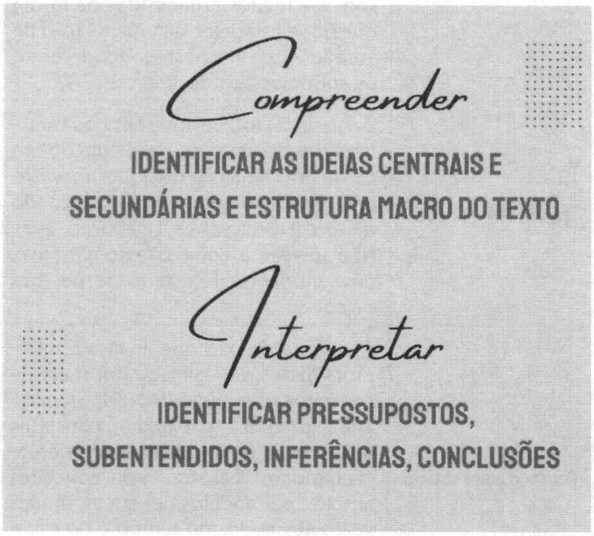

Essas competências ligam-se à leitura, que, nas provas de Língua Portuguesa, é contemplada. Então, para ser um bom leitor, é preciso desenvolver:

a) **Habilidade de ler**: exige compreensão do tema, das ideias principal e secundárias do texto;

b) **Conhecer os traços dos textos**: implica identificar como o texto é construído e que estratégias discursivas adota;

c) **Conhecer os gêneros**: requer identificação dos traços de intencionalidade e composição de cada estrutura participar de escrita (carta, ofício, meme, cartum etc);

d) **Identificar a tipologia textual**: associa-se à identificação da fora geral de estruturação do texto (narração, descrição, dissertação, argumentação, injunção, etc);

e) **Identificar a estrutura dos textos**: requer a compreensão da forma como se dá a progressão temática do texto e das partes que o constituem;

f) **Apreender a intencionalidade do texto**: implica identificar o objetivo de comunicação do autor do texto bem como a sua intenção ao produzir o texto;

g) **Analisar aspectos linguísticos e semânticos do texto**: associa-se à análise de termos que estabelecem coesão e coerência ao texto, assim como ao emprego de palavras, seu sentido no texto e possibilidade de inserção, retirada ou mudança de expressões em um dado enunciado.

Agora é hora do resumo desse tópico! Observe o esquema abaixo e revise as informações principais.

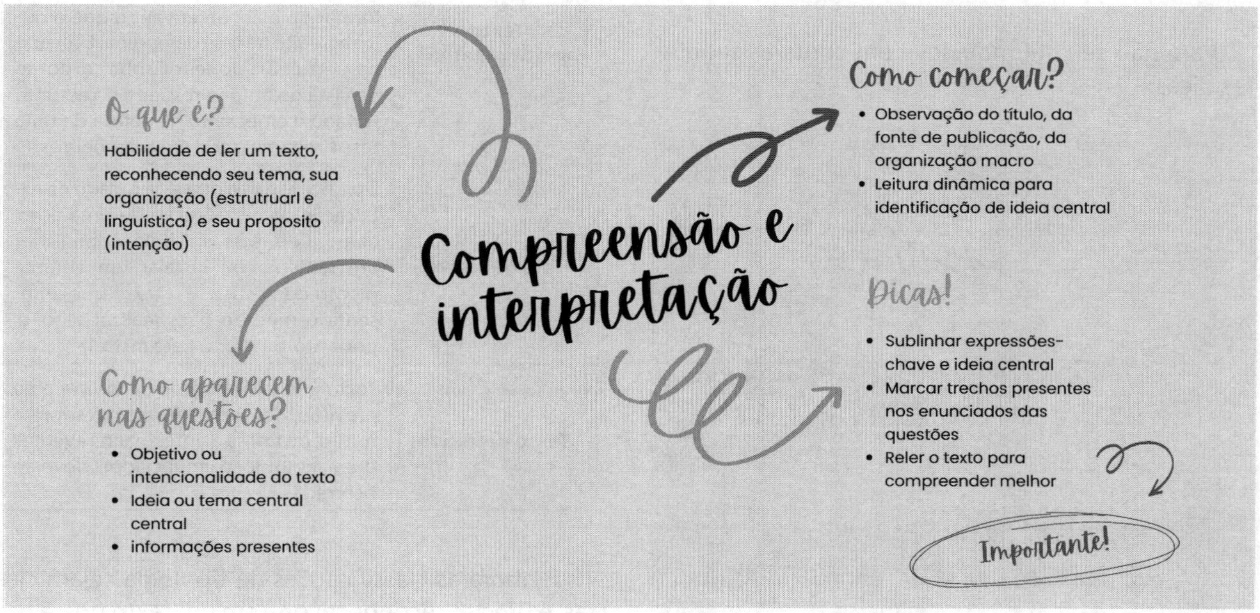

2. TIPOLOGIA TEXTUAL

No processo de análise global do texto, é importante reconhecer sua **organização discursiva** para interpretá-lo de forma mais adequada, o que permite classificar um texto de acordo com sua tipologia e seu gênero. Porém, tipologia e gênero se diferenciam, veja:

Tipo textual	Gênero textual
Sequências linguísticas determinadas pela linguagem.	Sequências linguísticas e formais determinadas pela intenção comunicativa.
Conjunto limitado de categorias teóricas marcadas por traços lexicais, sintáticos, relações lógicas, tempo verbal.	Conjunto aberto e praticamente ilimitado de expressões concretas determinadas pelo canal, estilo, conteúdo, composição e função comunicativa.
Designações teóricas dos tipos: narração, argumentação, descrição, injunção e exposição/dissertação.	Exemplos: telefonema, sermão, carta comercial, carta pessoal, oficio, memorando, aviso, romance, bilhete, aula expositiva, reunião de condomínio, horóscopo, receita culinária, bula de remédio, lista de compras, cardápio, instruções de uso, outdoor, inquérito policial, resenha, edital de concurso, piada, conversação espontânea, conferência, mensagem eletrônica, bate-papo virtual

Para não se confundir, leve em conta as seguintes dicas:

Dicas

01

ESTRUTURA MACRO E OBJETIVOS GERAIS DO TEXTO CORRESPONDEM À TIPOLOGIA

02

ESTRUTURA MICRO E PARTICULARIDADES ESPECÍFICAS DO TEXTO CORRESPONDEM A GÊNERO TEXTUAL

Em relação à tipologia textual, um texto pode ser classificado como:

Texto narrativo	É "aquele que relata mudanças progressivas de estado que vão ocorrendo com as pessoas e as coisas através do tempo." (FIORIN; SAVIOLI, 2007, p. 289). Relata diversos acontecimentos reais ou fictícios que formam a história que é contada. O texto narrativo tem os episódios e relatos organizados de forma que fique estabelecida uma relação de anterioridade ou posterioridade entre os episódios/acontecimentos.
Texto descritivo	É aquele texto que apresenta "as características de uma pessoa, de um objeto ou de uma situação qualquer, inscritos em um certo momento estático do tempo" (FIORIN; SAVIOLI, 2007, p. 297). Não apresenta, como o texto narrativo, uma mudança de estado de pessoas ou coisas
Texto dissertativo	É "o tipo de texto que analisa e interpreta dados da realidade por meio de conceitos abstratos" (FIORIN; SAVIOLI, 2007, p. 298). Ao explorar conceitos abstratos, o texto dissertativo referencia o mundo real através de "conceitos amplos, de modelos genéricos, muitas vezes abstraídos do tempo e do espaço" (FIORIN; SAVIOLI, 2007, p. 299). O texto dissertativo é bastante frequente em discursos da ciência e da filosofia.
Texto argumentativo	É o tipo de texto que tem como propósito central, com base em uma discussão com apresentação de argumentos, formar opinião, objetivando que o outro acredite na tese defendida. É focado na persuasão do leitor sobre o ponto de vista do autor a respeito do assunto tratado e embasado na defesa de uma tese fundamentada em argumentos.
Teto injuntivo	É o tipo de texto que está focado na explicação para realização de uma ação, como a de fazer um bolo, administrar um remédio ou instalar um equipamento doméstico. É o texto que apresenta o método para realizar algo, é, portanto, um texto para instruir.
Texto preditivo	Texto que tem a função de indicar uma previsão, dar uma informação sobre o futuro, de forma a antecipar os eventos que, segundo o enunciador, deverão ocorrer.

Embora as classificações de tipologia sejam claras, é preciso reconhecer que em um texto possa haver mais de uma tipologia, com predomínio de uma sobre outra. É comum que as questões de concurso focalizem a presença de mais de uma tipologia.

Para compreender melhor os tópicos dessa unidade, vamos conferir o resumo? Leia com atenção a síntese do esquema a seguir:

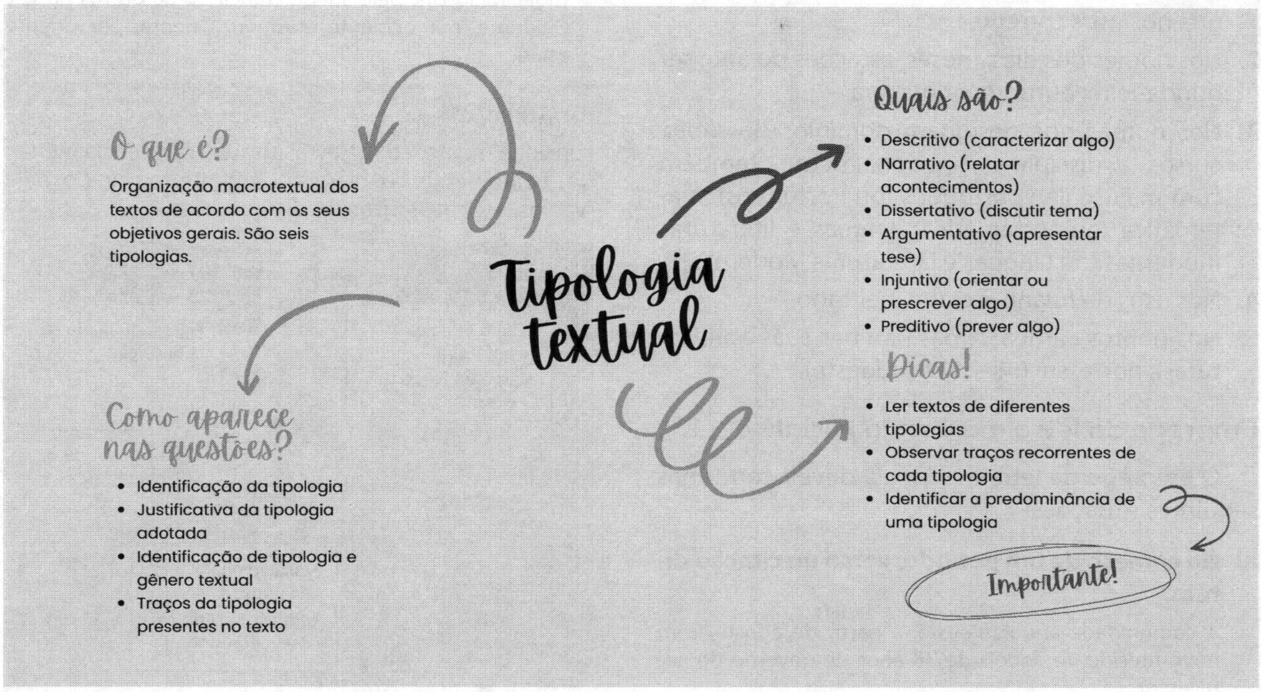

3. ORTOGRAFIA OFICIAL

Ortografia vem do grego *orthós:* correta, e *grafia*: escrita. É a parte da gramática que trata da escrita correta das palavras, e a ortografia é construída com base em critérios fonéticos e etimológicos além de ser resultado de convenções e acordos ortográficos celebrados entre países em que a língua portuguesa é idioma oficial. Relaciona-se a:

• Emprego de algumas letras
• Emprego do hífen
• Parônimos e homônimos
• Dificuldades ortográficas
• Emprego dos porquês

Acentuação gráfica

Segundo o Acordo Ortográfico, o acento gráfico é facultativo nas seguintes palavras: fôrma (substantivo) / forma (substantivo/verbo)

Algumas palavras recebem acento gráfico simplesmente para estabelecer distinção gráfica: *pôr* (verbo) / *por* (preposição); *quê* (substantivo ou em final de frase) / *que* (pronome ou conjunção); *porquê* (substantivo ou em final de frase) / *porque* (pronome ou conjunção); *pôde* (pretérito perfeito do indicativo) / pode (presente do indicativo).

Hífen depois do Acordo Ortográfico

Quando a segunda palavra começar com "r" ou "s", depois de prefixo terminado em vogal, retira-se o hífen e essas consoantes são duplicadas. Exemplos: antissocial, autorretrato, ultrassom

O hífen é usado quando o prefixo termina em vogal e a segunda palavra começa com a mesma vogal. Exemplos: micro-ondas, anti-inflamatório

- **Não se usa mais o hífen:**

- em determinadas palavras que perderam a noção de composição. Exemplos: paraquedas, mandachuva, vaivém
- quando a unidade expressiva é uma locução. Exemplos: dia a dia, à toa, café com leite, pé de atleta, pé de boi, pé de cabra, pé de chinelo, pé de galinha, pé de pato, pé de vento, pé de moleque. Exceção: pé-de-gato (VOLP)

Emprego de letra minúscula inicial: alguns casos

1. Ordinariamente, em todos os vocábulos da língua nos usos correntes.
2. Nos nomes dos dias, meses, estações do ano: segunda-feira; outubro; primavera.
3. Nos nomes que designam domínios do saber, cursos e disciplinas (opcionalmente, também com maiúscula): português (ou Português), matemática (ou Matemática); línguas e literaturas modernas (ou Línguas e Literaturas Modernas).
4. Nos usos de fulano, sicrano, beltrano.
5. Nos pontos cardeais (mas não nas suas abreviaturas); norte, sul (mas: SW sudoeste).

Emprego da letra maiúscula inicial

O emprego da letra maiúscula deve ocorrer nas seguintes situações:

a) No começo de um período, verso ou citação direta.

A comunidade angolana está, a partir de agosto, com novo presidente depois de 38 anos de governo do antecessor.

b) Nomes próprios reais ou fictícios.

Machado de Assis criou Capitu, personagem famosa de nossa literatura.

c) Nomes de lugar reais ou fictícios.

A cidade de Porto Alegre é encantadora.

O Passo da Guanxuma é a cidade de histórias de um autor gaúcho.

d) Nos nomes mitológicos.

A deusa Afrodite é a deusa do amor.

e) Nos nomes de festas e festividades.

O Natal é uma das datas mais festivas no Brasil.

f) Em siglas, símbolos ou abreviaturas internacionais.

O IBGE divulga a cada quatro anos resultados do Censo.

g) Nas expressões de tratamento.

V. S. gostaria de tomar um café antes da reunião?

A Senhora Coordenadora iniciou a reunião às 14h.

h) Em nomes de escolas em geral.

A Escola Politécnica da UFSM é considerada a melhor escola pública do Rio Grande do Sul.

i) Nos nomes que designam altos conceitos religiosos, políticos ou nacionalistas.

A Igreja Católica tem realizado ações beneficentes.

O Estado do Rio Grande do Sul está buscando renegociar suas dívidas com a União.

j) Nos pontos cardeais ou equivalentes, quando empregados absolutamente:

Nordeste, por nordeste do Brasil, Norte, por norte de Portugal, Meio-Dia, pelo sul da França ou de outros países, Ocidente, por ocidente europeu, Oriente, por oriente asiático.

> ▷ **Atenção!**
>
> Opcionalmente, em palavras usadas reverencialmente, aulicamente ou hierarquicamente, em início de versos, em categorizações de
>
> **logradouros públicos:**
> - rua ou Rua da Cantareira
> - largo ou Largo dos Leões
>
> **de templos:**
> - igreja ou Igreja da Conceição
>
> **de edifícios:**
> - palácio ou Palácio da Cultura
> - edifício ou Edifício Azevedo Cunha.

Emprego de algumas letras

A ortografia em língua portuguesa requer a observação ao emprego de algumas letras, que, dependendo da origem da palavra ou do próprio uso do termo, podem gerar dúvidas. Isso porque um mesmo grafema pode representar diferentes fonemas e vice-versa.

a) Empregam-se as letras K, W e Y:

- Em antropônimos originários de outras línguas e seus derivados.

  Exemplos: Kant, kantismo; Darwin, darwinismo; Taylor, taylorista.

- Em topônimos originários de outras línguas e seus derivados.

  Exemplos: Kuwait, kuwaitiano, Disneylândia.

- Em siglas, símbolos, e mesmo em palavras adotadas como unidades de medida de curso internacional.

  Exemplos: K (Potássio), W (West), kg (quilograma), km (quilômetro), Watt.

b) Emprega-se a letra Z:

- em palavras derivadas de outras grafadas com *z*.

  Exemplos: *feliz – felizardo / zelo - zelador*

- em substantivos abstratos femininos terminados em *-ez* e *-eza,* derivados de adjetivos.

  Exemplos: *grávida - gravidez / esperto - esperteza*

- em palavras terminadas em *-izar(verbos)* e -ização (substantivos), derivadas de certos substantivos.

Exemplo: *colono - colonizar - colonização*

c) Emprega-se a letra S:

- nos sufixos *-ês, -esa, -isa, -osa, -oso* e *-ense.*

Exemplos: *freguês, consulesa, poetisa, gasosa, oleoso, cearense*

- em palavras derivadas de outras que têm s no fim do radical.

Exemplos: *dose – dosagem, liso – alisar, análise - analisar*

- em todas as formas dos verbos *querer* e *pôr,* que têm s, e seus compostos.

Exemplos: *quis – quiseram, pus - puseram repusesse*

- em substantivos derivados de verbos terminados em *–nder ou -ndir ou* ***–verter*** e ***–pelir .***

Exemplos: *pretender – pretensão, expandir – expansão; converter – conversão, repelir – repulsão*

> ▷ **Atenção!**
>
> **a) –ISAR ou –IZAR?**
>
> Escrevem-se com "s" (=ISAR) os verbos derivados de palavras que já têm "s":
>
> análise > analisar aviso > avisar
>
> paralisia > paralisar pesquisa > pesquisar
>
> Escrevem-se com "z" (=IZAR) os verbos derivados de palavras que não têm a letra "s":
>
> ameno > amenizar civil > civilizar
>
> fértil > fertilizar legal > legalizar
>
> normal > normalizar real > realizar
>
> suave > suavizar
>
> **b) –SINHO ou –ZINHO?**
>
> Escrevem-se com "s" (=SINHO) os diminutivos derivados de palavras que já têm a letra "s":
>
> casa > casinha lápis > lapisinho
>
> mesa > mesinha país > paisinho
>
> pires > piresinho tênis > tenisinho
>
> Escrevem-se com "z" (=ZINHO) os diminutivos derivados de palavras que não têm a letra "s":
>
> animal > animalzinho balão > balãozinho
>
> café > cafezinho chapéu > chapeuzinho
>
> flor > florzinha pai > paizinho
>
> papel > papelzinho

d) Emprega-se a letra X:

- pois de ditongo. Exemplos: *feixe, caixa*
- depois da sílaba inicial *en-*. Exemplos: enxada, enxurrada

> ▷ **Atenção!**
>
> – Palavras derivadas de outras que tenham *ch* mantêm o *ch.*
>
> Exemplos: *encharcar* (de *charco), enchente* (de *cheio), enchiqueirar* (de *chiqueiro).*
>
> – *Mecha* e seus derivados são escritos com *ch.*

e) Emprego de CH

Empregam-se CH em algumas palavras de origem estrangeira (exemplos: salsicha, capricho, sanduíche) e em palavras derivadas de palavras latinas escritas com pl, cl e fl (exemplos: como chave, chuva, chumbo).

> ▷ **Atenção!**
>
> - **Cheque** (Documento pelo meio do qual um cliente de banco pode pagar contas, ou sacar dinheiro) – **xeque** (em jogos de xadrez como lance usado para atacar o rei do adversário com o intuito de capturá-lo; perigo; contratempo)
> - **Cocho** (Vasilha, feita geralmente de um tronco de árvore cavado, em que comem (ou bebem) cavalos, bois e outros animais) – **coxo** (Indivíduo que coxeia ou manca)
> - **Brocha** (prego) - **broxa** (Pincel de cerdas grossas para pinturas e acabamentos simples)
> - **Tachar** (colocar tachar, censurar, atribuir características negativas) - **taxar** (determinar a taxa ou imposto)
> - **Arrochar** (apertar muito) - **arroxar** (tornar roxo)
> - **Chá** (bebida preparada por infusão de folhas) – **xá** (título do soberano da antiga Pérsia)
> - **Rocha** (pedra) – **roxa** (cor violeta)

f) Emprego das letras C, Ç, SS

- Em todos os substantivos derivados de verbos terminados em GREDIR, MITIR e CEDER, devemos usar "SS":

agredir > agressão regredir > regressão
progredir > progressão transgredir > transgressão
omitir > omissão demitir > demissão
admitir > admissão permitir > permissão
transmitir > transmissão ceder > cessão
suceder > sucessão conceder > concessão

- Em todos os substantivos derivados de verbos terminados em **-nder, -ndir, -verter** e **-pelir,** devemos usar "S":

tender > tensão apreender > apreensão
compreender > compreensão pretender > pretensão
ascender > ascensão verter > versão
reverter > reversão converter > conversão
subverter > subversão expelir > expulsão
repelir > repulsão

- Em todos os substantivos derivados dos verbos TER e TORCER e seus derivados, devemos usar "Ç":

reter > retenção	deter > detenção
ater > atenção	abster > abstenção
obter > obtenção	torcer > torção
distorcer > distorção	contorcer > contorção

- O **c** só tem o valor de /s/ com as vogais *e* e *i*. Para as restantes usa-se ç.

  Exemplos: acém, ácido; açafrão, açorda, açúcar

- O **ç** e os dois **ss** não existem em início de palavras.
- O **s** entre vogais tem sempre o som /z/, por isso, nas palavras derivadas e compostas formadas a partir de uma palavra com s em posição inicial, tem de se dobrar o **s**, escrevendo-se **ss**. Exemplos:

  Sala – ante**ss**ala

  Seguir – pro**ss**eguir

  Sol – gira**ss**ol

  Soma – cromo**ss**oma

- Os dois **ss** só aparecem entre vogais.

  Exemplos: minissaia, pessoa, assoalho

- O sufixo de naturalidade **–ense** escreve-se com **s**.

  Exemplos: candelariense; cearense

- O superlativo absoluto sintético terminado em –**íssimo** escreve-se com dois **ss.**

  Exemplos: notabil**íssimo**, amabil**íssimo**

g) Emprega-se a letra J:

- em palavras derivadas de outras que já tenham *j*.

  Exemplos: *cerejeira* (de *cereja*), *lojista* (de *loja*)

- nas formas dos verbos terminados em *-jar* e *-jear*.

  Exemplos: *velejei (velejar), almeje (almejar), lisonjeie (lisonjear)*

- em vocábulos de origem ameríndia (sobretudo tupi) ou africana.

  Exemplos: *maracujá, pajé, jibóia, jiló, jirau*

h) **Emprega-se a letra G:**

- em vocábulos formados pelo sufixo *-gem*.

  Exemplos: *paisagem, coragem, mensagem*

> ▷ **Atenção!**
>
> *Pajem, laje* e *lambujem* com *j*.

- em vocábulos terminados em *-ágio, -égio, -ígio, -ógio, -úgio*.

  Exemplos: *pedágio, colégio, prestígio, relógio, refúgio*

- em vocábulos derivados de outros já grafados com g.

  Exemplos: *mugir – mugido, fingir – fingimento, agitar - agitação*

i) Emprega-se a letra H

Esta letra faz parte do alfabeto da língua portuguesa em função da etimologia e é usada início de várias palavras e no final de algumas interjeições.

Exemplos: *haver, hélice, hidrogênio, hóstia, humildade; hã!, hem?, puh!, ah!, ih!, oh!*, etc.

> ▷ **Atenção!**
>
> Não se escreve com *h* final a interjeição de chamamento ou apelo *ó*:
>
> *Ó José, vem aqui!*
>
> *Ó Laura, pare com isso!* (BECHARA, 2009, p. 72)

A letra H é empregada:

- quando faz parte do *nh, ch* e *lh*. Exemplos: ninho, chuva, ilha.
- nas palavras compostas quando o segundo segmento iniciado com H se isola do primeiro por meio de hífen. Exemplos: sobre-humano, pré-histórico.

j) Emprego das letras E, I, O, U

a) Emprega-se E:

- na sílaba final de formas dos verbos terminados em **–uar**: efetue, efetues, atenue, atenues, continue, continues...
- a sílaba final de formas dos verbos terminados em **–oar**: entoe, entoes, perdoe, perdoes...
- as palavras formadas com o prefixo **ante-** (antes, anterior): antebraço, antecâmara, antecipar...

b) Emprega-se I:

- na sílaba final de formas dos verbos terminados em **–uir**: possui, possuis, constrói, constróis, diminui, diminuis...
- em forma verbal com infinitivo terminado em **-iar**:

  variar – vario, varias, varia, variamos, variais, variam

  copiar – copio, copias, copia, copiamos, copiais, copiam

  Exceções: mediar, ansiar, remediar, incendiar, odiar

- em forma verbal com infinitivo terminado em **-air** e **-oer**: atrair- atrai; corroer – corrói
- em palavra derivada com a terminação -iano(a): açoriano, alasquiano, bachiano, machadiano, wagneriano.

- em palavras formadas com o prefixo **anti-** (contra): anti-inflamatório, anticristo

c) Emprega-se O:

Grafam-se com "o": boteco, botequim, mochila, nódoa, cortiço, moela, mosquito, mágoa, moleque, tossir, goela, engolir, polenta, toalete, zoar, etc.

d) Emprega-se U:

Grafam-se com "u": amuleto, bueiro, camundongo, cinquenta, cutia, curtume, jabuti, jabuticaba, entupir, embutir, mandíbula, supetão, tábua, tabuleiro, urtiga, urticária, entre outras.

▷ **Como são muitas regras - algumas de difícil memorização, valem as dicas:**

Dicas

01

PARA MEMORIZAÇÃO DA GRAFIA, ESCREVA AS PALAVRAS E VISUALIZE-AS

02

NA DÚVIDA, LEMBRE COMO É A GRAFIA DE PALAVRA "DA MESMA FAMÍLIA"

Para fixar pontos importantes acerca da ortografia, vamos observar a síntese desse conteúdo?

4. EMPREGO DAS CLASSES DE PALAVRAS

Estudar as classes de palavras implica observar a função de cada termo em um enunciado, pois uma mesma palavra pode ser classificada de forma diferente. Veja:

Eu adoro o idioma francês. (adjetivo) ➡ O francês não gostou do que vie nesta reunião. (substantivo) ➡ **O mesmo termo, dependendo do uso, assume classe gramatical diferente**

Classes de palavras

Palavras variáveis	Palavras invariáveis
substantivo, artigo, adjetivo, numeral, pronome, verbo	**advérbio, preposição, conjunção e interjeição**

Substantivo

Classe de palavra que nomeia os seres, ações, conceitos físicos, sensações, etc.

Exemplos:

As **casas** precisam de **reformas**.

Ventos quentes deixam as **pessoas** mais cansadas.

Maria saiu cedo hoje.

- **Classificação do substantivo**

- **COMUNS:** aplicam-se a todos os seres de uma espécie.

  Exemplo: cidade, homem, animal.

- **PRÓPRIOS:** aplicam-se a um único ser de toda uma espécie.

  Exemplo: José, Brasil.

Substantivo comum	"é o que se aplica a um ou mais objetos particulares que reúnem características inerentes a dada classe" (BECHARA, 2009, p. 94) Exemplos: casa, papel, homem, raça, professor
Substantivo próprio	"é o que se aplica a um objeto ou a um conjunto de objetos, mas sempre individualmente" (BECHARA, 2009, p. 93) Exemplos: Maria, Pedro, João, Ilha dos Açores, Bahia

- **CONCRETOS:** nomeiam seres de existência real ou que a imaginação dá como tal.

  Exemplos: menino, Cebolinha, cachorro, livro, rosa, Brasil, água

▷ Substantivo concreto

A) pessoas: João, Maria, Pedro;
B) animais: cão, pássaro, ovelha, formiga;
C) vegetais: planta, árvore, rosa;
D) objetos: livro, mesa, cadeira, lápis;
E) lugares: Santa Cruz do Sul, Brasil, Lua, Marte;
F) entidades: saci, santo, fada;
G) minerais: outro, prata, chumbo;
H) fenômenos: chuva, vento, neve;
I) instituições: parlamento, tribunal;
J) concepções: símbolo, círculo.

Fonte: Rocha Lima (2011)

- **ABSTRATOS:** nomeiam estados, qualidades, ações, sentimentos.

  Exemplo: felicidade, raiva.

Substantivo concreto	Substantivo abstrato
"é o que designa ser de existência independente: casa, mar, sol, automóvel, filho, mãe." (BECHARA, 2009, p. 93)	"é o que designa ser de existência dependente: prazer, beijo, trabalho, saída, beleza, cansaço." (BECHARA, 2009, p. 93)

Substantivo concreto	Substantivo abstrato
"Os substantivos concretos nomeiam pessoas, lugares, animais, vegetais, minerais e coisas." (BECHARA, 2009, p. 93)	"Os substantivos abstratos designam ações (beijo, trabalho, saída, cansaço), estado e qualidade (prazer, beleza), considerados fora dos seres, como se tivessem existência individual." (BECHARA, 2009, p. 93)

▷ **Substantivo abstrato**

A) qualidade: gostosura, alegria, ódio, frio;

B) ações: vingança, casamento, separação, resolução;

C) estados: morte, vida, cegueira, sonho;

Fonte: Rocha Lima (2011)

– **PRIMITIVOS:** não têm origem em outra palavra portuguesa.

Exemplos: pedra, livro

– **DERIVADOS:** têm origem em outra palavra portuguesa.

Exemplos: pedrinha, pedregulho, livreiro.

– **SIMPLES:** são formados de um só radical.

Exemplo: casa, sol.

– **COMPOSTOS:** são formados de mais de um radical.

Exemplo: girassol, pé-de-mesa.

– **COLETIVOS:** nomeiam agrupamentos de seres da mesma espécie (coletivos de pessoas, de animais, de coisas).

Exemplo: enxame, boiada.

Conjunto de pessoas
Alcateia, bando, caterva, corja, horda, farândula, malta, quadrilha, récova, súcia, turba: de ladrões, desordeiros, assassinos, malfeitores e vadios.
Associação, clube, comício, comissão, congresso, conselho, convenção, corporação, grêmio, sociedade: de pessoas, reunidas para fim comum.
Assistência, auditório, concorrência, aglomeração, roda: de assistentes, ouvintes ou espectadores.
Cabido: de cônegos de uma catedral.
Caravana: de viajantes.
Claque, torcida: de espectadores para aplaudir ou patear.
Clientela: de clientes, de advogados, de médicos, etc.
Comitiva, cortejo, séquito, acompanhamento: de pessoas que acompanham outra por dever ou cortesia.
Comunidade, confraria, congregação, irmandade: ordem de religiosos.
Concílio, conclave, consistório, sínodo, assembleia: de párocos ou de outros padres.
Coro: conjunto, bando de pessoas que cantam juntas.

Conjunto de pessoas
Elenco: de artistas de uma companhia, peça ou filme.
Equipagem, marinhagem, companha, maruja, tripulação: de marinheiros.
Falange: de heróis, guerreiros, espíritos.
Junta: de credores, de médicos.
Pessoal: de uma fábrica, repartição pública ou escola, loja.
Plêiade ou *plêiada*: de poetas, artistas, talentos.
Ronda: de policiais que percorrem as ruas velando pela ordem pública.
Turma: de estudantes, trabalhadores, médicos.

Grupo de animais
Alcateia: de lobos, panteras ou outros animais ferozes.
Bando, revoada: de aves, pardais.
Cáfila: de camelos.
Cardume, boana, corso (ô), *manta*: de peixes.
Colmeia, enxame, cortiço: de abelhas.
Correição, cordão: de formigas.
Fato: rebanho de cabras.
Fauna: conjunto de animais próprios de uma região.
Gado: conjunto de animais criados nas fazendas.
Junta, obesana, cingel, jugo, jugada: de bois.
Lote: de burros, grupos de bestas de carga.
Malhada, oviário, rebanho: de ovelhas.
Manada: de cavalos, de porcos, éguas.
Matilha: de cães.
Ninhada: rodada de pintos.
Nuvem, miríade, onda, praga: de gafanhotos, marimbondos, percevejos.
Piara, vara: de porcos.
Récova, récua: de cavalgaduras.
Rebanho, armento, armentio, grei, maromba: de bois, ovelhas.

Grupo de coisas
Acervo, chorrilho, enfiada: de asneiras, tolices. *Acervo* também se aplica aos bens materiais: É grande o *acervo* da Biblioteca Nacional.
Antologia, analecto, crestomatia, coletânea, florilégio, seleta: de trechos literários ou científicos.
Aparelho, baixela, serviço: de chá, café, jantar.
Armada, esquadra, frota: de navios de guerra.
Bateria, fileira: de peças de artilharia.
Braçada, braçado, buquê, ramo, ramalhete (ê), *festão*: de flores.
Cacho: de uvas, de bananas.
Cancioneiro: de canções. É erro empregar o vocábulo como sinônimo de cantor em expressões como *cancioneiros românticos*.
Carrada: de razões.
Chuva, chuveiro, granizo, saraiva, saraivada: de balas, pedras, setas.
Coleção: de selos, quadros, medalhas, moedas, livros.
Constelação: de estrelas.
Cordilheira, cadeia, série: de montes, montanhas.

Grupo de coisas
Cordoalha, cordame, enxárcia: de cabos de um navio.
Feixe, lio, molho (ó): de lenha, capim.
Fila, fileira, linha: de cadeiras.
Flora: conjunto de plantas de uma determinada região.
Galeria: de quadros, estátuas.
Gavela ou *gabela, paveia*: feixe de espigas.
Herbário: coleção de plantas para exposição ou estudo.
Hinário: de hinos.
Instrumental: de instrumentos de orquestra, de qualquer ofício mecânico, de cirurgia.
Mobília, mobiliário: de móveis.
Monte, montão: de pedras, palha, lixo.
Penca: de bananas, laranjas, chaves.
Pilha, ruma: de livros, malas, tábuas.
Réstia: de cebolas, alhos.
Sequência: série de cartas do mesmo naipe.
Troféu: de bandeiras.

Fonte: Bechara, 2009.

Adjetivo

É a classe de palavra que expressa qualidade, característica, modo de ser, aspecto. Ainda: "palavra que restringe a significação ampla e geral do substantivo" (ROCHA LIMA, 2011, p. 141)

Exemplo:

A criança **talentosa** está participando de programa de calouros na TV.

O homem ficou **feliz** por ter finalizado a prova.

Ela tornou-se **nova** mulher.

- **Classificação dos adjetivos:**

Adjetivos uniformes	Adjetivos biformes	Adjetivos compostos
Exemplos: Carioca, feliz, comum, regular, forte, só, geral, simples	Exemplos: querido, cru, belo	Exemplos: russo-americano, luso-brasileiro

Outra especificidade do adjetivo é o "adjetivo de relação", que é aquele que:

a) tem valor semântico objetivo, ou seja, não expressa subjetividade ou ponto de vista;
b) é derivado por sufixação de um substantivo;
c) vem colocado após o substantivo;
d) não varia em grau superlativo, ou seja, não pode ser intensificado.

Exemplos:

Valor **mensal**

Energia **nuclear**

Vinho **chileno**

▷ **ATENÇÃO!**

1. Há também as **locuções adjetivas** (expressão formada de preposição + substantivo ou equivalente com função de adjetivo):

   áureas** estátuas – estátuas **de ouro

   *nuvens **plúmbeas** – nuvens **de chumbo***

   *colunas **marmóreas** – colunas **de mármore***

   homem ***corajoso*** – Homem ***de coragem***

   livro ***desencapado*** – Livro ***sem capa***

2. Um mesmo termo pode assumir classes gramaticais distintas de acordo com o contexto.

   A **capital** do Brasil é Brasília. (capital = substantivo)

   O juiz aplicou uma pena **capital**. (capital = adjetivo)

   Um **pobre** homem anda a pé e descalço pelas ruas. (pobre = adjetivo)

   O **pobre** paga impostos como todo cidadão. (pobre = substantivo)

3. A troca da posição de adjetivo e substantivo em uma expressão nominal pode acarretar, em alguns contextos, mudança de sentido.

   Uma **grande mulher** foi eleita presidente da empresa.
   Adj. Subst.

   Uma **mulher grande** foi eleita presidente da empresa.
   Subst. Adj.

Numeral

É a classe de palavra que "exprime uma quantidade definida, exata de seres (pessoas, coisas etc), ou a posição que um ser ocupa em determinada sequência". (FERREIRA, 2007, p. 187).

Exemplos:

Duas mulheres foram atropeladas na Avenida Paulista.

- **Classificação do numeral**

Cardinal	Ordinal
indica quantidade.	indica o lugar ou a posição que alguma pessoa ou alguma coisa ocupa numa dada sequência.
Exemplo: Comprei **três** livros nas férias.	Exemplo: Ele é o **primeiro** da lista de suplentes.
Multiplicativo	**Fracionário**
exprime a multiplicação de uma dada quantidade.	indica uma divisão, uma fração de uma dada quantidade.
Exemplo: o salário dele é o **triplo** do meu.	Exemplo: Ele acertou **um terço** da prova.

Artigo

É a classe de palavra que "se coloca antes do substantivo para determiná-lo de modo particular (definido) ou geral (indefinido)." (FERREIRA, 2007, p. 156)

Exemplo: **Uma** mulher jovem foi atropelada na Avenida Paulista.

- **Classificação do artigo**

Artigo definido	Artigo indefinido
o, a, os, as	um, uma, uns, umas
O professor recebeu prêmio por projeto sobre leitura.	**Um** professor recebeu prêmio por projeto sobre leitura

▷ **Atenção!**

Toda palavra ou expressão que for acompanhada de artigo fica "substantivada"

O cantar dos pássaros de manhã me alegra.

O *não* *posso* dos colegas para me substituir nas aulas acarretou a busca de um novo profissional.

Pronome

É a classe de palavra que substitui ou que acompanha os substantivos para evitar a repetição de palavras e remeter a quem fala ou ouve e ao assunto.

Exemplo: Carlos escreveu um poema. **Ele** revisou-**o** antes de entregá-**lo** ao professor.

- **Classificação dos pronomes**

Pronomes pessoais	Representam as pessoas gramaticais (quem fala, com quem se fala, de quem se fala).	1ª pessoa do singular: eu, me, mim, comigo 2ª pessoa do singular: tu, te, ti, contigo 3ª pessoa do singular: ele/ela, o/a, se, si, lhe, consigo 1ª pessoa do plural: nós, nos, conosco 2ª pessoa do plural: vós, vos, convosco 3ª pessoa do plural: eles/elas, os/as, se, si, lhes, consigo Pronomes de tratamento
Pronomes possessivos	Têm a função de relacionar um objeto possuído à pessoa que o possui.	1ª pessoa do singular: meu(s), minha(s) 2ª pessoa do singular: teu(s), tua(s) 3ª pessoa do singular: seu(s), sua(s) 1ª pessoa do plural: nosso(s), nossa(s) 2ª pessoa do plural: vosso(s), vossa(s) 3ª pessoa do plural: seu(s), sua(s)
Pronomes demonstrativos	"são palavras cuja função principal é indicar o posicionamento, o lugar de um ser, relativamente à posição ocupada por uma das três pessoas gramaticais" (FERREIRA, 2007, p. 218)	este(s), esta(s), isto esse(s), essa(s), isso aquele(a), aqueles(as), aquilo
Pronomes relativos	"são aqueles que retomam um substantivo (ou um pronome) anterior a eles, substituindo-o no início da oração seguinte" (FERREIRA, 2007, p. 223).	**Variáveis:** O qual, a qual Os quais, as quais Cujo, cuja Cujos, cujas Quanto, quanta Quantos, quantas **Invariáveis:** Que (quando equivale a **o qual** e flexões) Quem (quando equivale a **o qual** e flexões) Onde (quando equivale a **no qual** e flexões)
Pronomes indefinidos	"são aqueles que se referem de modo vago, indeterminado, à 3ª pessoa gramatical" (FERREIRA, 2007, p. 220).	1. Referem-se a pessoas: quem, alguém, ninguém, outrem; 2. Referem-se a lugares: onde, algures, alhures, nenhures; 3. Referem-se a pessoas, lugares, coisas: que, qual, quais, algo, tudo, nada, todo (a/s), algum (a/s), vários (a), nenhum (a/s), certo (a/s), outro (a/s), muito (a/s), pouco (a/s), quanto (a/s), um (a/s), qualquer (s), cada.
Pronomes interrogativos	São usados para fazer perguntas diretas e indiretas.	**Variáveis:** Qual, quanto **Invariáveis:** Quem, que

▷ **ATENÇÃO!**

1) Pronomes eu e mim

Os pronomes EU e TU não pode vir em uma frase acompanhados de preposição, devendo ser substituídos por MIM e TI.

a) Ela trouxe o presente para eu comemorar meu aniversário.

b) Ela trouxe o presente para mim.

c) As decisões sobre o contrato foram tomadas por mim.

d) O prêmio será dividido entre mim e ti.

2) Entre os pronomes pessoais, estão os pronomes de tratamento. Estes são usados no trato com pessoas e a forma de tratamento depende do cargo, título, idade da pessoa a quem se dirige.

Exemplo: **Vossa Excelência** emitirá sentença hoje sobre o caso?

Pronome	Abreviatura - singular	Abreviatura - plural	Emprego
Senhor(es)	sr	sres.	Trato respeitoso
Senhora(s)	Sra.	sras.	Trato respeitoso
Você	v.	v.	Tratamento informal
Vossa(s) Alteza(s)	V.A.	VV. AA.	Príncipes e princesas, duques e duquesas.
Vossa(s) Eminência(s)	V. Ema., V. Em.a ou V. Em.a	V. Emas., V. Em.as ou V. Em.as	Cardeais.
Vossa(s) Excelência(s)	V. Ex.a ou V. Ex.a	V. Ex.as ou V. Ex.as	Altas autoridades: Presidente da República, ministros, deputados, embaixadores.
Vossa Reverência	V. Rev.a	V. Rev.as	Sacerdotes e outras autoridades religiosas do mesmo nível.
Vossa(s)Majestade(s)	V. M.	VV. MM.	Reis e rainhas, imperadores e imperatrizes.
Vossa(s) Magnificência(s)	V. Maga. ou V. Maga	V. Magas ou V. Magas	Reitores de universidades.
Vossa(s) Reverendíssima(s)	V. Revma.	V. Revmas.	Sacerdotes e outras autoridades religiosas do mesmo nível.
Vossa Santidade	V. S.	-	Papa.
Vossa Senhoria	V.Sa.	V.Sas.	Pessoas que exercem cargos importantes (cônsules, oficiais, chefes de seção, comerciantes etc)
Vossa Paternidade	V.P.	VV.PP.	Superiores de ordem religiosa

Para não errar no emprego dos pronomes de tratamento, é preciso observar o uso em cada situação com cuidado, veja por quê.

Importante

Pronomes de tratamento:

01) Embora possam ser usados em um diálogo, por exemplo, com um interlocutor (2ª pessoa gramatical), sempre a flexão dos pronomes de tratamento é na terceira pessoa:

_ Vossa Senhoria poderá cumprir a agenda proposta?
_ Creio que sim, porém vou confirmar ainda hoje por e-mail.

02) Os pronomes Vossa Excelência ou Vossa Senhoria são utilizados para se comunicar diretamente com o receptor.

03) O pronome *senhorita* está em desuso em situações formais, devendo o uso ser restrito ao pronome *senhora*.

3) Emprego dos pronomes possessivos

- Os pronomes possessivos devem concordar em gênero e número com o elemento possuído e em pessoa com o possuidor.

  Exemplo: Tu compraste **tuas** roupas em que loja?

- Os pronomes de tratamento exigem uso de pronomes possessivos de 3ª pessoa.

  Exemplo: Vossa Santidade já fez **sua** oração?

- Os pronomes possessivos, em alguns contextos, podem ser substituídos por pronomes pessoais.

  Exemplo: O barulho atrapalhava **meu** sono ➡ O barulho atrapalhava-**me** o sono

4) Emprego dos pronomes demonstrativos

- Empregam-se os pronomes demonstrativos **este(s), esta(s), isto** para indicar o que está próximo daquele que fala, para se referir a algo a ser dito (futuro) e para indicar o tempo atual/presente em relação ao momento em que se dá a fala.

  Exemplos: **Este** anel que uso foi um presente de minha mãe.

Tenho que te dizer **isto:** tua festa está linda.

Este é uma no muitas mudanças.

- Empregam-se os pronomes demonstrativos **esse(s), essa(s), isso** para indicar o que está próximo daquele com quem se fala, para se referir a algo que já foi dito e para indicar um tempo anterior recente ou posterior próximo.

Exemplos: **Esse** anel que você está usando foi um presente de sua mãe.

Aumento de assaltos e miséria. **Isso** é o resultado da desigualdade social.

Os economistas alertam que **esse** fim de semana terá anúncio de renúncia de governantes europeus.

- Empregam-se os pronomes demonstrativos **aquele(s), aquela(s), aquilo** para indicar o que está longe daquele que fala, para se referir a algo que já foi apontado anteriormente a outro elemento e para indicar um tempo bem anterior ou posterior ao momento em que se fala.

Exemplos: Olhando aqui de cima do prédio, no 20º andar, **aquela** casa parece inclinada.

João e Pedro são amigos de longa data. Este tem 20 anos, **aquele** (João) tem 22.

Minha mãe veio para o sul quanto tinha 5 cinco anos. N**aquela** época, ainda fazia bastante frio no estado.

5) Devido à função do pronome na oração, o pronome pode ser classificado em:

- A) pronome substantivo: representa o núcleo o sujeito ou do complemento.

João visitou Pedro. João visitou-**o.**

Isso me incomodou muito.

- B) pronome adjetivo: refere-se a um substantivo ao qual se subordina na qualidade de adjunto adnominal.

O **seu** filho foi embora.

Cada aluno da sala fez um pedido diferente à escola.

Pronome substantivo	Pronome adjetivo
• Pessoais • Demonstrativos • Indefinido (quem, alguém, ninguém, outrem, tudo, nada, algo) • Relativos (exceto cujo) • Interrogativo QUEM	• Possessivos • Relativo CUJO • Indefinidos CADA e CERTO

Verbo

O verbo "é a palavra que, por si só, exprime um fato (em geral, ação, estado ou fenômeno e localiza-o no tempo" (FERREIRA, 2007, p. 239).

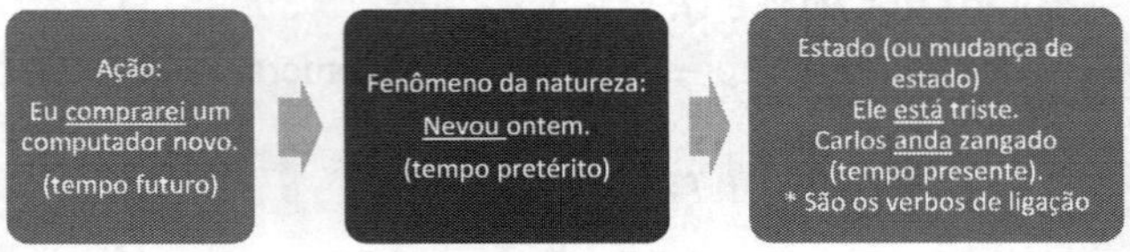

- Os verbos são classificados em três conjugações:

1. Primeira conjugação: verbos terminados em –**AR:** amar
2. Segunda conjugação: verbos terminados em –**ER:** vender
3. Terceira conjugação: verbos terminados em **–IR:** partir

Observação: O verbo *pôr* e outros terminados em -OR são considerados verbo de segunda conjugação.

- O verbo sobre flexão em: pessoa; número; tempo; modo; voz.
- **Verbos defectivos**: verbos que não têm conjugação completa.

a) Verbos impessoais: presentes em orações sem sujeito. (Emprego apenas na terceira pessoa do singular)

Exemplo: chover, haver (sentido de *existir, ocorrer, tempo passado*), trovejar, nevar.

b) Verbos unipessoais: indicam vozes ou ruídos peculiares a determinados animais. (Emprego apenas na terceira pessoa do singular ou plural)

Exemplo: cacarejar, miar, coaxar.

c) Verbos que carecem de algumas formas por motivos diversos, como eufonia ou confusão.

Exemplo: abolir, extorquir, colorir, falir.

- **Verbos abundantes**: verbos que possuem duas formas de particípio (uma regular – terminada em -ADO ou -IDO – e outra irregular).

Exemplos:

Aceitar: Aceitado – aceito

Expressar: Expressado – expresso

Eleger: Elegido – eleito

Prender: Prendido – preso

Extinguir: Extinguido – extinto

Tingir: Tingido – tinto

- **Verbos abundantes: regra geral**

Particípio regular	Particípio irregular
Verbo auxiliar TER e HAVER	Verbo auxiliar SER e ESTAR
Ele tinha/havia imprimido o material.	O matéria foi/estava impresso.
Ele tinha prendido o assaltante.	O assaltante foi preso.

- **Verbos abundantes apenas com particípio irregular:**

Abrir – aberto	Cobrir – coberto
Dizer – dito	Escrever – escrito
Fazer – feito	Pôr – posto
Ver – visto	Vir - vindo

Advérbio

O advérbio "é uma palavra invariável que se relaciona ao verbo para indicar as circunstâncias (de tempo, de lugar, de modo etc) em que ocorre o fato verbal" (FERREIRA, 2007, p. 293).

Exemplos: Choveu **ontem.**

Talvez eu viaje **muito.**

Para observar o sentido do advérbio e como pode ser usado, veja as dicas:

Dicas

01

UM ADVÉRBIO MODIFICA O SENTIDO DE: VERBO, ADJETIVO, LOCUÇÃO ADJETIVA, ADVÉRBIO OU LOCUÇÃO ADVERBIAL. EXEMPLOS:

- "FUI PARA ESCOLA MAIS CEDO". (MODIFICA O ADVÉRBIO)
- ESTOU MUITO FELIZ. (MODIFICA O ADJETIVO)

02

A FUNÇÃO SINTÁTICA DE UM ADVÉRBIO (CLASSE DE PALAVRA) É ADJUNTO ADVERBIAL.

- **Classificação dos advérbios**

– **Lugar:** aqui, antes, dentro, ali, adiante, fora, acolá, atrás, além, lá, detrás, aquém, cá, acima, onde, perto, aí, abaixo, aonde, longe, debaixo, algures, defronte etc.

– **Tempo:** hoje, logo, primeiro, ontem, tarde, outrora, amanhã, cedo, dantes, depois, ainda, antigamente, antes, doravante etc.

– **Modo:** bem, mal, assim, melhor, pior, depressa, às cegas, à toa, à vontade, às escondidas, aos poucos, e a maior parte dos que terminam em "-mente": calmamente, tristemente, propositadamente, pacientemente, amorosamente, docemente, escandalosamente, bondosamente, generosamente etc.

– **Afirmação:** sim, certamente, efetivamente, certo, decididamente, indubitavelmente etc.

– **Negação:** não, nem, nunca, jamais, de modo algum, de jeito nenhum etc.

– **Dúvida:** acaso, porventura, possivelmente, provavelmente, quiçá, talvez, casualmente, por certo etc.

– **Intensidade:** muito, demais, pouco, tão, menos, em excesso, bastante, mais, menos, demasiado, quanto, quão, tanto etc.

Preposição

A preposição "é a palavra invariável que liga duas outras palavras, estabelecendo entre elas determinadas relações de sentido e de dependência" (FERREIRA, 2007, p. 306).

Exemplo: O papel **de** parede está sujo.

- **Tipos de preposição**

PREPOSIÇÃO ESSENCIAL	PREPOSIÇÃO ACIDENTAL
a, ante, após, até, com, contra, de, desde, em, entre, para, per, perante, por, sem, sob, sobre, trás	afora, como, conforme, consoante, durante, exceto, salvo, segundo, visto

- **Sentido das preposições**

COM	*A*	*DE*
Companhia Dancei com João **Modo** Viajei sozinha com alegria **Instrumento** Cortei dedo com a faca **Causa** Saiu de casa com medo do temporal **Oposição** Lutou com o ladrão	**Lugar** Vou à casa de meu primo. **Destino** Foi à Fortaleza. **Distância** Moro a dez km daqui.	**Posse** Carro de João foi roubado. **Matéria** Brinco de ouro. **Causa** João morreu de desgosto. **Tempo** Os jogadores partiram de dia para o treino.

SOBRE	*PARA*
Assunto Ela escreveu texto sobre romance de Machado de Assis.	**Lugar** Vou para casa de meu primo. **Finalidade** Saí de casa para estudar.

- **Preposição acidental**

– **afora, como, conforme, consoante, durante, exceto, salvo, segundo, visto**

Ele escreveu **conforme** regras estabelecidas no Manual de Redação.

Fez a apresentação **consoante** o combinado com o professor.

Durante o dia estou na universidade.

Segundo as instruções, não poderíamos partir com farol desligado.

A encomenda apenas será entregue **mediante** conferência do dono.

- **Casos de combinação**

Ao (**a**+o)

Aos (**a**+os)

Aonde (**a**+onde)

- **Casos de contração**

Do (**de**+o)

No (**em**+o)

Dum (**de**+um)

Num (**em**+um)

Desta (**de**+esta)

Neste (**em**+este)

Pelo (**per**+o)

Pelas (**per**+as)

Dalguma (**de**+alguma)

Doutro (**de**+outro)

Vamos destacar na ilustração a seguir o que precisa ser estudado com atenção para não errar na hora da prova.

Importante

Estudo de preposições:

1) Distinguir as preposições acidentais e essenciais, de memorizando-as;

2) Observar o sentido que cada expressão traz no contexto em que é usada, com o autoria, posse, instrumento, assunto, etc;

3) Identificar a contração da proposição com artigos, como em "da escola" e "do colégio" e pronomes, como em "isto é dele";

4) Reconhecer que, na língua culta, não se usa a forma contraída "da" ou "do" antes de sujeito, como em "Agora é hora <u>da</u> aluna começar a estudar"; na norma culta é ""Agora é hora de a aluna começar a estudar"

Conjunção

A conjunção "é a palavra invariável que liga: duas orações; duas palavras de mesma função em uma oração" (FERREIRA, 2007, p. 311).

Exemplo: Não fui à aula, **pois** estava doente.

As conjunções dividem-se em coordenadas e subordinadas.

Conjunções coordenadas	Conjunções subordinadas
"dizem-se *independentes* umas das outras e, por isso mesmo, podem aparecer em enunciados separados." (BECHARA, 2009, p. 268)	"é um *transpositor* de um enunciado que passa a uma função de palavra, portanto de nível inferior dentro das camadas de estruturação gramatical" (BECHARA, 2009, p. 268)
Ana foi ao jantar**, mas** esqueceu de levar dinheiro.	Ana foi ao jantar sozinha **embora** tenha muitos amigos.

- **Conjunções coordenadas**

SENTIDO	CONJUNÇÕES	EXEMPLO
Adição	e, mas ainda, mas também, nem	Ele saiu de casa **e** foi até o trabalho.
Alternância	já..., já..., ou, ou..., ou..., ora..., ora..., quer..., quer...	**Ou** trabalha **ou** estuda.
Adversidade	contudo, entretanto, mas, não obstante, no entanto, porém, todavia	Junto dinheiro todos os meses, **mas** não conseguiu o suficiente para comprar o carro que queria.
Conclusão	assim, então, logo, pois (depois do verbo), por conseguinte, por isso, portanto	Estudou todos os dias da semana durante três meses; está, **portanto**, apto para a prova.
Explicação	porque, pois, que	Não saiu de casa **porque** estava doente.

▷ **Atenção!**

As conjunções coordenativas podem ligar expressões/termos de mesma natureza gramatical.

João **e** Pedro saíram sozinhos.

Falou pouco, **mas** certo.

Com sol **ou** chuva, vou viajar.

- **Conjunções subordinadas**

SENTIDO	CONJUNÇÕES	EXEMPLO
Causa	Porque, pois, porquanto, como (no sentido de porque), pois que, por isso que, á que, uma vez que, visto que, visto como, que	Saiu de casa cedo, **visto que** precisava estudar fora.
Concessão	Embora, conquanto, ainda que, mesmo que, posto que, bem que, se bem que , apesar de que, nem que, que	**Embora** tenha gostado da cidade, não se adaptou ao trabalho aqui.
Condição	se, caso, contanto que, salvo se, a não ser que, desde que, a menos que, sem que	**Caso** chova durante o dia, será cancelada a festa da noite.
Consequência	de sorte que, de modo que, sem que (= que não), de forma que, de jeito que, que (tendo como antecedente na oração principal uma palavra como tal, tão, cada, tanto, tamanho)	Ele está **tão** agitado **que** pode infartar...
Conformidade	conforme, como (= conforme), segundo, consoante	Juros diminuíram ao longo do ano **conforme** informou o jornal.
Finalidade	para que, a fim de que, que, porque (= para que), que	Estude sempre **para que** tenha bom desempenho nas provas.
Proporção	à medida que, à proporção que, ao passo que e as combinações quanto mais... (mais), quanto menos... (menos), quanto menos... (mais), quanto menos... (menos)	Ele engorda **à medida que** come mais.
Tempo	quando, enquanto, antes que, depois que, logo que, todas as vezes que, desde que, sempre que, assim que, agora que, mal (= assim que)	**Assim que** anoiteceu, começou a chover.
Comparação	como, assim como, tal como, como se, (tão)... como, tanto como, tanto quanto, do que, quanto, tal, qual, tal qual, que nem, que (combinado com menos ou mais)	O juiz é tão esperto **quanto** o promotor.

Há ainda as **conjunções integrantes,** que introduzem as orações subordinadas substantivas. São as conjunções QUE e SE.

Exemplos:

Ele disse **que** está bem.

Ele não sabe **se** seu pai vai resistir ao enfarto.

QUE	SE
Para afirmação certa	Para afirmação incerta
Ele disse **que** virá aqui hoje.	Não vi **se** ele veio hoje aqui.

A palavra QUE é complicada, não é mesmo? Nem sempre ela é classificada como conjunção integrante. Saiba, com a ilustração abaixo, quando isso ocorre:

Importante

Quando QUE é conjunção integrante?

Que é uma conjunção integrante quando:

- estabelece a ligação de uma oração com outra. Exemplo: É fundamental que você venha ao hospital ainda hoje.
- introduz uma oração subordinada substantiva. Exemplo: Reconheço que a prova está muito complexa.
- pode ser substituído por isto ou isso. Exemplo: Já descobrimos que você está doente. (que = isto)

Interjeição

A interjeição "é a palavra (ou conjunto de palavras) que, de forma intensa e instantânea, exprime sentimentos, emoções e reações psicológicas" (FERREIRA, 2007, p. 317).

Exemplo: **Oba!** Passei no exame!

Classificação das interjeições

A) alegria: Ah! Oh! Olá!

B) desejo: Oxalá! Tomara!

C) dor: Ai! Ui!

D) chamamento: O! Psiu! Ei!

E) silêncio: Psiu! Caluda!

F) advertência: Cuidado!

G) incredulidade: Ora! Qual!

Para você não ter dúvidas quanto às classes gramaticas – que são dez -, vale a pena conferir o resumo abaixo, com dicas de como estudar o conteúdo.

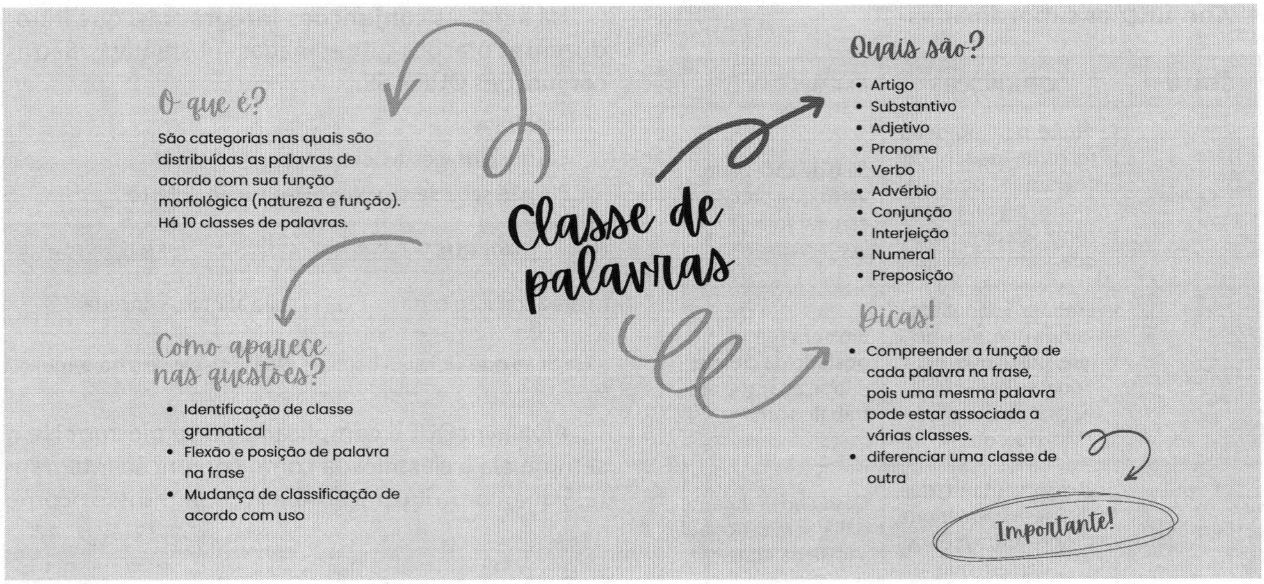

5. EMPREGO DO SINAL INDICATIVO DE CRASE

É a fusão **escrita e oral** de duas vogais idênticas. É a **fusão da preposição *a* com o artigo *a(s).*** A crase é indicada pelo acento grave [`]. São condições para ocorrência de crase:

1) O termo regente deve exigir a preposição *a*.
2) O termo regido tem que ser uma *palavra feminina* que admita o artigo *a(s)*.

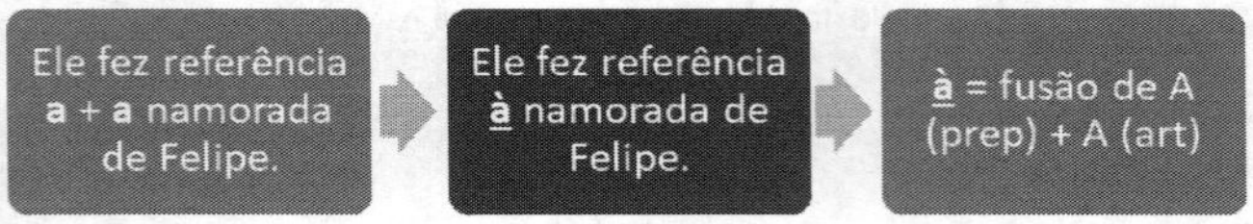

Emprego da crase

Dependendo de certos fatores presentes na estrutura da frase, o emprego do sinal de crase pode ser **obrigatório, opcional ou proibido.**

Então, não esqueça destes dois pontos fundamentais: saber a regra básica de crase e dominar os três casos, especialmente os facultativos porque nestes duas opções são corretas (com e sem crase).

Vamos às regras? (Com crase, claro, porque IR A – preposição A + artigo A).

Crase obrigatória

1. **Em locuções adverbiais femininas de tempo, modo e lugar**

   À noite, todos os gatos são pardos.
   Saímos **às pressas** da audiência.
   Siga **à direita** para encontrar a loja.
   O processo correu **à revelia**.
   Ele caminha **à toa** na rua.

2. **Em locuções prepositivas (à+ palavra feminina + de) e conjuntivas (à + palavra feminina + que)**

   Ela saiu **à procura de** ajuda.
   O pai está **à frente do** filho no concurso.
   Esfriava **à medida que** escurecia.

3. **Quando estão subentendidas as expressões *à moda de, à maneira de* ou palavras como *faculdade, empresa, companhia,* mesmo que seja diante de palavras masculinas.**

   Refiro-me **à *UFRGS.*** *(à universidade).*
   Fui **à Dom João.** (à loja Dom João)
   Ele fez bifes **à *milanesa.*** *(à moda milanesa).*

4. **Para ocorrer a crase com os pronomes demonstrativos aquela(s), aquele(s), aquilo(s), basta que o termo regente exija a preposição *à*, uma vez que eles já contêm o *a* na sílaba final.**

   Você se refere **àquele** professor?
   Ele assistiu **àquilo** de forma tão tranquila...
   A questão revelou-se alheia **àquela** programação temática inicial.

5. **Usa-se crase antes dos pronomes relativos *qual* ou *quais* quando for possível trocar o substantivo feminino antecedente por um masculino equivalente. Usa-se a crase se, com o substantivo masculino, aparecer *ao qual* ou *aos quais*.**

   Aquela é a professora **à qual** solicitamos ajuda. (Aquele é o professor ao qual solicitamos ajuda.)

Crase opcional

1. **Com pronomes possessivos (minha, sua, nossa, etc)**

   O marido se dirigiu **a sua** esposa. O marido se dirigiu **à sua** esposa.

2. Com nomes de mulher

O juiz se dirigiu **à Fabiana Silva**. O juiz se dirigiu **a Fabiana Silva.**

3. Com a palavra *até*

O diretor se dirigiu **até à** sala de reuniões. O diretor se dirigiu **até a** sala de reuniões.

Crase proibida

1. Antes de palavras masculinas

Rediga o rascunho **a** *lápis*.
As vendas **a** *prazo* da loja diminuíram.

2. Antes de verbos

Ela está **a** *fazer* o exercício.
Passou **a** *acreditar* em duendes.

3. Antes de essa(s), esta (s), cuja(s), quem, qualquer

Dou valor a **essa** conquista.
Mão se dirija a **esta** garota com agressividade.
A moça a **quem** me referi é a minha filha.
E um texto a **cuja** elaboração adequada fiz menção na aula.
Ele queria morar em uma rua paralela a **qualquer** colégio.

4. Antes de pronomes pessoais (inclusive os de tratamento)

Obedeço a **ela**, não a **Vossa Senhoria**.
Ele foi a **mim** para agradecer pelo mimo.
Ele se referiu a **Vossa Excelência** com desrespeito?
Ele mostrou-se avesso a **você** em um primeiro contato.

> ▷ **Atenção!**
> Os pronomes *senhora* e *senhorita* aceitam a ocorrência de crase.
> O gerente dirigiu-se *à senhorita Joana.*
> O gerente dirigiu-se *à senhora Joana.*

5. Quando há preposição no singular seguida de um substantivo no plural.

Não vamos **a** confraternizações da escola.

6. Entre palavras repetidas

Estávamos **frente a frente** na sala do júri.

7. Antes de nomes de lugar que não admitem artigo ou sem especificação.

O vocalista irá **a** *Curitiba* para uma apresentação.
O vocalista irá **à** *bela Curitiba* para uma apresentação.

8. Antes da palavra *casa* (se não houver especificação)

Chegamos cedo **a** *casa.*
Chegamos cedo **à** *bela casa.*
Vamos **à** *casa de meus amigos.*

9. Antes da palavra *terra* (no sentido oposto ao de "água")

O náufrago chegou **a** *terra.*

> ▷ **Atenção!**
> "Terra" com sentido de *planeta* e de *terra natal* admite crase.
> A espaçonave voltará **à** *Terra* em um mês.
> Sempre sonhou retornar **à** *terra* em que nasceu.

Importante!

a) Não se deve usar crase diante de palavras com sentido indefinido

Ele está apto a **toda** função docente.
Ele está apto a **qualquer** função docente.
Ele está apto a **certa** função docente.
Ele está apto a **cada** função docente.
Ele está apto a **uma** função docente.

b) Os pronomes demonstrativos *aquele, aquela e aquilo* – e suas flexões (*mesmo, tal* e *próprio*) admitem a crase quando o *termo regido* pela preposição "*a*" é uma palavra feminina determinada por esses pronomes.

As manifestações de rua vinculavam-se **à tal** mobilização do governo por aumento de imposto.
Refiro-me **à** mesma pessoa que você.
Ela se opôs **à** própria filha.

c) Em alguns casos, o termo que acompanha o "a" está subentendido por ter aparecido antes na frase. Observar a regra para emprego de crase considerando o termo subentendido.

Minha manifestação é ligada **à** dos estudantes sem escola.
As orações são semelhantes **às** de pastores e padres.
Aquela avenida é transversal **à** que fica próxima da minha casa.

d) Diante de numerais ordinais femininos, a crase está confirmada, visto que estes não podem ser empregados sem o artigo.

As orientações do chefe foram direcionadas **à** primeira aprovada no concurso.

e) Emprego de crase diante da palavra "distância"

Se a palavra ***distância*** estiver especificada, determinada, a crase deve ocorrer.

Sua casa fica **à** distância de 2km daqui.
Todos devem ficar à distância de 30 metros do acidente na rodovia.

Se a palavra ***distância*** não estiver especificada, a crase **não** pode ocorrer.

A educação **a** distância precisa de legislação atualizada.

f) Antes de números cardinais, não se usa crase.

Vou embora daqui a vinte minutos.

g) Antes do artigo UMA, não se usa crase.

Ele fez referência a uma antiga namorada.

Crase é um tópico importante, recorrente em várias bancas de concurso. Então, é importante ter em mente os principais pontos desse conteúdo. Vamos ver quais são? Observe a síntese abaixo:

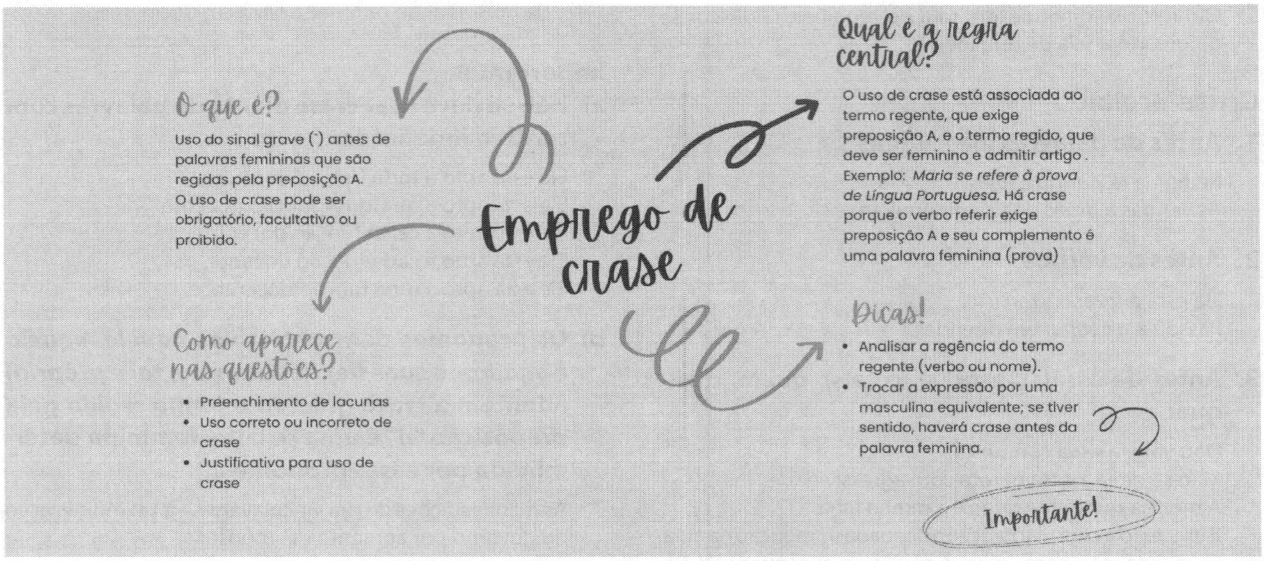

6. ACENTUAÇÃO GRÁFICA

Na língua portuguesa, quase todas as palavras têm **acento tônico**, mas somente algumas têm **acento gráfico**. Nas palavras a seguir, o destaque está na sílaba tônica, e observe que nem sempre o acento gráfico é utilizado porque isso depende das regras de acentuação.

*abaca**xi** – **pé**rola – amantei**ga**do – **ma**pa – a**té** – sor**ve**te – re**lâm**pago – **má** – i**dei**a – **cen**tro – vaci**na**ção – **lâm**pada – re**ló**gio – saco**lé***

Por isso, é fundamental aprender bem as regras e compreendê-las. Vamos ver quais são?

Principais regras de acentuação gráfica

Proparoxítonas

Todas as palavras proparoxítonas (que têm o acento tônico na antepenúltima sílaba) são acentuadas. Exemplos: cômodo, sólido, árvore, lâmpada, déficit, esplêndido´, exército, amássemos, cortávamos.

Paroxítonas

Acentuam-se as palavras paroxítonas (que têm o acento tônico na penúltima sílaba) terminadas em:

a) ditongo oral	jóquei, sério, ânsia, mágoa, espontâneo
b) ão, ãos, ã, ãs	órfão, órfãos, órfã, órfãs
c) i, u, seguidas ou não se S	júri, júris, lápis, bônus
d) um, uns	álbum, álbuns
e) l, n, r, x, os	amável, próton, revólver, Félix, bíceps

> ▷ **Observação:**
> **Não se acentuam os prefixos paroxítonos terminados em:**
> **"i": semi-internato**
> **"r": super-homem**

1. Não se acentuam, segundo o Acordo Ortográfico, as paroxítonas terminadas pelo hiato OO, acompanhado ou não de S.	enjoo, voos
2. Não se acentuam as paroxítonas terminadas em ENS.	jovens, hifens

Oxítonas

As palavras oxítonas (que têm o acento tônico na última sílaba) são acentuadas quando terminam em:

a) a(s), e(s), o(s)	b) em em, ens
vatapá, café, cipó, avô, dominós, você, vocês	armazém, armazéns, alguém, também, parabéns, vinténs

> ▷ **Atenção!**
> **Devido à regra da acentuação das oxítonas, acentuam-se as formas verbais terminadas em R, S ou Z quando forem acompanhadas dos pronomes LO, LA, LOS, LAS (nesse caso, as formas verbais perdem a consoante final R, S ou Z)**

transpôs o rio ➡ transpôs + lo = transpô-lo

satisfez desejo ➡ satisfez + lo = satisfê-lo

satisfaremos João ➡ satisfazê-lo-emos

Monossílabos tônicos

Acentuam-se monossílabos tônicos terminados em A, E, O, seguido ou não de S, como nestes exemplos: **pá, pé, pós, pás, pés, pós**

Ditongos abertos

Os ditongos ÉI, ÉU e ÓI são acentuados nos monossílabos tônicos e nas palavras oxítonas, como estas: **anéis, chapéu, dói, constrói, herói**

> ▷ **Atenção!**
>
> **Não se acentuam, segundo o Acordo Ortográfico, os ditongos abertos EI e OI nas paroxítonas. Exemplos: ideia, heroico**

Hiato

Acentuam-se os hiatos I e U, acompanhados ou não de S. Apresentam hiato: s**aí, baú, saíste, baús, balaústre, viúva, doído**

> ▷ **Atenção!**
>
> 1. **Não se acentuam as vogais tônicas I e U se forem seguidas de NH, ND, MB. Exemplos:** rainha, ainda, Coimbra
> 2. **Não se acentuam, segundo o Acordo Ortográfico, as vogais tônicas I e U das palavras paroxítonas quando estas forem precedidas por ditongo decrescente. Exemplos:** feiura, baiuca

Observação:

Piauí = oxítona Tuiuiús = oxítona

Outras regras de acentuação gráfica

1. Emprega-se trema, segundo o Acordo Ortográfico, apenas em palavras derivadas de nomes estrangeiros. Exemplos: Mülleriano (de Müller)
2. Segundo o Acordo Ortográfico, não se usa acento gráfico no U tônico dos grupos QU e GU seguido de E e I. Exemplos: Eu argui, tu arguis

> ▷ **Atenção!**
>
> **Os verbos do tipo AGUAR, APAZIGUAR, AVERIGUAR, DELINQUIR, ENXAGUAR e afins possuem duas formas de conjugação:**
>
> **A) formas rizotônicas, com U do radical tônico, sem marca gráfica:**
> eu averiguo, que tu enxagues
>
> **B) formas rizotônicas: com o A ou I do radical com acento:**
> eu averíguo, que tu enxágues

Regras especiais de acentuação gráfica

1. Os verbos **vir** e **ter** na 3ª pessoa do plural do presente do indicativo recebem o acento circunflexo para diferenciar-se da 3ª pessoa do singular:
   Exemplo: Ele vem – eles vêm
   ele tem – eles têm
2. Os verbos derivados de **ter** e **vir**, como **deter, manter, reter, intervir, convir,** por não serem monossílabos, obedecem à regra das oxítonas. Em 3ª pessoa do plural, usa-se o acento circunflexo para a diferenciação da 3ª pessoa do singular.
   Exemplo: Ele intervém – eles intervêm
   Ele mantém – eles mantêm

> ▷ **Atenção!**
>
> **Os verbos crer, ler, ver e dar e seus derivados são escritos com EE na 3ª pessoa do plural e não recebem no primeiro E acento circunflexo segundo o Acordo Ortográfico.**
>
> Exemplos:
>
> | | |
> |---|---|
> | Ele crê – eles creem | Ele lê – eles leem |
> | Ele vê – eles veem | Que ele dê – que eles deem |

Observações:

1. Segundo o Acordo Ortográfico, o acento gráfico é facultativo nas seguintes palavras: Fôrma (substantivo) / forma (substantivo/verbo)
2. Algumas palavras recebem acento gráfico simplesmente para estabelecer distinção gráfica:

- *pôr* (verbo) / *por (*preposição).
- *Quê* (substantivo ou em final de frase) / *que* (pronome ou conjunção)
- *Porquê* (substantivo ou em final de frase) / *porque* (pronome ou conjunção)
- *Pôde* (pretérito perfeito do indicativo) / pode (presente do indicativo)

> 1. Não levam acento os prefixos paroxítonos terminados em *-r* e *-i*:
>   *inter-helênico, super-homem, semi-histórico.*(BECHARA, 2009, p. 88)
> 2. Não se usa acento gráfico para distinguir as palavras oxítonas homógrafas (que possuem a mesma grafia), mas heterofônicas (pronunciadas de formas diferentes), do tipo de *cor* (ô) (substantivo) e *cor* (ó) (elemento da locução *de cor*); *colher* (ê) (verbo) e *colher* (é) (substantivo). (BECHARA, 2009, p. 88)

Nem todas as apalavras têm acento gráfico, porque há regras, como você acabou de estudar. E são várias, não é mesmo? Então, ficar ligado na síntese abaixo vai ajudar você a entender bem o assunto e gabaritar questões de acentuação.

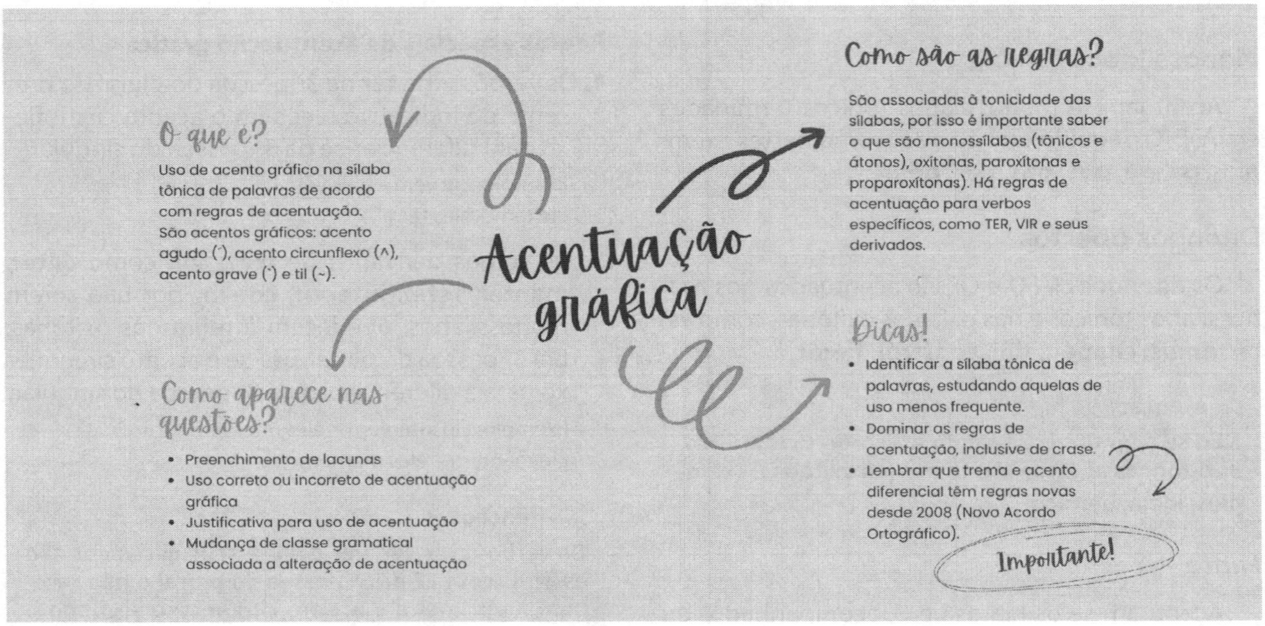

7. REGÊNCIA NOMINAL E VERBAL

Regência é o "processo sintático e, que uma palavra determinante subordina uma palavra determinada." (BECHARA, 2010, p. 451).

A marca da subordinação é a presença de preposição.

Exemplos:

Ele é avesso **a** determinadas regras de comportamento.

Maria precisa **de** novas atitudes para educação de seus filhos.

Segundo Cegalla, "A sintaxe da regência ocupa-se das relações de dependência que as palavras mantêm na frase." (CEGALLA, 2008, p. 483).

A regência é determinada pela presença de um termo principal, que é o termo regente, e de um termo que o completa, que é o termo regido.

Exemplo:

Ele é **adepto** a novidades.
Termo regente *Termo regido*

Na ilustração a seguir, veja importantes passos para análise de regência, o que vale tanto para verbos quanto para nomes:

Importante

Regras básica de regência:

01) Observar se o termo (nome ou verbo) exige complemento;

02) Identificar que preposição insere corretamente o complemento.
► Este é o sorvete de que mais gosto.
► A professora de Comunicação Social fez uma referência a um artigo da Constituição Federal.
► Os professores são as pessoas com quem sempre converso.
Os projetos sociais em que confio são os da minha universidade.

A regência pode ser:

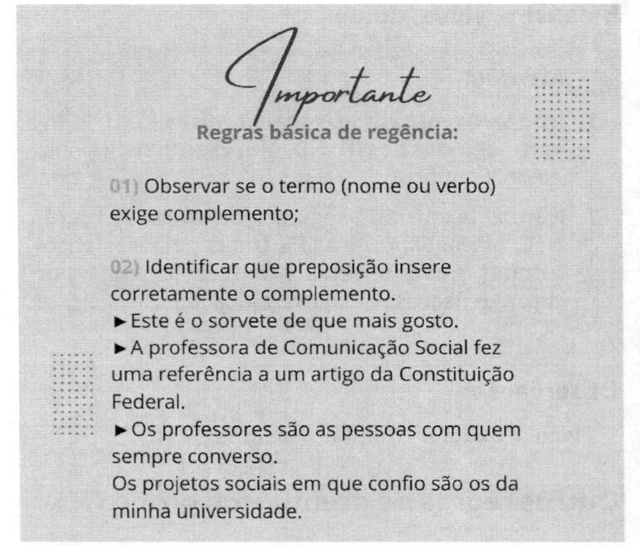

- **Regência nominal**

A relação entre nomes e seus complementos caracteriza a regência nominal. A relação entre um nome regente e seu termo regido se dó por meio de **preposição**.

Ela é **adepta** de comida vegetariana.
A loja fica na rua **paralela** à empresa Martins.
Ele está **feliz** por seu filho ter passado no teste.
A realização do tratamento será **benéfica** para a saúde do doente.

- **Preposição A**

Acessível, adequado, alheio, análogo, apto, avesso, benéfico, cego, conforme, desatento, desfavorável, desleal, equivalente, fiel, grato, guerra, hostil, idêntico, inacessível, inerente, indiferente, infiel, insensível, nocivo, obediente, odioso, oposto, peculiar, perniciosos, próximo (de), superior, visível. Exemplo: A prova estava acessível a todos.

- **Preposição DE**

Amante, amigo, ansioso, ávido, capaz, cobiçoso, comum, contemporâneo, curioso, devoto, diferente, digno, dessemelhante, dotado, duro, estreito, fértil, fraco, incerto, indigno, inocente, menor, natural, nobre, orgulhoso, pálido, passível, pobre, temeroso, vazio, vizinho. Exemplo: Ela é amante de um vizinho.

- **Preposição COM**

Afável, amoroso, aparentado, compatível, conforme, cruel, cuidadoso, descontente, furioso (de), inconsequente, ingrato, intolerante, liberal, misericordioso, orgulhoso, parecido(a), rente (a, de). Exemplo: Ele é afável com os filhos.

- **Preposição CONTRA**

Desrespeito, manifestação, queixa. Exemplo: Estudantes realizaram manifestação contra eleição de reitor.

- **Preposição EM**

Constante, cúmplice, diligente, entendido, erudito, exato, fecundo, fértil, fraco, forte, hábil, incansável, incerto, inconstante, indeciso, lento, morador, parco (de), perito, prático, sábio, sito, último (de, a), único. Exemplo: Um garoto de apenas 13 anos é cúmplice em assassinato na serra.

- **Preposição ENTRE**

Convênio, união. Exemplo: A união entre dois jovens que são primos está sendo contrariada pela família.

- **Preposição PARA**

Apto, bom, diligente, disposição, essencial, idôneo, incapaz, inútil, odioso, pronto (em), próprio (de), útil. Exemplo: Ele está apto para dirigir.

- **Preposição PARA COM**

Afável, amoroso, capaz, cruel, intolerante, orgulhoso. Exemplo: O agressor foi muito cruel para com a vítima.

- **Preposição POR**

Ansioso, querido (de), responsável, respeito (a, de). Exemplo: A cantora é muito querida por seus fãs.

- **Preposição SOBRE**

Dúvida, influência, triunfo. Exemplo: O candidato ficou com dúvidas sobre a data das provas.

▷ **Atenção!**

1. As preposições, assim como outras classes gramaticais da língua portuguesa, podem variar sua forma de escrita e fala de acordo com o nível de linguagem adotado e o contexto comunicativo.

Para

Deve ser usada para indicar direção, finalidade, combate, intenção, avaliação, quantidade equivalente, propriedade e utilidade.

Indica um uso culto da língua.

Nós fomos para a cidade ontem.

Este livro é para mim ou para você?

Ela é muito esperta para quem estudou apenas até a terceira série.

Pra

Pode ser usara para indicar as mesmas funções de PARA.

Indica um uso coloquial da língua e é comum em texto poético.

*Nós fomos **pra** a cidade ontem.*

*Este livro é **pra** mim ou para você?*

*Ela é muito esperta **pra** quem estudou apenas até a terceira série.*

*Ela correu **pra** conseguir os documentos.*

Para com

"João, minha admiração e respeito para com você são sinceros!"

"O homem sempre foi muito mau para com a sua esposa."

2. **Não se deve contrair a preposição de com artigo que inicia o sujeito de um *verbo*, nem com os pronomes *ele(s), ela(s)* quando estes funcionarem como sujeito.**

A revisão de nota depende **de o** professor aceitar a realização de uma nova prova.

A finalização do processo depende **de ele** concluir a oitiva das testemunhas.

3. Não confundir *entre* com *dentre*.

Deve-se empregar "dentre" com verbos que exijam as duas preposições ao mesmo tempo, como *"retirar"*, *"sair"*, *"surgir"* e outros semelhantes.

Retirar, dentre as cópias, aquelas que estão ilegíveis.

Havia, entre os candidatos, aqueles que concorriam ao cargo pelo sistema de cotas.

Regência verbal

Para saber a regência de um verbo, é indispensável analisar a **transitividade verbal e o significado do verbo**. Geralmente a diversidade de regência corresponde a uma diversidade de significados do verbo.

Ele **gosta** de vinho e ela **prefere** cerveja à bebida dos deuses.

Enquanto ele **olha** filme no cinema, ela **assiste** a um documentário na TV.

Regência de alguns verbos

- **Verbo ABRAÇAR**

Envolver com os braços;	Os pais abraçam seus filhos. Os pais abraçam-nos.
Envolver, circundar; passar a adotar. (VTD)	Os professores abraçam os projetos da escola.

- **Verbo ACUDIR**

Prestar socorro, ajudar- com preposição A (VTI)	Os professores acudiram ao aluno em exame. O médico lhe acudiu no momento exato.

- **Verbo AGRADAR**

Acariciar, fazer carinho – sem preposição (VTD)	O pai acariciou o filho. O pai acariciou-o.
Ser agradável – com preposição A (VTI)	A sentença do juiz não agradou ao réu. A sentença do juiz não lhe agradou.

- **Verbo ASPIRAR**

Sorver, respirar – sem preposição	Os atletas aspiravam o ar das montanhas.
Pretender, desejar (aspirar a) (VTI)	O vereador recém-eleito aspirava a um alto cargo público.

- **Verbo ASSISTIR**

Presenciar; favorecer; caber - com preposição A (VTI)	Ontem assisti a um filme francês. Assiste à juíza o direito de julgar o crime.
Ajudar, prestar socorro – sem preposição ou com preposição A	O médico assiste o doente. O médico assiste ao doente.
Morar, residir – com preposição EM	João assiste no bairro Jardim Europa.

- **Verbo ATENDER**

Empregado com preposição A ou sem preposição	Ele atendeu a promessa de campanha. Ele atendeu à promessa de campanha.

- **Verbo CHAMAR**

Solicitar a presença de alguém - sem preposição (VTD)	Chamei Maria aqui. Chamei-a aqui.
Convocar, fazer vir, invocar pedindo auxílio ou proteção – com preposição POR	A devota de Santo Antônio chama por Deus em todas as orações. A filha doente chama pela mãe sempre.

- **Verbos CHEGAR e IR**

Exigem a preposição quando indicam lugar (chegar a, ir a)	Cheguei ao cinema vinte minutos atrasado. Vou ao cinema amanhã.

- **Verbo CUSTAR**

No sentido de ser custoso, ser difícil: é regido pela preposição "a".	Custou ao professor aceitar a crítica do aluno.
No sentido de acarretar, exigir, obter por meio de: sem preposição.	O imóvel novo custou-me um longo financiamento bancário.
No sentido de ter valor de, ter o preço: sem preposição.	Imóveis na praia custam caro.

- **Verbo ESQUECER e LEMBRAR**

Quando não forem pronominais: são usados sem preposição.	Esqueci o livro dela.
Quando forem pronominais: são regidos pela preposição "de".	Lembrei-me das brincadeiras da infância.

- **Verbo IMPLICAR**

Embaraçar, envolver, causar – sem preposição	O fato de você não ir implica outras consequências.
Antipatizar (implicar com)	A torcida implicou com o goleiro.

- **Verbo INFORMAR**

Dar notícias, esclarecer	Os jornais informaram o público consumidor. (VTD) A secretária informou a nota ao aluno. (VTDI) A secretária informou-lhe a nota. (VTDI)

- **Verbos MORAR e RESIDIR**

Exigem adjunto adverbial com a preposição EM	Moro em Santa Cruz do Sul. Resido em São Paulo.

- **Verbo NAMORAR**

Sem preposição	Joana namora Pedro.

- **Verbos OBEDECER e DESOBEDECER**

Exigem a preposição A	O bom motorista obedece às leis do trânsito.

- **Verbos PAGAR e PERDOAR**

Quando o objeto é coisa – sem preposição	Paguei a conta.
Quando o objeto é pessoa (pagar a)	Perdoei aos inimigos. Paguei a conta ao feirante.

- **Verbo PREFERIR**

Querer antes, escolher entre duas ou várias coisas (preferir alguma coisa A outra)	Prefiro o amor à guerra.

- **Verbo PROCEDER**

No sentido de ter fundamento: empregado sem preposição.	Suas denúncias de abuso não procedem.
No sentido de originar-se, vir de algum lugar: exige a preposição "de".	Muitas doenças procedem da falta de higiene pessoal.
No sentido de dar início, executar: empregado com a preposição "a".	Os investigadores procederam a uma busca criteriosa de provas para condenar o acusado.

- **Verbo RESPONDER**

Dar resposta, dizer ou escrever em resposta: a) com preposição A para se referir à pergunta b) Sem preposição para dar a resposta	 Eu respondi ao questionamento do juiz. Eu respondi qualquer coisa na aula.
Replicar, retorquir, revidar - com preposição A	O jovem deputado respondeu com hostilidade à linguagem do presidente da Câmara. A cantora, com deboche, respondeu à ofensa da fã durante a apresentação.

- **Verbos SIMPATIZAR e ANTIPATIZAR**

Exigem a preposição COM	Simpatizava com a ideia.

- **Verbo VISAR**

Mirar, pôr visto – sem preposição	Visou o alvo e atirou.
Pretender (exige a preposição A)	Ele visa a um bom emprego.

Abaixo, dicas de ouro sobre regência verbal para você memorizar!

Dicas

01

- A regência verbal não é fixa, então há alguns verbos que mudam de regência ao mudar de sentido, como visar, assistir, aspirar, agradar, implicar, proceder, querer. Estude-os com atenção

02

- A regência verbal também muda da língua coloquial para a culta. Namorar, por exemplo, na linguagem coloquial é namorar com alguém (VTI); na culta, namorar alguém (VTD). Preferir, ir, chegar, pagar, obedecer, etc também segue essa lógica.

03

- Verbos com regência distinta não podem ter o sentido completo pelo mesmo complemento. Exemplo: Eles gostam e assistem os jogos. (O verbo gostar exige preposição DE; assistir, nesse caso, exige preposição A)

Com tantas regras de regência nominal e verbal, não dá para hesitar. Vamos revisar, revendo pontos importantes sobre esse conteúdo?

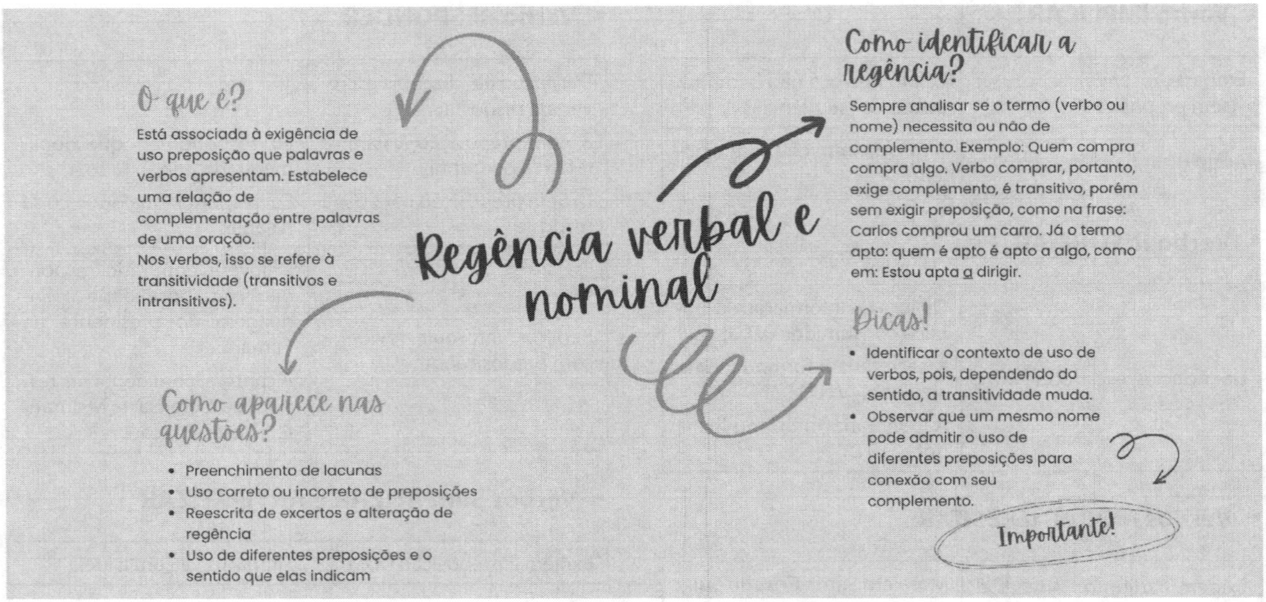

8. CONCORDÂNCIA NOMINAL E VERBAL

A **concordância** é o processo sintático segundo o qual certas **palavras se acomodam, na sua forma, às palavras de que dependem**.

Essa acomodação formal se chama *"flexão"* e se dá quanto a gênero e número (nos adjetivos – nomes ou pronomes), números e pessoa (nos verbos). Daí a divisão: concordância nominal e concordância verbal

Concordância nominal

- **REGRA GERAL:** adjetivos, pronomes, artigos e numerais concordam em gênero e número com os substantivos a que se referem.

  Os **homens** guerreiros tiveram poucas **dificuldades** nas últimas **batalhas**.

- **CASOS ESPECIAIS**

  Alguns casos que suscitam dúvida:

1) ***Anexo, incluso, leso, quite, próprio, mesmo, obrigado*:** como adjetivos, concordam, em gênero e número, com o substantivo a que se referem:

   Leia a carta e veja as fotografias **anexas.**

   Vão **anexos** os pareceres da Consultoria Jurídica.

   Remeto **inclusa** fotocópia do Decreto.

2) As expressões **é proibido, é preciso, é bom, é necessário** variam quando o substantivo (sujeito) vem regido por um artigo ou qualquer determinativo. Permanecem invariáveis se o sujeito não estiver determinado por artigo.

   É proibida *a* queimada.

   É proibido **queimada.**

   A caminhada pela manhã **é boa**.

   Caminhada pela manhã **é bom.**

3) **Bastante/Meio:** As palavras bastante e meio podem ter valor de adjetivo ou de advérbio, a depender da palavra que modificam.

   – Quando modificam substantivos, elas têm função adjetiva, devendo, portanto, concordar em gênero ("meio"), ou em número ("bastante"), com o substantivo.

   – Quando modificam adjetivos, sua função é de advérbio e, nesse sentido, são invariáveis.

   Eduardo comeu **meia** bacia de pipocas. (Eduardo comeu metade da bacia de pipocas)

   Mariana é **meio** desconfiada. (Mariana é um pouco desconfiada)

   Aproveitamos e compramos **bastantes** disquetes na liquidação da loja de artigos e Informática. (Aproveitamos e compramos vários/muitos disquetes na liquidação da loja de artigos e Informática)

   Achei **bastante** complicados os problemas da prova de Economia. (Achei muito complicados os problemas da prova de Economia).

4) **Caro/barato/só:** são invariáveis quando atuam como **advérbio** e variáveis quando funcionam como **adjetivo.**

   Os hóspedes pagam **caro** para ficar no hotel. (Neste caso, "caro" modifica o verbo "pagar", atuando como advérbio)

   Elas gostam de roupas **caras**. (Neste caso, "caras" refere-se a "roupas", atuando como adjetivo, pois caracteriza o termo "roupas")

5) Quando houver a construção "Substantivo + substantivo... + adjetivo", há duas possibilidades para concordância nominal.

Quando o adjetivo posposto se refere a dois ou mais substantivos, concorda com o último ou vai facultativamente:

- para o plural, no masculino, se um dos substantivos foi masculino;
- para o plural, no feminino, se todos os substantivos estiverem no feminino.

Iremos a uma casa e a um hotel **maravilhosos.** (Neste caso, tanto a casa quanto o hotel são maravilhosos)

Iremos a uma casa e a um hotel **maravilhoso.** (Neste caso, apenas o hotel é maravilhoso)

Iremos a um hotel e a uma casa **maravilhosa.** (Neste caso, apenas a casa é maravilhosa)

Iremos a um hotel e a uma casa **maravilhosos.** (Neste caso, tanto o hotel quanto a casa são maravilhosos)

Iremos a uma fazenda e a uma casa **maravilhosas.** (Neste caso, tanto a fazenda quanto a casa são maravilhosas)

6) Quando houver a construção "adjetivo + substantivo", o adjetivo concorda com o substantivo mais próximo.

Vi **bravos** homens e mulheres lutando no filme.

Vi **bravas** mulheres e homens lutando no filme.

7) O adjetivo "possível" deve ser empregado no singular em expressões ***o mais..., o maior..., o menor ..., o melhor..., o pior ...***

Com as expressões ***os mais..., os maiores ..., os melhores ...***, deve ser empregado no plural.

Ele foi o candidato mais atencioso **possível**.

Eles foram candidatos os mais atenciosos **possíveis**.

Os dois livros apresentam as melhores orientações **possíveis.**

Está achando complicadas as regras? Vamos facilitar um pouco com algumas dicas para você sobre os casos especiais – aqueles que as bancas adoram trazer nas provas.

Dicas

01

- A concordância de algumas palavras pode parecer estranha por ser menos usada no cotidiano. É o caso de BASTANTE. Mas não esqueça: ela vai para o plural, quando for equivalente a muitos, muitas ou suficientes. Exemplo: Comprei bastantes blusas para este verão.

02

- As expressões *em anexo, em alerta, a sós, haja vista* são INVARIÁVEIS. Exemplo: Em anexo, seguem as fotos para seleção.

03

- Concordância de adjetivos é mais complexa, depende da posição e dos substantivos a que se referem. Por isso, o estudo das regras - que não muitas - precisa ser reforçado.

Concordância verbal

A Concordância Verbal "é o mecanismo gramatical que determina como o verbo deve alterar sua forma para se ajustar ao sujeito da oração". (FERREIRA, 2007, p. 513)

- **REGRA GERAL**: o verbo concorda com seu sujeito em pessoa e número

Os alunos do terceiro ano **mostraram** muita energia nas atividades físicas.

Eu e meu colega **viajamos** juntos para a Bahia.

Foi o João meu melhor amigo.

Vossa Senhoria **pode** ir à reunião hoje?

▷ **Atenção!**

Em língua portuguesa, o sujeito pode vir ANTES ou DEPOIS do verbo.

Hoje, os professores **iniciaram**, juntos com a comunidade, o projeto "Leitura em Casa".

Hoje, **iniciaram** os professores, juntos com a comunidade, o projeto "Leitura em Casa".

1. Se o **sujeito for *simples***, isto é, se tiver apenas *um núcleo*, **com ele concorda o verbo em pessoa e número.**

O **chefe** da Seção **pediu** maior assiduidade dos funcionários.

A **gurizada saiu** da festa cedo.

2. Quando o **sujeito for *composto***, ou seja, possuir mais de um núcleo, **o verbo vai para o plural e para a pessoa que tiver primazia.**

Eu e Maria **queremos** férias.

O Presidente e os Ministros **saíram** logo.

Não só João, mas também Maria **foram** à festa.

▷ **Atenção!**

a) Sujeito composto depois do verbo:

- Verbo pode concordar com o núcleo mais próximo

Ana, **incomodava**-me muito o calor, a sensação de cansaço, o sol quente naquele lugar.

- Verbo pode concordar com a totalidade dos núcleos

Ana, **incomodavam**-me muito o calor, a sensação de cansaço, o sol quente naquele lugar.

b) Sujeito composto constituído de palavras sinônimas ou quase sinônimas:

- Verbo pode concordar com o núcleo mais próximo

A raiva e a indignação dele me **chamava** muito a atenção nas reuniões.

- Verbo pode concordar com a totalidade dos núcleos

L. PORTUGUESA

A raiva e a indignação dele me *chamavam* muito a atenção nas reuniões.

c) **Sujeito composto constituído de núcleos que indicam gradação**

- Verbo pode concordar com o núcleo mais próximo

A saúde, a força, a vitalidade **indicava** o potencial dele para a atividade física no Exército.

- Verbo pode concordar com a totalidade dos núcleos

A saúde, a força, a vitalidade **indicavam** o potencial dele para a atividade física no Exército.

Rocha Lima (2011)

3. **Sujeito resumitivo (*tudo, nada, algo, alguém, ninguém* etc) – verbo no singular**

As professoras, os alunos, a escola, os funcionários, *tudo* **aborrecia** o diretor, que não queria mais a função.

Os ônibus, os carros, as ruas lotadas, *nada* **ajudava** a cidade.

4. **Sujeito oracional – verbo no singular**

Escrever textos diariamente **é** fundamental para provas de redação.

Que todos são excelentes alunos **foi** sabido.

Humilhar colegas e debochar de suas atitudes **constituía** prática comum do chefe da repartição.

▷ **Atenção!**

Se os sujeitos oracionais exprimirem ideias de contraste, verbo deve ser empregado no plural.

Ser emotivo e usar a razão **são** duas características que definem João.

5. **Nomes próprios de lugar ou títulos de obras**:

a) **verbo no plural se precedido de artigo;**

b) **verbo no singular se não houver artigo precedendo-o ou se o artigo estiver no singular.**

Os Estados Unidos concederam ajuda financeira àquele país.

Estados Unidos concedeu ajuda financeira àquele país.

***Contos Novos* inquieta** os leitores.

OBSERVAÇÃO: Em títulos de obras, com o verbo "ser" e predicativo do singular, admite-se também o verbo no singular:

Os Maias **é** um livro interessante.
Suj. V. Lig. Predicativo do Suj.

6. **Pronome de tratamento**: usa-se o **verbo na 3ª pessoa.**

Vossa Senhoria está melhor agora?

Você foi bem na prova?

Vossas excelências estão de acordo com o projeto a ser apreciado?

7. **Pronome relativo *que*:** verbo concorda com o **antecedente do pronome.**

Hoje somos **nós** que **cuidaremos** do almoço.

Hoje é **ele** que **cuida** do almoço.

8. **Pronome relativo *quem*:** concorda com o antecedente do pronome **ou** fica na 3ª pessoa do singular.

Somos **nós quem resolvemos** os problemas.

Somos nós **quem resolve** os problemas.

Outras regras de concordância verbal

1. **Um dos + palavra no plural + que:** verbo no plural ou no singular.

Exemplo 1:

Uma das pessoas **que desconfiava** de nós era João.

Uma das pessoas **que desconfiavam** de nós era João.

Exemplo 2:

O Brasil é **um dos** países **que compõe** o Mercosul.

O Brasil é **um dos** países **que compõem** o Mercosul.

2. **Expressão partitiva + palavra no plural:** o verbo pode ser no singular ou no plural.

Expressões partitivas: parte de, grande parte de, a maior parte de, a maioria de, uma porção de, grande número de.

Uma parte dos funcionários preferiu férias coletivas.

Uma parte dos funcionários preferiram férias coletivas.

3. **Expressões numéricas aproximativas:** verbo concorda com o numeral que o acompanha. São expressões numéricas aproximativas: mais de, menos de, perto de, cerca de.

Cerca de dez pessoas **assistiram** ao campeonato de futebol.

Cerca de uma pessoa **assistiu** ao campeonato de futebol.

Menos de vinte vigias **foram contratados** para a segurança do local.

Perto de mil clientes **compraram** o celular da promoção.

▷ **Atenção!**

O verbo concorda no plural quando a expressão "mais de um" exprime reciprocidade.

Mais de um político **se agrediram** fisicamente na sessão parlamentar.

4. Em frases com **sujeito inexistente, o verbo fica na terceira pessoa do singular**.

   É o caso de verbos que indicam fenômenos da natureza: sempre na 3ª pessoa do singular.

   Choveu ontem e hoje de manhã **ventou** muito.

5. **Verbo haver:** sempre na **3ª pessoa do singular** quando é empregado no **sentido de *existir, ocorrer*** **ou de *tempo transcorrido.***

   Haverá descrentes com a nova política governamental.

   Deve haver muitos feridos no acidente.

> ▷ **Atenção!**
>
> O verbo *fazer*, quando indica tempo, é impessoal. Nesse caso, deve ser usado apenas no singular.
>
> Exemplos:
>
> **Fez** três meses que ele viajou.
>
> Amanhã **faz** dois anos que ele concluiu o curso.
>
> Na próxima semana, **deve fazer** dois meses que não o vejo.

Para gabaritar as questões de concordância verbal, ficar ligado nas dicas a seguir é uma boa estratégia. Veja a ilustração!

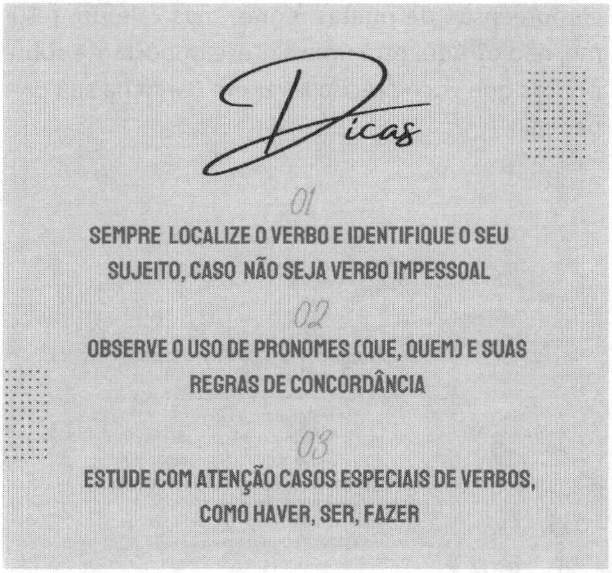

Outras regras de concordância verbal

1. **Expressões que indicam porcentagem: a concordância verbal depende da presença ou da ausência de uma expressão depois do termo indicativo da porcentagem.**

   No desconto do salário, 10% **significam** muito.

   No desconto do salário, 1% **significa** pouco.

   - **REGRA:** o verbo concorda com o número da porcentagem quando a porcentagem não for seguida de outra palavra.

   Na pesquisa, 10% da população **aprovou** o produto.

   Ontem, 30% dos funcionários **faltaram**.

   Segundo o Censo, 80% do público eleitor não **lembra** em quem votou na última eleição.

   Dez por cento dos sócios **concordaram** com a demissão do diretor da empresa.

   - **REGRA:** o verbo concorda com a palavra que acompanha a porcentagem.

2. Verbo + pronome se

   – **REGRA 1:** Os verbos **transitivos diretos ou transitivos diretos e indiretos,** quando apassivados, **concordam com o sujeito.**

   Vende-se casa na praia. **Vendem-se** casas na praia.

   Durante o jornal da TV, **confirmaram-se,** de forma repentina, as notícias sobre a morte do ditador.

   Aluga-se apartamento. **Alugam-se** apartamentos.

   – **REGRA 2: Verbo transitivo indireto fica na terceira pessoa do singular.**

   Exemplos:

   Precisa-se de cozinheiros.

   Assiste-se a mudanças no País.

   Trata-se de questões preliminares ao debate.

3. **O substantivo que se segue à expressão "um e outro" fica no singular, mas o verbo pode empregar-se no singular ou no plural.**

   Exemplos:

   Um e outro texto **trata** do mesmo tema.

   Um e outro texto **tratam** do mesmo tema.

4. **As locuções "um ou outro" ou "nem um, nem outro", seguidas ou não de substantivo, exigem o verbo no singular.**

   Exemplos:

   Uma ou outra opção **acabará** por prevalecer.

   Nem uma, nem outra medida **resolverá** o problema.

5. **Tanto ...como, não só... mas também:** verbo no plural.

   Exemplos:

Não só professores do Estado, mas também policiais **realizaram** greve este ano.

Tanto Bia como Salete **entraram** apressadamente na loja.

- **Lembretes!**

VERBO NO SINGULAR	
Se o sujeito da oração for uma sequência de palavras resumidas por pronomes indefinidos	Casa, água, comida, tudo faz parte da dignidade da vida humana
Se o sujeito for representado por verbo no infinitivo sem haver artigo antes do verbo no infinitivo	Viajar e conhecer culturas constitui um dos melhores prazeres da vida.

> ▷ **Atenção!**
>
> **O andar e o cantar dele despertam muita atenção por quem o vê.**

VERBO NO SINGULAR	
Se o sujeito da oração for formado por palavras sinônimas	Minha raiva e indignação levou-me a questionar o juiz.
Se o núcleo do sujeito for composto por uma expressão singular mesmo que tenha ideia de coletivo	O casal saiu do hotel bem cedo.

Outros cuidados

- **Concordância com o verbo *parecer***

O verbo *parecer* admite duas concordâncias: pode-se flexioná-lo ou flexionar o infinitivo

Os jogadores pareciam gostar dos treinos.

Os jogadores parece gostarem dos treinos

- **Concordância com os verbos *bater, soar e dar***

a) Na indicação de horas, concordam com o numeral

Bateu uma hora da manhã

Bateram três horas da tarde

Soavam cinco horas

Deu uma hora agora.

b) Quando o sujeito for determinado, os verbos concordaram com o sujeito

O relógio bateu uma hora da manhã

O relógio bateu três horas da tarde

Os sinos soaram cinco horas

Os sinos deram uma hora agora.

> ▷ **Atenção!**
>
> **Concordância ideológica**: concordância com o "sentido" do termo que compõe o sujeito
>
> O casal **saíram** cedo da festa.
>
> Nós, professoras do curso, somos bastante dedicadas.
>
> A gente **estudamos** sempre os temas dos projetos antes de apresentá-los.

Novamente, o estudo de concordância exige a compreensão de muitas regras, mas vale um resumo, não é? Aqui está uma síntese importante sobre pontos que você precisa levar em conta na sua preparação.

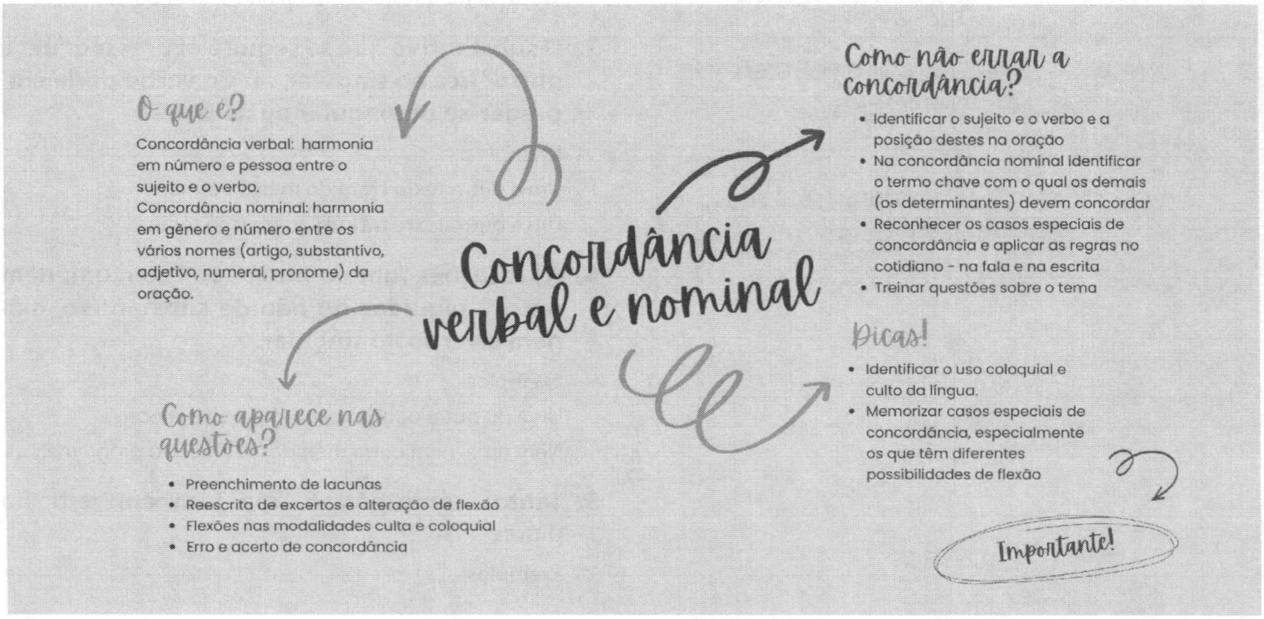

9. SINTAXE DO PERÍODO E DA ORAÇÃO

No estudo da sintaxe, o que precisamos saber inicialmente? Primeiro: existem várias formas de se estabelecer uma análise linguísticas dos termos em uma frase, oração ou período. Segundo: a análise sintática contempla as relações que se estabelecem entre os termos da oração; a análise morfológica enfatiza a estrutura, a formação e os mecanismos de flexão das palavras. Vamos então detalhar isso. Veja os conceitos.

Sintaxe da oração e do período

- **Frase:** É todo e qualquer enunciado que apresenta sentido completo. A frase pode ser:

Nominal: a que não possui verbo	Verbal: a que possui verbo
Socorro! Sofrimento por causa de prejuízos decorrentes do temporal	Concurso de pessoas é um agravante de pena. Acidente envolveu dois casos, e ninguém ficou ferido.

- **Oração:** é o enunciado organizado em torno de um verbo.

  A principal característica da oração não é o sentido completo (ainda que possa ter), mas sim o verbo.

  Exemplos:

  Mário marcou gol em jogo de futebol. (Uma oração)

  João saiu cedo, trabalhou na empresa e depois voltou para casa. (Três orações)

  Mário marcou gol em jogo de futebol quando a partida estava no final. (Duas orações)

  Para sair em férias, cumpriu todas as tarefas. (Duas orações)

  Terminada a greve, os professores retomaram os trabalhos. (Duas orações)

- **Período:** é todo e qualquer enunciado de sentido completo, terminado por pausa gráfica forte e possuindo pelo menos uma oração. O período pode ser:

Simples: o que só possui uma oração	Composto: o que possui mais de uma oração
Sentíamos muito frio na região serrana. Saiu cedo de casa. A festa movimentou a avenida.	Alguns cantavam e outros dançavam. Quando ela chegou até a sala, não nos disse se tivera êxito no exame. Considerando o tipo de crime, ele deve ficar preso por dois anos. Manifestada a renúncia do jogador, clube procura outro atleta para jogar na temporada atual.

> ▷ **Atenção!**
> **Oração, em período composto, não precisa ter sentido completo.**

Observe a síntese acerca dessa abordagem dos conceitos iniciais ao estudo da sintaxe.

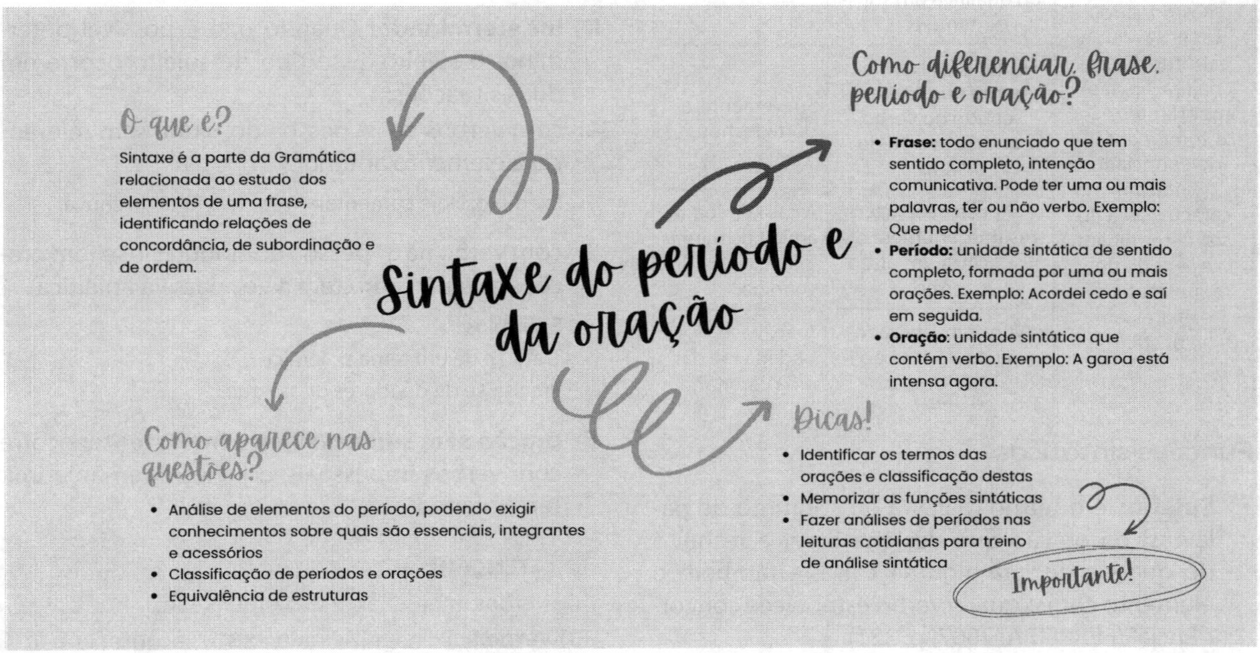

Na análise sintática, os elementos da oração são classificados em três grupos, em cada um deles há funções sintáticas específicas, como veremos a seguir:

Termos essenciais: sujeito e predicado → Termos integrantes: agente da passiva, complemento nominal, complemento verbal → Termos acessórios: adjunto adverbial, adjunto adnominal, aposto, vocativo

Termos da oração (período simples)

Termos	Funções sintáticas	Exemplos
Essenciais: aqueles necessários para a existência e formação da oração	Sujeito: termo da oração no qual se enuncia alguma coisa.	O time de futebol gaúcho venceu a Copa.
	Predicado: termo da oração que se refere ao sujeito.	O time de futebol gaúcho venceu a Copa.
Integrantes: termos que integram (completam) o significado dos termos essenciais (sujeito e predicado)	Agente da passiva: indica quem praticou a ação de um verbo na voz passiva.	A modelo foi traída pelo namorado.
	Complemento nominal: completa o sentido do adjetivo, do advérbio ou do substantivo.	O acesso à rua está bloqueado.
	Complemento verbal: completa o sentido dos verbos transitivos.	O juiz informou a sentença ao réu.
Acessórios: termos que, mesmo sendo dispensáveis na estrutura básica da oração, são importantes para a compreensão do enunciado; indicam característica do ser, determinam o sentido do substantivo e expressam circunstância.	Adjunto Adnominal: termo que caracteriza, modifica, determina ou qualifica um substantivo.	O rio Amazonas está cheio.
	Adjunto Adverbial: termo que altera o sentido do verbo, do adjetivo ou do advérbio.	Suavemente, a porta fechou.
	Aposto: explica, resume, enumera ou especifica um outro termo.	A casa da Joana, amiga de minha infância, foi vendida.
	Vocativo: utilizado para referir-se ao interlocutor.	João, você poderia me dar uma carona?

Funções sintáticas

- **Sujeito:** "é o termo (palavra ou conjunto de palavras) da oração que designa o ser a respeito do qual se declara alguma coisa; é também o elemento com o qual o verbo estabelece concordância" (FERREIRA, 2007, p. 331)

Exemplos:

Maria saiu daqui há três minutos.

Pedro e Bia vão casar em novembro.

Chegaram **as encomendas.**

> ▷ **Atenção!**
>
> **O sujeito pode estar antes ou depois do verbo.**
>
> À meia-noite, serão desligados os aparelhos de ar condicionado.
>
> Os aparelhos de ar condicionado serão desligados à meia-noite.
>
> **Nas regras de concordância, o verbo concorda com o sujeito.**

- **Tipos de sujeito**

A) simples: tem um único núcleo.

Exemplo: O velho **homem** apaixonou-se pela jovem atriz.

B) composto: tem dois ou mais núcleos

Exemplo: As **ruas** e as **praças** serão monitoradas por câmeras de segurança.

C) Oculto, elíptico ou desinencial: o sujeito pode ser identificado pela desinência do verbo ou pelo contexto em que aparece.

Exemplo: Ficarás em casa (sujeito: **tu**)

D) Indeterminado: Quando não é possível determinar o sujeito. Esse tipo de sujeito ocorre em duas situações:

1) com verbos na 3ª pessoa do plural sem referência a elemento anterior.

Exemplo: Hoje comentaram sobre a falta de chuva.

2) com verbo na 3ª pessoa do singular + **se** (em orações que não admitem a voz passiva analítica)

Exemplos:

Trata-se de um tema polêmico.

Precisa-se de doadores de sangue.

E) oração sem sujeito/sujeito inexistente: ocorre com verbos impessoais, aqueles que não admitem sujeito.

> ▷ **ATENÇÃO!**
>
> Os verbos impessoais mais comuns são:
>
> **1) Verbo *haver* significando existir, acontecer e indicando tempo passado.**
>
> Exemplos:
>
> Aqui já houve grandes encontros de motociclistas.
>
> Há dez anos ele foi morar no Paraná.

2) Verbo *ser* indicando tempo.

Exemplo: Agora são cinco e meia da tarde.

3) Verbos indicativos de fenômenos da natureza.

Exemplo: Ontem à tarde, ventou muito aqui.

4) Verbo *fazer* quando indicar tempo.

Exemplo: Faz dois dias que ele saiu.

- **Predicado: é o comentário acerca do sujeito.**

Exemplo: João saiu furioso da sala.

O predicado pode ser classificado em:

1. **Nominal:** apresenta um verbo de ligação e predicativo do sujeito e tem como núcleo um nome.

Exemplo: A garota **tornou-se** muito **arrogante**.

2. **Verbal:** apresenta um verbo transitivo ou intransitivo e tem como núcleo um verbo.

Exemplo: O colégio **realizará** apresentação de Natal.

3. **Verbo-nominal:** apresenta um verbo transitivo ou intransitivo e também um predicativo. É resultante da fusão de um predicado verbal e de um nominal.

Exemplo: Ele saiu furioso ontem. (Ele saiu ontem + Ele estava furioso)

Antes de estudarmos outros elementos da oração, vamos destacar uma síntese dessa parte da sintaxe?

Sujeito

ELEMENTO QUE EXECUTA OU SOFRE AÇÃO DE UM VERBO. É AQUELE DE QUE(M) SE FALA.
EXEMPLO: NÓS COMPRAMOS UM CARRO.

Predicado

FORMADO POR VERBO E SEUS COMPLEMENTOS, EXPRESSA SOBRE O SUJEITO.
EXEMPLO: NÓS COMPRAMOS UM CARRO.

- **Objeto:** é um termo relacionado ao verbo. Tem a função de completar o sentido do verbo. Pode ser:

1. **Direto:** termo da oração que completa o sentido de um verbo transitivo direto. Não é precedido de preposição.

Exemplo: O rapaz comprou **uma casa**.

2. **Indireto:** termo da oração que completa o sentido de um verbo transitivo indireto por intermédio de preposição.

Exemplo: A moça precisou **de ajuda**.

▷ **Atenção!**

1. **Há verbos que admitem a troca de um objeto indireto por pronome lhe(s).**

O professor informou a nota **aos alunos**.
OI

O professor informou-**lhes** a nota.
OI

2. **É possível também que o objeto direto seja um pronome pessoal (o, a, lo, la, no, na)**

O professor informou **a nota** aos alunos.
OD

O professor informou-**a** aos alunos.
OD

- **Adjunto adverbial:** é o termo que "exprime uma circunstância (de tempo, lugar, modo, etc) ou, em outras palavras, que modifica o sentido de um verbo, adjetivo ou advérbio." (CEGALLA, 2008, p. 364). Pode ser formado por um advérbio ou locução adverbial.

Exemplos:

Amanhã o sol brilhará **mais**.

O sol **às vezes** fica escondido **entre as nuvens**.

- **Agente da passiva:** é o agente da ação verbal em oração que está na voz passiva (apresenta sujeito paciente). Normalmente, esse termo é introduzido pela preposição "por" e, em alguns casos, pela preposição "de".

Exemplo:

O ladrão foi capturado **pela polícia.**

- **Adjunto adnominal:** é o termo que se associa a um nome para especificar o sentido do nome, introduzindo uma característica, qualidade ou modo de ser.

Exemplo:

A grande capital **brasileira** é Brasília.

- **Predicativo:** é o "termo que, por meio de um verbo, relaciona-se ao sujeito ou ao objeto, atribuindo-lhes uma qualidade, uma característica ou um estado" (FERREIRA, 2007, p. 388). Pode ser:

1. **Predicativo do sujeito:** relaciona-se ao sujeito através de um verbo de ligação claramente expresso ou subentendido.

Exemplo: O rapaz permaneceu **calado** na reunião.

2. **Predicativo do objeto:** relaciona-se ao objeto, exprimindo uma característica nova, circunstancial.

   Exemplo: A juíza tornou a sentença **justa**.

- **Complemento nominal:** é o termo que completa o sentido de um nome.
  Exemplo: A obra de arte é semelhante **a um anjo triste**.

▷ **Atenção!**

Na análise sintática, é comum haver dificuldades para diferenciar Adjunto adnominal e Complemento nominal.

Adjunto adnominal	Complemento nominal
Ideia ativa amor **de mãe** – a mãe pratica a ação de amar. Termo dispensável Cara de anjo A palestra sobre drogas foi muito bem conduzida por ele!" "Você viu as casas de pedras?"	Ideia passiva amor **à mãe** – a mãe recebe o amor Termo necessário Homenagem de despedida A palestra alusiva ao carnaval foi muito bem conduzida por ele! Você viu as planilhas de notas?

- **Aposto:** é "uma palavra ou expressão que explica ou esclarece, desenvolve ou resume outro termo da oração" (CEGALLA, 2008, p. 365).
  Exemplo: Brasília, **capital do Brasil**, é a cidade que mais possui radares para controle de velocidade no trânsito.

- **Vocativo:** é "o termo (nome, título, apelido) usado para chamar ou interpelar a pessoa, o animal ou a coisa personificada a que nos dirigimos". (CEGALLA, 2008, p. 366).

  Exemplo: **Ana**, venha até aqui.

Colocação dos termos na oração

- **Ordem direta**

– **Sujeito + verbo + complemento verbal + adjunto adverbial**

  Várias pessoas visitaram o museu na Espanha.

– **Sujeito + verbo + predicativo**

  A festa está maravilhosa!

- **Ordem indireta/ordem inversa**

  O museu na Espanha várias pessoas visitaram.

  Está maravilhosa a festa!

- Tipos de período

  O período pode ser:

a) simples: apenas uma oração

   Exemplo:
   Sofia escolheu um romance para leitura.

b) composto: duas ou mais orações

   Exemplos:
   Sofia escolheu um romance para leitura, mas não gostou da história.
   Sofia escolheu um romance para leitura a fim de se entreter, mas não gostou da história.

Agora, veja o esquema:

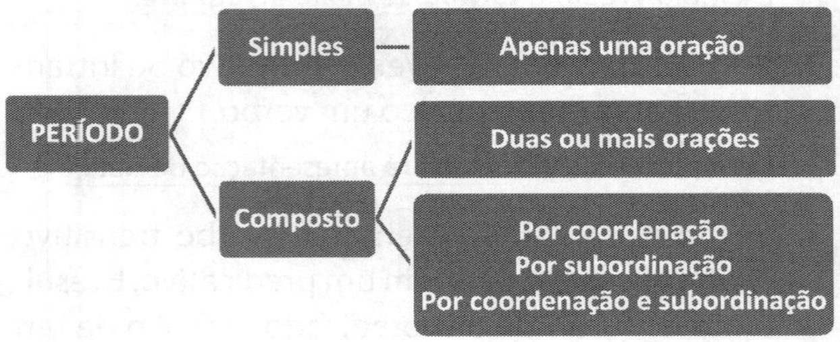

- **Período composto**

a) **Composto por Coordenação:** é constituído apenas de orações independentes, coordenadas entre si, mas sem nenhuma dependência sintática.

O **período composto por coordenação** é formado por **orações gramaticalmente independentes.**

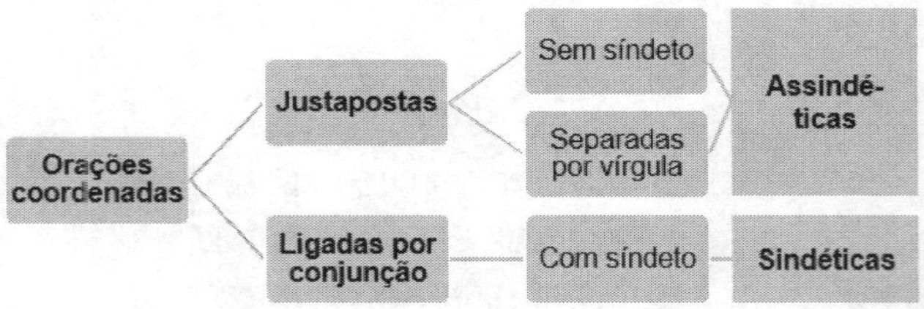

Exemplos:
Cheguei à casa, saí, ninguém me viu.
A festa terminou, mas ninguém saiu do recinto.
Estudo bastante, logo terei bom desempenho no exame.

b) **Composto por Subordinação:** é constituído de um conjunto por pelo menos duas orações, em que uma delas (Subordinada) depende sintaticamente da outra (Principal).

O **período composto por subordinação** é formado por uma **oração gramaticalmente dependente de outra(s) oração(ões).**

Exemplos:
A festa ao ar livre foi cancelada a fim de evitar transtornos por causa da chuva.

Ao chegar o verão, todos querem a praia.

Manifestada a crise, o comércio vende menos.

É certo que o jogo será transferido devido ao mau tempo.

A moça, que é moradora da cidade, ganhou milhões na loteria.

- **Classificação quanto à função**

As orações subordinadas desempenham funções de:

a) Substantivo: orações substantivas

Exemplos:

É certo **que choverá amanhã.**

Ele disse **que viajará a Porto Alegre.**

b) Adjetivo: orações adjetivas

Exemplos:

O livro **que está no topo de vendas** é de Moacyr Scliar.

A casa **onde ele mora** está à venda.

c) Advérbio: orações adverbiais

Exemplos:

Assim que iniciaram as aulas, ele começou os estudos.

Ele perde peso fácil **à medida que pratica exercícios.**

- **Classificação quanto à forma**

As orações subordinadas quanto à forma e ao modo podem ser:

a) Desenvolvidas: verbo conjugado e presença de conetivo

Exemplos:

Ele foi cedo para o trabalho **embora o expediente comece apenas às 9h.**

Se chover amanhã, a partida será cancelada.

b) Reduzidas: verbo em forma nominal (infinitivo, gerúndio ou particípio)

Exemplos:

Andando na chuva, ele chegou molhado à sua casa.

Não me interessa **lembrar o passado.**

c) **Misto:** quando é constituído de orações coordenadas e subordinadas.

Exemplos:

O presidente do clube cancelou a contratação do jogador e demitiu o técnico de futebol quando observou a perda de receitas da entidade.

A juíza, para atender à legislação vigente, determinou a suspensão das propagandas eleitorais, mas o partido descumpriu a ordem.

Talvez a professora corrija hoje as provas ou deixará essa tarefa para sua substituta, que assumirá as atividades docentes amanhã na universidade.

10. ORAÇÕES

Orações coordenadas

As orações coordenadas são orações que apresentam sentido completo e, na definição de Cegalla (2008), são as orações que se ligam umas às outras de mesma natureza sintática.

Exemplos:

O governo anunciou aumento de gastos, e a população protestou.

A escola lançou novo currículo, os alunos gostaram da proposta, os professores consideraram-na adequada.

- **Tipos de orações coordenadas**

Assim as orações coordenadas podem ser:

1. **assindéticas:** são as orações coordenadas justapostas e sem conetivo (conjunção).

Exemplo:

Campeonato de futebol inicia, times estão preparados e torcida está pronta para os jogos.

2. **sindéticas:** são as orações coordenadas que se ligam à oração anterior por meio de conetivo (conjunção).

Exemplo:

Campeonato de futebol inicia, times estão preparados **e torcida está pronta para os jogos.**

As orações coordenadas sindéticas são classificadas de acordo como sentido que imprimem à oração.

- **Classificação das orações coordenadas sindéticas**

Classificação	Sentido	Conjunções	Exemplos
Aditiva	Adição, soma, acréscimo	e, nem, não só ... mas também, como, não apenas ... mas ainda	Ele foi a festa **e depois voltou para casa.** Ele não só comprou um carro, **mas também financiou uma moto.** João gosta de jogar cartas **como de jogar videogame.**
Alternativa	**Alternância ou escolha; exclusão**	ou, ou... ou; ora...ora; quer...quer; seja...seja.	Ele estuda **ou trabalha.** Iremos a pé ao trabalho **ou sairemos de carro**? Ele virá pessoalmente ao banco **ou enviará procurador**. Ora estuda, **ora trabalha**. A escola pode promover a inclusão, **seja para atender a mais alunos, seja para impedir discriminação.**
Adversativa	**Oposição, contraste**	e, mas, contudo, todavia, entretanto, porém, no entanto	As pistas do crime estão evidentes**, e a polícia não identifica o assassino.** Ele comprou um carro**, mas não o pagou.** João foi à festa, ficou até tarde**, porém não se divertiu.**
Conclusiva	**Conclusão**	logo, portanto, por fim, por conseguinte, pois, então, consequentemente	João concluiu sua graduação, **portanto pode trabalhar.** Ele comprou um carro novo, **por isso está feliz da vida.** Penso, **logo existo.**
Explicativa	**Explicação**	porque, que, pois	Corra, **que está vindo a chuva.** Ele comprou um carro novo, **porque o seu estava muito velho.** João foi à festa, **porque queria diversão.**

▷ **Atenção!**

1) Um mesmo período pode apresentar mais de uma oração sindética.

Exemplos:

João passou no concurso, **mas** não assumiu a vaga **porque** foi aprovado em uma seleção mais interessante para ele.

O policial aplicou a multa, **e** o motorista não a aceitou **ou** não a compreendeu... Resmungou o tempo inteiro.

2) As orações coordenadas são separadas por vírgula, exceto as iniciadas por E (regra especial)

Exemplos:

João viajou para a Itália, **mas** não visitou Roma.

O policial aplicou a multa, **porque** houve infração de trânsito.

Ora ele quer um emprego novo, **ora** prefere o trabalho atual.

A conjunção E

Ele foi para casa cedo **e** não voltou ao trabalho.

Ele foi para casa cedo, **e** sua esposa chegou tarde.

- **Composto por Subordinação:** é constituído de um conjunto por pelo menos duas orações, em que uma delas (Subordinada) depende sintaticamente da outra (Principal).

O **período composto por subordinação** é formado por uma **oração gramaticalmente dependente de outra(s) oração(ões)**.

Exemplos:

A festa ao ar livre foi cancelada a fim de evitar transtornos por causa da chuva.

Ao chegar o verão, todos querem a praia.

Manifestada a crise, o comércio vende menos.

É certo que o jogo será transferido devido ao mau tempo.

A moça, que é moradora da cidade, ganhou milhões na loteria.

- **Classificação quanto à função**

As orações subordinadas desempenham funções de:

a) Substantivo: orações substantivas

Exemplos:

É certo **que choverá amanhã.**

Ele disse **que viajará a Porto Alegre.**

b) Adjetivo: orações adjetivas

Exemplos:

O livro **que está no topo de vendas** é de Moacyr Scliar.

A casa **onde ele mora** está à venda.

c) Advérbio: orações adverbiais

Exemplos:

Assim que iniciaram as aulas, ele começou os estudos.

Ele perde peso fácil **à medida que pratica exercícios**.

- **Classificação quanto à forma**

As orações subordinadas quanto à forma e ao modo podem ser:

a) Desenvolvidas: verbo conjugado e presença de conetivo

Exemplos:

Ele foi cedo para o trabalho **embora o expediente comece apenas às 9h**.

Se chover amanhã, a partida será cancelada.

b) Reduzidas: verbo em forma nominal (infinitivo, gerúndio ou particípio)

Exemplos:

Andando na chuva, ele chegou molhado à sua casa.
Não me interessa **lembrar o passado**.

c) Misto: quando é constituído de orações coordenadas e subordinadas.

Exemplos:

O presidente do clube cancelou a contratação do jogador e demitiu o técnico de futebol quando observou a perda de receitas da entidade.

A juíza, para atender à legislação vigente, determinou a suspensão das propagandas eleitorais, mas o partido descumpriu a ordem.

Talvez a professora corrija hoje as provas ou deixará essa tarefa para sua substituta, que assumirá as atividades docentes amanhã na universidade.

Orações subordinadas

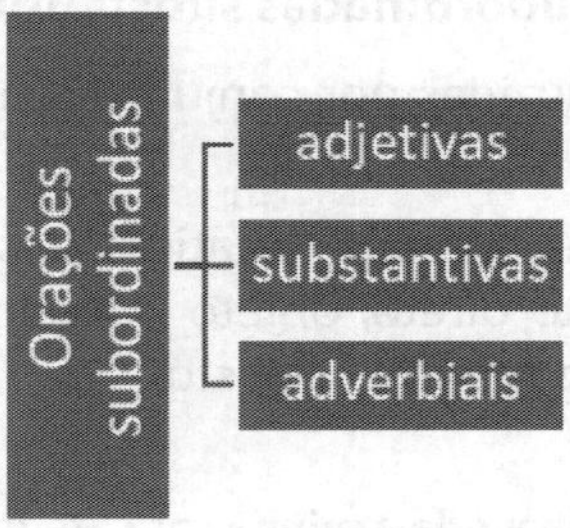

São orações dependentes, sintática e semanticamente, de outra oração, a qual é chamada de função principal.

Exemplos:

O concurso será lançado **assim que for definida a banca responsável pela seleção.**

A fim de se preparar para o exame físico, ela está praticando exercícios na academia.

Joana, **que casou com Pedro na última semana**, está grávida.

▪ Oração subordinada + oração principal

O concurso será lançado **assim que for definida a banca responsável pela seleção.**

A fim de se preparar para o exame físico, ela está praticando exercícios na academia.

Joana, **que casou com Pedro na última semana**, está grávida.

A **oração subordinada** é "classificada conforme a categoria a que corresponde e pela qual pode ser substituída no desempenho da mesma função. Daí ser a oração transposta classificada como *substantiva*, *adjetiva* ou *adverbial*, segundo a tradição gramatical, pois desempenha função sintática normalmente constituída por substantivo, adjetivo ou advérbio." (BECHARA, 2009, p. 383)

Importante lembrar que o período subordinado contém oração principal e oração subordinada (dependente da principal para ter sentido completo), como no exemplo a seguir:

Assim que ele chegou, eu fui embora da festa.
Oração subordinada *Oração principal*

▪ Classificação das orações subordinadas

Oração subordinada adjetiva	Oração subordinada substantiva	Oração subordinada adverbial
•Função sintática constituída por um adjetivo •Classificações: explicativa ou restritiva •Exemplos: •A namorada, **cujo pai de dono da livraria central,** é uma jovem simpática e simples. •O jovem jogador, **que foi recentemente contratado pelo time,** já dá sinais de descontentamento.	•Função sintática constituída por um substantivo •Classificações: objetiva direta, objetiva indireta, predicativa, subjetiva, completiva nominal, apositiva •Exemplos: •Ele disse **que a festa acabou.** •Não sei **se ele comprou o apartamento na rua do centro.** •É óbvio **que ele não tem dinheiro para a quitação do imóvel.**	•Função sintática constituída por um advérbio •Classificações: causal, concessiva, conformativa, comparativa, condicional,, consecutiva, final, proporcional e temporal •Exemplos: •**Assim que começou a dança na festa,** os convidados ficaram mais animados. •A festa será mantida **mesmo que tenha alto custo e possibilidade real de prejuízo.**

- **Orações subordinadas adjetivas**

Exercem a função de adjetivo;

Subordinam-se a um termo anterior (substantivo ou equivalente);

São introduzidas por pronomes relativos (a qual, quem, que, cujo, onde, aonde, quanto).

Exemplos:

Ele aprecia a noite **que lhe acalma**.

Ele estuda tudo **quanto lhe interessa**.

Ele leu um livro **cujo tema é a imigração no Brasil**.

- **Classificação das orações subordinadas adjetivas**

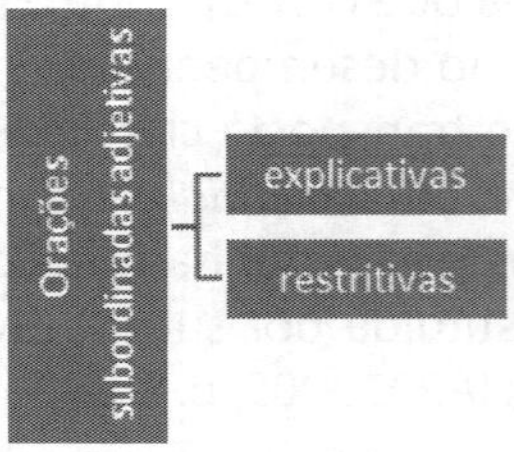

- **Oração subordinada adjetiva explicativa**

É a oração que serve para esclarecer melhor ou explicar o sentido do termo a que se refere, ou seja, o termo antecedente, atribuindo a ele uma qualidade ou acrescentando a ela uma informação.

Não é indispensável.

É isolada por vírgula ou travessões.

Exemplos:

O conflito, **que era de fácil resolução**, deixou os mediadores apreensivos.

Carnaval, **o qual se consolidou como uma das festas mais populares do Brasil**, promove troca de papéis sociais.

Jogo da seleção – **cujo treinador é muito bem preparado** – foi um fracasso.

- **Oração subordinada adjetiva restritiva**

É a oração adjetiva que restringe ou limita o sentido do termo antecedente.

É indispensável no período.

Não é isolada por vírgula.

Exemplos:

Os carros **que foram roubados ontem** já foram recuperados.

A filha **cujo pai está em viagem** foi pega com drogas pela polícia.

As cidades **onde há menos poluição** são mais adequadas para viver.

> ▷ **Atenção!**
>
> **Oração subordinada adjetiva**
>
> **1) Pode aparecer em forma desenvolvida ou reduzida**
>
> A festa **que foi promovida pela e**mpresa custou R$ 50 mil reais.
>
> Chegaram à minha casa parentes **chegados do interior.**
>
> É comum encontrar comida **apodrecendo na minha geladeira.**
>
> Ele ganhou muito dinheiro com o livro **a despertar milhos de leitores.**
>
> **2) Sempre se relaciona a um nome e exerce a função de adjunto adnominal**
>
> Ele, **que é um garoto esperto**, está estudando e trabalhando ao mesmo tempo.
>
> O livro Memórias póstumas, **cujo autor é Machado de Assis,** trata da história de um defunto escritor.
>
> **3) Pode exigir a presença de uma preposição antes do pronome relativo**
>
> Ele é o homem **a quem fiz referência no trabalho.**
>
> Machado de Assis é um autor **com cujas ideias nem sempre concordo.**
>
> Machado de Assis é um autor **de que gosto muito.**

- **Orações subordinadas substantivas**

São introduzidas por conjunção integrante (*que* ou *se*).

Exercem as funções sintáticas dos substantivos (sujeito, objeto direto, objeto indireto, predicativo, complemento nominal, aposto).

Exemplos:

Solicito **a sua vinda à minha casa.** (termo em destaque: objeto direto)

Solicito **que venha à minha casa.** (oração em destaque: oração subordinada substantiva objetiva direta)

— **Classificação das orações subordinadas substantivas**

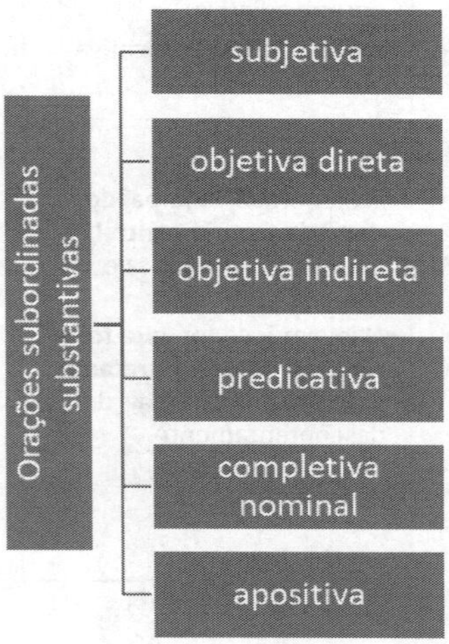

Classificação	Função	Exemplo
Subjetiva	exerce a função sintática de **sujeito** do verbo da oração principal	É certo **que ele vem hoje aqui**. Convém **que João busca tratamento médico.** Foi decidido **que ele sairá do país.** Parece **que a festa durou até a madrugada.**

▷ **DICA**

As orações subordinadas substantivas subjetivas aparecem em "esquemas de construção" com verbo mais QUE ou SE.

"São os seguintes, quando em terceira pessoa e seguidos de *que* e *se*:

a) De conveniência: convém, cumpre, importa, releva, urge, etc.

b) De dúvida: consta, corre, parece, etc.

c) De ocorrência: acontece, ocorre, sucede, etc.

d) De efeito moral: agrada, apraz, admira, dói, espanta, punge, satisfaz, etc.

e) Na passiva: conta-se, sabe-se, dir-se-ia, é sabido, foi anunciado, ficou provado, etc.

f) Nas expressões dos verbos *ser, estar, ficar*, com substantivo, ou adjetivo: é bom, é verdade, está patente, ficou claro, etc."

(ROCHA LIMA, 2011, p. 328)

Classificação	Função	Exemplo
Objetiva direta	exerce a função sintática de **objeto direto** do verbo da oração principal	Ela disse **que ele vem hoje aqui.** Pedro comentou **que João está doente.** Não sei **se ele sairá do país.** Perguntaram **quem iria ao jogo.**
Objetiva indireta	exerce a função sintática de **objeto indireto** do verbo da oração principal	Não me esqueço **do que ele me falou** quando saiu de casa. Pedro confia **em que João ficará curado da doença.** **Ela concorda com que João disse.**
Completiva nominal	exerce a função sintática de **complemento nominal** do nome que pertence à oração principal	Sinto orgulho **do que faço no trabalho.** Ele tem receio **de que João saia do país.** Tive vontade **de que ele saísse do país.**

Classificação	Função	Exemplo
Predicativa	exerce papel de **predicativo do sujeito** do verbo da oração principal e vem sempre depois do verbo **ser**.	A verdade é **que faço muitas tarefas todos os dias**, por isso esqueço algumas. Meu desejo **era que João saísse do país.** A impressão é **que ele está feliz da vida com o trabalho novo.**
Apositiva	exerce função de **aposto** de algum termo da oração principal.	É preciso que ele reconheça isto: **que agiu de forma errada.** Marina só me pediu uma coisa: **que pudesse ter o telefone de volta.**

Observação importante: Os gramáticos Cunha e Cintra (2016) acrescentam uma sétima classificação das orações subordinadas substantivas:

Classificação	Função	Exemplo
Agente da passiva	exerce função de **agente da passiva** da oração principal.	As ordens são executadas **por quem é subordinado ao chefe.** O livro foi lido **por quem se interessou pelo tema.**

As orações desse tipo são iniciadas por pronomes indefinidos (quem, quantos, qualquer etc) precedidos de POR ou DE. (CUNHA; CINTRA, 2016, p. 615.)

Orações subordinadas substantivas reduzidas

As orações subordinadas substantivas podem aparecer com verbos na forma nominal – apenas na forma de reduzidas de infinitivo.

Exemplos:

Oração subordinada substantiva	Exemplo
Subjetiva	Não me agrada **sair de casa sozinha.**
Objetiva direta	Vejo **ter chance de restabelecimento do contrato de trabalho.**
Objetiva indireta	Meu pai insiste **em eu estudar.**
Completiva nominal	Tive medo **de sair sozinha à noite.**
Apositiva	Ela pediu isto: **comer hambúrger.**
Predicativa	A melhor estratégia **é sempre conversar.**

Orações subordinadas adverbiais

Exercem a função sintática de adjunto adverbial da oração principal e por isso imprimem à oração sentido de causa, consequência, hipótese, tempo, modo etc. São iniciadas pelas conjunções subordinativas (exceto as conjunções integrantes) e são classificadas de acordo com o valor semântico da conjunção.

Exemplo:

O médico chegou **à noitinha.** (termo destacado: Adjunto adverbial de tempo)

O médico chegou **quando anoitecia**. (oração destacada: Oração Subordinada Adverbial Temporal)

Classificação das orações subordinadas adverbiais

1. **Causais:** exprimem causa, motivo, razão.

Conjunções: porque, como (início da oração), uma vez que, já que, visto que etc.

Exemplo: Ele gritou **porque viu um vampiro.**

2. **Comparativas**: indicam o segundo termo de uma comparação.

Muitas vezes, as orações comparativas vêm com o verbo elíptico (subentendido).

Conjunções: (mais) ... (do) que, (menos) ... (do) que, tão ... quanto, como

Exemplo: Nadei **como um peixe** (nada).

3. **Concessivas:** exprimem um fato que se concede ou que se admite em oposição ao fato expresso na oração principal.

Conjunções: embora, mesmo que, ainda que, se bem que, conquanto

Exemplo: O exercício era fácil **embora exigisse atenção.**

4. **Condicional:** exprimem uma condição ou hipótese para que o fato expresso na oração principal ocorra.

Conjunções: se, desde que, contanto que, a menos que, exceto se

Exemplo: **Se estudar pouco**, não conseguirá a vaga para a universidade.

5. **Conformativas:** exprimem acordo, um critério, uma forma ou conformidade, um modelo de acordo com o qual o fato expresso na oração principal se desenvolve.

Conjunções: conforme, como, segundo

Exemplo: **Como diz o povo**, Deus é pai.

6. **Consecutivas:** exprimem uma consequência, um efeito ou resultado do fato que ocorre na oração principal.

Conjunções: (tal) ... que, (tão) ... que, (tanto) ... que

Exemplo: Estava tão distraído **que não percebeu a chegada da visita na casa**.

7. **Finais:** exprimem finalidade, objetivo.

Conjunções: a fim de que, para que, que

Exemplo: Marcelo escreveu um texto **para que fosse publicado no jornal**.

8. **Proporcionais:** exprimem proporcionalidade.

Conjunções: à proporção que, à medida que, ao passo que, quanto mais ... (tanto mais), quanto mais ... (tanto menos)

Exemplo: **À medida que engorda**, suas roupas ficam pequenas.

9. **Temporais:** exprimem circunstância de tempo.

Conjunções: quanto, enquanto, sempre que, assim que, logo que, desde que

Exemplo: Saiu de casa **assim que a visita foi embora.**

▷ **Atenção!**

Ao substituir um conetivo por outro em uma oração subordinada adverbial, pode ser necessário mudar a flexão do verbo da oração subordinada.

Se o jogo **for** cancelado, o clube perderá receitas.

Caso o jogo **seja** cancelado, o clube perderá receitas.

▷ **Observação:**

A conjunção causal é uma conjunção de subordinação, e a conjunção explicativa é uma conjunção de coordenação.

Conjunção causal	Conjunção explicativa
Como, já que, uma vez que, porque	**Pois, porque, porquanto, que**

1. Exemplos de orações subordinadas causais:

a) Não como carne vermelha, porque sou vegetariano. = Como sou vegetariano, não como carne vermelha.

b) O João domina a escrita de redação, porque lê muito. = Como o João lê muito, domina a escrita de redação.

c) Aplaudiram o professor, porque a aula foi brilhante. = Como a aula foi brilhante, aplaudiram o professor.

2. Exemplos de orações coordenadas explicativas:

a) Suba, que lhe quero mostrar a reforma da casa. = Suba, pois quero mostrar lhe a reforma da casa.

b) Tome a sopa toda, que está gostosa. = Tome a sopa toda, pois está boa.

c) Não tenha medo da morte, porque todos morreremos um dia. = Não tenha medo da morte, pois todos morreremos um dia.

- **Outro ponto importante: As orações subordinadas adverbiais podem ser desenvolvidas ou reduzidas:**

Orações desenvolvidas	Orações reduzidas
Introduzida por conjunção subordinativa;	**Sem conjunção subordinativa;**
Verbo flexionado	**Verbo no infinitivo, particípio ou gerúndio**
Exemplo: **Quando cheguei ao trabalho,** vi dois assaltantes no prédio.	Exemplo: **Chegando ao trabalho,** vi dois assaltantes no prédio.

- **Orações subordinadas adverbiais reduzidas de infinitivo**

CLASSIFICAÇÃO	EXEMPLO
Causal	**Por estar em estágio,** não pôde aceitar o emprego.
Concessiva	Optou pela demissão do emprego **mesmo sem ter outro trabalho.**
Condicional	**Eu preferiria estar na neve canadense a estar enfrentando esse calor intenso.**
Consecutiva	Ele chorou tanto **ao ponto de ficar sem voz.**
Final	**Para ficar em casa no feriado,** fez horas extras na semana anterior.
Temporal	Saiu de casa **ao amanhecer.**

- **Orações subordinadas adverbiais reduzidas de gerúndio**

CLASSIFICAÇÃO	EXEMPLO
Causal	Pressentindo a perda de emprego, começou a buscar novo trabalho.
Concessiva	Mesmo tendo sorte na conquista de vagas, dedicou-se sempre ao desenvolvimento profissional.
Condicional	Precisando de ajuda, venha falar comigo.
Temporal	Ele foi assaltado, chegando ao local de trabalho à noite.

- **Orações subordinadas adverbiais reduzidas de particípio**

CLASSIFICAÇÃO	EXEMPLO
Causal	**Desesperado com a morte da mãe,** ele começou a gritar.
Concessiva	Ele foi para casa mais cedo **ainda admitidas tarefas não concluídas.**
Condicional	**Feito o cálculo do financiamento,** avaliará a pertinência de compra do imóvel.
Temporal	**Acabado o jogo,** ele foi para casa.

Com tantas classificações você pode estar se perguntando: como fazer a análise sintática corretamente? Observe as dicas, com passo a passo de como realizar esse tipo de análise:

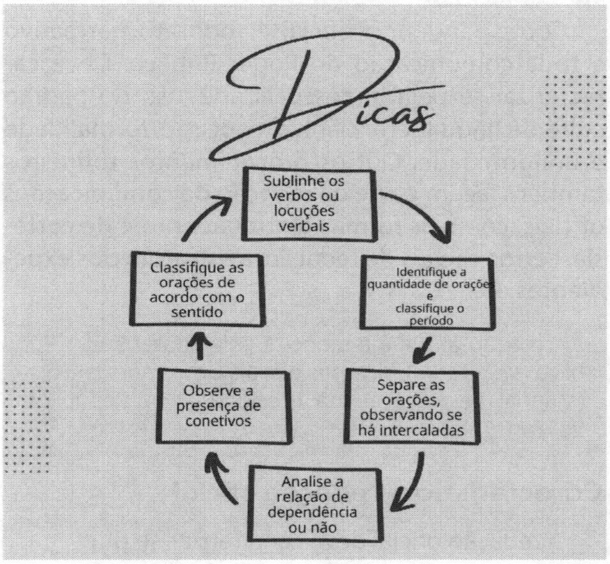

São muitas classificações, não é mesmo? Mas é importante compreender e memorizar cada uma delas, porque as provas trazem abordagens sobre análise sintática. Para facilitar seu estudo, veja o esquema a seguir:

Importante

01
- Classificações dos períodos: simples (formado por uma oração) ou composto (formado por duas ou mais orações). Este pode ser por coordenação, subordinação ou misto.

02
- Classificações das orações: coordenadas (aquelas que são sintaticamente independentes) ou subordinadas (aquelas que dependem de outras orações do período. Estas podem ser desenvolvidas ou reduzidas.

03
- Orações coordenadas: assindéticas; e sindéticas, que podem ser aditivas, adversativas, explicativas, alternativas ou conclusivas.
- Orações subordinadas: adjetivas, substantivas ou adverbiais. Cada uma dessas tem subclassificações.

11. REDAÇÃO OFICIAL

Correspondência oficial é todo ato normativo e toda comunicação do Poder Público. Deve caracterizar-se pela impessoalidade, uso do padrão culto de linguagem, clareza, concisão, formalidade e uniformidade. Outros procedimentos rotineiros também fazem parte da redação de comunicações oficiais, como as formas de tratamento e de cortesia, certos clichês de redação, a estrutura dos expedientes etc.

> A "redação oficial é a maneira pela qual o Poder Público redige comunicações oficiais e atos normativos". (Manual de Redação da Presidência da República, 2018, p. 16)

Características redação oficial

A redação oficial deve caracterizar-se por:

- clareza e precisão: redação que permite a compreensão imediata do leitor. Supõe uso de palavras simples frases curtas, completas, bem estruturadas e preferencialmente na ordem direta;
- objetividade: ir diretamente ao assunto que se deseja abordar, sem voltas e sem redundâncias concisão: transmissão do máximo de informações com o mínimo de palavras. Nesse sentido, evitar: comentários avaliativos desnecessários; excesso de adjetivação e advérbios; informações redundantes.
- coesão e coerência: conexão entre palavras, frases e parágrafos, dando continuidade uns aos outros.
- impessoalidade: como a redação oficial é elaborada sempre em nome do serviço público e sempre em atendimento ao interesse geral dos cidadãos, deve-se evitar a pessoalidade, marcada pelo uso da primeira pessoa do singular e pelo registro de impressões pessoais .
- formalidade e padronização: formalização na apresentação e na forma de tratamento, o que supõe uso da língua culta e atenção a formas de diagramação, estética e normas de elaboração dos textos oficiais.
- uso da norma padrão da língua portuguesa: elaboração textual que considera as normas gramaticais da modalidade culta da língua, bem como a ausência de expressões regionais, gírias, coloquialismos, modismos.

Parece difícil compreender isso? Não se desespere e fixe nos pontos essenciais que são comuns nas provas. Separamos um resuminho para você!

Importante

01
- As redações oficiais devem ser escritas de modo a possibilitar uma única interpretação, evitando ambiguidade. Os textos devem impessoais e uniformes para manter o caráter oficial.

02
- A exigência de emprego da língua culta não significa adoção de linguagem rebuscada, construções complexas, longas e indiretas nem emprego figuras de linguagem.

03
- É comum os textos oficiais apresentarem explicitações, esclarecimento de termos técnicos, de significado das siglas e abreviações e de conceitos específicos fundamentais, o que se associa ao princípio de clareza.

Na correspondência oficial, é fundamental usar, de forma correta, os pronomes de tratamento:

Autoridade	Endereçamento	Vocativo	Tratamento no corpo do texto	Abreviatura
Presidente da República	A Sua Excelência o Senhor	Excelentíssimo Senhor Presidente da República,	Vossa Excelência	Não se usa
Presidente do Congresso Nacional	A Sua Excelência o Senhor	Excelentíssimo Senhor Presidente do Congresso Nacional,	Vossa Excelência	Não se usa
Presidente do Supremo Tribunal Federal	A Sua Excelência o Senhor	Excelentíssimo Senhor Presidente do Supremo Tribunal Federal,	Vossa Excelência	Não se usa
Vice-Presidente da República	A Sua Excelência o Senhor	Senhor Vice-Presidente da República,	Vossa Excelência	V. Exa.
Ministro de Estado	A Sua Excelência o Senhor	Senhor Vice-Presidente da República,	Vossa Excelência	V. Exa.
Secretário Executivo de Ministério e demais ocupantes de cargos de natureza especial	A Sua Excelência o Senhor	Senhor Ministro,	Vossa Excelência	V. Exa.
Embaixador	A Sua Excelência o Senhor	Senhor Embaixador,	Vossa Excelência	V. Exa.
Oficial-General das Forças Armadas	A Sua Excelência o Senhor	Senhor + Posto,	Vossa Excelência	V. Exa.
Outros postos militares	Ao Senhor	Senhor + Posto,	Vossa Senhoria	V. Sa.
Senador da República	A Sua Excelência o Senhor	Senhor Senador,	Vossa Excelência	V. Exa.
Deputado Federal	A Sua Excelência o Senhor	Senhor Deputado,	Vossa Excelência	V. Exa.
Ministro do Tribunal de Contas da União	A Sua Excelência o Senhor	Senhor Ministro do Tribunal de Contas da União,	Vossa Excelência	V. Exa.
Ministro dos Tribunais Superiores	A Sua Excelência o Senhor	Senhor Ministro,	Vossa Excelência	V. Exa.

Fonte: MRPR, 2018, p. 23-24.

▷ **ATENÇÃO!**

1) Em relação aos pronomes de tratamento, devem ser usados de acordo com a função social dos destinatários do texto. Por isso, é importante estudar com atenção o quadro anterior.

2) Os pronomes possessivos referidos a pronomes de tratamento devem ser flexionados sempre na terceira pessoa. Exemplo: Vossa Senhoria está com sua agenda disponível na primeira semana de março? (E não "com vossa agenda").

3) De acordo om o *Manual de Redação da Presidência da República* (2018), o gênero gramatical deve coincidir com o sexo da pessoa a que se refere, e não com o substantivo que compõe a locução. Exemplos:

a) "Vossa Excelência está ocupado" [se o interlocutor for homem].
"Vossa Senhoria deve estar satisfeito" [se o interlocutor for homem].

b) "Vossa Excelência está ocupada" [se o interlocutor for mulher].
"Vossa Senhoria deve estar satisfeita". [se o interlocutor for mulher].

As comunicações oficiais, em seus diferentes gêneros textuais (memorando, ofício, parecer, etc), devem obedecer à **estrutura do gênero textual**. No entanto, de acordo com o MRPR, de 2018, o padrão ofício deve ser empregado para correspondências que têm por objetivo a comunicação que antes era realizada de modo específico por meio de alguns gêneros.

Correspondência	Finalidade	Estrutura
Ofício	Instrumento de comunicação oficial utilizado para exposição de ordens, solicitações, convites, convocações ou informações. Pode ser usado na esfera da comunicação pública destinada a órgãos públicos. Essa correspondência tem valor jurídico e segue padrão formal em sua elaboração.	Cabeçalho Identificação do expediente Local e data do documento Endereçamento Assunto Fecho Identificação do signatário
Mensagem	Instrumento de comunicação oficial entre os Chefes dos Poderes Públicos, notadamente as mensagens enviadas pelo Chefe do Poder Executivo ao Poder Legislativo para informar sobre fato da administração pública; para expor o plano de governo por ocasião da abertura de sessão legislativa; para submeter ao Congresso Nacional matérias que dependem de deliberação de suas Casas; para apresentar veto; enfim, fazer comunicações do que seja de interesse dos Poderes Públicos e da Nação. Minuta de mensagem pode ser encaminhada pelos ministérios à Presidência da República, a cujas assessorias caberá a redação final.	Brasão Identificação do expediente Vocativo Texto Local e data
E-mail	Como sistema de transmissão de mensagens eletrônicas, por seu baixo custo e celeridade, transformou-se na principal forma de envio e recebimento de documentos na administração pública." (MRPR, 2018, p. 46)	Assunto; Saudação inicial/vocativo; Texto; Fecho; Assinatura (o nome completo, o cargo, a unidade, o órgão e o telefone do remetente).

A redação oficial tem objetivos específicos e princípios que a definem. Isso precisa ser levado em conta. Então, fique ligado no resumo a seguir, pois ele traz vários pontos fundamentais desse conteúdo.

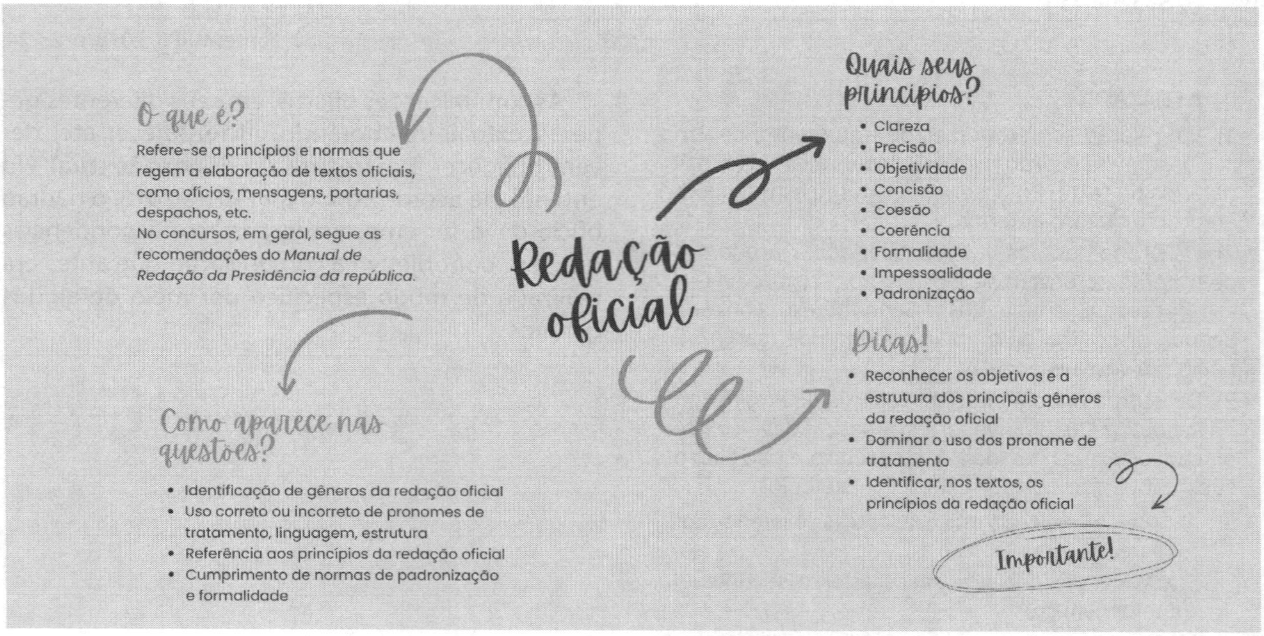

ÉTICA

Dineia Anziliero Dal Pizzol

Raquel Peruzzo

Sumário:

1. DECRETO Nº 6.029, DE 1º DE FEVEREIRO DE 2007 – INSTITUI SISTEMA DE GESTÃO DA ÉTICA DO PODER EXECUTIVO FEDERAL, E DÁ OUTRAS PROVIDÊNCIAS

Dineia Anziliero Dal Pizzol

1.1. Introdução ao Decreto nº 6.029, de 1º de fevereiro de 2007: Sistema de Gestão da Ética do Poder Executivo Federal

O estudo das normas que regem a conduta ética no âmbito público é essencial para quem deseja atuar no setor governamental. Em uma democracia consolidada como a brasileira, na qual a transparência e a integridade na gestão pública são pautas prioritárias, compreender as regras e diretrizes que direcionam a conduta dos agentes públicos é fundamental. Nesse contexto, destaca-se o Decreto nº 6.029, de 1º de fevereiro de 2007.

Esse decreto instituiu o Sistema de Gestão da Ética do Poder Executivo Federal, estabelecendo, assim, um marco na promoção da ética na administração pública brasileira. A finalidade principal desse sistema é coordenar e otimizar atividades que dispõem sobre a conduta ética no âmbito do Executivo Federal. Mas qual a real importância deste Sistema? E por que ele é relevante para os futuros servidores do INSS?

Primeiramente, o Sistema de Gestão da Ética busca integrar os órgãos, programas e ações que estão relacionados com a ética pública. Isso significa uma tentativa de unificar, sob um único guarda-chuva, todos os esforços voltados para garantir que a gestão pública seja pautada por princípios éticos.

O decreto dá ênfase à transparência e ao acesso à informação como ferramentas cruciais para a gestão da ética pública. Em tempos de demanda crescente por transparência nas ações governamentais, entender esse ponto é crucial para quem deseja atuar no setor público.

O decreto ainda promove a interação e compatibilização de normas e procedimentos técnicos relacionados à ética, visando garantir que todas as ações do Executivo Federal estejam alinhadas com os mesmos princípios e diretrizes éticas. Por fim, articula ações que incentivam o desempenho institucional na gestão da ética pública.

Para os futuros servidores do INSS, compreender o Decreto nº 6.029 é de suma importância, não apenas porque ele pode ser cobrado em provas, mas porque essa normativa estabelece diretrizes que orientarão sua atuação profissional.

A ética no serviço público não é apenas um conjunto de regras, mas um compromisso de atuar de maneira íntegra, transparente e em prol da coletividade. Ao conhecer e internalizar os princípios estabelecidos pelo Sistema de Gestão da Ética, o servidor estará mais preparado para desempenhar seu papel de maneira exemplar, contribuindo para a construção de um Brasil mais justo e ético.

DECRETO Nº 6.029, DE 1º DE FEVEREIRO DE 2007.

O PRESIDENTE DA REPÚBLICA, no uso da atribuição que lhe confere o art. 84, inciso VI, alínea "a", da Constituição,

DECRETA:

Art. 1º Fica instituído o Sistema de Gestão da Ética do Poder Executivo Federal com a finalidade de promover atividades que dispõem sobre a conduta ética no âmbito do Executivo Federal, competindo-lhe:

I - integrar os órgãos, programas e ações relacionadas com a ética pública;

II - contribuir para a implementação de políticas públicas tendo a transparência e o acesso à informação como instrumentos fundamentais para o exercício de gestão da ética pública;

III - promover, com apoio dos segmentos pertinentes, a compatibilização e interação de normas, procedimentos técnicos e de gestão relativos à ética pública;

IV - articular ações com vistas a estabelecer e efetivar procedimentos de incentivo e incremento ao desempenho institucional na gestão da ética pública do Estado brasileiro.

1.1.1 Comentários ao Artigo 1º e seus Incisos

O artigo inicia declarando a instituição do Sistema de Gestão da Ética do Poder Executivo Federal. A importância desse Sistema é evidente, pois visa a promover ações e atividades ligadas à conduta ética no âmbito do Executivo Federal.

Ou seja, esse Sistema estabelece os parâmetros e diretrizes para que os agentes públicos, dentro do Executivo Federal, ajam com integridade, transparência e responsabilidade.

I. O primeiro inciso ressalta a necessidade de integrar os diversos órgãos, programas e ações que se relacionam com a ética pública. Isso sugere que, antes da criação deste Sistema, poderia haver uma certa dispersão ou falta de unificação nas iniciativas éticas do governo. Ao integrar esses elementos sob uma única gestão, busca-se fortalecer e consolidar a prática da ética na administração pública.

II. Este inciso destaca dois instrumentos essenciais na gestão da ética pública: transparência e acesso à informação. A menção explícita a esses princípios revela a intenção do decreto em garantir que as ações do governo sejam transparentes para a população e que haja facilidade no acesso às informações públicas. Isso, por sua vez, promove a confiança da sociedade nas instituições públicas e reforça a importância da integridade na conduta dos agentes públicos.

III. O terceiro inciso reconhece a existência de diversas normas, procedimentos técnicos e de gestão que tocam o tema da ética pública. A promoção de compatibilização e interação destas normas sugere um esforço em harmonizá-las, garantindo que não haja conflitos ou sobreposições. Isso permite uma gestão da ética mais coesa e eficaz.

IV. Por fim, o quarto inciso ressalta o desejo de incentivar e melhorar o desempenho das instituições na gestão da ética pública. Não basta apenas estabelecer regras e diretrizes; é necessário também promover ações que motivem e elevem a capacidade das instituições em cumprir e promover a ética.

O Art. 1º e seus incisos refletem o compromisso do Poder Executivo Federal em consolidar uma cultura de ética robusta e eficaz, reconhecendo a importância da transparência, integração e incentivo ao desempenho institucional nessa jornada.

▷ **Atenção!** Para os estudantes, é crucial entender esses princípios, pois eles não apenas guiarão sua atuação como servidores públicos, mas também podem ser frequentemente abordados em avaliações e provas de concurso.

> Art. 2º Integram o Sistema de Gestão da Ética do Poder Executivo Federal:
>
> I - a Comissão de Ética Pública - CEP, instituída pelo Decreto de 26 de maio de 1999;
>
> II - as Comissões de Ética de que trata o Decreto no 1.171, de 22 de junho de 1994; e
>
> III - as demais Comissões de Ética e equivalentes nas entidades e órgãos do Poder Executivo Federal.

1.1.2 Comentários ao Artigo 2º e seus Incisos

Este artigo especifica quais entidades e órgãos estão incorporados no Sistema de Gestão da Ética do Poder Executivo Federal. A menção a esses órgãos e entidades reflete uma estrutura organizada que já se voltava, em alguma medida, para a gestão da ética antes mesmo da instituição deste Sistema.

I – a Comissão de Ética Pública – CEP

A Comissão de Ética Pública, instituída em 1999, tem como objetivo orientar e aconselhar sobre a ética profissional no tratamento de questões específicas no âmbito da administração pública federal. Esta Comissão é um dos pilares centrais no que diz respeito à promoção da ética no serviço público, sendo responsável por deliberações, recomendações e até mesmo pela apuração de condutas consideradas antiéticas.

II – as Comissões de Ética de que trata o Decreto nº 1.171, de 22 de junho de 1994

Essas Comissões de Ética, referenciadas pelo Decreto de 1994, estabelecem o Código de Ética Profissional do Servidor Público Civil do Poder Executivo Federal. Esse código representa uma das bases normativas que guiam a conduta ética dos servidores federais, estabelecendo princípios, deveres, proibições e formas de responsabilização em casos de desvios éticos. A inclusão destas Comissões reitera a importância de uma padronização da conduta ética em todo o Poder Executivo Federal.

III – as demais Comissões de Ética e equivalentes nas entidades e órgãos do Poder Executivo Federal

Essa parte do artigo é uma maneira abrangente de incluir todas as outras Comissões de Ética existentes nas diversas entidades e órgãos do Executivo Federal, que não foram especificamente nomeadas nos incisos anteriores. A menção a "equivalentes" indica que qualquer entidade ou órgão com uma estrutura ou função semelhante a uma Comissão de Ética também está integrado ao Sistema de Gestão da Ética.

O Art. 2º demonstra a interconexão e a hierarquia existente entre as diversas entidades e órgãos voltados para a gestão da ética no Poder Executivo Federal.

▷ **Atenção!** Para os estudantes que se preparam para o concurso, compreender a função e a relação entre estas entidades torna-se relevante para uma visão holística da ética na administração pública federal.

> Art. 3º A CEP será integrada por sete brasileiros que preencham os requisitos de idoneidade moral, reputação ilibada e notória experiência em administração pública, designados pelo Presidente da República, para mandatos de três anos, não coincidentes, permitida uma única recondução.
>
> § 1º A atuação no âmbito da CEP não enseja qualquer remuneração para seus membros e os trabalhos nela desenvolvidos são considerados prestação de relevante serviço público.

§ 2º O Presidente terá o voto de qualidade nas deliberações da Comissão.

§ 3º Os mandatos dos primeiros membros serão de um, dois e três anos, estabelecidos no decreto de designação.

1.1.3. Comentários ao Artigo 3º e seus Parágrafos

Esse artigo define a composição, requisitos para integrar e a duração dos mandatos dos membros da Comissão de Ética Pública (CEP). A ênfase na "idoneidade moral", "reputação ilibada" e "notória experiência em administração pública" sublinha a importância da integridade e experiência dos membros. Ao estipular um mandato de três anos, não coincidentes, e com possibilidade de uma única recondução, o decreto visa garantir continuidade, ao mesmo tempo em que permite renovação dos membros da comissão.

O primeiro parágrafo destaca o caráter voluntário da atuação dos membros da CEP. Os membros não recebem remuneração, e seus esforços são reconhecidos como "prestação de relevante serviço público". Essa disposição reforça a natureza altruísta e comprometida com o bem público dos membros da CEP, uma vez que eles dedicam seu tempo e expertise sem compensação financeira.

Este parágrafo define o papel do Presidente da CEP nas decisões da Comissão. O "voto de qualidade" significa que, em situações de empate nas deliberações, o voto do Presidente será decisivo. Esse poder atribuído ao Presidente destaca sua relevância na tomada de decisões dentro da CEP.

Por fim, o terceiro parágrafo aborda a duração dos mandatos dos primeiros membros da CEP, estabelecendo uma estratégia de transição e continuidade. Ao designar mandatos de um, dois e três anos para os primeiros membros, o decreto busca garantir que a renovação da comissão aconteça de forma escalonada, permitindo assim a manutenção da memória e do conhecimento acumulado na CEP, enquanto se promove a renovação dos seus membros.

O Art. 3º estabelece as diretrizes operacionais para a formação e atuação da Comissão de Ética Pública, enfatizando a integridade, a experiência e a dedicação de seus membros.

> ▷ **Atenção!** Estudantes que se preparam para concursos públicos devem compreender a importância dessa comissão e de suas operações na promoção da ética no âmbito do Poder Executivo Federal.

Art. 4º À CEP compete:

I - atuar como instância consultiva do Presidente da República e Ministros de Estado em matéria de ética pública;

II - administrar a aplicação do Código de Conduta da Alta Administração Federal, devendo:

a) submeter ao Presidente da República medidas para seu aprimoramento;

b) dirimir dúvidas a respeito de interpretação de suas normas, deliberando sobre casos omissos;

c) apurar, mediante denúncia, ou de ofício, condutas em desacordo com as normas nele previstas, quando praticadas pelas autoridades a ele submetidas;

III - dirimir dúvidas de interpretação sobre as normas do Código de Ética Profissional do Servidor Público Civil do Poder Executivo Federal de que trata o Decreto no 1.171, de 1994;

IV - coordenar, avaliar e supervisionar o Sistema de Gestão da Ética Pública do Poder Executivo Federal;

V – aprovar o seu regimento interno; e

VI – escolher o seu Presidente.

Parágrafo único. A CEP contará com uma Secretaria-Executiva, vinculada à Casa Civil da Presidência da República, à qual competirá prestar o apoio técnico e administrativo aos trabalhos da Comissão.

1.1.4. Comentários ao Artigo 4º e seus Incisos

Este artigo detalha as competências atribuídas à Comissão de Ética Pública (CEP), esclarecendo seu papel como guardiã da ética no seio da alta administração federal e sua interface com outras normativas éticas aplicadas ao serviço público federal.

I – Define a CEP como órgão consultivo direto do Presidente da República e dos Ministros de Estado em questões relacionadas à ética pública. Este é um papel significativo, mostrando a influência e o alcance da CEP nas mais altas esferas do governo.

II – Trata do papel da CEP na gestão do Código de Conduta da Alta Administração Federal:

a) Reforça a natureza dinâmica do Código, já que a CEP pode propor melhorias ao Presidente da República.

b) Estabelece a CEP como órgão de recurso para esclarecer dúvidas sobre a interpretação do Código, assegurando a uniformidade de sua aplicação.

c) A CEP é responsável por investigar possíveis violações ao Código, seja por meio de denúncias ou de sua própria iniciativa.

III – Este inciso estende a competência consultiva da CEP ao Código de Ética Profissional do Servidor Público Civil, garantindo que haja uma única entidade interpretando e orientando a aplicação de normas éticas em toda a administração pública federal.

IV – Estabelece a CEP como o principal órgão de supervisão, coordenação e avaliação do Sistema de Gestão da Ética Pública, consolidando sua posição central nesse sistema.

V – Garante à CEP autonomia para estabelecer seu próprio regimento interno, definindo suas operações e procedimentos.

VI – Reafirma essa autonomia, permitindo à CEP escolher seu próprio Presidente, sem interferência externa.

Parágrafo único – Define a estrutura de apoio para a CEP, estabelecendo uma Secretaria-Executiva vinculada à Casa Civil. Este vínculo destaca a importância estratégica da CEP e assegura que ela tenha os recursos técnicos e administrativos necessários para desempenhar suas funções.

O Art. 4º delineia claramente a autoridade, as responsabilidades e os recursos da Comissão de Ética Pública, assegurando que ela tenha as ferramentas e a autonomia necessárias para promover a ética na administração pública federal.

▷ **Atenção!** Para os estudantes se preparando para concursos, entender o papel da CEP é crucial, pois demonstra o compromisso do governo federal com práticas éticas.

Art 1º Instituição do Sistema de Gestão da Ética do Poder Executivo Federal	Art. 2º Composição do Sistema de Gestão da Ética:	Art. 3º Composição e requisitos da CEP: 7 brasileiros com idoneidade moral, reputação ilibada e experiência em administração pública	Art. 4º Competências da CEP
• Promover a conduta ética no âmbito do Executivo Federal • Integração de órgçaos e programas voltados à ética • Implementação de políticas públicas baseadas na transparência e acesso à informação. • Compatibilização de normas e procedimentos relacionados à ética • Estabelecer procedimentos para melhorar o desempenho institucional na gestão da ética	• a) Comissão de Ética Pública - CEP. • b) Comissões de Ética definidas pelo Decreto n.º 1.171/1994. • c) Demais Comissões de Ética e equivalentes no Poder Executivo Federal.	• Mandato de 3 anos (não coincidentes) e possibilidade de uma recondução. • Atuação voluntária sem remuneração. • O Presidente da CEP tem voto de qualidade. • Durabilidade dos mandatos dos primeiros membros estabelecidos por decreto.	• a) Consulaoria ao Presidente e Ministros em ética • b) Administração do Código de Conduta da Alta Administração Federal. • c) Interpretação das noras do Código de Ética Profissional do Servidor Público Civil. • d) Coordenação e supervisão do Sistema de Gestão da Ética. • e) Aprovação do regimento interno da CEP. • f) Escolha do Presidente da CEP.

1.2. Caso Hipotético Conduta Ética em Órgão Público

Maria é servidora de um órgão do Poder Executivo Federal. Ela descobriu que seu chefe, o Sr. Joaquim, estava usando recursos do órgão para fins pessoais. Além disso, havia rumores de que ele tinha acesso a informações privilegiadas que estavam sendo usadas para beneficiar uma empresa particular, da qual um parente próximo era sócio.

Maria estava muito preocupada com a situação e decidiu que precisava tomar alguma medida. Ela relembrou das aulas sobre o Decreto nº 6.029 e pensou nas possíveis ações a serem tomadas.

1.3 Perguntas

1) De acordo com o Decreto nº 6.029, qual seria a instância responsável por apurar a conduta do Sr. Joaquim, considerando que ele faz parte da Alta Administração Federal?
2) Como o Sistema de Gestão da Ética do Poder Executivo Federal poderia ajudar Maria a lidar com essa situação? Quais seriam os passos adequados a serem seguidos por ela?
3) Se Maria decidisse denunciar a conduta de seu chefe, quais seriam os órgãos ou entidades do Poder Executivo Federal aos quais ela poderia recorrer?
4) Considerando o papel da Comissão de Ética Pública (CEP), como esse órgão poderia intervir nesse caso?
5) Como a transparência e o acesso à informação, mencionados no artigo 1º do decreto, podem ser instrumentos fundamentais para prevenir e solucionar situações como a vivenciada por Maria?

1.4 Respostas

1) A Comissão de Ética Pública (CEP) seria a instância responsável por administrar a aplicação do Código de Conduta da Alta Administração Federal e apurar condutas em desacordo com suas normas.
2) O Sistema oferece mecanismos para denúncias e investigações relacionadas a condutas não éticas. Maria deve se informar sobre os procedimentos corretos para denunciar e garantir que sua denúncia será tratada de maneira confidencial e ética.

3) Maria poderia recorrer à Comissão de Ética Pública (CEP), bem como às demais Comissões de Ética instituídas no âmbito de cada órgão ou entidade do Poder Executivo Federal.
4) A CEP pode atuar como instância consultiva, administrar a aplicação do Código de Conduta da Alta Administração Federal, dirimir dúvidas e apurar condutas em desacordo com as normas.
5) A transparência e o acesso à informação garantem que as ações do Poder Executivo Federal sejam visíveis e acessíveis ao público, permitindo a fiscalização e prevenção de condutas não éticas.

> Art. 5º Cada Comissão de Ética de que trata o Decreto no 1171, de 1994, será integrada por três membros titulares e três suplentes, escolhidos entre servidores e empregados do seu quadro permanente, e designados pelo dirigente máximo da respectiva entidade ou órgão, para mandatos não coincidentes de três anos.

1.5 Comentário sobre o Art. 5º

O Artigo 5º refere-se à composição das Comissões de Ética mencionadas no Decreto nº 1.171, de 1994. Essas comissões são fundamentais para garantir a conduta ética dentro dos órgãos e entidades do Poder Executivo Federal. Aqui está uma análise detalhada do artigo:

- **Composição da Comissão de Ética**

Cada Comissão de Ética é composta por seis membros ao todo três titulares e três suplentes. A razão de ter suplentes é para assegurar a continuidade do trabalho da Comissão, mesmo em caso de ausência ou impedimento dos membros titulares.

- **Escolha dos Membros**

Os membros são selecionados dentre servidores e empregados que pertencem ao quadro permanente do respectivo órgão ou entidade. Isso assegura que os membros da Comissão tenham familiaridade com as operações, cultura e desafios específicos de sua entidade ou órgão, permitindo-lhes tomar decisões mais informadas e contextuais.

- **Designação**

Os membros são designados pelo dirigente máximo da respectiva entidade ou órgão. Isso destaca a importância e a seriedade da função que esses membros desempenharão, já que sua indicação vem da mais alta autoridade dentro de seu órgão ou entidade.

- **Mandato**

Os membros têm mandatos de três anos, e esses mandatos não são coincidentes. Isso significa que os mandatos dos membros titulares e suplentes não começam nem terminam ao mesmo tempo. Esse escalonamento dos mandatos assegura a continuidade e a transferência de conhecimento dentro da Comissão, evitando que toda a Comissão seja renovada de uma só vez e, assim, perca a experiência acumulada.

Esse artigo enfatiza a estrutura e a operação das Comissões de Ética, garantindo sua continuidade, eficácia e independência.

> ▷ **Atenção!** É crucial para candidatos a concursos públicos, como aqueles para o INSS, compreenderem essa estrutura e o papel vital que essas Comissões desempenham na manutenção da integridade e ética no serviço público federal.

> Art. 6º É dever do titular de entidade ou órgão da Administração Pública Federal, direta e indireta:
>
> I - assegurar as condições de trabalho para que as Comissões de Ética cumpram suas funções, inclusive para que do exercício das atribuições de seus integrantes não lhes resulte qualquer prejuízo ou dano;
>
> II - conduzir em seu âmbito a avaliação da gestão da ética conforme processo coordenado pela Comissão de Ética Pública.

1.6. Comentário sobre o Art. 6º

O Artigo 6º delineia os deveres dos titulares de entidades ou órgãos da Administração Pública Federal, tanto direta quanto indireta. Esses deveres estão relacionados ao apoio e à avaliação da gestão da ética em seus respectivos domínios. Aqui está uma análise detalhada do artigo:

1.6.1 Apoio às Comissões de Ética (Inciso I)

- **Condições de Trabalho**

O titular de uma entidade ou órgão é responsável por garantir que as Comissões de Ética tenham todas as condições necessárias para desempenhar suas funções corretamente. Isso pode incluir, por exemplo, fornecer espaço de escritório adequado, recursos, capacitação e acesso a informações relevantes.

- **Proteção aos Membros**

É essencial que os integrantes das Comissões de Ética possam exercer suas funções sem medo de represálias, prejuízos ou danos de qualquer tipo. A liberdade para agir com integridade e isenção é fundamental para a eficácia das Comissões de Ética.

- **Avaliação da Gestão da Ética (Inciso II)**

O titular da entidade ou órgão deve conduzir uma avaliação da gestão da ética dentro de sua jurisdição. Esta avaliação não é realizada de forma isolada; deve ser coordenada pela Comissão de Ética Pública (CEP). Isso significa que a CEP fornece diretrizes, padrões ou parâmetros, e a avaliação deve ser conduzida de acordo com essas orientações.

Esse processo garante que a gestão da ética seja avaliada de maneira uniforme e padronizada em diferentes órgãos e entidades, e que as melhores práticas sejam compartilhadas e implementadas.

O Art. 6º reforça a importância da gestão da ética na Administração Pública Federal e enfatiza a responsabilidade dos líderes em garantir que as práticas éticas sejam promovidas, apoiadas e avaliadas de maneira apropriada.

> ▷ **Atenção!** Estudantes se preparando para concursos públicos, especialmente para o INSS, devem entender que a ética é uma parte intrínseca da administração pública e que existe uma estrutura formal e responsabilidades específicas para garantir sua manutenção.

Art. 7º Compete às Comissões de Ética de que tratam os incisos II e III do art. 2º:

I - atuar como instância consultiva de dirigentes e servidores no âmbito de seu respectivo órgão ou entidade;

II - aplicar o Código de Ética Profissional do Servidor Público Civil do Poder Executivo Federal, aprovado pelo Decreto 1.171, de 1994, devendo:

a) submeter à Comissão de Ética Pública propostas para seu aperfeiçoamento;

b) dirimir dúvidas a respeito da interpretação de suas normas e deliberar sobre casos omissos;

c) apurar, mediante denúncia ou de ofício, conduta em desacordo com as normas éticas pertinentes; e

d) recomendar, acompanhar e avaliar, no âmbito do órgão ou entidade a que estiver vinculada, o desenvolvimento de ações objetivando a disseminação, capacitação e treinamento sobre as normas de ética e disciplina;

III - representar a respectiva entidade ou órgão na Rede de Ética do Poder Executivo Federal a que se refere o art. 9º; e

IV - supervisionar a observância do Código de Conduta da Alta Administração Federal e comunicar à CEP situações que possam configurar descumprimento de suas normas.

§ 1º Cada Comissão de Ética contará com uma Secretaria-Executiva, vinculada administrativamente à instância máxima da entidade ou órgão, para cumprir plano de trabalho por ela aprovado e prover o apoio técnico e material necessário ao cumprimento das suas atribuições.

§ 2º As Secretarias-Executivas das Comissões de Ética serão chefiadas por servidor ou empregado do quadro permanente da entidade ou órgão, ocupante de cargo de direção compatível com sua estrutura, alocado sem aumento de despesas.

1.7. Comentário sobre o Art. 7º

O Artigo 7º estabelece as competências das Comissões de Ética referidas nos incisos II e III do Art. 2º. Estas comissões têm um papel crucial na promoção da ética dentro dos órgãos ou entidades da Administração Pública Federal. Aqui está uma análise detalhada do artigo:

- **Função Consultiva (Inciso I)**

As Comissões de Ética servem como órgãos consultivos para dirigentes e servidores. Isso significa que quando surgirem dúvidas ou incertezas relacionadas à conduta ética, esses profissionais podem se referir à Comissão de Ética para obter orientações.

- **Aplicação do Código de Ética (Inciso II)**

As Comissões são responsáveis pela aplicação do Código de Ética Profissional do Servidor Público Civil do Poder Executivo Federal, como estabelecido pelo Decreto 1.171, de 1994. As Comissões também têm a prerrogativa de propor melhorias ao Código, resolver dúvidas sobre sua interpretação, investigar violações e promover a formação e a disseminação do código entre os servidores.

- **Representação na Rede de Ética (Inciso III)**

Cada Comissão representa o órgão ou entidade na Rede de Ética do Poder Executivo Federal, assegurando a comunicação e colaboração entre as diferentes entidades em questões de ética.

- **Supervisão do Código de Conduta (Inciso IV)**

As Comissões de Ética são encarregadas de supervisionar a aderência ao Código de Conduta da Alta Administração Federal e de reportar à Comissão de Ética Pública (CEP) qualquer violação potencial desse código.

- **Secretaria-Executiva (§ 1º e § 2º)**

Para auxiliar em suas atividades, cada Comissão de Ética contará com uma Secretaria-Executiva. Esta Secretaria é responsável pelo plano de trabalho da Comissão e fornece o suporte técnico e material necessário.

A Secretaria é liderada por um servidor ou empregado de carreira da respectiva entidade ou órgão, em uma posição de liderança adequada.

Através deste artigo, fica evidente que as Comissões de Ética têm um papel robusto e multifacetado na promoção e manutenção da ética no setor público federal. Eles não são apenas órgãos consultivos, mas também desempenham funções proativas e corretivas para garantir uma conduta ética em toda a administração.

▷ **Atenção!** Estudantes se preparando para concursos públicos devem compreender a importância dessas comissões e sua interação com outras estruturas éticas dentro do governo federal.

Artigo	Descrição/Competências	Detalhes
Art. 5º	Composição das Comissões de Ética	Composta por três membros titulares e três suplentes. Escolhidos entre servidores do quadro permanente. Designados pelo dirigente máximo para mandatos não coincidentes de três anos.
Art. 6º	Deveres do titular de entidade ou órgão	I. Assegurar condições de trabalho para as Comissões de Ética; II. Conduzir avaliação da gestão da ética coordenada pela Comissão de Ética Pública.
Art. 7º	Competências das Comissões de Ética (incisos II e III, do Art. 2º)	I. Função consultiva para dirigentes e servidores; II. Aplicar o Código de Ética Profissional (incluindo submeter propostas, dirimir dúvidas, apurar condutas e recomendar ações); III. Representar na Rede de Ética do Poder Executivo Federal; IV. Supervisionar o Código de Conduta da Alta Administração e comunicar à CEP.
	Estrutura de apoio	Cada Comissão terá uma Secretaria-Executiva para apoio técnico e material. A secretaria é liderada por um servidor ou empregado do quadro permanente da entidade ou órgão.

> Art. 8º Compete às instâncias superiores dos órgãos e entidades do Poder Executivo Federal, abrangendo a administração direta e indireta:
> I - observar e fazer observar as normas de ética e disciplina;
> II - constituir Comissão de Ética;
> III - garantir os recursos humanos, materiais e financeiros para que a Comissão cumpra com suas atribuições; e
> IV - atender com prioridade às solicitações da CEP.

Trata-se do papel das instâncias superiores dos órgãos e entidades do Poder Executivo Federal, seja na administração direta ou indireta, quanto à observância e implementação de práticas éticas.

I – observar e fazer observar as normas de ética e disciplina;

Esse inciso enfatiza o papel fundamental das lideranças em estabelecer o padrão ético a ser seguido. Mais do que apenas cumprir as normas, é responsabilidade delas garantir que tais normas sejam observadas por todos em sua jurisdição.

II – constituir Comissão de Ética;

A criação de uma Comissão de Ética é essencial para formalizar e institucionalizar as práticas e discussões éticas. Isso demonstra o compromisso da organização em manter padrões éticos elevados e em fornecer um mecanismo para lidar com questões éticas que possam surgir.

III – garantir os recursos humanos, materiais e financeiros para que a Comissão cumpra com suas atribuições;

Aqui, sublinha-se a importância de não apenas criar a Comissão de Ética, mas também de fornecer os recursos necessários para seu funcionamento eficaz. Sem o suporte adequado, a Comissão pode enfrentar desafios em realizar suas tarefas, o que pode comprometer a gestão ética na entidade ou órgão.

IV – atender com prioridade às solicitações da CEP.

Esse inciso realça o papel primordial da Comissão de Ética Pública (CEP) no sistema de ética do Executivo Federal. Ao dar prioridade às solicitações da CEP, as instâncias superiores reconhecem a importância da gestão ética e asseguram que as considerações éticas sejam tratadas com a urgência e seriedade adequadas.

O Artigo 8º destaca a responsabilidade das instâncias superiores em promover um ambiente ético em seus respectivos órgãos ou entidades. Além de seguir as normas de ética, elas devem garantir que todos sob sua liderança também as sigam, criar um mecanismo formal para tratar de questões éticas

(Comissão de Ética) e fornecer a essa comissão os recursos necessários para seu eficaz funcionamento. Ao fazer isso, as instâncias superiores reforçam a cultura ética no Poder Executivo Federal.

> Art. 9º Fica constituída a Rede de Ética do Poder Executivo Federal, integrada pelos representantes das Comissões de Ética de que tratam os incisos I, II e III do art. 2º, com o objetivo de promover a cooperação técnica e a avaliação em gestão da ética.
>
> Parágrafo único. Os integrantes da Rede de Ética se reunirão sob a coordenação da Comissão de Ética Pública, pelo menos uma vez por ano, em fórum específico, para avaliar o programa e as ações para a promoção da ética na administração pública.

Este artigo aborda a constituição da Rede de Ética do Poder Executivo Federal, uma estrutura dedicada à promoção da ética na administração pública.

Fica constituída a Rede de Ética do Poder Executivo Federal, integrada pelos representantes das Comissões de Ética de que tratam os incisos I, II e III do art. 2o, com o objetivo de promover a cooperação técnica e a avaliação em gestão da ética. Aqui, a criação da Rede de Ética é formalizada. A inclusão de representantes das Comissões de Ética mencionadas nos incisos do art. 2o demonstra a importância de uma abordagem unificada e abrangente para tratar de questões éticas no Poder Executivo Federal. Além disso, é destacada a finalidade dessa rede, que é promover a cooperação técnica entre diferentes órgãos e entidades, bem como avaliar como a ética está sendo gerida em todo o Executivo Federal.

O parágrafo único estabelece a regularidade e a estrutura das reuniões da Rede de Ética. O fato de serem coordenadas pela Comissão de Ética Pública reforça o papel central desta comissão no sistema ético do Poder Executivo Federal. Além disso, a reunião anual serve como uma oportunidade para avaliar e refinar continuamente os esforços em prol da ética, garantindo que a integridade e a responsabilidade permaneçam no cerne da administração pública.

O Artigo 9º institui a Rede de Ética do Poder Executivo Federal, uma colaboração entre as diversas Comissões de Ética com o propósito de aprimorar a gestão ética em todo o governo federal. A coordenação dessa rede pela Comissão de Ética Pública e as reuniões anuais planejadas evidenciam o compromisso contínuo com a promoção e avaliação da ética na administração **pública.**

> Art. 10. Os trabalhos da CEP e das demais Comissões de Ética devem ser desenvolvidos com celeridade e observância dos seguintes princípios:
>
> I - proteção à honra e à imagem da pessoa investigada;
>
> II - proteção à identidade do denunciante, que deverá ser mantida sob reserva, se este assim o desejar; e
>
> III - independência e imparcialidade dos seus membros na apuração dos fatos, com as garantias asseguradas neste Decreto.
>
> Art. 11. Qualquer cidadão, agente público, pessoa jurídica de direito privado, associação ou entidade de classe poderá provocar a atuação da CEP ou de Comissão de Ética, visando à apuração de infração ética imputada a agente público, órgão ou setor específico de ente estatal.
>
> Parágrafo único. Entende-se por agente público, para os fins deste Decreto, todo aquele que, por força de lei, contrato ou qualquer ato jurídico, preste serviços de natureza permanente, temporária, excepcional ou eventual, ainda que sem retribuição financeira, a órgão ou entidade da administração pública federal, direta e indireta.

O artigo 10 destaca os princípios fundamentais que devem nortear o trabalho da Comissão de Ética Pública (CEP) e de outras Comissões de Ética.

Os trabalhos da CEP e das demais Comissões de Ética devem ser desenvolvidos com celeridade e observância dos seguintes princípios:

Este enunciado reforça a necessidade de rapidez e eficiência nos processos, evitando atrasos que possam comprometer a justiça ou a percepção da integridade do sistema.

I – proteção à honra e à imagem da pessoa investigada;

Ressalta a importância do respeito à dignidade da pessoa, independentemente das alegações ou acusações em questão. Isso garante que a pessoa sob investigação não seja submetida a difamação ou escrutínio público indevido.

II – proteção à identidade do denunciante, que deverá ser mantida sob reserva, se este assim o desejar;

Proteger a identidade do denunciante é crucial para encorajar relatos de má conduta sem medo de represálias. Ao assegurar a confidencialidade, cria-se um ambiente onde irregularidades podem ser reportadas com segurança.

III – independência e imparcialidade dos seus membros na apuração dos fatos, com as garantias asseguradas neste Decreto.

Esse princípio garante que os membros das comissões atuem sem viés ou influências externas, assegurando decisões justas e imparciais.

O artigo 11 ressalta a abertura e acessibilidade das Comissões de Ética a qualquer cidadão ou entidade.

Qualquer cidadão, agente público, pessoa jurídica de direito privado, associação ou entidade de classe poderá provocar a atuação da CEP ou de Comissão de Ética, visando à apuração de infração ética imputada a agente público, órgão ou setor específico de ente estatal.

Isso democratiza o acesso às Comissões de Ética, permitindo que qualquer pessoa ou entidade participe ativamente da promoção da ética no setor público.

> Parágrafo único. Entende-se por agente público, para os fins deste Decreto, todo aquele que, por força de lei, contrato ou qualquer ato jurídico, preste serviços de natureza permanente, temporária, excepcional ou eventual, ainda que sem retribuição financeira, a órgão ou entidade da administração pública federal, direta e indireta.

Esta definição ampla de "agente público" abrange praticamente qualquer pessoa que preste serviços ao governo federal, garantindo que todos os envolvidos estejam sujeitos a mesmas normas e padrões éticos.

1.8 Resumo

O Artigo 10 estabelece os princípios que guiam o trabalho das Comissões de Ética, enfatizando a rapidez, o respeito à dignidade, a proteção do denunciante e a imparcialidade. O Artigo 11 destaca a acessibilidade das Comissões a todos, seja qual for sua posição ou papel na sociedade, e fornece uma definição inclusiva de "agente público".

Artigo	Descrição/Competências	Detalhes
Art. 9º	Criação da Rede de Ética do Poder Executivo Federal	Integrada por representantes das Comissões de Ética. Objetivo de promover cooperação técnica e avaliação em gestão da ética. Encontros coordenados pela CEP ao menos uma vez por ano.
Art. 10	Princípios par o trabalho da CEP e das Comissões de Ética	Trabalho realizado com celeridade. Proteção à honra e imagem da pessoa investigada. Proteção à identidade do denunciante. Independência e imparcialidade dos membros das comissões
Art. 11	Acesso à atuação da CEP ou Comissões de Ética	Qualquer cidadão ou entidade pode provocar a atuação das comissões para apuração da infração ética. Agente público definido de maneira ampla, abrangendo serviços permanentes, temporários, excepcionais ou eventuais.

> **Art. 12.** O processo de apuração de prática de ato em desrespeito ao preceituado no Código de Conduta da Alta Administração Federal e no Código de Ética Profissional do Servidor Público Civil do Poder Executivo Federal será instaurado, de ofício ou em razão de denúncia fundamentada, respeitando-se, sempre, as garantias do contraditório e da ampla defesa, pela Comissão de Ética Pública ou Comissões de Ética de que tratam o incisos II e III do art. 2º, conforme o caso, que notificará o investigado para manifestar-se, por escrito, no prazo de dez dias.
>
> § 1º O investigado poderá produzir prova documental necessária à sua defesa.
>
> § 2º As Comissões de Ética poderão requisitar os documentos que entenderem necessários à instrução probatória e, também, promover diligências e solicitar parecer de especialista.
>
> § 3º Na hipótese de serem juntados aos autos da investigação, após a manifestação referida no **caput** deste artigo, novos elementos de prova, o investigado será notificado para nova manifestação, no prazo de dez dias.
>
> § 4º Concluída a instrução processual, as Comissões de Ética proferirão decisão conclusiva e fundamentada.
>
> § 5º Se a conclusão for pela existência de falta ética, além das providências previstas no Código de Conduta da Alta Administração Federal e no Código de Ética Profissional do Servidor Público Civil do Poder Executivo Federal, as Comissões de Ética tomarão as seguintes providências, no que couber:
>
> I - encaminhamento de sugestão de exoneração de cargo ou função de confiança à autoridade hierarquicamente superior ou devolução ao órgão de origem, conforme o caso;
>
> II -- encaminhamento, conforme o caso, para a Controladoria-Geral da União ou unidade específica do Sistema de Correição do Poder Executivo Federal de que trata o Decreto n o 5.480, de 30 de junho de 2005, para exame de eventuais transgressões disciplinares; e
>
> III - recomendação de abertura de procedimento administrativo, se a gravidade da conduta assim o exigir.
>
> **Art. 13.** Será mantido com a chancela de "reservado", até que esteja concluído, qualquer procedimento instaurado para apuração de prática em desrespeito às normas éticas.
>
> § 1º Concluída a investigação e após a deliberação da CEP ou da Comissão de Ética do órgão ou

entidade, os autos do procedimento deixarão de ser reservados.

§ 2º Na hipótese de os autos estarem instruídos com documento acobertado por sigilo legal, o acesso a esse tipo de documento somente será permitido a quem detiver igual direito perante o órgão ou entidade originariamente encarregado da sua guarda.

§ 3º Para resguardar o sigilo de documentos que assim devam ser mantidos, as Comissões de Ética, depois de concluído o processo de investigação, providenciarão para que tais documentos sejam desentranhados dos autos, lacrados e acautelados.

Art. 14. A qualquer pessoa que esteja sendo investigada é assegurado o direito de saber o que lhe está sendo imputado, de conhecer o teor da acusação e de ter vista dos autos, no recinto das Comissões de Ética, mesmo que ainda não tenha sido notificada da existência do procedimento investigatório.

Parágrafo único. O direito assegurado neste artigo inclui o de obter cópia dos autos e de certidão do seu teor.

Art. 15. Todo ato de posse, investidura em função pública ou celebração de contrato de trabalho, dos agentes públicos referidos no parágrafo único do art. 11, deverá ser acompanhado da prestação de compromisso solene de acatamento e observância das regras estabelecidas pelo Código de Conduta da Alta Administração Federal, pelo Código de Ética Profissional do Servidor Público Civil do Poder Executivo Federal e pelo Código de Ética do órgão ou entidade, conforme o caso.

Parágrafo único . A posse em cargo ou função pública que submeta a autoridade às normas do Código de Conduta da Alta Administração Federal deve ser precedida de consulta da autoridade à Comissão de Ética Pública acerca de situação que possa suscitar conflito de interesses.

- **Artigo 12 – Processo de Apuração de Condutas**

Este artigo trata de como deve ser feito o processo de investigação quando existe uma suspeita de violação das normas éticas. Algumas questões-chave são:

O processo pode começar por iniciativa própria da comissão ou por uma denúncia.

É garantido o direito ao contraditório e à ampla defesa, ou seja, a pessoa investigada tem direito de se explicar e de apresentar sua defesa.

A pessoa tem 10 dias para se manifestar após ser notificada e pode apresentar provas documentais.

As Comissões de Ética podem pedir mais documentos e realizar diligências.

Se surgirem novas provas, o investigado tem mais 10 dias para se manifestar.

Após a investigação, a comissão dá um veredito fundamentado.

Se houver falta ética, podem ser tomadas várias medidas, como sugerir a exoneração da pessoa ou iniciar um procedimento administrativo.

- **Artigo 13 – Sigilo do Processo**

Esse artigo fala sobre a confidencialidade do processo. Enquanto a investigação está em andamento, tudo é mantido em sigilo para proteger as partes envolvidas. Após a conclusão:

O procedimento deixa de ser reservado.

Documentos sob sigilo legal permanecem restritos apenas às pessoas autorizadas.

Documentos confidenciais são retirados dos autos e guardados com segurança.

- **Artigo 14 – Direito do Investigado**

Este artigo assegura que qualquer pessoa sob investigação tem o direito de:

Saber as acusações contra ela.

Acessar os autos da investigação.

Obter cópias dos documentos do processo.

Esses direitos existem mesmo antes da pessoa ser notificada oficialmente da investigação.

- **Artigo 15 – Compromisso Ético**

Por fim, o Artigo 15 estipula que:

Qualquer pessoa que assuma um cargo público deve se comprometer a seguir as normas éticas. Antes de tomar posse, a autoridade deve consultar a Comissão de Ética Pública se houver possíveis conflitos de interesse.

Esses artigos mostram o compromisso do serviço público com a ética e a transparência. Como servidores, vocês serão parte desse sistema e devem conhecer essas normas não só para eventuais provas, mas também para guiar suas ações no dia a dia. Se houver dúvidas, sempre podem consultar a Comissão de Ética do seu órgão.

Artigo	Objeto de regulamentação	Detalhes importantes
Art. 12	Processo de apuração de condutas éticas	• Iniciação por denúncia ou de ofício; • Garantias do contraditório e ampla defesa; • Prazo de 10 dias para manifestação; • Possibilidade de produção de prova documental; • Direito à novas manifestações se surgirem novas provas; • Decisão conclusiva e fundamentada após a instrução processual; • Providências em caso de falta ética.
Art. 13	Sigilo do processo investigatório	• Status de "reservado" até a conclusão; • Restrição de acesso a documentos sigilosos; • Procedimento de segurança para documentos confidenciais.
Art. 14	Direito do investigado	• Direito de acesso às acusações e aos autos da investigação; • Possibilidade de obter cópia dos autos
Art. 15	Compromisso ético na posse e função pública	• Exigência de compromisso solene com códigos de ética na posse ou contrato; • Consulta obrigatória sobre conflitos de interesse da posse em certos cargos.

Art. 16. As Comissões de Ética não poderão escusar-se de proferir decisão sobre matéria de sua competência alegando omissão do Código de Conduta da Alta Administração Federal, do Código de Ética Profissional do Servidor Público Civil do Poder Executivo Federal ou do Código de Ética do órgão ou entidade, que, se existente, será suprida pela analogia e invocação aos princípios da legalidade, impessoalidade, moralidade, publicidade e eficiência.

§ 1º Havendo dúvida quanto à legalidade, a Comissão de Ética competente deverá ouvir previamente a área jurídica do órgão ou entidade.

§ 2º Cumpre à CEP responder a consultas sobre aspectos éticos que lhe forem dirigidas pelas demais Comissões de Ética e pelos órgãos e entidades que integram o Executivo Federal, bem como pelos cidadãos e servidores que venham a ser indicados para ocupar cargo ou função abrangida pelo Código de Conduta da Alta Administração Federal.

Art. 17. As Comissões de Ética, sempre que constatarem a possível ocorrência de ilícitos penais, civis, de improbidade administrativa ou de infração disciplinar, encaminharão cópia dos autos às autoridades competentes para apuração de tais fatos, sem prejuízo das medidas de sua competência.

Art. 18. As decisões das Comissões de Ética, na análise de qualquer fato ou ato submetido à sua apreciação ou por ela levantado, serão resumidas em ementa e, com a omissão dos nomes dos investigados, divulgadas no sítio do próprio órgão, bem como remetidas à Comissão de Ética Pública.

Art. 19. Os trabalhos nas Comissões de Ética de que tratam os incisos II e III do art. 2º são considerados relevantes e têm prioridade sobre as atribuições próprias dos cargos dos seus membros, quando estes não atuarem com exclusividade na Comissão.

▪ Artigo 16 – Decisão sobre Matérias de Competência

Este artigo impede as Comissões de Ética de evitarem tomar decisões alegando falta de previsão nos códigos de conduta. Mesmo na ausência de normas específicas, as comissões devem recorrer à analogia e aos princípios administrativos clássicos – legalidade, impessoalidade, moralidade, publicidade e eficiência – para fundamentar suas decisões. O uso desses princípios garante que a ética prevaleça, mesmo em novas situações que os códigos não preveem explicitamente.

Parágrafo 1º reforça que, em caso de dúvida legal, a comissão deve consultar o setor jurídico antes de prosseguir, garantindo que as decisões sejam embasadas em sólidos fundamentos legais.

Parágrafo 2º destaca o papel consultivo da Comissão de Ética Pública (CEP) perante outras comissões e cidadãos, especialmente em situações que envolvam o Código de Conduta da Alta Administração Federal.

▪ Artigo 17 – Encaminhamento de Possíveis Ilícitos

As Comissões de Ética, ao identificar possíveis atos ilícitos que vão além de faltas éticas – como crimes ou infrações disciplinares – devem reportar às autoridades competentes. Essa obrigação reflete o papel das comissões como não apenas órgãos punitivos, mas também como facilitadores da justiça e do cumprimento da lei.

- **Artigo 18 – Divulgação das Decisões**

A transparência é fundamental na administração pública, e este artigo exige que as decisões das Comissões de Ética sejam resumidas em ementas e publicadas nos sítios dos órgãos, omitindo-se os nomes dos investigados. Essa divulgação pública cumpre o princípio da publicidade e educa a comunidade sobre as expectativas éticas e as consequências de desvios.

- **Artigo 19 – Prioridade das Atividades da Comissão de Ética**

Por fim, esse artigo define o trabalho nas Comissões de Ética como relevante e prioritário, mesmo que os membros não se dediquem exclusivamente a elas. Isso estabelece o trabalho ético como uma função essencial e prevalece sobre outras atribuições do cargo do membro, ressaltando a importância crítica da ética na administração pública.

Como profissionais dedicados à administração pública, vocês devem entender que as Comissões de Ética desempenham um papel vital na garantia de que os padrões de conduta sejam mantidos e que qualquer desvio seja tratado adequadamente.

As decisões tomadas por essas comissões devem ser informadas pelos princípios fundamentais da administração pública, não apenas pelas regras escritas, mas também pelos valores subjacentes que orientam um serviço público honesto e eficiente.

A colaboração entre as comissões e as unidades jurídicas assegura que as ações sejam legalmente fundamentadas.

A transparência na divulgação de decisões fortalece a confiança do público e promove um entendimento mais amplo da ética governamental.

A prioridade dada ao trabalho nas comissões sobre as funções regulares dos membros enfatiza a importância da ética sobre as operações do dia-a-dia.

Como Futuros Servidores Públicos

Vocês, como futuros servidores públicos, devem sempre se esforçar para agir com integridade, e caso surjam dilemas éticos, devem buscar a orientação das comissões. Mais do que isso, vocês devem ser proativos na identificação e prevenção de potenciais conflitos éticos, contribuindo para uma cultura de integridade em seu local de trabalho.

- **Relevância Prática**

Na prática, o conhecimento desses artigos e de seu funcionamento não apenas os ajudará a navegar no ambiente do serviço público, mas também lhes dará a base para atuar de maneira ética e responsável, que é, em última análise, o alicerce da confiança pública que sustenta a administração pública.

Art. 20. Os órgãos e entidades da Administração Pública Federal darão tratamento prioritário às solicitações de documentos necessários à instrução dos procedimentos de investigação instaurados pelas Comissões de Ética.

§ 1º Na hipótese de haver inobservância do dever funcional previsto no **caput**, a Comissão de Ética adotará as providências previstas no inciso III do § 5º do art. 12.

§ 2º As autoridades competentes não poderão alegar sigilo para deixar de prestar informação solicitada pelas Comissões de Ética.

Art. 21. A infração de natureza ética cometida por membro de Comissão de Ética de que tratam os incisos II e III do art. 2º será apurada pela Comissão de Ética Pública.

Art. 22. A Comissão de Ética Pública manterá banco de dados de sanções aplicadas pelas Comissões de Ética de que tratam os incisos II e III do art. 2º e de suas próprias sanções, para fins de consulta pelos órgãos ou entidades da administração pública federal, em casos de nomeação para cargo em comissão ou de alta relevância pública.

Parágrafo único. O banco de dados referido neste artigo engloba as sanções aplicadas a qualquer dos agentes públicos mencionados no parágrafo único do art. 11 deste Decreto.

Art. 23. Os representantes das Comissões de Ética de que tratam os incisos II e III do art. 2º atuarão como elementos de ligação com a CEP, que disporá em Resolução própria sobre as atividades que deverão desenvolver para o cumprimento desse mister.

Art. 24. As normas do Código de Conduta da Alta Administração Federal, do Código de Ética Profissional do Servidor Público Civil do Poder Executivo Federal e do Código de Ética do órgão ou entidade aplicam-se, no que couber, às autoridades e agentes públicos neles referidos, mesmo quando em gozo de licença.

Art. 25. Ficam revogados os incisos XVII, XIX, XX, XXI, XXIII e XXV do Código de Ética Profissional do Servidor Público Civil do Poder Executivo Federal, aprovado pelo Decreto nº 1.171, de 22 de junho de 1994, os arts. 2o e 3o do Decreto de 26 de maio de 1999, que cria a Comissão de Ética Pública, e os Decretos de 30 de agosto de 2000 e de 18 de maio de 2001, que dispõem sobre a Comissão de Ética Pública.

- **Artigo 20 – Prioridade no Tratamento de Solicitações**

Esse artigo sublinha a necessidade de os órgãos e entidades da Administração Pública Federal darem tratamento prioritário às demandas das Comissões de Ética. Isso assegura que as investigações sejam eficientes e eficazes.

Parágrafo 1º afirma que, se esse dever prioritário não for observado, a Comissão de Ética tem o poder de tomar providências.

Parágrafo 2º esclarece que a alegação de sigilo não pode ser usada como desculpa para não fornecer informações às Comissões de Ética.

- **Infração por Membro das Comissões de Ética**

Quando um membro de qualquer Comissão de Ética, exceto a CEP, comete uma infração ética, é a própria Comissão de Ética Pública (CEP) que assume a responsabilidade de apurar a conduta. Isso assegura uma investigação imparcial e mantém a integridade do sistema de ética, pois evita conflitos de interesse que poderiam surgir se a comissão tivesse que investigar um de seus próprios membros.

- **Artigo 22 – Banco de Dados de Sanções**

A CEP é encarregada de manter um registro das sanções impostas pelas diversas Comissões de Ética, bem como as suas próprias. Esse banco de dados serve como um recurso para órgãos e entidades federais durante o processo de nomeação para cargos de comissão ou de alta relevância. O objetivo é prevenir a nomeação de indivíduos que tenham histórico de violações éticas.

Parágrafo único destaca que o banco de dados inclui sanções aplicadas a qualquer agente público definido no decreto, reforçando a transparência e a *accountability* no serviço público.

- **Artigo 23 – Ligação com a CEP**

Os representantes das Comissões de Ética atuam como pontos de contato com a CEP, assegurando que haja comunicação efetiva e que as diretrizes da CEP sejam seguidas. A CEP, por sua vez, determinará as atividades exatas que esses representantes devem realizar para cumprir esse papel.

- **Artigo 24 – Aplicação das Normas de Ética**

Esse artigo estabelece que as normas éticas aplicam-se a autoridades e agentes públicos, mesmo quando estão afastados de suas funções por licenças. Isso significa que a responsabilidade ética não é limitada pela presença física no local de trabalho ou pelo exercício ativo das funções.

- **Artigo 25 – Revogações**

Por fim, este artigo trata de revogações específicas de disposições anteriores relacionadas à ética no serviço público, consolidando as regras e princípios em um único marco regulatório mais moderno e efetivo.

- **Conclusão da Análise**

Como futuros servidores públicos e estudiosos da ética, é importante que vocês compreendam a complexidade e a abrangência das responsabilidades éticas no serviço público. Esses artigos não só delimitam processos e sistemas de responsabilização, mas também enfatizam a importância da manutenção contínua dos padrões éticos, independentemente do status ou posição de um indivíduo.

Ao adentrarem na carreira pública, vocês se comprometem não apenas com o desempenho de suas funções, mas com a manutenção da confiança pública através de um comportamento exemplarmente ético. Essas normas são o suporte para esse compromisso e servem como guia para todas as ações dentro do serviço público.

Artigo	Conteúdo	Detalhes importantes
Art. 20	Prioridade nas solicitações das Comissões de Ética	• Tratamento prioritário das solicitações de documentos; • Sigilo não é motivo para negar informações às Comissões de Ética.
Art. 21	Infração Ética por membro das Comissões de Ética	Infrações cometidas por membros das Comissões de Ética serão apuradas pela Comissão de Ética Pública.
Art. 22	Manutenção de banco de dados de sanções	CEP mantém registro de sanções para consulta em nomeações. Inclui todas as sanções aplicadas sob o decreto.
Art. 23	Ligação entre Comissões de Ética e a CEP	Representantes das Comissões de Ética atuam como elementos de ligação com a CEP.
Art. 24	Aplicabilidade das normas éticas	Normas de ética aplicam-se mesmo durante o gozo de licença.
Art. 25	Revogações	Revoga disposições anteriores sobre ética no serviço público para consolidar as regras em um único marco regulatório.

Síntese do Decreto n.º 6.029/07 para memorização	• O decreto n.º 6.029, de 1º de fevereiro de 2007, estabelece o sistema de gestão da ética do Poder Executivo Federal. Para memorização, concentrem-se nos seguintes pontos chaves:
Objetivo do sistema	• Promover a ética no Executivo Federal, garantido a conduta ética de seus servidores e órgãos.
Composição do sistema	• Inclui a Comissão da Ética Pública (CEP), as Comissões de Ética setoriais e equivalentes nas entidades federais.
Funções da CEP	• Consultoria ao Presidente e Ministros em matéria ética; • Administrar o Código de conduta da alta administração federal; • Apurar infrações éticas da alta administração.
Responsabilidade dos órgãos	• Garantir condições par que as Comissões de Ética operem; • Avaliar a gestão da ética internamente.
Processo de apuração	• Investigação de infrações éticas com respeito ao contraditório e ampla defesa; • Tratamento prioritário das solicitações das Comissões de Ética; • Sigilo da investigação até a sua conclusão.
Divulgação e transparência	• Decisões das Comissões devem ser resumidas e divulgadas, resguardando identidades.
Sanções e registros	• Registro de sanções no banco de dados mantidos pela CEP.
Regras aplicáveis	• As normas éticas se aplicam a todos os servidores, mesmo quando afastados do cargo.
Revogações	• O decreto revogou normativas anteriores para consolidar o sistema ético.
Lembrete final	• A ética não é apenas um conjunto de regras, mas um compromisso com a transparência, integridade e o serviço público eficiente.

2. DECRETO 1.171/94 – CÓDIGO DE ÉTICA PROFISSIONAL DO SERVIDOR PÚBLICO CIVIL DO PODER EXECUTIVO FEDERAL

Raquel Peruzzo

2.1 Considerações iniciais

Olá! Nesta seção, vamos conversar um pouco sobre ética. Mais especificamente sobre o Decreto 1.171/94, que é o Código de Ética Profissional do Servidor Público Civil do Poder Executivo Federal, o qual irá reger a tua conduta como futuro servidor do Instituto Nacional do Seguro Social – INSS.

Porém, antes de adentrarmos nos dispositivos legais do Código, é importante fazermos algumas considerações gerais acerca da temática, na medida em que estudar ética nos dias atuais nos permite compreender e enfrentar os desafios complexos de uma sociedade em constante evolução. Ela fornece orientação para agir de maneira moralmente justa, considerando o impacto de nossas ações no mundo ao nosso redor.

2.1.1 A importância da ética em nossa vida

Para tomada de decisões complexas em um "novo" mundo globalizado e cada vez mais conectado, com avanços tecnológicos que impactam significativamente o modo de vida, a segurança e a privacidade, a ética oferece ferramentas para analisar e avaliar essas situações complexas, nos ajudando a tomar decisões informadas e moralmente justas.

2.1.2 A ética nos concursos públicos

Não é à toa, portanto, que a temática da ética é recorrente nos concursos públicos, na medida em que desempenha um papel crucial na função pública e na administração governamental. Ela se refere aos princípios e valores que orientam o comportamento e as ações dos funcionários públicos no desempenho de suas responsabilidades e no serviço ao interesse público.

Servidores Públicos têm a obrigação ética de priorizar o interesse público sobre interesses pessoais ou privados. Isso significa tomar decisões e realizar ações que beneficiem a sociedade como um todo. Ademais, devem ser profissionais em suas funções, cumprindo as normas éticas e legais que regem suas atividades. Isso inclui a busca da competência, imparcialidade e eficiência em suas ações.

É obrigação dos agentes públicos trabalhar para promover o bem-comum e o progresso da sociedade. Isso envolve o desenvolvimento e implementação de políticas públicas que atendam às necessidades da população. Por sua vez, governos e organizações públicas têm a responsabilidade de promover a educação e a conscientização ética entre seus funcionários, fornecendo orientação e treinamento sobre questões éticas. Nesse contexto, a ética desempenha um papel vital na função pública, garantindo que o governo e seus funcionários ajam de maneira justa, honesta e responsável em benefício de toda a sociedade, considerando que o respeito pelos valores éticos é premissa essencial para a preservação da confiança pública nas instituições governamentais e na administração pública.

Agora, vamos juntos explorar os tópicos mais importantes do nosso Código?

3. DECRETO 1.171/94: CÓDIGO DE ÉTICA PROFISSIONAL DO SERVIDOR PÚBLICO CIVIL DO PODER EXECUTIVO FEDERAL

3.1 A quem se destina o Código?

Este decreto é o Código de Ética dos servidores públicos **civis** do Poder **Executivo Federal** no Brasil.

> ▷ **Atenção!** Não estão incluídos os militares, nem os servidores públicos dos poderes legislativo e judiciário, tampouco os servidores dos estados e municípios.

3.2 Princípios éticos

Nosso Decreto 1.171/94 estabelece os princípios éticos que os servidores públicos devem seguir no exercício de suas funções. Vamos destacar alguns pontos importantes:

- **Moralidade**: O decreto enfatiza a moralidade no serviço público, exigindo que os servidores ajam de forma íntegra e honesta em todas as suas atividades.
- **Legalidade**: Os servidores devem obedecer às leis e regulamentos em vigor, garantindo que suas ações estejam de acordo com a legislação.
- **Imparcialidade**: Eles devem agir de forma imparcial, sem favorecimentos indevidos a qualquer pessoa ou grupo, evitando conflitos de interesse.
- **Transparência e Responsabilidade**: Os servidores devem atuar de maneira transparente, prestando contas de suas ações e decisões. Devem ser responsáveis por suas escolhas e atos.
- **Probidade**: A probidade refere-se à integridade, retidão e honestidade dos servidores. Eles não

devem utilizar seus cargos para obter vantagens pessoais.

- **Respeito à hierarquia e à disciplina**: O respeito à hierarquia é fundamental para manter a ordem e a eficiência no serviço público.

Lealdade institucional: Os servidores devem ser leais às instituições em que trabalham, colocando o interesse público acima de qualquer interesse pessoal.

3.3 Estrutura

O Decreto nº 1.171/1994 é dividido em dois capítulos, apresentando, no primeiro capítulo, as regras deontológicas, os principais deveres do servidor público e as vedações. No segundo, fornece os dispositivos para a criação e o funcionamento de Comissões de Ética nos órgãos e instituições do Poder Executivo federal.

Veja abaixo a descrição da estrutura do Decreto que trata do Código de Ética Profissional do Servidor Público Civil do Poder Executivo Federal.

3.3.1 Regras Deontológicas

As regras deontológicas são regras de conduta ética que dizem respeito às categorias profissionais. Os médicos, por exemplo, têm seu Código de Ética Médica; os advogados, por seu turno, têm suas regras de conduta ética positivadas no Código de Ética e Disciplina da OAB. E assim ocorre com as mais diversas categorias profissionais.

No que concerne ao nosso objeto de estudo, o Decreto 1.171/94 consiste no Código de Ética dos servidores públicos **civis** do Poder **Executivo Federal** (lembra: não estão incluídos os militares, nem os servidores públicos dos poderes legislativo e judiciário, tampouco os servidores dos estados e municípios).

Logo em seu inciso I, nosso Código de Ética dos servidores públicos civis do Poder Executivo Federal estabelece os primados maiores que devem nortear a conduta do agente público, quais sejam: a dignidade, o decoro, o zelo, a eficácia e a consciência dos princípios morais.

Ainda, encontramos no referido dispositivo importantíssimo mandamento, o qual estará presente em diversos outros artigos do presente Código: tais primados maiores – a dignidade, o decoro, o zelo, a eficácia e a consciência dos princípios morais – devem nortear o agente público tanto no exercício do cargo ou função como também fora dele.

Vejamos:

> **CAPÍTULO I**
>
> **Seção I – Das Regras Deontológicas**
>
> **I** – A dignidade, o decoro, o zelo, a eficácia e a consciência dos princípios morais são primados maiores que devem nortear o servidor público, seja no exercício do cargo ou função, ou fora dele, já que refletirá o exercício da vocação do próprio poder estatal. Seus atos, comportamentos e atitudes serão direcionados para a preservação da honra e da tradição dos serviços públicos.

Na mesma esteira, o inciso II dispõe que o servidor público não poderá jamais desprezar o elemento ético de sua conduta, consoante as regras contidas no art. no 37, *caput*, e § 4°, da Constituição Federal.

Assim, não terá que decidir somente entre o legal e o ilegal, o justo e o injusto, o conveniente e o inconveniente, o oportuno e o inoportuno, mas principalmente entre o honesto e o desonesto.

Percebe-se, então, com clareza, que a ética deverá estar presente no dia a dia do desempenho das funções públicas, servindo como guia para orientar a conduta dos servidores:

> **II** – O servidor público não poderá jamais desprezar o elemento ético de sua conduta. Assim, não terá que decidir somente entre o legal e o ilegal, o justo e o injusto, o conveniente e o inconveniente, o oportuno e o inoportuno, mas principalmente entre o honesto e o desonesto, consoante as regras contidas no art. 37, caput, e § 4°, da Constituição Federal.
>
> **Art. 37.** A administração pública direta e indireta de qualquer dos Poderes da União, dos Estados, do Distrito Federal e dos Municípios obedecerá aos princípios de legalidade, impessoalidade, moralidade, publicidade e eficiência e, também, ao seguinte:(Redação dada pela Emenda Constitucional nº 19, de 1998)
>
> **§ 4º** Os atos de improbidade administrativa importarão a suspensão dos direitos políticos, a perda da função pública, a indisponibilidade dos bens e o ressarcimento ao erário, na forma e gradação previstas em lei, sem prejuízo da ação penal cabível.

Já no inciso III, o Código nos esclarece acerca da abrangência do conceito de moralidade da Administração Pública, na medida em que o equilíbrio entre a legalidade e a finalidade na conduta do servidor é que dará ensejo à moralidade do ato administrativo:

> III – A moralidade da Administração Pública não se limita à distinção entre o bem e o mal, devendo ser acrescida da ideia de que o fim é sempre o bem comum. O equilíbrio entre a legalidade e a finalidade, na conduta do servidor público, é que poderá consolidar a moralidade do ato administrativo.

Vamos ver agora os incisos I, II e II de forma esquematizada, a fim de memorizarmos o conhecimento ativando nossa memória visual:

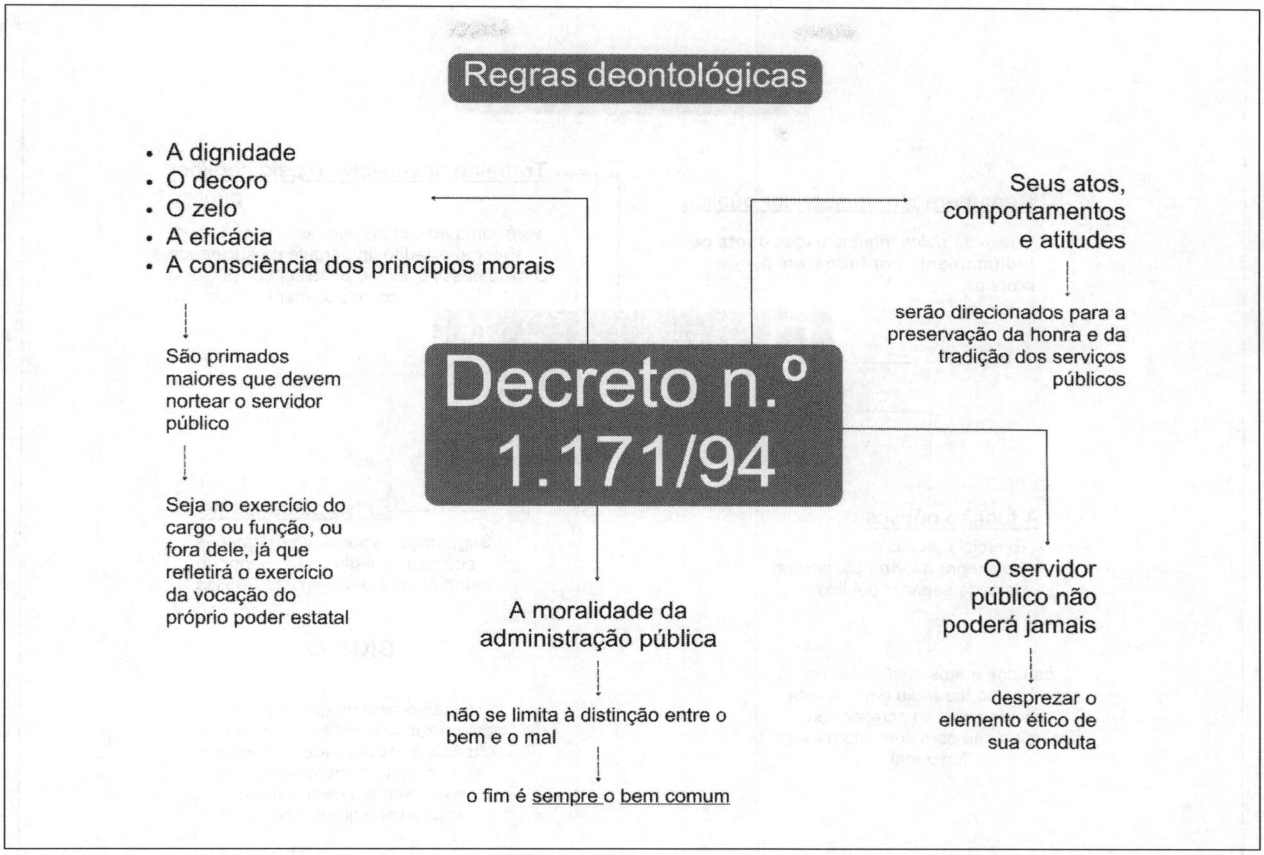

No inciso IV, o Código dispõe sobre a remuneração do servidor, a qual exige como contrapartida a observância à moralidade administrativa. O inciso V, por seu turno, estabelece que o trabalho desenvolvido pelo servidor público perante a comunidade deve ser entendido como acréscimo ao seu próprio bem-estar, já que, como cidadão, integrante da sociedade, o êxito desse trabalho pode ser considerado como seu maior patrimônio:

> IV- A remuneração do servidor público é custeada pelos tributos pagos direta ou indiretamente por todos, até por ele próprio, e por isso se exige, como contrapartida, que a moralidade administrativa se integre no Direito, como elemento indissociável de sua aplicação e de sua finalidade, erigindo-se, como consequência, em fator de legalidade.
>
> V – O trabalho desenvolvido pelo servidor público perante a comunidade deve ser entendido como acréscimo ao seu próprio bem-estar, já que, como cidadão, integrante da sociedade, o êxito desse trabalho pode ser considerado como seu maior patrimônio.

O inciso VI do Código nos recorda do disposto no inciso I, na medida em que a função pública se integra na vida particular de cada servidor público, sendo que as ocorrências em sua vida privada poderão acrescer ou diminuir o seu bom conceito na vida funcional. Esse é um dos artigos mais cobrados em provas, vendendo ser plenamente compreendido e internalizado:

> VI – A função pública deve ser tida como exercício profissional e, portanto, se integra na vida particular de cada servidor público. Assim, os fatos e atos verificados na conduta do dia-a-dia em sua vida privada poderão acrescer ou diminuir o seu bom conceito na vida funcional.

O inciso VII faz importantíssima menção quanto à publicidade do ato administrativo. Tenha sempre em mente: a REGRA é a PUBLICIDADE! A exceção encontra-se apenas nos casos de: segurança nacional, investigações policiais ou interesse superior do Estado e da Administração Pública, a serem preservados em processo previamente declarado sigiloso:

> VII – Salvo os casos de segurança nacional, investigações policiais ou interesse superior do Estado e da Administração Pública, a serem preservados em processo previamente declarado sigiloso, nos termos da lei, a publicidade de qualquer ato administrativo constitui requisito de eficácia e moralidade, ensejando sua omissão comprometimento ético contra o bem comum, imputável a quem a negar.

Vamos memorizar os incisos IV, V, VI e VII?

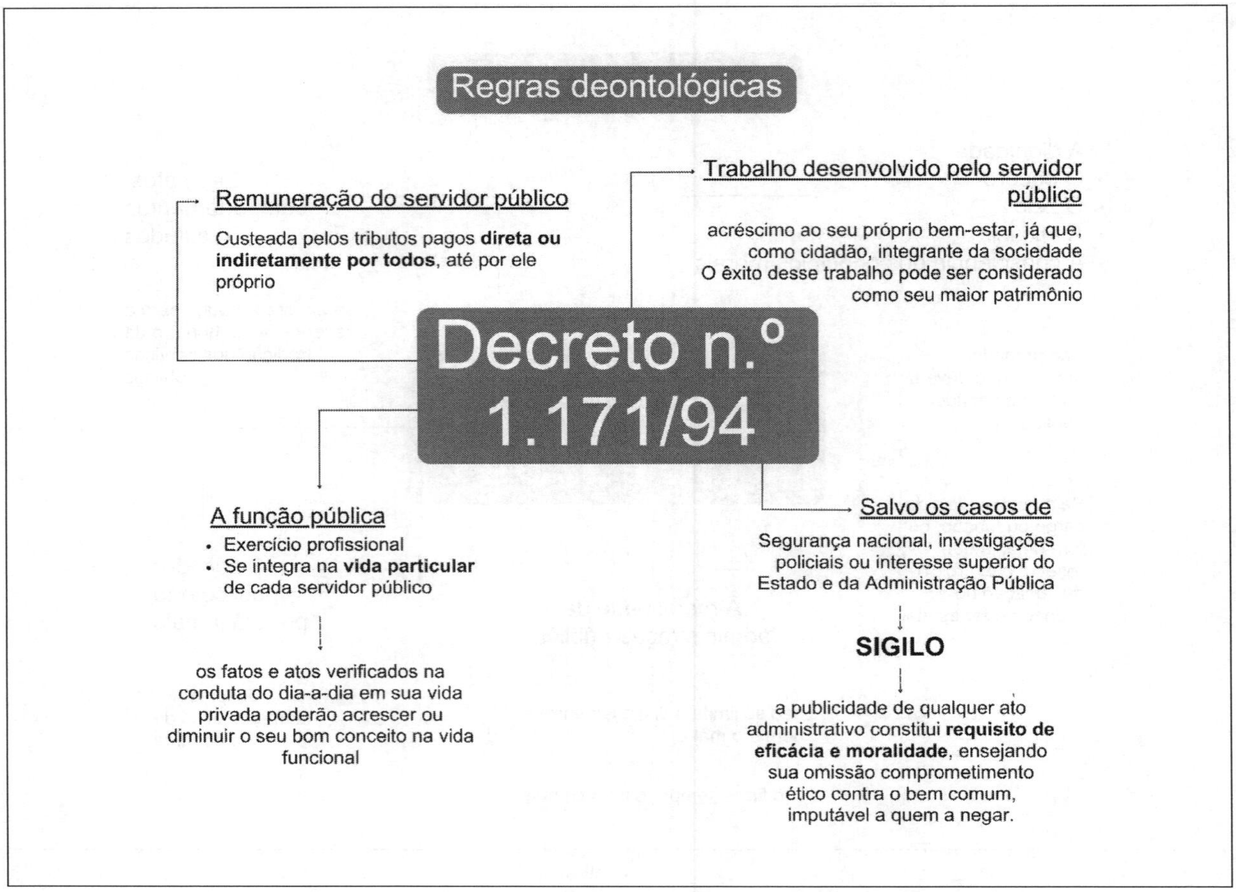

O inciso VIII estabelece que toda pessoa tem direito à verdade, jamais o servidor podendo omiti-la ou falseá-la, mesmo que a verdade seja contrária aos interesses da pessoa interessada ou mesmo contrária aos interesses da própria Administração. É um dos incisos mais inspiradores e de mais bela redação do Código, trazendo reflexões importantes acerca de um Estado verdadeiramente embasado no meta princípio da dignidade da pessoa humana, o qual é eixo valorativo de todo o ordenamento jurídico. Vejamos:

> VIII – Toda pessoa tem direito à verdade. O servidor não pode omiti-la ou falseá-la, ainda que contrária aos interesses da própria pessoa interessada ou da Administração Pública. Nenhum Estado pode crescer ou estabilizar-se sobre o poder corruptivo do hábito do erro, da opressão ou da mentira, que sempre aniquilam até mesmo a dignidade humana quanto mais a de uma Nação.

Os incisos IX e X possuem grande incidência nas questões de concursos, versando sobre a temática do dano moral. Perceba que o inciso IX fala em dano moral, ao passo que a situação específica descrita no inciso X refere-se à **GRAVE dano moral**:

> IX – A cortesia, a boa vontade, o cuidado e o tempo dedicados ao serviço público caracterizam o esforço pela disciplina. **Tratar mal uma pessoa que paga seus tributos direta ou indiretamente significa causar-lhe dano moral**. Da mesma forma, causar dano a qualquer bem pertencente ao patrimônio público, deteriorando-o, por descuido ou má vontade, não constitui apenas uma ofensa ao equipamento e às instalações ou ao Estado, mas a todos os homens de boa vontade que dedicaram sua inteligência, seu tempo, suas esperanças e seus esforços para construí-los.
>
> X – Deixar o servidor público qualquer pessoa à espera de solução que compete ao setor em que exerça suas funções, permitindo a formação de longas filas, ou qualquer outra espécie de **atraso na prestação do serviço**, não caracteriza apenas atitude contra a ética ou ato de desumanidade, mas principalmente **grave dano moral** aos usuários dos serviços públicos.

O inciso e XI dispõe sobre o dever do servidor de atenção às ordens legais de seus superiores, evitando assim uma conduta negligente. O inciso XII trata acerca do fato de que a ausência **injustificada** do servidor é fator de desmoralização do serviço público. Finalizando os incisos referentes às Regras Deontológicas, o inciso XIII dispõe sobre a importância do servidor exercer seu labor com harmonia e respeito, em um ambiente de colaboração entre todos os membros da sociedade.

Vamos visualizar?

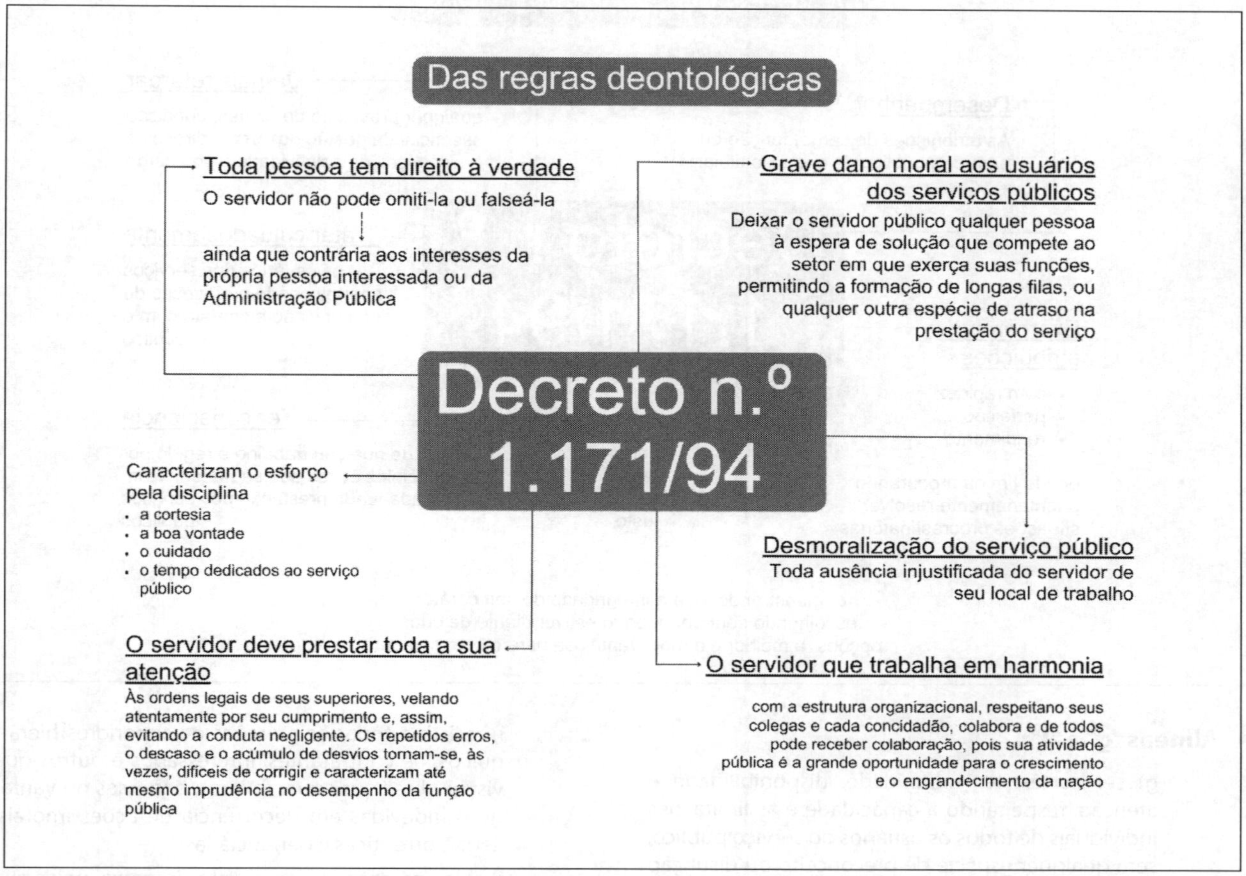

3.3.2 Principais Deveres do Servidor Público

Os Deveres do Servidor Público Civil do Poder Executivo Federal estão previstos nas alíneas "a" a "v" do inciso XIV do Código, as quais são de simples leitura e memorização.

- **Alíneas "a" a "f":**

a) desempenhar, a tempo, as atribuições do cargo, função ou emprego público de que seja titular;

b) exercer suas atribuições com rapidez, perfeição e rendimento, pondo fim ou procurando prioritariamente resolver situações procrastinatórias, principalmente diante de filas ou de qualquer outra espécie de atraso na prestação dos serviços pelo setor em que exerça suas atribuições, com o fim de evitar dano moral ao usuário;

c) ser probo, reto, leal e justo, demonstrando toda a integridade do seu caráter, escolhendo sempre, quando estiver diante de duas opções, a melhor e a mais vantajosa para o bem comum;

d) jamais retardar qualquer prestação de contas, condição essencial da gestão dos bens, direitos e serviços da coletividade a seu cargo;

e) tratar cuidadosamente os usuários dos serviços aperfeiçoando o processo de comunicação e contato com o público;

f) ter consciência de que seu trabalho é regido por princípios éticos que se materializam na adequada prestação dos serviços públicos;

Vamos visualizá-los?

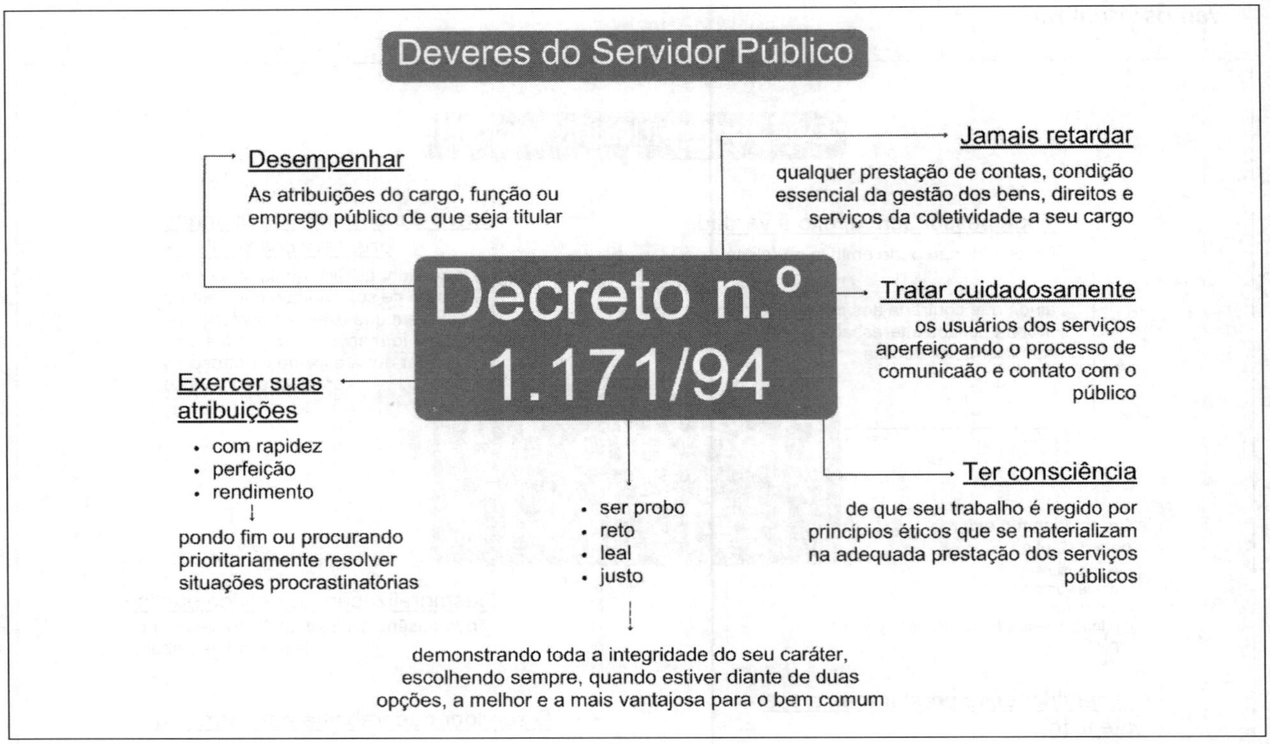

- **Alíneas "g" a "l":**

g) ser cortês, ter urbanidade, disponibilidade e atenção, respeitando a capacidade e as limitações individuais de todos os usuários do serviço público, sem qualquer espécie de preconceito ou distinção de raça, sexo, nacionalidade, cor, idade, religião, cunho político e posição social, abstendo-se, dessa forma, de causar-lhes dano moral;

h) ter respeito à hierarquia, porém sem nenhum temor de representar contra qualquer comprometimento indevido da estrutura em que se funda o Poder Estatal;

i) resistir a todas as pressões de superiores hierárquicos, de contratantes, interessados e outros que visem obter quaisquer favores, benesses ou vantagens indevidas em decorrência de ações imorais, ilegais ou aéticas e denunciá-las;

j) zelar, no exercício do direito de greve, pelas exigências específicas da defesa da vida e da segurança coletiva;

l) ser assíduo e frequente ao serviço, na certeza de que sua ausência provoca danos ao trabalho ordenado, refletindo negativamente em todo o sistema;

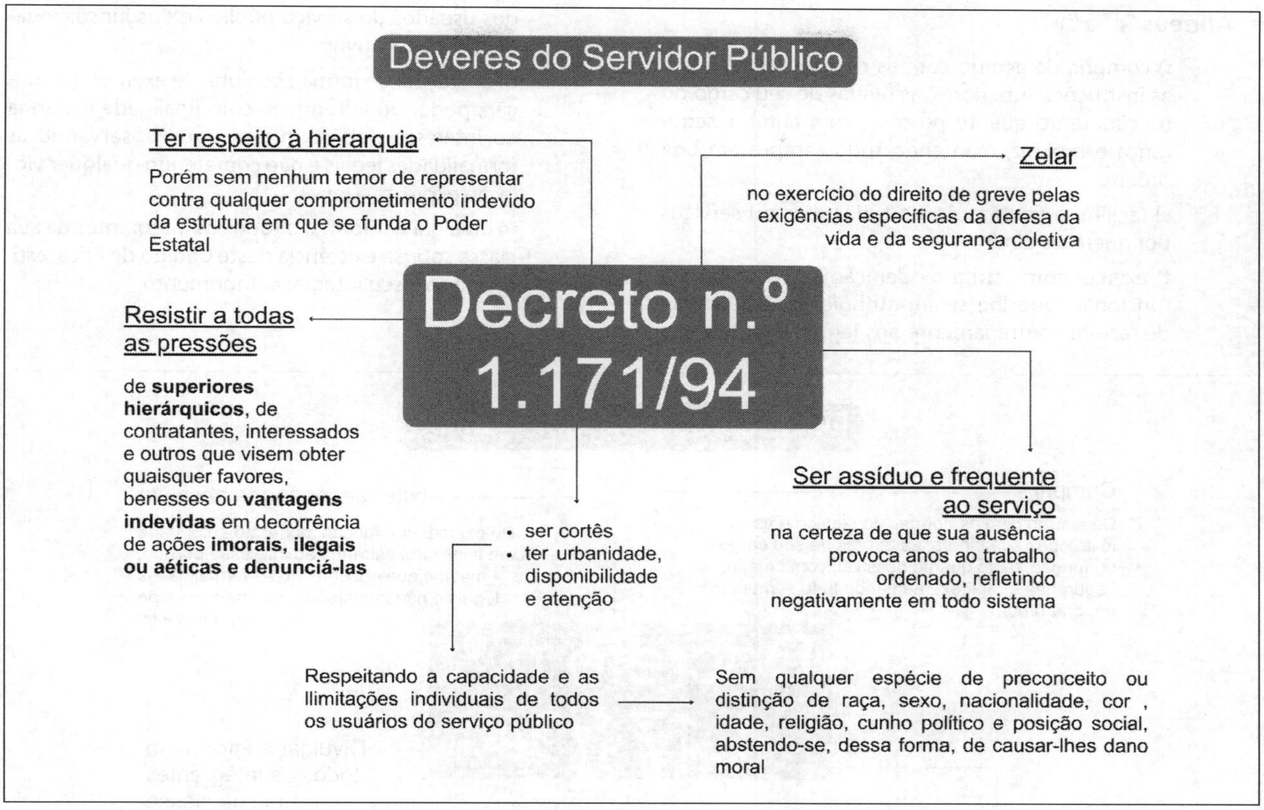

- **Alíneas "m" a "q":**

m) comunicar imediatamente a seus superiores todo e qualquer ato ou fato contrário ao interesse público, exigindo as providências cabíveis;

n) manter limpo e em perfeita ordem o local de trabalho, seguindo os métodos mais adequados à sua organização e distribuição;

o) participar dos movimentos e estudos que se relacionem com a melhoria do exercício de suas funções, tendo por escopo a realização do bem comum;

p) apresentar-se ao trabalho com vestimentas adequadas ao exercício da função;

q) manter-se atualizado com as instruções, as normas de serviço e a legislação pertinentes ao órgão onde exerce suas funções;

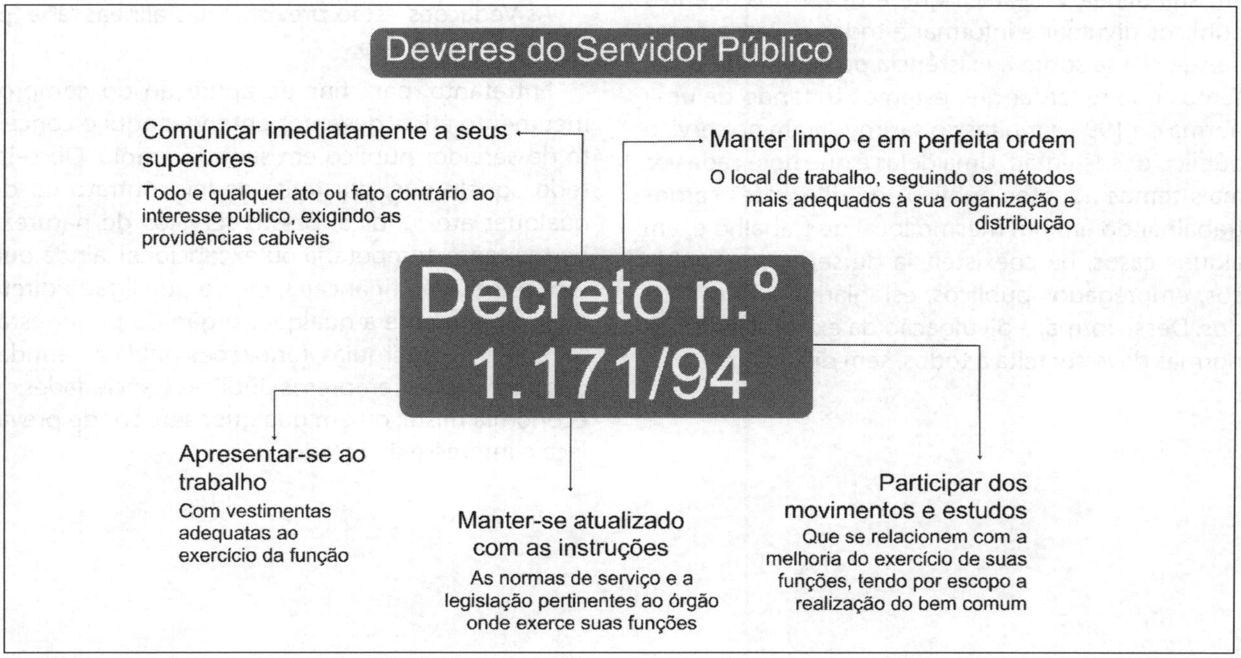

- **Alíneas "r" a "v":**

r) cumprir, de acordo com as normas do serviço e as instruções superiores, as tarefas de seu cargo ou função, tanto quanto possível, com critério, segurança e rapidez, mantendo tudo sempre em boa ordem.

s) facilitar a fiscalização de todos atos ou serviços por quem de direito;

t) exercer com estrita moderação as prerrogativas funcionais que lhe sejam atribuídas, abstendo-se de fazê-lo contrariamente aos legítimos interesses dos usuários do serviço público e dos jurisdicionados administrativos;

u) abster-se, de forma absoluta, de exercer sua função, poder ou autoridade com finalidade estranha ao interesse público, mesmo que observando as formalidades legais e não cometendo qualquer violação expressa à lei;

v) divulgar e informar a todos os integrantes da sua classe sobre a existência deste Código de Ética, estimulando o seu integral cumprimento.

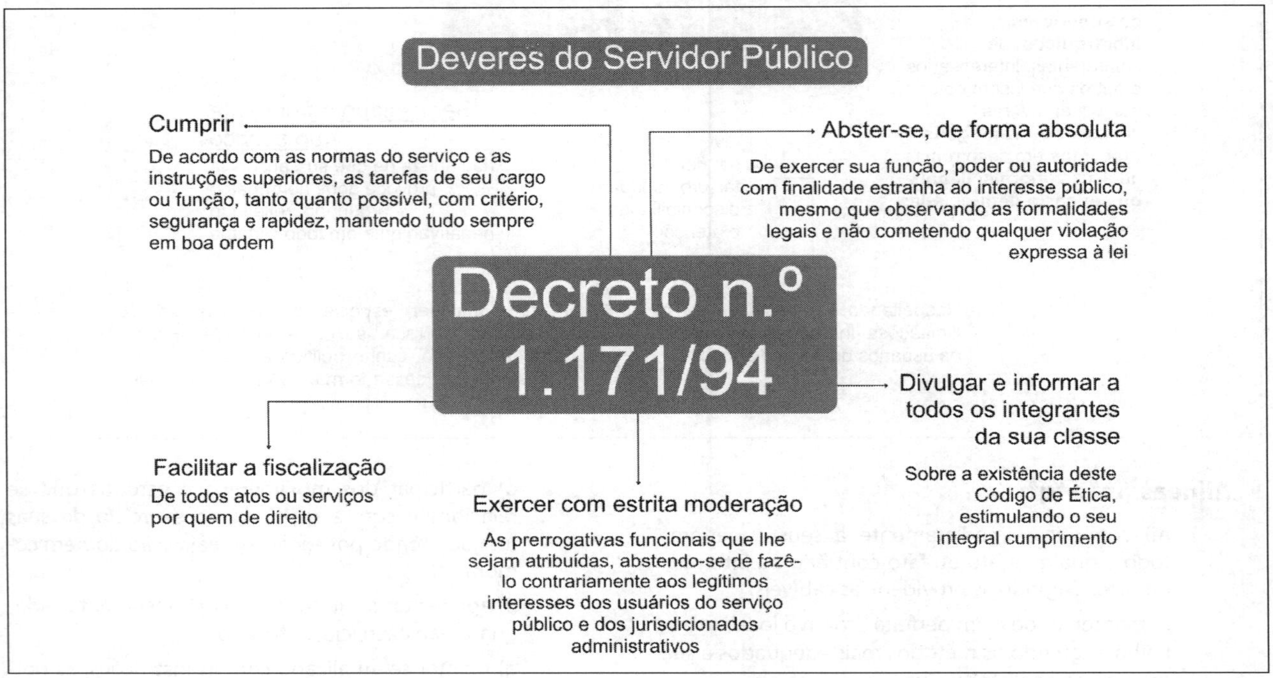

Finalizando os Deveres previstos no inciso XIV em sua alínea V destaca que é dever dos agentes públicos divulgar e informar a todos os integrantes da sua classe sobre a existência do código de ética. Temos que recordar que estamos tratando de uma norma de 1994 e muitas coisas mudaram no serviço público desde então. Uma delas é que hoje cada vez mais temos agentes públicos de diferentes cargos trabalhando em um mesmo local de trabalho e, em alguns casos, há coexistência de servidores públicos, empregados públicos, estagiários e terceirizados. Dessa forma, a divulgação da existência dessas normas deve ser feita a todos, sem distinção.

3.3.3 Vedações ao Servidor Público

As Vedações estão previstas nas alíneas "a" a "p" do inciso XV Código.

Entretanto, para fins de apuração do comprometimento ético, devemos entender aqui o conceito de servidor público em sentido amplo. Ou seja: todo aquele que, por força de lei, contrato ou de qualquer ato jurídico, preste serviços de natureza permanente, temporária ou excepcional, ainda que sem retribuição financeira, desde que ligado direta ou indiretamente a qualquer órgão do poder estatal, como as autarquias, fundações públicas, entidades paraestatais, empresas públicas e sociedades de economia mista, ou em qualquer setor onde prevaleça o interesse do Estado.

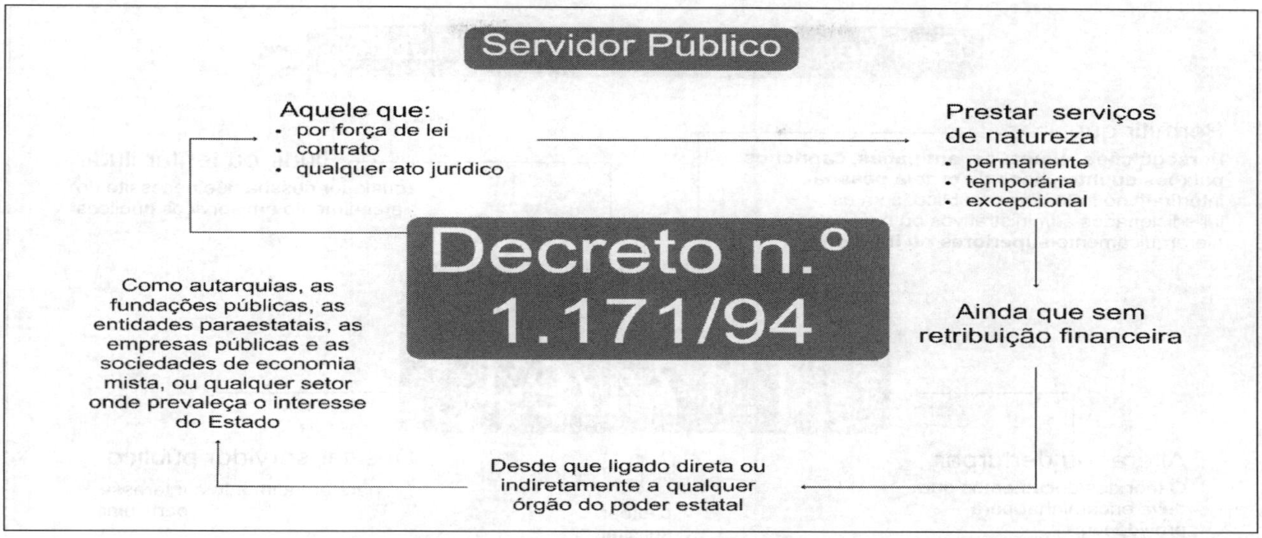

É vedado (PROIBIDO) ao servidor, de acordo com as alíneas "a" a "e" do inciso XV:

a) o uso do cargo ou função, facilidades, amizades, tempo, posição e influências, para obter qualquer favorecimento, para si ou para outrem;

b) prejudicar deliberadamente a reputação de outros servidores ou de cidadãos que deles dependam;

c) ser, em função de seu espírito de solidariedade, conivente com erro ou infração a este Código de Ética ou ao Código de Ética de sua profissão;

d) usar de artifícios para procrastinar ou dificultar o exercício regular de direito por qualquer pessoa, causando-lhe dano moral ou material;

e) deixar de utilizar os avanços técnicos e científicos ao seu alcance ou do seu conhecimento para atendimento do seu mister;

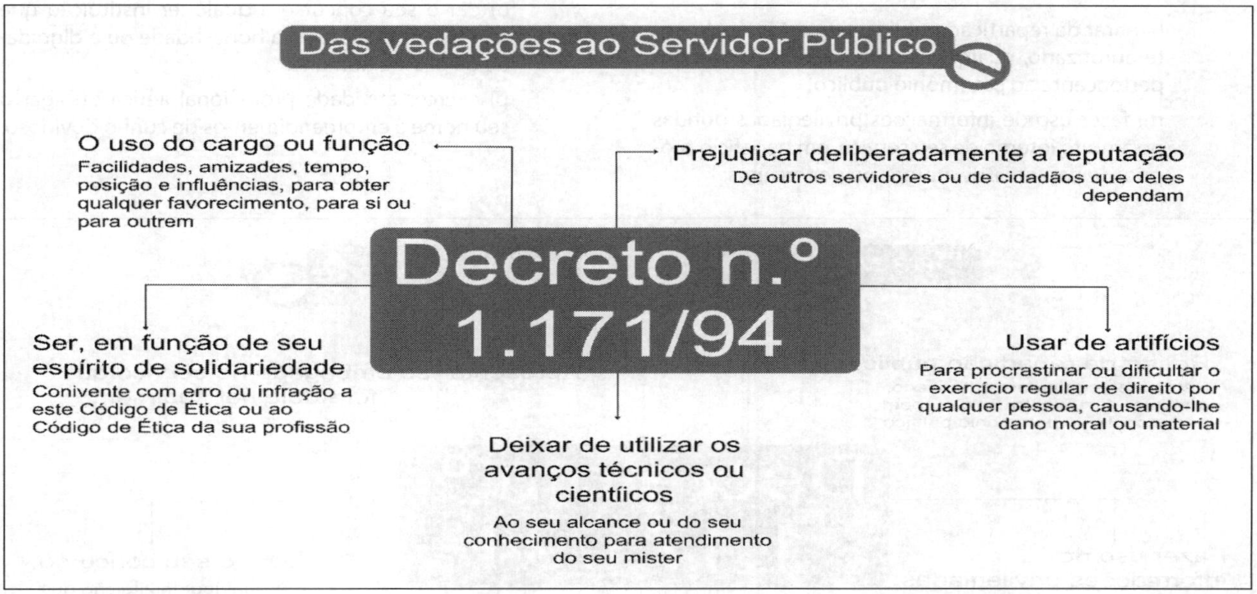

Vedações previstas nas alíneas "f" a "j" do inciso XV:

f) permitir que perseguições, simpatias, antipatias, caprichos, paixões ou interesses de ordem pessoal interfiram no trato com o público, com os jurisdicionados administrativos ou com colegas hierarquicamente superiores ou inferiores;

g) pleitear, solicitar, provocar, sugerir ou receber qualquer tipo de ajuda financeira, gratificação, prêmio, comissão, doação ou vantagem de qualquer espécie, para si, familiares ou qualquer pessoa, para o cumprimento da sua missão ou para influenciar outro servidor para o mesmo fim;

h) alterar ou deturpar o teor de documentos que deva encaminhar para providências;

i) iludir ou tentar iludir qualquer pessoa que necessite do atendimento em serviços públicos;

j) desviar servidor público para atendimento a interesse particular;

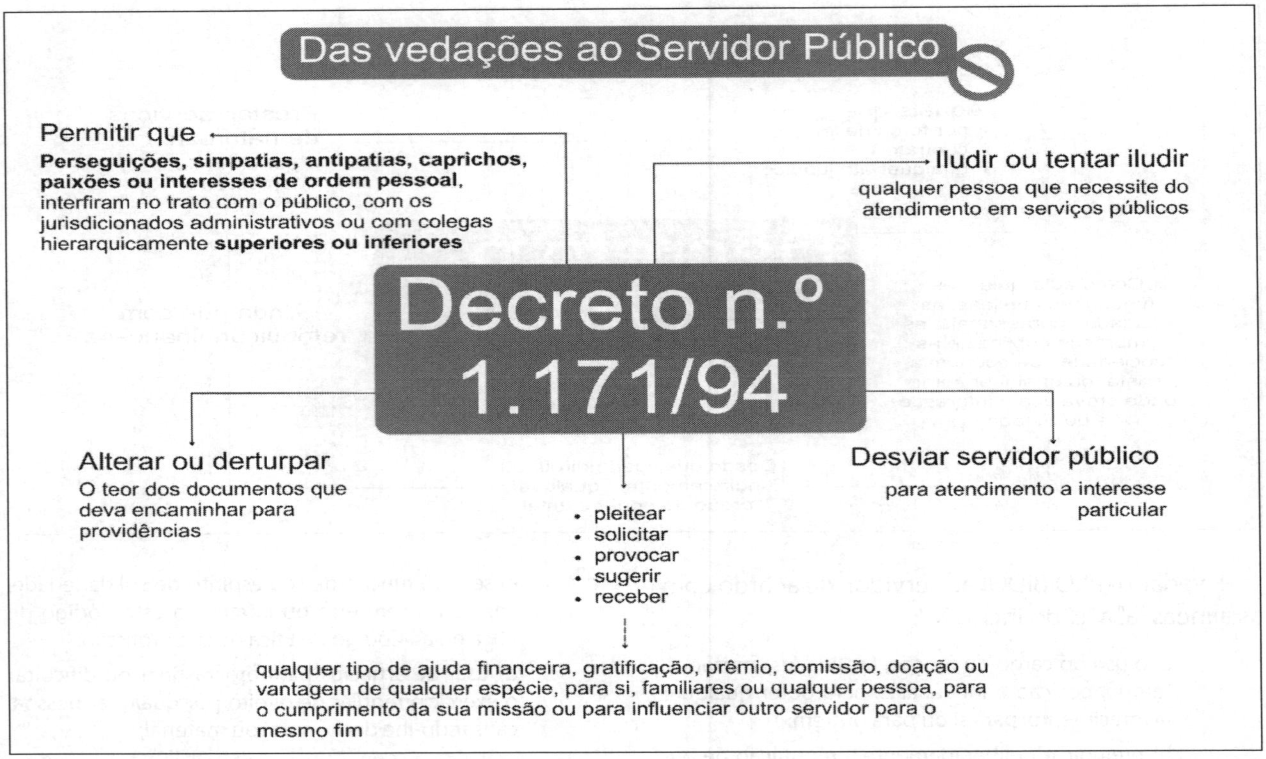

Por fim, é vedado ao servidor público, de acordo com as alíneas "l" a "p" do inciso XV:

> l) retirar da repartição pública, sem estar legalmente autorizado, qualquer documento, livro ou bem pertencente ao patrimônio público;
>
> m) fazer uso de informações privilegiadas obtidas no âmbito interno de seu serviço, em benefício próprio, de parentes, de amigos ou de terceiros;
>
> n) apresentar-se embriagado no serviço ou fora dele habitualmente;
>
> o) dar o seu concurso a qualquer instituição que atente contra a moral, a honestidade ou a dignidade da pessoa humana;
>
> p) exercer atividade profissional aética ou ligar o seu nome a empreendimentos de cunho duvidoso.

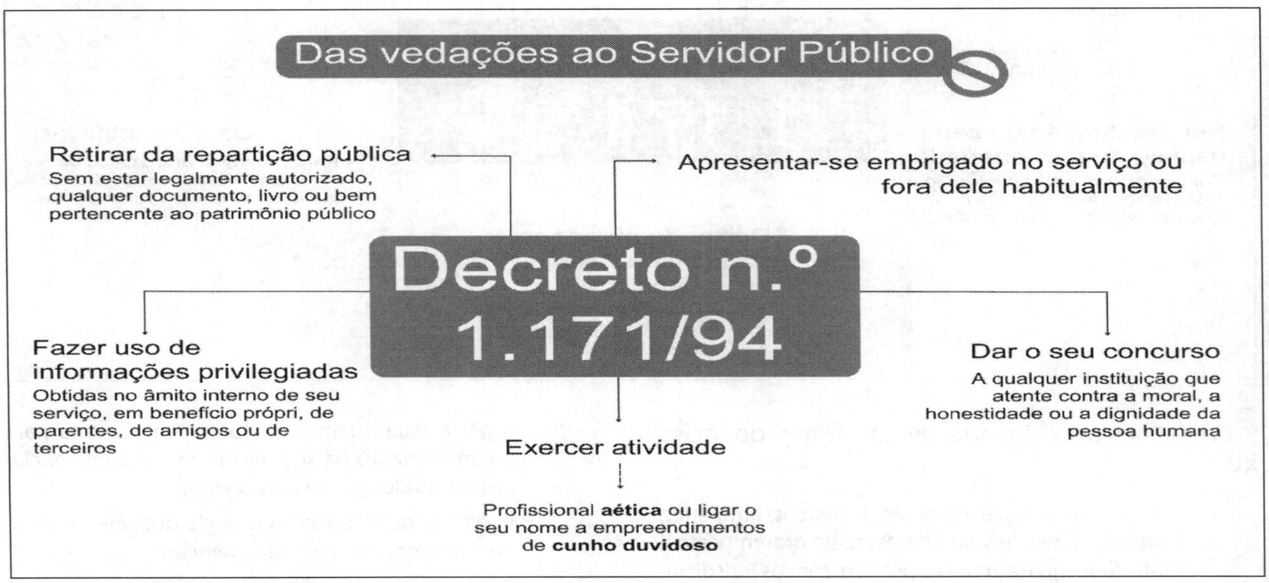

3.3.4 Das Comissões de Ética

Essa seção única fornece os dispositivos para a criação e o funcionamento de Comissões de Ética nos órgãos e instituições do Poder Executivo federal. Todos os órgãos e entidades da Administração devem constituir uma comissão de ética.

A Comissão de Ética do órgão deve registrar e fornecer as informações ao departamento de recursos humanos sobre a conduta ética dos servidores, para o efeito de instruir e fundamentar promoções e demais procedimentos próprios da carreira.

Importante destacar que muitos dos incisos desse Capítulo II foram revogados pelo Decreto 6.027/07 – o qual também será estudado de forma pormenorizada no decorrer da presente obra – permanecendo vigente no presente Capítulo II apenas os incisos XVI, XVIII, XXII e XXIV (este último referindo-se ao conceito amplo de servidor público, ponto já enfrentado acima, quando estudamos as Vedações ao Servidor Público).

No que concerne ao inciso XVI, o Código dispõe sobre a obrigatoriedade de criação de uma Comissão de Ética em todos os órgãos e entidades da Administração Pública Federal direta, indireta autárquica e fundacional, ou em qualquer órgão ou entidade que exerça atribuições delegadas pelo poder público, com o fim de orientar e aconselhar sobre a ética profissional do servidor, no tratamento com as pessoas e com o patrimônio público, competindo-lhe conhecer concretamente de imputação ou de procedimento susceptível de censura:

> XVI – Em todos os órgãos e entidades da Administração Pública Federal direta, indireta autárquica e fundacional, ou em qualquer órgão ou entidade que exerça atribuições delegadas pelo poder público, deverá ser criada uma Comissão de Ética, encarregada de orientar e aconselhar sobre a ética profissional do servidor, no tratamento com as pessoas e com o patrimônio público, competindo-lhe conhecer concretamente de imputação ou de procedimento susceptível de censura.

Já no inciso XVIII o Código prevê o dever da Comissão de Ética de fornecer os registros sobre a conduta ética do servidor, para o efeito de instruir e fundamentar promoções e para todos os demais procedimentos próprios da carreira do servidor público:

> XVIII – À Comissão de Ética incumbe fornecer, aos organismos encarregados da execução do quadro de carreira dos servidores, os registros sobre sua conduta ética, para o efeito de instruir e fundamentar promoções e para todos os demais procedimentos próprios da carreira do servidor público.

O inciso XXII dispõe acerca da ÚNICA pena prevista no presente código, que é a pena de CENSURA, aplicável ao servidor público pela Comissão de Ética:

> XXII – A pena aplicável ao servidor público pela Comissão de Ética é a de censura e sua fundamentação constará do respectivo parecer, assinado por todos os seus integrantes, com ciência do faltoso.

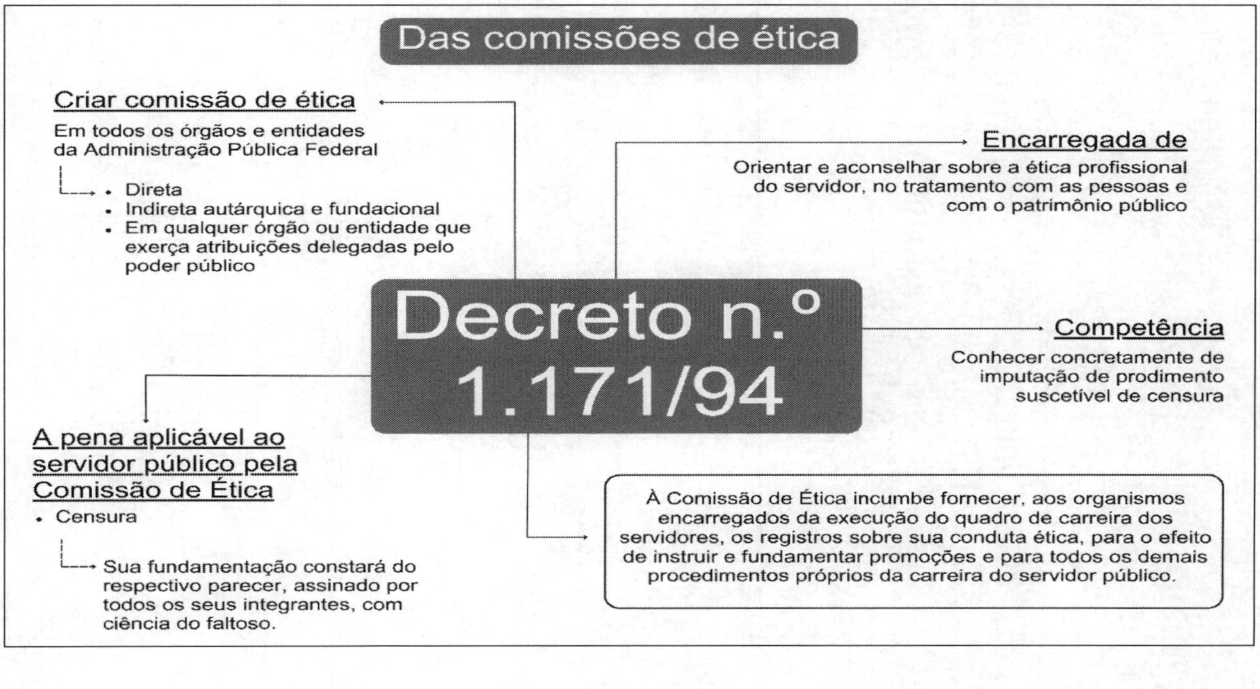

▷ **Atenção**! No executivo federal, a sanção aplicável ao agente público por uma Comissão de Ética Setorial é a **Censura Ética**, e sua fundamentação constará do respectivo documento, assinado por todos os integrantes da comissão, com ciência do servidor faltoso.

Importante destacar que o Decreto 6.029/07 complementa o Decreto 1.171/94, criando o Programa de Gestão Ética do Poder Executivo Federal.

Nesse sentido, devemos integrar o estudo de ambos diplomas legais, na medida em que o Decreto 1.171/94 define os princípios éticos que os servidores públicos devem seguir, enquanto o Decreto 6.027/07, cria um programa abrangente para promover a ética no serviço público federal. Ambos são fundamentais para garantir a integridade, transparência e responsabilidade no Poder Executivo da União.

DIREITO CONSTITUCIONAL

Mateus Silveira

Ben Hur Botelho

Sumário:

1. DOS DIREITOS E DAS GARANTIAS FUNDAMENTAIS

O título II da Constituição Federal traz dos direitos e garantias fundamentais com os artigos 5º ao 17 da CRFB/88.

Na Constituição Federal os Direitos e Garantias fundamentais são de 5 espécies e estão organizados e distribuídos no "Título II" da CF:

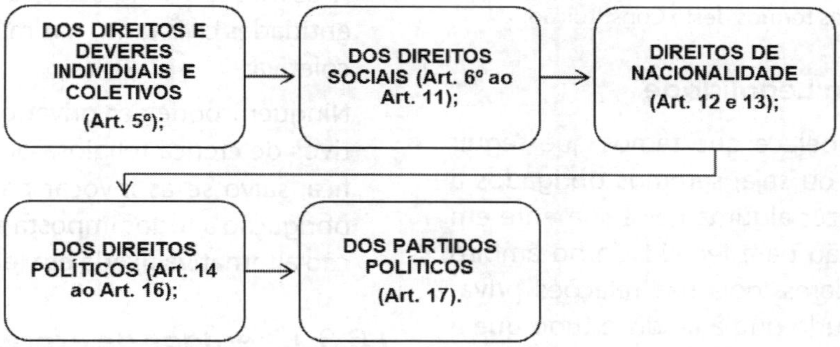

Não há uma lista fechada de direitos fundamentais na constituição e também eles não estão restritos ao "Título II" da Constituição Federal. Há direitos fundamentais em todo o ordenamento constitucional e inclusive fora da normal constitucional.

Os sujeitos ou destinatários dos direitos fundamentais são os brasileiros e os estrangeiros que estejam em território nacional. O *caput* do art. 5º faz referência expressa somente a brasileiros e a estrangeiros residentes no País. Contudo, a esses destinatários expressos, a doutrina e o STF vêm acrescentando, mediante interpretação sistemática, os estrangeiros não residentes (por exemplo, turistas), os apátridas e as pessoas jurídicas, atualmente temos a Lei nº 13.445/17 (lei de migração) que expressamente estabelece os direitos fundamentais aos estrangeiros.

Deste modo, nada impede que um estrangeiro, de passagem pelo território nacional, ilegalmente preso, impetre um *habeas corpus* (art. 5.º, LXVIII) para proteger o seu direito de locomoção. Deve-se observar, é claro, se o direito garantido não possui alguma especificidade, como apopular, que só pode ser proposta pelo cidadão, impossibilitando a atuação dos estrangeiros.

O art. 5.º, *caput*, da CF/88 estabelece que todos são iguais perante a lei, sem distinção de qualquer natureza, garantindo-se aos brasileiros e aos estrangeiros residentes no País a inviolabilidade do direito à vida, à liberdade, à igualdade, à segurança e à propriedade, nos termos dos seus 79 incisos e 4 parágrafos.

▷ Esse é um rol exemplificativo, na medida em que os direitos e garantias da Constituição não excluem outros decorrentes do regime e dos princípios por ela adotados, ou dos tratados internacionais que o Brasil faça parte (art. 5º, §2º)

▷ **Observação:** é importante se recordar do art. 5º, § 3º da CF que possibilita aos tratados de direitos humanos terem força de Emenda Constitucional no Brasil: "Os tratados e convenções internacionais sobre direitos humanos que forem aprovados, em cada Casa do Congresso Nacional, em dois turnos, por três quintos dos votos dos respectivos membros, serão equivalentes às emendas constitucionais".

1.2 Do Direito à Vida

É um direito pré-requisito, pois é ele que dá existência a todos os outros direitos. Há duas formas ou naturezas para este direito, a primeira o direito de existência, ou seja, continuar vivo e a segunda o direito a uma vida digna capaz de garantir uma subsistência legítima. A proteção da vida está de acordo com o fundamento da república da dignidade da pessoa humana.

1.3 Do Direito à Igualdade

A **igualdade formal**, ou seja, frente a lei, perante a lei, trata-se da lei tratar de forma igual todos os sujeitos para qual ela se destina. A igualdade está dada no espaço da lei, pois não se pode deixar de reconhecer a existência de desigualdades pessoais e sociais, na medida em que os sujeitos são desiguais (art. 5º, I), que traz a necessidade de entendermos a igualdade material ou substancial, ou seja, a igualdade de oportunidades.

A igualdade material é explorada pela própria constituição, art. 5º, L; LI; art. 7º, XVIII e XIX; serviço militar obrigatório, as idades e os períodos de contribuição para a aposentadoria.

Da igualdade de gênero, a constituição federal estabelece a igualdade, ou seja, a necessidade de um tratamento isonômico entre homens e mulheres nas normas brasileiras, acabando com todas as normas que por questões de preconceito ou discriminação reduziam a participação e o acesso das mulheres a direitos.

> Art. 5º, I - homens e mulheres são iguais em direitos e obrigações, nos termos desta Constituição;

1.4 Do Princípio da Legalidade

A legalidade estabelece que temos que seguir aquilo que a lei diz, ou seja, seremos obrigados a fazer ou deixar de fazer alguma coisa somente em virtude de lei. Atenção para legalidade no âmbito das relações particulares, pois nas relações privadas podemos fazer tudo que a lei diz e tudo que a lei não proíbe. Já a administração pública tem uma limitação quanto a reserva legal, vamos chamar de legalidade estrita, pois para a administração pública só é possível realizar aquilo que a lei determina.

1.5 Da Proibição da Tortura

Nossa constituição proíbe expressamente qualquer tipo de tortura ou tratamento cruel, desumano ou degradante, inclusive a tortura é considerada um crime inafiançável e insuscetível de graça e anistia.

1.6 Dos Direitos de Liberdade

Direitos de Liberdade	Fundamentos legais
Liberdade de Ação e Omissão (legalidade)	Art. 5º, II da CF
Liberdade de Pensamento	Art. 5º, IV e V da CF
Liberdade de Consciência e Crença	Art. 5º, VI, VII e VIII da CF
Liberdade de expressão, artística, científica e de imprensa.	Art. 5º, IX da CF
Liberdade de profissão	Art. 5º, XIII da CF
Liberdade de informação	Art. 5º, XIV da CF
Liberdade de Locomoção	Art. 5º, XV da CF
Liberdade de Reunião	Art. 5º, XVI da CF
Liberdade de Associação	Art. 5º, XVII ao XXI da CF

1.6.1. Liberdade de Manifestação do Pensamento

É livre a manifestação do pensamento, vedado o anonimato, bem como se a manifestação for inverídica ou causar dano a alguém, o ofendido terá direito de resposta proporcional ao agravo, além da indenização por danos materiais, morais e a imagem;

1.6.2. Liberdade de Crença e Consciência

- É inviolável a consciência e a crença, sendo assegurado o livre exercício dos cultos religiosos e garantida a proteçãos dos locais de culto e suas liturgias;
- A assistência religiosa é assegurada tanto nas entidades civis tanto nas milatares de internação coletiva;
- Ninguém pode ser privado de direitos por motivos de crença religiosa ou de convicção filosófica, salvo se as invocar para se eximir de uma obrigação a todos imposta e não cumprir prestação alternativa fixada em lei.

1.6.3. Liberdade de expressão

É livre a expressão intelectual, artística científica e de comunicação sendo proibida censura ou qualquer tipo de necessidade de censura ou licença prévia.

1.6.4. Direito à intimidade e vida privada

São invioláveis para as pessoas, assegurado o direito de indenização por dano material ou moral no caso de violação:

a) intimidade;

b) vida privada;

c) honra;

d) imagem.

Só é possível entrar na casa do indivíduo com o seu consentimento e nas hipóteses constitucionais de violação que são: para prestar socorro, em caso de desastre, no caso de flagrante delito e determinação judicial durante o dia.

Quanto aos sigilos previstos na constituição federal temos:

a) sigilo da correspondência e das comunicações telegráficas;

b) sigilo dos dados e das comunicações telefônicas;

c) Atenção: o sigilidas comunicações telefônicas pode ser quebrado por ordem judicial, na forma que a lei estabelecer para realizar investigação criminal ou instrução processual penal.

1.6.5. Liberdade laboral ou de profissão

É livre o exercício de qualquer trabalho, ofício ou profissão, desde que sejam atendidas as exigências legais.

1.6.6. Liberdade e acesso à informação

O direito à informaçao é assegurado para todos, resguardado o sigilo da fonte quando necessário para o exercício profissional. Todos tem direito a receber dos órgãos públicos nformações:

a) interesse particular;

b) interesse coletivo;

c) interesse geral.

As informações devem ser prestadas no prazo da lei sob pena de responsabilização, conforme determina a Lei nº 12.527/11 (Lei de Acesso à Informação), ressalvadas as informações cujp sigilo seja imprescindível à segurança da sociedade e do Estado.

1.6.7. Da liberdade de locomoção

É livre a locomoção em todo o território brasileiro em tempos de paz, qualquer pessoa pode entrar, sair ou permaneer no nosso território;

1.7 Direito à reunião

Todos podem se reunir livremente em locais abertos ao público de forma pacífica e sem armas, não sendo necessário a autorização do Estado, mas sim apenas a comunicação para à autoridade competente, com o intuito de não frustrar outra reunião marcada para o mesmo local.

1.8 Liberdade de associação

É livre a associação de forma lícita, vedada a associação de caráter paramilitar, sendo que ninguém pode ser obrigado a se associar ou permanecer associado.

1.9 Do direito à propriedade

É grantido o direito a propriedade que terá que atender a sua função social.

A desapropriação por necessidade ou utilidade pública ou por interesse social se dará mediante ajusta e prévia indenização em dinheiro, ressalvados os casos previstos na constituição federal.

1.10 Das garantias fundamentais

Direito de Petição ao poderes públicos e Direito de Certidão em repartições públicas (Art. 5º, XXXIV da CF).

Direito de Petição	•Defesa de direitos •Contra ilegalidade •Contra abuso de poder
Direito de obtenção de Certidão	•Defesa de direitos •Esclarecimento de situações de interesse pessoal

Dos crimes que são contrários aos direitos fundamentais:

Racismo (Art. 5º, XLII da CF)	•Imprescritível •Inafiançável •Pena de Reclusão
3TH **(Art. 5º, XLIII da CF)** **Tortura – Tráfico – Terrorismo** **Hediondos**	•Inafiançáveis •Insuscetíveis de Graça e Anistia
Ação de Grupos Armados, Civis e Militares, contra a ordem Constitucional e o Estado Democrático (Art. 5º, XLIV da CF)	•Imprescritível •Inafiançável

1.11 Proteção da Integridade das pessoas presas

Art. 5º, XLIX da CF - é assegurado aos presos o respeito à integridade física e moral;

Súmula Vinculante 11

Perigo

Resistência

Fuga

Só é lícito o uso de algemas em casos de **resistência** e de **fundado receio de fuga** ou de **perigo à integridade física própria ou alheia**, por parte do preso ou de terceiros, justificada a excepcionalidade por escrito, sob pena de responsabilidade disciplinar, civil e penal do agente ou da autoridade e de nulidade da prisão ou do ato processual a que se refere, sem prejuízo da responsabilidade civil do Estado.

1.12 Da Presunção da Inocência

A presunção de inocência (Art. 5º da CF)
LVII - ninguém será considerado culpado até o trânsito em julgado de sentença penal condenatória;

- Após análise das ADCs nº 43, 44 e 54 do STF, ficou sedimentada a constitucionalidade do Art. 283 do CPP com o seguinte texto:

"Ninguém poderá ser preso senão em flagrante delito ou por ordem escrita e fundamentada da autoridade judiciária competente, em decorrência de sentença condenatória transitada em julgado ou, no curso da investigação ou do processo, em virtude de prisão temporária ou prisão preventiva."

1.13 Direitos Constitucionais da pessoa presa (privada da liberdade)

1) Direito à comunicação do local de sua prisão;
2) Direito ao silêncio;
3) Direito à assistência da família e de advogado;
4) Direito à identificação dos captores e dos interrogadores.

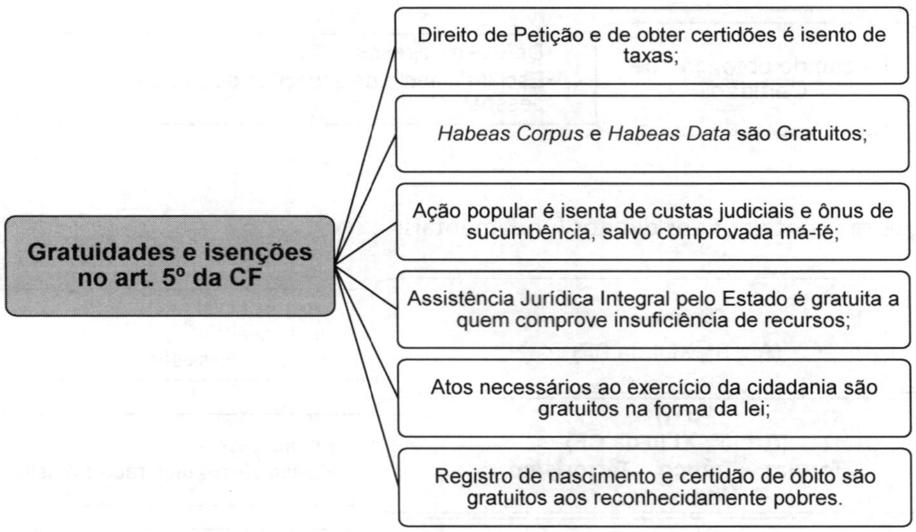

1.14 Dos Remédios Constitucionais

- ***Habeas Corpus*** – protege a liberdade de locomoção, podendo ser utilizado quando a liberdade já foi ofendida (repressivo) e quando ela está ameaçada (preventivo);
- ***Habeas Data*** – para tutelar direito a informação de interesse pessoal ou particular, relativa a pessoa do impetrante em um banco de dados público ou de caráter público, nos termos da 1ª parte do inciso XXXIII do Art. 5º da CF. O remédio é utilizado ou para se ter acesso à informação, ou para

solicitar a retificação da informação pessoal do impetrante;

- **Mandado de Segurança** – para se tutelar direito líquido e certo não protegido por *habeas corpus* ou *habeas data*, quando o responsável pela ilegalidade ou abuso de poder for autoridade pública ou agente de pessoa jurídica no exercício de atribuições do Poder Público;
- **Mandado de Injunção** – vai se utilizar o remédio, sempre que a falta de norma regulamentadora torne inviável o exercício dos direitos e liberdades constitucionais e das prerrogativas inerentes à nacionalidade, à soberania e à cidadania;
- **Ação popular** – para o cidadão propor ação que vise a anular ato lesivo ao patrimônio público ou de entidade de que o Estado participe, à moralidade administrativa, ao meio ambiente e ao patrimônio histórico e cultural, ficando o autor, salvo comprovada má-fé, isento de custas judiciais e do ônus da sucumbência.

2. DOS DIREITOS SOCIAIS (ART. 6º AO ART. 11 DA CF)

São direitos sociais previstos de forma expressa na constituição federal:

- a educação;
- a saúde;
- a alimentação;
- o trabalho;
- a moradia;
- o transporte;
- o lazer;
- a segurança;
- a previdência social;
- a proteção à maternidade e à infância;
- a assistência aos desamparados.

A assistência aos desamparados ganhou especial proteção constitucional com a EC nº 114/2021 que estabeleceu uma proteção aos brasileiros em situação de vulnerabilidade social, grantindo aos nacionais que se enquadrem na definição constitucional, uma renda básica familiar, garantida pelo poder público em programa permanente de transferência de renda, regulamentado por lei.

2.1 Dos direitos aos trabalhadores urbanos, rurais e domésticos (Art. 7º da CF)

2.1.1. Direitos sociais individuais dos trabalhadores

O art. 7.º estabelece um rol de direitos sociais dos trabalhadores urbanos e rurais (art. 7.º, *caput*), assim como dos avulsos (art. 7.º, XXXIV) e dos domésticos.

> Art. 7º São direitos dos trabalhadores urbanos e rurais, além de outros que visem à melhoria de sua condição social:
>
> I - relação de emprego protegida contra despedida arbitrária ou sem justa causa, nos termos de lei complementar, que preverá indenização compensatória, dentre outros direitos;
>
> II - seguro-desemprego, em caso de desemprego involuntário;
>
> III - fundo de garantia do tempo de serviço;
>
> IV - salário mínimo, fixado em lei, nacionalmente unificado, capaz de atender às suas necessidades vitais básicas e às de sua família com moradia, alimentação, educação, saúde, lazer, vestuário, higiene, transporte e previdência social, com reajustes periódicos que lhe preservem o poder aquisitivo, sendo vedada sua vinculação para qualquer fim (A vedação à vinculação do salário mínimo "para qualquer fim" é uma proibição que alcança todos os setores sociais - Súmula Vinculante nº 4);
>
> V - piso salarial proporcional à extensão e à complexidade do trabalho;
>
> VI - irredutibilidade do salário, salvo o disposto em convenção ou acordo coletivo;
>
> VII - garantia de salário, nunca inferior ao mínimo, para os que percebem remuneração variável; (Súmula Vinculante nº 6)
>
> VIII - décimo terceiro salário com base na remuneração integral ou no valor da aposentadoria;
>
> IX - remuneração do trabalho noturno superior à do diurno;
>
> X - proteção do salário na forma da lei, constituindo crime sua retenção dolosa;
>
> XI - participação nos lucros, ou resultados, desvinculada da remuneração, e, excepcionalmente, participação na gestão da empresa, conforme definido em lei;
>
> XII - salário-família pago em razão do dependente do trabalhador de baixa renda nos termos da lei;
>
> XIII - duração do trabalho normal não superior a oito horas diárias e quarenta e quatro semanais, facultada a compensação de horários e a redução da jornada, mediante acordo ou convenção coletiva de trabalho;

XIV - jornada de seis horas para o trabalho realizado em turnos ininterruptos de revezamento, salvo negociação coletiva;

XV - repouso semanal remunerado, preferencialmente aos domingos;

XVI - remuneração do serviço extraordinário superior, no mínimo, em cinqüenta por cento à do normal;

XVII - gozo de férias anuais remuneradas com, pelo menos, um terço a mais do que o salário normal;

XVIII - licença à gestante, sem prejuízo do emprego e do salário, com a duração de cento e vinte dias;

XIX - licença-paternidade, nos termos fixados em lei;

XX - proteção do mercado de trabalho da mulher, mediante incentivos específicos, nos termos da lei;

XXI - aviso prévio proporcional ao tempo de serviço, sendo no mínimo de trinta dias, nos termos da lei;

XXII - redução dos riscos inerentes ao trabalho, por meio de normas de saúde, higiene e segurança;

XXIII - adicional de remuneração para as atividades penosas, insalubres ou perigosas, na forma da lei;

XXIV - aposentadoria;

XXV - assistência gratuita aos filhos e dependentes desde o nascimento até 5 (cinco) anos de idade em creches e pré-escolas;

XXVI - reconhecimento das convenções e acordos coletivos de trabalho;

XXVII - proteção em face da automação, na forma da lei;

XXVIII - seguro contra acidentes de trabalho, a cargo do empregador, sem excluir a indenização a que este está obrigado, quando incorrer em dolo ou culpa;

XXIX - ação, quanto aos créditos resultantes das relações de trabalho, com prazo prescricional de cinco anos para os trabalhadores urbanos e rurais, até o limite de dois anos após a extinção do contrato de trabalho;

XXX- proibição de diferença de salários, de exercício de funções e de critério de admissão por motivo de sexo, idade, cor ou estado civil;

XXXI - proibição de qualquer discriminação no tocante a salário e critérios de admissão do trabalhador portador de deficiência;

XXXII - proibição de distinção entre trabalho manual, técnico e intelectual ou entre os profissionais respectivos;

XXXIII - proibição de trabalho noturno, perigoso ou insalubre a menores de dezoito e de qualquer trabalho a menores de dezesseis anos, salvo na condição de aprendiz, a partir de quatorze anos;

XXXIV - igualdade de direitos entre o trabalhador com vínculo empregatício permanente e o trabalhador avulso.

2.2 Dos direitos sociais e coletivos dos trabalhadores

Liberdade de associação profissional e sindical, com a lei não podendo exigir autorização do Estado para fundação de sindicato, proibido qualquer tipo de intervenção ou interferência na organização dos sindicatos com a exceção da exigência de registro no órgão competente previsto em lei.

É permitido apenas um sindicato por categoria profissional ou econômica, na mesma base territorial, não podendo uma base ser inferior a área de um município.

O papel dos sindicatos é a defesa dos direitos e interesses coletivos ou individuais da categoria, nas questões judiciais e administrativas.

Ninguém é obrigado a filiar-se ou a manter-se filiado a sindicato, bem como, o aposentado filiado tem direito a votar e ser votado nas organizações sindicais.

É obrigatória a participação dos sindicatos nas negociações coletivas de trabalho.

2.2.1. Da estabilidade sindical

É vedada a dispensa do empregado sindicalizado a partir do registro da candidatura a cargo de direção ou representação sindical e, se eleito, ainda que suplente, até um ano após o final do mandato, salvo se cometer falta grave nos termos da lei.

2.2.2. Do direito de greve

O direito de greve é assegurado aos trabalhadores, competindo aos mesmos decidir sobre a oportunidade de exercê-lo e sobre os interesses que devam por meio dele defender. Na mesma senda, a lei definirá os serviços ou atividades essenciais e disporá sobre o atendimento das necessidades inadiáveis da comunidade.

2.3 Da Nacionalidade (Art. 12 ao Art. 13 da CF)

A nacionalidade é definida como um vínculo jurídico-político que liga um indivíduo a determinado Estado, fazendo com que esse indivíduo passe a integrar o povo desse Estado e, por consequência, possua direitos e obrigações relacionadas.

Para entender o estudo da nacionalidade, é preciso ter em mente alguns conceitos:

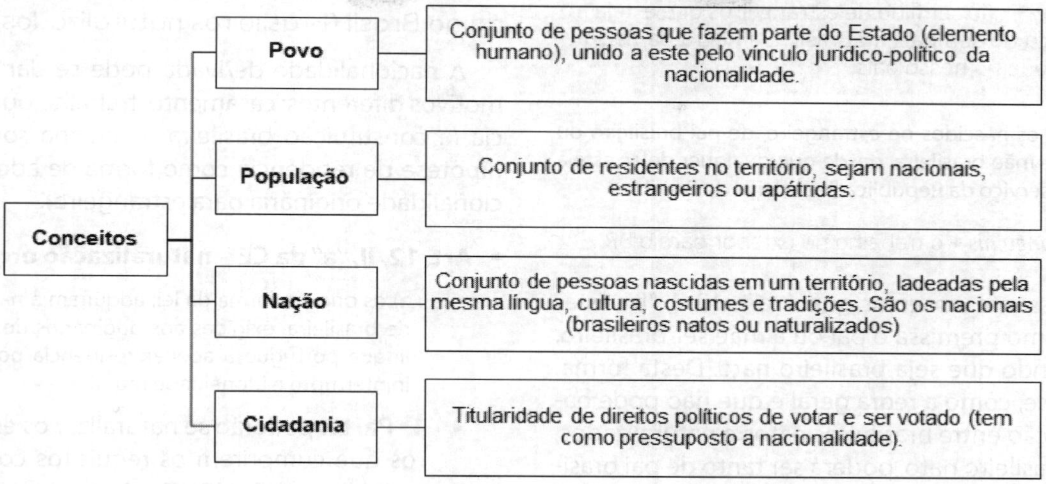

A doutrina costuma distinguir a nacionalidade pelo modo de aquisição, qual seja a originária e a derivada.

A primeira é imposta ao indivíduo de forma unilateral e independente de sua vontade, no momento de seu nascimento. Cada país estabelece as regras ou critérios para a outorga dessa nacionalidade para aqueles que nascerem sob o seu governo.

Já a nacionalidade derivada é aquela que se adquire por vontade própria e posterior, normalmente pela naturalização, e poderá ser requerida tanto pelos estrangeiros quanto pelos apátridas.

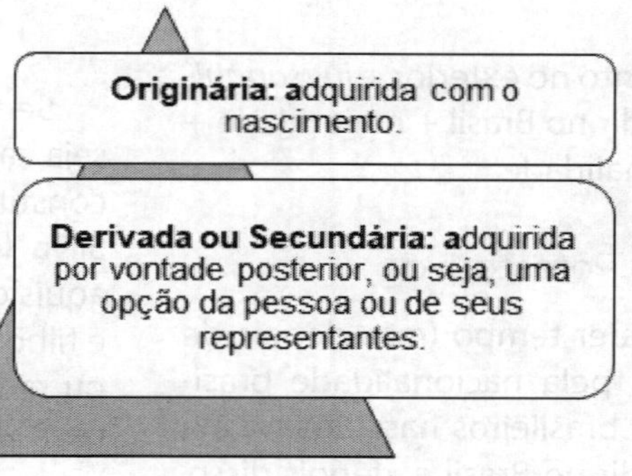

A nacionalidade originária pode se dar por dois critérios:

Ius soli – É nacional aquele que nascer no solo do país;

Ius sanguinis – É nacional aquele que for filho, ou seja, que tiver a FILIAÇÃO de nacional do país;

No Brasil a regra geral é o *ius soli* – "nasceu em solo brasileiro será brasileiro".

Contudo, temos exceções em que a Constituição adotou o *ius sanguinis* para os casos em que os brasileiros estejam no exterior e tenham seus filhos em país estrangeiro.

2.3.1. Brasileiro Nato

> Art. 12. São brasileiros:
>
> I – natos:
>
> a) os nascidos na República Federativa do Brasil, ainda que de pais estrangeiros, desde que estes não estejam a serviço de seu país;

ius soli + não ser filho de estrangeiros que esteja a serviço do seu país no Brasil. É a Regra da nacionalidade no nosso país.

> b) os nascidos no estrangeiro, de pai brasileiro ou de mãe brasileira, desde que qualquer deles esteja a serviço da República Federativa do Brasil;

ius sanguinis + o trabalho no exterior para o BR.

Interessante observar que o art. 12, I, "b", estabelece como premissa o pai ou a mãe ser brasileiro, não exigindo que seja brasileiro nato. Desta forma, entende-se, como a regra geral é que não pode haver distinção entre brasileiros natos e naturalizados, o filho, brasileiro nato, poderá ser tanto de pai brasileiro, seja nato ou naturalizado, como de mãe brasileira, seja nata ou naturalizada.

> c) os nascidos no estrangeiro de pai brasileiro ou de mãe brasileira, desde que sejam registrados em repartição brasileira competente ou venham a residir na República Federativa do Brasil e optem, em qualquer tempo, depois de atingida a maioridade, pela nacionalidade brasileira;

- **1ª Parte:** *ius sanguinis* + registro no exterior na repartição pública competente (em regra consulados);
- **2ª Parte:** nascimento no exterior + *ius sanguinis* + venha a residir no Brasil + maioridade + opção pela nacionalidade.

2.3.1.1. Nacionalidade Potestativa

É a opção, em qualquer tempo (mas depois de atingida a maioridade), pela nacionalidade brasileira. Assim, os filhos de brasileiros nascidos no exterior que vierem a residir no Brasil e, depois disso, alcançarem a maioridade, já poderão (de imediato) ingressar em juízo (Justiça federal) a fim de exercer o direito de opção pela nacionalidade brasileira. Nesse último caso, manifestada a opção, o Estado não lhes pode negar o reconhecimento da nacionalidade, pois aqui se está diante do que se denomina nacionalidade potestativa, que é aquela em que o efeito pretendido depende exclusivamente da vontade do interessado.

Os que vierem a residir no Brasil enquanto menores terão que aguardar a maioridade para o exercício do direito de opção, ficando na condição de brasileiros natos sub conditione (qual seja, a condição de opção pela nacionalidade brasileira, em qualquer tempo, após atingida a maioridade aos 18 anos). Aqui, tem-se que a nacionalidade potestativa fica suspensa até alcançar-se a maioridade de 18 anos.

2.3.1.2. Nacionalidade Derivada ou Secundária no Brasil (Brasileiros naturalizados)

A nacionalidade derivada pode se dar por três motivos diferentes: casamento, trabalho ou residência (a constituição brasileira menciona somente a hipótese de residência como forma de adquirir nacionalidade originária para estrangeiro).

- **Art. 12, II, "a" da CF – naturalização ordinária**

> a) os que, na forma da lei, adquiram a nacionalidade brasileira, exigidas aos originários de países de língua portuguesa apenas residência por um ano ininterrupto e idoneidade moral;

- **1ª Parte:** poderão se naturalizar os estrangeiros que cumprirem os requisitos constantes na lei (Lei nº 13.445/17 – Arts. 64 ao 72);
- **2ª Parte:** poderão se naturalizar os indivíduos originários de países de língua portuguesa que tenham residência ininterrupta de 1 ano no país e idoneidade moral.

- **Art. 67 da Lei 13.445/17 – naturalização extraordinária (ou quinzenária)**

> b) os estrangeiros de qualquer nacionalidade residentes na República Federativa do Brasil há mais de quinze anos ininterruptos e sem condenação penal, desde que requeiram a nacionalidade brasileira.

Se trata de uma naturalização intransferível, ou seja, apenas aquele que preencher os requisitos constitucionais pode consegui-la. José Afonso da Silva lembra que "a naturalização não importa a aquisição da nacionalidade brasileira pelo cônjuge e filhos do naturalizado, nem autoriza estes a entrar ou radicar-se no Brasil, sem que satisfaçam as exigências legais".

- **Naturalização no Brasil (Lei nº 13445/17)**

> **Seção II – Das Condições da Naturalização**
>
> **Art. 64.** A naturalização pode ser:
>
> I - ordinária;
>
> II - extraordinária;
>
> III - especial; ou
>
> IV - provisória.

2.3.2. Da quase nacionalidade dos portugueses no Brasil

O § 1º do art. 12 da CF prevê que, aos portugueses com residência permanente no Brasil, se houver reciprocidade em favor dos brasileiros, serão atribuídos os direitos inerentes ao brasileiro, salvo nos casos de expressa vedação constitucional.

Nesse caso, os portugueses não perdem sua cidadania. Trata-se de uma quase nacionalidade, ou como a doutrina chama, *brasileiros por equiparação*. A reciprocidade se evidencia no presente caso, com o Decreto nº 3.927/01 promulgou o Tratado de Amizade, Cooperação e Consulta, entre a República Federativa do Brasil e a República Portuguesa, celebrado em Porto Seguro em 22 de abril de 2000.

Conforme entendimento do STF:

> "a norma inscrita no art. 12, § 1.º, da Constituição da República — que contempla, em seu texto, hipótese excepcional de **quase nacionalidade** — não opera de modo imediato, seja quanto ao seu conteúdo eficacial, seja no que se refere a todas as consequências jurídicas que dela derivam, pois, para incidir, além de supor o pronunciamento aquiescente do Estado brasileiro, fundado em sua própria soberania, depende, ainda, de requerimento do súdito português interessado, a quem se impõe, para tal efeito, a obrigação de **preencher os requisitos estipulados pela Convenção sobre Igualdade de Direitos e Deveres entre brasileiros e portugueses**" (Ext 890, Rel. Min. Celso de Mello, j. 05.08.2004, *DJ* de 28.10.2004).

2.3.4. Distinções Constitucionais entre Brasileiros Natos e Naturalizados

Como regra geral e de acordo com o princípio da igualdade, a CF veda qualquer possibilidade de distinção entre brasileiros natos e naturalizados (art. 12, §2º), salvo nos casos previstos pela própria Constituição. Dessa forma, a distinção poderá ser feita somente nas hipóteses taxativas:

- Art. 5º, LI;
- Art. 12, 3º;
- Art. 12, § 4º, I;
- Art. 89, VII (Conselho da República – seis brasileiros natos);
- Art. 222 (propriedade de empresa jornalística e de radiodifusão – brasileiros natos ou naturalizados há mais de 10 anos).

2.4 Extradição

Extradição é o ato mediante o qual um estado entrega a outro estado indivíduo acusado de haver cometido crime de certa gravidade ou que já se acha condenado por aquele, após haver-se certificado de que os direitos humanos do extraditando serão garantidos.

Assim, existe a extradição ativa e a extradição passiva:

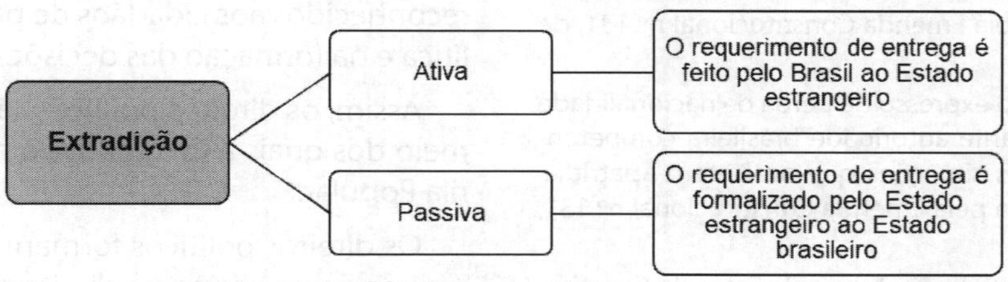

▷ *Para todos verem: esquema sobre a extradição ativa e passiva.*

Em relação à extradição, portanto, há uma diferenciação entre brasileiro nato e naturalizado. O art. 5º, LI da CF dispõe que o brasileiro nato nunca poderá ser extraditado (nesse caso se refere à extradição passiva). Já o naturalizado poderá ser extraditado em duas situações:

- **crime comum:** o naturalizado poderá ser extraditado somente se praticou o crime comum **antes** da naturalização;
- **tráfico ilícito de entorpecentes e drogas afins:** no caso de comprovado envolvimento em tráfico ilícito de entorpecentes e drogas afins, **na forma da lei**, o brasileiro naturalizado poderá ser extraditado, não importando o momento da prática do fato típico, seja antes, seja depois da naturalização.

A regra segundo a qual o **brasileiro nato** nunca poderá ser extraditado decorre da ideia de **soberania**, preservação da jurisdição nacional, incluindo "a eventual parcialidade dos tribunais estrangeiros e as condições das instituições penais de inúmeros países".

O **naturalizado**, por sua vez, e conforme vimos, poderá ser extraditado se praticou crime comum antes da naturalização, ou, no caso de tráfico ilícito de entorpecentes e drogas afins, se praticado antes ou depois da naturalização.

O **estrangeiro** só **não** poderá ser extraditado por **crime político** ou de **opinião** (art. 5.º, LII).

2.5 Cargos privativos de Brasileiros Natos

> Art. 12 da CF.
> § 3º São privativos de brasileiro nato os cargos:
> I – de Presidente e Vice-Presidente da República;
> II – de Presidente da Câmara dos Deputados;
> III – de Presidente do Senado Federal;
> IV – de Ministro do Supremo Tribunal Federal;
> V – da carreira diplomática;
> VI – de oficial das Forças Armadas;

VII – de Ministro de Estado da Defesa. (Inciso acrescido pela Emenda Constitucional nº 23, de 1999)

▷ **Mnemônico:**

MP3.COM

M= **M**in. Do STF

P3= **P**res. da Rep/Vice; **P**res. da CD; **P**res. do SF;

C= **C**arreira Diplomática

O= **O**ficial das forças armadas

M= **M**in. Da Defesa

Atenção, pois se todos os ministros do STF devem ser brasileiros natos, temos mais um cargo que é exclusivo de brasileiro nato, contudo o mesmo não está na lista do parágrafo 3º, que é o cargo de Presidente do CNJ (art. 103, § 1º, da CF).

2.6 Da perda da nacionalidade de brasileiro (Art.12, § 4º e § 5º da CF).

Art. 12, § 4º - Será declarada a perda da nacionalidade do brasileiro que:

I - tiver cancelada sua naturalização, por sentença judicial, em virtude de fraude relacionada ao processo de naturalização ou de atentado contra a ordem constitucional e o Estado Democrático; (Redação dada pela Emenda Constitucional nº 131, de 2023)

II - fizer pedido expresso de perda da nacionalidade brasileira perante autoridade brasileira competente, ressalvadas situações que acarretem apatridia. (Redação dada pela Emenda Constitucional nº 131, de 2023)

a) revogada; (Redação dada pela Emenda Constitucional nº 131, de 2023)

b) revogada. (Redação dada pela Emenda Constitucional nº 131, de 2023)

§ 5º A renúncia da nacionalidade, nos termos do inciso II do § 4º deste artigo, não impede o interessado de readquirir sua nacionalidade brasileira originária, nos termos da lei. (Incluído pela Emenda Constitucional nº 131, de 2023)

O pressuposto para o cancelamento da naturalização está previsto na CF/88, em virtude de fraude relacionada ao processo de naturalização ou de atentado contra a ordem constitucional e o Estado Democrático, bem como o seu instrumento (cancelamento através de sentença judicial transitada em julgado).

O processo de cancelamento da naturalização atingirá apenas o brasileiro naturalizado e não o nato, que com a EC nº 131/2023 não pode perder mais a nacionalidade brasileira. O nacional nato pode renunciar a nacionalidade nos termos do Art. 12, § 4º, II da CF.

A EC nº 131/2023 extinguiu as hipóteses de perda de nacionalidade do brasileiro nato, somente permitindo ao nato renunciar de forma expressa a nacionalidade brasileira, desde que não corra risco de se tornar apátrida.

A emenda também trouxe a previsão de que o brasileiro nato renunciante da nacionalidade, poderá readquirir a nacionalidade brasileira (Art. 12, § 5º da CF).

3. DOS DIREITOS POLÍTICOS

Os direitos políticos são os direitos fundamentais reconhecidos aos cidadãos de participar da vida política e na formação das decisões públicas.

Assim, os direitos políticos são instrumentos por meio dos quais a CF garante o exercício da Soberania Popular.

Os direitos políticos formam a estrutura base do regime democrático e o direito de votar e ser votado é um direito fundamental porque nela se assenta a garantia de preservação de todos os demais direitos fundamentais.

Quanto à democracia estabelecida no Brasil pelo Art. 1º, parágrafo único da CF, temos o seguinte:

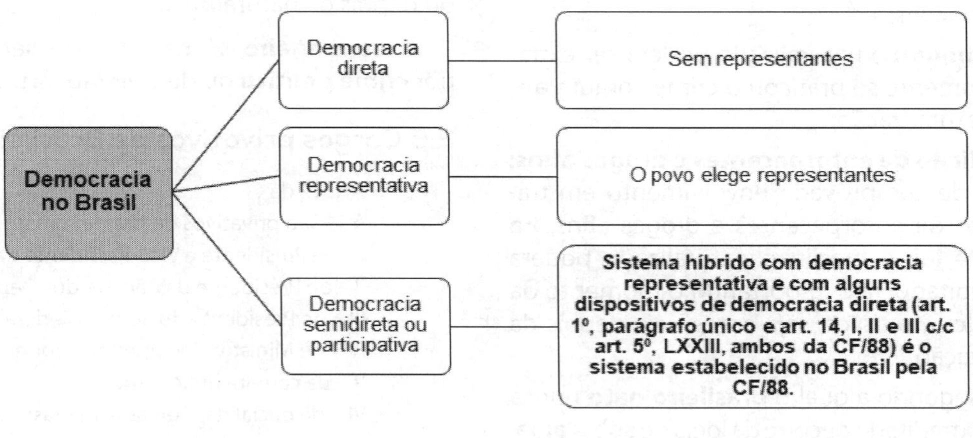

> **Art. 14.** A soberania popular será exercida pelo sufrágio universal e pelo voto direto e secreto, com valor igual para todos, e, nos termos da lei, mediante:
>
> I – plebiscito;
>
> II – referendo;
>
> III – iniciativa popular.

A Soberania Popular é a qualidade máxima do poder extraída da soma de atributos de cada membro da sociedade estatal, encarregado de escolher os seus representantes no governo por meio do sufrágio universal e do voto direto, secreto e igualitário (Bulos, 2000).

Os direitos políticos podem ser classificados basicamente em "positivos" e "negativos".

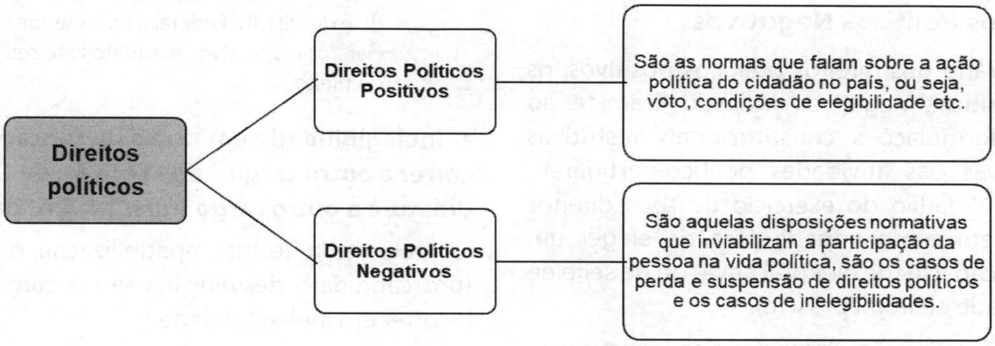

PRI – **P**lebiscito **R**eferendo **I**niciativa popular
Plebiscito – Consulta prévia ao Povo;
Referendo – Consulta Posterior ao Povo;
Iniciativa Popular – Projeto de lei (LC e LO) de iniciativa popular.

3.1 Direito Político Positivo (Direito de Sufrágio)

Sufrágio é o direito de votar e ser votado. Capacidade eleitoral ativa (direito de votar, capacidade de ser eleitor, alistabilidade) e capacidade eleitoral passiva (direito de ser votado, elegibilidade).

O exercício do sufrágio ativo ocorre pelo voto que tem como pressupostos: alistamento eleitoral (título de eleitor); nacionalidade brasileira ou português equiparado (art. 12, § 1º, CF/88); idade mínima de 16 anos; não ser conscrito.

O alistamento eleitoral e o voto são obrigatórios para os maiores de 18 e menores de 70 anos (art. 14, § 1º, I) e facultativos aos maiores de 16 e menores de 18 anos, analfabetos e maiores de 70 anos (art. 14, § 1º, II, Alíneas a, b e c.).

Não podem se alistar como eleitores os conscritos e os estrangeiros (art. 14, § 2º).

O Voto é Direto (o cidadão vota diretamente no candidato, sem intermediário, exceção art. 81, § 1º), Secreto (não se dá publicidade a opção do eleitor), Universal (não é restrito ou discriminatório), Periódico (mandatos comprazo determinado), Livre (a obrigatoriedade é de comparecer), Personalíssimo (sem procurador) e Igualitário (um homem, um voto).

▪ Do Alistamento Eleitoral – Capacidade Eleitoral Ativa

> Art. 14, § 1º - O alistamento eleitoral e o voto são:
>
> I – obrigatórios para os maiores de dezoito anos;
>
> II – facultativos para:
>
> a) os analfabetos;
>
> b) os maiores de setenta anos;
>
> c) os maiores de dezesseis e menores de dezoito anos.
>
> § 2º - Não podem alistar-se como eleitores os estrangeiros e, durante o período do serviço militar obrigatório, os conscritos.

▪ Capacidade eleitoral passiva – Condições de elegibilidade

> Art. 14, § 3º da CF – São condições de elegibilidade, na forma da lei:
>
> I – a nacionalidade brasileira;
>
> II – o pleno exercício dos direitos políticos;
>
> III – o alistamento eleitoral;
>
> IV – o domicílio eleitoral na circunscrição;
>
> V – a filiação partidária;
>
> VI – a idade mínima de:
>
> a) trinta e cinco anos para Presidente e Vice-Presidente da República e Senador;
>
> b) trinta anos para Governador e Vice-Governador de Estado e do Distrito Federal;
>
> c) vinte e um anos para Deputado Federal, Deputado Estadual ou Distrital, Prefeito, Vice-Prefeito e juiz de paz;
>
> d) dezoito anos para Vereador.

Mnemônico idade mínima para ser eleito:
Telefone da Pizzaria – 3530-**21***18*

Atenção: Art. 11, § 2º, da Lei nº 9.504/97 (Lei das Eleições)

Art. 11, §2º A idade mínima constitucionalmente estabelecida como condição de elegibilidade é verificada tendo por referência a data da posse, salvo quando fixada em dezoito anos, hipótese em que será aferida na data-limite para o pedido de registro. (Redação dada pela Lei nº 13.165, de 2015)

3.2 Direitos Políticos Negativos

Ao contrário dos direitos políticos positivos, os direitos políticos negativos individualizam-se ao definirem formulações constitucionais restritivas e impeditivas das atividades político-partidárias, privando o cidadão do exercício de seus direitos políticos, bem como impedindo-o de eleger um candidato (capacidade eleitoral ativa) ou de ser eleito (capacidade eleitoral passiva).

Inelegibilidades são circunstâncias (constitucionais ou previstas em LC) que impedem o cidadão do exercício total ou parcial da capacidade eleitoral passiva, ou seja, capacidade para se eleger.

As inelegibilidades podem ser **absolutas** (impedimento eleitoral para qualquer cargo eletivo, taxativamente previstas na CF/88) ou **relativas** (impedimento eleitoral para algum cargo eletivo ou mandato, em função de situações em que se encontre o cidadão candidato, previstas na CF/88 – art. 14, §§ 5.º a 8.º – ou em lei complementar – art. 14, § 9.º).

- **Art. 14, § 4º da CF – São inelegíveis os inalistáveis e os analfabetos.**

Os inalistáveis são os estrangeiros e os conscritos (aqueles que forem alistados ou recrutados) enquanto estiverem no serviço.

> § 5º - O Presidente da República, os Governadores de Estado e do Distrito Federal, os Prefeitos e quem os houver sucedido ou substituído no curso dos mandatos poderão ser reeleitos para um único período subsequente. (Parágrafo com redação dada pela Emenda Constitucional nº 16, de 1997)

- **Inelegibilidade relativa em razão da função para obter um 3º mandato – art. 14, § 5º, da CF/88.**

> Art. 14, § 6º - Para concorrerem a outros cargos, o Presidente da República, os Governadores de Estado e do Distrito Federal e os Prefeitos devem renunciar aos respectivos mandatos até seis meses antes do pleito.

- **Inelegibilidade em razão da função para concorrer a outro cargo – art. 14, § 6º, da CF/88. Candidatura a outro cargo – art. 14, § 6º da CF.**

Trata-se da desincompatibilização, ou seja, o futuro candidato desvencilha-se do cargo para não incorrer em inelegibilidade.

> Art. 14, § 7º - São inelegíveis, no território de jurisdição do titular, o cônjuge e os parentes consanguíneos ou afins, até o segundo grau ou por adoção, do Presidente da República, de Governador de Estado ou Território, do Distrito Federal, de Prefeito ou de quem os haja substituído dentro dos seis meses anteriores ao pleito, salvo se já titular de mandato eletivo e candidato à reeleição.

Inelegibilidade Reflexa – art. 14, § 7º da CF.

São parentes do chefe do executivo que ficam inelegíveis.

Inelegibilidade relativa em relação ao parentesco – art. 14, § 7º, da CF/88.

3.3 Direitos políticos e os militares

O art. 14, § 8º da CF estabelece de modo expresso que o militar que seja alistável é elegível, ou seja, pode ser eleito. Contudo, estabelece regras:

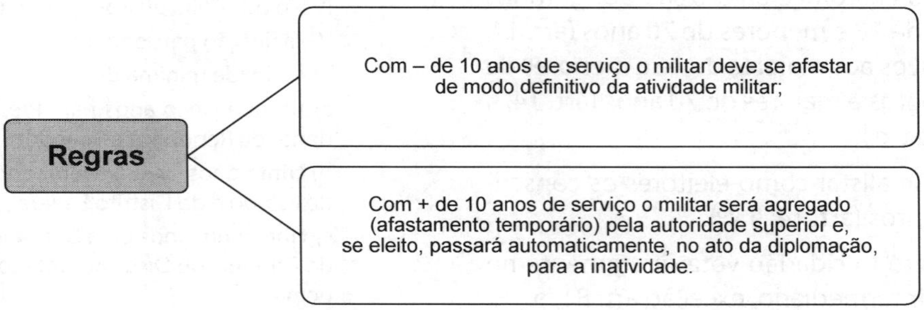

> Art. 14, § 8º da CF - O militar alistável é elegível, atendidas as seguintes condições:
>
> I - se contar menos de dez anos de serviço, deverá afastar-se da atividade;
>
> II - se contar mais de dez anos de serviço, será agregado pela autoridade superior e, se eleito, passará automaticamente, no ato da diplomação, para a inatividade.

3.3.1. Das Inelegibilidades estabelecidas por lei complementar

> Art. 14, § 9º da CF - **Lei complementar estabelecerá outros casos de inelegibilidade e os prazos de sua cessação**, a fim de proteger a probidade administrativa, a moralidade para o exercício do mandato, considerada a vida pregressa do candidato, e a normalidade e legitimidade das eleições contra a influência do poder econômico ou o abuso do exercício de função, cargo ou emprego na administração direta ou indireta.

Deste modo, a constituição federal determinou que para estabelecer novas situações de inelegibilidades só é possível mediante a edição de lei complementar, sob pena de inconstitucionalidade formal.

Na medida em que se trata de **restrições a direitos fundamentais**, somente novas **inelegibilidades relativas** poderão ser definidas, já que as **absolutas** só se justificam quando previstas pela CF e, em nosso entender, pelo poder constituinte originário, sob pena de se ferirem direitos e garantias individuais (art. 60, § 4.º, IV).

3.3.2. Da Ação de Impugnação de Mandato Eletivo

> Art. 14, da CF
>
> § 10 - O mandato eletivo poderá ser impugnado ante a Justiça Eleitoral no prazo de quinze dias contados da diplomação, instruída a ação com provas de abuso do poder econômico, corrupção ou fraude.
>
> § 11 - A ação de impugnação de mandato tramitará em segredo de justiça, respondendo o autor, na forma da lei, se temerária ou de manifesta má-fé.

Os parágrafos 10 e 11 se referem a Ação de impugnação de mandato eletivo (AIME).

3.4 Da EC nº 111/2021

3.4.1. Das Consultas Populares nos Municípios:

> Art. 14, § 12 da CF. **Serão realizadas concomitantemente às eleições municipais as consultas populares sobre questões locais aprovadas pelas Câmaras Municipais** e encaminhadas à Justiça Eleitoral até 90 (noventa) dias antes da data das eleições, observados os limites operacionais relativos ao número de quesitos.

3.4.2. Das Consultas Populares nos Municípios:

> Art. 14, § 13 da CF. As manifestações favoráveis e contrárias às questões submetidas às **consultas populares** nos termos do § 12 ocorrerão durante as campanhas eleitorais, **sem a utilização de propaganda gratuita no rádio e na televisão.**

3.4.3. Da possibilidade de privação dos direitos políticos (perda e suspensão)

O cidadão poderá de forma excepcional ser privado, definitivamente ou temporariamente, dos seus direitos políticos (SILVA, 2012).

> Art. 15. É vedada a cassação de direitos políticos, cuja perda ou suspensão só se dará nos casos de:
>
> I - cancelamento da naturalização por sentença transitada em julgado; **(Perda)**
>
> II - incapacidade civil absoluta; **(Suspensão)**
>
> III - condenação criminal transitada em julgado, enquanto durarem seus efeitos; **(Suspensão)**
>
> IV - recusa de cumprir obrigação a todos imposta ou prestação alternativa, nos termos do art. 5º, VIII; **(Perda)**
>
> V - improbidade administrativa, nos termos do art. 37, § 4º. **(Suspensão)**

Perdas dos Direitos Políticos	Suspensão dos Direitos Políticos
• Cancelamento da naturalização por sentença transitada em julgado (art. 15, I), e perda da nacionalidade brasileira em virtude de aquisição de outra (art. 12, § 4º, II).	• Incapacidade civil absoluta (art. 15, II), condenação criminal transitada em julgado (art. 15, III), improbidade administrativa nos termos do art. 37, § 4º (art. 15, V), Recusa de cumprir obrigação a todos imposta ou prestação alternativa (art. 15, IV) – **a maioria da doutrina de direito eleitoral entende que é caso de suspensão**

- **Como readquirir os direitos políticos suspensos ou perdidos?**

A perda dos direitos políticos pelo motivo do Art. 15, I da CF se dá por sentença e por este motivo a reaquisição dos direitos se for possível só poderá ocorrer por meio de ação rescisória. Já na hipótese de perda por recusa a cumprir obrigação a todos imposta ou prestação alternativa, a reaquisição dos direitos políticos só ocorrerá quando a pessoa, a qualquer tempo, realizar a obrigação que estava em débito.

No caso da perda dos direitos políticos pela aquisição de outra nacionalidade , só poderá voltar a exercer os direitos políticos no BR se readquirir a nacionalidade brasileira nos termos do Art. 76 da Lei nº 13.445/17 (Lei de Migração).

Nas hipóteses de suspensão dos direitos políticos a reaquisição dos direitos ocorrerá quando os motivos que determinaram a suspensão forem extintos.

A CF estabeleceu no Art. 38 regras específicas para o servidor público de cargo efetivo que queira exercer mandato eletivo:

> Art. 38 da CF. **Ao servidor público da administração direta, autárquica e fundacional, no exercício de mandato eletivo, aplicam-se as seguintes disposições:**
>
> I - tratando-se de mandato eletivo federal, estadual ou distrital, ficará afastado de seu cargo, emprego ou função;
>
> II - investido no mandato de Prefeito, será afastado do cargo, emprego ou função, sendo-lhe facultado optar pela sua remuneração;
>
> III - investido no mandato de Vereador, havendo compatibilidade de horários, perceberá as vantagens de seu cargo, emprego ou função, sem prejuízo da remuneração do cargo eletivo, e, não havendo compatibilidade, será aplicada a norma do inciso anterior;
>
> IV - em qualquer caso que exija o afastamento para o exercício de mandato eletivo, seu tempo de serviço será contado para todos os efeitos legais, exceto para promoção por merecimento;
>
> V - para efeito de benefício previdenciário, no caso de afastamento, os valores serão determinados como se no exercício estivesse.

3.5 Do princípio da anterioridade eleitoral

> Art. 16 da CF. A lei que alterar o processo eleitoral entrará em vigor na data de sua publicação, não se aplicando à eleição que ocorra até um ano da data de sua vigência.

3.6 Dos Partidos Políticos

A regra essencial dos partidos é a liberdade de organização partidária, pois a constituição estabelece a livre criação, fusão, incorporação e extinção de partidos políticos, contudo, as agremiações partidárias precisam resguardar a soberania nacional, o regime democrático, o pluripartidarismo, os direitos fundamentais da pessoa humana, além disso os partidos precisam observar os seguintes preceitos:

> I - caráter nacional;
>
> II - proibição de recebimento de recursos financeiros de entidade ou governo estrangeiros ou de subordinação a estes;
>
> III - prestação de contas à Justiça Eleitoral;
>
> IV - funcionamento parlamentar de acordo com a lei.

Os partidos gozam de autonomia para definir a sua estrutura interna, bem como suas coligações nas eleições majoritárias, pois a constituição proibiu coligações nas eleições proporcionais.

É proibida a utilização de organização paramilitar pelos partidos políticos e eles só podem registrar seus estatutos no Tribunal Superior Eleitoral, após adquirirem personalidade jurídica na forma da lei civil.

Atenção a cláusula de barreira para os partidos políticos prevista pela constituição federal:

> Art. 17, § 3º da CF. Somente terão direito a recursos do fundo partidário e acesso gratuito ao rádio e à televisão, na forma da lei, os partidos políticos que alternativamente: (Redação dada pela Emenda Constitucional nº 97, de 2017)
>
> I - obtiverem, nas eleições para a Câmara dos Deputados, no mínimo, 3% (três por cento) dos votos válidos, distribuídos em pelo menos um terço das unidades da Federação, com um mínimo de 2% (dois por cento) dos votos válidos em cada uma delas; ou (Incluído pela Emenda Constitucional nº 97, de 2017)
>
> II - tiverem elegido pelo menos quinze Deputados Federais distribuídos em pelo menos um terço das unidades da Federação. (Incluído pela Emenda Constitucional nº 97, de 2017)

Da fidelidade partidária para os políticos que ocupam cargo no legislativo, eleitos por eleição proporcional:

> **Art. 17, § 6º da CF.** Os Deputados Federais, os Deputados Estaduais, os Deputados Distritais e os Vereadores que se desligarem do partido pelo qual tenham sido eleitos **perderão o mandato**, salvo nos casos de anuência do partido ou de outras hipóteses de justa causa estabelecidas em lei, não computada, em qualquer caso, a migração de partido para fins de distribuição de recursos do fundo partidário ou de outros fundos públicos e de acesso gratuito ao rádio e à televisão.

Do aumento da participação das mulheres na política, a EC nº 117/2022, buscou estabelecer situações que viabilizem a maior participação das mulheres na política e na atuação político-partidária:

> **Art. 17, da CF**
>
> § 7º. Os partidos políticos devem aplicar no mínimo 5% (cinco por cento) dos recursos do fundo partidário na criação e na manutenção de programas de promoção e difusão da participação política das mulheres, de acordo com os interesses intrapartidários.

§ 8º. O montante do Fundo Especial de Financiamento de Campanha e da parcela do fundo partidário destinada a campanhas eleitorais, bem como o tempo de propaganda gratuita no rádio e na televisão a ser distribuído pelos partidos às respectivas candidatas, deverão ser de no mínimo 30% (trinta por cento), proporcional ao número de candidatas, e a distribuição deverá ser realizada conforme critérios definidos pelos respectivos órgãos de direção e pelas normas estatutárias, considerados a autonomia e o interesse partidário.

4. DA ADMINISTRAÇÃO PÚBLICA

Ben Hur Botelho

4.1 Introdução

Esta seção visa a dispor acerca "Da Administração Pública", instrumento de organização e gestão do Estado, qual, advindo do poder que emana do Povo, contribui para que o gerenciamento da coisa pública seja eficiente ao alcance popular.

O constituinte originário de 1988, descriminou em um Capítulo específico, as disposições gerais, bem como, as formas de tratamento legal acerca dos servidores públicos, ferramentas cruciais da administração pública nesta instituída e percebida como essencial ao comando constitucional, o que, no decorrer deste capítulo buscaremos, de forma direcionada, abordar e consolidar, para fins de compreensão e fixação de conteúdos para nosso interesse principal, que é auxiliar em sua aprovação para tão sonhada carreira no serviço público.

4.2 O que é o Estado?

Você deve estar se questionando agora, o "porquê o Ben Hur está me perguntando o que é o Estado?". "Porque ele não vai direto ao ponto, 'o que é Administração Pública?'".

Embora pareça algo simples de conceber, a origem da sociedade propriamente, sempre foi algo muito debatido, pois fica quase como aquela pergunta épica de "quem vem antes, o ovo ou a galinha?".

Então, aqui, estamos diante de situações que postas, geram grande debate e reflexões, muito embora, ao longo da história, o processo mais aceito foi o da "sociedade natural", onde o Estado teria sido formado pela própria composição da natureza humana, indo ao encontro do que Aristóteles, no livro IX, na obra *Ética a Nicômaco*[1], afirmava quando dizia que "o homem é naturalmente um animal político", ou, ainda, a corrente, mais conhecida por meio de Rousseau, que fala sobre um Estado formado por um Contrato Social.

Ocorre que, independentemente da fonte que indique a origem de Estado, deve ficar claro que sempre houve um soberano, um comando, seja ele individual ou coletivo – ou seja, imposto ou posto, promulgado ou outorgado, eleito ou não pelo povo para sua administração ou imposição.

Segundo Higa *et al* (2018, p.28):

> "Na seara da Teoria Geral do Estado, é assente apontar ao menos três elementos fundamentais do Estado: o território, o povo e o poder. Assim, de acordo com a doutrina tradicional o "Estado é uma associação humana (povo), radicada em base espacial (território) que vive sob o comando de uma autoridade (poder) não sujeita a qualquer outra (soberana)".

E para compreendermos acerca da Administração Pública, em objetivos passos, precisamos compreender o Estado, eis que "motivação" de administração da coisa pública, cuja formação se dará por três especiais e basilares fontes quais, consoante a doutrina de Mendes e Gonet (2021, p. 1532), "**elementos** clássicos **de um Estado são** seu **território**, sua **soberania** e seu **povo**.", quais carregaram a parte, mas em convergência, as seguintes características:

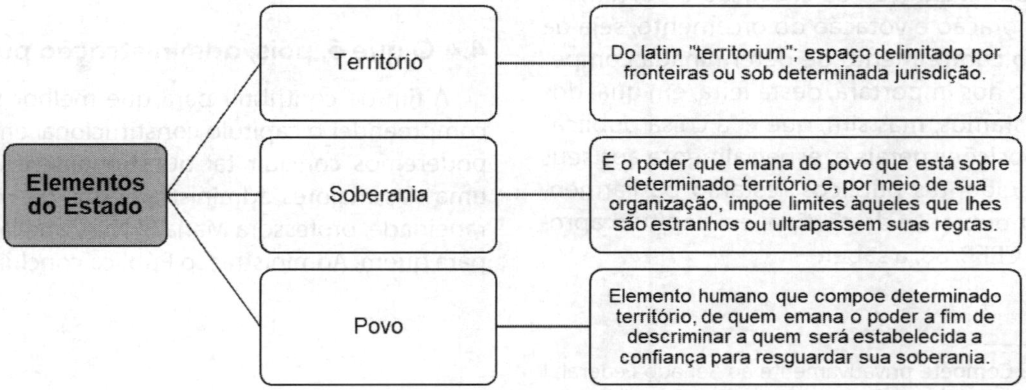

1. ARISTÓTELES. Ética a Nicômaco (trad. G. Borheim, L. Vallandro): São Paulo: Abril, 1973.

4.3 Quais são as instituições que administram o estado? "essas observam o mesmo regime de administração?"

Para tanto, nos remetemos ao art. 2º da CRFB/88, qual nos indica que "São Poderes da União, independentes e harmônicos entre si, o Legislativo, o Executivo e o Judiciário.", quais, por sua vez, à República Federativa do Brasil, servem como instituições responsáveis, diante de suas funções típicas e atípicas, por fazer gestão da coisa pública, seja pela função de legislativa - criar normas/leis capazes de induzir ações individuais e coletivas -, executiva - entregar pela gestão pública aquilo que o povo requer por conta do pagamento de seus tributos -, como exemplo a saúde, a educação e o lazer; e, não menos importante, judicial, quando necessário que se garantam o cumprimento das funções e atribuições dos poderes, inclusive à coercibilidade do Estado em questões de natureza privada que estejam indo de encontro ao que se pretende proteger em sociedade.

A fim de auxiliá-los acerca das funções típicas e atípicas desenvolvidas pelos três poderes, vejamos:

PODER	Função típica	Função atípica
Legislativo	Legislar e Fiscalizar	a) **Administrar** o Legislativo, com a contratação de servidores, bem como tudo que envolve administração pública, licitando etc.; b) **Julgar** em crimes de responsabilidade agentes políticos (art. 52, I, CRFB/88)[2]; julgar seus servidores em processos administrativos disciplinares.
Executivo	Administrar/Executar orçamento público	a) **Legislar** em medidas provisórias e decretos autônomos; b) **Julgar** seus servidores em processos administrativos disciplinares.
Judiciário	Julgar	a) **Administrar** o Judiciário, com a contratação de servidores, bem como tudo que envolve administração pública, licitando etc.; b) **Legislar** na criação de seus Regimentos Internos.

Todavia, muito embora as questões supracitadas, que ao nosso ver, basilares na concepção de Estado, não possam nos deixar de servir como base, também, para compreendermos que, quando a CRFB/88 fala, repito, "independentes e harmônicos", indica que, embora harmoniosos à busca dos "objetivos fundamentais", são, sobretudo, independentes, de modo que, sua estrutura, física ou funcional, material ou humana, serão resguardadas a uma só base política e jurídica, qual seja, a gestão do que é do povo, que, por sua vez, precisa que todo processo de administração do seu tributo seja claro, de modo que, essencialmente, teremos unitário regime de administração da coisa pública, seja para administração da execução do orçamento, da elaboração e votação do orçamento, seja da coerção ao cumprimento de determinada competência. Não nos importará, desta feita, em qual dos Poderes estamos, mas sim, que é "a coisa pública", cujas disposições gerais e, especialmente aos seus servidores/agentes públicos", estarão basilarmente, a servir de ponto de partida, em capítulo apropriado na CRFB/88, a saber:

> Título III – Da Organização do Estado
>
> Capítulo VII – DA ADMINISTRAÇÃO PÚBLICA
>
> Seção I – DISPOSIÇÕES GERAIS (arts. 37 e 38)
>
> Seção II – DOS SERVIDORES PÚBLICOS (arts. 39 a 41)
>
> Seção III – DOS MILITARES DOS ESTADOS, DO DISTRITO FEDERAL E DOS TERRITÓRIOS (art. 42)
>
> Seção IV - DAS REGIÕES (art. 43)

De forma muito especial aos nossos estudos, trataremos neste espaço, sobre as "Disposições gerais", que estão, por sua vez, conforme exposto, diante dos arts. 37 e 38, e, também, sobre os "Servidores Públicos", que, em regime geral, estão suas disposições dentre os arts. 39 a 41.

4.4 O que é, pois, administração pública?

A fim de contribuir para que melhor possamos compreender o capítulo constitucional em estudos, poderemos concluir tal questionamento à luz de uma das maiores administrativistas da contemporaneidade, professora Maria Sylvia Zanella Di Pietro, para quem, Administração Pública conclui-se em:

2. "Art. 52. Compete privativamente ao Senado Federal: I - processar e julgar o Presidente e o Vice-Presidente da República nos crimes de responsabilidade, bem como os Ministros de Estado e os Comandantes da Marinha, do Exército e da Aeronáutica nos crimes da mesma natureza conexos com aqueles;" (Brasil, 1988).

a) em sentido **subjetivo, formal** ou **orgânico**, ela designa os **entes que exercem a atividade administrativa**; compreende **pessoas jurídicas, órgãos** e **agentes públicos** incumbidos de exercer uma das funções em que se triparte a atividade estatal: a função administrativa;
b) em sentido **objetivo, material** ou **funcional**, ela designa a **natureza da atividade** exercida pelos referidos entes; nesse sentido, a Administração Pública é a própria **função administrativa** que incumbe, **predominantemente**, ao Poder Executivo." (2020, p.185). (grifo nosso).

Diante do exposto, poderemos concluir, então, que quando há obras na Prefeitura Municipal, no Fórum pertencente ao Tribunal de Justiça Estadual ou no Congresso Nacional, estamos basilarmente observando, por mais que diferentes pontos institucionais sejam, o Capítulo que dispõe sobre administração pública? Sim!

Ainda, quer dizer que, sendo agente público municipal, estadual, distrital ou federal, ainda assim, as regras serão as mesmas postas no presente capítulo? Sim!

Então, vamos observar e comentar determinados artigos, afinal de contas, nos contextualizamos de forma clara, a fim de que tenhamos uma melhor e convergente aquisição de conhecimentos constitucionais acerca da Administração Pública.

4.5 Disposições gerais acerca da Administração Pública

Conforme dispõe em seu inaugural acerca da Administração Pública, a CRFB/88, no art. 37, *caput*, expressa que "A administração pública **direta e indireta** de qualquer dos Poderes da União, dos Estados, do Distrito Federal e dos Municípios obedecerá aos princípios de **L**egalidade, **I**mpessoalidade, **M**oralidade, **P**ublicidade e **E**ficiência e, também, ao seguinte"; ou seja, de forma muito feliz diga-se de passagem, o constituinte brasileiro quando organizou tal capítulo específico à Administração Pública, não pensou, tão somente, na Administração Pública Direta, como é o caso da Prefeitura da sua cidade, do palácio do governo estadual do seu Estado ou do palácio do Planalto em Brasília e, claro, nos poderes legislativos e judiciários locais, sim, em toda a administração pública, tal é, que organizou as disposições gerais àqueles que estão descentralizados, ou seja, fora da ordem direta de administração, não vinculados à ordem política de governo, como é o caso das **F**undações, **A**utarquias, **S**ociedades de Economia mista, **E**mpresas Públicas e subsidiários do serviço público (te liga neste *mnemônico: FASE*)[3]

Outrossim, consoante Mendes e Branco (2012 p.1635) e Canotilho (*et al*, 2018, n.p):

> **As autarquias** são pessoas jurídicas de direito público com capacidade administrativa, criadas por lei, para a persecução de atividades estatais. Classificam-se em assistenciais (v.g., INCRA); previdenciárias (v.g., INSS); culturais (v.g., Universidades Federais); administrativas (v.g., IBAMA), regulatórias (v.g., Agências Reguladoras), associativas (Consórcios Públicos – Lei n. 11.107/05). [...]

Fundações Estatais. As fundações a que se refere o art. 37, XIX são, nos mesmos moldes do Direito Civil, universalidades de bens personalizadas, sem fins lucrativos, vinculadas a fim específico de interesse social, que lhes dá unidade e justifica a existência. FUNAI [...] **Empresas Estatais.** As **empresas públicas e sociedades de economia mista** são entidades pertencentes ao gênero empresas estatais, sendo possível apresentar-lhe um tratamento conjunto, e depois as especificidades. [...] (v.g., Petrobras, Banco do Brasil) (v.g., Infraero, EBCT) (v.g., BNDES, BDMG)" (grifo nosso).

Outrossim, observe que há, ainda, no mesmo artigo, princípios basilares que a Administração Pública do **MEDU** (**M**unicípios, **E**stados, **D**istrito federal e **U**nião) precisarão, por base constitucional, orientar sua gestão, quais sejam **L**egalidade, **I**mpessoalidade, **M**oralidade, Publicidade e **E**ficiência, o famoso *mnemônico* **LIMPE**, que em verdade, quer orientar a Administração Pública da seguinte forma:

- **Legalidade** "Pode-se dizer, do princípio da legalidade em relação ao Estado de Direito, que "é justamente aquele que o qualifica e que lhe dá identidade própria", pois ele representa a submissão do Estado à lei. [...] Isto implica a observância da supremacia da lei sobre a vontade do administrador, ou de quem quer que seja — e o princípio da reserva legal — que implica a obediência ao postulado segundo o qual somente em decorrência de disposição legal é possível estabelecer restrições aos direitos individuais ou coletivos." (Mendes; Branco, p.1635, 2012). Obs.:

3. "Exige-se lei específica (**lei que verse exclusivamente sobre o nascimento e a organização da entidade**), mostrando-se **indevida a criação** (ou autorização para a criação) dessas entidades disciplinadas **em atos administrativos** que minudenciem dispositivos legais genéricos [...] **A iniciativa das leis que versem a criação de entidades estatais é do Poder Executivo**, nos termos do art. 61, § 1º, II, *b*, CR, que dispõe ser da iniciativa privativa do Presidente da República [...]" (Mendes; Branco, 2012, p.1635). (grifos meus).

não podemos confundir a legalidade para o particular com a legalidade para o agente público. O particular, tal qual expõe o art. 5º, II, da CRFB/88, poderá fazer tudo aquilo que a lei não proibi, ou seja, "ninguém será obrigado a fazer ou deixar de fazer alguma coisa senão em virtude de lei", contrário do agente público, qual dirige seus atos nos termos da norma;

Exemplo: nada impede que Ben Hur mate alguém, a não ser, regras sociais, pois a norma, em si, apenas indica que, exercendo Ben Hur em sua liberdade o exercício de matar alguém, poderá o Estado, então, lhe aplicar uma pena, qual, em base, para homicídio simples, será de 06 (seis) a 20 (vinte) anos, consoante art. 121 do Código Penal brasileiro. Logo, vejamos, não há norma no Brasil que diga "não matarás!" – este é o 6º dos 10 mandamentos -, de modo que não há vedação legal para tanto, fica ao livre arbítrio dos indivíduos, o que muda, completamente, quando este indivíduo passa a ser responsável pela entrega do serviço público, eis que advém da contribuição popular, de modo que, aí sim, neste caso, não haverá liberdade gratuita em sua prestação, sim, natureza cogente em prestar suas funções nos termos da lei, de modo que o servidor público [seu futuro], para comprar uma caneta, precisará cumprir os comandos legais, eis que adstrito constitucionalmente a isso.

- **Impessoalidade** "[...] entende-se o comando constitucional, no sentido de que à Administração não é permitido fazer diferenciações que não se justifiquem juridicamente, pois não é dado ao administrador o direito de utilizar-se de interesses e opiniões pessoais na construção das decisões oriundas do exercício de suas atribuições.[...] Corolário do princípio republicano, a impessoalidade manifesta-se como expressão de não protecionismo e de não perseguição, realizando, no âmbito da Administração Pública, o princípio da igualdade, previsto na Constituição Federal em seu art. 5º, caput." (Mendes; Branco, p.1638, 2012).

Exemplo: a Súmula Vinculante nº 13 do STF poderá auxiliar na compreensão do princípio da impessoalidade, a partir do momento em que observa, em suma, que a nomeação de parentes, consanguíneos ou por afinidade, até terceiro grau, viola a Constituição Federal; ou seja, não poderá o gestor público, diante das funções de chefia em representação ao Estado, usurpar da coisa pública a fim de beneficiar seus parentes.

- **Moralidade** "Administração Pública deve pautar-se pela obediência aos princípios constitucionais a ela dirigidos expressamente, mas também aos demais princípios fundamentais, tem-se que, em sua atuação, deve ser capaz de distinguir o justo do injusto, o conveniente do inconveniente, o oportuno do inoportuno, além do legal do ilegal." (Mendes; Branco, p.1640, 2012).

Exemplo: O Chefe do Poder Executivo, no desempenho de suas funções, pode desapropriar área a interesse público? Sim. Mas, se ele, chefe de governo, for desapropriar apenas porque quer retirar o espaço de um inimigo que ali mora, seria moral? Não, não seria, de modo que violaria respectivo princípio da moralidade.

- **Publicidade** "O princípio da publicidade está ligado ao direito de informação dos cidadãos e ao dever de transparência do Estado, em conexão direta com o princípio democrático, e pode ser considerado, inicialmente, como apreensível em duas vertentes: (1) na perspectiva do direito à informação (e de acesso à informação), como garantia de participação e controle social dos cidadãos (a partir das disposições relacionadas no art. 5º, CF/88), bem como (2) na perspectiva da atuação da Administração Pública em sentido amplo (a partir dos princípios determinados no art. 37, caput, e artigos seguintes da CF/88)." (Mendes; Branco, p.1642, 2012). Neste ponto tivemos muitas polêmicas já, com arguição no Inc. XXXIII do art. 5º da CF/88. "É legítima a publicação, inclusive em sítio eletrônico mantido pela administração pública, dos nomes dos seus servidores e do valor dos correspondentes vencimentos e vantagens pecuniárias." (ARE 652.777, rel. min. Teori Zavascki, j. 23-4-2015, P, DJE de 1º-7-2015, Tema 483.).

Exemplo: o edital do seu concurso público, a fim de que passe a vigorar e, portanto, contabilizar o prazo a este indicado, precisará ser publicizado, eis que, ao contrário, violará a publicidade dos atos de administração, quais, por sua vez, vinculam reciprocamente, administração e administrado.

- **Eficiência** "A atividade da Administração Pública deve ter em mira a obrigação de ser eficiente. Trata-se de um alerta, de uma advertência e de uma imposição do constituinte derivado, que busca um Estado avançado, cuja atuação prime pela correção e pela competência." (Mendes; Branco, p.1647, 2012); Resta clarividente que ao indicar "...qualquer dos poderes", observa que tanto o Executivo, quanto o Legislativo e o Judiciário deverão obedecer aos princípios, não exaustivos, determinados à condução e prestação dos serviços da Administração Pública, tanto em suas funções típicas como em suas funções atípicas.

Exemplo: recentemente tivemos a pandemia advinda da Covid-19. Os hospitais, postos de saúde, enfim, todo sistema de saúde, seja público ou privado, ficou esgotado, sem medicamentos, utensílios dentre outros instrumentos necessários para o momento de crise, sobretudo, sem profissionais da saúde suficientes para prestar atendimento. Imagine o gestor público, precisando de mais médicos, enfermeiros, fisioterapeutas, dentre outros profissionais da saúde, deixando de chamar respectivos profissionais por meio de contratos temporários, a fim de cumprir a regra do concurso público. Seria eficiente do seu ponto de vista? Provavelmente não, pois o trâmite para abertura de concurso público, muito embora possa ser vinculado a urgência, jamais seria tão célere quando ao processo de contratação temporária, de modo que, os meios devem ser observados para garantir eficiência e, daí não sinonímia, eficácia na prestação pública, que no caso era, salvar quantos mais vidas possíveis.

4.6 Da investidura, validade do edital e direito subjetivo à nomeação em concurso público

Então, quando estamos a falar em acesso aos cargos e empregos públicos no Brasil pelas vias de concurso público, a primeiríssima coisa que precisamos observar, é que sua investidura, ou seja, seu acesso, não será privativo aos brasileiros, uma vez que, consoante dispõe o art. 37, I, além dos brasileiros que "preencham os requisitos estabelecidos em lei" - qual seja, aprovação em concurso público, por meio de provas ou provas e títulos -, também serão acessíveis aos estrangeiros na forma da lei, a exemplo do que dispõe o art. 207, § 1º da CRFB/88, que fala sobre a possibilidade que as universidades têm para contratar "professores, técnicos e cientistas estrangeiros, na forma da lei.".

Todavia, poderá nos surgir uma nova pergunta: Os cargos ou empregos públicos no Brasil, só serão acessados por meio de concurso? Não! Há que se observar, nos termos do art. 37, II, que haverá, ressalvados os casos de acesso pelas vias de concurso público, "nomeações para cargo em comissão declarado em lei de livre nomeação e exoneração", que são os casos em que os agentes públicos atuaram em cargos de natureza política, ou seja, estratégicos no que se refere à gestão governamental, como, por exemplo, cargos de direção, chefia ou assessoramento, consoante art. 37, inc. V, qual analisaremos adiante.

Outrossim, muito embora não estejam expressos nos incisos passados, além da ressalva à investidura sem ser por meio de concurso público que nesses [incisos analisados] fora estabelecida apenas aos cargos em comissão (CC), poderemos, com base no texto constitucional, indicar, também:

- **Contratos temporários** - processo seletivo simplificado (vide art. 37, IX);
- **Agentes comunitários de saúde e agentes de combate às endemias** (vide art. 198, §4º, CRFB/88);
- **Agentes políticos**;
- **Particulares em colaboração** com a Administração Pública (mesário por exemplo);
- **Magistrados pelo quinto constitucional** – qual poderemos exemplificar com o seguinte caso hipotético: era advogado e foi indicado e aprovado para compor o Tribunal, não precisando, naturalmente, passar por concurso público; e
- **Professores** para Universidades Federais (ADI. nº 1923 que tratou sobre a constitucionalidade da terceirização da contratação de pessoal pelas Organizações Sociais).

Além disso, muito importante observar que quando estamos diante da coisa pública, necessário resguardar o principio da ampla acessibilidade, vide:

> Calha esclarecer que à lei cabe definir os requisitos de acesso aos cargos, empregos e funções, e não aos concursos públicos. Em outras palavras, as exigências legais devem restar satisfeitas no momento do provimento respectivo, não durante o processo de seleção. Esta interpretação parece ser a mais razoável para privilegiar a ampla competitividade nos concursos, decorrência do princípio da isonomia. Este entendimento foi sumulado pelo Superior Tribunal de Justiça, nos seguintes termos: "O diploma ou habilitação legal para o exercício do cargo deve ser exigido na posse, e não na inscrição para o concurso público" (Súmula 266) - digamos que o cargo exigia alguma especialização, basta ter a comprovação na posse. (Canotilho et al, 2018, n.p).

E mais:

> Não obstante, parece claro que o dispositivo constitucional faz referência à lei, não admitindo o

CONSTITUCIONAL

> estabelecimento de exigências por ato normativo inferior. Ainda que os regulamentos, editais de concurso público e outros atos normativos possam debulhar os conceitos legais e estabelecer regras procedimentais, não se admite que possam trazer exigências ou requisitos que exorbitem das prescrições legais. (Canotilho *et al*, n.p, 2018).

Imaginemos, entre nós, que o edital exija para determinado cargo ser branco, louro, altura mínima de 1,85m e olhos azuis. Eu estaria fora, e você?

Ainda, há de se consignar a Súmula Vinculante nº 43 do STF, qual afirma que "É inconstitucional toda modalidade de provimento que propicie ao servidor investir-se, sem prévia aprovação em concurso público destinado ao seu provimento, em cargo que não integra a carreira na qual anteriormente investido.".

Existe prazo de validade ao edital de concurso público e, se existe, terei direito subjetivo à nomeação durante respectivo prazo?

Então, pergunta supra é muito comum, de modo que, também tradicional em provas de concurso público, elencando o inciso III, do art. 37, da CRFB/88, qual, observamos ser taxativo no que toca ao prazo máximo do certame, indicando que o "**prazo de validade do concurso público será de até dois anos"**, ou seja, não dá margem para além disso, ficando a sua prorrogação, por uma única vez, por igual período, logo, também até dois anos. (grifo nosso).

Todavia, cuidado, pois tu podes eleger o prazo vinculado a dois anos, o que estará errado, pois o texto disse "olha lá...", "será de até dois anos", logo, não indica mínimo, podendo, com isso, o prazo estipulado em edital ser de 01 (um) ano, o que, naturalmente, indicará que o prazo máximo de prorrogação, por ser uma única vez por igual período, será de, também, 01 (um) ano.

Mas porque é tão importante cuidar o prazo de prorrogação do edital? Embora nos pareça uma pergunta cuja resposta é óbvia, precisamos nos ater ao principal detalhe, que é o direito subjetivo à nomeação, qual poderá surgir a partir daí, tal qual indica o inciso IV, do mesmo art. 37, indicando que "**durante o prazo improrrogável** previsto no edital de convocação, **aquele aprovado** em concurso público de provas ou de provas e títulos **será convocado com prioridade sobre novos concursados** para assumir cargo ou emprego, na carreira;", ou seja, imaginemos o seguinte exemplo: você prestou concurso público, o edital previa o prazo máximo, qual seja, 02 (dois) anos, sendo que foi prorrogado, por quanto? Dois anos... estamos dentro da prorrogação dos dois anos do edital, hipoteticamente, no terceiro ano do certame. Então, sai novo concurso para o cargo que você prestou prova ou prova e título, e deixam de lhe chamar, chamando os candidatos do novo certame, ficando, com isso, demonstrada preterição em relação a você, de modo que, diante disso, poderás exigir que lhe chamem na ordem de preferência em vista do prazo ter sido prorrogado e estar em validade o seu certame quando da realização do novo.

Em qual momento deverá sair essa prorrogação? Veja, primeiramente, que a prorrogação é ato discricionário do gestor, tal qual dispensa a norma constitucional. Todavia, havendo interesse na prorrogação, deverá ser prevista ainda na validade do edital, ou seja, no biênio inicial – considerando aqui, tenha a administração utilizado do prazo máximo de edital -, uma vez que, ultrapassado período, não terá validade a prorrogação, eis que não se prorroga o que já terminou.

Outrossim, quando não realizada a prorrogação e, havendo candidatos aguardando chamada, necessário sejam estritamente fundamentados os motivos, a exemplo de interesse público e economicidade. Entretanto, cuidado, não pense que, sendo 50 vagas, ficaste em 51 na classificação, e não previa cadastro reserva, que tu tenhas direito subjetivo à nomeação. Inclusive, em se tratando de concurso de nível federal (se cair isso, deverá estar expresso no enunciado "federal"), observemos o que manifesta a Lei nº 8.112/1990 (regime jurídico dos servidores públicos civis da União), no seu art. 12: "O concurso público terá validade de até 2 (dois) anos, podendo ser prorrogado uma única vez, por igual período. [...] § 2º Não se abrirá novo concurso enquanto houver candidato aprovado em concurso anterior com prazo de validade não expirado". Logo, se seu concurso for de nível federal, saibas que não poderá ser aberto edital para novo certame a iguais cargos, enquanto em validade o seu.

Como posso firmar meu direito subjetivo à nomeação se, porventura, surgiu novo certame e, neste caso, não aplicável a norma federal? Em Súmulas, teremos a nº 15 e nº 16 do STF, que dizem, respectivamente, que "Dentro do prazo de validade do concurso, o candidato aprovado tem direito à nomeação, quando o cargo for preenchido sem observância da classificação", e, "Funcionário nomeado por concurso tem direito à posse".

Todavia, cuidado, em especial no que toca à Sumula nº 15, pois o Supremo Tribunal Federal – STF, embora tenha sumulado acerca, ao enfrentar o tema 784[4], manifesta que, para que se tenha direito subjetivo à nomeação, não se deve observar, tão somente, o preenchimento de vagas por conta da classificação, sim:

> [...] Quando **a aprovação ocorrer dentro do número de vagas** dentro do edital;
>
> Quando **houver preterição na nomeação** por não observância da ordem de classificação;
>
> Quando **surgirem novas vagas, ou for aberto novo concurso durante a validade do certame anterior**, e ocorrer a preterição de candidatos de forma arbitrária e imotivada por parte da administração nos termos acima. (grifos nosso).

Mas o que acontece se a administração pública não observar a investidura, em regra, pelas vias do concurso público, bem como os prazos de edital, tal qual expressam os incisos I e II, do art. 37?

O constituinte, no §2º, do art. 37, expressa que **"A não observância do disposto nos incisos II e III implicará a nulidade do ato e a punição da autoridade responsável, nos termos da lei."**, ou seja, imaginemos que, ao invés de realizar concurso público para desempenho das funções de engenheiro civil diante da Secretaria Municipal de Planejamento, portanto, diante de uma função de técnico responsável, o Prefeito contrata o sujeito como cargo em comissão, a fim de não precisar realizar concurso público, indo em total desencontro ao permitido constitucional, de modo que, se for o engenheiro desempenhar funções técnicas como atestar responsabilidade sobre uma obra pública, não o estará corretamente investido, sendo passível de anulação, bem como de punição da autoridade nomeante, no caso, Prefeito Municipal, que infringiu a norma constitucional e, sem dúvidas a infraconstitucional materializadora do processo de contratação municipal. (grifo nosso).

Outrossim, mas especificamente, no que toca ao inciso III, do art. 37, o constituinte nos referendou que, se porventura, um gestor público lançar edital de concurso com validade de 2 anos e, chegando ao final do biênio final observar a necessidade de prorrogar o edital, poderá o fazer, tão somente, para novos dois anos, não podendo, forma alguma, o fazer para 3 anos, o que fará com que o documento extemporâneo seja anulado, bem como o agente fique passível de punição.

A Corte Suprema, junto do Tema 308, e neste sentido, já manifestou, vide ementa: "***Contratação de pessoal pela administração pública sem concurso. Nulidade***. Efeitos jurídicos admissíveis em relação a empregados: pagamento de saldo salarial e levantamento de FGTS (RE 596.478 – repercussão geral). Inexigibilidade de outras verbas, mesmo a título indenizatório." [RE 705.140, rel. min. Teori Zavascki, j. 28-8-2014, P, DJE de 5-11-2014, Tema 308.].

Em suma, é simples: não pode a administração pública contratar, sem que para isso realize concurso de provas ou provas e títulos, ressalvados, tão somente, os casos de cargos de livre nomeação e exoneração ou, em situação de real excepcional necessidade e interesse público, temporariamente – processos seletivos, cujos requisitos estão expostos no art. 37, inc. IX -.

Ainda, e por fim, atente-se que, tal comando serve para, também, resguardar os direitos daqueles que estão aprovados dentro das vagas indicadas em edital de concurso que, por sua vez, terão direito subjetivo à nomeação.

4.7 Das funções de confiança e dos cargos em comissão em natureza ad nutum

Consoante inciso V, do art. 37, da CRFB/88, com antecipada previsão no inciso II, do mesmo artigo, para atribuições de **c**hefia, **a**ssessoramento e **d**ireção (*mnemônico* **CAD**), necessário que sejam funções ou cargos cuja nomeação se dará em caráter político, não técnico tal qual as vias de concurso público, uma vez que tais atribuições estarão voltadas para gestão de governo, não apenas de Estado; ou seja, tais atribuições estarão vinculadas aos objetivos do plano de governo que ali se instala, a exemplo, dos Secretários - em nível municipal, distrital e estadual - e Ministros - em nível federal -, seus assessores e chefes de departamento, que estão revestidos em Estado, mas com um programa de governo eleito para respectiva "transformação".

No que toca à natureza dos respectivos, importante resguardar que não há estabilidade no vínculo, o que vai ao encontro do que já pronunciou o STF a miúde, mas exemplificamos no caso do RMS nº 24.287, onde o Min. Maurício Corrêa, relatou que "Os ocupantes de cargos comissionados ou de funções gratificadas, em razão da instabilidade do vínculo e da precariedade da admissão, podem ser demitidos *ad nutum* (nomeado e exonerado por ato unilateral), o que nos torna claro e afirmativo, no sentido de que "estes ocupantes não possuem direito adquirido de permanecerem no cargo, bem como não há como considerar que suas investiduras constituíram ato jurídico perfeito" (STJ, RMS 14.520, 5ª Turma, Rel. Min. Jorge Scartezzini, DJ 13-10-2003, p. 382).

4. Tese definida no RE 837.311, rel. min. Luiz Fux, P, j. 9-12-2015, DJE 72 de 18-4-2016, Tema 784.

CONSTITUCIONAL

Outrossim, e super importante fixar, é que quando na **função de confiança**, teremos exercício **exclusivo** por **servidores de cargo efetivo** e, quando em **cargo em comissão**, estará legitimada à nomeação qualquer pessoa (não precisa ser servidor público), ou seja, estranho à Administração.[5] Ocorre que, não poderá um gestor, fazer de todos os cargos voltados ao CAD, para nomeação de cargo em comissão, uma vez que, deve-se te um percentual mínimo, a ser utilizado como função de confiança, preenchidos, exclusivamente, por servidores efetivos. De igual forma, apenas às atribuições Vide, também, "Súmula 16. Funcionário nomeado por concurso tem direito à posse.".

Por fim, e não menos importante, eis que necessário muito cuidado, ainda mais após o julgado da ADO nº 44 pelo STF, e no que toca à expressa consignação no inciso (V) para "percentuais mínimos previstos em lei", ou seja, a necessidade que lei regulamentadora estipulando percentual mínimo de comissionados voltados aos cargos provenientes da carreira pública, cujo ingresso tenha se dado pelas vias de concurso público, sendo, tão somente os "excluídos" passíveis de absorção àqueles "estranhos" à administração, que são, daí, os cargos em comissão.

A ADO nº 44, julgada em 17.04.2023 pelo STF, advém de pedido entabulado pelo Conselho Federal da Ordem dos Advogados do Brasil - CFOAB, no ano de 2017, manifestando a falta de regulamentação do disposto no presente inciso (V), indicando que "[...] a Constituição veda a possibilidade de ocupação desses cargos indistintamente por particulares, com base nos princípios do concurso público, da moralidade administrativa, da isonomia, do interesse público, da proporcionalidade e republicano." (STF.Jus, 2017), de modo que a regulamentação por Lei Federal, acabaria por sanar tais vícios.

Contudo, o STF, na relatoria do Ministro Gilmar Mendes, decidiu que "a ausência de lei nacional para disciplinar as condições e os percentuais mínimos dos cargos em comissão que devem ser ocupados por servidores de carreira na administração pública não representa omissão dos Poderes Legislativo e Executivo.", uma vez que, no que toca à União, portanto, aos cargos de natureza federal, há norma regulamentadora, Lei nº 14.204/2021 e Decreto nº 10.829/2021, cuja proporção indica que o Poder Executivo Federal resguardará aos servidores de carreira, no mínimo, 60% do total de cargo em comissão, o que não pode, em respeito ao pacto federativo, exercer tal comando em caráter nacional, eis que competência derivada da autonomia dos entes federados.

4.8 Do direito de associação e greve aos servidores públicos civis

Consoante incisos VI e VII, do art. 37, da CRFB/88, será garantido ao servidor público civil o direito à livre associação sindical, ou seja, se associado permanecer ou sair e, se não associado associar-se ou não, bem como, o exercício do direito de greve, nos termos e limites definidos em lei específica, representando no respectivo capítulo da Administração Pública uma extensão dos direitos e garantias fundamentais ao trabalhadores, no que toca aos à ***Associação sindical*** e ***Greve*** consoante artigos 8º e 9º da CRFB/88, quais, ao que leciona Canotilho (2018, n.p), representam expressão de direito humano:

a) **direito de liberdade ou de direito humano de primeira dimensão**, pois implica um *non facere* por parte do Estado, ou seja, um *status negativus* estatal que reconhece as liberdades públicas e o direito subjetivo de reunião entre pessoas para fins pacíficos;
b) **direito de igualdade, ou direito humano de segunda dimensão**, porque é pelo exercício do direito de greve que os trabalhadores pressionam os respectivos tomadores de seus serviços, visando à melhoria de suas condições sociais e corrigindo, dessa forma, a desigualdade econômica produzida pela concentração de riquezas inerente ao regime capitalista [...]
c) **direito de solidariedade ou direito humano de terceira dimensão**, na medida em que a greve representa inequivocamente uma manifestação de solidariedade entre pessoas[...]" (grifo nosso).

> ▷ Mas então você pergunta: já foi regulamentada a norma específica para que o servidor público civil materialize o seu direito de greve? Não!

Então, se ainda não regulamentada, não haverá como exercê-la, mesmo sendo um direito fundamental? Não como se gostaria que fosse – por lei específica – mas, sim, por um remédio constitucional que resta para, nesses casos, salvaguardar respectivo direitos, como foi o caso dos julgados em Mandado de Injunção – MI, em que o STF vai sanar sua dúvida:

5. "Art. 40, § 13. **Aplica-se ao agente** público **ocupante**, exclusivamente, **de cargo em comissão** declarado em lei de livre nomeação e exoneração, de outro cargo temporário, inclusive mandato eletivo, ou de emprego público, o **Regime Geral de Previdência Social**." (Brasil, 1988) (grifos meus).

Em razão da evolução jurisprudencial sobre o tema da interpretação da omissão legislativa do direito de greve dos servidores públicos civis e em respeito aos ditames de segurança jurídica, fixa-se o prazo de sessenta dias para que o Congresso Nacional legisle sobre a matéria. Mandado de injunção conhecido e, no mérito, deferido para, nos termos acima especificados, determinar a ***aplicação das Leis 7.701/1988 e 7.783/1989 aos conflitos e às ações judiciais que envolvam a interpretação do direito de greve dos servidores públicos civis***. [MI 708, rel. min. Gilmar Mendes, j. 25-10-2007, P, DJE de 31-10-2008.]. (grifo nosso).

Mas ao servidor público militar, não há proibição de greve? Sim, necessário ter este cuidado, pois consoante art. 142, §3º, IV, da CRFB/88, "ao militar são proibidas a sindicalização e a greve;", ou seja, servidores públicos que atuem diretamente na área de segurança pública, não podem esgotar os serviços públicos de segurança, o que o STF já ratificou por meio do ARE nº 654.432.

E mais, poderão, ainda, àqueles que descumprirem tal comando, ter seu salário descontado, veja: "A administração pública deve proceder ao desconto dos dias de paralisação decorrentes da greve [...] permitida a compensação em caso de acordo. O desconto será, contudo, incabível se ficar demonstrado que a greve foi provocada por conduta ilícita do poder público." [RE 693.456, rel. min. Dias Toffoli, j. 27-10- 2016, P, DJE de 19-10-2017, Tema 531.].

4.9 Da reserva de cargos para pessoas com deficiência

O constituinte brasileiro, ao vincular-se aos fundamentos da república, em especial aos que tocam à cidadania e dignidade da pessoa humana, bem como aos objetivos desta mesma república, especialmente à erradicação da pobreza e marginalização e promoção do bem de todos, sem preconceitos de qualquer natureza, o que replica no Título II, ao tratar acerca dos direitos fundamentais, em que expressa que "todos são iguais perante a lei", já adiantou que àquelas pessoas cujas igualdades formais não alcançam suas necessidades, estará o Estado vinculado em garantir direitos de 2ª (segunda) geração/dimensão, a fim de dar espaço para formação de uma sociedade fraterna – um dos moldes dos direitos humanos -, de modo que a inclusão é meio basilar para o processo de materialização de bem-estar social coletivo.

Diante do próprio texto constitucional, em remissão, além da doutrina interpretativa, podemos observar dispositivos instrumentais, vejamos:

- **Art. 7º, XXXI** - proibição de qualquer discriminação no tocante a salário e critérios de admissão do trabalhador portador de deficiência;
- **Art. 23, II** - Determina que é da competência comum da União, dos Estados, do Distrito Federal e dos Municípios cuidar da saúde e assistência pública, da proteção e garantia das pessoas portadoras de deficiência;
- **Art. 203, IV** – Estabelece como objetivo da assistência social a habilitação e reabilitação das pessoas portadoras de deficiência e a promoção de sua integração à vida comunitária;
- **Art. 203, V** – Garante um salário-mínimo de benefício mensal à pessoa portadora de deficiência que comprove não possuir meios de prover à própria manutenção ou de tê-la provida por sua família, conforme dispuser a lei;
- **Art. 208, III** – Estatui que o dever atribuído ao Estado de proporcionar educação será efetivado com a garantia de atendimento educacional especializado aos portadores de deficiência, preferencialmente na rede regular de ensino;
- **Art. 244** – Determina a edição de lei dispondo sobre a adaptação dos logradouros, dos edifícios de uso público e dos veículos de transporte coletivo atualmente existentes a fim de lhes garantir acesso adequado.

Como funcionará a ordem de nomeação daqueles que entram por meio das vagas destinadas às pessoas com deficiência? No que toca à ordem de nomeação, segundo STJ, por meio do julgado no RMS 18.669/RJ, 5ª Turma, rel. Min. Gilson Dipp, DJ 29.11.2004, p. 354:

"[...] O candidato ***portador de deficiência física concorre em condições de igualdade com os demais não portadores, na medida das suas desigualdades.*** Caso contrário, a garantia de reserva de vagas nos concursos para provimento de cargos públicos aos candidatos deficientes não teria razão de ser. IV – No caso dos autos, o impetrante, primeiro colocado entre os deficientes físicos, deve ocupar uma das vagas ofertadas ao cargo de Analista Judiciário – especialidade Odontologia, para que seja efetivada a vontade insculpida no art. 37, § 2º do Decreto n. 3.298/99. ***Entenda-se que não se pode considerar que as primeiras vagas se destinam a candidatos não deficientes*** e apenas as eventuais ou últimas a candidatos deficientes. Ao contrário, o que ***deve ser feito é a nomeação alternada de um e outro, até que seja alcançado o percentual limítrofe de vagas oferecidas pelo Edital a esses últimos***". (grifo nosso).

E mais, veja só: "É há muito conhecida a máxima Aristotélica de tratar igualmente os iguais e desigualmente os desiguais, na medida em que se

CONSTITUCIONAL

desigualam, caracterizando a chamada isonomia perante a lei (ou isonomia formal). Contudo, admitida a ineficácia do cumprimento dos objetivos republicanos somente com a vedação de tratamentos desiguais, passou-se a exigir do Estado ações afirmativas para reduzir as desigualdades, imputando-se ao princípio da isonomia um caráter material." (Canotilho *et al*, 2018, n.p).

Por fim, há que se considerar que, quando estamos cargos de nível federal, o Regime Jurídico dos servidores públicos civis da união (Lei n.º 8.112/90), em seu art. 5º, § 2º, exige que a deficiência seja compatível com as atribuições do cargo que será provido, ficando sua avaliação de compatibilidade a cargo de equipe multiprofissional.

4.10 Da contratação por tempo determinado

O constituinte brasileiro, conforme previamente observado ao tratarmos acerca da investidura aos cargos públicos em exceção às vias dos concursos públicos, a fim de dar efetividade ao princípio da eficiência, estabeleceu que, em casos de temporária necessidade, vinculada a excepcional interesse público, poderá a administração pública desvincular-se da regra do concurso público, realiza, excepcionalmente, contratações em caráter temporário, a exemplo, tal qual em suma relatamos, no caso da pandemia da Covid-19, onde o Estado (sentido lato), precisou conter crise no sistema de saúde, em especial pela falta de profissionais da saúde, deparando-se com a necessidade de contratação com máxima urgência, de modo que os trâmites do concurso público acabam não sendo eleitos, a uma por serem morosos e tornarem o processo de contratação emergencial ineficientes e, por conta da ineficiência e demora ao atendimento, ineficazes; e, a duas, pois a necessidade era temporária, não havendo motivos para manter o mesmo contingente no pós-pandemia.

Quais são os requisitos para admitir-se o processo seletivo ao invés do concurso público? STF manifesta que, cumulativamente, os requisitos de admissibilidade de determinado processo seletivo, são:

→ **previsão em lei dos cargos** – não posso realizar chamamento de cargos que não estejam previstos na "lei dos quadros e funções" do respectivo ente federado. Exemplo: quero contratar quiropraxista, está na lei de cargos do ente? Não. Então, primeiro cria esse cargo, depois contrata.

→ **tempo determinado** – quando estamos diante da contratação pela Administração Pública Federal, teremos o regime pelas vias da Lei nº 8.745/1993[6], a qual estabelece, em seu art. 4º, que poderá ser considerado por tempo determinado, de seis meses a seis anos, a depender da atribuição.

→ **necessidade temporária de interesse público** – considerar-se-á nos casos em que a continuidade do serviço público está momentaneamente afetada, vamos pensar, a exemplo, falta de professores para iniciar o ano letivo; e

→ **interesse público excepcional** – é interesse excepcional, por exemplo, seja contida uma calamidade pública.

Ainda, O STF fixou entendimento no sentido de que, comprovada a necessidade de contratação de pessoal, deve-se nomear os candidatos aprovados no certame em vigor em detrimento da renovação de contrato temporário, claro, desde que sejam para mesmas atribuições, ou seja, vou fazer contrato emergencial para professor de matemática, se porventura tenho vigente edital de concurso com professores de matemática, se continuar em contratação emergencial, estarei, certa forma, burlando edital e preterindo os aprovados na via de concurso público. [AI 684.518 AgR, rel. min. Eros Grau, j. 28-4-2009, 2ª T, DJE de 29-5-2009].

4.11 Do teto constitucional a nível federal e estadual, e o tratamento isonômico nos vencimentos dos agentes dos três poderes

A CRFB/88, ao tratar acerca da remuneração e subsídio dos agentes públicos em seu capítulo específico (Da Administração Pública), não pode deixar de observar bases fundamentais da república, quais indicam independência dos poderes (art. 2º, da CRFB/88), de modo que relatou no art. 37, inc. X, que as alterações legislativas no que toca aos salários e suas formas de pagamento e, naturalmente, organização administrativa do Estado (sentido lato), devem ocorrer de forma independente e autônoma em cada caso, ou seja, o projeto de lei que propor ajuste ou reajuste em remuneração, deverá ser proposto pelo respectivo poder, com exceção, tão somente, ao caso de revisão geral anual, que será pelo respectivo poder executivo ao ente federado.

Na prática, como isso funciona? Imaginemos, hipoteticamente, que o judiciário quer tratar do reajuste de seus servidores. Neste caso, o próprio poder judiciário demandará tal proposta legislativa, que,

6. Vide: https://www.planalto.gov.br/ccivil_03/leis/L8745cons.htm

por sua vez, dará ao Legislativo a função típica de aprovar ou não, remetendo ao Executivo para sanção presidencial, conforme, recentemente foi à Lei nº 14.520/2023, que por sua vez "Fixa o subsídio de Ministro do Supremo Tribunal Federal, referido no inciso XV do caput do art. 48 da Constituição Federal".

Entretanto, embora autônomos os três poderes em suas demandas para proposituras de ajustes e reajustes em verbas salariais a seus agentes, vinculados estão ao ***"teto constitucional"***, cuja previsão se encontra no inciso XI, do art. 37, da CRFB/88, cuja demanda em provas de concurso público é altíssima, qual, auxilia colacionar, diz:

> **a remuneração e o subsídio dos ocupantes** de **cargos, funções e empregos públicos da administração direta, autárquica e fundacional**, dos membros de qualquer dos Poderes da União, dos Estados, do Distrito Federal e dos Municípios, dos detentores de mandato eletivo e dos demais agentes políticos e os proventos, pensões ou outra espécie remuneratória, percebidos cumulativamente ou não, incluídas as vantagens pessoais ou de qualquer outra natureza, **não poderão exceder o subsídio mensal, em espécie, dos Ministros do Supremo Tribunal Federal**, aplicando-se **como limite, nos Municípios, o subsídio do Prefeito**, e **nos Estados e no Distrito Federal, o subsídio mensal do Governador** no âmbito do Poder Executivo, **o subsídio dos Deputados Estaduais e Distritais no âmbito do Poder Legislativo e o subsidio dos Desembargadores do Tribunal de Justiça, limitado a noventa inteiros e vinte e cinco centésimos por cento do subsídio mensal, em espécie, dos Ministros do Supremo Tribunal Federal**, no âmbito do **Poder Judiciário, aplicável este limite aos membros do Ministério Público, aos Procuradores e aos Defensores Públicos;** (grifo nosso).

No que toca ao supracitado parâmetro/teto constitucional em relação à verba salarial, importante observar, inicialmente, que se dará em relação ao subsídio, não ao montante da remuneração, ou seja, pode um Desembargador, em total de verbas remuneratórias, por exemplo, perceber R$100mil reais, embora, seu subsídio esteja abaixo do Ministro do STF.

Mas e nas situações em que a Constituição permite acumulação de cargos, conduzirá ambos ao mesmo teto ou serão independentes? Nas situações jurídicas em que a CRFB/88 autoriza a acumulação de cargos, segundo STF, nos temas 377 e 384, o teto remuneratório é considerado em relação à remuneração de cada um deles, e não ao somatório do que recebido, o que precisamos ter cuidado, eis que podemos, pelo texto do art. 37, XI, contraditar, uma vez que o constituinte anotou no inciso que contabilizar-se-ão para fins do exposto o "***percebidos cumulativamente ou não...***". logo, cuidado, pois repito, o STF definiu que não devem ser observados os tetos em relação a cada uma das funções se, claro, estiverem em acumulações legais [RE 612.975 e RE 602.043, rel. min. Marco Aurélio, j. 27-4-2017, P, DJE de 8-9-2017].

Como poderemos observar esta "pirâmide"?

→ **Top da Federação** - MINISTRO DO STF;

→ **Top do Estado** - GOVERNADOR;

→ **Top no Judiciário Estadual** - DESEMBARGADOR (também pode ser, constando na Constituição do respectivo Estado, o Top do Estado [art. 37, §12º]);

→ **Top do Legislativo** - DEPUTADO ESTADUAL – será baseado nele que os vereadores, observada população, perceberão determinado percentual; e

→ **Top da cidade** – PREFEITO.

Ainda, importante observar que, consoante §12º, do art. 37:

> "Para os fins do disposto no inciso XI do caput deste artigo, fica facultado aos Estados e ao Distrito Federal fixar, em seu âmbito, mediante emenda às respectivas Constituições e Lei Orgânica, como limite único, o subsídio mensal dos Desembargadores do respectivo Tribunal de Justiça, limitado a noventa inteiros e vinte e cinco centésimos por cento do subsídio mensal dos Ministros do Supremo Tribunal Federal, não se aplicando o disposto neste parágrafo aos subsídios dos Deputados Estaduais e Distritais e dos Vereadores."[7]

O teto constitucional será aplicado apenas às pessoas jurídicas de direito público no exercício das funções públicas, ou também em face das pessoas jurídicas de direito privado autorizadas pela Administração Pública? **O teto constitucional será aplicado às pessoas jurídicas de direito público e privado**, portanto, às empresas públicas, sociedades de economia mista, e suas subsidiárias, independente, também, de qual ente da federação tenha surgido sua criação, bastante, para isso, **que recursos dos entes federados recebidos por essas, sirvam para despesas de pessoal ou custeio**

7. A exemplo, na Constituição do Estado do Rio Grande do Sul está previsto, veja: **Art. 33, § 8.º** Para fins do disposto no art. 37, § 12, da Constituição Federal, fica fixado como limite único, no âmbito de qualquer dos Poderes, do Ministério Público e do Tribunal de Contas, o subsídio mensal, em espécie, dos Desembargadores do Tribunal de Justiça do Estado do Rio Grande do Sul, não se aplicando o disposto neste parágrafo aos subsídios dos Deputados Estaduais. (RS, 1989).

CONSTITUCIONAL

geral, consoante § 9º, do art. 37. (grifo nosso), ou seja, sendo subsidiadas pelo Estado, necessário que sejam observados os tetos constitucionalmente previstos, o que não será caso se, porventura, não seja mantida pelo erário, conforme julgado pelo STF junto à ADI nº 6.584/2021, vejamos:

> *"**Teto remuneratório aos empregados de empresas públicas e sociedades de economia mista não dependentes do erário do Distrito Federal. Violação ao art. 37 da Constituição Federal.*** Medida cautelar confirmada. Inconstitucionalidade da Emenda à Lei Orgânica do Distrito Federal n. 99/2017. Interpretação conforme à Constituição ao artigo 19, X, da LODF, de modo que ***a expressão "empregos públicos" se limite às entidades que recebam recursos do Distrito Federal para pagamento de despesas de pessoal ou de custeio em geral.*** Ação julgada procedente. (ADI 6.584, rel. min. Gilmar Mendes, j. 21-5-2021)". (grifo nosso).

Além disso, ainda do que se extrai do texto derivado da ADI supracitada, o STF manifesta que, quando for expressar "empregado público", naturalmente há que se considerar o teto constitucional, muito embora, para que assim o seja, este empregado deva ter sua remuneração advinda do erário, caso contrário, inadmissível aplicar teto, eis que admissíveis regras de iniciativa privada.

Já, no que toca à formação das verbas salariais dos três poderes, o constituinte não deixou, igual forma, de assinalar que, dada conjuntura de "harmonia e independência" dos poderes, bem como a recíproca importância na condução da prestação da república, que "os vencimentos dos cargos do Poder Legislativo e do Poder Judiciário não poderão ser superiores aos pagos pelo Poder Executivo" (inc. XII, art. 37, da CRFB/88), ou seja, não poderá haver preterição aos agentes de uns em relação aos outros, restando, com isso, nítida expressão do princípio constitucional da isonomia (art. 5º, *caput*, CRFB/88), ao que, também observarmos, ser o presente parelho ao art. 23, II, da Declaração dos Direitos Humanos da ONU, de 10/12/48, onde expressa que "Todo homem, sem qualquer distinção, tem direito a igual remuneração por igual trabalho", e encontra disposições semelhantes no âmbito da legislação infraconstitucional trabalhista (arts. 460 e 461 da CLT).

E tens um ***mnemônico*** que vai lhe ajudar

*"**LJ** não passa **Exec**"*

Contudo, e diante do exposto, podem nos surgir algumas dúvidas, como, por exemplo, parcelas de caráter indenizatório, serão contabilizadas à luz do teto constitucional? Não, de acordo com §11, do art. 37, da CRFB/88, "Não serão computadas, para efeito dos limites remuneratórios de que trata o inciso XI do caput deste artigo, as parcelas de caráter indenizatório previstas em lei.", ou seja, não deverão entrar no cálculo do teto constitucional aquelas parcelas que advém de esforço extraordinário do servidor público, até mesmo com o fito de gerar enriquecimento ilícito por parte do Estado.

E para fins de compreensão e conclusão do que o constituinte estipula como sendo essas parcelas, o estatuto dos servidores públicos da União, em seu art. 51, entabula como sendo "ajuda de custo; diárias; transporte e auxílio-moradia".

Ainda, importante consignar, à luz de Canotilho *et al* (2018, n.p), em Comentários à Constituição, que, serão considerados para fins de indenização os valores ou as vantagens pecuniárias que, por sua vez, apresentem as seguintes características:

- **são eventuais** (não são necessárias, ou inerentes, ao exercício do cargo público, mas decorrentes de fatos ou acontecimentos especiais previstos na norma);
- **são isoladas**, não se incorporando ou integrando aos vencimentos, subsídios ou proventos para qualquer fim;
- **são compensatórias**, pois estão sempre relacionadas a acontecimentos, atividades ou despesas extraordinárias feitas pelo servidor ou agente pelo exercício da função; e
- **são referenciadas a fatos**, e não à pessoa do servidor.

Por fim, importante consignar e consolidar que o constituinte originário dispõe ao decorrente (Estados e Distrito Federal) de uma faculdade, qual seja, "[...] fixar, em seu âmbito, **mediante emenda às respectivas Constituições e Lei Orgânica**, como ***limite único***, o **subsídio mensal dos Desembargadores do respectivo Tribunal de Justiça**, limitado a noventa inteiros e vinte e cinco centésimos por cento do subsídio mensal dos Ministros do Supremo Tribunal Federal [...]", inteligência do **§ 12, do art. 37, da CRFB/88**.

Tal faculdade, advinda da aplicabilidade do poder constituinte derivado decorrente, inspira, para fins de organização dos Estados-membros e Distrito Federal, em especial para eficiência ao controle externo da Administração, a possibilidade de que, por meio de emendas às respectivas constituições, sejam estabelecidos tetos locais, quais, já constitucionalizados à luz do inciso XI, facilitem ação do Estado - cuidado, não podem inovar além da faculdade constitucional[8]-; esses tetos serão observados a expressão do subsídio dos desembargadores do Tribunal de Justiça local, servindo como uma espécie de "pirâmide" local aos tetos remuneratórios, não refletindo, contudo, ao legislativo, que tão teto à parte.

A fim de exemplificar, poderemos citar e colacionar o art. 33, §8º, da Constituição do Estado do Rio Grande do Sul:

> Para fins do disposto no art. 37, § 12, da Constituição Federal, ***fica fixado como limite único, no âmbito de qualquer dos Poderes, do Ministério Público e do Tribunal de Contas, o subsídio mensal, em espécie, dos Desembargadores do Tribunal de Justiça do Estado do Rio Grande do Sul***, não se aplicando o disposto neste parágrafo aos subsídios dos Deputados Estaduais. (RS, 1989). (grifo nosso).

4.12 Da não vinculação ou equiparação das espécies remuneratórias e não computo de acréscimos pecuniários para ulterior concessão

O constituinte brasileiro, ao tratar acerca do instituto da equiparação salarial em face dos servidores públicos civis, taxou que é vedada formas de vinculação ou equiparação para o efeito de remuneração de pessoal do serviço público, dada máxima de que as espécies salariais advém da conjuntura das funções e atribuições de cada agente, objetivando-se com isso, ainda, chamar atenção para que não se utilize a remuneração da iniciativa pública ou da privada para fins de equiparação entre servidores públicos, o que, inclusive, já restou sumulado pelo STF em questões análogas, como no caso da Súmula Vinculante nº 42, qual dispõe que "É inconstitucional a vinculação do reajuste de vencimentos de servidores estaduais ou municipais a índices federais de correção monetária.".

Outrossim, o Superior Tribunal de Justiça - STJ, no mesmo, sentido, por meio da Súmula nº 378, estabeleceu que "Reconhecido o desvio de função, o servidor faz jus às diferenças salariais decorrentes.", ou seja, neste caso, por exceção, far-se-á equiparação, eis que, por omissão do Estado, o agente público, em desvio, desempenhou funções que não originárias ao cargo para o qual prestou concurso público.

Mas qual seria um exemplo prático? O julgado do STF no RE 585.303 AgR, cujo min. Relator, Ricardo Lewandowski, manifesta que "(...) a concessão a delegado de polícia estadual do direito ao reajuste de seus vencimentos de acordo com os percentuais estabelecidos para a remuneração do delegado-geral da Polícia Civil, por si só, caracteriza vinculação ou equiparação de remuneração, vedada pela Carta Maior.", quer dizer, se estivéssemos diante da situação posta pela Súmula nº 378 do STJ, até cabível, o que não vai ao encontro do caso em concreto analisado pelo STF.

Por fim, cumpre observar ainda, que muito auxilia na projeção e resguardo da presente norma a publicidade aos atos da administração pública, tendo em vista que, por meio desta transparência, resta demonstrado se houve, ou não, planejamento de gastos com pessoal, garantindo que haja concurso público, sem que se persistam desvios de função ou equívocas equiparações por similares prestações.

No que toca ao não computo e acumulação de acréscimos pecuniários percebidos por servidor público para fins de concessão de acréscimos ulteriores, consoante inc. XIV, do art. 37, da CRFB/88, poderemos observar, de início, alguns julgados do STF no seguinte sentido:

> Servidor público federal. ***Gratificação bienal. Impossibilidade da sua cumulação com adicional por tempo de serviço, por decorrerem de idêntico fundamento***. Arts. 37, XIV, da CF e 17 do ADCT." [RMS 23.319 AgR-ED, rel. min. Nelson Jobim, j. 20-8-2002, 2ª T, DJ de 19-12-2002.] [...] "***Acumulação de vantagens concedidas sob o mesmo título. Vedação constitucional*** (CF, art. 37, XIV). Adicional bienal e quinquênios: acréscimos à remuneração que têm o tempo de serviço público como fundamento. [RMS 23.458, rel. p/ o ac. min. Maurício Corrêa, j. 16-10-2001, 2ª T, DJ de 3-5-2002.]. (grifo nosso).

Ao que se observa diante do exposto, é que dados resguardos, objetiva-se planejar o gasto público de pessoal, além de impedir acréscimos anteriores como base de cálculos para acréscimos futuros, portanto cumulativos, com possível pagamento em dobro, vindo a frustrar os cofres públicos com tamanha desordem financeira (Mello, 2006).

Todavia, cuidado, quando a parcela concedida acaba por incorporar a remuneração do servidor, passa a fazer parte da base para cálculos sobre a incidência das demais, reconhecida como "melhoria de vencimento alcançada" [AI 820.974-AgR, Rel. Min. Marco Aurélio, julgamento em 13.12.2011].

8. "A faculdade conferida aos Estados para a regulação do teto aplicável a seus servidores (art. 37, § 12, da CF) não permite que a regulamentação editada com fundamento nesse permissivo inove no tratamento do teto dos servidores municipais, para quem o art. 37, XI, da CF, já estabelece um teto único." [ADI 6.221 MC, rel. p/ o ac. min. Alexandre de Moraes, j. 20-12-2019, P, DJE de 30-4-2020.].

Ao exposto, ***mnemônico***

Não vinculação!

Não equiparação!

Não computação!

NÃO, NÃO, NÃO!

4.13 Da irredutibilidade do subsídio e vencimento dos ocupantes de cargos públicos

Consoante a CRFB/88, em seu art. 37, XV, o subsídio e os vencimentos dos ocupantes de cargos e empregos públicos serão irredutíveis, ou seja, se prestaste concurso para um cargo cujo valor de remuneração corresponde a R$2.000,00 (dois mil reais), será inviolável este valor, exceto, se, por exemplo, não acompanhar este valor o teto constitucional, ou, por exemplo, lhe for, em folha, descontado regime de previdência, que daí não serão, para esses fins, considerada violação ao princípio da irredutibilidade.

Outrossim, importante consignar que a irredutibilidade não alcança as parcelas concedidas *pro labore facto* – pelos serviços já prestados efetivamente -, por exercício específico de funções especiais e gratificadas, haja vista devidas tão somente enquanto os servidores estiverem no exercício delas, ressalvado, apenas, se a lei estipular incorporação, como nos casos de determinados estatutos que preveem período determinado para incorporar função de confiança. Também, quando estamos diante de descontos fiscais, como seguridade social:

> A garantia constitucional da irredutibilidade da remuneração devida aos servidores públicos em atividade não se reveste de caráter absoluto. Expõe-se, por isso mesmo, às derrogações instituídas pela própria Constituição da República, que prevê, relativamente ao subsídio e aos vencimentos "dos ocupantes de cargos e empregos públicos" (CF, art. 37, XV), a incidência de tributos, legitimando-se, desse modo, quanto aos servidores públicos ativos, a exigibilidade da contribuição de seguridade social, mesmo porque, em tema de tributação, há que se ter presente o que dispõe o art. 150, II, da Carta Política. [ADC 8 MC, rel. min. Celso de Mello, j. 13-10-1999, P, DJ de 4-4-2003.].

Ainda, importante observar que quando da "[...] a ampliação de jornada de trabalho sem alteração da remuneração do servidor consiste em violação da regra constitucional da irredutibilidade de vencimentos;" (ARE 660.010, rel. min. Dias Toffoli, Tema 514), uma vez que, por questões de obviedade, trabalhou além do tempo para o qual é remunerado, fazendo jus a maior percepção pecuniária.

Por fim, daí com base no RE nº 338.436: "Cessada a atividade que deu origem à gratificação extraordinária, cessa igualmente a gratificação, não havendo falar em direito adquirido, tampouco, em princípio da irredutibilidade dos vencimentos." (rel. min. Menezes Direito, j. 2-9-2008, 1ª T).

4.14 Da acumulação em cargos e empregos públicos

Neste ponto, a CRFB/88, em face do art. 37, XVI, alíneas, é taxativa ao expressar que "é vedada a acumulação remunerada de cargos públicos", ou seja, se você é servidor público no município de São Paulo, não será, ao mesmo tempo, servidor público ao governo do Estado de São Paulo, eis que incompatível.

Todavia, a própria CRFB/88, no respectivo inciso, estabelece exceções à regra, indicando que, quando for nos casos em que as funções sejam "a de **dois** cargos de **professor**; a de **um** cargo **de professor** com **outro técnico ou científico**; a de **dois** cargos ou empregos privativos de **profissionais de saúde**, com profissões regulamentadas;", e havendo, sobretudo, compatibilidade de horários, poderá. (grifo nosso).

Mas cumulação de cargos e funções públicas, entre si ou com privadas, estarão previstas apenas nessas situações? Não, a CRFB/88 ainda prevê algumas outras hipóteses que, tal qual a do respectivo inciso (XVI), o tratam por exceção, quais sejam:

→ **Funcionário Público e Vereador** - art. 38, III (havendo compatibilidade de ser funcionário público e vereador);

→ **Juiz de Direito e Professor** - art. 95, parágrafo único, I (juízes no exercício do magistério);

→ **Promotor e Professor** - art. 128, §5º, II, d (promotores no exercício do magistério).

Outrossim, no que toca ao rol exposto nas alíneas *a, b* e *c*, do art. 37, XVI, importante fixar que é rol é taxativo, qual consolidemos que sempre serão cumulativos em 2 (dois), ou seja, dois de professor; dois, sendo um professor outro técnico ou científico (procurador do município durante o dia e professor universitário à noite por exemplo); e dois na área da saúde, público ou privado, mas com compatibilidade de horário (digamos que seja médico em um posto de saúde na parte da manhã, cumprindo, assim minhas horas de contrato ou concurso e, à tarde, atenda em meu consultório particular).

Neste sentido, teremos alguns julgados importantes a consignar, vejamos:

> Há remansosa jurisprudência desta Corte nesse sentido, ***afirmando a impossibilidade da acumulação tríplice de cargos públicos, ainda que os provimentos nestes tenham ocorrido antes da vigência da EC 20/1998.*** (...) o art. 11 da EC 20/1998 possibilita a acumulação, apenas, de um provento de aposentadoria com a remuneração de um cargo na ativa, no qual se tenha ingressado por concurso público antes da edição da referida emenda, ainda que inacumuláveis os cargos. ***Em qualquer hipótese, é vedada a acumulação tríplice de remunerações, sejam proventos, sejam vencimentos.*** (ARE 848.993 RG, voto do rel. min. Gilmar Mendes, Tema 921). (grifo nosso).

Havendo compatibilidade dentre as funções que poderão ser cumuladas nos termos da CRFB/88, como fica a questão do teto constitucional?

> Nas ***situações jurídicas em que a CF autoriza a acumulação de cargos, o teto remuneratório é considerado em relação à remuneração de cada um deles***, e não ao somatório do que recebido. (RE 612.975 e RE 602.043, rel. min. Marco Aurélio, Tema 377 e Tema 384.). (grifo nosso).

Outrossim, importante consignar que embora o texto constitucional estabeleça taxativamente os casos de acumulação, o STJ, por meio do Informativo n. 0632.28 de setembro de 2018, manifestou que "O único requisito estabelecido para a acumulação, de fato, é a compatibilidade de horários no exercício das funções, cujo cumprimento deverá ser aferido pela administração pública. Assim, considerando a posição de supremacia da Corte Maior no sistema judicial brasileiro, impõe-se a adequação da jurisprudência do STJ àquela orientação."; ou seja, segundo a Corte Superior, adequando-se à Suprema, seria de maior importância na validação da acumulação a compatibilidade de horários do que propriamente a expressão dos cargos, eis que, um Juiz, por exemplo, terá, conforme exposto, a possibilidade de exercer junto à Magistratura, mais uma função de magistério, sendo que a norma constitucional não estipula a quantidade de horas que poderá estar no desempenho do magistério, dando margem, se não fosse a orientação como base "a compatibilidade de horário", para que essa "uma de magistério" extrapolasse o tempo em que o labor deverá ser dedicado à magistratura.

Sendo assim, importante considerar se as funções se adequam às constitucionalmente previstas? Sim! Sobretudo, a compatibilidades de horários é máxima se haverá ou não violação à cumulação.

A proibição em acumular os cargos, estende-se aos empregos e funções públicas que abrangem à Administração Pública Indireta? Sim! Consoante inciso XVII, do art. 37, da CRFB/88, "a **proibição de acumular estende-se a empregos e funções** e abrange autarquias, fundações, empresas públicas, sociedades de economia mista, suas subsidiárias, e sociedades **controladas, direta ou indiretamente, pelo poder público**;". (grifo nosso).

Como poderíamos visualizar tal situação? Por meio do julgado do STF no REsp 57207/RJ, Rel. Min. Barros Monteiro, vejamos:

> RECLAMAÇÃO TRABALHISTA. **ENGENHEIRO. CREDENCIAMENTO JUNTO À CAIXA ECONÔMICA FEDERAL.** EMPREGO EXERCIDO, **DE OUTRO LADO, EM SOCIEDADE DE ECONOMIA MISTA. CUMULAÇÃO IMPOSSÍVEL JURÍDICA E FISICAMENTE.** INEXISTÊNCIA DO PRETENDIDO VÍNCULO EMPREGATÍCIO COM A EMPRESA PÚBLICA FEDERAL. Reconhecida a impossibilidade física e jurídica de cumulação dos empregos públicos, tem-se que a relação mantida entre o reclamante e a empresa pública federal não passou efetivamente do denominado 'credenciamento'. Inexistência do pretendido vínculo trabalhista. Reclamatória improcedente. Recurso especial conhecido e provido. (grifo nosso).

Do exposto, observamos que os reflexos do inciso XVI estão postos às estatais também, de modo que, inclusive, motivam o julgado exposto, ressaltando, de início, à compatibilidade de horários, exercendo, tão somente após validado tal requisito, à análise das funções, que, no caso exposto, acaba por restar inadmissível eis que, sequer, compatível a carga horária, gerando, até mesmo, enriquecimento ilícito, eis que, enquanto percebendo carga horária de um local, percebendo simultaneamente de outro.

Ainda, quando estamos falando da acumulação em cargos e empregos públicos, pode nos surgir dúvidas acerca da possibilidade, ou não, da percepção simultânea de aposentadorias decorrentes de cargos, empregos ou função pública, o que, no §10, do art. 37, da CRFB/88, poderemos observar como sendo vedada, senão, em casos de cargos de natureza cumulável, eletivos e natureza *ad nutum*, vejamos:

> **§10.** É **vedada a percepção simultânea de proventos de aposentadoria** decorrentes **do art. 40 ou dos arts. 42 e 142 com** a **remuneração de cargo, emprego ou função pública**, **ressalvados** os cargos **acumuláveis na forma desta Constituição**, **os cargos eletivos e** os cargos **em comissão** declarados em lei de livre nomeação e exoneração. (grifo nosso).

Logo, observa-se e consolida-se que, não será possível que o mesmo sujeito perceba, simultaneamente, ou seja, ao mesmo tempo, aposentadoria como servidor público civil ou servidor público militar, seja na segurança pública ou forças armadas - com remuneração de cargo, emprego ou função pública -, a não ser que sejam casos em que a própria constituição prevê à possibilidade de cumulação, como nos casos do art. 37, XVI, entre outros[9] neste elencados e comentados acima, ou, ainda, naqueles casos de natureza *ad nutum*, ou seja, que são admissíveis e demissíveis por vontade de uma das partes, no caso, autoridade nomeante, como são os comissionados.

A fim de corroborar com o exposto no que toca ao §10, colacionemos julgados do STF que auxiliarão no processo de conclusão do exposto constitucional:

> Há remansosa jurisprudência desta Corte nesse sentido, ***afirmando a impossibilidade da acumulação tríplice de cargos públicos,*** ainda que os provimentos nestes tenham ocorrido antes da vigência da EC 20/1998. (...) o art. 11 da EC 20/1998 ***possibilita a acumulação, apenas, de um provento de aposentadoria com a remuneração de um cargo na ativa,*** no qual se tenha ingressado por concurso público antes da edição da referida emenda, ainda que inacumuláveis os cargos. ***Em qualquer hipótese, é vedada a acumulação tríplice de remunerações, sejam proventos, sejam vencimentos.*** [ARE 848.993 RG, voto do rel. min. Gilmar Mendes, j. 6-10-2016, P, DJE de 23-3-2017, Tema 921.] (grifo nosso).

Ainda, no mesmo sentido, mas a fim de corroborar quando há a possibilidade:

> A ***eleição de servidor público aposentado para o exercício de cargo público permite-lhe o recebimento dos proventos do cargo eletivo cumulativamente com aqueles decorrentes de sua aposentadoria.*** Irrelevante se mostra, para tal conclusão, que esse reingresso do aposentado no serviço público não tenha ocorrido por meio de concurso, já que inexiste norma constitucional impondo a vedação dessa cumulação de proventos. [AI 264.217 AgR, rel. min. Dias Toffoli, j. 20-3-2012, 1ª T, DJE de 26-4-2012.] (grifo nosso).

4.15 Da precedência e recursos prioritários à administração fazendária e seus servidores em face das demais áreas da administração

O constituinte brasileiro, a vista da necessidade de que, para uma melhor gestão, os cofres públicos estejam e sejam satisfativos, elegeu, diante da administração pública, havendo necessidade, dar maior atenção à administração fazendária e seus agentes fiscais, eis que, naturalmente, responsáveis pela condição do erário dado exercício da competência tributária derivada.

A CRFB/88, em seu inc. XVIII, art. 37, abarcou que "a administração fazendária e seus servidores fiscais terão, dentro de suas áreas de competência e jurisdição, precedência sobre os demais setores administrativos, na forma da lei", de modo que, sendo necessário, terão prioridade em relação aos demais setores da administração pública, o que consoante doutrina de Canotilho *et al* (2018, n.p):

> [...] o preceito volta-se à organização do serviço público, isto é, não determina a prioridade em relação a direitos dos cidadãos, nem mesmo sobre os demais Poderes do Estado. Portanto, a **precedência deve ser exercida dentro da própria administração pública**, dentro do Poder Executivo. Ou seja, trata-se de uma regra de organização dos serviços, da estrutura da administração pública. Conforme ressalvou José Afonso da Silva, houve um equívoco por parte do constituinte, pois a jurisdição pertence exclusivamente ao Poder Judiciário: **"O texto expressa mal, falando em 'competência e jurisdição'. Não se trata de 'jurisdição', mas de 'atribuição'"** [...] "Dessarte, pode-se inferir que inciso XVIII do art. 37 configura-se simplesmente como uma regra, a qual **preceitua que as administrações públicas, dentro de sua estrutura e organização,** respeitadas as atribuições de seus setores e, com base em lei aprovada pelo respectivo Poder Legislativo, **estabeleçam prioridade para os serviços responsáveis pela arrecadação dos tributos**, recursos a serem utilizados por toda a estrutura estatal. (grifo nosso).

Ainda, do exposto, há que se considerar, a luz de José Afonso da Silva (2007), que o constituinte ao expressar "jurisdição", não o expressou no sentido das funções típicas do Judiciário – julgar demandas -, sim, e daí se estabelece analogia, no que toca ao contencioso administrativo fiscal – espaço onde pelas vias do processo administrativo fiscal terá o agente fazendário exercício de jurisdição local -. Todavia, resguardem-se, pois tal exercício, reflete-se em funções atípicas de administração, sendo, até mesmo, toda vênia, desnecessário citar no texto constitucional que, no seu fito principal, requer a atenção da prioridade, intramuros, para

---

9. "XVI - é vedada a acumulação remunerada de cargos públicos, exceto, quando houver compatibilidade de horários, observado em qualquer caso o disposto no inciso XI: a) a de dois cargos de professor; b) a de um cargo de professor com outro técnico ou científico; c) a de dois cargos ou empregos privativos de profissionais de saúde, com profissões regulamentadas; [...] Funcionário Público e Vereador - art. 38, III (compatibilidade de ser funcionário público e vereador); Juiz de Direito e Professor - art. 95, parágrafo único, I (juízes exercer magistério); Promotor e Professor - art. 128, §5º, II, d (promotores exercício magistério)." (BOTELHO, 2023).

que os serviços de natureza fiscal não sofram interrupções.

Outrossim, não menos importante, o constituinte, no inciso XXII, do art. 37, indicou que as administrações tributárias dos entes federados, ilustrando o que expõe no inciso XVIII - "atividades essenciais ao funcionamento do Estado" – "[...] terão recursos prioritários para a realização de suas atividades e atuarão de forma integrada, inclusive com o compartilhamento de cadastros e de informações fiscais, na forma da lei ou convênio", estabelecendo a importância e a essencialidade da atividade tributária - afinal de contas, conforme já consolidamos, é de onde vem o "$$" que move a ação estatal -, o legislador compreendeu ser importante que os órgãos da administração pública, em todas as suas esferas, trabalhassem de forma a concretizar e efetivar de maneira satisfatória à aquisição e organização tributária em favor do estado, contrapartida aos contribuintes.

Inclusive, uma das modificações advindas da EC nº 42/03 é a competência do Senado para avaliar, periodicamente, o funcionamento do Sistema Tributário Nacional (art. 52, XV, CF/88), reforçando, assim, a ideia de uma ação integrada de todos os órgãos e esferas da administração pública com, inclusive, centros de informações comuns, visando celeridade e maior eficácia no controle dos processos tributários.

4.16 Da Administração Pública Indireta/ Descentralizada

O constituinte brasileiro, com o intuito de descentralizar, ou seja, tirar do centro da Administração Pública, a administração, por autonomia, de determinados setores, elencou formas pelas quais será formada a Administração Pública Indireta, sendo tal forma expressa no texto do art. 37, incisos XIX e XX, quais estabelecem a forma de criação e autorização, respectivamente, de autarquias, empresas estatais - daí suas espécies empresas públicas e sociedades de economia mista -, subsidiárias às estatais e, ainda, fundações, conforme podemos observar no texto constitucional:

> **XIX** – somente por lei específica poderá ser **cria**da **autarquia e autoriza**da a instituição de **empresa pública, de sociedade de economia mista e de fundação**, cabendo à **lei complementar**, neste **último caso, definir as áreas** de sua atuação;
>
> **XX** - depende de autorização legislativa, em cada caso, a criação de subsidiárias das entidades mencionadas no inciso anterior, assim como a participação de qualquer delas em empresa privada; (grifo nosso).

Do exposto, verifica-se que, quando estamos diante da necessidade de descentralizar serviços públicos, ou, até mesmo, por especialização, criar novas estruturas independentes para prestar a função pública, observaremos se essa pessoa será uma nova pessoa jurídica de direito público, ou, se porventura vai atuar com "pezinhos" no segundo setor (mercado), pois daí, precisaremos criar, ou melhor, autorizar como Estado, a criação de uma pessoa jurídica de direito privado que, em suas regras de atuação, precisará atentar à legislação civil.

Poderíamos exemplificar o Instituto Nacional do Seguro Social – INSS como sendo Administração Pública Indireta? Então, imaginemos que o Estado, a fim de "promover o reconhecimento de direito ao recebimento de benefícios administrados pela Previdência Social, assegurando agilidade, comodidade aos seus usuários e ampliação do controle social", cria uma autarquia, qual, por sua vez, será "vinculada ao Ministério da Previdência Social", mas independente, a fim de prestar um serviço voltado para o interesse coletivo, não da Administração Pública, que por sua vez, não terá poder hierárquico sobre determinada pessoa jurídica descentralizada de sua estrutura. (INSS, 2023).

Contudo, agora, imagine que o Estado pretende atuar na atividade econômica, gerando e/ou potencializando, por exemplo, atividades de exploração mineral, de modo a interferir diretamente na economia, inclusive podendo abrir seu capital para participação de particulares. Então, neste momento, precisamos resguardar, não apenas o Estado, mas sim, a propriedade privada, daqueles que, na livre iniciativa produzem para promoção individual e coletiva.

Quando estamos diante dessa situação, poderemos exemplificar a Petrobrás, que, por sua vez, é uma empresa estatal, classificada como sociedade de economia mista, cujas atividades centrais são "exploração e a produção de petróleo e gás natural são nossas atividades centrais", muito embora não deixe de atuar, também, em áreas capilares, como "Refino, Gás Natural, Geração de Energia Elétrica e Transporte e Comercialização". (PETROBRAS, 2023).

E a fim de compreendermos a necessidade de que, nestes casos, o Estado apenas autorize, mas não crie tal pessoa, eis que necessário dar a essa as responsabilidades e características de setor privado, portanto uma pessoa jurídica de direito privado, seguindo as linhas da legislação civil, visualizemos o quanto tais estatais sofrem influência externa, necessitando com isso, proteger tanto o setor público, quanto privado:

FONTE: https://petrobras.com.br/pt/quem-somos/perfil/publicos-de-interesse/

Quanto a criação de subsidiárias às estatais, sempre será necessária nova autorização legislativa? Vejamos. Muito se discutiu acerca da necessidade, ou não, no que toca ao exposto no inciso XX, qual seja, a real necessidade de autorização legislativa para criação de subsidiárias das estatais, como exemplo, da Liquigás, subsidiária da Petrobras. Todavia, já manifestou o STF, no sentido da desnecessidade quando, e daí infere requisito, a norma autorizadora da criação da estatal preveja à possibilidade de criação de subsidiárias, vejamos:

> [...] ***É dispensável a autorização legislativa para a criação de empresas subsidiárias, desde que haja previsão para esse fim na lei de instituição da empresa pública, sociedade de economia mista ou fundação matriz,*** tendo em vista que a lei criadora é também a medida autorizadora. [ADI 1.491 MC, rel. p/ o ac. min. Ricardo Lewandowski, j. 8-5-2014, P, DJE de 30-10-2014.] (grifo nosso).

Na mesma linha, o STF[10] já manifestou não violar o inciso XIX do art. 37, a legislação que, por sua vez, autorize à reestruturação de órgãos e entidades da administração pública descentralizada, uma vez que "o pronunciamento a que se refere o dispositivo sob enfoque, acerca de operações de cisão, fusão ou incorporação, por não apresentarem efeito vinculativo, não pode ser tido como violador da regra constitucional disciplinadora da instituição de entidade da administração indireta".

10. ADI 1.131, Rel. Min. Ilmar Galvão, DJ 25-10-02.

4.17 Das compras públicas e a necessária condução legal

A CRFB/88, em especial atenção ao princípio da legalidade, qual indica a adstrita necessidade de resguardar a administração consoante as normas que estabelecem requisitos legais de administração, não deixou de vincular o administrador no que toca à gestão do erário em realizar as compras à administração, indicando como regra o processo licitatório, qual, somente será ressalvado em casos especificados na legislação – art. 37, XXI.

Logo, "as obras, serviços, compras e alienações serão contratados mediante processo de licitação pública que assegure igualdade de condições a todos os concorrentes", sendo que a esses concorrentes, deverão ser estabelecidas iguais condições no que toca aos direitos e deveres, como, por exemplo, condições de entrega, mas, também, por parte da administração, de pagamento.

Outrossim, toda contratação se dará de forma a guardar "exigências de qualificação técnica e econômica indispensáveis à garantia do cumprimento das obrigações", sem que haja subjetividade na contratação, qual, havendo, poderá violar o princípio da impessoalidade e, naturalmente, moralidade da administração pública.

Mas quais seriam os casos em que a norma constitucional estabelece "ressalvas" ao processo licitatório? À luz da nova Lei de Licitações (Lei nº 14.133/2021), seriam situações que estejam ao encontro do exposto entre os artigos 74 e 75 da *lex*, respectivamente por inexigibilidade ou dispensa, a exemplo:

Art. 74. É inexigível a licitação quando inviável a competição, em especial nos casos de:

I - aquisição de materiais, de equipamentos ou de gêneros ou contratação de serviços que só possam ser fornecidos por produtor, empresa ou representante comercial exclusivos;

II - contratação de profissional do setor artístico, diretamente ou por meio de empresário exclusivo, desde que consagrado pela crítica especializada ou pela opinião pública; [...]

Art. 75. É dispensável a licitação:

I - para contratação que envolva valores inferiores a R$ 100.000,00 (cem mil reais), no caso de obras e serviços de engenharia ou de serviços de manutenção de veículos automotores;

II - para contratação que envolva valores inferiores a R$ 50.000,00 (cinquenta mil reais), no caso de outros serviços e compras;

III - para contratação que mantenha todas as condições definidas em edital de licitação realizada há menos de 1 (um) ano, quando se verificar que naquela licitação:

a) não surgiram licitantes interessados ou não foram apresentadas propostas válidas;

b) as propostas apresentadas consignaram preços manifestamente superiores aos praticados no mercado ou incompatíveis com os fixados pelos órgãos oficiais competentes; (grifo nosso).

Ao que se expõe, quando falamos em "licitação inexigível", eis que "fornecedora única", poderíamos concluir, a exemplo, um show de um artista famoso, vamos ver, Roberto Carlos, o que acha? Ou Anitta? Enfim, precisamos estar diante de algo que seja específico, que não existam formas de concorrência, eis que outro igual não há.

Outrossim, na Lei nº 13.303/16, que por sua vez "Dispõe sobre o estatuto jurídico da empresa pública, da sociedade de economia mista e de suas subsidiárias, no âmbito da União, dos Estados, do Distrito Federal e dos Municípios", poderemos encontrar tais exceções nos seus artigos 29 e 30, quais traremos apenas alguns pontos, a fim de clarividenciar, vejamos:

Art. 29. É dispensável a realização de licitação por empresas públicas e sociedades de economia mista:

I - para obras e serviços de engenharia de valor até R$ 100.000,00 (cem mil reais), desde que não se refiram a parcelas de uma mesma obra ou serviço ou ainda a obras e serviços de mesma natureza e no mesmo local que possam ser realizadas conjunta e concomitantemente;

II - para outros serviços e compras de valor até R$ 50.000,00 (cinquenta mil reais) e para alienações, nos casos previstos nesta Lei, desde que não se refiram a parcelas de um mesmo serviço, compra ou alienação de maior vulto que possa ser realizado de uma só vez; [...]

Art. 30. A contratação direta será feita quando houver inviabilidade de competição, em especial na hipótese de:

I - aquisição de materiais, equipamentos ou gêneros que só possam ser fornecidos por produtor, empresa ou representante comercial exclusivo;

II - contratação dos seguintes serviços técnicos especializados, com profissionais ou empresas de notória especialização, vedada a inexigibilidade para serviços de publicidade e divulgação:

a) estudos técnicos, planejamentos e projetos básicos ou executivos;

b) pareceres, perícias e avaliações em geral;

c) assessorias ou consultorias técnicas e auditorias financeiras ou tributárias;

d) fiscalização, supervisão ou gerenciamento de obras ou serviços;

e) patrocínio ou defesa de causas judiciais ou administrativas;

f) treinamento e aperfeiçoamento de pessoal;

g) restauração de obras de arte e bens de valor histórico. [...]

Além disso, importante consignar que, no que toca à licitação, é de se conceber pelo seguinte:

> ***é um procedimento que visa à satisfação do interesse público, pautando-se pelo princípio da isonomia.*** Está **voltada a um duplo objetivo**: o de ***proporcionar à administração a possibilidade de realizar o negócio mais vantajoso – o melhor negócio – e o de assegurar aos administrados a oportunidade de concorrerem, em igualdade de condições, à contratação pretendida pela administração.*** (...) Procedimento que visa à satisfação do interesse público, pautando-se pelo princípio da isonomia, a função da licitação é a de viabilizar, através da mais ampla disputa, envolvendo o maior número possível de agentes econômicos capacitados, a satisfação do interesse público. ***A competição visada pela licitação***, a instrumentar a seleção da proposta mais vantajosa para a administração, ***impõe-se seja desenrolada de modo que reste assegurada a igualdade (isonomia) de todos quantos pretendam acesso às contratações da administração.*** A conversão automática de permissões municipais em permissões intermunicipais afronta a igualdade – art. 5º –, bem assim o preceito veiculado pelo art. 175 da Constituição do Brasil. (...) Afronta ao princípio da isonomia, igualdade entre todos quantos pretendam acesso às contratações da administração. [ADI 2.716, rel. min. Eros Grau, j. 29-11-2007, P, DJE de 7-3-2008.]. (grifo nosso).

Além do exposto, no que toca às empresas estatais e suas subsidiárias, importante consignar dois pontos tônicos: primeiro que, desde 30.06.2016, estão, em especial regulamentação, obrigadas a licitar e contratar com base nas disposições da Lei nº 13.313/16. Segundo, que, para fins de contratação com o serviço público, importante que não haja relação de pessoalidade com as autoridades contratantes, a fim de não ferir basilares princípios que regem a administração pública, como da Impessoalidade e Moralidade, vejamos:

> A ***proibição de contratação com o Município dos parentes, afins ou consanguíneos, do prefeito, do vice-prefeito, dos vereadores e dos ocupantes de cargo em comissão ou função de confiança, bem como dos servidores e empregados públicos municipais, até seis meses após o fim do exercício das respectivas funções***, é norma que evidentemente homenageia os princípios da impessoalidade e da moralidade administrativa, prevenindo eventuais lesões ao interesse público e ao patrimônio do Município, sem restringir a competição entre os licitantes. (ARE 648.476 AgR, rel. min. Roberto Barroso, 1ª T, DJE de 30-6-2017). (grifo nosso).

4.18 Da publicidade dos atos de administração e participação do usuário do serviço público

O constituinte brasileiro, ao instrumentalizar o princípio da publicidade, como força motriz da participação popular em face da administração, o fez, sobretudo, com a responsabilidade de resguardar a inviolabilidade do princípio da impessoalidade, ou seja, da malversação da administração pública e do caráter despótico de governo.

A CRFB/88, em seu art. 37, §1º, observa que "A publicidade dos atos, programas, obras, serviços e campanhas dos órgãos públicos deverá ter caráter educativo, informativo ou de orientação social, dela **não podendo constar nomes, símbolos ou imagens que caracterizem promoção pessoal de autoridades ou servidores públicos**", expressando o quão importante em um Estado de Direito que se resguarde a administração da coisa pública do desvio de suas funções, quais precisam, sobretudo, observar os princípios basilares do Estado. (grifo nosso).

E ao encontro do que exposto, e a fim de exemplificar e contextualizar, vejamos o julgado do STF, junto da ADI nº 307/2008, qual, diante do inciso V do art. 20 da Constituição do Estado do Rio Grande do Sul, analisa a violação ao princípio da impessoalidade, por meio da "pessoalização" da Administração Pública ao utilizar o nome de pessoas vivas para contemplar homenagem pública:

> O inciso V do art. 20 da Constituição do Estado do Rio Grande do Sul veda ao Estado e aos Municípios ***atribuir nome de pessoa viva a avenida, praça, rua, logradouro, ponte, reservatório de água, viaduto, praça de esporte, biblioteca, hospital, maternidade, edifício público, auditórios, cidades e salas de aula. Não me parece inconstitucional***. O preceito visa a impedir o culto e a promoção pessoal de pessoas vivas, tenham ou não passagem pela administração. Cabe ressaltar que proibição similar é estipulada, no âmbito federal, pela Lei 6.454/1977." (ADI 307, voto do rel. min. Eros Grau, j. 13-2-2008, P, DJE de 1º-7-2009.). (grifo nosso).

Ainda, observemos que tais basilares e vinculantes princípios estão esculpidos no *caput* do art. 37 (CRFB/88) – já analisados -, indicando que a publicidade e a impessoalidade são inerentes à função desempenhada em um Estado Republicano, onde a coisa pública pertence ao público e não ao "soberano", que foi destituído dessa veste (absolutismo), justamente por indicar abusos no uso da coisa pública, da contribuição do povo que lhe empossava poderes.

Ser agente público ou político, é ser servidor do povo, portanto, nada mais ético, moral e legal que servir demonstrando as formas, meios e instrumentos pelos quais age em favor de todos (publicidade) e sem benefícios individuais e/ou pessoais (impessoalidade).

Mas haverá outras formas, senão pela publicização dos atos de administração que o usuário do serviço público poderá participar e obter informações acerca da administração? Sim, o constituinte, diante do §3º, incisos I, II e III, do art. 37, manifestou que norma regulamentadora específica, disciplinará a participação do usuário na administração, seja direta, seja indireta, quais, instrumentalizar-se-ão, consoante incisos, em "**reclamações relativas à prestação dos serviços públicos**", observada manutenção do serviço de atendimento e avaliações periódicas acerca da qualidade, bem como "**acesso dos usuários às informações sobre atos de governo, nos termos do art. 5º, X e XXXIII**[11]", **disciplinando**, ainda, **formas de representação em face de exercício negligente ou abusivo do agente público**. (Brasil, 1988) (grifo nosso).

Do exposto, verifica-se que o constituinte, ciente da dispersão do serviço público, a fim de alcançar o usuário, ou não, prestando de forma eficiente a coisa pública, deixou expressa necessidade de regulamentação da proteção e promoção do serviço público, o que, a nível federal poderemos ver regulamentado por meio da Lei nº 13.460/2017, qual "Dispõe sobre participação, proteção e defesa dos direitos do usuário dos serviços públicos da administração pública.", regulamentada, por sua vez, pelo Decreto nº 9.094/2017.

Ainda, observa-se, não menos importante, eis que regulamento constitucional, a Lei nº 12.527/2011, que por sua vez dispõe "sobre os procedimentos a

---

11. X - são invioláveis a intimidade, a vida privada, a honra e a imagem das pessoas, assegurado o direito a indenização pelo dano material ou moral decorrente de sua violação; XXXIII - todos têm direito a receber dos órgãos públicos informações de seu interesse particular, ou de interesse coletivo ou geral, que serão prestadas no prazo da lei, sob pena de responsabilidade, ressalvadas aquelas cujo sigilo seja imprescindível à segurança da sociedade e do Estado;

serem observados pela União, Estados, Distrito Federal e Municípios, com o fim de garantir o acesso a informações previsto no inciso XXXIII do art. 5º, no inciso II do § 3º do art. 37 e no § 2º do art. 216 da Constituição Federal".

Outrossim, e com fito de exemplificar, julgado do STF na ADI nº 2.416, reflete:

> O art. 14 da Lei 2.689/2001, que cria o Conselho de Administração e Fiscalização de Áreas Públicas Rurais Regularizadas – ***composto majoritariamente por pessoas não integrantes dos quadros do poder público –, é inconstitucional***, uma vez que transfere aos particulares com maior interesse no assunto o juízo de conveniência e oportunidade da alienação dos bens públicos, que é competência própria da administração pública. [ADI 2.416, rel. p/ o ac. min. Ricardo Lewandowski, j. 12-12-2012, P, DJE de 14-10-2013.]". (grifo nosso).

O julgado supracitado, ao analisarmos a aplicabilidade da participação popular na administração pública direta e indireta, nos deve ser muito claro, uma vez que, se formos, por exemplo, até a Prefeitura Municipal de nossa cidade, há grandes probabilidades de observarmos que os conselhos municipais, como de educação, saúde, cultural, estão, em sua grande parte, compostos por "estranhos" à administração, de modo a garantir que a comunidade seja ativa em participar das escolhas feitas da gestão pública, para gestão pública.

A CRFB/88, sem dúvidas, promoveu uma participação ativa dos sujeitos diante do Estado, indo de encontro à antiga visão de Estado intangível, de sujeitos passivos e persuadidos pela voz da administração distante e absolutista.

Os serviços públicos passaram a estar fiscalizados e orientados não mais apenas sob os olhos dos representantes do povo, mas sim, por meio do povo, diante de novos instrumentos de ação direta, como, por exemplo, o acesso à informação, a publicidade dos atos, ressalvadas as circunstâncias que denotem ao interesse público o seu sigilo.

A prestação dos serviços estatais não faz parte apenas do interesse da administração do estado, mas, sim, de um estado pleno, onde de quem emana o poder [povo] nascem as indicações e as normas de um estado republicano.

4.19 Dos atos de improbidade, penas aplicáveis e imprescritibilidade das ações de ressarcimento ao erário

A CRFB/88, ao tratar da Administração Pública como uma forma de efetiva e verdadeira gestão da coisa pública, não diferente, precisou instruir o estado para aplicabilidade de punições advindas da malversação da coisa pública, expressando junto ao §4º, do art. 37, que "Os **atos de improbidade** administrativa **importarão** a **suspensão dos direitos políticos, a perda da função pública, a indisponibilidade dos bens e o ressarcimento ao erário**, na forma e gradação previstas em lei, **sem prejuízo da ação penal cabível**." (grifo nosso), de forma a deixar clarividente que se o agente público cometer improbidade administrativa, tal gravame poderá ser punido de forma cumulativa, vejamos:

- **crime de responsabilidade** (politicamente – impeachment);
- **ressarcimento de valores ao erário** (civilmente);
- **penalmente** (nos termos do CP e normas extravagantes);
- **administrativamente** (violando estatuto que disciplina a conduta dos servidores do respectivo poder); e, ainda,
- **ficar inelegível** (justiça eleitoral).

Outrossim, consigna-se que a norma regulamentadora acerca do exposto constitucional será a Lei de Improbidade Administrativa – LIA, Lei nº 8.429/1992[12], que em seu art. 1º, já elenca que "O sistema de responsabilização por atos de improbidade administrativa tutelará a probidade na organização do Estado e no exercício de suas funções, como forma de assegurar a integridade do patrimônio público e social, nos termos desta Lei.", e mais, estabelece, ainda, em seu art. 2º, que para fins de aplicação da norma, considerar-se-á agente público "[...] o agente político, o servidor público e todo aquele que exerce, ainda que transitoriamente ou sem remuneração, por eleição, nomeação, designação, contratação ou qualquer outra forma de investidura ou vínculo, mandato, cargo, emprego ou função nas entidades referidas no art. 1º desta Lei.".

Mas para ser considerado ato de improbidade administrativa, necessário que haja "enriquecimento ilícito"? Não! O STF compreende que atos de improbidade vão além de "enriquecimento ilícito", ou seja, não precisam causar danos materiais efetivos à coisa pública, bastando que se demonstrem afronta aos princípios da administração pública:

> ***Atos de improbidade administrativa são*** aqueles que, ***possuindo natureza civil e devidamente tipificados*** em lei federal, ***ferem direta ou indiretamente os princípios constitucionais e legais da administração pública, independentemente de importarem enriquecimento ilícito ou de causarem prejuízo material ao erário***; podendo ser praticados

12. https://www.planalto.gov.br/ccivil_03/leis/l8429.htm

> tanto por servidores públicos (improbidade própria), quanto por particular – pessoa física ou jurídica – que induzir, concorrer ou se beneficiar do ato (improbidade imprópria). (AO 1.833, rel. min. Alexandre de Moraes, j. 10-4-2018, 1ª T) (grifo nosso).

Mas quando existem danos materiais efetivos, como, por exemplo, danos ao erário, com necessário ressarcimento, não havendo, por parte do estado efetividade na recuperação dos créditos, poderá prescrever direito ao ressarcimento público? Não! O §5º, do art. 37, expressa que "A **lei estabelecerá os prazos de prescrição para ilícitos praticados por qualquer agente**, servidor ou não, que causem prejuízos ao erário, **ressalvadas as** respectivas **ações de ressarcimento**.", ou seja, o constituinte, a fim de resguardar o erário, portanto, o dinheiro do contribuinte – qual presta a fim de que lhe seja ofertado a contrapartida estatal –, o reprimiu de forma mais tônica àquelas ações em que os agentes públicos, com vontade, portanto, com dolo, tenham locupletado da coisa pública, de modo que as ações para ver esse valor ressarcido ao caixa público, diferente das demais que terão regulamentados seus prazos, não terão risco de prescrição. (Brasil, 1988) (grifo nosso).

Todavia, atentemo-nos para quando expressamos "falta ao erário", pois não poderemos simplificar aos valores que estão apenas nos cofres da administração pública direta, desviados por agentes públicos a esta vinculados, como Prefeitos, Governadores, Secretários e demais agentes investidos, eis que, em se tratando de erário, mesmo que não seja um agente de fato da administração, basta que esteja usufruindo do dinheiro público que, ficando demonstrado o dolo, ou seja, o ânimo de desviar verba pública, estará diante de uma ação que será imprescritível para devolução de valores aos cofres públicos, vejamos:

> TCU. ***Bolsista do CNPq. Descumprimento da obrigação de retornar ao País após término da concessão de bolsa para estudo no exterior. Ressarcimento ao erário. Inocorrência de prescrição.*** Denegação da segurança. O beneficiário de bolsa de estudos no exterior patrocinada pelo poder público não pode alegar desconhecimento de obrigação constante no contrato por ele subscrito e nas normas do órgão provedor." Precedente: MS 24.519, rel. min. Eros Grau. ***Incidência, na espécie, do disposto no art. 37, § 5º, da CF, no tocante à alegada prescrição.*** (MS 26.210, rel. min. Ricardo Lewandowski, j. 4-9-2008). (grifo nosso).

4.20 Da responsabilidade objetiva da administração pública em reparar danos causados por seus agentes e da ação de regresso

A Administração Pública, direta ou indireta, ou seja, seja pessoa jurídica de direito público ou privado, mas que em atuação e prestação do serviço público, terá responsabilidade sobre os danos causados por seus agentes a terceiros, afinal de contas, está para servir, com eficiência, a coisa pública, de modo que precisa revestir-se e orientar-se em uma gestão baseada na proteção de quem emana o poder, o povo.

Mas apenas a administração pública responderá pelos danos, ou seus agentes também? Então, se analisarmos de forma bastante simples, compreenderemos que a administração pública seria inanimada se não fosse gerida por agentes, verdadeiros instrumentos da ação estatal, de modo que, a esses, quando comprovado dolo (intenção) ou culpa (sem intenção), pela ação ou omissão que gerou determinado dano, necessário que seja atribuída responsabilidade indireta, eis que a administração pública, repita-se, é força inanimada, não estaria a ferir terceiro em condição.

Diante disso, o constituinte, junto ao §6º, do art. 37, estabeleceu que a Administração Pública Direta e Indireta, quando na prestação dos serviços públicos, responderá "**pelos danos que seus agentes**, nessa qualidade, **causarem a terceiros**, **assegurado** o direito de **regresso contra o responsável** nos casos de **dolo ou culpa**.".

Como poderíamos exemplificar respectivo comando? Imaginemos o seguinte caso hipotético. Você paga seus impostos em dia, tudo certinho, e, quando sai para usufruir dos seus direitos como cidadão, acaba quebrando seu carro em uma grande cratera em frente a sua casa, que a Prefeitura, por meio do agente responsável pelas vias públicas, não arrumou e, sequer, sinalizou, tornando-se, portanto, omisso em sua prestação de agente da coisa pública.

Ocorre que o próprio dispositivo constitucional, ao reconhecer e ratificar que a coisa é pública, indica que o cofre público, portanto, você mesmo – sim, você que faz com que haja cofre público pelas vias dos impostos, logo, 1$ (um real) que entra ou que sai, é seu -, seja responsabilizado por isso, lhe retirando dinheiro para arcar com as custas da indenização, como se um "empréstimo fosse".

Todavia, como você não pode ficar arcando com a malversação do erário, manifesta-se que, quando observado quem foi o agente que, de fato, foi responsável por estar "aquela cratera", tal qual exemplo, sem, sequer, com uma sinalização, poderá o Estado, por essa omissão, agir de modo a comprovar, que por culpa ou dolo, deverá o último (agente autor do fato) ser responsabilizado e devolver aos cofres públicos (a você) os valores despendidos por sua ação/omissão danosa.

Por fim, importante analisar julgado do STF sobre um dos temas que mais é cobrado nessa área, que é a responsabilidade objetiva do Estado (aquela que não precisa demonstrar dolo ou culpa, apenas o fato que desencadeou o dano, ou seja, o nexo causal entre a ação ou omissão do Estado e o dano) quando do trabalho dos jornalistas que, sem sinalização de risco dos agentes de segurança – ou seja, medidas necessárias para resguardar o dano -, acabam por sofrer danos e violência durante seu trabalho:

> ***É objetiva a Responsabilidade Civil do Estado em relação a profissional da imprensa ferido por agentes policiais durante cobertura jornalística,*** em manifestações em que haja tumulto ou conflitos entre policiais e manifestantes. ***Cabe a excludente da responsabilidade da culpa exclusiva da vítima, nas hipóteses em que o profissional de imprensa descumprir ostensiva e clara advertência*** sobre acesso a áreas delimitadas, em que haja grave risco à sua integridade física. (RE 1.209.429, rel. Min. Marco Aurélio, red. do ac. Min. Alexandre de Moraes, j. 10-6-2021, Tema 1.055.)" (grifo nosso).

Na mesma linha do julgado supra, se ficar demonstrado que o Estado - no exemplo selecionado os agentes de segurança – observou e tomou todas as medidas necessárias para precaver que o dano não ocorresse, há possibilidade de que o Estado fique isento de responsabilização por culpa exclusiva do sujeito "se dizente" ofendido.

4.21 Da readaptação do servidor público a cargo em atribuições compatíveis à limitação sofrida

O constituinte, a fim de tornar eficiente a administração pública, bem como, resguardar os direitos adquiridos pelos servidores públicos efetivos, previu à possibilidade de, quando necessário, advindo de moléstia que interfira em sua capacidade física ou mental, readaptar o servidor para outro cargo, cujas atribuições e responsabilidades sejam compatíveis com a limitação que tenha sofrido, enquanto assim encontrar, claro.

Todavia, a fim de resguardar a administração pública e o servidor, para que haja readaptação, necessário que o cargo para o qual está sendo direcionado em readaptação, seja compatível não apenas à moléstia que lhe impede continue em seu cargo de origem, mas sim, seja mantida sua remuneração – se ganha 10mil reais, permanecerá em 10mil reais, sendo o cargo de readaptação 09mil reais ou 11mil reais -, seja cargo que o nível de escolaridade e habilitação técnica sejam compatíveis com o seu de origem, portanto, não poderá ser remanejado a um cargo que exija nível superior e habilitação profissional que não condizentes com o seu de origem.

Vamos pensar um caso hipotético? Vamos de historinha então... Benhurzinho, estudante de direito no 9º semestre, cuja profissão está vigilante noturno na Prefeitura de Tão-Tão Distante, certo dia, em casa, após fazer o curso do Ceisc para OAB, contando as horas para o resultado do exame de segunda fase, observa que logrou êxito, sendo aprovado em exame de ordem. Primeira coisa que Benhurzinho faz é ligar para todos os seus familiares e convidar para um churrasco. Chegada toda família para comemoração, Benhurzinho, não satisfeito, busca fogos de artifício que tinha há muito separado para este momento. Os primeiros fogos foram estourados com sucesso, porém, na última carga, Benhurzinho erra e os estoura ao contrário, acertando suas mãos, perdendo praticamente todos os dedos e, também, pelo estouro, estourando seu tímpano e ficando parcialmente surdo.

Veja, Benhurzinho era vigilante noturno na Prefeitura de Tão-Tão Distante, de modo que, suas funções de origem exigiam fazer ronda noturna, utilizar arma de fogo se necessário e, claro, ter boa audição. Tudo isso ficou impossível em sua situação atual após acidente com os fogos.

O município de Tão-Tão Distante poderá agora, em vista da aprovação de Benhurzinho, colocá-lo para atuar como consultor jurídico do Município, ganhando, inclusive o que ganha um consultor jurídico de carreira, que gira em torno de 30% a mais que vigilante noturno? Claro que não!

Primeiro, porque não há semelhanças entre as funções de origem vigilante e consultor;

Segundo, conforme observado, Benhurzinho ficou com as mãos danificadas, de modo que o serviço de consultoria demanda utilização das mãos para redigir textos jurídicos;

Terceiro, não possui, ainda, habilitação e escolaridade necessárias ao desempenho das funções de consultor; e

Quarto, mesmo que cumprisse os demais requisitos para readaptação, sua remuneração será a de origem, ou seja, para a qual prestou o concurso, não sendo legitimado enriquecimento ilícito pelo readaptado ou, se no de origem ganhava a maior, pela administração.

4.22 Do servidor público no exercício de mandado eletivo

O constituinte, ao expectar daquelas situações em que o servidor público concorra a cargos de natureza eletiva, precisou criar limites, ou melhor dizendo barreira constitucional, a fim de que quando

CONSTITUCIONAL

diante do desempenho de funções eletivas, advindas do cargo eletivo qual tenha sido investido por meio de eleição popular, o agente público desempenhe uma ou outra função, ou seja, sua originária como servidor público, ou, a advinda do pleito de natureza eletiva, haja vista incompatibilidade em sua acumulação, e para esses indicou:

> **Art. 38. Ao servidor público** da **administração direta, autárquica e fundacional**, no exercício de mandato eletivo, **aplicam-se as seguintes disposições**:
>
> **I** - tratando-se de mandato **eletivo federal, estadual ou distrital**, ficará **afastado** de seu cargo, emprego ou função;
>
> **II** - investido no mandato de **Prefeito,** será **afastado** do cargo, emprego ou função, sendo-lhe **facultado optar pela sua remuneração**;
>
> **III** - investido no mandato de **Vereador, havendo compatibilidade** de horários, **perceberá as vantagens de seu cargo, emprego ou função, sem prejuízo da remuneração do cargo eletivo**, e, **não havendo** compatibilidade, **será aplicada a norma do inciso anterior**;
>
> **IV - em qualquer caso que exija o afastamento** para o exercício de mandato eletivo, seu **tempo de serviço será contado** para todos os efeitos legais, **exceto para promoção por merecimento**;
>
> **V** - na hipótese de ser **segurado de regime próprio** de previdência social, **permanecerá filiado a esse regime**, no ente federativo de origem. (grifo nosso).

Ocorre que, conforme se denota do texto constitucional, nos casos dos cargos eletivos de vereador, que havendo compatibilidade de horários poderá perceber tanto a remuneração de seu cargo público quanto o subsídio como vereador, ficando segurado ao RPPS do cargo de origem para fins previdenciário, os demais precisarão, em sua totalidade, afastar do cargo público, sendo, tão somente ao Prefeito facultado perceber o subsídio de Prefeito ou a remuneração do cargo de origem, ficando, contudo, e serve também para os de natureza estadual, distrital e federal, vinculado ao regime próprio de previdência para fins de contabilização de tempo de serviço, não contando, claro, para fins de promoção por merecimento, cujo requisito se dá pelo exercício da função, que não é o caso dos afastados.

Em suma, consolidemos que:

CARGO ELETIVO	AFASTAMENTO	REGIME	REMUNERAÇÃO
Prefeito	Sim	Permanece RPPS	Servidor ou Eletivo
Vereador	Talvez	Permanece RPPS	Servidor e Eletivo
Deputado Estadual	Sim	Permanece RPPS	Eletivo
Deputado Federal	Sim	Permanece RPPS	Eletivo
Deputado Distrital	Sim	Permanece RPPS	Eletivo
Senador	Sim	Permanece RPPS	Eletivo

4.23 Do padrão de vencimentos e sistema remuneratório dos servidores públicos civis

O constituinte brasileiro, ao estipular base de organização à administração pública que seja condizente com preceitos constitucionais, em especial às garantias constitucionais, estabeleceu uma "régua" constitucional pela qual há de partir o legislador infraconstitucional ao estabelecer índices remuneratórios, destacando, com isso, em texto constitucional, que, para fixação dos padrões de vencimentos e demais componentes do sistema remuneratório dos servidores públicos, necessário sejam observados, cargo a cargo, a "**natureza**, o **grau de responsabilidade** e a **complexidade** dos cargos componentes **de cada carreira**; os **requisitos para a investidura**; e as **peculiaridades dos cargos**." (art. 39, §1º, da CRFB/88), ou seja, verificar aquilo que justificará, claramente, à possibilidade de distinção remuneratória. (grifo nosso).

Outrossim, e a fim de exemplificar, o que o constituinte nos quer observar, para compor o sistema remuneratório, é o seguinte:

→ **vais criar cargos e funções?** Se a resposta for positiva, segue;

→ **eles desempenharão funções diferentes?** Se a resposta for positiva, segue;

→ **a fim de facilitar, quais são os cargos?** "técnico administrativo e magistrado!" – segue;

→ **o técnico administrativo e o magistrado contêm em suas funções o mesmo grau de responsabilidade e complexidade?** Neste caso, se a resposta for negativa, segue;

→ **para me tornar técnico administrativo eu passos pelos mesmos níveis e quantidades de**

etapas em um concurso público? Se a resposta ainda for negativa, segue;

→ **as peculiaridades, ou seja, as questões enfrentadas por cada um desses cargos são as mesmas?** Se a resposta for negativa, também, segue;

→ **você compreende que ambos cumprem, desde o processo preparatório à carreira etapas bem distintas, até mesmo nos estudos e seu direcionamento?** Se a resposta for negativa, você compreendeu muito bem o texto constitucional!

Ainda, a fim de corroborar, importante observar a Súmula Vinculante nº 37 do STF, qual dispõe que "Não cabe ao Poder Judiciário, que não tem função legislativa, aumentar vencimentos de servidores públicos sob o fundamento de isonomia;", ou seja, terá, sim, dentro da sua independência, o poder de propor iniciativa, porém, nosso ordenamento jurídico constitucional vincula que, para tais alterações, imprescindível que a função típica do legislativo esteja em voga.

4.24 Da remuneração exclusiva via subsídio e da vedação da incorporação de vantagens de caráter temporário

A CRFB/88 estabeleceu, ao tratar acerca da remuneração dos agentes públicos, que "O **membro de Poder**, o detentor **de mandato eletivo**, os **Ministros de Estado** e os **Secretários Estaduais e Municipais serão remunerados exclusivamente por subsídio**", fixados, esses, em parcela única, sendo vedado qualquer forma de acréscimo, tais como "**gratificação, adicional, abono, prêmio, verba de representação ou outra espécie remuneratória**", devendo, ainda, mesmo que em parcela única, serem observadas iniciativas acerca de propostas legislativas dos poderes quais submetem os respectivos agentes, bem como, o teto constitucional, ambos dispostos no art. 37, X e XI. (Brasil, 1988) (grifo nosso).

Além disso, observa-se que, quando estamos diante desses cargos que, por sua vez, estão nos ditamos constitucionais voltados à percepção remuneratória pelas vias do subsídio, fixemos que terão parcela única de recebimento, ou seja, se o subsídio é R$36mil reais, será R$36mil, não R$36mil reais mais R$2mil reais por participação em comissão por exemplo, quando esta função estiver dentre suas funções originárias.

Contudo, necessário, e até mesmo ao encontro no exposto no §3º[13], do art. 39, da CRFB/88, que, quando estivermos diante daquelas situações em que, pela excepcionalidade exija-se natureza indenizatória, que seja o agente "extra remunerado", por exemplo: imagine você que está nas atribuições de vereadora ou vereador em um município e que pretende trabalhar o aprimoramento das técnicas legislativas, a fim de melhor empreender no processo legislativo local. Contudo, sua cidade é pequena, e os cursos para tanto estão longe, apenas na capital, nada mais justo que, para esses cursos de aperfeiçoamento, você alcance, em caráter indenizatório, as verbas despendidas para os cursos, afinal de contas, você os está buscando para aperfeiçoar sua função pública, logo, melhorar a entrega pública.

Outrossim, ainda, imagine um agente público que seja removido para outro local, como é o caso mais comum entre magistrados, promotores, delegados, policiais etc.; ou seja, quando estivermos diante do gozo de direitos sociais, mesmo estando na seara dos subsidiados, essa parcela deverá ser somada, sob pena de desvinculação de garantias expressas ao trabalhador que, no caso do que percebe por subsídio a diferença está na forma, não na essência de desempenho profissional.

Mas, àqueles agentes que contam com acesso às vantagens de caráter temporário, como é o caso do servidor público efetivo que percebe vantagens pelo exercício de funções de direção, chefia ou assessoramento, esses, porventura, com tempo, terão tais vantagens incorporadas à remuneração? Não! Consoante art. 39, §9º, da CRFB/88, "É vedada a incorporação de vantagens de caráter temporário ou vinculadas ao exercício de função de confiança ou de cargo em comissão à remuneração do cargo efetivo", eis que, a fim de gerar equilíbrio financeiro à administração, serão dispostas apenas enquanto o agente estiver no desempenho das respectivas funções, haja vista sua transitoriedade.

4.25 Dos servidores públicos

4.25.1. Do regime próprio contributivo e solidário dos servidores efetivos

A CRFB/88 a partir do seu art. 40, inaugura a seção que dispõe acerca dos servidores públicos, servindo, de igual forma, como base constitucional

13. "§ 3º Aplica-se aos servidores ocupantes de cargo público o disposto no art. 7º, IV, VII, VIII, IX, XII, XIII, XV, XVI, XVII, XVIII, XIX, XX, XXII e XXX, podendo a lei estabelecer requisitos diferenciados de admissão quando a natureza do cargo o exigir." (Brasil, 1988).

para organização de descriminação infraconstitucional pelos demais entes federados ao instituir seus regimes próprios – aqui, vejamos, que o constituinte impõe a necessidade de ser instituído um regime próprio -, fim de garantir as bases fundamentais que, neste, estão assegurando seu comando, quais sejam "os ***valores sociais do trabalho*** e da livre iniciativa, previsto no art. 1º, IV a CRFB/88 e o objetivo fundamental de se "construir uma sociedade livre, justa e ***solidária***;" também no Titulo I da CRFB/88, art. 3º, I.

Outrossim, o constituinte brasileiro, ao tratar acerca regime próprio de previdência social – RPPS - deixa claro que os servidores, sejam da ativa, aposentados ou pensionista, colaborarão de forma conjunta para manutenção do respectivo sistema de previdência, eis que necessário observar diante do RPPS os processos de sustentabilidade intergeracionais, a fim de que aqueles que produziram para ampliação de vagas, também o recebam em seu descanso e sucessivamente, por isso no sentido de solidariedade, vinculados, claro, aqueles que desfrutam do mesmo.

A fim de corroborar com nossos estudos, observemos julgados do STF neste sentido:

> **O sistema público de previdência social é fundamentado no princípio da solidariedade (art. 3º, I, da Constituição do Brasil/1988),** contribuindo os ativos para financiar os benefícios pagos aos inativos. Se todos, inclusive inativos e pensionistas, estão sujeitos ao pagamento das contribuições, bem como aos aumentos de suas alíquotas, seria flagrante a afronta ao princípio da isonomia se o legislador distinguisse, entre os beneficiários, alguns mais e outros menos privilegiados, eis que todos contribuem, conforme as mesmas regras, para financiar o sistema. [...] [RE 450.855 AgR, rel. min. Eros Grau, j. 23-8-2005, 1ª T, DJ de 9-12-2005.] (grifo nosso).

Ainda, e por fim, a fim de corroborar com o exposto, colacionamos doutrina que indica a importância e real significado do texto constitucional expor tal proteção aos servidores públicos:

> Como regra geral, a ***inclusão dos trabalhadores nos regimes previdenciários é compulsória, imposição constitucionalmente prevista no art. 201 da Carta republicana***. A partir de quando a sociedade passou a exigir do Estado a tomada de medidas concretas, ***destinadas a garantir os direitos fundamentais de segunda dimensão***, mormente a organização de um sistema estatal ***tendente a reduzir as consequências dos riscos sociais***, a obrigatoriedade de participação financeira dos trabalhadores foi uma imposição lógica. ***Independentemente do sistema de financiamento adotado*** – capitalização ou repartição e suas combinações –, ***os seguros sociais acarretam sacrifícios individuais, mais ou menos intensos, no potencial de consumo de cada trabalhador*** [...] ***Os servidores públicos também não têm liberdade de optar por se filiarem ou não aos regimes próprios***, pois além dos preceitos constitucionais específicos, também passaram a ser aplicáveis, subsidiariamente, os requisitos e critérios fixados para o regime geral – o qual ampara os trabalhadores da iniciativa privada (art. 201 da CR, disciplinado pela Lei n. 8.213/91) – consoante preconiza o § 12 do artigo em foco, acrescido pela Emenda Constitucional n. 20/98. (Canotilho *et al*, 2018, n.p.). (grifo nosso).

4.25.2 Da aposentadoria dos servidores públicos, formas de concessão e proventos

O constituinte brasileiro, ao dispor acerca do direito de aposentadoria dos servidores públicos, estabeleceu que os servidores abrangidos pelo RPPS, **poderão ser aposentados**, em regra, em duas formas, quais sejam: **por incapacidade permanente para o trabalho ou, compulsoriamente**, ao atingir a idade de 70 anos de idade com proventos proporcionais, ou, na forma de lei complementar do respectivo ente federados, aos 75 anos de idade. (art. 40, §1º, I e II, da CRFB/88).

Nos casos em que a aposentadoria se dê por incapacidade permanente, necessário que tenha sido observado, antes, à possibilidade, ou não, de readaptação, ficando vinculado servidor e administração na realização periódica de avaliações para constatar se os motivos que ensejaram a incapacidade para o labor permanecem; logo, dada peculiaridade do estado de saúde, físico ou mental, o servidor não consiga ser readaptado ou voltar às funções de origem.

Outrossim, importante considerar e constatar que a incapacidade permanente poderá ser impressa também como "aposentadoria compulsória por incapacidade real", sendo considerada "benefício devido ao servidor público que tem a sua capacidade laboral totalmente comprometida por fatores patológicos.", ou seja, ratificando que esteja plenamente incapaz de aproveitamento em outra função, eis que, daí, reforçamos, voltaríamos ao modelo de readaptação elencado no art. 37, §13, da CRFB/88. (Canotilho *et al*, 2018).

Já, quando estamos nos referindo aos casos em que a aposentadoria se dá pela idade, embora a CRFB/88 expresse como limite constitucional para o labor diante da administração pública, inicialmente, 70 anos de idade, haja vista reconhecer, neste primeiro texto, que a capacidade de labor poderá restar comprometida a partir de então, quando da EC nº 88/2015, qual passou a prever, neste primeiro momento a um público especifico[14], verificasse à possibilidade de que ocorresse a compulsoriedade apenas aos 75 anos de idade, o que restou estabilizado e organizado a partir da Lei Complementar nº 152/2015, qual estabeleceu que:

> Art. 2º **Serão aposentados compulsoriamente**, com proventos proporcionais ao tempo de contribuição, **aos 75** (setenta e cinco) anos de idade:
>
> I - os **servidores titulares de cargos efetivos** da União, dos Estados, do Distrito Federal e dos Municípios, incluídas suas autarquias e fundações;
>
> II - os **membros do Poder Judiciário**;
>
> III - os **membros do Ministério Público**;
>
> IV - os **membros das Defensorias Públicas**;
>
> V - os **membros dos Tribunais e dos Conselhos de Contas**.

Parágrafo único. Aos servidores do Serviço Exterior Brasileiro, regidos pela Lei nº 11.440, de 29 de dezembro de 2006, o disposto neste artigo será aplicado progressivamente à razão de 1 (um) ano adicional de limite para aposentadoria compulsória ao fim de cada 2 (dois) anos, a partir da vigência desta Lei Complementar, até o limite de 75 (setenta e cinco) anos previsto no caput. (BRASIL, 2015) (grifo nosso).

Ao que se percebe, a LC nº 152/2015 solucionou os "problemas" que se tinha sobre aplicabilidade da aposentadoria compulsória aos servidores públicos em geral aos 75 anos, ou não.

No que toca à remuneração, dar-se-á, como regra, em caráter proporcional, eis que contabilizado o tempo de prestação de serviços, bem como de contribuição ao RPPS para fins de equilíbrio econômico e social.

Mas, quando estivermos diante dos demais casos, aqueles em que não esperam idade compulsória para aposentar e querem o fazer assim que atingir a idade permitida, quais serão os limites constitucionais impostos e os proventos advindos desta aposentadoria? "**no âmbito da União, aos 62** (sessenta e dois) anos de idade, se **mulher**, e **aos 65** (sessenta e cinco) anos de idade, se **homem**, e, **no âmbito dos E**stados, do **D**istrito Federal e dos **M**unicípios, **na idade** mínima **estabelecida mediante emenda às respectivas Constituições e Leis Orgânicas**, observados o tempo de contribuição e os demais requisitos estabelecidos em lei complementar do respectivo ente federativo", sendo que os proventos de aposentadoria não poderão ser inferiores ao salário mínimo nacional - hoje, em torno de R$ 1.302,00 -, nem superiores ao limite máximo estabelecido àqueles segurados em **R**egime **G**eral de **P**revidência **S**ocial – RGPS - que está, hoje, em torno de R$ 7.507,49 -, cujas "regras para cálculo de proventos de aposentadoria serão disciplinadas em lei do respectivo ente federativo". (art. 40, §§ 1º, 2º e 3º, da CRFB/88).

Todavia, pode lhe surgir a seguinte dúvida: existem exceções à regra de compulsória aos 75 anos de idade e facultativa, mulher aos 62 e homens aos 65 anos de idade?

Sim! Estarão tais exceções previstas nos §§ 4º, 4º-A, 4º-B, 4º-C e 5º, ambos do art. 40, quais, respectivamente, observam que:

> **§ 4º É vedada a adoção de requisitos ou critérios diferenciados para concessão de benefícios** em regime próprio de previdência social, **ressalvado** o disposto nos §§ 4º-A, 4º-B, 4º-C e 5º.
>
> **§ 4º-A. Poderão ser estabelecidos por lei complementar do respectivo ente federativo idade e tempo de contribuição diferenciados para aposentadoria de servidores com deficiência**, previamente submetidos a avaliação biopsicossocial realizada por equipe multiprofissional e interdisciplinar.
>
> **§ 4º-B.** Poderão ser estabelecidos por lei complementar do respectivo ente federativo **idade e tempo de contribuição diferenciados para aposentadoria de ocupantes do cargo de agente penitenciário**, de agente socioeducativo ou de policial dos órgãos de que tratam o inciso IV do caput do art. 51, o inciso XIII do caput do art. 52 e os incisos I a IV do caput do art. 144.
>
> **§ 4º-C.** Poderão ser estabelecidos por lei complementar do respectivo ente federativo **idade e tempo de contribuição diferenciados para aposentadoria de servidores cujas atividades sejam exercidas com efetiva exposição a agentes químicos, físicos e biológicos prejudiciais à saúde, ou associação desses agentes**, vedada a caracterização por categoria profissional ou ocupação.
>
> **§ 5º** Os **ocupantes do cargo de professor terão idade mínima reduzida em 5 (cinco) anos** em relação às idades decorrentes da aplicação do disposto no inciso III do § 1º, **desde que comprovem tempo de efetivo exercício das funções de magistério na educação infantil e no ensino fundamental e médio** fixado em lei complementar do respectivo ente federativo. (Brasil, 1988) (grifo nosso).

Do exposto, cumpre observar que o constituinte foi taxativo ao expressar que não haverão regras diversas para fins previdenciários, que não as elencadas na própria constituição, servindo como exceção as que, de igual forma elencadas, apresentam-se, a fim de gerar equidade por conta das circunstâncias nestes casos apresentadas.

14. Ministros do STF e dos Tribunais Superiores e Ministros do TCU (art. 100 do ADCT).

No que toca ao §4º-A, insta realizar remissão constitucional que nos demonstrará a forma de materialização neste espaço pelo constituinte, eis que tem o presente parágrafo o condão justo de reescrever art. 3º, IV, da CRFB/99, eis que ao encontro de "promover o bem de todos, sem preconceitos de origem, raça, sexo, cor, idade e quaisquer outras formas de discriminação;", bem como recordar que consoante art. 5º, *caput*, da CRFB/88, "Todos são iguais perante a lei...;", sendo necessário assegurar que, com base no art. 7º, XXXI, haja "proibição de qualquer discriminação no tocante a salário e critérios de admissão do trabalhador portador de deficiência;"(CRFB/88).

Outrossim, nos demais casos previstos no texto superior acerca dos tratamentos diferenciados para fins de concessão de aposentadoria, embora não tragam analogia ao caso das pessoas com deficiência, de igual maneira encontram dentro de suas correspondentes situações a necessidade de uma igualdade material por parte do Estado, a fim de que os meios correspondam aos fins, qual seja, de que todos terão, mesmo diante de suas adversidades ou peculiaridades no exercício do trabalho, reconhecimento e contrapartida estatal.

Em suma, nos casos do §5º, observe que:

→ Professora idade mínima de 57 anos;

→ Professor idade mínima de 60 anos.

No que toca aos proventos de aposentadoria, seria possível que se cumulassem, ou seja, que seja percebido pela mesma pessoa proventos advindos de duas aposentadorias?

Não! Consoante §6º, do art. 40, da CRFB/88, "**Ressalvadas as aposentadorias decorrentes dos cargos acumuláveis na forma desta Constituição**, é **vedada a percepção de mais de uma aposentadoria**" advindas do RPPS, bem como, "outras vedações, regras e condições para a acumulação de benefícios previdenciários estabelecidas" pelo RGPS; ou seja, deve ficar claro que, à exceção, estaremos diante daqueles casos cumuláveis do art. 37, XVI, CRFB/1988, e, ainda, que não haja outras vedações estipuladas pelo regime geral da previdência para concessão de benefícios duplos, o que deverá, também, estar vedado no regime próprio. (Brasil, 1988) (grifo nosso).

Além disso, necessário observar que, quando estivermos diante das exceções constitucionais que permitem pela cumulatividade de benefícios advindos de dupla aposentadoria, que esses proventos ficam vinculados ao teto constitucional previsto no art. 37, XI, da CRFB/88 (art. 40, §7º, da CRFB/88), de modo que precisaremos observar de forma clara como proceder à previsão constitucional quando estamos diante daqueles passíveis de cumulação, cuja exemplificação poderá nos auxiliares, vejamos:

- **Aposentadoria + aposentadoria;**
- **Aposentadoria + salário de empregado público;**
- **Aposentadoria + remuneração em cargo cumulável** [professor por exemplo];
- **Aposentadoria + cargo em comissão;**
- **Aposentadoria + cargo eletivo** [vereador por exemplo];
- **Aposentadoria + pensão.**

▪ Da estabilidade e perda do cargo do servidor público

O constituinte brasileiro, ao dispor acerca da estabilidade do servidor público, elegeu que serão estáveis no serviço público após três anos de efetivo exercício aqueles nomeados após concurso público de provas ou provas e títulos (art. 41, *caput*, da CRFB/88).

Mas estabilidade e vitaliciedade são a mesma coisa? Não, jamais! O servidor público terá estabilidade e, quem terá vitaliciedade serão, por exemplo, aqueles que estão tratados pela constituição como "órgãos" de Estado, que é o caso dos juízes, que após 02 anos em entrância na magistratura adquirem (art. 95, I, CRFB/88). Mas, ainda, outro cuidado: não confunda o prazo de 02 anos da entrância da magistratura, com os 02 anos que era o prazo anterior para adquirir, o servidor público, estabilidade, o que, desde a EC nº 19/1998, restou alterado para 03 anos.

Alguns pontos que são muito relevantes considerar e observar em julgados do STF são os seguintes: "***Defensor público estadual: garantias e prerrogativas.*** (...) ***O prazo trienal para aquisição de estabilidade no cargo,*** fixado pela EC 19/1998, ***é aplicável indistintamente a todos os servidores públicos.***" (ADI 230, rel. min. Cármen Lúcia, DJE de 30-10-2014); ou seja, apenas nos casos expressamente consignados na constituição que o prazo para configurar estabilidade não será de 03 anos conforme o *caput* do art. 41.

Ainda, importante consignar que aquele servidor estável que tenha sido aprovado e chamado em novo concurso, terá, segundo STF, direito de regresso, vejamos:

> O direito de o servidor, aprovado em concurso público, estável, que presta novo concurso e, aprovado, é nomeado para cargo outro, retornar ao cargo anterior ***ocorre enquanto estiver sendo submetido ao estágio probatório no novo cargo:***

> Lei 8.112/1990, art. 20, § 2º. ***É que, enquanto não confirmado no estágio do novo cargo, não estará extinta a situação anterior.*** [MS 24.543, rel. min. Carlos Velloso, j. 21-8-2003, P, DJ de 12-9-2003.] (grifo nosso).

E este servidor público estável, poderá perder seu cargo? Sim! Vejamos:

> **§ 1º** O servidor público **estável só perderá** o cargo:
>
> **I** - em virtude de **sentença judicial transitada em julgado**;
>
> **II** - mediante **processo administrativo** em que lhe **seja assegurada ampla defesa**;
>
> **III** - mediante **procedimento de avaliação periódica de desempenho**, na forma de lei complementar, **assegurada ampla defesa**.
>
> **§ 2º Invalidada por sentença judicial a demissão** do servidor estável, **será ele reintegrado**, e **o eventual ocupante da vaga**, se **estável**, **reconduzido ao cargo de origem**, sem direito a indenização, **aproveitado em outro cargo ou posto em disponibilidade** com remuneração proporcional ao tempo de serviço. (Brasil, 1988) (grifo nosso).

Consoante §§ 1º e 2º, do art. 41, da CRFB/88, lhe proponho o seguinte: imaginemos que os requisitos eletivos para que haja a perda do cargo por parte do servidor que cumpriu os requisitos da efetividade não sejam simples, justamente porque o processo de concurso já estabelece como requisito que, aquele que enfrentar as etapas e transformar servidor público, terá garantias constitucionais, portanto, direitos adquiridos.

Porém, por vezes, e por motivos diversos, acabam não atuando em contrapartida à Administração Pública, de modo que precisamos, também, dar segurança jurídica ao Estado – a nós como contribuintes deste Estado –. Neste caso, teremos as possibilidades de que o servidor sofra um processo administrativo disciplinar e se chegue à conclusão de que deverá ser aplicada a pena de demissão, eis que a conduta do agente foi, por demais grave.

Também, isso poderá acontecer quando o Estado, a fim de verificar se o servidor continua sendo efetivo em suas funções, percebe, por meio de avaliação periódica que não, que não dispõe mais das mesmas habilidades ou até mesmo capacidades técnicas passíveis de manutenção em cargo, aplicando-lhe a sanção de exoneração.

Do exposto, observamos os casos em que a própria administração pública, por meio de sua função atípica de julgar, decidiu pela demissão ou exoneração. Ocorre que, nesses casos, nós poderemos ter, ainda, um controle externo, que é o do poder judiciário, que por sua vez, poderá manter a decisão administrativa sem controle externo que indique vícios de legalidade ou, por sua vez, observar, por exemplo, que não foi garantido ao servidor a ampla defesa nos processos administrativos, desconstituindo, assim, a decisão administrativa que gerou a demissão do servidor.

Neste caso, teremos, então, a materialização do §2º do art. 41, pois invalidada a decisão administrativa pela judicial, o servidor outrora despedido injustamente, será reintegrado ao seu cargo de origem, e, aquele que o estava substituindo em disponibilidade se o seu cargo de origem estiver ocupado, ou, não estando ocupado, voltando ao de origem sem qualquer indenização, uma vez que o "afetado" foi o servidor que original e ilegalmente foi retirado do seu cargo.

Mas, uma outra dúvida lhes pode surgir neste ponto. Sou servidor, adquiri estabilidade e agora declararam extinto o meu caro ou declararam ele desnecessário, serei exonerado? Não! Mas cuidado, tens que ter adquirido a estabilidade, que daí, ficarás, em um desses casos ocorrendo, em disponibilidade, com remuneração proporcional ao tempo de serviço, até que lhe adequem em outro cargo (art. 41, §3º, da CRFB/88).

DIREITO ADMINISTRATIVO

Franciele Kuhl

Matheus De Gregori

Ariel Rocha Zvoziak

Sumário:

1. CONCEITO E ORIGEM DO DIREITO ADMINISTRATIVO

Franciele Kuhl

Como um ramo autônomo, o direito administrativo **nasceu no final do século XVIII e início do século XIX**, isso não significa que ele não existia antes, pois já fazia parte do *jus civile* (direito romano). O direito administrativo nasceu juntamente com o direito constitucional e outros ramos do direito público a partir do momento que começou a ser desenvolvido o conceito de Estado de Direito, na fase do Estado Moderno, estruturado sobre o princípio da legalidade e sobre o princípio da separação dos poderes (DI PIETRO, 2019, p. 01-02), Princípio da Tripartição dos Poderes de Montesquieu. Direito Administrativo nasceu das Revoluções que acabaram com o velho regime absolutista da Idade Média (DI PIETRO, 2022, p. 33).

Os Estados eram governados por soberanos, os quais ditavam as regras e também julgavam a partir das suas próprias regras. A partir do século XVI e XVII, pensamentos de limitação de poder advindos de John Locke e Montesquieu, surgem novas ideias de limitação àqueles que exercem o poder.

O direito administrativo é um ramo recente, pertence ao **direito público**. O direito é dividido em dois grandes ramos, direito público e privado. A natureza jurídica do direito público é regular os interesses da sociedade como todo, disciplinando as relações entre sociedade e o Estado e a relação entre entidades e órgãos estatais. Uma característica marcante do direito público é a desigualdade de relações, prevalecendo o interesse público sobre os interesses privados. Já o direito privado tem a função de regular os interesses particulares.

São de direito público os seguintes ramos: direito administrativo, direito constitucional, direito tributário, processo penal, direito penal, direito eleitoral, direito ambiental, direito econômico, direito financeiro, direito internacional, processo civil e processo do trabalho. Veja, o direito civil, direito empresarial e direito do trabalho são ramos do direito privado.

Conceito de **Direito Administrativo:** Há vários autores que trabalham com os elementos e critérios que definem o que é direito administrativo, aqui vamos trabalhar os conceitos dos doutrinadores mais conhecidos e cobrados:

a) **Para Di Pietro (2019, p. 69):** ramo do direito público que tem por objeto os órgãos, agentes e pessoas jurídicas administrativas que integram a Administração Pública, a atividade jurídica não contenciosa que exerce e os bens e meios de que se utiliza para a consecução de seus fins, de natureza pública.

b) **Para Celso Antônio Bandeira de Mello (2009, p. 37):** é o ramo do direito público que disciplina a função administrativa, bem como pessoas e órgãos que a exercem.

c) **Para José dos Santos Carvalho Filho (2019, p. 8):** é o conjunto de normas e princípios que, visando sempre ao interesse público, regem as relações jurídicas entre as pessoas e órgãos do Estado e entre estes e as coletividades a que devem servir.

d) **Para Hely Lopes Meirelles (1997, p. 40):** no conjunto harmônico dos princípios jurídicos que regem os órgãos, os agentes e as atividades públicas tendentes a realizar concreta, direta e imediatamente os fins desejados pelo Estado.

1.1 Estado e a atividade administrativa

O Estado é a pessoa jurídica soberana, formada pelos elementos povo, território e governo soberano. O Estado (com letra maiúscula) é um ente personalizado, ou seja, é uma pessoa jurídica capaz de adquirir direitos e contrair obrigações na ordem jurídica. De acordo com a Constituição Federal, a República Federativa do Brasil compreende a União, estados-membros, Distrito Federal e municípios, cada ente federado dotado de personalidade jurídica e autonomia política (art. 18, da Constituição Federal).

O **Estado** aqui não se confunde com estado-membro, eis que se refere ao agrupamento de pessoas jurídicas que coabitam o mesmo território, Estado em sentindo amplo (que representa, então, a União, estados-membros, Distrito Federal e municípios). Juridicamente falando, Estado é uma instituição, pessoa jurídica de direito público interna (art. 41, do Código Civil), sujeito de direito e deveres (art. 43, do Código Civil): "As pessoas jurídicas de direito público interno são civilmente responsáveis por atos dos seus agentes que nessa qualidade causem danos a terceiros, ressalvado direito regressivo contra os causadores do dano, se houver, por parte destes, culpa ou dolo".

São elementos constitutivos do Estado:

- **Povo**: conjunto de pessoas, elemento humano que forma o Estado.
- **Território**: base física em que se impõe limite a jurisdição e a Soberania.
- **Poder**: possibilidade de impor regras.

O Estado é, portanto, um conjunto de pessoas jurídicas (entes federativos) politicamente organizado e geograficamente limitado. Ele exerce seu poder (ou suas funções) por três poderes distintos (criado por Montesquieu): Poder Legislativo, Poder Judiciário e Poder Executivo.

Já o **governo** é instrumento do Estado para exercício da função política (de inovação, criação, gestão). A função de governo tem independência dos poderes e de outros países, pois tem soberania e discricionariedade, há ampla margem para tomada de decisões.

O Estado, embora uno, indivisível e indelegável, desdobra-se em três funções: legislativa, executiva e jurisdicional. Essa separação de três Poderes, concebidas por Montesquieu, é adotada pela Constituição Federal, mas de forma flexível, isto é, cada um dos Poderes não está limitado a exercer as funções que lhe sejam típicas (normais ou ordinárias), exercendo também atividades atípicas (anormais ou extraordinárias). No quadro a seguir podemos compreender melhor essas funções:

Poder Legislativo

- Função típica: produção de regras gerais e abstratas (função de legislar) e de fiscalizar o Poder Executivo.
- Função atípica: funções administrativas como gestão de bens, pessoal e serviços; ou jurisdicional como o julgamento de crimes de responsabilidade.

Poder Judiciário

- Função típica: solução de conflitos e aplicação da lei.
- Função atípica: funções administrativas como gestão de bens, pessoal e serviços; legislativa na elaboração de regimentos internos.

Poder Executivo

- Fução típica: satisfação das necessidades coletivas mediante atos concretos, a função administrativa.
- Função atípica: função legislativa quando expede medida provisória, dá início a projeto de lei;

Os entes federados são pessoas jurídicas de direito público, nos moldes do artigo 41, do Código Civil, assim como outras entidades administrativa que compõe a chamada Administração Pública (autarquias, fundações públicas de direito público e os consórcios públicos de direito público, também denominados de associações públicas), que executam atividade administrativa do Estado, mas de forma indireta. Há, ainda, outras entidades administrativas, mas de personalidade jurídica de direito privado, que também podem executar atividades administrativas do Estado (atividade que o direito administrativo se preocupa em regular), são as empresas públicas, sociedade de economia mista, fundações públicas de direito privado e consórcios públicos de direito privado.

Assim, vejamos o esquema a seguir que trata sobre a administração pública indireta, entidades que executam atividade administrativa por descentralização:

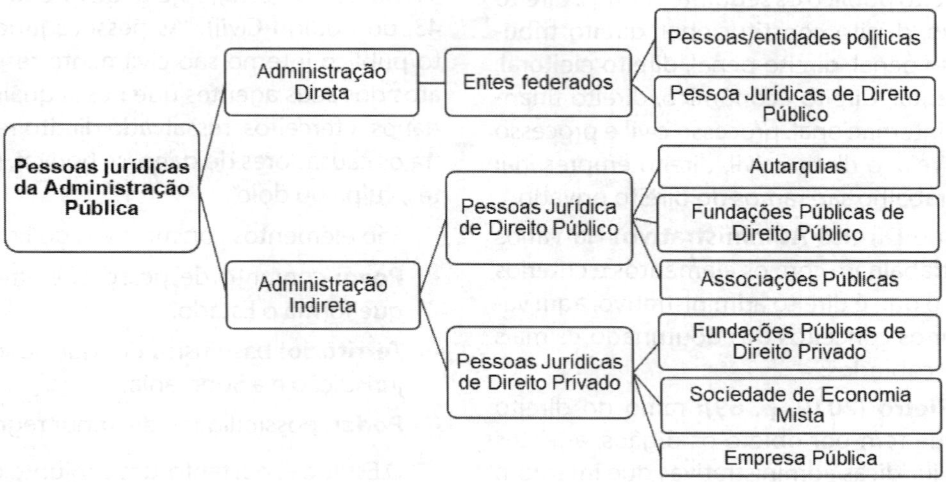

1.2 Conceito de Administração Pública

O conceito de Administração Pública pode variar para cada autor administrativista. Aqui adotaremos a posição da doutrinadora Maria Sylvia Zanella Di Pietro (2022, p. 95-96). Para a doutrinadora dois são os sentidos em se utilizar a expressão Administração Pública

1) em **sentido subjetivo, formal ou orgânico**, ela designa os entes que exercem a atividade administrativa; compreende pessoas jurídicas, órgãos e agentes públicos incumbidos de exercer uma das funções em que se triparte a atividade estatal: a função administrativa;
2) em **sentido objetivo, material ou funcional**, ela designa a natureza da atividade exercida pelos referidos entes; nesse sentido, a Administração Pública é a própria função administrativa que incumbe, predominantemente, ao Poder Executivo.

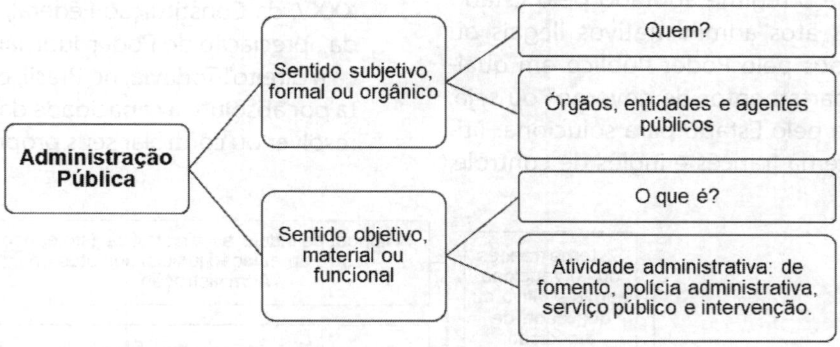

Embora a doutrinadora reconheça que autores podem trazer diferentes conceitos a partir da ideia de que administrar compreende planejar e executar:

1) em **sentido amplo**, a Administração Pública, **subjetivamente** considerada, compreende tanto os órgãos governamentais, supremos, constitucionais (Governo), aos quais incumbe traçar os planos de ação, dirigir, comandar, como também os órgãos administrativos, subordinados, dependentes (Administração Pública, em sentido estrito), aos quais incumbe executar os planos governamentais; ainda em sentido amplo, porém **objetivamente** considerada, a Administração Pública compreende a função política, que traça as diretrizes governamentais e a função administrativa, que as executa;
2) em **sentido estrito**, a Administração Pública compreende, sob o aspecto **subjetivo**, apenas os órgãos administrativos e, sob o aspecto **objetivo**, apenas a função administrativa, excluídos, no primeiro caso, os órgãos governamentais e, no segundo, a função política.

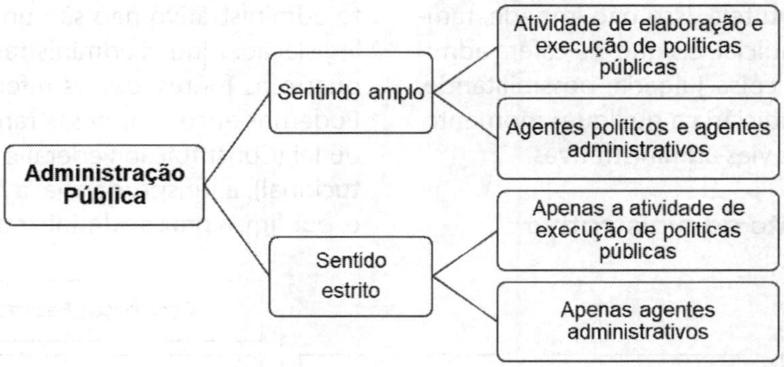

Para **José Cretella Júnior** (1995, p. 17):

- Residual: tudo que não for atividade típica do Poder Legislativo e do Poder Judiciário, é Administração Pública.
- Subjetivo ou formal: é o complexo orgânico que responde às funções administrativas.
- Material ou objetivo: consiste na atividade concreta do Estado para suprir as necessidades coletivas.

Para **Hely Lopes Meirelles** (1997, p. 61):

- Sentindo formal: é o conjunto de órgãos instituídos para a consecução dos objetivos do governo.
- Material: é o conjunto de funções necessárias aos serviços públicos em geral;

ADMINISTRATIVO

- Operacional: é o desempenho perene e sistemático, legal e técnico, dos serviços próprios do Estado ou por ele assumidos em benefício da coletividade.
- Visão global: a administração é, pois, todo o aparelhamento do Estado preordenado à realização de seus serviços, visando à satisfação das necessidades coletivas.

1.3 Sistema adotado

Sistema, conforme ensina Hely Lopes Meireles (2003), "entende-se o regime adotado pelo Estado para correção dos atos administrativos ilegais ou ilegítimos praticados pelo Poder Público em qualquer dos seus departamentos de governo", ou seja, é a forma adotada pelo Estado para solucionar litígios. Dentre o sistema francês e inglês de controle, embora com suas diferenças, o sistema brasileiro segue o sistema inglês, de jurisdição una, ou seja, controle judicial:

1) **Sistema francês**: dualidade de jurisdição, justiça administrativa, formada por tribunais administrativos, e jurisdição comum, formada pelos órgãos do Poder Judiciário, para resolver os demais litígios.
2) **Sistema inglês**: litígios de natureza administrativa podem ser levados para o Poder Judiciário. Sistema **adotado pelo Brasil**, com base no artigo 5º, XXXV, da Constituição Federal, "a lei não excluirá da apreciação do Poder Judiciário lesão ou ameaça a direito". Todavia, no Brasil, o sistema não afasta por absoluto a capacidade da Administração de resolver ou controlar seus próprios atos.

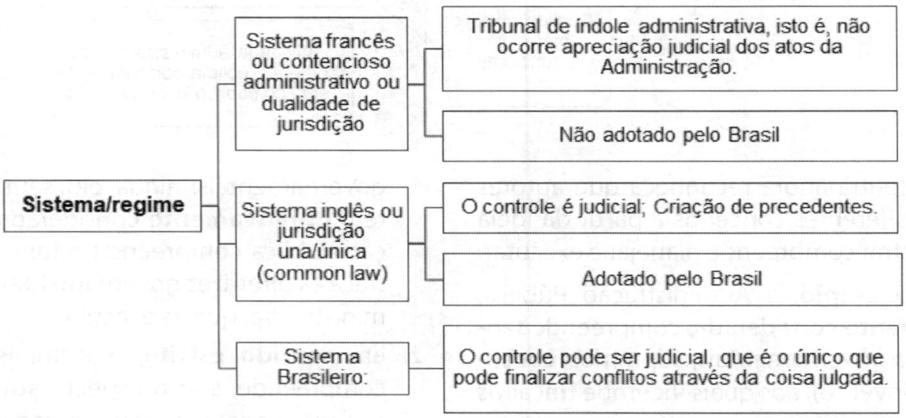

Lembre-se, embora o Brasil adote o sistema inglês, é possível que um ato seja controlado, fiscalizado, anulado/revogado pela própria Administração, no seu poder de autotutela. Isso não impede, também, de apreciação judicial, eis que, na esfera administrativa, não se faz coisa julgada, possibilitando, assim, a apreciação judiciária a qualquer momento, sem esgotamento das vias administrativas.

1.4 Fontes do direito administrativo

Quanto as fontes do direito administrativo, nem sempre é na lei que vamos encontrar uma regra do direito administrativo. Isto é, as fontes do direito administrativo não são unicamente oriundas da legislação. Alguns administrativistas definem como quatro as fontes, outros referem-se a cinco fontes. Podemos encontrar nesse ramo do direito: a norma ou lei (Constituição Federal e legislação infraconstitucional), a jurisprudência, a doutrina, os costumes, e, por fim, a práxis administrativa.

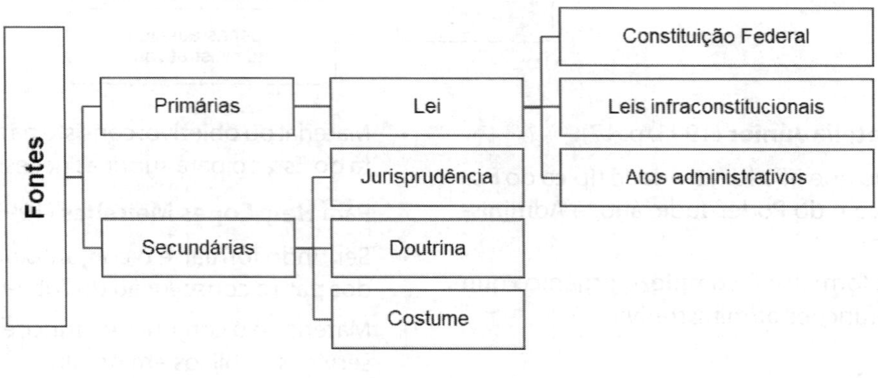

Lembre-se que a lei deve ser interpretada no sentido amplo, ou seja, em sentido lato, englobando a Constituição Federal, leis delegadas, leis complementares, emendas constitucionais, todas leis infraconstitucionais de todos os níveis federativos. Inclusive, deve abranger os atos do Poder Público, como regulamentos administrativos, estatutos funcionais, regimentos internos, instruções, tratados internacionais, etc. Quando se fala em lei em sentido estrito, refere-se apenas a leis capazes de inovar no ordenamento jurídico, dotadas de generalidade e abstração.

Não há dúvida de que a jurisprudência foi crescendo de importância no direito brasileiro, não só para o Direito Administrativo, mas para todos os ramos do direito. Nos livros de doutrina, nos trabalhos da advocacia, pública e privada, e mesmo nas decisões judiciais, nota-se preocupação em mencionar precedentes judiciais, especialmente decisões emanadas do Superior Tribunal de Justiça e do Supremo Tribunal Federal, ainda que estes não tenham caráter vinculante.

Já começam a surgir exemplos de decisões judiciais de observância obrigatória, não só para o caso concreto analisado (quebrando o princípio de que a sentença faz lei apenas entre as partes), mas para todos os casos futuros iguais; são as hipóteses de sentenças com efeito *erga omnes*, como ocorre nas ações coletivas, na ação popular, na ação civil pública, no mandado de segurança coletivo (DI PIETRO, 2019, p. 57).

Segundo Maria Helena Diniz, jurisprudência é "o conjunto de decisões e constantes dos tribunais, resultantes da aplicação de normas a casos semelhantes, constituindo uma norma geral aplicável a todas as hipóteses similares ou idênticas" (2007, p. 2 95). A regra é que a jurisprudência não vincula, todavia, a Súmula Vinculante, conforme o artigo 103-A, da Constituição Federal, vinculará. Nesse caso, se uma decisão (ainda que administrativa) contrariar súmula vinculante, caberá Reclamação. A própria lei de processo administrativo introduziu em seus artigos 56, §3º e 64-B, da Lei de Processo Administrativo (Lei n. 9.784/99). A súmula vinculante só não vincula o próprio Supremo, nem o Poder Legislativo.

▷ **Observações:** Pelo fato de a súmula vinculante inovar no ordenamento jurídico é considerada fonte primária do Direito Administrativo. Já a jurisprudência (por não inovar no ordenamento jurídico) é considerada fonte secundária.

1.5 Princípios do direito administrativo

1.5.1. Supremacia do interesse público

A partir desse princípio, presume-se que toda atuação do Estado deve ser pautada pela vontade da sociedade, o bem-estar coletivo e não subordinada aos interesses pessoais ou privados. Esse princípio deve ser observado desde a elaboração da lei, quanto ao momento de sua execução.

1.5.2. Indisponibilidade do interesse público

Celso Antônio Bandeira de Mello[1], conceitua como: significa que sendo interesses qualificados como próprios da coletividade – internos ao setor público – não se encontram à livre disposição de quem quer que seja, por inapropriáveis. O próprio órgão administrativo que os representa não tem disponibilidade sobre eles, no sentido de que lhe incumbe apenas curá-los – o que é também um dever – na estrita conformidade do que dispuser a *intentio legis*.

1.5.3. Princípi os da Administração: art. 37, caput da CF/88

L	LEGALIDADE
I	IMPESSOALIDADE
M	MORALIDADE
P	PUBLICIDADE
E	EFICIÊNCIA

O artigo 37, *caput*, da Constituição Federal traz os principais princípios norteadores da Administração Pública: legalidade, impessoalidade, moralidade, publicidade e eficiência (este último acrescentado pela Emenda Constitucional n.º 19/1998). Note que estes princípios estão no "Capítulo VII da Constituição Federal", capítulo que trata "Da Administração Pública", ou seja, sua previsão neste capítulo é um indicativo da obrigatoriedade de serem observados por todos os poderes em suas atividades administrativas.

1.5.3.1 Princípio da legalidade

A lei impõe deveres aos homens e, também, limita a atuação do Estado. Assim, quando não houver previsão legal, não há possibilidade de atuação da Administração Pública. Atos que violam a lei podem ser invalidados ou anulados pela Administração Pública, diante do seu poder de autotutela ou, então, pelo Poder Judiciário (desde que provocado). Ainda que por vezes encontraremos possibilidades de uma atuação discricionária do administrador, essa discricionariedade ocorrerá no limite da lei.

1. BANDEIRA DE MELLO, Celso Antônio. Curso de direito administrativo. 26. ed. São Paulo: Malheiros, 2009.

1.5.3.2 Princípio da impessoalidade

Corresponde à atuação da Administração Pública com critérios objetivos e não pessoais, não pode ser relevante para a pessoa, mas para o interesse coletivo. Exemplos: Vedada a propaganda do governo em obras (Art. 2º, III, da Lei 9.784/1999 e art. 37, §1º, da Constituição Federal); Vedada a remoção por punição; Está ligado também com o princípio da isonomia, onde o próprio artigo 37, II, da CF, impõe o dever da realização de concurso público como condição para ingresso em cargo efetivo ou emprego público; O artigo 37, inciso XXI, que exige a licitação para assegurar igualdade entre todos os concorrentes; Vedação ao nepotismo: Súmula Vinculante nº 13; Regras de impedimentos e suspeição no Processo Administrativo, dispostas no artigo 18 a 21, da Lei n.º 9.784/99; Dever de observar as regras de precatórios estabelecidas no artigo 100, da Constituição Federal.

1.5.3.3 Princípio da moralidade

A atuação da Administração Pública deve pautar na honestidade, boa-fé, probidade e não corrupção. A moralidade administrativa não se trata de um exame de oportunidade e conveniência, mas uma análise de legitimidade, ou seja, um ato praticado em desacordo com a moral é nulo e não meramente inoportuno ou inconveniente.

1.5.3.4 Princípio da publicidade[2]

Corresponde ao dever de promover o acesso à informação como condição necessária para exercer a democracia, afinal, é através da publicidade dos atos que a sociedade pode controlar o Poder Público. A publicidade também é condição para eficácia dos atos administrativos, pois é com a publicidade que atos passam a ter efeitos externos. A publicidade também diz respeito a exigência de transparência. Neste ponto, é importantíssimo salientar a Lei de Acesso à Informação (LAI), Lei n.º 12.527/2011.

1.5.3.5 Princípio da eficiência

Segundo a doutrina, ele pode ser descrito sob duas perspectivas:

1) Da atuação do servidor público espera-se o melhor desempenho possível de suas atribuições, a fim de obter melhores resultados.
2) Quanto ao modo de organizar, estruturar e disciplinar a administração pública deve ser o mais racional possível, com intuito de alcançar melhores resultados.

Bem, até aqui vimos os principais dos princípios, os mais cobrados pelas bancas de concurso. Agora passamos a estudar outros, que também são importantes.

1.5.4. Princípio da autotutela

Possibilita a Administração Pública controlar seus próprios atos, apreciando tanto o mérito, quanto a legalidade. Assim, atos inoportunos e/ou inconvenientes podem ser **revogados**, já os atos ilegais poderão ser **anulados**.

1.5.5. Princípio da razoabilidade e proporcionalidade

Não estão expressos na Constituição Federal, são princípios implícitos, contudo expressos na legislação infraconstitucional. Razoabilidade e proporcionalidade correspondem à necessidade e à adequação, ou seja, a Administração Pública deve ter uma atuação equilibrada, sensata, sem incorrer em abusividade.

1.5.6. Princípio da ampla defesa e do contraditório

Corresponde ao direito de saber e poder se manifestar sobre as alegações. Art. 5º, LV, da Constituição Federal, trata sobre o princípio: "aos litigantes, em processo judicial ou administrativo, e aos acusados em geral são assegurados o contraditório e ampla defesa, com os meios e recursos a ela inerentes".

1.5.7. Princípio da continuidade da prestação do serviço público

Tal princípio estabelece que os serviços públicos, prestados pela Administração Direta, Indireta ou Particulares em colaboração (que prestam serviço público através da delegação), devem ser ininterruptos, essa é a regra. Todavia, o artigo 6º, §3º, da Lei n.º 8.987/95 traz hipóteses em que a continuidade da prestação do serviço pode ser interrompida:

> § 3º Não se caracteriza como descontinuidade do serviço a sua interrupção em situação de emergência ou após prévio aviso, quando:
>
> I - motivada por razões de ordem técnica ou de segurança das instalações; e,
>
> II - por inadimplemento do usuário, considerado o interesse da coletividade.

2 Sobre o tema, há tese firmada na ADPG 82: "O ato de qualquer dos poderes públicos restritivo de publicidade deve ser motivado objetiva, específica e formalmente, sendo nulos os atos públicos que imponham, genericamente e sem fundamentação válida e específica, impeditivo do direito fundamental à informação". Plenário, Sessão Virtual de 4.8.2023 a 14.8.2023.

1.5.8. Princípio da motivação

A Administração Pública age alterando o mundo jurídico através de atos administrativos, esses atos administrativos devem ter a indicação dos fundamentos de fato e direito das suas decisões. A sua obrigatoriedade existe tanto em atos vinculados, quanto nos atos discricionários.

1.5.9. Princípio da sindicabilidade

Ele possibilita que, frente a qualquer lesão ou ameaça a direito, seja o ato levado à apreciação, para sofrer controle.

1.6. Quadro resumo

<table>
<tr><td>Origem</td><td colspan="2">Direito Administrativo é um ramo autônomo que nasceu no final do século XVIII e início do século XIX.</td></tr>
<tr><td rowspan="3">Ramo autônomo</td><td colspan="2">Direito administrativo pertence ao ramo do direito público</td></tr>
<tr><td>Direito público:</td><td>→ direito administrativo
→ direito constitucional
→ direito tributário
→ processo penal
→ direito penal
→ direito eleitoral
→ direito ambiental
→ direito econômico
→ direito financeiro
→ direito internacional
→ processo civil
→ processo do trabalho.</td></tr>
<tr><td>Direito privado</td><td>→ direito civil
→ direito empresarial
→ direito do trabalho.</td></tr>
<tr><td rowspan="4">Conceito de direito administrativo</td><td>Di Pietro</td><td>Ramo do direito público que tem por objeto os órgãos, agentes e pessoas jurídicas administrativas que integram a Administração Pública, a atividade jurídica não contenciosa que exerce e os bens e meios de que se utiliza para a consecução de seus fins, de natureza pública.</td></tr>
<tr><td>Celso Antônio Bandeira de Mello</td><td>Ramo do direito público que disciplina a função administrativa, bem como pessoas e órgãos que a exercem</td></tr>
<tr><td>José dos Santos Carvalho Filho</td><td>Direito Administrativo: é o conjunto de normas e princípios que, visando sempre ao interesse público, regem as relações jurídicas entre as pessoas e órgãos do Estado e entre estes e as coletividades a que devem servir.</td></tr>
<tr><td>Hely Lopes Meirelles</td><td>Direito Administrativo: no conjunto harmônico dos princípios jurídicos que regem os órgãos, os agentes e as atividades públicas tendentes a realizar concreta, direta e imediatamente os fins desejados pelo Estado.</td></tr>
<tr><td>Características do direito administrativo brasileiro</td><td colspan="2">1) Direito administrativo é um ramo recente;
2) Direito administrativo não codificado;
3) Direito administrativo adota o modelo inglês de jurisdição como forma de controle da Administração, assim, a influência da jurisprudência é parcial, eis que trata-se, como regra, de fonte secundária, sua influência é indicativa.</td></tr>
<tr><td rowspan="2">Administração Pública – Di Pietro</td><td colspan="2">1) Em sentido subjetivo, formal ou orgânico, ela designa os entes que exercem a atividade administrativa; compreende pessoas jurídicas, órgãos e agentes públicos incumbidos de exercer uma das funções em que se triparte a atividade estatal: a função administrativa;</td></tr>
<tr><td colspan="2">2) Em sentido objetivo, material ou funcional, ela designa a natureza da atividade exercida pelos referidos entes; nesse sentido, a Administração Pública é a própria função administrativa que incumbe, predominantemente, ao Poder Executivo.</td></tr>
<tr><td rowspan="3">Sistema</td><td>Francês</td><td>Contencioso administrativo, dualidade de jurisdição: tribunal administrativo e justiça comum.</td></tr>
<tr><td>Inglês</td><td>Jurisdição única: controle judicial.</td></tr>
<tr><td>Brasil</td><td>Adota o sistema inglês, pois o Judiciário pode realizar controle dos atos da Administração Pública.</td></tr>
</table>

Fontes	Primárias	Lei (Constituição Federal, normas infraconstitucionais e atos administrativos)
	Secundária	Jurisprudência
		Doutrina
		Costumes
Princípios basilares	Supremacia do interesse público e indisponibilidade do interesse público.	
Princípios constitucionais	L	Legalidade
	I	Impessoalidade
	M	Moralidade
	P	Publicidade
	E	Eficiência
Outros princípios estudados	Autotutela	
	Razoabilidade e proporcionalidade	
	Ampla defesa e contraditório	
	Continuidade do serviço público	
	Motivação	
	Sindicabilidade	

2. ORGANIZAÇÃO DA ADMINISTRAÇÃO

2.1 Órgão público

O Estado, uno, indivisível e indelegável, desdobra-se em três funções: legislativa, administrativa (ou executiva) e jurisdicional. Essa separação de três Poderes, concebidas por Montesquieu, é adotada pela Constituição Federal, mas de forma flexível, isto é, cada um dos Poderes não está limitado a exercer as funções que lhe sejam típicas, exercendo também atividades dos outros Poderes de forma atípica. A Administração Pública é o conjunto de órgãos, agentes e entidades, de qualquer dos três poderes, que cumpre a função administrativa. Para isso ela usará de duas técnicas: a **desconcentração** e a **descentralização**.

A **concentração** é o exercício de competência por meio de órgãos públicos, quando não há divisões internas. Já na **desconcentração** existe essa distribuição de tarefas entre mais órgãos **despersonalizados** da administração pública, todos pertencentes a mesma pessoa jurídica. Perceba que a transferência ocorre dentro da própria pessoa jurídica, que pressupõe a **vinculação hierárquica**. Exemplos de desconcentração: Delegacias de Polícia, Ministérios da União, Secretarias de estado e município, postos de atendimento da Receita Federal, as Casas Legislativas, os Tribunais de Justiça, as Subprefeituras e as escolas públicas.

> ▷ **ATENÇÃO!** Órgãos públicos, são, portanto, repartições públicas internas que executam atividades administrativas.

Órgão são **criados** e **extintos** por **lei** (art. 61, §1º, inciso II, alínea "e", da CF), cuja lei é de iniciativa do Presidente da República (na esfera federal). A criação ou extinção não ocorre mediante ato administrativo (decreto), que apenas pode ser utilizado para organizar a administração pública (art. 84, VI, a, da CF).

Os órgãos não têm personalidade jurídica própria, portanto, não possuem vontade própria, não podem ser sujeitos de direitos e contrair obrigações. De acordo com o artigo 1º, §2º, da Lei n.º 9.784/99: "órgão - a unidade de atuação integrante da estrutura da Administração direta e da estrutura da Administração indireta". Diferente da entidade, que é "a unidade de atuação dotada de personalidade jurídica".

Para Di Pietro (20 23, p. 709) "órgão público é uma unidade que congrega atribuições exercidas pelos agentes públicos que o integram com o objetivo de expressar a vontade do Estado. O órgão não se confunde com a pessoa jurídica (sendo parte dela) nem com o agente público".

Embora o órgão não tenha personalidade jurídica própria, determinados órgãos gozam de capacidade processual, como os órgãos classificados como independentes e autônomos. A capacidade postulatória pode ser encontrada em órgãos como o Ministério Público, a Defensoria Pública, a Câmara municipal (Súmula n.º 525, do STJ: "A Câmara de Vereadores não possui personalidade jurídica, apenas personalidade judiciária, somente podendo demandar em juízo para defender os seus direitos institucionais").

▷ **Atenção!**

Teoria da personificação do órgão

Segundo ensina Hely Lopes Meirelles (1999, p. 69-70): Embora despersonalizados, os órgãos mantêm relações funcionais entre si e com terceiros, das quais resultam efeitos jurídicos internos e externos, na forma legal ou regulamentar. E, a despeito de não terem personalidade jurídica, os órgãos podem ter prerrogativas funcionais próprias que, quando infringidas por outro órgão, admitem defesa até mesmo por mandado de segurança, a exemplo temo a Súmula n.º 525, do STJ.

Órgão tem CNPJ? Sim, vinculado ao CNPJ da pessoa jurídica, conforme Instrução Normativa n.º 2.119/2022 da Receita Federal do Brasil. Mas é meramente para fins de organização tributária, os órgãos continuam sendo despersonalizados e, como regra, hierarquicamente subordinados à pessoa jurídica a qual estão ligados.

Quatro teorias foram criadas na tentativa de explicar como a atuação do agente público é atribuída ao Estado. Segundo a teoria do órgão público, de Di Pietro (2023, p. 705):

1) **Teoria do mandato:** através de um contrato, o agente público é mandatário da pessoa jurídica; a teoria foi criticada por não explicar como o Estado, que não tem vontade própria, pode outorgar o mandato. Além da relação do agente com o estado não ser contratual.

2) **Teoria da representação:** o agente público é representante do Estado por força de lei; equipara-se o agente à figura do tutor ou curador, que representam os incapazes; a teoria também foi criticada, quer por equiparar a pessoa jurídica ao incapaz, quer por implicar a ideia de que o Estado confere representantes a si mesmo, quando não é isso o que ocorre na tutela e curatela; além disso, essa teoria, da mesma forma que a anterior, teria outro inconveniente: quando o representante ou mandatário ultrapassasse os poderes da representação, a pessoa jurídica não responderia por esses atos perante terceiros prejudicados.

3) **Teoria do órgão:** a pessoa jurídica manifesta a sua vontade por meio dos órgãos, de tal modo que quando os agentes que os compõem manifestam a sua vontade, é como se o próprio Estado o fizesse; substitui-se a ideia de representação pela de imputação. Teoria da imputação volitiva, de Otto Gierke, criada na Alemanha. Quando o agente atua nessa qualidade, a sua atuação se confunde com o próprio Estado, imputando a ele a atuação. Essa é a teoria mais aceita.

4) **Teoria da identidade:** seria a primeira teoria existente, onde o órgão é o próprio agente público. Entretanto essa concepção implicaria em concluir que a morte do agente público implicaria na extinção do órgão.

Os órgãos também são classificados pela doutrina do direito administrativo. Podem ser classificados conforme a esfera de atuação, posição estatal, estrutura, a composição ou o tipo de atividade. Vários são os critérios para classificar os órgãos públicos. Aqui os critérios e a forma de classificação exposto são aqueles mais cobrados em provas:

01) Quanto à **esfera de ação**, classificam-se em:

a) Centrais: atuam em todo território nacional, estadual, municipal, que tem competência em toda pessoa jurídica que integram. Ex.: ministérios, secretaria de segurança pública;

b) Locais: que atuam sobre uma parte do território de uma pessoa jurídica. Ex.: Delegacias de Polícia do bairro X, posto de saúde da região sul.

02) Quanto à **posição estatal** ou **hierarquia**, classificam-se em independentes, autônomos, superiores e subalternos (cf. Hely Lopes Meirelles, 2003, p .71):

a) Independentes: são os originários da Constituição e representativos dos três Poderes do Estado, sem qualquer subordinação hierárquica ou funcional, e sujeitos apenas aos controles constitucionais de um sobre o outro; suas atribuições são exercidas por agentes políticos. Exemplos: Presidência da República, Governadoria.

b) Autônomos: são os que se localizam na cúpula da Administração, subordinados diretamente à chefia dos órgãos independentes; gozam de autonomia administrativa, financeira e técnica e participam das decisões governamentais. Exemplos: Ministério da Fazenda, Secretaria de Segurança Pública.

c) Superiores: são órgãos de direção, controle e comando, mas sujeitos à subordinação e ao controle hierárquico de uma chefia; não gozam de autonomia administrativa nem financeira. Incluem-se nessa categoria órgãos com variadas denominações, como Departamentos, Coordenadorias, Divisões, Gabinetes. Exemplos: Secretaria da Receita Federal do Brasil, Procuradoria do Estado, Polícias.

d) **Subalternos:** são os que se acham subordinados hierarquicamente a órgãos superiores de decisão, exercendo principalmente funções de execução, como as realizadas por seções de expediente, de pessoal, de material, de portaria, zeladoria etc. Exemplos: Seção de pessoal, zeladoria.

▷ **Observações:** E o Ministério Público? Algumas doutrinas classificam como autônomo: como a doutrinadora Di Pietro (2023, p. 707). Outros classificam como órgão independente. Na Lei n.º 8.112/90 ele é elevado ao status de Poder do Estado, separado e independente.

03) Quanto à **estrutura**, os órgãos podem ser:

a) **simples ou unitários:** constituídos por um único centro de atribuições, sem subdivisões internas, um só centro de competências. Exemplos: Presidência da República e Assembleia Legislativa.

b) **compostos:** constituídos por vários outros órgãos, como acontece com os Ministérios, as Secretarias de Estado, o Congresso Nacional, que é formado pelo Senador e pela Câmara de Deputados.

04) Quanto à **composição ou atuação funcional**, classificam-se em:

a) **singulares, unipessoais ou singelos:** quando integrados por um único agente que seu chefe e representante. Ex.: Presidência da República.

b) **coletivos, colegiais ou pluripessoais:** quando integrados por vários agentes que atuam e decidem pela manifestação da vontade de seus membros. Ex.: Assembleia Legislativa.

05) Quanto **ao tipo de atividade**, classificam-se em:

a) **Decisória**

b) **Preparatória**

c) **Executiva**

06) Quanto **às funções**, classificam-se em:

a) **Ativo:** que atuam no exercício da função administrativa. Ex.: polícia rodoviária federal, secretaria de saúde.

b) **Consultivo:** atuam na emissão de pareceres jurídicos, praticam atos que dão suporte técnico ou jurídico. Ex.: Advocacia Pública.

c) **De controle:** Atuam na atividade de controle dos demais, seja interno ou externo. Ex.: Tribunal de Contas e Controladoria Geral da União.

2.2 Centralização e Descentralização

A soma de todos os órgãos e agentes que compõe a entidade federativa (ou pessoa política) recebe o nome de **Administração Pública Direta** ou **Centralizada**. Conforme dispõe o artigo 4º, inciso I, do Decreto Lei n.º 200/1967: "A Administração Direta constitui-se dos serviços integrados na estrutura administrativa da Presidência da República e dos Ministérios", já a "Administração Indireta compreende as seguintes categorias de entidades, dotadas de personalidade jurídica própria: a) autarquias; b) empresas públicas; c) sociedade de economia mista; d) fundações públicas."

O ente federado é uma pessoa jurídica de direito público interno, segundo o artigo 41, do Código Civil. Quando o Estado exerce diretamente suas tarefas, isso quer dizer, por meio de seus órgãos e agentes, pertencentes à administração direta, ele está exercendo de forma **centralizada**. Quando o Estado desempenha suas atribuições por meio de outras pessoas com personalidade jurídica, **pessoas jurídicas autônomas**, como por meio de entidade administrativas pertencentes à administração indireta, ele exerce suas atividades de forma **descentralizada.**

Essa pessoa jurídica autônoma responde judicialmente pelos prejuízos causados pelos seus agentes públicos, justamente pelo fato de que ela tem autoadministração e não está subordinada hierarquicamente à pessoa jurídica da Administração Indireta. Apesar de não estar subordinada, sofre controle externo ou também chamado de tutela.

A Lei n.º 9.784/1999 em seu artigo 1º, §2º, inciso II, conceitua a entidade como unidade de atuação dotada de personalidade jurídica própria. O Decreto-lei n.º 200/1967, no artigo 6º, refere que a descentralização tem natureza jurídica de princípio fundamental da organização administrativa.

Esse conjunto de pessoas jurídicas autônoma recebe o nome de **Administração Pública Indireta** ou **Descentralizada**. Segundo Di Pietro (2023, p. 571), "Administração Indireta, no artigo 4º, do Decreto-lei n.º 200/67, significa o conjunto de pessoas jurídicas, de direito público ou privado, criadas ou autorizadas por lei, para o desempenho de atividades assumidas pelo Estado, como serviços públicos ou a título de intervenção no domínio econômico".

Essa descentralização pode ocorrer de duas formas:

1) **Outorga** (ou descentralização por serviços, funcional ou técnica): ocorre através da criação ou autorização da criação de entidades da administração indireta que vão prestar o serviço (geralmente) por prazo indeterminado. Aqui ocorre a transferência da titularidade e execução.
2) **Delegação** (ou descentralização por colaboração, ou delegação negocial): transferência para que uma pessoa delegada possa exercer a execução do serviço, sob fiscalização do Estado. Quando realizada por contrato, é sempre por tempo determinado. Na delegação, só transfere a execução, através da concessão ou da permissão (artigo 11 e 12, do Decreto-lei n.º 200/67).

As entidades que formam a Administração Indireta são de natureza de direito público ou de direito privado:

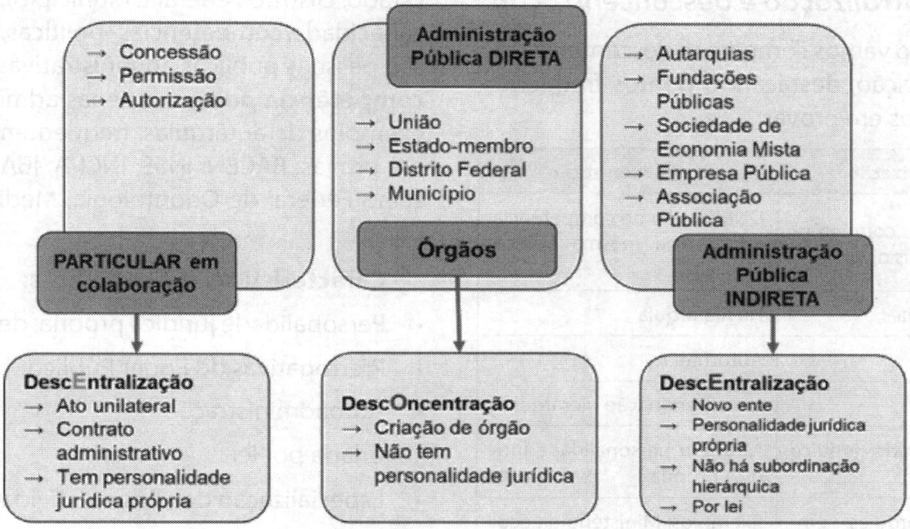

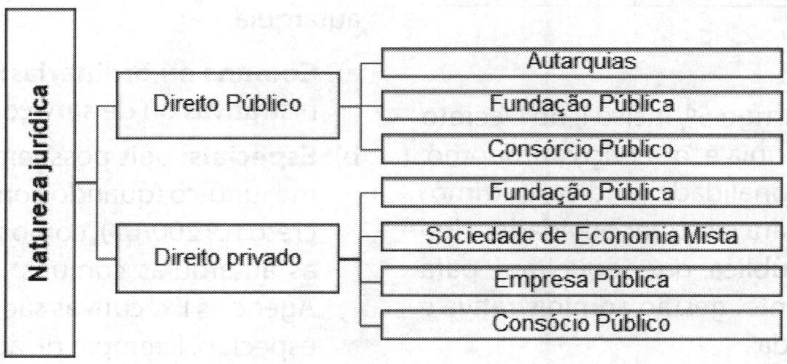

O artigo 37, inciso XIX, da Constituição Federal explica como será a criação de cada uma dessas entidades administrativas da administração indireta, ele refere: "somente por **lei específica** poderá ser **criada autarquia** e **autorizada** a instituição de **empresa pública**, de **sociedade de economia mista** e de **fundação**, cabendo à lei complementar, neste último caso, definir as áreas de sua atuação". As subsidiárias das estatais também dependem de autorização legislativa, segundo o inciso sequente: "XX - depende de autorização legislativa, em cada caso, a criação de subsidiárias das entidades mencionadas no inciso anterior, assim como a participação de qualquer delas em empresa privada".

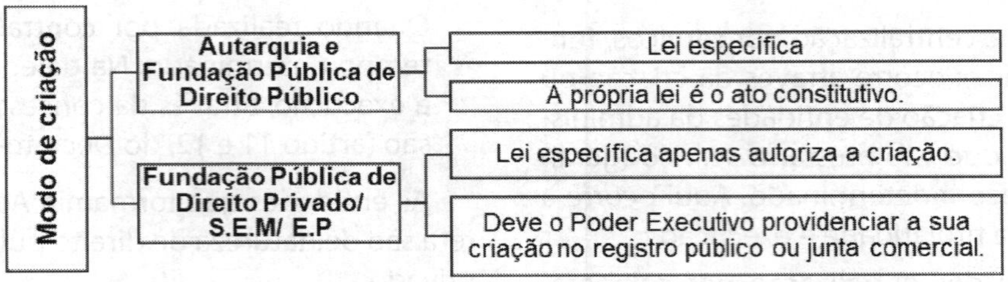

2.2.1 Descentralização e desconcentração

Neste tópico vamos comparar a descentralização e desconcentração, destacando pontos frequentemente cobrados em provas:

Descentralização	Desconcentração
Distribuição de competências entre pessoas diversas	Distribuição de competência interna, na mesma pessoa jurídica
Não há hierarquia	Há hierarquia
Tutela	Autotutela
Há vinculação	Há subordinação hierárquica
Tem personalidade jurídica própria	Não tem personalidade jurídica própria
Exemplos: autarquias, empresas públicas, sociedade de economia mista, fundações, concessionárias, permissionárias	Exemplos: Ministério da Economia; Secretaria Estadual de Saúde; Secretaria Municipal de Políticas Públicas; Tribunais; Casas legislativas.

2.3 Autarquias

Conforme dispõe o artigo 5º, inciso I, do Decreto Lei n.º 200/1967, a autarquia é "o serviço autônomo, criado por lei, com personalidade jurídica, patrimônio e receita próprios, para executar atividades típicas da Administração Pública, que requeiram, para seu melhor funcionamento, gestão administrativa e financeira descentralizada".

Como a autarquia desempenha atividade típica de Estado, por tal razão possui as mesmas prerrogativas (benefícios, privilégios, direitos) que os entes federativos. São **pessoa jurídica de direito público**, com autonomia (ou, mais correto, autoadministração), com patrimônio e receita próprios, criada por lei para executar atividades típicas da Administração Pública, para seu melhor funcionamento (**princípio da especialidade**), tem gestão administrativa e financeira descentralizada.

Não confunda com as pessoas públicas políticas, são pessoas políticas os entes federativos (União, Estado, Distrito Federal e Município), por possuírem capacidade/competências políticas, as autarquias são pessoas públicas administrativas, pois **não têm competência política**, apenas administrativas. São exemplos de autarquias, frequentemente cobradas em provas: BACEN; INSS; INCRA; IBAMA; CRM; Conselho Federal de Odontologia, Medicina, Engenharia, etc.

Características das autarquias:

- Personalidade jurídica própria: de direito público
- Prerrogativas do Poder Público
- Autoadministração
- Criada por lei
- Especialização dos fins ou atividades
- Sujeição a controle ou tutela

Mesmo não estando expresso na legislação a doutrina e a jurisprudência apresentam espécies de autarquia:

a) **Comuns ou ordinárias:** são as autarquias administrativas ou de serviço, como o INSS e o Ibama.

b) **Especiais:** pois possuem peculiaridades no regime jurídico (quando comparado ao geral, do Decreto n.º 200/67), como mais autonomia dos que as autarquias comuns. Agências Reguladoras e Agências Executivas são exemplos de autarquias especiais. Exemplo de autarquia especial: Anatel, Anvisa e Banco Central.

c) **Corporativas:** Conselhos Profissionais. Por não receberam orçamento da União, não estão submetidas às regras constitucionais de finanças públicas (art. 163 a 169, da CF), ou seja, regras de precatório não são aplicadas às autarquias corporativas, segundo o RE 938.837, de 2017, julgado pelo Supremo Tribunal Federal. Exemplos: Conselho Regional de Medicina (CRM).

d) **Fundacionais:** chamadas pela jurisprudência de Fundações Autárquicas ou Autarquias Fundacionais, são na verdade são Fundações Públicas, mas criadas por lei sob regime do Direito Público. Exemplos: Procon (em alguns estados são constituídos como autarquias, em outros como órgão), Funasa e FUNAI.

e) **Associações Públicas:** que são os Consórcios Públicos de Direito Público, inclusive assim está defino no artigo 41, do Código Civil. Sendo de direito público esse consórcio integrará a administração indireta. Também são chamados de autarquias interfederativas, multifederativa, multifederada, autarquias associativas ou contratuais.

▷ **Atenção!** O STF retirou da Ordem dos Advogados do Brasil o status de autarquia (ADIn 3.026/06) referindo-se a ela como entidade *sui generis*. Para a doutrina clássica a OAB nunca deixou de ser Conselho de Classe, logo uma autarquia.

2.4 Fundações públicas

As fundações são divididas em duas espécies: **fundações públicas de direito público** (possuem personalidade jurídica de direito público) e as **fundações públicas de direito privado** (possuem personalidade jurídica de direito privado). Trata-se da afetação de um acervo patrimonial do Estado a uma determinada finalidade pública.

Segundo o artigo 5º, inciso IV, do Decreto-lei n.º 200/1967: "IV - Fundação Pública - a entidade dotada de personalidade jurídica de direito privado, sem fins lucrativos, criada em virtude de autorização legislativa, para o desenvolvimento de atividades que não exijam execução por órgãos ou entidades de direito público, com autonomia administrativa, patrimônio próprio gerido pelos respectivos órgãos de direção, e funcionamento custeado por recursos da União e de outras fontes".

Para o doutrinador José dos Santos Carvalho Filho, a fundação pública de direito privado "se caracteriza pela circunstância de ser atribuída personalidade jurídica a um patrimônio preordenado a certo fim social. Trata-se de uma das categorias das pessoas jurídicas de direito privado, estando reguladas nos arts. 62 e 69, do Código Civil" (2019, p. 562). Segundo o mesmo doutrinador, são características básicas da fundação: a figura do instituidor; o fim social da entidade; ausência de fins lucrativos.

Em 2019, o Supremo Tribunal Federal (STF) concluiu o julgamento do Recurso Extraordinário n.º 716.378/ SP, nessa decisão, acabou por definir o critério para identificar a natureza jurídica de uma fundação criada pelo poder público. A decisão foi proferida sob a sistemática da repercussão geral e ensejou a aprovação da seguinte tese:

> 1. A qualificação de uma fundação instituída pelo Estado como sujeita ao regime público ou privado depende
>
> (i) do estatuto de sua criação ou autorização e
>
> (ii) das atividades por ela prestadas. As atividades de conteúdo econômico e as passíveis de delegação, quando definidas como objetos de dada fundação, ainda que essa seja instituída ou mantida pelo Poder Público, podem-se submeter ao regime jurídico de direito privado.
>
> 2. A estabilidade especial do art. 19 do ADCT não se estende aos empregados das fundações públicas de direito privado, aplicando-se tão somente aos servidores das pessoas jurídicas de direito público.

Veja que a fundação é uma inspiração para dotação de bens a um objetivo social, isto é, não em caráter econômico, visando a lucros, ou empresarial. A entidade administrativa instituída como fundação deve beneficiar de forma desinteressadas pessoas, ou seja, sem fins lucrativos.

São características das Fundações Públicas:

- **Dotação patrimonial** inteiramente do Poder Público ou semipública;
- **Personalidade jurídica** própria, pública ou privada;
- **Desempenho** de **atividade** atribuída ao Estado no âmbito social: saúde, educação, cultura, meio ambiente, assistência, com o fim de beneficiar terceiros estranhos à entidade;
- Capacidade de **autoadministração**
- **Controle** administrativo ou tutela

2.4.1. Comparando fundações e autarquias

Como as fundações públicas de direito público possuem as mesmas características das autarquias, mas também há as fundações governamentais de natureza privada, vamos estudar uma tabela comparativa quanto as principais características, para facilitar o entendimento e memorização:

ADMINISTRATIVO

Características	Autarquias	Fundações Públicas de Direito Público	Fundações Públicas de Direito Privado
Exemplos	BACEN; INSS; INCRA; IBAMA; CRM; Conselho Federal de Odontologia;	FUNAI; IBGE; Procon;	FUNPRESP (Fundação de previdência complementar para servidores públicos federais; Fundação Padre Anchieta.
Criação e extinção	Criada e extinta por lei específica.		Lei autoriza a criação, mas o Poder Executivo deve providenciar a sua criação no registro público (art. 45, do CC e art. 5º, §3º, do Decreto-Lei 200/1967): inscrição dos atos constitutivos no Registro Civil das Pessoas Jurídicas.
Patrimônio	Bens Públicos (art. 98, do CC)		Bens privados.
Natureza jurídica	Pessoa jurídica de direito público		Pessoa jurídica de direito privado.
Responsabilidade Civil	Direta e objetiva, art. 37, §6º, da CF.		
Regime de pessoal	Regime único: estatutário (exceto para as Associações Públicas, que será celetista obrigatoriamente, art. 6º, §2º, da Lei 11.107/05).		Celetista
Licitações	Estão obrigadas a realizar.		

2.5 Agências Executivas e Agências Reguladoras

2.5.1 Agências Executivas

Prevista na Constituição Federal no artigo 37, §8º, Agência Executiva é apenas um título, uma **qualificação** dada pelo governo para uma autarquia, fundação pública ou órgão preexistente que celebre **contrato de desempenho** ou **contrato de gestão**, buscando a ampliação de autonomia e fixando metas de desempenho. A Constituição Federal traz a seguinte definição:

> Art. 37. A administração pública direta e indireta de qualquer dos Poderes da União, dos Estados, do Distrito Federal e dos Municípios obedecerá aos princípios de legalidade, impessoalidade, moralidade, publicidade e eficiência e, também, ao seguinte:
>
> § 8º A autonomia gerencial, orçamentária e financeira dos órgãos e entidades da administração direta e indireta poderá ser ampliada mediante contrato, a ser firmado entre seus administradores e o poder público, que tenha por objeto a fixação de metas de desempenho para o órgão ou entidade, cabendo à lei dispor sobre:
>
> I - o prazo de duração do contrato;
>
> II - os controles e critérios de avaliação de desempenho, direitos, obrigações e responsabilidade dos dirigentes;
>
> III - a remuneração do pessoal.

Perceba, as autarquias ou fundações instituídas não nascem com tal denominação, são **entidades preexistentes** que recebem a qualificação de agência executiva, após a celebração de um contrato de gestão com o órgão da Administração Direta em que está vinculada e, assim, passam a submeter-se a regime jurídico especial. Esse contrato é realizado para obter melhoria na eficiência e redução de custos (DI PIETRO, 2017, p. 599).

A previsão das agências executivas está na Lei n.º 9.649/98, que dispõe sobre a organização da Presidência da República e dos Ministérios, e dá outras providências. O artigo 51, estabelece os requisitos necessários para que uma autarquia ou fundação seja qualificada como agência executiva. Para receber a qualificação, é preciso:

> I - ter um plano estratégico de reestruturação e de desenvolvimento institucional em andamento;
>
> II - ter celebrado Contrato de Gestão com o respectivo Ministério supervisor.

A qualificação é realizada por ato específico do Presidente da República, segundo o §1º do artigo 51, da Lei n.º 9.649/98. Ao Poder Executivo incumbe o dever de editar medidas de organização administrativa específicas para as Agências Executivas, visando assegurar a sua autonomia de gestão, bem como a disponibilidade de recursos orçamentários e financeiros para o cumprimento dos objetivos e metas definidos nos Contratos de Gestão.

O artigo 52, da referida lei, por sua vez, determina que os planos estratégicos de reestruturação e de desenvolvimento institucional definirão diretrizes, políticas e medidas voltadas para a racionalização de estruturas e do quadro de servidores, a revisão dos processos de trabalho, o desenvolvimento dos recursos humanos e o fortalecimento da identidade institucional da Agência Executiva.

Em seus parágrafos está determinado que os Contratos de Gestão das Agências Executivas serão celebrados com periodicidade mínima de um ano e estabelecerão os objetivos, metas e respectivos indicadores de desempenho da entidade, bem como os recursos necessários e os critérios e instrumentos para a avaliação do seu cumprimento. E o Poder Executivo definirá os critérios e procedimentos para a elaboração e o acompanhamento dos Contratos de Gestão e dos programas estratégicos de reestruturação e de desenvolvimento institucional das Agências Executivas.

- **Principais pontos para relembrarmos:**

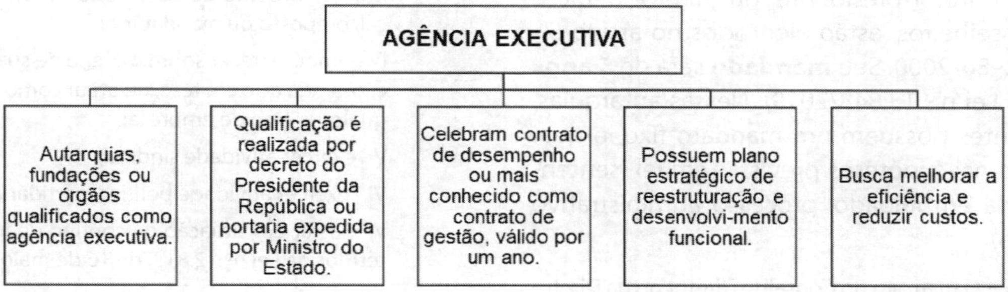

2.5.2 Agências Reguladoras

As agências reguladoras são autarquias de regime especial, responsáveis pela regulamentação, controle e fiscalização de serviços públicos transferidos ao setor privado. O entendimento de quais entidades são agências reguladoras não é pacífico entre a doutrina. Todavia, em 2019, a Lei n.º 13.848/2019 trouxe no seu artigo 2º, as onze entidades federais que considera agências reguladoras:

> I - a Agência Nacional de Energia Elétrica (Aneel);
>
> II - a Agência Nacional do Petróleo, Gás Natural e Biocombustíveis (ANP);
>
> III - a Agência Nacional de Telecomunicações (Anatel);
>
> IV - a Agência Nacional de Vigilância Sanitária (Anvisa);
>
> V - a Agência Nacional de Saúde Suplementar (ANS);
>
> VI - a Agência Nacional de Águas (ANA);
>
> VII - a Agência Nacional de Transportes Aquaviários (Antaq);
>
> VIII - a Agência Nacional de Transportes Terrestres (ANT);
>
> IX - a Agência Nacional do Cinema (Ancine);
>
> X - a Agência Nacional de Aviação Civil (Anac);
>
> XI - a Agência Nacional de Mineração (ANM).

As agências reguladoras possuem as características de uma autarquia comum, mas também possuem peculiaridades, que as tornam diferenciadas, por isso são especiais. São entidades autônomas, editam normas, fiscalizam, aplicam sanções, resolvem disputas entre empresas e regulam o mercado no setor em que atuam.

Embora tenham competência normativa, por força do princípio da legalidade, seus atos normativos não podem conflitar com as normas constitucionais e legais. As Agências Reguladoras sofrem controle externo, do Congresso Nacional (art. 49, inciso X, da CF) e estão sujeitas a controle do Tribunal de Contas da União (art. 70, e seguintes, da CF). Seus atos não podem ser revistos ou alterados pelo Poder Executivo.

Cuidado com o artigo 3º, da Lei n.º 13.848/2019:

> Art. 3º A **natureza especial** conferida à agência reguladora é caracterizada pela **ausência de tutela** ou de **subordinação hierárquica**, pela autonomia funcional, decisória, administrativa e financeira e pela investidura a termo de seus dirigentes e estabilidade durante os mandatos, bem como pelas demais disposições constantes desta Lei ou de leis específicas voltadas à sua implementação.
>
> § 2º A autonomia administrativa da agência reguladora é caracterizada pelas seguintes competências:
>
> I - solicitar diretamente ao Ministério da Economia:
>
> a) autorização para a realização de concursos públicos;
>
> b) provimento dos cargos autorizados em lei para seu quadro de pessoal, observada a disponibilidade orçamentária;
>
> c) alterações no respectivo quadro de pessoal, fundamentadas em estudos de dimensionamento, bem como alterações nos planos de carreira de seus servidores;

> Art. 14. O controle externo das agências reguladoras será exercido pelo Congresso Nacional, com auxílio do Tribunal de Contas da União.

As leis n.º 9.986/2000, e n.º 13.848/2019, regulam, em caráter geral, a gestão e organização das Agências Reguladoras, nelas está previsto que os dirigentes serão escolhidos pelo Chefe do Executivo, dependendo da aprovação pelo Senado Federal

(Art. 52, inciso III, alínea "f", da CF). Assim, trata-se de ato complexo, já que são necessárias duas vontades distintas.

São **dirigidas** por um colegiado formado por **4 conselheiros ou diretores e 1 presidente**, diretor-presidente ou diretor-geral (Art. 4º, da Lei n.º 9.986/2000) como regra. Os requisitos para ser presidente, diretor-presidente ou diretor-geral e demais conselheiros, estão elencados no artigo 5º, da Lei n.º 9.986/2000. Seu **mandado** será de **5 anos** (a partir da Lei n.º 13.848/2019). Nessas autarquias, seus dirigentes possuem um mandato fixo, o qual só perderão nas hipóteses previstas em lei (sentença transitada em julgado, processo administrativo ou renúncia):

> Art. 9º O membro do Conselho Diretor ou da Diretoria Colegiada somente perderá o mandato:
>
> I - em caso de renúncia;
>
> II - em caso de condenação judicial transitada em julgado ou de condenação em processo administrativo disciplinar;
>
> III - por infringência de quaisquer das vedações previstas no art. 8º-B desta Lei.
>
> Art. 8º-B. Ao membro do Conselho Diretor ou da Diretoria Colegiada é vedado:
>
> I - receber, a qualquer título e sob qualquer pretexto, honorários, percentagens ou custas;
>
> II - exercer qualquer outra atividade profissional, ressalvado o exercício do magistério, havendo compatibilidade de horários;
>
> III - participar de sociedade simples ou empresária ou de empresa de qualquer espécie, na forma de controlador, diretor, administrador, gerente, membro de conselho de administração ou conselho fiscal, preposto ou mandatário;
>
> IV - emitir parecer sobre matéria de sua especialização, ainda que em tese, ou atuar como consultor de qualquer tipo de empresa;
>
> V - exercer atividade sindical;
>
> VI - exercer atividade político-partidária;
>
> VII - estar em situação de conflito de interesse, nos termos da Lei nº 12.813, de 16 de maio de 2013.

Quando um dirigente deixa o seu cargo, passa por um período chamado de "**quarentena**" ou "geladeira", no qual o ex-dirigente fica proibido de exercer atividades ou prestar qualquer serviço no setor regulado pela respectiva agência por um período de **seis meses** (art. 8º, da Lei n.º 9.986/2000), contados da exoneração ou do término do mandato. Durante esse período o dirigente continua vinculado à Agência, fazendo *jus* à remuneração compensatória equivalente ao cargo de direção que exercia.

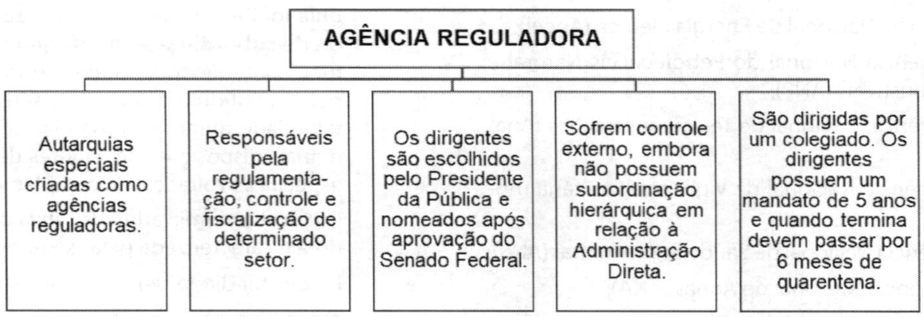

As Agências Reguladoras Federais podem descentralizar atividades fiscalizatórias, sancionatórias e arbitrais para Agências Reguladoras de outros entes federativos, ou, até mesmo, para outros órgãos de regulação dos Estados, Distrito Federal e Municípios, só **não** podem **descentralizar atividade** de caráter **normativo**, segundo o artigo 34, da Lei n.º 13.848/2019:

> **Art. 34.** As agências reguladoras de que trata esta Lei poderão promover a articulação de suas atividades com as de agências reguladoras ou órgãos de regulação dos Estados, do Distrito Federal e dos Municípios, nas respectivas áreas de competência, implementando, a seu critério e mediante **acordo de cooperação, a descentralização de suas atividades** fiscalizatórias, sancionatórias e arbitrais, exceto quanto a atividades do Sistema Único de Saúde (SUS), que observarão o disposto em legislação própria.
>
> § 1º É **vedada** a delegação de competências **normativas**.
>
> § 2º A descentralização de que trata o *caput* será instituída desde que a agência reguladora ou o órgão de regulação da unidade federativa interessada possua serviços técnicos e administrativos competentes **devidamente organizados e aparelhados para a execução** das respectivas atividades, conforme condições estabelecidas em regimento interno da agência reguladora federal.
>
> § 3º A **execução**, por agência reguladora ou órgão de regulação estadual, distrital ou municipal, das atividades delegadas será **permanentemente**

acompanhada e **avaliada** pela agência reguladora federal, nos termos do respectivo acordo.

§ 4º Na execução das atividades de fiscalização objeto de delegação, a agência reguladora ou o órgão regulador estadual, distrital ou municipal que receber a delegação **observará** as **normas legais** e **regulamentares federais** pertinentes.

§ 5º É **vedado** à agência reguladora ou ao órgão regulador estadual, distrital ou municipal conveniado, no exercício de competência fiscalizatória delegada, **exigir** de concessionária ou permissionária **obrigação não prevista previamente** em **contrato**.

§ 6º Além do disposto no § 2º deste artigo, a delegação de competências fiscalizatórias, sancionatórias e arbitrais somente poderá ser efetivada em favor de agência reguladora ou órgão de regulação estadual, distrital ou municipal que **gozar de autonomia** assegurada por regime jurídico compatível com o disposto nesta Lei.

§ 7º Havendo delegação de competência, a **agência reguladora delegante permanecerá** como **instância superior** e **recursal** das decisões tomadas no exercício da competência delegada.

Art. 35. No caso da **descentralização** prevista no caput do art. 34, parte da **receita** arrecadada pela agência reguladora federal poderá ser **repassada** à agência reguladora ou ao órgão de regulação estadual, distrital ou municipal, para custeio de seus serviços, na forma do respectivo acordo de cooperação.

Parágrafo único. O repasse referido no caput deste artigo deverá ser **compatível** com os custos da agência reguladora ou do órgão de regulação local para realizar as atividades delegadas.

Agência reguladora não é a mesma coisa que as **agências executivas**, estas são autarquias ou fundações que receberam tal denominação são entidades preexistentes que recebem a qualificação de agência executiva. Prevista na Constituição Federal no artigo 37, §8º, Agência Executiva é apenas um título dado pelo governo federal para uma autarquia, fundação pública ou órgão que celebre contrato de desempenho, buscando a ampliação de autonomia e fixando metas de desempenho. A previsão das agências executivas está na Lei n.º 9.649/98.

2.6 Empresa pública e sociedade de economia mista

Apesar de serem entidades distintas, podem ser estudadas em conjunto para facilitar o conhecimento. Pertencem à estrutura da Administração Pública Indireta. As empresas públicas e sociedade de economia mista são **pessoas jurídicas de direito privado**. Empresa estatal, estatais ou empresa governamental são nomenclaturas utilizadas para representar as empresas públicas, sociedades de economia mista e subsidiárias.

O artigo 3º e 4º da Lei n.º 13.303/2016 traz o conceito destas estatais:

- **Empresa pública:** é a entidade dotada de personalidade jurídica de direito privado, com criação autorizada por lei e com patrimônio próprio, cujo capital social é integralmente detido pela União, pelos Estados, pelo Distrito Federal ou pelos Municípios. Desde que a maioria do capital votante permaneça em propriedade da União, do Estado, do Distrito Federal ou do Município, será admitida, no capital da empresa pública, a participação de outras pessoas jurídicas de direito público interno, bem como de entidades da administração indireta da União, dos Estados, do Distrito Federal e dos Municípios.
- **Sociedade de economia mista:** é a entidade dotada de personalidade jurídica de direito privado, com criação autorizada por lei, sob a forma de sociedade anônima, cujas ações com direito a voto pertençam em sua maioria à União, aos Estados, ao Distrito Federal, aos Municípios ou a entidade da administração indireta.

Conforme o artigo 37, inciso XX, da Constituição Federal, para criação de uma estatal é necessário autorização por lei específica, sendo necessários seus atos constitutivos para criação. Inclusive para as subsidiárias, conforme inciso seguinte. Diferente das autarquias que a lei cria, as estatais são autorizadas por lei.

O que são as subsidiárias? Nos termos do artigo 2º, IV, do Decreto n.º 8.945/16, que regulamentou o estatuto jurídico das empresas estatais no âmbito da União, empresa subsidiária é a "empresa estatal cuja maioria das ações com direito a voto pertença direta ou indiretamente a empresa pública ou a sociedade de economia mista". O ente federativo fica com o controle INDIRETO sobre a subsidiária.

> ▷ **Observações:** Não será necessária lei autorizadora no caso da lei que instituiu a matriz tenha previsto autorização para a subsidiária (entendimento do STF). Exemplos de subsidiárias: Petrobras (matriz), suas subsidiárias são a Transpetro, Petrobras Distribuidora, Petroquisa, Petrobras Biocombustível e Gaspetro.

O Supremo Tribunal Federal firmou orientação, nas ADIns 5.624, 5.846, 5.924 e 6.029, de que para **alienar** o **controle acionário** de empresa pública ou sociedade de economia mista (a matriz) é necessário que haja **autorização legislativa** e **licitação**.

Todavia, para as subsidiarias não requer, elas podem ser alienadas sem autorização legislativa e licitação.

Na Constituição Federal um dos dispositivos mais importantes sobre as empresas públicas e sociedades de economia mista está no artigo 173, da CF:

> Art. 173. Ressalvados os casos previstos nesta Constituição, a exploração direta de atividade econômica pelo Estado só será permitida quando necessária aos imperativos da segurança nacional ou a relevante interesse coletivo, conforme definidos em lei.
>
> § 1º A lei estabelecerá o estatuto jurídico da empresa pública, da sociedade de economia mista e de suas subsidiárias que explorem atividade econômica de produção ou comercialização de bens ou de prestação de serviços, dispondo sobre:
>
> I - sua função social e formas de fiscalização pelo Estado e pela sociedade;
>
> II - a sujeição ao regime jurídico próprio das empresas privadas, inclusive quanto aos direitos e obrigações civis, comerciais, trabalhistas e tributários;
>
> III - licitação e contratação de obras, serviços, compras e alienações, observados os princípios da administração pública.
>
> IV - a constituição e o funcionamento dos conselhos de administração e fiscal, com a participação de acionistas minoritários;
>
> V - os mandatos, a avaliação de desempenho e a responsabilidade dos administradores.

O caput traz dois requisitos para a criação das empresas públicas e sociedades de economista mista, quando **exploradas de atividade econômica**: quando necessária aos imperativos da **segurança nacional** ou a **relevante interesse coletivo**. Já inciso I do §1º, refere que a Lei (no caso seria a Lei n.º 13.303/16) deve estabelecer a função social da estatal, assim, artigo 27 da referida norma estabelece que a função social é a "realização do interesse coletivo ou de atendimento a imperativo da segurança nacional expressa no instrumento de autorização legal para a sua criação".

A Lei n.º 13.303/2016 dispõe sobre:

- **Função social** e formas de fiscalização pelo Estado e pela sociedade;
- **Regime jurídico**
- **Licitações** e **contratos**
- **Constituição** e **Funcionamento** dos **conselhos** de **administração fiscal**
- **Mandatos**, **avaliação** de **desempenho** e responsabilidade dos administradores.

Semelhanças entre as empresas públicas e sociedades de economia mista:

- Criação e extinção por lei;
- Personalidade jurídica de direito privado;
- Controle estatal por meio da tutela;
- Vinculação aos fins definidos na lei instituidora;
- Derrogação parcial do regime privado:
- Sujeita a controle do tribunal de contas (art. 71, II e III, da CF);
- Proibição de deputados e senadores de firmarem ou manterem contrato com as estatais (art. 54, I, "a", da CF);
- Sujeita ao controle pelo Congresso Nacional (art. 49, X, da CF);
- Sujeita aos princípios da Administração (art. 37, da CF);
- Sujeita a licitações e contratos (art. 22, XXVII e art. 173, §1º, III, da CF);
- Concurso público e regras de acúmulo de cargos, teto remuneratório, aposentadoria compulsória (art. 37, XVI, XVII, §9º e art. 201, §16, da CF).

Os empregos públicos devem ser criados por lei, assim como os cargos públicos na Administração Pública, conforme regramento disposto no artigo 169, da Constituição Federal:

> Art. 169. A despesa com pessoal ativo e inativo e pensionistas da União, dos Estados, do Distrito Federal e dos Municípios não pode exceder os limites estabelecidos em lei complementar.
>
> § 1º A concessão de qualquer vantagem ou aumento de remuneração, a criação de cargos, empregos e funções ou alteração de estrutura de carreiras, bem como a admissão ou contratação de pessoal, a qualquer título, pelos órgãos e entidades da administração direta ou indireta, inclusive fundações instituídas e mantidas pelo poder público, só poderão ser feitas:
>
> I - se houver prévia dotação orçamentária suficiente para atender às projeções de despesa de pessoal e aos acréscimos dela decorrentes;
>
> II - se houver autorização específica na lei de diretrizes orçamentárias, ressalvadas as empresas públicas e as sociedades de economia mista.

Vejamos mais algumas observações importantes referentes à Lei n.º 13.303/2016; lembre-se de fazer a leitura dos dispositivos normativos que são indicados: O **Mandato dos diretores** e membros do **conselho** de **Administração é de 2 anos**, sendo permitidas no máximo **3 reconduções** (Arts. 13, VI e 17, Lei n.º 13.303/16). São requisitos:

- Ter idoneidade;
- Experiência prévia;
- Formação acadêmica.

As **atribuições** dos diretores e conselheiros são definidas no artigo 18, da Lei n.º 13.303/16, mas se estendem ao artigo 142, da Lei n.º 6.404. Não se confunde o conselho da Administração com o conselho Fiscal. Os membros do **conselho fiscal** possuem gestão de **2 anos**, permitidas **2 reconduções** consecutivas.

Cuidado, as estatais **não** estão sujeitas à **falência**, de acordo com o artigo 2º, da Lei n.º 11.101/05!

As estatais possuem responsabilidade de controle interno, isso se verifica a partir do momento que a Lei n.º 13.303/2016 exige transparência (art. 8º, I ao IX); Possui regras de estrutura e práticas de gestão de riscos e controle interno (art. 9º); Exige comitê estatutário (art. 10); Divulgação da forma de remuneração dos administradores (art. 12, I); tem regramento próprio para licitações e contratos.

Vamos agora estudar um quadro comparativo das empresas públicas e sociedades de economia mista para compreender e memorizar pontos importantes:

Características	Empresas Públicas	Sociedade de Economia Mista
Exemplos	Caixa Econômica Federal; Correios; Banco Nacional de Desenvolvimento Econômico (BNDES); Empresa Brasileira de Pesquisa Agropecuária (Embrapa) e a Empresa Brasileira de Infraestrutura Aeroportuária (Infraero)	Petrobras, o Banco do Brasil, o Banco do Nordeste, Telebras, Furnas e a Eletrobras. Obs.: subsidiárias da Petrobrás – Petrobrás Distribuidora BR; Petroquisa; Transpetro; Gaspetro, etc.
Características	Pessoa jurídica de direito privado; entidade administrativa pertencente a administração indireta.	
	É composta por capital exclusivamente público, sob qualquer modalidade empresarial.	É criada com capital misto e na modalidade S/A.
Criação e extinção	A lei autoriza a criação, mas ela por si só não é suficiente para o nascimento da entidade, o Estado deverá providenciar a elaboração do ato que traduza seu estatuto ou do ato constitutivo, para a inscrição no registro próprio. A autorização será necessária para serem extintas.	
Objeto	Exploração de atividade econômica OU prestam de serviço público.	
Patrimônio	Se prestam serviço público, os bens são privados, mas com algumas prerrogativas de públicos. Agora, se exploram atividade econômica, os bens são privados sem prerrogativas.	
Natureza jurídica	Personalidade jurídica de direito privado.	
Responsabilidade Civil	Se presta serviço público, a responsabilidade é objetiva; O Estado responde subsidiariamente. Mas se explora atividade econômica, a responsabilidade é subjetiva.	
Regime de pessoal	Celetista, não possuem estabilidade os empregados públicos, devendo a demissão apenas ser motivada (Informativo nº 919, do STF).	
Licitações	Subordinam-se as regras do estatuto jurídicas das empresas estatais, Lei 13.303/16.	
Competência	Se for empresa pública federal, o foro é na Justiça Federal, art. 109, I, CF/88.	
Privilégios processuais	Se for empresa pública ou sociedade de economia mista prestadora de serviço público não concorrencial está sujeita ao regime de precatórios (art. 100, da CF), segundo posicionamento do STF (informativo nº 920).	
Imunidade tributária	Se presta serviço público, possui imunidade sobre os bens, rendas e serviços necessários ao serviço público, conforme o entendimento do Superior Tribunal de Justiça;	
Outras observações	Sofrem controle do TCU; Não se sujeitam à falência ou à recuperação de empresa;	

2.7 Consórcio público

A lei que regula os Consórcios Públicos é a Lei n.º 11.107/2005, regulamentada pelo Decreto n.º 6.017/07, alterada pelas leis n.º 13.822/2019, n.º 13.821/2019 e n.º 14.662/2023. O consórcio público é uma gestão associada entre entes federados para a consecução de fins de interesse comum, normalmente com matérias elencadas no artigo 23, que trata sobre competências comuns, da Constituição Federal. Assim sendo, trata-se da união de dois ou mais entes para a prestação de um serviço público. A natureza do consórcio público vai variar conforme sua criação, no artigo 6º, da Lei n.º 11.107/2005, estabelece que os consórcios poderão ser de **natureza pública** ou **privada**.

Na Constituição Federal estão previstos no artigo 241:

> Art. 241. A União, os Estados, o Distrito Federal e os Municípios disciplinarão por meio de lei os consórcios públicos e os convênios de cooperação entre os entes federados, autorizando a gestão associada de serviços públicos, bem como a transferência total ou parcial de encargos, serviços, pessoal e bens essenciais à continuidade dos serviços transferidos.

Como o consórcio é uma gestão associada entre entes, qualquer um deles pode formar consórcio, com apenas uma regra a ser observada quanto a participação: A União somente participará de consórcios públicos em que também façam parte todos os Estados em cujos territórios estejam situados os Municípios consorciados.

Os consórcios públicos de direito público ou de direito privado são criados por meio de lei, que ratifica o protocolo de intenções, todavia, no caso de consórcio público de direito privado, também é necessário atendimento da legislação civil, ou seja, necessária os atos constitutivos de pessoa jurídica:

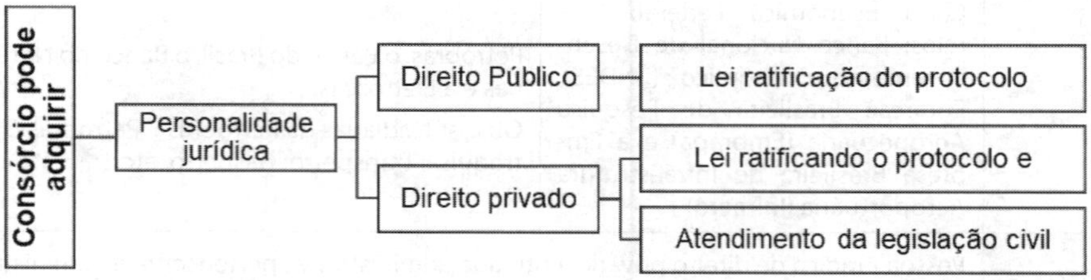

O consórcio público, com personalidade jurídica de direito público ou privado, observará as normas de direito público no que concerne à realização de licitação (Lei n.º 14.133/21), à celebração de contratos (Lei n.º 14.133/21), à prestação de contas e à admissão de pessoal (necessidade de efetuar concurso público), todavia, independente da natureza do consórcio o agente público contratado será regido pela Consolidação das Leis do Trabalho (CLT), segundo o disposto no artigo 6º, §2º, da Lei n.º 11.107/2005, alterado pela Lei n.º 13.822/2019.

A lei deu alguns privilégios ou prerrogativas aos consórcios:

a) Associações públicas (que são os consórcios públicos de direito público) podem promover **desapropriação** (atos executórios, não decreto expropriatório) e instituir **servidões** (art. 2º, §1º, inciso II, da Lei n.º 11.107/2005);

b) Tem o **dobro** do **limite** para contratação direta por **dispensa** de licitação em razão do valor (art. 75, §2º, da Lei n.º 14.133/21);

c) Podem **dispensar licitação** na celebração de contrato com ente da federação ou com entidade da Administração Indireta, para prestação de serviços públicos de forma associadas (art. 75, XI, da Lei n.º 14.133/21). Isto é, possibilidade de ser contratado pela Administração Direta ou Indireta dos entes da Federação consorciados, com **dispensa** de **licitação** (art. 2º, § 1º, inciso III, da Lei 11.107/2005).

Os consórcios sofrem **controle** pelo **Tribunal de Contas** (art. 9º, parágrafo único, da Lei n.º 11.107/2005) e, também, sofrem controle dos entes federativos do qual façam parte da Administração Indireta deles.

> ▷ **Observações:** O Consócio público de direito público integra a administração pública INDIRETA dos entes consorciados, mas o consórcio público de direito privado não integraria, segundo a Lei n.º 11.107/2005, esse é o entendimento do legislador, embora parte da doutrina tenha discordado.

As associações públicas são constituídas na forma de autarquias interfederativas, pois enquadram-se no gênero autarquia e regem-se por consequência pelo direito público e não pelo direito privado. Já os consórcios públicos de direito privado são criados mediante autorização legislativa, para a gestão associada de serviço público.

O artigo 3º, da Lei n.º 11.107/2005, destaca que o consórcio é constituído por contrato, mas na verdade são várias fases necessárias até sua constituição:

a) Subscrição de **protocolo de intenções** (art. 3º); Cláusulas necessárias do protocolo de intenções – art. 4º;

b) **Publicação** do protocolo de intenções na imprensa oficial (art. 4º, §5º);

c) **Lei** promulgada por cada um dos entes participantes, **ratificando**, total ou parcialmente, o protocolo de intenções (art. 5º);

d) Celebração do **contrato** (art. 3º);

e) Atendimento das disposições da **legislação civil**, quando se tratar de consórcio com personalidade de direito privado (art. 6º, II).

No caso da associação pública, os chefes do executivo vão assinar o protocolo de intenções que será submetido a ratificação por lei. A partir da ratificação da lei, cria-se uma entidade com personalidade jurídica. Exemplo: Consórcio intermunicipal de saúde e saneamento básico.

Com a criação do consórcio, poderemos visualizar três contratos diferentes:

- **Contrato de rateio** (art. 8º): meio pelo qual os entes consorciados entregarão recursos ao consórcio público;
- **Contrato de consórcio:** necessário para a criação do consórcio;
- **Contrato de programa:** o instrumento pelo qual devem ser constituídas e reguladas as obrigações que um ente da Federação, inclusive sua administração indireta, tenha para com outro ente da Federação, ou para com consórcio público, no âmbito da prestação de serviços públicos por meio de cooperação federativa.

Como a Lei n.º 11.107/2005 é uma legislação pequena, não deixe de fazer a leitura completa dela, pois geralmente este conteúdo cai em questões conteudistas, ou seja, que exige do candidato lembrar a redação de lei.

3. PODERES DA ADMINISTRAÇÃO

3.1. Introdução ao estudo de poderes

3.1.1. Conceito e dever de agir

Para que o Estado possa alcançar o seu fim, propiciando segurança, garantindo direitos e preservando a ordem pública, é necessário assegurar aos agentes públicos certas **prerrogativas** peculiares, indispensáveis para a persecução do interesse público. São os chamados **poderes administrativos**. Que apesar de parecer uma faculdade, caso façamos uma análise etimológica da palavra *poder*, vamos verificar durante o nosso estudo que não é uma mera faculdade, ou seja, possibilidade de escolha do administrador público, mas sim um **dever-poder**.

O poder administrativo é uma **prerrogativa especial** do **direito público**, para que o Estado possa alcançar suas finalidades públicas, esse poder é outorgado aos agentes. Ainda que etimologicamente falando a palavra poder remeta a faculdade, o agente público, que possui suas funções definidas em lei, não pode simplesmente abrir mão das suas funções, não há discricionariedade no uso do poder, vem das prerrogativas que a lei confere ao agente e **obriga-o** a **praticar** uma **conduta comissiva**.

Quando esse poder é outorgado aos agentes do Poder Público, serve para permitir que o agente possa atuar em prol do **interesse da coletividade**. Essas prerrogativas públicas não são meras faculdades, exigem o exercício por parte do agente, **vedada** a sua **inércia**. São eles, conforme ensina Carvalho Filho (2021, p. 100):

1) **Irrenunciáveis**;
2) Devem ser **obrigatoriamente exercidos** pelos titulares.

Por essa razão que são chamados de **poder-dever de agir**, nas clássicas palavras de Hely Lopes Meirelles "Se para o particular o poder de agir é uma faculdade, para o administrador público é uma obrigação de atuar; desde que se apresente o ensejo de exercitá-lo em benefício da comunidade" (1997, p. 82-83).

Tendo **dever de agir**, podem os administrados **exigirem** a atuação do agente omisso, quer pela via administrativa, por meio do **direito petição** (art. 5º, XXXIV, "a", da CF/88), ou pela via judicial.

Ressalta-se aqui que **nem todas as omissões são possíveis de ajuizamento**, pois nem todas as metas governamentais podem ser alcançadas, principalmente, em razão da falta de recursos financeiros. Situações em que o Poder Público invoca o princípio da reserva do possível, o qual, quando levado ao judiciário, pondera com outros princípios, como da dignidade, da razoabilidade e proporcionalidade.

Essas prerrogativas destinadas aos agentes públicos, para que possam exercer a finalidade pública, são divididas em **modalidades**: o poder **discricionário**; poder **vinculado**; poder **normativo**; poder de **polícia**; poder de **hierarquia** e o poder **disciplinar**. Entretanto, primeiramente passaremos a estudar todos os deveres dos administradores públicos.

3.1.2 Dever de probidade

A atuação do **agente público**, lembrando que aqui estamos falando do agente público em **sentido amplo** (não importa se são estatutários,

ADMINISTRATIVO

empregados públicos, temporários, etc.), pautar-se-á nos princípios e na legalidade, quando se fala de probidade está se relacionando, especificamente, ao dever de **moralidade**, **honestidade** e **impessoalidade**. O agente público não pode agir com favorecimento pessoal, nem nepotismo, cabendo agir sempre em prol da Administração que visa o fim público.

Do ato de **improbidade** repercute vários **efeitos**, o agente público poderá ter **suspensos** seus **poderes políticos**, submeter-se a **perda da função pública**, a **indisponibilidade de bens** e **obrigação de ressarcir** eventuais prejuízos que tenha causado ao erário público, em razão do dano, do ato ímprobo que cometeu. Sem contar na ação penal e outras administrativas que pode responder. Esses efeitos da improbidade estão previstos tanto na Constituição Federal (art. 37, §4º), quanto na Lei de Improbidade Administrativa, Lei 8.429/1992.

A ação de improbidade não impede o ajuizamento da ação popular, cujo remédio constitucional pode ser proposto por qualquer cidadão, já que titular do direito de ter uma administração pública pautada na honestidade e na boa-fé.

3.1.3. Dever de prestar contas

O administrador público, ou agente público em sentido amplo, tem o encargo de **administrar a coisa pública**, ou seja, os interesses da coletividade, os bens públicos e o dinheiro público, sendo assim, razoável que ele tenha que prestar contas de suas atividades na função pública.

Essa **prestação de contas** pode ocorrer **internamente**, através dos órgãos escalonados hierarquicamente, ou, então, **externamente**, oportunidade em que o controle pode ser feito pelo Poder Legislativo, por ser o órgão de representação popular. No Poder Legislativo encontramos o **Tribunal de Contas**, órgão que tem como finalidade auxiliar o Congresso Nacional na verificação das contas públicas. A Constituição Federal, em seu artigo 71 traz as funções do Tribunal. Importante frisar que esse controle não se dá apenas com os agentes públicos da administração direta, mas também ocorre com a administração indireta e demais entidades que recebem subvenção governamental, como é o caso de paraestatais.

3.1.4. Dever de eficiência

Os fins que a Administração Pública deve buscar devem ser em benefício à coletiva, sendo assim, é necessário que a atividade administrativa se qualifique como eficiente, busque a **perfeição**, **celeridade**, **qualidade** na prestação de seu serviço. Após a Emenda Constitucional n. 19/1998, a eficiência passou a estar expressa no artigo 37, da Constituição Federal. Trata-se de um dos princípios diretrizes da atividade administrativa.

3.2 Formas de abuso de poder

Quando o poder que existe na administração pública é **usado** de **forma inadequada**, ocorre o chamado abuso de poder. A administração pública, para atingir a finalidade pública, possuí prerrogativas, mas elas não dão liberdade absoluta para o agente público agir da forma como quiser e sempre que quiser.

O agente público está sujeito aos parâmetros legais e quando ultrapassa deve ser **corrigida** a sua conduta, pela via **administrativa** ou **judicial**. Assim, podemos dizer que há conduta ilegítima do agente público quando ela não respeita os limites legais impostos para a sua atuação, agindo, então, com abuso de poder. A conduta ilegítima, tida como abuso de poder, é classificada de duas formas: pode ocorrer através do excesso e desvio de poder. Estudaremos ambas na sequência.

3.2.1 Excesso de poder

Uma conduta abusiva do administrador, que incorra em **excesso**, diz respeito ao agente que atua fora dos limites das **atribuições do cargo** que ocupa. Esse excesso, segundo Carvalho Filho (2019, p. 50) "é a forma de abuso própria da atuação do agente fora dos limites da sua **competência**". O agente público ocupa cargo, emprego ou função pública, e tem suas atividades definidas em lei, quando ele invade uma atribuição definida para outro agente público, ou seja, que não faz parte da sua função, mas sim da função de outro agente, ele incorre em exercício de atividade que a lei não lhe conferiu, nessa ocasião há excesso de poder.

3.2.2 Desvio de poder ou de finalidade

No desvio de poder "o agente, embora dentro de sua competência, **afasta-se** do **interesse público** que deve nortear todo os desempenho administrativo" (CARVALHO FILHO, 2021, p. 102). A finalidade da lei é sempre voltada para o interesse público, quando o agente atua em desacordo com esse fim, buscando a **finalidade pessoal** ou de **terceiros**, mas não pública, incorre em uma conduta ilegítima, ou seja, incorre em abuso de poder na modalidade de **desvio de poder**, também chamado de **desvio de finalidade**.

Desvio de finalidade é expressão usada no remédio constitucional: **Ação Popular**. Trata-se de uma importante ferramenta do cidadão para pleitear a anulação ou declaração de nulidade de atos lesivos ao patrimônio da União, do Distrito Federal, dos Estados, dos Municípios, de entidades autárquicas, de sociedades de economia mista, de sociedades mútuas de seguro nas quais a União represente os segurados ausentes, de empresas públicas, de serviços sociais autônomos, de instituições ou fundações para cuja criação ou custeio o tesouro público haja concorrido ou concorra com mais de cinquenta por cento do patrimônio ou da receita anual, de empresas incorporadas ao patrimônio da União, do Distrito Federal, dos Estados e dos Municípios, e de quaisquer pessoas jurídicas ou entidades subvencionadas pelos cofres públicos.

O artigo 2º, da Lei 4.717/1965, lei que regula a Ação Popular, traz como hipótese de **anulação** na sua alínea "a" a incompetência (abuso de poder na modalidade excesso) e na alínea "e" refere diretamente a possibilidade de anular ato que incorre em desvio de finalidade. Interessante destacar que a própria lei da Ação Popular traz a definição do que se entende por ato que fere a competência e o desvio de finalidade "o desvio de finalidade se verifica quando o agente pratica o ato visando a fim diverso daquele previsto, explícita ou implicitamente, na regra de competência".

O **desvio de finalidade** é visto com mais frequência nos **atos discricionários**, observa Celso Antônio Bandeira de Mello (1988, p. 09): "Trata-se, pois, de um vício particularmente censurável, já que se traduz em comportamento soez, insidioso. A autoridade atua embuçada em pretenso interesse público, ocultando dessarte seu malicioso desígnio". Todavia, pode, também, ser encontrado em atos administrativos vinculados.

3.2.3 Efeitos do desvio de finalidade e do excesso de poder

O abuso de poder deve ser submetido à **revisão judicial** ou **administrativa**, pois não compatibiliza como as regras de legalidade, sendo, portanto, um ato ilegal aquele que incorre em uma das formas de abuso de poder.

Essa **invalidação da conduta** pode ocorrer, como vimos, através da **ação popular**, como através do próprio **Mandado de Segurança** (art. 5º, inciso LXIX, da CF). Na esfera administrativa, a possibilidade de rever seus atos e anular atos eivados de vício advém do **princípio da autotutela** da Administração Pública, prevista na lei 9.784/1999, lei que regula o processo administrativo no âmbito da Administração Pública Federal, bem como sumulado pelo Supremo Tribunal Federal (n. 473 e 346).

O ato praticado pelo agente, que importa em abuso de poder, pode gerar consequências na esfera administrativa, civil e penal. Abuso de poder, ou chamado **abuso de autoridade**, que guardam idêntico significado, constitui **ilícito penal**, regulado antes pela Lei n. 4.898, de 1995, agora pela Lei n. 13.869, de 2019, que dispõe sanções para o agente que comete conduta abusiva:

São sujeitos do crime de abuso de autoridade qualquer agente público, servidor ou não. Mas o que isso significa? Bom, agente público é no sentindo amplo, servidor público é apenas uma das modalidades de agentes públicos, portanto, significa dizer que a **lei de crimes de abuso** de **autoridade** atinge **todos os agentes**, sejam eles ocupantes de cargo público, ou não. Logo, a lei pode responsabilizar criminalmente: servidores públicos e militares ou pessoas a eles equiparadas; membros do Poder Legislativo; membros do Poder Executivo; membros do Poder Judiciário; membros do Ministério Público; e membros dos tribunais ou conselhos de contas.

A própria lei preocupou-se em definir a expressão "agente público": Reputa-se **agente público** todo aquele que exerce, ainda que **transitoriamente** ou **sem remuneração**, por eleição, nomeação, designação, contratação ou qualquer outra forma de investidura ou vínculo, mandato, cargo, emprego ou função em órgão ou entidade abrangidos pelo caput do artigo 2º.

A Lei n. 13.869/2019, que dispõe sobre os crimes de abuso de autoridade, traz em sua redação, **sanções penais** cabíveis, claro que, desde que garantido ampla defesa e contraditória em ação penal, contudo, importante ressaltar que a **penalidade criminal** imposta pela lei **não** impede a **responsabilização administrativa** e **civil** do agente público, podendo ele responder nas três esferas pelo mesmo ato, pois elas são independentes entre si, como regra.

Contudo, ainda que haja **independência** entre as esferas, se houver decisão penal quanto a existência ou a autoria do fato, esses aspectos não podem mais ser questionados na esfera civil e administrativa, de acordo com o artigo 7º, da Lei n. 13.869/2019. Ademais, no artigo 8º, o legislador garante que **faz coisa julgada no âmbito civil**, assim como no **administrativo-disciplinar**, a **sentença** penal que reconhecer ter sido o ato praticado em estado de necessidade, em legítima defesa, em estrito cumprimento de dever legal ou no exercício regular de direito. Situações, portanto, que afastam qualquer responsabilização civil ou administrativa.

3.3 Poder discricionário e vinculado

Poder discricionário é a prerrogativa concedida aos agentes administrativos de **elegerem uma conduta, dentro várias possíveis**. A lei não consegue dar conta de prever todas as condutas que serão necessárias para o agente público atuar na prática, ainda que ela tente definir elementos que restringem a atuação do agente, há várias situações em que a própria lei autorizará a valoração da conduta por parte do próprio agente público. Isso não significa que o agente poderá agir livremente, pois ele sempre estará restrito aos limites da lei.

Nos casos em que existir uma **margem de valoração** por parte do agente, deverá avaliar a conveniência e oportunidade dos atos que praticar em prol dos interesses coletivos. Nessa valoração é onde se situa a **discricionariedade**, na **liberdade de escolha**, no **mérito**, mas não é uma liberdade absoluta, ilimitada, é pautada em elementos restritivos que a própria lei pode determinar em casos específicos, ou, então, limitada aos princípios do direito administrativo.

Os elementos da discricionariedade são: **conveniência** e **oportunidade**. Mas o que isso significa? Bom, de acordo com Carvalho Filho o conceito desses elementos corresponde:

> ▷ **Atenção!** A primeira indica em que condições vai se conduzir o agente; a segunda diz respeito ao momento em que a atividade deve ser produzida. Registre-se, porém, que essa liberdade de escolha tem que se conformar com o fim cominado na lei, sob pena de não ser atendido o objetivo público da ação administrativa. Não obstante, o exercício da discricionariedade tanto pode concretizar-se ao momento em que o ato é praticado, quanto, a posteriori, ao momento em que a Administração decide por sua revogação (CARVALHO FILHO, 2019, p. 53).

A fisionomia jurídica da discricionariedade comporta três elementos: norma de previsão aberta que exija complemento de aplicação; margem de livre decisão; ponderação valorativa de interesses concorrentes, com prevalência do que atender ao fim da norma (MORAES, 1999, p. 39).

E como se **limita** esse poder **discricionário**? A doutrina moderna tem consagrado a limitação do poder discricionário através do **controle judiciário** que poderá analisar a **legalidade** do exercício desse poder, observando se **há adequação a finalidade esperada**. Se a conduta eleita destoa da finalidade, o ato administrativo deve ser nulo, pois trata-se de ato ilegítimo por violar a legalidade, passível de controle judicial.

O que se veda ao Judiciário é sua análise aos critérios administrativos de **conveniência** e **oportunidade**, estes **não** podem ser objeto de **controle judicial**, porque senão seria uma verdadeira violação do princípio da independência dos poderes (Art. 2º, da CF/88), o que o judiciário poderá fazer é análise de legalidade, de violação de normas e princípios, mas não de mérito.

O **princípio da razoabilidade** e **proporcionalidade** é frequentemente despertado pela doutrina como valores que podem ensejar no controle de atos discricionários. Pois são utilizados para enfrentar situações de aparente legalidade, mas que retratam verdadeiro abuso de poder.

Não se pode **confundir discricionariedade** e **arbitrariedade**. Quando a lei admite a escolha, segundo os critérios de conveniência e oportunidade, e o agente atua nos limites impostos pela lei, estamos diante da discricionariedade. Ocorre, em algumas vezes, que o agente, a pretexto de exercer a discricionariedade, conduz fora dos limites da legalidade ou com ofensa a lei, trata-se de abuso de poder na modalidade desvio de finalidade, situação de arbitrariedade, conduta ilegítima e suscetível de controle de legalidade pela própria Administração Pública, por meio de seus controles internos, ou por meio de controle externo exercido pelos demais poderes.

Já o **poder vinculado ou regrado**, diferente do poder discricionários, diz respeito as atividades da Administração Pública que estão ligadas inteiramente a lei, ou seja, a prática do ato está definida na lei. Ocorre quando a **norma dispõe integralmente dos elementos do ato** a ser praticado pelo administrador. Esses atos são chamados de atos vinculados. Eles **não possuem a liberdade de escolha** (de margem de conveniência e oportunidade) que existe nos atos discricionários (praticados no poder discricionário).

Para Hely Lopes Meirelles (1997) o poder vinculado é trabalhado como oposição ao poder discricionário. Entretanto os doutrinadores Carvalho Filho, Irene Nohara e o Diógenes Gasparini não entendem o ato vinculado como um poder outorgado ao agente administrador, pois afirmam que ao agente não está sendo concedida nenhuma prerrogativa de direito público (2021, p. 109):

Já o entendimento da doutrinadora Di Pietro difere em certo ponto e noutro coaduna, pois a doutrinadora entende que nem o poder vinculado, nem o discricionário são poderes autônomos, ela trata a discricionariedade e a vinculação como atributos de outros poderes ou competência da administração (2019, p. 117).

Da mesma forma que o entendimento de Carvalho Filho, o posicionamento de Di Pietro é no sentido de que o "poder vinculado" não é uma prerrogativa, mas ao contrário, na verdade trata-se de uma forma de restrição, pois quando se diz determinada atribuição vinculada, significa dizer que está sujeita à lei em praticamente todos os aspectos (2019, p. 117).

3.4 Poder hierárquico e disciplinar

A organização da Administração Pública é baseada em dois pressupostos fundamentais, segundo Di Pietro (2019, p. 123): a **distribuição de competências** e a **hierarquia**. A lei atribui para cada órgão, cargo e função as suas atividades (suas competências) e também estabelece uma relação de coordenação e subordinação entre eles.

Cabe a Administração Pública:

1. O de editar atos normativos (resoluções, portarias, instruções), com o objetivo de ordenar a atuação dos órgãos subordinados; trata-se de atos normativos de efeitos apenas internos e, por isso mesmo, inconfundíveis com os regulamentos; são apenas e tão somente decorrentes da relação hierárquica, razão pela qual não obrigam pessoas a elas estranhas;
2. O de dar ordens aos subordinados, que implica o dever de obediência, para estes últimos, salvo para as ordens manifestamente ilegais;
3. O de controlar a atividade dos órgãos inferiores, para verificar a legalidade de seus atos e o cumprimento de suas obrigações, podendo anular os atos ilegais ou revogar os inconvenientes ou inoportunos, seja *ex officio*, seja mediante provocação dos interessados, por meio de recursos hierárquicos;
4. O de aplicar sanções em caso de infrações disciplinares;
5. O de avocar atribuições, desde que estas não sejam da competência exclusiva do órgão subordinado;
6. O de delegar atribuições que não lhe seja privativas (DI PIETRO, 2019)

Por fim, **importante** ressaltar que **não há subordinação hierárquica** nos **Poderes Judiciários** e **Legislativo**, naquilo que diz respeito ao exercício de suas funções institucionais, por exemplo, o juiz de instância superior não poderia dar ordens ou revogar atos praticados pelo juiz de instância inferior, salvo situações de súmulas vinculantes, cujo mandamento só não se aplica ao Poder Legislativo.

Já o **poder disciplinar** é a prerrogativa que cabe à Administração Pública para apurar **infrações** dos **servidores públicos** e **demais pessoas sujeitas à disciplina administrativa** (que é o caso do estudante em uma escola pública, do preso em sistema prisional, o contratado que desrespeita cláusulas contratuais). Sobre esses que cometem infração e possuem vínculo com a Administração, cabe à Administração Pública aplicar penalidades no seu poder disciplinador.

Poder disciplinar não se confunde com o **poder de polícia**, o primeiro diz respeito a apuração de infrações e aplicação de sanções aqueles que estão diretamente subordinados às regras da administração pública, como servidores públicos, diferente do poder de polícia que atinge a todos os indivíduos, independentemente de serem ou não servidores, pois diz respeito a intervenção do Estado nas liberdades individuais em prol de interesses coletivos.

O **poder disciplinar** também não pode ser confundido com o **poder de hierarquia**, embora o primeiro seja decorrente do segundo.

Importante relembrarmos aqui que nenhuma **penalidade** será aplicada sem o devido procedimento legal, mesmo sendo ele administrativo, deve ser sempre assegurados o **contraditório** e a **ampla defesa**, bem como os meio e recursos a ela inerente, sob pena de violação de direito fundamental (art. 5º, inciso LV, da CF). Os meios de apuração de infrações administrativas são apurados pelo denominado processo administrativo.

Há autores que consideram o poder de hierarquia e disciplinar como fatos administrativos, que é o caso do doutrinador Carvalho Filho (2021, p. 125). Argumenta o autor que "falta-lhes a fisionomia inerente às prerrogativas de direito público que cercam os verdadeiros poderes administrativos. Cuida-se, como dissemos, de fatos administrativos".

3.5 Poder normativo ou regulamentar

O **poder normativo** ou, como alguns chamam, de **poder regulamentar**, diz respeito aos atos da Administração Pública que emanam normas, ou seja, possuem efeitos gerais e abstratos, assim como a lei. Os atos normativos são divididos em **originários** (primários) e **derivados** (secundários), segundo Di Pietro:

ADMINISTRATIVO

▷ **Atenção! Originários** se dizem os emanados de um órgão estatal em virtude de **competência própria**, outorgada imediata e diretamente pela Constituição, para edição de regras instituidoras de direito novo, compreende os **atos emanados do Legislativo**. Já os atos normativos **derivados** têm por objetivo a explicitação ou **especificação** de um conteúdo **normativo preexistente**, visando à sua execução no plano da praxi, o ato normativo derivado, por excelência, é o regulamento (DI PIETRO, 2019, p. 118).

Conforme ensina a doutrinadora Irene Nohara: "Dentro do conceito de lei em sentido amplo, enquadram-se tão somente as espécies normativas primárias, isto é, aquelas contidas no artigo 59 da Constituição Federal. Note-se que, dentre as espécies normativas do art. 59, são atos normativos primários editados pelo Chefe do Executivo: as medidas provisórias com força de lei, que são submetidas de imediato ao Congresso Nacional, e as leis delegadas pelo Congresso Nacional, não se incluindo no rol, pelo fato de ser expressão de atividade normativa secundária do Executivo, os decretos regulamentares.

O **poder regulamentar** é uma das formas pela qual, por exemplo, o chefe do executivo, de qualquer dos entes federados, tem para editar normas complementares à lei, para sua fiel execução. Neste ponto uma observação muito importante: O ato normativo, advindo do poder regulamentar, ou poder normativo, não pode inovar no ordenamento legislativo, porque senão seria afronta ao princípio da separação de poderes, assim, sua função se limita a regulamentar a forma de atuação prática da regra disposta na lei. Exceção à regra: regulamento independente ou autônomo, conforme vamos estudar na sequência.

Doutrinariamente são aceitos duas formas de regulamento: o **regulamento executivo** e o **regulamento independente ou autônomo**. O primeiro regulamenta a lei, complementando-a, nos termos do artigo 84, inciso IV, da Constituição Federal "para fiel execução da lei". Ele não pode inovar na ordem jurídica, criando direitos, obrigações, proibições, medidas punitivas, até mesmo porque segundo o direito fundamental previsto no artigo 5º, inciso II, ninguém está obrigada a fazer ou deixar de fazer alguma coisa senão em virtude de lei.

Já o **regulamento independente ou autônomo inova** na **ordem jurídica**, porque o ato regulamentador inova em matérias não disciplinadas em lei, ou seja, ele não está baseado em uma norma prévia. Na Constituição Federal de 1988, o poder regulamentar autônomo ficou bem restrito, tem previsão a partir da Emenda Constitucional n. 32/2001, na qual o artigo 84, inciso VI, prevê:

> Art. 84. Compete privativamente ao Presidente da República:
>
> IV - sancionar, promulgar e fazer publicar as leis, bem como expedir decretos e regulamentos para sua fiel execução;
>
> VI - dispor, mediante decreto, sobre: (Redação dada pela Emenda Constitucional nº 32, de 2001)
>
> a) organização e funcionamento da administração federal, quando não implicar aumento de despesa nem criação ou extinção de órgãos públicos; (Incluída pela Emenda Constitucional nº 32, de 2001)

Portanto, essa é a forma de poder regulamentador na modalidade autônoma que temos, o restante será regulamento executivo, ato normativo secundário. E falando no regulamento executivo, ele não é exercido apenas pelos chefes do executivo, mas também por outros agentes públicos e pela administração indireta, como, por exemplo, pelas agências reguladoras.

Além dos **decretos regulamentares**, a Administração Pública também se expressa através de **resoluções**, **portarias**, **deliberações**, **instruções**, essas editadas por autoridades que não são os chefes do executivo. Por exemplo, o artigo 87, inciso II, da Constituição Federal, autoriza os ministros de estado a expedirem instruções para execução das leis, decretos e regulamentos.

Por fim, cumpre ressaltar que **cabe** ao **Congresso Nacional** "**sustar** os atos normativos do Poder Executivo que **exorbitem** do **poder regulamentar** ou dos limites de delegação legislativa", artigo 49, inciso V, da Constituição Federal. Sem prejuízo do controle interno, judicial ou popular, é claro.

3.6 Poder de polícia

Conforme ensina Di Pietro, o **poder de polícia** coloca em confronto dois aspectos "de um lado, o cidadão quer exercer plenamente os seus direitos; de outro, a Administração tem por incumbência condicionar o exercício daqueles direitos ao bem-estar coletivo, e ela o faz usando de seu poder de polícia" (2019, p. 151).

O poder de polícia é uma **limitação às liberdades individuais**, mas com a finalidade de assegurar a própria liberdade e os direitos essenciais ao homem. Seu princípio é da supremacia do interesse público sobre o particular, princípio que dá à Administração Pública posição **verticalizada** sobre os administrados.

Pelo conceito clássico, ligado à concepção liberal do século XVIII, o poder de polícia compreendia a atividades estatal que limitava o exercício dos direitos individuais em benefício da segurança. No conceito mais moderno, adotado pelo Brasil, o **poder de polícia corresponde a atividade do Estado em limitar o exercício dos direitos individuais em benefício do interesse público.**

Está pautado em **dois princípios** norteadores do Direito Administrativo:

- A Supremacia do Interesse Público
- A Indisponibilidade do Interesse Público

A atuação da Administração Pública será sempre pensando no direito da coletividade e ela não pode dispor sobre. Por essa razão que o Poder de Polícia pode limitar direitos individuais (de ir e vir, por exemplo), para garantir os direitos de todas as pessoas.

A Administração Pública usa da sua posição de supremacia sobre os administrados e isso que lhe dá força para, por exemplo, ordenar o fechamento dos estabelecimentos comerciais em situações pandêmicas.

O Poder de Polícia está previsto no artigo 78 do Código Tributário Nacional:

> Art. 78. Considera-se poder de polícia atividade da administração pública que, limitando ou disciplinando direito, interesse ou liberdade, regula a prática de ato ou abstenção de fato, em razão de intêresse público concernente à segurança, à higiene, à ordem, aos costumes, à disciplina da produção e do mercado, ao exercício de atividades econômicas dependentes de concessão ou autorização do Poder Público, à tranqüilidade pública ou ao respeito à propriedade e aos direitos individuais ou coletivos. (Redação dada pelo Ato Complementar nº 31, de 1966)
>
> Parágrafo único. Considera-se regular o exercício do poder de polícia quando desempenhado pelo órgão competente nos limites da lei aplicável, com observância do processo legal e, tratando-se de atividade que a lei tenha como discricionária, sem abuso ou desvio de poder.

Consiste em **LIMITAR** ou **DISCIPLINAR** direitos, interesse ou liberdade, tal poder está respaldado em diversos fatores, como previsto no artigo 78, do CTN. Poder de Polícia é fundamentado **em lei**, pois ninguém é obrigado a fazer ou deixar de fazer algo, senão em virtude de lei, conforme dispõe o artigo 5º, inciso II, da Constituição Federal.

São **atributos** do Poder de Polícia segundo **Hely Lopes (2003)** e **Di Pietro (2023)**:

- **Autoexecutoriedade:** resulta na possibilidade da administração pública tomar decisões que dispensam autorização judicial e, ainda assim, que obrigam os administrados. Pode usar meios diretos e indiretos de coação, por exemplo: impossibilidade de licenciamento dos veículos se não houver adimplemento das multas de trânsito e apreensão de mercadoria.
- **Coercibilidade:** a Administração Pública tem o poder de valer as suas decisões, ou seja, torna o ato obrigatório, devendo ser obedecido pelo administrado, podendo utilizar o emprego da força pública.
- **Discricionariedade: liberdade estabelecida em lei para o administrador decidir diante do caso concreto.** Mas cuidado, nem todas as situações serão discricionárias.
- **Imperatividade: poder da Administração de impor obrigação ao particular, independentemente de sua concordância (nem toda doutrina administrativista apresenta esse atributo).**

É pacífico o entendimento de que o ato que manifestação Poder de Polícia é **indelegável**, pois trata-se de atividade típica de Estado, assim, não pode ser delegada à particulares, trata-se de atividade privativa de servidores investidos em cargos públicos, esse é o entendimento clássico da doutrina. Todavia, conforme entendimento do **Supremo Tribunal Federal**, há certas fases do Poder de Polícia que podem ser delegadas para pessoas jurídicas de direito privado. São fases do Poder de Polícia, também chamado de ciclo do Poder de Polícia:

1) **Ordem:** a norma, a lei impondo regras de restrições ou regras condicionantes. Fase que não pode ser delegada, isto é, só pode ser executada pelo próprio Estado.
2) **Consentimento:** pode ser autorização (ato discricionário) ou licença (ato vinculado). Fase que pode ser delegada para pessoas jurídicas de direito privado, inclusive que não façam parte da Administração Pública.
3) **Fiscalização:** que pode ser de ofício ou mediante provocação. Fase que pode ser delegada para pessoas jurídicas de direito privado, inclusive que não façam parte da Administração Pública.
4) **Sanção:** Medida coercitiva imposta àquele que não observou a ordem. Fase que pode ser delegada para pessoas jurídicas de direito privado, entretanto, que sejam parte Administração Pública Indireta de capital social majoritariamente público e preste serviço público em regime não concorrencial, segundo o atual entendimento do

STF (Tema 532), por exemplo: empresa pública e sociedade de economia mista.

Encontra **limites** nos princípios da **razoabilidade** e da **proporcionalidade**, na razoabilidade porque o ato deve ser **necessário**, deve estar respaldado na necessidade de restrição, já a proporcionalidade diz respeito a compatibilidade do ato com o fato, isto é, se a medida utilizada é **adequada** ou não.

- **Meios de atuação do Poder de Polícia:**

- Atos normativos: leis que criam limitações, preveem obrigações positivas e definem as infrações administrativas e sanções cabíveis.
- Atos administrativos e operações materiais: medidas preventivas de fiscalização, vistoria, ordem, notificação, autorização, licença; e repressivas, como por exemplo: dissolução de reunião, interdição, apreensão de mercadorias, internação de pessoas com doença contagiosa, etc.

> ▷ **Atenção!**
> **Prescrição do poder de polícia**
>
> Art. 1º da Lei 9.873/99: Prescreve em **cinco anos** a ação punitiva da Administração Pública Federal, direta e indireta, no exercício do poder de polícia, objetivando apurar infração à legislação em vigor, contados da data da prática do ato ou, no caso de infração permanente ou continuada, do dia em que tiver cessado.

3.7. Quadro resumo

O quadro apresenta os principais pontos da matéria, ele não dispensa o estudo completo da disciplina, mas serve de revisão.

<table>
<tr><td>Dever</td><td colspan="3">É uma prerrogativa especial do direito público, para que o Estado possa alcançar suas finalidades públicas, esse poder é outorgado aos agentes.</td></tr>
<tr><td>O poder outorgado aos agentes públicos</td><td>Para Carvalho Filho são:</td><td colspan="2">• Irrenunciáveis
• Devem ser obrigatoriamente exercidos</td></tr>
<tr><td rowspan="4">Deveres dos administradores públicos</td><td>Dever de agir</td><td colspan="2">“Se para o particular o poder de agir é uma faculdade, para o administrador público é uma obrigação de atuar; desde que se apresente o ensejo de exercitá-lo em benefício da comunidade”. Hely Lopes Meirelles</td></tr>
<tr><td>Dever de probidade</td><td colspan="2">Dever de moralidade, honestidade e impessoalidade.</td></tr>
<tr><td>Dever de prestar contas</td><td colspan="2">Essa prestação de contas pode ocorrer internamente, através dos órgãos escalonados hierarquicamente, ou, então, externamente, pelo Poder Legislativo, no qual encontramos o Tribunal de Contas.</td></tr>
<tr><td>Dever de eficiência</td><td colspan="2">Atividade administrativa se qualifique como eficiente, busque a perfeição, celeridade, qualidade na prestação de seu serviço.</td></tr>
<tr><td rowspan="2">Abuso de poder</td><td>Excesso de poder</td><td colspan="2">Agente que atua fora dos limites das atribuições/competências do cargo</td></tr>
<tr><td>Desvio de poder/finalidade</td><td colspan="2">Agente age dentro das competências, mas afasta-se do interesse público.</td></tr>
<tr><td>Efeitos do abuso de poder</td><td colspan="3">O ato praticado pelo agente, que importa em abuso de poder, pode gerar consequências na esfera administrativa, civil e penal; A invalidação da conduta; Possibilidade de crime de abuso de autoridade.</td></tr>
<tr><td rowspan="3">Espécies de poder</td><td>Poder discricionário</td><td>É a prerrogativa concedida aos agentes administrativos de elegerem uma conduta, dentro várias possíveis. Trata-se de liberdade de escolha. Mérito: análise de CONVENIÊNCIA e OPORTUNIDADE.</td><td rowspan="2">• Hely Lopes Meirelles: Poder vinculado e discricionário são trabalhados como oposição
• Di Pietro: Poder vinculado e discricionário não são poderes.
• Carvalho Filho e Diógenes Gasparini: poder vinculado não é poder.</td></tr>
<tr><td>Poder vinculado ou regrado</td><td>Ocorre quando a norma dispõe integralmente dos elementos do ato a ser praticado pelo administrador. Não possui liberdade de escolha.</td></tr>
<tr><td>Poder hierárquico</td><td colspan="2">A lei atribui para cada órgão, cargo e função as suas atividades (suas competências) e também estabelece uma relação de coordenação e subordinação entre eles.</td></tr>
</table>

<table>
<tr><td rowspan="6">Espécies de poder</td><td>Poder disciplinar</td><td colspan="2">É a prerrogativa que cabe à Administração Pública para apurar infrações dos servidores públicos e demais pessoas sujeitas à disciplina administrativa.</td></tr>
<tr><td>Poder normativo ou regulamentar</td><td colspan="2">É uma das formas pela qual o Poder Pública tem para editar normas complementares à lei, para sua fiel execução. O ato normativo, advindo do poder regulamentar, ou poder normativo, não pode inovar no ordenamento legislativo.</td></tr>
<tr><td rowspan="4">Poder de polícia</td><td colspan="2">É uma limitação às liberdades individuais, mas com a finalidade de assegurar a própria liberdade e os direito essenciais ao homem.</td></tr>
<tr><td>Atributos do poder de polícia:</td><td>• Autoexecutoriedade;
• Coercibilidade;
• Discricionariedade;
• Imperatividade;</td></tr>
<tr><td rowspan="2">Fases:</td><td>• Ordem
• Consentimento
• Fiscalização
• Sanção</td></tr>
<tr><td>Cuidado: a ordem não é possível delegar; O consentimento e a fiscalização podem ser delegados, inclusive à particulares que não fazem parte da Administração Pública; Já a sanção pode ser delegada à pessoa jurídica de direito privado, desde que integrante da Administração Pública Indireta de capital social majoritariamente público e preste serviço público em regime não concorrencial.</td></tr>
</table>

4. SERVIÇOS PÚBLICOS

4.1 Conceito, formas de prestação e classificações

4.1.1. Conceito de Serviço Público para a doutrina

O Estado pode atuar no domínio econômico, como agente normativo e regulador, bem como, pode atuar no campo do serviço público. Atuação direta ou delegada para particulares através das concessões e permissões (principalmente).

O conceito de serviço público pode variar de acordo com o doutrinador:

a) **Maria Sylvia Zanella Di Pietro (2020):** "toda atividade material que a lei atribui ao Estado para que a exerça diretamente ou por meio de seus delegados, com o objetivo de satisfazer concretamente às necessidades coletivas, sob regime jurídico total ou parcialmente público".
b) **Hely Lopes Meirelles (2003):** "serviço público é todo aquele prestado pela Administração ou por seus delegados, sob normas e controles estatais, para satisfazer necessidades sociais essenciais ou secundárias da coletividade ou simples conveniências do Estado".
c) **José dos Santos Carvalho Filho (2017):** "toda atividade material que a lei atribui ao Estado para que a exerça diretamente ou por meio de seus delegados, com o objetivo de satisfazer concretamente às necessidades coletivas, sob regime jurídico total ou parcialmente público".
d) **Celso Antônio Bandeira de Mello (2009):** "serviço público é toda atividade de oferecimento de utilidade e comodidade material destinada à satisfação da coletividade em geral, mas fruível singularmente pelos administrados, que o Estado assume como pertinente a seus deveres e presta por si mesmo ou por quem lhe faça as vezes, sob regime de Direito Público – portanto, consagrador de prerrogativas de supremacia e de restrições especiais –, instituído em favor dos interesses definidos como públicos no sistema normativo".

Quando se fala em serviço público, parte da doutrina trabalha com o **conceito amplo** de serviço público e outra parte com o **conceito restrito**. Autores sob influência da Escola do Serviço Público adotavam três critérios para poder definir o serviço público (DI PIETRO, 2020, p. 132):

1) o **subjetivo**, que considera a pessoa jurídica prestadora da atividade: o serviço público seria aquele prestado pelo Estado;
2) **material**, que considera a atividade exercida: o serviço público seria a atividade que tem por objeto a satisfação de necessidades coletivas;

3) **formal**, que considera o regime jurídico: o serviço público seria aquele exercido sob regime de direito público derrogatório e exorbitante do direito comum.

Como já vimos, a prestação do serviço público pode ocorrer diretamente pelo Estado ou pelo particular:

- Serviços prestados pelo Estado de forma exclusiva: como a segurança pública (art. 144, da CF) e o serviço postal (embora descentralizado para a empresa Brasileira de Correios e Telégrafos).
- Serviços que o Estado deve prestar, mas por previsão constitucional, o particular também terá a titularidade para prestá-los: saúde e ensino, por exemplo.
- Serviços que o Estado poderia prestar, mas pelas características peculiares prefere delegar à iniciativa privada: como é o caso da TV Justiça e TV Senado.
- Serviços que o Estado tem a incumbência de promover: telefonia, transporte coletivo, através da delegação de serviço público.

Serviço público é, então, a atividade prestacional exercida pelo Estado, com ou sem exclusividade, atividade criada por lei, com o objetivo de atender as necessidades coletivas e sob regime predominante do direito público.

4.1.2 Forma de prestação

O serviço público pode ser prestado de forma direta pelo Poder Público, por meio da Administração Direta (entes federados e seus órgãos - desconcentração); pode ser **outorgado** para a administração indireta (autarquia, fundação, sociedade de economia mista ou empresa pública – descentralização legal), bem como pode ser **delegado**, no qual o Estado (poder concedente) delega por meio de contrato de concessão ou permissão para o privado prestar o serviço público.

Na Constituição Federal a delegação de prestação de serviço público está prevista no artigo 175:

> Art. 175. Incumbe ao Poder Público, na forma da lei, diretamente ou sob regime de concessão ou permissão, sempre através de licitação, a prestação de serviços públicos.
>
> Parágrafo único. A lei disporá sobre:
>
> I - o regime das empresas concessionárias e permissionárias de serviços públicos, o caráter especial de seu contrato e de sua prorrogação, bem como as condições de caducidade, fiscalização e rescisão da concessão ou permissão;
>
> II - os direitos dos usuários;
>
> III - política tarifária;
>
> IV - a obrigação de manter serviço adequado.

Além do artigo 175, o artigo 21, inciso XI e XII, da Constituição Federal, prevê a execução do serviço público de forma direta ou por meio de concessão, permissão ou autorização, como o que acontece nos serviços de telecomunicações, energia elétrica, portos, navegação área, dentro outros.

A execução do serviço público é tradicionalmente exercida pela administração direta, como também pela administração indireta, como por autarquias, fundações públicas, sociedade de economia mista e empresas públicas. Essas são as formas mais tradicionais, mas também existem outras formas, como as parcerias público-privadas, controle de gestão nas organizações sociais, consórcios públicos e convênios de cooperação (Art. 241, da CF).

O serviço público pode ser outorgado, quando ocorre a transferência para terceiros (administração indireta) da titularidade e da execução do serviço público. Ou pode ocorrer por delegação, quando se transfere para terceiros (concessionários e permissionários) só a execução. Alguns doutrinadores trabalham com a nomenclatura delegação nas duas hipóteses.

Atenção, o estudo da Lei n. 8.987, de 13 de fevereiro de 1995 é muito importante, pois a lei dispõe sobre o regime da concessão e permissão da prestação de serviço público prevista no artigo 175 da Constituição Federal, trazendo diversos conceitos e regras para a delegação da prestação de serviço público aos particulares. Além disso, a Lei 8.078/90 (CDC) e Lei 13.460/2017 são importantes, pois tratam da proteção dos usuários de serviço público; nesta última legislação indicada, recomenda-se a leitura, pelo menos, dos artigos: 2º, 5º, 6º, 7º, 8º e 23.

4.1.3 Divisão de serviço público

Na Constituição Federal podemos verificar a atribuição de serviço público dividida entre União, estados-membros, Distrito Federal e municípios:

a) **União**, conforme o artigo 21, inciso X a XII:

> Art. 21. Compete à União:
>
> X - manter o serviço postal e o correio aéreo nacional;
>
> XI - explorar, diretamente ou mediante autorização, concessão ou permissão, os serviços de telecomunicações, nos termos da lei, que disporá sobre a organização dos serviços, a criação de um órgão regulador e outros aspectos institucionais; (Redação dada pela Emenda Constitucional nº 8, de 15/08/95:)
>
> XII - explorar, diretamente ou mediante autorização, concessão ou permissão:
>
> a) os serviços de radiodifusão sonora, e de sons e imagens; (Redação dada pela Emenda Constitucional nº 8, de 15/08/95:)

b) os serviços e instalações de energia elétrica e o aproveitamento energético dos cursos de água, em articulação com os Estados onde se situam os potenciais hidroenergéticos;

c) a navegação aérea, aeroespacial e a infra-estrutura aeroportuária;

d) os serviços de transporte ferroviário e aquaviário entre portos brasileiros e fronteiras nacionais, ou que transponham os limites de Estado ou Território;

e) os serviços de transporte rodoviário interestadual e internacional de passageiros;

f) os portos marítimos, fluviais e lacustres;

b) **Estados**, conforme o artigo 25, §2º:

> Art. 25. Os Estados organizam-se e regem-se pelas Constituições e leis que adotarem, observados os princípios desta Constituição.
>
> § 2º Cabe aos Estados explorar diretamente, ou mediante concessão, os serviços locais de gás canalizado, na forma da lei, vedada a edição de medida provisória para a sua regulamentação. (Redação dada pela Emenda Constitucional nº 5, de 1995)

c) **Municípios**, conforme o artigo 30:

> Art. 30. Compete aos Municípios:
>
> V - organizar e prestar, diretamente ou sob regime de concessão ou permissão, os serviços públicos de interesse local, incluído o de transporte coletivo, que tem caráter essencial;
>
> VI - manter, com a cooperação técnica e financeira da União e do Estado, programas de educação infantil e de ensino fundamental;
>
> VII - prestar, com a cooperação técnica e financeira da União e do Estado, serviços de atendimento à saúde da população;

d) **Distrito Federal**, conforme o artigo 32, §1º: as mesmas competências relativas aos estados e municípios.

Tem serviço público que é de **competência comum** dos entes federados, como a saúde, educação, previdência social e assistência social. Esses serviços públicos também podem ser prestados por particulares, mas para ser considerado serviço público deve ser prestado pelo Estado.

4.1.4 Classificação dos serviços públicos:

Serviços públicos podem ser classificá-los em:

1) **Destinatários:** quanto aos destinatários, podemos classificar em duas subespécies:

a) **Serviços públicos gerais ou coletivos (*uti universi*):** são aqueles prestados sem identificar individualmente o usuário. Como é indivisível seu custeio ocorre por meio de imposto, em regra. Ex.: iluminação pública, calçamento, segurança pública, etc.

b) **Serviços públicos individuais ou singulares (*uti singuli*):** são aqueles prestados para um usuário determinado, por ser divisível, é possível a cobrança por taxa ou tarifa. Ex.: fornecimento domiciliar de água, energia elétrica, transporte público, telefonia, etc. A súmula 545, do STF, faz a diferenciação da cobrança por tarifa ou taxa: Preços de serviços públicos e taxas não se confundem, porque estas, diferentemente daqueles, são compulsórias e têm sua cobrança condicionada à prévia autorização orçamentária, em relação à lei que as instituiu.

▷ **Observações:**

COLETA, REMOÇÃO E TRATAMENTO DE LIXO: serviço público *uti singuli*

- Súmula Vinculante 19: A taxa cobrada exclusivamente em razão dos serviços públicos de coleta, remoção e tratamento ou destinação de lixo ou resíduos provenientes de imóveis não viola o art. 145, II, da Constituição Federal.

ILUMINAÇÃO PÚBLICA: serviço público *uti universi*

- Súmula Vinculante 41: O serviço de iluminação pública não pode ser remunerado mediante taxa.

Os serviços públicos individuais compulsórios (que estão disponíveis, independentemente de utilização) são remunerados por taxa, já os facultativos devem ser pagos por meio de tarifa.

- **Resumindo:**

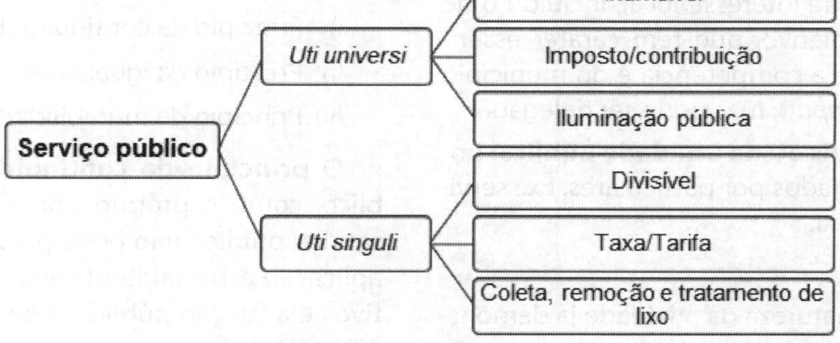

ADMINISTRATIVO

2) **Titularidade:** a titularidade pode ser classificada em 5 categorias:
   a) **Federal:** titularidade União. Ex.: transporte rodoviário internacional e interestadual – art. 21, inciso XII, "e" da CF.
   b) **Estadual:** quando a competência for do Estado. Ex.: transporte intermunicipal – competência residual.
   c) **Distrital:** o Distrito Federal concentra competência estaduais e municipais.
   d) **Municipal:** quando a competência pertence ao município. Ex.: transporte coletivo – artigo 30, inciso V, da CF.
   e) **Comum:** quando a competência para a prestação do serviço público é comum de todos os entes federados. Ex.: saúde – art. 23, da CF.
3) **Objeto:** a doutrina administrativa costuma trazer três categorias:
   a) **Serviço público administrativo:** atividade para atender necessidades internas. Ex.: imprensa oficial.
   b) **Serviço público comercial ou industrial ou econômico:** produção de renda. Ex.: transporte público, energia elétrica, água. Que são serviço que podem ser delegados a particulares.
   c) **Serviço público social:** que atende direitos fundamentais sociais. Não são exclusivos do Estado, podendo ser objeto de delegação. Ex.: ações governamentais na área da assistência social – art. 204, da CF.
4) **Essencialidade:** podem ser essenciais ou não essenciais:
   a) **Essenciais ou de necessidade pública:** são serviços considerados indispensáveis, de execução (em tese) privativa da Administração Pública. Ex.: serviços judiciais. A própria Constituição Federal traz uma exceção, a possibilidade de execução por particular de serviço essencial, que o é o caso do artigo 30, inciso V: "organizar e prestar, diretamente ou sob regime de concessão ou permissão, os serviços públicos de interesse local, incluído o de transporte coletivo, que tem caráter essencial", veja que a competência é do município (segundo o *caput*), mas pode ser delegada.
   b) **Não essenciais ou de utilidade pública:** podem ser prestados por particulares. Ex.: serviço de funerária.
5) **Criação:**
   a) **Inerente:** a natureza da atividade já demonstra o caráter de serviço público, não havendo necessidade de normativa para a caracterização.
   b) **Opção legislativa:** atividades econômicas que a norma determinou como serviço público e por essa razão são retiradas da livre-iniciativa. Ex.: transporte público. Em que pese podem ser delegadas.

> ▷ **Observações:** Alguns administrativos vão trabalhar com a classificação da execução, sendo próprios/diretos (prestados pelo Estado) ou impróprios/indiretos (quando prestados por particulares).

4.1.5 Outros serviços:

Serviços públicos notariais (exercido pelo notário ou tabelião) e de **registro** (exercido pelo oficial de registro ou registrador) são exercidos através de delegação de serviço público, segundo o artigo 236, da Constituição Federal: "Os serviços notariais e de registro são exercidos em caráter privado, por delegação do Poder Público". Apesar do ingresso na atividade necessitar de concurso público de provas e títulos, concurso realizado pelo Poder Judiciário, com participação do Ministério Público e da OAB em todas as fases, já que se trata de atividade destinada à garantia de publicidade, autenticidade e segurança de atos jurídicos (art. 1º, da Lei n. 8.935/94).

O emolumento cobrado pelos serviços notariais e de registro prestados ao usuário possui natureza jurídica de taxa de serviço público, já a porcentagem repassada ao tribunal fiscalizador do serviço tem natureza de taxa de polícia.

4.2. Princípios aplicados aos serviços públicos:

Além dos princípios gerais da Administração Pública, tradicionalmente há três princípios norteadores dos serviços públicos, os quais foram elencados pelo **francês Louis Rollan d (apud Di Pietro, 2023, p. 142)**, são eles:

I) Princípio da continuidade;

II) Princípio da igualdade;

III) Princípio da mutabilidade;

O **princípio da continuidade** do serviço público, como o próprio nome diz, a prestação do serviço público não pode parar, esse princípio tem aplicação especialmente aos contratos administrativos e a função pública. Vide o artigo 6º, da Lei n. 8.987/95.

▷ **Observações:**

No que concerne aos contratos, o princípio da continuidade traz como consequências:

1. A imposição de prazos rigorosos ao contraente;
2. A aplicação da teoria da imprevisão, para recompor o equilíbrio econômico-financeiro do contrato e permitir a continuidade do serviço;
3. A inaplicabilidade da *exceptio non adimpleti contractus* contra a Administração;
4. O reconhecimento de privilégios para a Administração, como o de encampação, o de uso compulsório dos recursos humanos e materiais da empresa contratada, quando necessário para dar continuidade à execução do serviço. (DI PIETRO, 2022)

O **princípio da igualdade** pressupõe uniformidade e neutralidade na prestação do serviço público. Já o princípio da mutabilidade diz respeito ao serviço público ofertado em conformidade com a atualidade.

O **princípio da mutabilidade** do regime jurídico ou da flexibilidade dos meios aos fins autoriza mudanças no regime de execução do serviço para adaptá-lo ao interesse público, que é sempre variável no tempo. Em decorrência disso, nem os servidores públicos, nem os usuários dos serviços públicos, nem os contratados pela Administração têm direito adquirido à manutenção de determinado regime jurídico; o estatuto dos funcionários pode ser alterado, os contratos também podem ser alterados ou mesmo rescindidos unilateralmente para atender ao interesse público (DI PIETRO, 2017, p. 145). O reconhecimento de privilégios para a Administração, como o de encampação, o de uso compulsório dos recursos humanos e materiais da empresa contratada, quando necessário para dar continuidade à execução do serviço. (DI PIETRO, 2022)

Outros princípios dos serviços públicos foram surgindo com o direito administrativo moderno, além dos três já mencionados, temos também: Princípio da segurança, generalidade (ou universalidade), adequação (ligado ao princípio da mutabilidade), transparência e modicidade:

- **Continuidade**: possibilidade de acesso quando o serviço funciona – permanente e duradoura;
- **Regularidade**: exatidão e pontualidade;
- **Eficiência**: bons resultados e menos custoso;
- **Segurança**: condicionantes para tutelar a integridade dos usuários;
- **Atualidade** ou contemporaneidade: técnicas modernas;
- **Generalidade** ou universalidade e igualdade: prestado a todos que necessitarem;
- **Cortesia**: direito de ser tratado com urbanidade, educação e respeito;
- **Modicidade das tarifas**: custeio dos serviços deve ser o menor possível;
- **Participação do usuário** e **transparência**.

Para que esses princípios sejam respeitados, algumas atitudes são tomadas pela Administração Pública, como a imposição de prazos rigorosos ao contraente; reconhecimento de privilégios para a administração pública, como é o caso da encampação; a proibição do direito de greve para agentes militares (segundo a Constituição Federal) e policiais civis (segundo o STF); as normas de permanência do servidor público em serviço depois de pedir exoneração.

O **princípio da igualdade** dos usuários estabelece que, desde que a pessoa preencha os requisitos legais, faz jus à prestação de serviço público sem distinção de caráter pessoal. Isso não significa a proibição do estabelecimento de tarifas diferenciadas, a própria Lei de concessão de serviços públicos, Lei n. 8.987/1995, traz a possibilidade de serem estabelecidas tarifas diferenciadas em razão das características técnicas e custos de cada prestação de serviço público, por exemplo, no caso de gratuidade de serviço de transporte público à pessoa idosa que possui mais 65 anos de idade, nos termos do artigo 230, §2º, da Constituição Federal.

O **princípio da modicidade** possibilita a cobrança de valores dos usuários, mas o valor dever ser proporcional ao custo do respectivo serviço público prestado, como também a possibilidade de um serviço público delegado obter outras fontes provenientes de receitas alternativas, complementares, acessórias ou de projetos associados, com ou sem exclusividade, para favorecer a modicidade das tarifas, segundo o artigo 11, da lei 8.987/95.

4.2.4 Princípio da continuidade

O princípio da continuidade requer mais aprofundamento. Ele impõe o dever da prestação de serviço público de forma ininterrupta, pressupõe regularidade na sua prestação. Mas isso não significa que ele precisa ser em tempo integral, pois a prestação do serviço depende da necessidade da população.

A prestação de um serviço público pode ser integral, como o fornecimento de água e energia

ADMINISTRATIVO

elétrica, atividades hospitalares, etc. Como também poderá ser conforme a necessidade do usuário, que é o caso de uma biblioteca pública, quadras esportivas, etc.

Cumpre ressaltar que o dever de prestação ininterrupta não é absoluto, existem possibilidades de interrupção da prestação de um serviço público, inclusive aqueles de necessidade integral, como o caso de fornecimento de água. A própria Lei de Concessões e Permissões, lei n. 8.987/95, traz no artigo 6º, §3º, inciso II, possibilidade de interrupção:

> Art. 6º Toda concessão ou permissão pressupõe a prestação de serviço adequado ao pleno atendimento dos usuários, conforme estabelecido nesta Lei, nas normas pertinentes e no respectivo contrato.
>
> § 1º Serviço adequado é o que satisfaz as condições de regularidade, continuidade, eficiência, segurança, atualidade, generalidade, cortesia na sua prestação e modicidade das tarifas.
>
> § 2º A atualidade compreende a modernidade das técnicas, do equipamento e das instalações e a sua conservação, bem como a melhoria e expansão do serviço.
>
> § 3º Não se caracteriza como descontinuidade do serviço a sua interrupção em situação de emergência ou após prévio aviso, quando:
>
> I - motivada por razões de ordem técnica ou de segurança das instalações; e,
>
> II - por inadimplemento do usuário, considerado o interesse da coletividade.
>
> § 4º A interrupção do serviço na hipótese prevista no inciso II do § 3º deste artigo não poderá iniciar-se na sexta-feira, no sábado ou no domingo, nem em feriado ou no dia anterior a feriado. (Incluído pela Lei nº 1.4015, de 2020)

O serviço público também pode ser interrompido no caso de greve dos servidores público. A lei 7.783/89 elenca, em seu artigo 10 e 11, quais são os serviços essenciais, nos quais deve ser respeitada a continuidade do serviço. Segundo entendimento de nossos tribunais, as categorias que prestam esses serviços essenciais ficam restringidas de exercer o seu direito de greve.

O corte no fornecimento de serviços públicos essenciais deve observar algumas regras instituídas pelo Superior Tribunal de Justiça (publicadas em seu caderno de jurisprudência em teses edição de nº 13):

1) É legítimo o corte no fornecimento de serviços públicos essenciais quando inadimplente o usuário, desde que precedido de notificação.
2) É legítimo o corte no fornecimento de serviços públicos essenciais por razões de ordem técnica ou de segurança das instalações, desde que precedido de notificação.
3) É ilegítimo o corte no fornecimento de energia elétrica quando puder afetar o direito à saúde e à integridade física do usuário.
4) É legítimo o corte no fornecimento de serviços públicos essenciais quando inadimplente pessoa jurídica de direito público, desde que precedido de notificação e a interrupção não atinja as unidades prestadoras de serviços indispensáveis à população.
5) É ilegítimo o corte no fornecimento de serviços públicos essenciais quando inadimplente unidade de saúde, uma vez que prevalecem os interesses de proteção à vida e à saúde.
6) É ilegítimo o corte no fornecimento de serviços públicos essenciais quando a inadimplência do usuário decorrer de débitos pretéritos, uma vez que a interrupção pressupõe o inadimplemento de conta regular, relativa ao mês do consumo.
7) É ilegítimo o corte no fornecimento de serviços públicos essenciais por débitos de usuário anterior, em razão da natureza pessoal da dívida.
8) É ilegítimo o corte no fornecimento de energia elétrica em razão de débito irrisório, por configurar abuso de direito e ofensa aos princípios da proporcionalidade e razoabilidade, sendo cabível a indenização ao consumidor por danos morais.
9) É ilegítimo o corte no fornecimento de serviços públicos essenciais quando o débito decorrer de irregularidade no hidrômetro ou no medidor de energia elétrica, apurada unilateralmente pela concessionária.
10) O corte no fornecimento de energia elétrica somente pode recair sobre o imóvel que originou o débito, e não sobre outra unidade de consumo do usuário inadimplente.

4.3 Formas de delegação: concessão, permissão e autorização

4.3.1 Concessão de serviço público:

Dentre as formas de delegação de serviço público está a concessão, que pode ocorrer de diversas formas:

- Concessão de serviço público (comum): disciplinada pela Lei 8.987/95

- Concessão patrocinada: instituída pela Lei n. 11.079/04
- Concessão administrativa: segundo a Lei n. 11.079/04
- Concessão de obra pública: Lei 8.987/95 e Lei n. 11.079/04.

Nos tópicos seguintes falaremos sobre as leis 8.987/95 e 11.079/04 e então nos aprofundaremos na concessão comum e especial.

Desde já quero que compreenda que a concessão é uma forma da pessoa jurídica de direito privado prestar serviço público após firmar **contrato** de concessão com o poder concedente, tal contrato ocorrerá com a **pessoa jurídica** ou **consórcio de empresas** que vencer o **processo licitatório** prévio na modalidade concorrência ou diálogo competitivo.

4.3.2 Permissão

A diferença entre permissão e concessão está na sua forma de constituição basicamente, pois o regime jurídico é o mesmo para concessão e permissão. A concessão pode ser à pessoa jurídica ou consórcio de empresas, já a permissão ocorre à pessoa jurídica ou pessoa física. Ambas devem ter licitação anteriormente. As suas características resumem-se, segundo Di Pietro (2017, p. 347-348):

- É contrato de adesão, precário e revogável unilateralmente pelo poder concedente (em conformidade com o artigo 175, parágrafo único, inciso I, da Constituição, e do art. 40 da Lei 8.987/95), embora tradicionalmente seja tratada pela doutrina como ato unilateral, discricionário e precário, gratuito ou oneroso, *intuitu personae.*
- Depende sempre de licitação, conforme artigo 175 da Constituição.
- Seu objeto é a execução de serviço público, continuando a titularidade do serviço com o Poder Público.
- Seu serviço é executado em nome do permissionário, por sua conta e risco.
- O permissionário sujeita-se às condições estabelecidas pela Administração e sua fiscalização.
- Como ato precário, pode ser alterado ou revogado a qualquer momento pela Administração, por motivo de interesse público.
- Não obstante seja de sua natureza a outorga sem prazo, tem a doutrina admitido a possibilidade de fixação de prazo, hipótese em que a revogação antes do termo estabelecido dará ao permissionário direito à indenização;

▷ **Cuidado:** a permissão foi criada como ato unilateral, tradicionalmente a doutrina apontava essa diferença entre permissão e concessão, mas com a superveniência da Lei 8.987/95 a permissão de serviço público passou a ser formalizada por meio de contrato administrativo (Art. 40). Algumas bancas já adotaram em questões de concursos o posicionamento tradicional, de ato unilateral.

4.3.3 Autorização

A autorização de serviço público constitui **ato unilateral**, discricionário e precário, pelo qual o poder público delega a execução do serviço público, mas para que o particular exerça, predominantemente, em benefício próprio, segundo Di Pietro (2017, p. 349). É medida de exceção, não é a regra da delegação. É formalizada por decreto ou portaria.

Diferenças entre as três formas de delegação:

Concessão	Permissão	Autorização
Licitação: concorrência ou diálogo competitivo	Licitação: qualquer modalidade	Sem licitação
Contrato	Contrato	Ato administrativo discricionário
Não precário	Precário	
Pessoa Jurídica ou consórcio de empresas	Pessoa jurídica ou física	
Título oneroso	Título oneroso/gratuito	
Poder envolver obra	Não envolve obra	

4.4 Concessão: Lei 8.987/1995

A concessão é feita pelo poder concedente (administração direta: União, estados, DF e municípios), mediante **licitação**, na modalidade **concorrência** (ou **diálogo competitivo**, de acordo com a nova lei de licitações), a concessão ocorre para a **pessoa jurídica** ou **consórcio** de **empresas. Atenção,** concessão não pode ocorrer para pessoa física! O prazo da concessão pode variar conforme o serviço a ser prestado, sendo vedada a renovação automática de concessões (STF, RE 422.591).

O concessionário possui encargos, assim como o usuário possui direitos e obrigações. Os direitos e obrigações dos usuários estão elencados nos artigos 7º e 7º-A da Lei 8.987/95 (Lei de concessões e permissões). Já os encargos do concessionário, podemos elencar:

a) prestar serviço adequado, de acordo com a forma prevista em lei, nas normas técnicas aplicáveis e no contrato;
b) manter em dia o inventário e o registro dos bens vinculados à concessão;
c) prestar contas da gestão do serviço ao poder concedente e aos usuários, nos termos definidos no contrato;
d) cumprir e fazer cumprir as normas do serviço e as cláusulas contratuais da concessão;
e) permitir aos encarregados da fiscalização livre acesso, em qualquer época, às obras, aos equipamentos e às instalações integrantes do serviço, bem como a seus registros contábeis;
f) promover as desapropriações e constituir servidões autorizadas pelo poder concedente, conforme previsto no edital e no contrato;
g) zelar pela integridade dos bens vinculados à prestação do serviço, bem como segurá-los adequadamente; e
h) captar, aplicar e gerir os recursos financeiros necessários à prestação do serviço.

Via de regra as concessionárias são remuneradas através das **tarifas pagas pelos usuários**, na Lei essa previsão encontra-se nos artigos 9-11 e 13, assim como, a previsão de cobrança de receitas alternativas, para reduzir o custo final que chega ao usuário do serviço.

O contrato é por **prazo determinado**, sendo que a prorrogação do mesmo é somente em casos excepcionais. A prorrogação só pode ser feita pela Administração Pública, ela deve estar prevista no edital e no contrato, sendo inconstitucional a prorrogação ocorrer pela lei, em razão do princípio da separação dos poderes e da impessoalidade, segundo decisão do STF (ADI 118 MC/PR, Rel. p/ acórdão Min. Néri da Silveira, Tribunal Pleno, DJ 03/12/1993).

É autorizada a **subcontratação** ou **subconcessão**, a concessionária é a responsável pela prestação do serviço público, no caso de subconcessão, desde que haja procedimento licitatório prévio e autorização do poder concedente:

> Art. 25. Incumbe à concessionária a execução do serviço concedido, cabendo-lhe responder por todos os prejuízos causados ao poder concedente, aos usuários ou a terceiros, sem que a fiscalização exercida pelo órgão competente exclua ou atenue essa responsabilidade.
>
> § 1º Sem prejuízo da responsabilidade a que se refere este artigo, a concessionária poderá contratar com terceiros o desenvolvimento de atividades inerentes, acessórias ou complementares ao serviço concedido, bem como a implementação de projetos associados. (Vide ADC 57)
>
> § 2º Os contratos celebrados entre a concessionária e os terceiros a que se refere o parágrafo anterior reger-se-ão pelo direito privado, não se estabelecendo qualquer relação jurídica entre os terceiros e o poder concedente.
>
> § 3º A execução das atividades contratadas com terceiros pressupõe o cumprimento das normas regulamentares da modalidade do serviço concedido.

> Art. 26. É admitida a subconcessão, nos termos previstos no contrato de concessão, desde que expressamente autorizada pelo poder concedente.
>
> § 1º A outorga de subconcessão será sempre precedida de concorrência.
>
> § 2º O subconcessionário se sub-rogará todos os direitos e obrigações da subconcedente dentro dos limites da subconcessão.

O contrato de concessão pode prever mecanismo privados para resolução de conflitos relacionados ao contrato, como por exemplo a arbitragem, segundo o artigo 23-A da Lei 8.987/95.

Quanto à forma de **extinção**, o contrato de concessão poderá ser extinto por seis formas distintas (art. 35, da Lei 8987/95):

1) **Advento do termo contratual:** fim do contrato, lembre-se que ele é por tempo determinado.
2) **Encampação:** trata-se de rescisão unilateral pela Administração Pública, se dá por autorização legislativa e decreto, cabe indenização prévia à concessionária. A encampação é a retomada do serviço pelo poder concedente durante o prazo de vigência da concessão (art. 37).
3) **Caducidade:** também se trata de rescisão unilateral pela Administração Pública, mas neste caso ela ocorre em razão do descumprimento de cláusulas contratais, o que não dá o direito de indenização por parte da concessionária (art. 27 e 38), pelo contrário, ela que deverá indenizar. A caducidade ocorre após processo administrativo e decreto.
4) **Rescisão:** pode ser via judicial ou amigavelmente, em acordo entre as partes, se dá quando a concessionária não deseja continuar prestando o serviço público (art. 39).
5) **Anulação:** se ocorrer vício de legalidade no contrato.
6) **Falência ou extinção da empresa concessionária ou falecimento ou incapacidade do titular** (no caso de empresa individual).

4.5 Parceria público-privado:

É a ideia da empresa privada "emprestar" dinheiro para o Estado quando ele não consegue cumprir com suas obrigações. Trata-se de uma delegação de serviços para a **pessoa jurídica** ou o **consórcio de empresas**, precedia de licitação na modalidade **concorrência ou diálogo competitivo**. A Parceria Público-Privada é formalizada por um **contrato**, onde o setor privado busca a obtenção de lucro e vantagens na execução do serviço ou obra pública.

A Lei que rege as normas gerais da PPP's é a Lei 11.079/2004, embora seja aplicada de forma subsidiária partes da lei 8.987/95.

Há duas **modalidades** de Parceria Público-Privada:

1) **Patrocinada**: concessão de serviços públicos ou obras públicas, quando envolver tarifa cobrado do usuário, contraprestação pecuniária do ente público ao privado. Ex.: projetos de rodovias e aeroportos. O artigo 2º, §3º, da Lei 11.079/2004 traz "Concessão patrocinada é a concessão de serviços públicos ou de obras públicas de que trata a Lei nº 8.987, de 13 de fevereiro de 1995, quando envolver, adicionalmente à tarifa cobrada dos usuários contraprestação pecuniária do parceiro público ao parceiro privado".
2) **Administrativa:** quando a administração pública é usuária direta ou indireta, ainda que envolva obra ou fornecimento ou instalação de bens. Ex.: vários presídios em projeto de PPP administrativa. De acordo com o artigo 2º, §2º, da Lei 11.079/2004 traz: "Concessão administrativa é o contrato de prestação de serviços de que a Administração Pública seja a usuária direta ou indireta, ainda que envolva execução de obra ou fornecimento e instalação de bens".

▷ **Observações:** Conforme artigo 2º, §3º, da Lei 11.079/04, não constitui parceria público-privada a concessão comum, que é entendida como concessão de serviços públicos ou de obras públicas, pois não envolve contraprestação pecuniária do parceiro público ao parceiro privado.

Vedações aos contratos de parceria público-privada (art. 2º, §4º):

- cujo valor do contrato seja inferior a R$ 10.000.000,00 (dez milhões de reais);
- cujo período de prestação do serviço seja inferior a 5 (cinco) anos (ou superior a 35 anos); ou
- que tenha como objeto único o fornecimento de mão-de-obra, o fornecimento e instalação de equipamentos ou a execução de obra pública.

Diferente da **concessão comum** em que a responsabilidade é da concessionária e o poder concedente **responde subsidiariamente** apenas, na **concessão especial** a responsabilidade é **solidária**, há, portanto, o compartilhamento de risco entre o Estado (poder concedente) e o concessionário (art. 4º, inciso VI).

Diretrizes que devem ser observadas nas PPP's:

> **Art. 4º** Na contratação de parceria público-privada serão observadas as seguintes diretrizes:
>
> I – eficiência no cumprimento das missões de Estado e no emprego dos recursos da sociedade;
>
> II – respeito aos interesses e direitos dos destinatários dos serviços e dos entes privados incumbidos da sua execução;
>
> III – indelegabilidade das funções de regulação, jurisdicional, do exercício do poder de polícia e de outras atividades exclusivas do Estado;
>
> IV – responsabilidade fiscal na celebração e execução das parcerias;
>
> V – transparência dos procedimentos e das decisões;
>
> VI – repartição objetiva de riscos entre as partes;
>
> VII – sustentabilidade financeira e vantagens socioeconômicas dos projetos de parceria.

Principais **características** da Parceria Público-Privada:

- Dois tipos de concessão: administrativa e patrocinada (art. 2º);
- Prazo determinado: mínimo de 5 anos e máximo de 35 anos, incluindo eventual prorrogação (art. 5º, I);
- Valor deve ser superior: R$ 10.000.000,00 (dez milhões – art. 2º);
- Responsabilidade objetiva e compartilhada entre poder concedente e concessionária (art. 4º, inciso VI);
- Licitação prévia: modalidade concorrência ou diálogo competitivo (art. 10);
- Se a concessão patrocinada em que mais de 70% da remuneração do parceiro privado for paga pela Administração Pública dependerá de autorização legislativa específica (art. 10, §3º);
- Criação de uma sociedade de propósito específico com o objeto de implantar e gerir o objeto de parceria (art. 9);
- O contrato não pode ter um único objeto, deve ser mais de um, como a prestação de serviço, obra ou fornecimento (art. Art. 2º, §4º, III);
- Contraprestação da Administração Pública pode ser feita por: ordem bancária; cessão de créditos não tributários; outorga de direitos em face da

Administração pública; outorga de direitos sobre bens dominicais; outros meios admitidos em lei (art. 6º);

5. CONTROLE DA ADMINISTRAÇÃO

5.1 Conceito, princípios, abrangência e classificações

O conteúdo de controle da Administração não tem lei específica que o discipline. Assim, iremos estudar de forma esparsa no ordenamento jurídico, através, principalmente, da Constituição Federal, bem como de alguns artigos da Lei 9.784/99, do Decreto-Lei 200/1967, de súmulas e de alguns outros dispositivos de normas infraconstitucionais.

O artigo 6º, inciso V, do Decreto-Lei 20/1967 refere que o controle é princípio fundamental que as atividades da Administração Pública devem obedecer. Embora expresso no texto a "Administração Pública Federal", aplica-se também para os demais entes federativos pelo princípio da simetria.

> Art. 6º As atividades da Administração Federal obedecerão aos seguintes princípios fundamentais:
>
> I - Planejamento.
>
> II - Coordenação.
>
> III - Descentralização.
>
> IV - Delegação de Competência.
>
> V - Controle.

A **Administração Pública** tem o **dever-poder** de controle de seus atos. Ela pode exercer ela mesma o controle (princípio da **autotutela**) chamado **controle interno** quando exercido pelo próprio Poder ou pessoa jurídica que praticou o ato, assim como, também está sujeita ao **controle externo**, quando um poder realiza controle dos atos administrativos praticados pelo outro. Esse controle não recai apenas sobre os órgãos do Poder Executivo, mas também a qualquer entidade administrativa da administração indireta, qualquer órgão, de qualquer dos Poderes, da administração direta no exercício da função administrativa.

Segundo a doutrinadora **Di Pietro** (2022) "Pode-se definir controle da Administração Pública como o poder de fiscalização e correção que sobre ela exercem os órgãos dos Poderes Judiciário, Legislativo e Executivo, com o objetivo de garantir a conformidade de sua atuação com os princípios que lhe são impostos pelo ordenamento jurídico. Esse controle abrange não só os órgãos do Poder Executivo, incluindo a administração direta e a indireta, mas também os dos demais Poderes, quando exerçam função tipicamente administrativa; em outras palavras, abrange a Administração Pública considerada em sentido amplo. A finalidade do controle é de assegurar que a Administração atue em consonância com os princípios que lhe são impostos pelo ordenamento jurídico, como os da legalidade, moralidade, finalidade pública, publicidade, motivação, impessoalidade; em determinadas circunstâncias, abrange também o controle chamado de mérito e que diz respeito aos aspectos discricionários da atuação administrativa.

Para **José dos Santos Carvalho Filho** (2022): Podemos denominar de controle da Administração Pública o conjunto de mecanismos jurídicos e administrativos por meio dos quais se exerce o poder de fiscalização e de revisão da atividade administrativa em qualquer das esferas de Poder.

Controle da Administração é diferente de controle da atividade política de Estado. O controle político tem previsão constitucional e visa a adequar as políticas estatais à legislação aplicável. Atos políticos como declaração de guerra, concessão de anistia, declaração de estado de defesa, estado de sítio, etc., sofrem controle político, diferente do seu estudo aqui, que será aprofundado no controle de atos administrativos.

5.1.1 Classificação

A classificação das formas de controle que adotaremos neste material segue a doutrina de Di Pietro (2023, p. 933), por serem as classificações mais recorrentes em provas:

1) Quanto ao **órgão** que exerce:
   - **Administrativo** – decorre do poder de autotutela
   - **Legislativo** – controle parlamentar direto ou pelo Tribunal de Contas
   - **Judicial** – mediante provocação
2) Quanto ao **momento**
   - **Prévio** – ou *a priori* ou preventivo, ato sujeito à autorização – art. 49, II, III, XV, XVI e XVII e 52, III, da CF
   - **Concomitante** – acompanhamento de execução orçamentária pelo sistema de auditoria; fiscalização sob escolas, hospitais, etc.
   - **Posterior** – rever atos, abrange atos como os de aprovação, homologação, anulação, revogação e convalidação.

3) Quanto à **extensão**

- **Interno** – É interno o controle que cada um dos Poderes exerce sobre seus próprios atos e agentes.
- **Externo** – É externo o controle exercido por um dos Poderes sobre o outro; O controle da Administração Direta sobre a Indireta; como também o controle popular.

▷ **Observações:** A Constituição Federal, no capítulo concernente à fiscalização contábil, financeira e orçamentária, prevê o controle externo, a cargo do Congresso Nacional, com o auxílio do Tribunal de Contas (art. 71), bem como prevê também o controle interno que cada Poder exercerá sobre seus próprios atos (arts. 70 e 74). Esse controle interno é feito, normalmente, pelo sistema de auditoria, que acompanha a execução do orçamento, verifica a legalidade na aplicação do dinheiro público e auxilia o Tribunal de Contas no exercício de sua missão institucional (DI PIETRO, 2022)

Vamos analisar alguns exemplos para compreender melhor o controle externo e interno:

- Quando o INSS (autarquia federal) sofre controle pelo Ministério da Previdência, esse controle de tutela é um controle externo, porque o Ministério é órgão que pertence a estrutura de outra pessoa jurídica.
- O controle de uma secretaria municipal sobre os postos de saúde do município é um controle interno, porque a secretaria é órgão da mesma estrutura de poder.
- O controle do Judiciário (na função administrativa, não jurisdicional) pela Corregedoria é um controle interno, porque a corregedoria é órgão da mesma estrutura de poder.
- O controle popular (a exemplo o art. 31, §3º, da Constituição Federal) é controle externo.

4) Quanto ao **âmbito** de **atuação**

- **Subordinação** – realização por autoridade hierarquicamente superior.
- **Vinculação** – Administração direta sobre as entidades descentralizadas, controle finalístico, trata-se de controle externo.

5) Quanto à **natureza**

- **Legalidade** – vício de legalidade, o ato precisa ser anulado. Exceção: convalidação (art. 55, Lei 9.784/99).
- **Mérito** – Verificação de oportunidade e conveniência. Leva a revogação do ato. Exercido pelo próprio poder.

Assim sendo, podemos verificar o seguinte:

* *Para todos verem: fluxogramas sintetizando a súmula 473, do STF.*

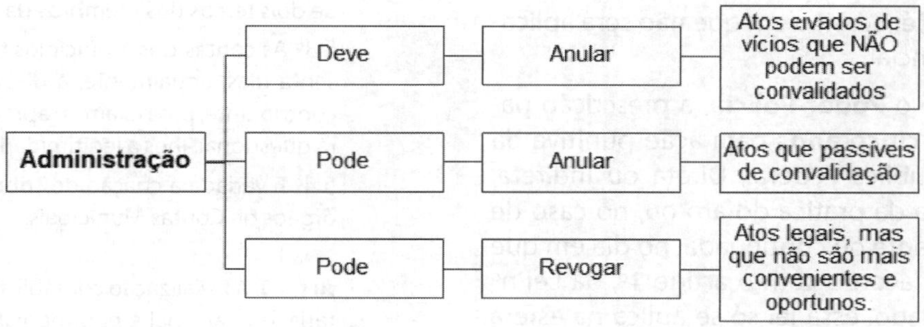

Normas importantes no ordenamento jurídico sobre legalidade e mérito: Art. 53, 54 e 55 da Lei 9.784/99 e Súmulas 346 e 473 do STF:

> **Súmula 346, do STF:** A Administração Pública pode declarar a nulidade dos seus próprios atos.
>
> **Súmula 473, do STF:** A administração pode anular seus próprios atos, quando eivados de vícios que os tornam ilegais, porque deles não se originam direitos; ou revogá-los, por motivo de conveniência ou oportunidade, respeitados os direitos adquiridos, e ressalvada, em todos os casos, a apreciação judicial.
>
> **Lei 9.784/99:**
>
> **Art. 53.** A Administração deve anular seus próprios atos, quando eivados de vício de legalidade, e pode revogá-los por motivo de conveniência ou oportunidade, respeitados os direitos adquiridos.
>
> **Art. 54.** O direito da Administração de anular os atos administrativos de que decorram efeitos favoráveis para os destinatários decai em cinco anos, contados da data em que foram praticados, salvo comprovada má-fé.
>
> **§ 1º** No caso de efeitos patrimoniais contínuos, o prazo de decadência contar-se-á da percepção do primeiro pagamento.
>
> **§ 2º** Considera-se exercício do direito de anular qualquer medida de autoridade administrativa que importe impugnação à validade do ato.
>
> **Art. 55.** Em decisão na qual se evidencie não acarretarem lesão ao interesse público nem prejuízo a terceiros, os atos que apresentarem defeitos

sanáveis poderão ser convalidados pela própria Administração.

6) Quanto à **iniciativa**

- **Ofício** – instauração por portaria de PAD ou PA.
- **Provocado** – iniciado por requerimento da parte interessada.

5.1.2 Prescrição administrativa

A prescrição administrativa deve ser vista sob vários aspectos: a perda do direito de ação; A decadência da possibilidade da Administração Pública rever seus atos; A perda do prazo para que possa aplicar penalidades administrativas; E a prescrição do administrado de recorrer de decisão administrativa.

A **perda** do **direito de ação** é de **cinco anos**, prevista no artigo 1º, do Decreto-Lei 20.910/1932 e do artigo 1º-C da Lei 9.494/1997. Isto é, as dívidas da Administração Pública Direta ou Indireta, independente se são pessoas jurídicas de direito público ou de direito privado, prescrevem em cinco anos contados da data do ato ou gato do qual se originaram.

Já o direito da **Administração Pública** de **anular** seus atos é de **cinco anos** também, contudo, trata-se de prazo **decadencial**, conforme estabelece o artigo 54, da Lei 9.784/1999. O artigo 54 coloca o **prazo decadencial de 5 anos** para o direito da Administração de **anular** atos administrativos de que decorram efeitos favoráveis aos destinatários, **salvo situação de má-fé**, ocasião em que não será aplicado prazo decadencial.

Ao que tange o **Poder Polícia**, a prescrição para **punição** é de **cinco anos** para ação punitiva da Administração Pública Federal, Direta ou Indireta, contados da data da prática do ato ou, no caso de infração permanente ou continuada, no dia em que tiver cessado, de acordo com o artigo 1º, da Lei nº 9.873/1999. Cuidado: essa lei só se aplica na esfera federal.

Outro dispositivo importante sobre prescrição é o artigo 142, da Lei nº 8.112/1990, estatuto dos servidores federais, ele traz a prescrição de cinco anos para a administração pública aplicar a demissão, cassação de aposentadoria ou disponibilidade e destituição de cargo em comissão; A prescrição de 180 dias para a pena de advertência; E dois anos a prescrição para aplicação da pena de suspensão.

5.2 Controle administrativo

Controle administrativo é o controle exercido pela própria Administração Pública, no seu **poder de autotutela**, trata-se de um **controle interno**. Visa a confirmação, correção ou alteração de comportamentos administrativos. Esse controle poderá ser prévio, concomitante ou posterior.

O controle administrativo pode ocorrer tanto sob o aspecto da **legalidade**, visando a **anulação** de vícios, ilegalidades nos atos administrativo (vinculados ou discricionários), ou pode ser um controle de **mérito**, quando já não há mais conveniência e oportunidade na manutenção de um ato discricionário, então ele será **revogado**.

O controle administrativo pode ocorrer por **provocação** de um interessado, como o requerimento que resulta na instauração de um processo administrativo, bem como, pode ser por **ofício**, quando iniciado pela própria Administração Pública (princípio da oficialidade).

Na Constituição Federal, o controle interno tem previsão em diversos artigos: 31, 40, VII, 70, 74:

> **Art. 31.** A fiscalização do Município será exercida pelo Poder Legislativo Municipal, mediante controle externo, e pelos sistemas de controle interno do Poder Executivo Municipal, na forma da lei.
>
> § 1º O controle externo da Câmara Municipal será exercido com o auxílio dos Tribunais de Contas dos Estados ou do Município ou dos Conselhos ou Tribunais de Contas dos Municípios, onde houver.
>
> § 2º O parecer prévio, emitido pelo órgão competente sobre as contas que o Prefeito deve anualmente prestar, só deixará de prevalecer por decisão de dois terços dos membros da Câmara Municipal.
>
> § 3º As contas dos Municípios ficarão, durante sessenta dias, anualmente, à disposição de qualquer contribuinte, para exame e apreciação, o qual poderá questionar-lhes a legitimidade, nos termos da lei.
>
> § 4º É vedada a criação de Tribunais, Conselhos ou órgãos de Contas Municipais.

> **Art. 70.** A fiscalização contábil, financeira, orçamentária, operacional e patrimonial da União e das entidades da administração direta e indireta, quanto à legalidade, legitimidade, economicidade, aplicação das subvenções e renúncia de receitas, será exercida pelo Congresso Nacional, mediante controle externo, e pelo sistema de controle interno de cada Poder.
>
> Parágrafo único. Prestará contas qualquer pessoa física ou jurídica, pública ou privada, que utilize, arrecade, guarde, gerencie ou administre dinheiros, bens e valores públicos ou pelos quais a União responda, ou que, em nome desta, assuma obrigações de natureza pecuniária. (Redação dada pela Emenda Constitucional nº 19, de 1998)

> **Art. 74.** Os Poderes Legislativo, Executivo e Judiciário manterão, de forma integrada, sistema de controle interno com a finalidade de:

I - avaliar o cumprimento das metas previstas no plano plurianual, a execução dos programas de governo e dos orçamentos da União;

II - comprovar a legalidade e avaliar os resultados, quanto à eficácia e eficiência, da gestão orçamentária, financeira e patrimonial nos órgãos e entidades da administração federal, bem como da aplicação de recursos públicos por entidades de direito privado;

III - exercer o controle das operações de crédito, avais e garantias, bem como dos direitos e haveres da União;

IV - apoiar o controle externo no exercício de sua missão institucional.

§ 1º Os responsáveis pelo controle interno, ao tomarem conhecimento de qualquer irregularidade ou ilegalidade, dela darão ciência ao Tribunal de Contas da União, sob pena de responsabilidade solidária.

§ 2º Qualquer cidadão, partido político, associação ou sindicato é parte legítima para, na forma da lei, denunciar irregularidades ou ilegalidades perante o Tribunal de Contas da União.

5.2.1 Meios de controle

Os meios de controle podem ocorrer através da **supervisão ministerial** e **controle hierárquico**, mas atenção, a supervisão ministerial é controle de tutela, controle externo, já o controle ou fiscalização hierárquica é controle de autotutela, interno. Vamos compreender melhor:

- **Controle/fiscalização hierárquico:** Quando ocorre no âmbito da mesma pessoa jurídica administrativa, controle efetuado no escalonamento vertical da Administração Pública. Exemplo: A União é pessoa jurídica, na estrutura desta pessoa jurídica há diversos órgãos, se o controle ocorre dentro dessa estrutura, como de um órgão superior ao órgão subalterno, estaremos diante de um controle hierárquico, controle relativo ao poder-dever de autotutela.
- A **supervisão ministerial** ou **controle finalístico** ou de **tutela:** Quando ocorre entre entidades diferentes. Em razão da autoadministração que as entidades da Administração Indireta possuem, a partir de descentralização por serviço, o controle que sofrem do ministério a qual se vinculam não será controle interno oriundo do poder-dever de autotutela, mas sim um controle externo exercido dentre os limites e forma impostos pela norma.

5.2.2 Controle por provocação ou de ofício

O controle exercido pela Administração, no poder-dever de **autotutela,** pode ser de iniciativa do órgão interno de controle, ou seja, de **ofício**, como também pode ser requerido, então, por **provocação**. O controle realizado pela própria Administração Pública não impede o controle judicial, até por ser um direito fundamental estabelecido no artigo 5º, inciso XXXV da Constituição Federal.

Para o ajuizamento de ação, com a finalidade de buscar o controle externo, não é necessário o esgotamento da via administrativa, isto é, o requerente não precisa recorrer pelas vias administrativas ou aguardar a decisão de recurso hierárquico, por exemplo, para poder ajuizar demanda que discuta legalidade de ato administrativo.

A possibilidade de provocação da Administração Pública para controle de atos é direito fundamental também, previsto no artigo 5º, inciso XXXIV, da Constituição Federal:

> XXXIV - são a todos assegurados, independentemente do pagamento de taxas:
>
> a) o direito de petição aos Poderes Públicos em defesa de direitos ou contra ilegalidade ou abuso de poder;
>
> b) a obtenção de certidões em repartições públicas, para defesa de direitos e esclarecimento de situações de interesse pessoal;

As formas de provocação são inúmeras, mas vamos trazer aqui algumas corriqueiras em provas:

- **Recurso hierárquico** – art. 56 L. 9784/99
- **Representação** – denúncia de irregularidade – art. 116, XII, da Lei 8112/90; art. 45, da Lei 12.462/11 OU art. 164, da Lei 14.133/21 (impugnação ao edital).
- **Revisão** – art. 65, L. 9784/99
- **Reconsideração** – art. 165, da Lei 14133/21 e art. 106, da Lei 8.112/90
- **Reclamação administrativa** – Art. 6º, do DL 20.910/32
- **Reclamação constitucional**: art. 7º, Lei 11.417/06

Os recursos administrativos representam o duplo grau de julgamento ou também chamado de **princípio da pluralidade de instâncias**. Alguns dispositivos do ordenamento jurídico são importantes nesse ponto: A súmula vinculante n. 21 afirma a inconstitucionalidade da exigência de depósito ou arrolamentos prévios de dinheiro ou bens para admissibilidade de recurso administrativo; A previsão da possibilidade recursal no artigo 56, da Lei 9.784/99; A impossibilidade de exclusão da apreciação do Judiciário de lesão ou ameaça ao direito, conforme prevê o artigo 5º, inviso XXXV da Constituição Federal.

Aliás, quanto a este último dispositivo constitucional, lembre-se que o Brasil adota o sistema inglês de jurisdição única, significa dizer que a decisão administrativa não faz coisa julgada material, apenas coisa julgada formal, ou seja, ainda que a decisão se torne irretratável pela própria Administração, poderá ser apreciada ainda pelo Poder Judiciário.

Ainda, não confunda **recurso hierárquico próprio** com **impróprio**:

- Recurso hierárquico **próprio:** recurso endereçado à autoridade imediatamente superior à que praticou o ato recorrido, pode ser interposto sem necessidade de previsão legal. Ou seja, que ocorre dentro da mesma estrutura orgânica de uma pessoa jurídica. Exemplo: Recurso ao Ministro de Estado para rever decisão do secretário.
- Recurso hierárquico **impróprio:** é aquele dirigido à uma autoridade que não ocupa posição de superioridade hierárquica em relação a quem praticou o ato recorrido. Desta forma, só poderá ocorrer o recurso se houver previsão legal. Controle decorrente da vinculação. Exemplo: recurso contra decisão tomada por autarquia endereçado ao Ministro da pasta à qual a entidade recorrida está vinculada.

5.3 Controle legislativo direto – controle político ou parlamentar

Trata-se do controle que é exercido pelo **Poder Legislativo** sobre a Administração Pública. São hipóteses previstas e limitadas na Constituição Federal de intervenção entre poderes. O controle legislativo implica na possibilidade de interferência no Poder Judiciário (quando executa função administrativa) e no Poder Executivo, neste último, abrange a Administração Direta e Indireta. Essa possibilidade de controle constitui uma exceção ao princípio da separação de Poderes, previsto no artigo 2º, da Constituição Federal.

O controle legislativo pode ser político ou financeiro. O controle financeiro estudaremos no tópico "Controle pelo Tribunal de Contas". O controle político, objeto desse tópico, pode ser de mérito ou de legalidade.

Segundo a doutrinadora Di Pietr o (2023, p. 943-946), esse controle pode ocorrer de duas formas:

1) **Controle político:** de legalidade e de mérito, pois vai apreciar as decisões administrativas sob o aspecto inclusive da discricionariedade. Exemplos:
   a) Segundo o artigo 49, incisos I, II, III, IV, XII, XIV, XVI, XVII, bem como, o artigo 52, incisos III, IV, V, XI, tratam sobre a competência do Congresso Nacional e do Senado para apreciar a *priori* ou a *posteriori* os atos do Poder Executivo.
   b) Convocação de Ministro de Estado pela Câmara dos Deputados ou pelo Senado para prestar informações, sob pena de crime de responsabilidade no caso de ausência (art. 50, da CF).
   c) Apuração de irregularidades pelas Comissões Parlamentares de Inquérito, as quais tem poder de investigação (não de sanção) próprios das autoridades judiciais, suas conclusões são encaminhadas ao Ministério Público para que promova a responsabilidade civil ou criminal (Art. 58, §3º, da CF).
   d) Competência do Senado Federal para processar e julgar o Presidente e o Vice-Presidente da República nos crimes de responsabilidade, bem como, os Ministros de Estado, Comandantes da Marinha, Exército e Aeronáutica, nos crimes conexos com aqueles; Competência para julgar os Ministros do STF e os membros do Conselho Nacional de Justiça e do Conselho Nacional do Ministério Público, o Procurador-Geral da República e o Advogado-Geral da União nos crimes de responsabilidade (art. 52, da CF).
   e) A competência do Senado para fixar, por proposta do Presidente da República, limites globais para o montante da dívida consolidada da União, estados, Distrito Federal e dos Municípios; para dispor sobre o limite e condições para operação de crédito externo e dispor sobre o limite e condição de concessão de garantia da União em operação de crédito externo e interno (art. 52, incisos VI, VII e VIII, da CF).
   f) Competência do Congresso Nacional para sustar os atos normativos do Poder Executivo que exorbitam o poder regulamentar ou dos limites de delegação legislativa (art. 49, V, CF).
   g) Controle financeiro com o auxílio do Tribunal de Contas.

5.3.1 Controle parlamentar indireto ou financeiro – Controle pelo Tribunal de Contas

O Poder Legislativo efetua controle político e financeiro, o controle financeiro é exercido com auxílio do Tribunal de Contas da União, no âmbito federal, órgão auxiliar do Congresso Nacional. No âmbito estadual seria o Tribunal de Contas do estado, órgão auxiliar da Assembleia Legislava. Existe Tribunal de Contas municipal? Não, a Constituição Federal de 1988 veda a criação do órgão a nível municipal. Apenas dois Tribunais municipais, que já existiam antes da Constituição de 1988, permaneceram: o Tribunal de Contas de São Paulo e do Rio de Janeiro, todavia, novos não podem ser criados.

Na Constituição Federal, os artigos mais importantes sobre o controle externo efetuado pelo Tribunal de Contas da União estão dispostos entre os artigos 70 ao 75, os quais disciplinam a fiscalização contábil, financeira e orçamentária:

> Art. 70. A fiscalização contábil, financeira, orçamentária, operacional e patrimonial da União e das entidades da administração direta e indireta, quanto à legalidade, legitimidade, economicidade, aplicação das subvenções e renúncia de receitas, será exercida pelo Congresso Nacional, mediante controle externo, e pelo sistema de controle interno de cada Poder.
>
> Parágrafo único. Prestará contas qualquer pessoa física ou jurídica, pública ou privada, que utilize, arrecade, guarde, gerencie ou administre dinheiros, bens e valores públicos ou pelos quais a União responda, ou que, em nome desta, assuma obrigações de natureza pecuniária.

O Tribunal de Contas pode fiscalizar qualquer entidades pública, ou até mesmo pessoa jurídica de direito privado não integrante da Administração Pública, desde que utilize, arrecade, guarde, gerencie ou administre dinheiro, bem ou valor público, como por exemplo, as entidades paraestatais que firmam contrato de gestão (OS); termo de parceria (OSCIP); termo de fomento ou de colaboração (OSC); convênio (entidade de apoio) com o Administração Pública.

O Tribunal de Contas da União é formado por 9 ministros, com sede no Distrito Federal, segundo o artigo 73, da Constituição Federal. Seus Ministros do TCU são brasileiros nomeados, desde que preencham os requisitos definidos no §1º: sejam brasileiros com mais de 35 anos e menos 70 anos; Idoneidade moral; Reputação ilibada; Notório saber jurídico, contábeis, econômicos e financeiros ou de administração pública; 10 anos de exercício em atividade que exija esse conhecimento.

> Art. 73. O Tribunal de Contas da União, integrado por nove Ministros, tem sede no Distrito Federal, quadro próprio de pessoal e jurisdição em todo o território nacional, exercendo, no que couber, as atribuições previstas no art. 96.
>
> § 1º Os Ministros do Tribunal de Contas da União serão nomeados dentre brasileiros que satisfaçam os seguintes requisitos:
>
> I - mais de trinta e cinco e menos de setenta anos de idade; (Redação dada pela Emenda Constitucional nº 122, de 2022)
>
> II - idoneidade moral e reputação ilibada;
>
> III - notórios conhecimentos jurídicos, contábeis, econômicos e financeiros ou de administração pública;
>
> IV - mais de dez anos de exercício de função ou de efetiva atividade profissional que exija os conhecimentos mencionados no inciso anterior.
>
> § 2º Os Ministros do Tribunal de Contas da União serão escolhidos:
>
> I - um terço pelo Presidente da República, com aprovação do Senado Federal, sendo dois alternadamente dentre auditores e membros do Ministério Público junto ao Tribunal, indicados em lista tríplice pelo Tribunal, segundo os critérios de antiguidade e merecimento;
>
> II - dois terços pelo Congresso Nacional.
>
> § 3º Os Ministros do Tribunal de Contas da União terão as mesmas garantias, prerrogativas, impedimentos, vencimentos e vantagens dos Ministros do Superior Tribunal de Justiça, aplicando-se-lhes, quanto à aposentadoria e pensão, as normas constantes do art. 40. (Redação dada pela Emenda Constitucional nº 20, de 1998)
>
> § 4º O auditor, quando em substituição a Ministro, terá as mesmas garantias e impedimentos do titular e, quando no exercício das demais atribuições da judicatura, as de juiz de Tribunal Regional Federal.

O artigo 71, da Carta Magna refere que o controle externo, a cargo do Congresso Nacional, será exercido com o auxílio do Tribunal de Contas da União, ao qual compete, resumidamente:

- Apreciar **contas prestadas anualmente** pelo Presidente da República, mediante parecer prévio que deve ser elaborado em 60 dias a contar do recebimento.
- Perceba que o julgamento não é feito pelo TCU, pois quem julga é o Congresso Nacional.
- Seu parecer também não é vinculante.
- Julgar as contas dos administradores e demais responsáveis por dinheiro, bens e valores públicos da:
- Administração direta e indireta
- Incluídas as fundações e sociedades instituídas e mantidas pelo Poder Público federal,
- E as contas daqueles que derem causa a perda, extravio ou outra irregularidade de que resulte prejuízo ao erário público

ADMINISTRATIVO

- Apreciar, para fins de registro, a legalidade dos atos de **admissão** de pessoal, a qualquer título, na:
- Administração direta e indireta
- Incluídas as fundações instituídas e mantidas pelo Poder Público
- Apreciar, para fins de registro, as **concessões** de aposentadoria, reformas e pensões, ressalvadas melhorias posteriores que não alterem o fundamento legal do ato concessório.
- Realizar, por iniciativa própria, da Câmara dos Deputados, do Senado Federal, de Comissão técnica ou de inquérito, **inspeções** e **auditorias** de natureza contábil, financeira, orçamentária, operacional e patrimonial, nas unidades administrativas dos Poderes Legislativo, Executivo e Judiciário, e demais entidades referidas no inciso II:
- Administração direta e indireta
- Incluídas as fundações e sociedades instituídas e mantidas pelo Poder Público federal,
- E as contas daqueles que derem causa a perda, extravio ou outra irregularidade de que resulte prejuízo ao erário,
- Fiscalizar as **contas nacionais das empresas** supranacionais de cujo capital social a União participe, de forma direta ou indireta, nos termos do tratado constitutivo;
- Fiscalizar a **aplicação de quaisquer recursos repassados pela União** mediante convênio, acordo, ajuste ou outros instrumentos congêneres, a Estado, ao Distrito Federal ou a Município;
- Prestar as **informações solicitadas pelo Congresso Nacional**, por qualquer de suas Casas, ou por qualquer das respectivas Comissões, sobre a fiscalização contábil, financeira, orçamentária, operacional e patrimonial e sobre resultados de auditorias e inspeções realizadas;
- Aplicar aos responsáveis, em caso de ilegalidade de despesa ou irregularidade de contas, as sanções previstas em lei, que estabelecerá, entre outras cominações, **multa** proporcional ao dano causado ao erário;
- Assinar prazo para que o órgão ou entidade adote as providências necessárias ao exato cumprimento da lei, se verificada ilegalidade;
- Representar ao Poder competente sobre irregularidades ou abusos apurados.
- Sustar, se não atendido, a execução do **ato** impugnado, comunicando a decisão à Câmara dos Deputados e ao Senado Federal;
- § 1º No caso de **contrato**, o ato de sustação será adotado diretamente pelo **Congresso Nacional**, que solicitará, de imediato, ao Poder Executivo as medidas cabíveis.
- § 2º Se o Congresso Nacional ou o Poder Executivo, no prazo de noventa dias, não efetivar as medidas previstas no parágrafo anterior, o Tribunal decidirá a respeito.

▷ **Observações:**

Visto o artigo 71, podemos concluir que a função do TCU é:

- Fiscalização financeira: incisos III, IV, V e VI.
- Consulta: inciso I
- Informação: incisos VII e XI
- "Julgamento" – que não é jurisdicional, apenas examina contas, nem aprecia a responsabilidade do agente público: inciso II,
- Sancionatória, aplicando multa: inciso VIII
- Corretiva: incisos IX, X
- Ouvidor (Art. 74, §§1º e 2º)

De acordo com o artigo 74, §1º e §2º, da Constituição Federal, os responsáveis pelo controle interno, ao tomarem conhecimento de qualquer irregularidade ou ilegalidade, darão ciência ao Tribunal de Contas da União, sob pena de responsabilidade solidária. Inclusive, qualquer cidadão, partido político, associação ou sindicato é parte legítima para, na forma da lei, denunciar irregularidades ou ilegalidades perante o Tribunal de Contas da União.

Cabe ao **Tribunal de Contas** da União **sustar a execução** do **ato** impugnado, se não atendido, comunicando a decisão à Câmara dos Deputados e ao Senado Federal. Essa atribuição também cabe ao **Congresso Nacional**, o artigo 49, inciso V, da CF que trata sobre a competência do Congresso: "**sustar os atos normativos** do Poder Executivo que **exorbitem** do **poder regulamentar** ou dos limites de delegação legislativa".

Sobre o Tribunal de Contas, ainda, cumpre ressaltar o teor da **Súmula vinculante 3:** "Nos processos perante o Tribunal de Contas da União asseguram-se o contraditório e a ampla defesa quando da decisão puder resultar anulação ou revogação de ato administrativo que beneficie o interessado, excetuada a apreciação da legalidade do ato de concessão inicial de aposentadoria, reforma e pensão".

5.4 Controle judicial

O controle judicial é aquele exercido pelo Poder Judiciário, realizado mediante **provocação** e sob a **legalidade** de atos praticados. Como o Brasil adota o sistema de jurisdição única, sistema inglês, o Poder Judiciário tem legitimidade para apreciar qualquer lesão ou ameaça ao direito, inclusive sem necessidade de esgotamento das vias administrativas (que tem como exceção o direito desportivo, segundo o artigo 217, §1º, da CF). Diferente do sistema Francês, da dualidade de jurisdição, em que os contenciosos administrativos não são levados ao Poder Judiciário, pois são decididos pelo Tribunal Administrativo, mas veja, não é caso do Brasil.

O controle do Poder Judiciário sobre os atos de outros poderes é considerado **controle externo** e só pode ser realizado por provocação, uma ação judicial não pode iniciar de ofício. O controle poderá ser prévio ou posterior e não recai sobre o mérito, apenas sobre legalidade de atos. Assim, não há que se falar em revogação de atos discricionários pelo Poder Judiciário no exercício do controle externo, apenas no controle de legalidade, podendo anular atos eivados de vício.

No âmbito do processo administrativo, quando não for mais possível qualquer espécie de recurso administrativo, haverá a coisa julgada administrativa, entretanto, a coisa julgada administrativa é apenas formal, pois só o judiciário é capaz de fazer coisa julgada material, justamente pelo Brasil adotar sistema de jurisdição única (sistema inglês). Assim, embora não haja mais possibilidades de recurso administrativo em um processo administrativo, não há impedimentos para revisão judicial, pois trata-se de direito fundamental previsto no artigo 5º, inciso XXXV, da Constituição Federal.

São ações que podem ser ajuizadas para fins de controles de atos:

- **Mandado de segurança:** remédio constitucional de rito especial, ou seja, não segue o rito do procedimento comum elencado no Código de Processo Civil. Está previsto no artigo 5º, LXIX e LXX, da Constituição Federal e regulamentado pela Lei 12.016/09. Deve ser utilizado para a proteção de direitos individuais ou coletivos, violados ou ameaçados por ato administrativo ilegal.
- **Ação popular:** remédio constitucional previsto no artigo 5º, inciso LXXIII, da Constituição Federal, pode ser proposta por qualquer cidadão, mesmo que NÃO tenha sido lesado diretamente pelo ato ou contrato, pois o cidadão quer anular ato lesivo ao interesse da coletividade.
- **Ação civil pública:** deve ser proposta quando o legitimado tem intenção de garantir a proteção de interesses difusos ou coletivos, assim como, direitos individuais homogêneos, a ação está regulamentada na Lei 7.347/85. A legitimidade ativa é o principal ponto diferenciador da ação popular, pois é legitimado para ação popular o cidadão, já para a ação civil pública são legitimados: Ministério Público; Defensoria Pública; entes federativos; entidades administrativas da Administração indireta; associação que, concomitantemente, esteja constituída há pelo menos 1 (um) ano nos termos da lei civil; inclua, entre suas finalidades institucionais, a proteção ao patrimônio público e social, ao meio ambiente, ao consumidor, à ordem econômica, à livre concorrência, aos direitos de grupos raciais, étnicos ou religiosos ou ao patrimônio artístico, estético, histórico, turístico e paisagístico.
- ***Habeas Data***: Previsto no artigo 5º, inciso LXXII, da CF e na Lei nº 9.507/1997, remédio constitucional utilizado para assegurar o conhecimento, retificação ou contestação de informações relativas ao impetrante, constantes de registro ou bancos de dados de entidades governamentais ou de caráter público. O *Habeas Data* visa a garantia do direito à informação acerca da pessoa, embora possa ser impetrado por sucessores para obtenção ou acréscimo de informações da pessoa do impetrante, na defesa do *de cujus*.
- **Mandado de Injunção**: tem seu fundamento no artigo 5º, inciso LXXI, da Constituição Federal na Lei 13.300/2016. Trata-se de remédio constitucional cabível quando há ausência total ou parcial de norma regulamentadora e que torna inviável o exercício dos direitos e liberdades constitucionais. Existindo o nexo causal entre a ausência da norma e a inviabilização do exercício de um direito previsto pela Constituição, existe a possibilidade do Mandado de Injunção.
- **Ação de improbidade administrativa:** que visa responsabilizar e sancionar os agentes públicos e particulares que praticam atos atentatórios à Administração Pública, visando assegurar a integridade do patrimônio público e social. Tem previsão na Lei 8.429/92.

5.5 Quadro resumo

- **Aspectos mais cobrados em provas de concurso público para carreiras de tribunais:**

O que é:	Instrumento jurídico de fiscalização sobre a atuação dos agentes, órgãos e entidades da Administração Pública.		
Natureza	Natureza jurídica de princípio fundamental da administração pública.		
Órgão controlador	Administrativo:	Legislativo ou Parlamentar	Judicial
	Pode ocorrer de ofício ou mediante provocação. Fundado no poder da autotutela; Pode ser pela supervisão ministerial/ secretarial.	Pode ser político, exemplo: quando o Congresso susta um ato normativo do Executivo, por exorbitar o Poder Regulamentador; ou quando o Congresso susta contrato administrativo no exercício do controle externo. Pode ser financeiro: como a fiscalização contábil, financeira e orçamentária exercida com auxílio do Tribunal de Contas.	Somente se for provocado quando se tratar de controle externo.
Momento de controle	Prévio, exemplo: parecer da advocacia pública orientando gestor.	Concomitante, exemplo: fiscalização/auditoria de obras em execução.	Posterior, exemplo: julgamento de contas pelo Tribunal de Contas.
Origem do controle ou a extensão:	Interno: dentro do mesmo Poder, exemplo controle exercido pelas chefias sobre seus subordinados, dentro do mesmo órgão.	Externo: um Poder sobre o outro, exemplo, quando o judiciário anula ato ilegal do Executivo.	Popular (ou social): realizado pelo povo, como pela denúncia de irregularidade perante o Tribunal de Contas da União.
Quanto ao aspecto:	Legalidade (ou legitimidade): realizado pela própria Administração, em razão do princípio da autotutela, ou pelo judiciário/ legislativo no controle externo.	Mérito: podendo revogar atos por inconveniência e inoportunidade. Exemplo: revogação de férias de servidor por situação de calamidade pública.	Obs.: O Poder Judiciário pode revogar atos em razão do mérito quando se tratar de seus próprios atos, no exercício da função atípica administrativa. Mas não pode apreciar mérito dos atos praticados por outro poder.
Ações de controle:	Mandado de Segurança; *Habeas Corpus*; Ação Civil Pública; Ação Popular; Mandado de Injunção; *Habeas Data*; Ação de Improbidade Administrativa;		
Prescrição administrativa	Poder Judiciário: prescrição de cinco anos do direito ação; Na Administração Pública o prazo decadencial é de é de 5 anos para anular atos eivados de vício.		
Recurso	Hierárquico próprio: para a autoridade superior àquela que praticou o ato recorrido.	Hierárquico impróprio: para outra autoridade não é superior àquela que praticou o ato recorrido. Exige previsão legal.	Obs.: No Brasil não é exigido esgotamento da via administrativa para acesso ao Poder Judiciário (exceto art. 217, §1º, CF).
Artigos importantes	Artigos 31; 49, V; 70; 71 e 74, ambos da Constituição Federal.		

6. RESPONSABILIDADE CIVIL DO ESTADO[3]

6.1. Requisitos

Inicialmente, cabe entendermos o que é a Responsabilidade Civil do Estado. Trata-se de uma obrigação imposta ao Poder Público de ressarcir danos causados aos terceiros em razão da função administrativa, sejam usuários ou não do serviço público, ainda que não se possa identificar o agente responsável.

Os requisitos para buscar reparação de um prejuízo causado pelo Poder Público são: configuração de dano causado por agentes públicos nessa qualidade.

> ▷ **Atenção!**
> Agente de fato (decorre do princípio da segurança jurídica), se o agente está aparentemente investido da função/cargo, seus atos praticados geram dever de indenização, ainda que haja vícios na sua investidura.

Assim, por exemplo, se um policial atira em alguém enquanto estava na praia, mesmo estando de folga, o agente identificou-se como policial, portanto, agiu na condição de agente público ou no uso da arma da corporação, ensejando, assim, responsabilidade direta do Estado, no mínimo pela má escolha do agente público, chamada culpa *in vigilando*.

6.2 Teoria do risco administrativo

Na teoria do risco administrativo, variante moderada da responsabilidade objetiva, o Poder Público responde pelos prejuízos causados a terceiro sem que haja a necessidade de demonstração da culpa. Contudo, há excludentes ou atenuantes de responsabilidade que podem ser alegadas pelo Estado: eventos da natureza ou causados pelo homem (caso fortuito ou força maior), por culpa exclusiva da vítima ou de terceiros.

Com a Constituição Federal de 1988, inaugurou-se, no Brasil, a fase da responsabilidade objetiva do Estado e responsabilidade subjetiva do servidor público. A matéria encontra-se no art. 37, § 6º, mas também está prevista em legislação infraconstitucional.

Conforme a redação constitucional, as pessoas jurídicas de direito público e as de direito privado prestadoras de serviço público serão responsabilizadas pelos danos que seus agentes, nessa qualidade, causarem a terceiros. A redação do § 6º engloba pessoas jurídicas da iniciativa privada que não fazem parte da Administração Pública direta e indireta. Contudo, limitando aquelas que prestam serviço público.

A partir da análise do § 6º, podemos concluir que as concessionárias, permissionárias ou autorizatários que prestem serviço público também estão abrangidos pelo dispositivo constitucional. O Supremo Tribunal Federal já pacificou entendimento nesse sentido, no RE nº 591.874 (rel. Min. Ricardo Lewandowski – j. 26-8-2009), no qual reconheceu a responsabilidade objetiva em relação aos danos causados a não usuários do serviço público prestado por concessionária (o que também podemos encontrar no art. 25 da Lei nº 8.987/1995).

6.3 Ação regressiva

Vimos que um prejuízo causado pelo agente público, nessa qualidade, a um terceiro resulta no dever de reparação do dano pelo Estado (a pessoa jurídica a qual está vinculado o agente público). Mas esse prejuízo aos cofres públicos deve ser arcado sozinho somente pelo Estado? Claro que não, tanto é que o próprio art. 37, § 6º, da CF/1988 traz uma relação jurídica de responsabilidade subjetiva entre o Estado e o agente que cometeu o dano a terceiro.

Quando ocorre um dano, a ação que deve ser ajuizada pela vítima contra a pessoa jurídica prestadora de serviço público, trata-se de uma ação indenizatória ou de responsabilidade civil do Estado, cuja responsabilidade é objetiva, como regra; já para a relação entre o Estado e o Agente Público é regressiva, cuja responsabilidade requer a demonstração do dolo ou culpa do agente.

3 Sobre o tema, há recente tese firmada na ADI 6421: Decisão:Após o voto do Ministro Luís Roberto Barroso (Relator), que julgava prejudicadas as ações (ADIs 6.421 e 6.428) quanto à MP nº 966/2020 e, no mérito, julgava improcedente o pedido de declaração de inconstitucionalidade do art. 28 da LINDB e dos arts. 12 e 14 do Decreto nº 9.830/2019, propondo a fixação da seguinte tese de julgamento: "1. Compete ao legislador ordinário dimensionar o conceito de culpa previsto no art. 37, § 6º, da CF, respeitado o princípio da proporcionalidade, em especial na sua vertente de vedação à proteção insuficiente; 2. Estão abrangidas pela ideia de erro grosseiro as noções de imprudência, negligência e imperícia, quando efetivamente graves", pediu vista dos autos o Ministro André Mendonça. Falou, pelo amicus curiae Instituto Brasileiro de Direito Administrativo, o Dr. Rodrigo Valgas dos Santos. Plenário, Sessão Virtual de 22.9.2023 a 29.9.2023 (Sessão iniciada na Presidência da Ministra Rosa Weber e finalizada na Presidência do Ministro Luís Roberto Barroso).

6.4 Teoria do risco integral

Na teoria do risco integral (responsabilidade objetiva também), o Estado responderá por qualquer prejuízo que for causado a terceiro, não podendo alegar nenhuma excludente de ilicitude, ou qualquer atenuante de responsabilidade; nem mesmo situações de caso de força maior, caso fortuito, culpa exclusiva da vítima são capazes de afastar o dever de responsabilidade do Estado. Confronta com a teoria do risco administrativo, pois não comporta excludentes, são os casos de:

1) **Dano ambiental:** de acordo com o art. 14, § 1º, da Lei nº 6.938/1981, art. 225, §§ 2º e 3º, da CF/1988 e entendimento do Superior Tribunal de Justiça (REsp nº 1.373.788/SP – rel. Min. Paulo de Tarso Sanseverino – Terceira Turma – j. 6-5-2014), todos os poluidores responderão objetivamente. Entretanto, há divergências no sentido de que seria teoria do risco administrativo e não teoria do risco integral. No que tange ao dano ambiental, interessante destacar a Súm. nº 652 do STJ: "A responsabilidade civil da Administração Pública por danos ao meio ambiente, decorrente de sua omissão no dever de fiscalização, é de caráter solidário, mas de execução subsidiária".

2) **Atividade nuclear:** conforme os arts. 4º e 8º da Lei nº 6.453/1977, art. 21, XXIII, d, da CF/1988 e entendimento do Superior Tribunal de Justiça, se ocorrer um dano provocado por atividades que exploram serviços e instalações nucleares de qualquer natureza, a industrialização e o comércio de minérios nucleares e seus derivados, a responsabilidade será objetiva, sem a possibilidade de nenhuma das excludentes vistas anteriormente. Entretanto, há administrativistas que entendem que, na verdade, trata-se de teoria do risco administrativo. Essa modalidade já foi objeto de cobrança da FGV e ela entende que o dano nuclear está atrelado a teoria do risco integral.

3) **Queda de aeronaves por ataque terrorista ou por guerra:** com base na Lei nº 10.744/2003 e no Decreto nº 5.035/2004, a União, nesses casos, assume a responsabilidade de atos terroristas ou de guerra ocorridos em aeronaves de tenham matrícula brasileira e operada por empresa brasileira. O ato pode ocorrer no Brasil ou no exterior. Excluídas as empresas de táxi-aéreo.

6.5 Responsabilidade subjetiva

A responsabilidade civil do Estado, também chamada de extracontratual, tem como regra a aplicação da responsabilidade objetiva (que se divide em teoria do risco administrativo e teoria do risco integral), mas há possibilidades de aplicação da responsabilidade subjetiva, em que deverá ser comprovado o dolo ou culpa para que haja o dever de reparação de danos. É o caso de:

a) empresa pública e sociedade de economia mista que explora atividade econômica (art. 173, § 1º, II, da CF/1988);
b) responsabilidade no caso de omissão: a responsabilidade em caso de omissão genérica é subjetiva, como regra, devendo ser comprovada a negligência/omissão da atuação estatal, o dano e o nexo de causalidade, contudo, há decisões importantes tanto do Superior Tribunal de Justiça quanto do Supremo Tribunal Federal que trazem a possibilidade de responsabilidade objetiva no caso de omissão específica (dano ambiental em rompimento de barragem, dever de custódia, manutenção de rodovia, erro médico, etc.).

6.6 O Estado na posição de garantidor de integridade de coisas e pessoas sob sua custódia

Aqui encontramos um caso de responsabilidade objetiva no caso de omissão da Administração Pública, pois quando o Estado está na posição de garantidor da integridade física de pessoas ou coisas sob sua custódia, será aplicada a responsabilidade objetiva, em regra, respondendo por uma omissão específica, por exemplo:

- suicídio de preso (art. 5º, XLIX, da CF/1988; art. 948 do CC);
- aluno esfaqueado, ferido ou baleado dentro da escola;
- paciente agredido ou morto por um terceiro dentro do hospital público;
- tratamento desumano e degradante e falta de requisitos básicos de saúde e higiene nos presídios (art. 5º, III, X, XLIX, da CF/1988 e art. 1º da Lei de Execuções Penais (Lei nº 7.210/1984);
- bem privado danificado no galpão da Receita Federal.

Bem, mas e nos casos de ilícitos praticados por foragidos?

O entendimento do Superior Tribunal de Justiça e do Supremo Tribunal Federal é de que o Estado não responde, salvo quando o dano decorre direta ou indiretamente da fuga do preso foragido, ou seja, que o dano ocorreu no momento em que eles estava fugindo do sistema prisional (AREsp nº 173.291/PR – rel. Min. Castro Meira – decisão monocrática – j. 17-5-2012; REsp nº 980.844/RS – rel. Min. Luiz Fux – Primeira Turma – j. 19-3-2009; REsp nº 719.738/RS – rel. Min. Teori Albino Zavascki – Primeira Turma – j. 16-9-2008).

6.7 Responsabilização decorrente de obra

O Estado tem responsabilidade nos casos de:

1) **Má execução da obra:** obra efetuada diretamente pelo Poder Público – responsabilidade objetiva. Se foram contratados serviços de empreiteiros pelo Estado (particular contratado pelo Estado – não é serviço público, mas execução de obra), a responsabilidade é regida pelo direito privado (responsabilidade subjetiva; e art. 120 da Lei nº 14.133/2021 – responsabilidade objetiva).

2) **Responsabilidade pelo simples fato da obra:** a obra é executada normalmente, conforme o projeto, todavia, a existência dela, por si só, causa o dano, neste caso, a responsabilidade é objetiva:

- independentemente de quem estiver executando a obra;
- não precisa haver irregularidade nela;
- a parte não precisa sofrer o ônus, mesmo que seja uma obra que beneficia o coletivo.
- contudo, será necessário demonstrar que existe um dano anormal, extraordinário ou específico.

6.8 Responsabilização por atos judiciais, legislativos e regulamentares

6.8.1. Atos judiciais

Existem divergências quanto ao tema. A regra é que não acarretam responsabilidade civil atividades típicas de juízes, desembargadores e ministros, até mesmo para que estes agentes possam agir sem temer que suas decisões poderão ensejar responsabilidade do Estado. Contudo, há exceção, como no caso do art. 5º, LXXV, da CF/1988 – prisão por erro do judiciário ou além do tempo da sentença.

> ▷ **Atenção!**
>
> Não há possibilidade de buscar responsabilidade civil se o réu foi absolvido no final, mas, durante o processo, houve prisão cautelar ou preventiva. E nos casos de erro judicial, o Juiz poderá responder civil e regressivamente por perdas e danos se agiu de forma dolosa ou fraudulenta (art. 143, I, do CPC).

6.8.2. Atos legislativos e regulamentares

O STF, no julgamento do RE nº 153.464 (rel. Min. Celso de Mello – j. 2-9-1992), posicionou-se pela admissibilidade de responsabilização no caso de leis inconstitucionais, desde que a vítima demonstre que o prejuízo é anormal ou especial, decorrente da norma inválida. Mesmo raciocínio é aplicado para os atos regulamentares ou normativos do Poder Executivo.

6.9 Responsabilidade dos notários e registradores

Os notários (tabeliões) e registradores, por exercerem serviço público por delegação (art. 236 da CF/1988), e não terem personalidade jurídica própria, não respondem diretamente pelos danos causados. A Jurisprudência já divergiu sobre o tema, mas, atualmente, o entendimento do Supremo Tribunal Federal é de que o Estado responde objetivamente pelos danos causados por tabeliões ou registradores, admitindo o direito de regresso contra o notário nos casos de dolo ou culpa (RE nº 175.739/SP – rel. Min. Marco Aurélio – Segunda Turma – j. 26-2-1998; RE nº 209.354/PR – rel. Min. Ellen Gracie – Segunda Turma – j. 10-3-2009; e RE nº 842.846/SC – rel. Min. Luiz Fux – j. 27-2-2019 – este com tese de repercussão geral).

6.10 Prescrição

O Decreto nº 20.910/1932 traz, em seu art. 1º, a prescrição quinquenal aplicada para qualquer direito ou ação em face da Fazenda Pública. Essa redação é reafirmada no Decreto-lei nº 4.597/1942, que também trouxe, em seu art. 2º, a mesma prescrição quinquenal para autarquias, entidades e órgãos paraestatais criados por lei e mantidos por impostos, taxas ou outras contribuições. Não diferente, a Lei nº 9.494/1997 ratificou o prazo de 5 (cinco) anos, no art. 1º-C, para obter indenização por danos causados pelos agentes públicos de pessoas jurídicas de direito público e pessoas jurídicas de direito privado que prestam serviço público.

6.11. Teses de repercussão geral importantes

TESES DE REPERCUSSÃO GERAL DO STF			
365	RE 580252	Considerando que é dever do Estado, imposto pelo sistema normativo, manter em seus presídios os padrões mínimos de humanidade previstos no ordenamento jurídico, é de sua responsabilidade, nos termos do art. 37, § 6º, da Constituição, a obrigação de ressarcir os danos, inclusive morais, comprovadamente causados aos detentos em decorrência da falta ou insuficiência das condições legais de encarceramento.	16/02/2017
592	RE 841526	Em caso de inobservância do seu dever específico de proteção previsto no art. 5º, inciso XLIX, da Constituição Federal, o Estado é responsável pela morte de detento.	30/03/2016
940	RE 1027633	A teor do disposto no art. 37, § 6º, da Constituição Federal, a ação por danos causados por agente público deve ser ajuizada contra o Estado ou a pessoa jurídica de direito privado prestadora de serviço público, sendo parte ilegítima para a ação o autor do ato, assegurado o direito de regresso contra o responsável nos casos de dolo ou culpa.	14/08/2019
1055	RE 1209429	É objetiva a Responsabilidade Civil do Estado em relação a profissional da imprensa ferido por agentes policiais durante cobertura jornalística, em manifestações em que haja tumulto ou conflitos entre policiais e manifestantes. Cabe a excludente da responsabilidade da culpa exclusiva da vítima, nas hipóteses em que o profissional de imprensa descumprir ostensiva e clara advertência sobre acesso a áreas delimitadas, em que haja grave risco à sua integridade física.	10/06/2021
512	RE 662405	O Estado responde subsidiariamente por danos materiais causados a candidatos em concurso público organizado por pessoa jurídica de direito privado (art. 37, § 6º, da CRFB/88), quando os exames são cancelados por indícios de fraude.	29/06/2020
362	RE 608880	Nos termos do artigo 37, § 6º, da Constituição Federal, não se caracteriza a responsabilidade civil objetiva do Estado por danos decorrentes de crime praticado por pessoa foragida do sistema prisional, quando não demonstrado o nexo causal direto entre o momento da fuga e a conduta praticada.	08/09/2020
366	RE 136861	Para que fique caracterizada a responsabilidade civil do Estado por danos decorrentes do comércio de fogos de artifício, é necessário que exista a violação de um dever jurídico específico de agir, que ocorrerá quando for concedida a licença para funcionamento sem as cautelas legais ou quando for de conhecimento do poder público eventuais irregularidades praticadas pelo particular.	11/03/2020
Precedente do STJ			
O hospital que deixa de fornecer o mínimo serviço de segurança, contribuindo de forma determinante e específica para homicídio praticado em suas dependências, responde objetivamente pela conduta omissiva. (REsp 1.708.325-RS, Rel. Min. Og Fernandes, Segunda Turma, por unanimidade, julgado em 24/05/2022).			

6.12. Quadro-resumo

<table>
<tr><th>ASSUNTO</th><th colspan="2">OBSERVAÇÃO</th><th>NORMA EM DESTAQUE</th></tr>
<tr><td rowspan="5">Responsabilidade objetiva</td><td colspan="2">Teoria do risco administrativo</td><td>Art. 37, §6º, da CF /1988</td></tr>
<tr><td rowspan="4">Teoria do risco integral</td><td>Dano ambiental</td><td>Art. 225, §§ 2º e 3º, da CF/1988 e STJ (REsp nº 1.373.788/SP – rel. Min. Paulo de Tarso Sanseverino – Terceira Turma – j. 6-5-2014)</td></tr>
<tr><td>Atividade nuclear</td><td>Arts. 4º e 8º da Lei nº 6.453/1977; art. 21, XXIII, d, da CF/1988</td></tr>
<tr><td>Queda de aeronaves por atentado terrorista ou guerra</td><td>Lei nº 10.744/2003</td></tr>
<tr><td>DPVAT</td><td>Art. 5º da Lei nº 6.194/1974</td></tr>
</table>

ASSUNTO	OBSERVAÇÃO	NORMA EM DESTAQUE
Prescrição	Direito Público – 5 anos	Art. 1º do Decreto nº 20.910/1932; art. 2º do Decreto nº 4.597/1942; art. 1º-C da Lei nº 9.494/1997
	Direito privado – 3 anos	Art. 206, §3º, V, do CC
	Dever de ressarcir o erário por ato de improbidade - imprescritível	Art. 37, § 5º, da CF/1988
Responsabilidade subjetiva	Estatais	Art. 173, § 1º, II, da CF/1988
	Omissão genérica	STF (RE nº180.602-8/SP – rel. Min. Marco Aurélio – Segunda Turma – j. 15-2-98)
Má execução da obra	Lei de Licitações e Contratos antiga – Responsabilidade subjetiva	Art. 70 da Lei nº 8.666/1993
	Nova Lei de Licitações e Contratos – Responsabilidade objetiva	Art. 120 da Lei nº 14.133/2021
Concessionária	Responsabilidade objetiva – subsidiária do poder concedente	Art. 25 da Lei nº 8.987/1995
	Responsabilidade objetiva – solidária do poder concedente	Art. 4º, VI, da Lei nº 11.079/2004

7. LEI Nº 8.429/1992: IMPROBIDADE ADMINISTRATIVA

7.1 Natureza, incidência, sujeitos e responsabilização

A Lei nº 8.429/1992 (Lei de Improbidade Administrativa – LIA) traz as sanções que devem ser aplicadas aos agentes públicos quando ocorre lesão à moralidade, nos moldes do art. 37, § 4º, da CF/1988. As hipóteses de improbidade administrativa estão definidas nos arts. 9º, 10 e 11, que tratam respectivamente: do enriquecimento ilícito, de atos que causam prejuízo ao erário e de atos que atentam contra os princípios da Administração Pública.

A matéria de improbidade é de competência privativa da União, não podendo os estados ou municípios legislarem sobre nos termos do art. 22, I, da CF/1988.

7.2 Responsabilidade nas três esferas e agentes públicos envolvidos

Importante saber que um ato de improbidade poderá também corresponder a um crime definido em lei, assim, não prejudica a ação penal cabível, que será concomitante com a ação civil pública de improbidade. Além disso, um ato de improbidade praticado por um servidor público também corresponde a um ilícito administrativo, o que ocasiona a instauração de procedimento para apuração de responsabilidade administrativa, de acordo com o estatuto dos servidores.

Elementos necessários para aplicação das sanções previstas no art. 37, § 4º, da CF/1988:

1) **Sujeito prejudicado:** o art. 1º da Lei nº 8.429/1992 estabelece: qualquer órgão dos três poderes ou entidade da administração pública direta ou indireta, bem como outras entidades controladas pela Administração Pública ou entidade privada que receba subvenção, benefício ou incentivo, fiscal ou creditício, de entes públicos ou governamentais.
2) **Sujeito que cometeu o ato de improbidade:** agente político, servidor, ou qualquer um que exerça, ainda que transitoriamente ou sem remuneração, por eleição, nomeação, designação, contratação ou qualquer outra forma de investidura ou vínculo, mandato, cargo, emprego ou função nas entidades descritas no sujeito prejudicado, bem como o terceiro que induza ou concorra para a prática de ato de improbidade, ou, então, que dele se beneficie de forma direta ou indireta, segundo os arts. 1º e 3º da Lei nº 8.429/1992. O STJ decidiu que não é possível ajuizar ação de improbidade somente contra o particular, sem haver litisconsórcio com o agente público no polo passivo da demanda.
3) **Ato tenha sido doloso:** a nova redação da Lei nº 8.429/1992, dada pela Lei 14.230/2021, só permite a responsabilização da conduta dolosa, não há mais possibilidades de modalidade culposa (previstas anteriormente em casos de prejuízo ao erário público). Considera-se dolo a vontade livre e consciente de alcançar o resultado ilícito

ADMINISTRATIVO

tipificado nos arts. 9º, 10 e 11, não bastando a voluntariedade do agente. Inclusive o mero exercício da função ou desempenho de competências públicas, sem comprovação de ato doloso com fim ilícito, afasta a responsabilidade por ato de improbidade administrativa.

O enquadramento NÃO poderá ser cumulativo: "Para cada ato de improbidade administrativa, deverá necessariamente ser indicado apenas um tipo dentre aqueles previstos nos arts. 9º, 10 e 11 desta Lei" (art. 17, § 10-D).

Quando um ato de improbidade administrativa é praticado e o agente venha a falecer, os **sucessores** ou **herdeiros** deste estarão sujeitos à obrigação de reparar até o limite do valor da herança ou do patrimônio transferido (art. 8º). Essa previsão já existia, embora tenha recebido nova redação. O que é total novidade é o art. 8º-A, que estende a responsabilidade sucessória também na hipótese de alteração contratual, de transformação, de incorporação, de fusão ou de cisão societária.

7.3 Condutas que configuram ato de improbidade administrativa

É bem importante que você faça a leitura completa dos arts. 9º, 10, 11 e 12. Os três primeiros artigos mencionados vão tratar das condutas, podendo a banca trazer uma questão com a descrição exata dos seus incisos. Já o art. 12 refere-se à possibilidade de aplicar sanção conforme a conduta enquadrada.

Observações importantes: As sanções de que trata o art. 12 só poderão ser executadas após o trânsito em julgado da sentença condenatória (art. 12, § 9º). E a multa pode ser aumentada até o dobro, se o juiz considerar que, em virtude da situação econômica do réu, o valor calculado na forma dos incisos I, II e III do caput do art. 12 é ineficaz para reprovação e prevenção do ato de improbidade.

Outro ponto que se deve ter cuidado é que o artigo 12, inciso III não traz as sanções de perda da função pública ou suspensão dos direitos públicos para ato de improbidade administrativa que viole princípios da administração, ou seja, essas duas penas não são possíveis para condenações no artigo 11 da LIA.

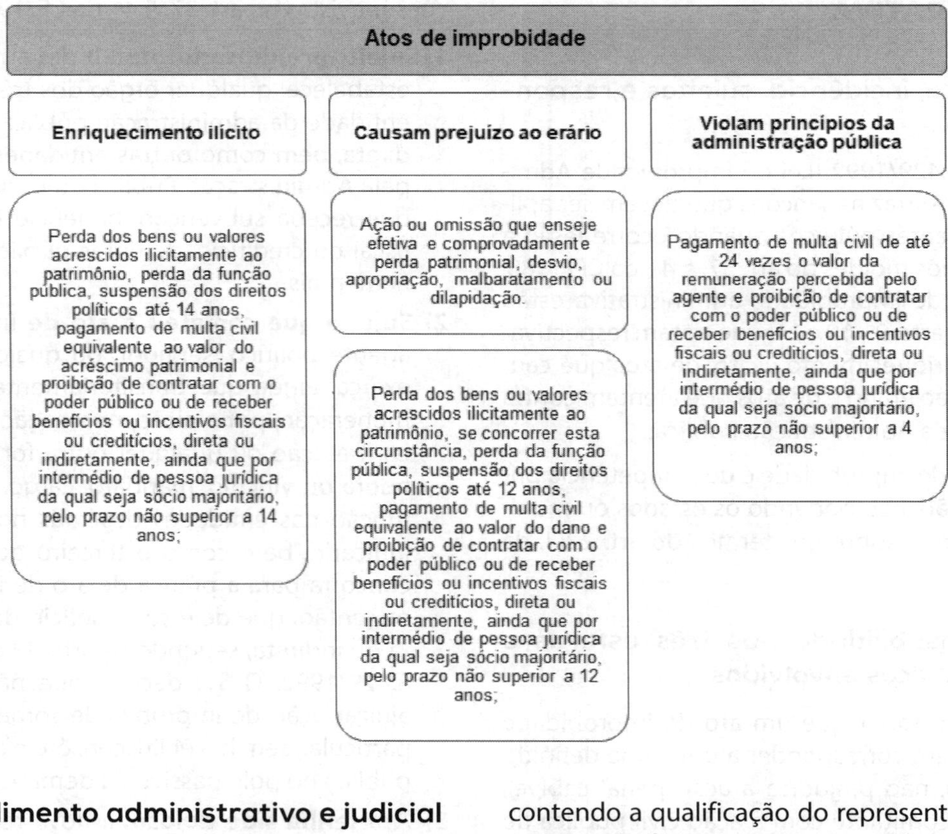

7.4 Procedimento administrativo e judicial

Qualquer pessoa poderá representar para que seja instaurada investigação destinada a apurar a prática de ato de improbidade. No § 1º do art. 14 da Lei de Improbidade está a exigência de representação escrita ou reduzida a termo e assinada, contendo a qualificação do representante, as informações do fato, a autoria e a indicação de provas de que tenha conhecimento. Se não atendidos os requisitos, a autoridade administrativa rejeitará a representação, em despacho fundamentado, mas isso não impede a representação ao Ministério Público, nos termos do art. 22.

Para apurar qualquer ilícito previsto nesta Lei, o Ministério Público, de ofício, a requerimento de autoridade administrativa ou mediante representação formulada de acordo com o disposto no art. 14 da Lei de Improbidade, poderá instaurar inquérito civil ou procedimento investigativo assemelhado e requisitar a instauração de inquérito policial. Já na apuração dos ilícitos será garantida ao investigado a oportunidade de manifestação por escrito e de juntada de documentos que comprovem suas alegações e auxiliem na elucidação dos fatos (art. 22 da Lei nº 8.429/1992).

Na ação de improbidade administrativa é possível o **pedido de indisponibilidade de bens** (art. 16), que pode ocorrer de forma antecedente ou incidental, nos moldes da tutela provisória de urgência do Código de Processo Civil. O pedido serve para garantir a integral recomposição do erário ou do acréscimo patrimonial resultante de enriquecimento ilícito. Poderá, até mesmo, ser decretada sem a oitiva do réu. Da decisão diante do pedido de indisponibilidade de bens caberá agravo de instrumento.

A ordem de indisponibilidade de bens deverá priorizar veículos de via terrestre, bens imóveis, bens móveis em geral, semoventes, navios e aeronaves, ações e quotas de sociedades simples e empresárias, pedras e metais preciosos e, apenas na inexistência destes, o bloqueio de contas bancárias, de forma a garantir a subsistência do acusado e a manutenção da atividade empresária ao longo do processo.

Mas cuidado, é vedada a decretação de indisponibilidade (art. 16, §§ 13 e 14):

- da quantia de até 40 salários-mínimos depositados em poupança, em outras aplicações financeiras ou conta-corrente.
- de bem de família, salvo se comprovado que o imóvel seja fruto de vantagem patrimonial indevida.

Outra atenção que devemos ter é que, segundo a redação do legislador, a partir das mudanças ocorridas com a Lei 14.230/2021, o Ministério Público seria o único responsável pelo ajuizamento da ação (art. 17), todavia, o Supremo Tribunal Federal decidiu, em Ação Direito de Inconstitucionalidade, que é inconstitucional a exclusividade do Ministério Público para propor ações de improbidade administrativa (ADI nº 7043), podendo também a pessoa jurídica prejudicada demandar. Assim, tanto o Ministério Público, quanto a pessoa jurídica prejudicada (nos moldes do artigo 1º, da LIA) podem ajuizar a ação de improbidade administrativa.

A propositura da ação a que se refere o caput do art. 17 da LIA prevenirá a competência do juízo para todas as ações posteriormente intentadas que possuam a mesma causa de pedir ou o mesmo objeto. A competência é do local do fato ou do local da pessoa jurídica prejudicada (art. 17, §4-A). Se a inicial preencher os requisitos estabelecidos na lei de improbidade (a qual segue o procedimento comum do CPC com as adaptações elencadas na LIA), o juiz mandará notificar o requerido para oferecer contestação no prazo de 30 dias. Cabe no processo de improbidade administrativa pedido de tutela provisória, nos moldes do Código de Processo Civil.

É nula a decisão de mérito, total ou parcial, da ação de improbidade que (art. 17, § 10-F):

- condenar por tipo diverso daquele definido na petição inicial.
- condenar sem produção das provas por ele tempestivamente especificadas.

Cuidado! Em que pese seja aplicado o procedimento comum do Código de Processo Civil, há regras do deste Código que não são aplicadas na ação de improbidade por vedação expressa no art. 17, § 19:

> Art. 17. (...)
>
> (...)
>
> § 19. Não se aplicam na ação de improbidade administrativa:
>
> I – a presunção de veracidade dos fatos alegados pelo autor em caso de revelia;
>
> II – a imposição de ônus da prova ao réu, na forma dos §§ 1º e 2º do art. 373 do CPC;
>
> III – o ajuizamento de mais de uma ação de improbidade administrativa pelo mesmo fato, competindo ao Conselho Nacional do Ministério Público dirimir conflitos de atribuições entre membros de Ministérios Públicos distintos;
>
> IV – o reexame obrigatório da sentença de improcedência ou de extinção sem resolução de mérito.

Embora o Código de Processo Civil seja aplicada às ações de improbidade administrativa, algumas adaptações e vedações devem ser seguidas, de acordo com a LIA.

7.5 Solução consensual

Havendo a possibilidade de solução consensual, poderão as partes requerer ao juiz a interrupção do prazo para a contestação, por período não superior a 90 (noventa) dias. O art. 17-B da Lei nº 8.429/1992 traz os resultados que devem ser alcançados com o acordo: I – o integral ressarcimento do dano; II – a reversão à pessoa jurídica lesada da vantagem indevida obtida, ainda que oriunda de agentes privados. Assim como os requisitos para ocorrer o acordo: I – da oitiva do ente federativo lesado, em momento anterior ou posterior à propositura da ação; II – de aprovação, no prazo de até 60 (sessenta) dias, pelo órgão do Ministério Público competente para apreciar as promoções de arquivamento de inquéritos civis, se anterior ao ajuizamento da ação; III – de homologação judicial, independentemente de o acordo ocorrer antes ou depois do ajuizamento da ação de improbidade administrativa.

O acordo de não persecução cível exige o ressarcimento aos cofres públicos, dever que inclusive é imprescritível segundo o STF, ademais, pode ser proposto durante a fase investigatória, durante a ação de improbidade, na fase de execução e inclusive na fase recursal. Independente do momento do acordo, ele deve ser homologado pela autoridade judicial.

7.6 Outras observações importantes sobre a LIA

A ação de improbidade administrativa é repressiva e as suas sanções têm caráter pessoal. É vedado o uso da referida ação para controle de legalidade de políticas públicas e para proteção de patrimônio público e social, do meio ambiente e de outros interesses difusos, coletivos e individuais homogêneos (art. 17-D), visto que há ações apropriadas para isso, como a ação civil pública, mandado de segurança, ação popular, ação direta de constitucionalidade etc.

Em caso de continuidade de ilícito, após a sentença, o juiz promoverá a maior sanção aplicada, aumentada de 1/3 ou a soma das penas, o que for mais benéfico ao réu. Já no caso de prática de novos atos ilícitos pelo mesmo sujeito, o juiz somará as sanções. Neste caso, as sanções de suspensão de direitos políticos e de proibição de contratar ou de receber incentivos fiscais ou creditícios do poder público devem observar o limite máximo legal de 20 (vinte) anos (art. 18-A).

7.7 Prescrição da pretensão punitiva

Tema sensível e que sofreu diversas alterações com a Lei nº 14.230/2021. Se antes o prazo de prescrição era (basicamente) de cinco anos, agora o prazo é de 8 anos para prescrição. O objetivo da prescrição é dar estabilidade às relações jurídicas.

Nos parágrafos do artigo 23 da LIA, há previsões de suspensão e interrupção de prazo prescricional. Uma novidade na nova redação da LIA é que, agora, haverá possibilidade da chamada prescrição intercorrente no prazo de 4 (quatro) anos, ou seja, prescrição que ocorre no decorrer do processo judicial: "§ 5º Interrompida a prescrição, o prazo recomeça a correr do dia da interrupção, pela metade do prazo previsto no caput deste artigo". A prescrição intercorrente ocorrerá caso ultrapasse 4 anos entre os marcos interruptivo que trata o artigo 23, §4º, da LIA.

7.8 Disposições penais importantes

Por fim, concluindo nosso estudo da LIA, o art. 19, embora sofra muitas críticas, estabelece como crime a representação de improbidade quando o representante tem conhecimento de que o suposto transgressor era inocente e isso terá que ser comprovado para uma eventual responsabilização penal. Tipificação que evitaria representações pautadas na má-fé.

A previsão do caput do art. 20 já estava prevista na redação original, embora ela nem fosse mais necessária, pois o art. 12 e seu novo § 9º refere que todas as sanções previstas no dispositivo somente podem ser executadas após o trânsito em julgado da sentença condenatória de improbidade. Agora, os §§ 1º e 2º deram nova redação ao antigo parágrafo único, atribuindo prazo para afastamento cautelar em 90 dias, prorrogáveis uma única vez. Prazo diferente do estudado na Lei nº 8.112/1990.

Chamamos a atenção do estudante ao § 3º do art. 22, no mesmo sentido do estudado no tópico de agentes públicos: a sentença absolutória especificamente por inexistência da conduta ou pela negativa da autoria (art. 386, I e IV, do CPP) produz efeito na ação de improbidade, levando à improcedência da ação. Veja que não é qualquer sentença penal que absolve o réu.

Ademais, as sanções aplicadas, pelos mesmos fatos, em outras esferas (como em ação pela lei anticorrupção) deverão ser compensadas com as sanções previstas no art. 12 da Lei de Improbidade Administrativa. Necessariamente, estamos aqui diante da observação do princípio constitucional do non bis in idem.

7.9 Ações diretas de inconstitucionalidade

A Lei de improbidade administrativa sofreu muitas alterações com a promulgação da Lei 14.230, em 25 de outubro de 2021. Muitos dispositivos tiveram sua constitucionalidade discutida no Supremo Tribunal Federal, por isso devemos ficar atentos alguns pontos:

- Através da ADI 7236, em liminar (ainda não há julgamento da ação), o STF suspendeu a eficácia dos seguintes dispositivos da LIA: art. 1º, §8º; art. 12, §1º e §10; art. 17-B, §3º; art. 21, §4º e art. 23-C.
- O recurso ARE 843.989: O STF firmou as seguintes teses: 1) É necessária a comprovação de responsabilidade subjetiva para a tipificação dos atos de improbidade administrativa, exigindo-se – nos artigos 9º, 10 e 11 da LIA – a presença do elemento subjetivo – dolo; 2) A norma benéfica da Lei 14.230/2021 – revogação da modalidade culposa do ato de improbidade administrativa –, é irretroativa, em virtude do artigo 5º, inciso XXXVI, da Constituição Federal, não tendo incidência em relação à eficácia da coisa julgada, nem tampouco durante o processo de execução das penas e seus

incidentes; 3) A nova lei 14.230/2021 aplica-se aos atos de improbidade administrativa culposos, praticados na vigência do texto anterior da lei, porém sem condenação transitada em julgado, em virtude da revogação expressa do texto anterior, devendo o juízo competente analisar eventual dolo por parte do agente. 4) O novo regime prescricional previsto na Lei 14.230/2021 é irretroativo, aplicando-se os novos marcos temporais a partir da publicação da lei.

Lembre-se de que estas decisões podem ser objeto de sua prova.

7.10 Quadro-resumo

<table>
<tr><td>Improbidade administrativa</td><td colspan="2">Previsão no art. 37, caput e § 4º, da CF/1988, bem como na Lei nº 8.429/1992 (chamada LIA).
Não se confunde com crime de responsabilidade.
Agentes políticos podem ser responsabilizados pela LIA, como também pela lei de crimes de responsabilidade.</td></tr>
<tr><td>Responsabilidade em três esferas</td><td colspan="2">Uma conduta ilícita praticada pelo agente público pode levar à responsabilização em três esferas diferentes: civil, administrativa e penal. Embora as sanções em outras ações possam ser compensadas com as sanções da LIA.</td></tr>
<tr><td rowspan="3">Elementos necessários para configuração da LIA</td><td>Sujeito prejudicado</td><td>Administração Pública direta ou indireta, de qualquer dos poderes e entes federados, bem como sujeitos que recebam subvenção, benefício ou incentivo fiscal ou creditício, ou, então, pessoas cujo erário concorra para a criação ou custeio.</td></tr>
<tr><td>Sujeito que cometeu o ato</td><td>Agente público em sentido amplo e o terceiro beneficiado.</td></tr>
<tr><td>Ato doloso</td><td>Não há mais a possibilidade de conduta culposa, somente ação ou omissão dolosa.</td></tr>
<tr><td>Sucessores</td><td colspan="2">Podem responder no limite do valor da herança ou do patrimônio transferido nos casos de improbidade por danos ao erário ou enriquecimento ilícito. Essa responsabilidade atinge também alterações contratuais.</td></tr>
<tr><td rowspan="3">Condutas e sanções (além do dever de ressarcimento)</td><td>Art. 9º – que importam enriquecimento ilícito em razão do exercício de cargo, mandato, função, emprego ou atividade pública.</td><td>Sanções: Perda dos bens ou valores acrescidos ilicitamente ao patrimônio, perda da função pública, suspensão dos direitos políticos até 14 anos, pagamento de multa civil equivalente ao valor do acréscimo patrimonial e proibição de contratar com o poder público ou de receber benefícios ou incentivos fiscais ou creditícios, direta ou indiretamente, ainda que por intermédio de pessoa jurídica da qual seja sócio majoritário, pelo prazo não superior a 14 anos.</td></tr>
<tr><td>Art. 10 – Causam prejuízo ao erário.</td><td>Sanções: Perda dos bens ou valores acrescidos ilicitamente ao patrimônio, se concorrer esta circunstância, perda da função pública, suspensão dos direitos políticos até 12 anos, pagamento de multa civil equivalente ao valor do dano e proibição de contratar com o poder público ou de receber benefícios ou incentivos fiscais ou creditícios, direta ou indiretamente, ainda que por intermédio de pessoa jurídica da qual seja sócio majoritário, pelo prazo não superior a 12 anos.</td></tr>
<tr><td>Art. 11 – Atos que atentem contra princípios da administração pública.</td><td>Sanções: Pagamento de multa civil de até 24 vezes o valor da remuneração percebida pelo agente e proibição de contratar com o poder público ou de receber benefícios ou incentivos fiscais ou creditícios, direta ou indiretamente, ainda que por intermédio de pessoa jurídica da qual seja sócio majoritário, pelo prazo não superior a 4 anos.</td></tr>
<tr><td>Procedimento judicial, notas importantes</td><td colspan="2">• Qualquer pessoa pode representar administrativamente.
• No processo administrativo, a comissão deve dar conhecimento ao MP, ao TC ou Conselho de Contas.
• Ação deve ser ajuizada pelo MP ou PJ lesada.
• De forma antecedente ou incidental, é possível o pedido de indisponibilidade de bens.
• A ação de improbidade segue o procedimento comum do CPC.
• A contestação tem prazo de 30 dias.</td></tr>
<tr><td>Indisponibilidade de bens</td><td colspan="2">• Nos moldes da tutela provisória de urgência do CPC.
• Pode ocorrer sem oitiva prévia do réu.
• Da decisão cabe agravo de instrumento.
• Na ordem de indisponibilidade, deverá ser priorizado: veículos de via terrestre, bens imóveis, bens móveis em geral, semoventes, navios e aeronaves, ações e quotas de sociedades simples e empresárias, pedras e metais preciosos e, apenas na inexistência desses, o bloqueio de contas bancárias.
• Vedada a decretação: da quantia até 40 salários-mínimos depositados em poupança, em outras aplicações financeiras ou conta-corrente; do bem de família, salvo se comprovado que o imóvel seja fruto de vantagem patrimonial indevida.</td></tr>
</table>

É nula a decisão de mérito total ou parcial	• Condenar por tipo diverso daquele definido na petição inicial. • Condenar sem produção das provas por ele tempestivamente especificadas.
Regras do CPC que não podem ser aplicadas na ação de improbidade	• A presunção de veracidade dos fatos alegados pelo autor em caso de revelia. • A imposição de ônus da prova ao réu, na forma dos §§ 1º e 2º do art. 373 do CPC. • O ajuizamento de mais de uma ação de improbidade administrativa pelo mesmo fato, competindo ao Conselho Nacional do Ministério Público dirimir conflitos de atribuições entre membros de Ministérios Públicos distintos. • O reexame obrigatório da sentença de improcedência ou de extinção sem resolução de mérito.
Solução consensual	• Interrompe em 90 dias o prazo da contestação. • Desde que haja integral ressarcimento do dano e à pessoa jurídica lesada da vantagem indevida obtida, ainda que oriunda de agentes privados.
Prescrição	Em oito anos, contados a partir da ocorrência do fato ou, no caso de infrações permanentes, do dia em que cessou a permanência. Bem como, quatro anos, no caso de prescrição intercorrente.

REFERÊNCIAS:

BANDEIRA DE MELLO, Celso Antônio. Curso de direito administrativo. 26. ed. São Paulo: Malheiros, 2009.

CARVALHO FILHO, José dos Santos. Manual de direito administrativo. 30. ed. São Paulo: Atlas-Gen, 2019.

CARVALHO FILHO, José dos Santos. *Manual de direito administrativo*. 33. ed. São Paulo: Atlas-Gen, 2021.

DI PIETRO, Maria Sylvia Zanella. Direito administrativo. 30. ed. rev. atual e apl. Rio de Janeiro: Forense, 2017.

DI PIETRO, Maria Sylvia Zanella. Direito administrativo. 33. ed. rev. atual e apl. Rio de Janeiro: Forense, 2020.

DI PIETRO, Maria Sylvia Zanella. Direito administrativo. 35. ed. rev. atual e apl. Rio de Janeiro: Forense, 2022.

DI PIETRO, Maria Sylvia Zanella. Direito administrativo. 36. ed. rev. atual e apl. Rio de Janeiro: Forense, 2023.

MEIRELLES, Hely Lopes. *Direito administrativo brasileiro*. 22. ed. São Paulo: Malheiros, 1997.

MEIRELLES, Hely Lopes. Direito administrativo brasileiro. 24. ed. São Paulo: Malheiros, 1999, p. 610.

MEIRELLES, Hely Lopes. Direito administrativo brasileiro. São Paulo: Malheiros, 2003.

MORAES, Germana de Oliveira. Controle jurisdicional da administração pública, São Paulo, Dialética, 1999.

NOHARA, Irene Patrícia Diom. Direito Administrativo. 12. ed. rev. Atual. São Paulo: Atlas, 2023.

8. ATOS ADMINISTRATIVOS

Matheus De Gregori

8.1. Conceito de ato administrativo

No contexto do Direito Administrativo, os atos administrativos ocupam um lugar central como instrumentos de manifestação da vontade da administração pública. São ferramentas por meio das quais o poder público exerce suas atribuições e regula as relações com os administrados. Compreender o conceito e os elementos dos atos administrativos é essencial para quem deseja compreender a dinâmica do direito administrativo e para os que se preparam para concursos públicos.

O ato administrativo pode ser definido como uma **declaração de vontade da administração pública que tem por finalidade produzir efeitos jurídicos específicos.** Esses atos são emanados por órgãos e agentes públicos, e sua natureza pode ser variada, abrangendo desde autorizações e licenças até penalidades e concessões.

Considerando a doutrina abalizada, temos o conceito de ato administrativo de Hely Lopes Meirelles (2016, p. 173): "toda manifestação **unilateral** de vontade da Administração Pública que, **agindo nessa qualidade**, tenha por fim imediato *adquirir, resguardar, transferir, modificar, extinguir e declarar* **direitos**, ou **impor obrigações** aos **administrados ou a si própria**". Dito isso, é preciso diferenciar o ato administrativo de outros institutos, como o contrato administrativo, que é um acordo bilateral de vontades, enquanto o ato é unilateral.

Note também a diferença entre atos administrativos e fatos administrativos, que reside na presença ou ausência da vontade deliberada da administração. Os atos administrativos são decisões intencionais da administração, enquanto os fatos administrativos são eventos não intencionais que ocorrem no âmbito da administração pública, como exemplo: a morte de um servidor ou uma enchente que destrói bens públicos.

Por fim, saiba que nem todo ato DA administração pública (praticado *pela* administração pública, enquanto sujeito) será um ato administrativo. Isso porque os atos jurisdicionais, políticos e legislativos não são atos administrativos em sentido estrito. Além disso, certos atos praticados pela administração pública são regidos pelo direito privado (civil ou empresarial), não sendo regidos pelo direito administrativo.

Para ser ato administrativo, portanto, é preciso que seja **uma manifestação de vontade, unilateral, no exercício da função administrativa e regido pelo regime de direito público**.

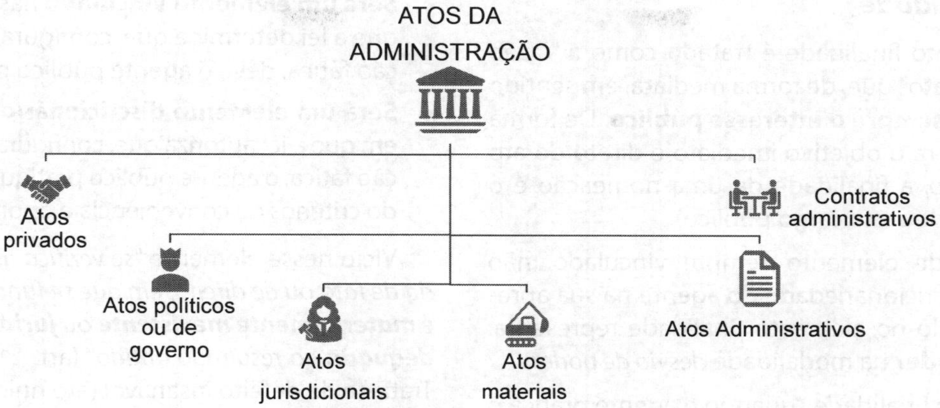

8.2 Elementos do ato administrativo

Também chamados de **requisitos de validade** do ato administrativo. É a partir do art. 2º da Lei 4715/65 (Lei da Ação Popular) que a doutrina administrativista elenca os cinco elementos dos atos administrativos: competência, finalidade, forma, motivo e objeto. Uma situação de invalidade, portanto, significa a existência de um defeito (vício) em algum desses elementos.

8.2.1 Competência

É o "círculo definido por lei dentro do qual podem os agentes exercer legitimamente sua atividade" (CARVALHO FILHO, 2019). Trata-se de **elemento vinculado** e diretamente ligado à legalidade.

É essencial a leitura dos arts. 11 ao 17 da Lei 9.784/99, onde se trata acerca da competência. Como características, destacam-se:

- **inderrogabilidade**, pois a competência não pode ser livremente transmitida de um para outro agente ou órgão, uma vez que é atribuída por lei.
- **improrrogabilidade**, pois o seu exercício por agente incompetente não se convalida com o tempo.
- **irrenunciabilidade**, pois o agente não pode renunciá-la total ou parcialmente (salvo nos casos de delegação e avocação legalmente permitidos).
- **imprescritibilidade**, uma vez que a competência não se perde pelo seu não-exercício ao longo do tempo.

Vejamos, agora, uma pergunta de extrema incidência em concursos:

É possível a **DELEGAÇÃO da competência**? Sim, desde que não haja vedação legal. Além disso, não pode haver delegação "total" das atribuições, sob pena de desvirtuamento da função administrativa atribuída ao órgão ou cargo.

A delegação pode ser "vertical" (superior delega para subordinado) ou "horizontal" (delega-se para órgão ou agente de mesma hierarquia).

Mas atenção: a Lei 9.784/99 determina a vedação da delegação em três casos:

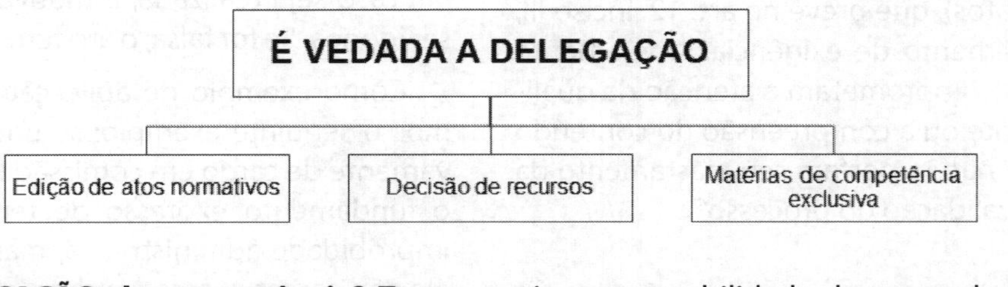

O que é AVOCAÇÃO da competência? Trata-se do "inverso" da delegação, e só pode ocorrer de forma vertical (o superior avoca competência de subordinados). É excepcional e sempre temporária. Demanda motivos relevantes devidamente justificados. A banca Cebraspe já caracterizou a avocação como a situação em que a "autoridade que detém posição hierárquica superior centraliza em si a responsabilidade de tomar decisões que, originalmente, seriam da competência de um agente de menor hierarquia".

Vício de competência:

- Abuso na modalidade *excesso de poder*.
- Agente incompetente: ato nulo (vício insanável) ou anulável (vício sanável);

8.2.2 Finalidade

O elemento finalidade é tratado como a "razão genérica do ato", que, de forma mediata, em sentido amplo, **será sempre o interesse público**. De forma específica, será o objetivo imediato e direto do ato (por exemplo, a finalidade de uma nomeação é o provimento de certo cargo público).

Trata-se de elemento sempre vinculado, não havendo discricionariedade do agente na sua apreciação. O vício no elemento finalidade representa: **abuso de poder** na modalidade *desvio de poder*.

Desvio de finalidade: "quando o agente pratica o ato visando a fim diverso daquele previsto, explícita ou implicitamente, na regra de competência" (Lei 4715/65). Trata-se de ato nulo (vício insanável).

8.2.3 Forma

A forma ou elemento formal é o **modo como a vontade do ato se exterioriza** na realidade. Constitui requisito **vinculado** e necessário para sua perfeição. Contudo, como regra, tem-se a forma livre para os atos adminsitrativos. Ou seja: não havendo disposição expressa, não há forma determinada para que o ato seja praticado.

É o que se depreende do art. 22 da Lei 9784/99: "os atos do processo administrativo não dependem de forma determinada senão quando a lei expressamente a exigir".

Porém, quando o erro na forma atinge a essência do ato, torna-se imperiosa a sua anulação, uma vez que será vício insanável. Do contrário, é possível sua convalidação (aproveitamento).

Tem-se, assim, o chamado **princípio do formalismo moderado** ou da "instrumentalidade das formas", visto que a forma é o meio e não um fim em si mesma. Como exemplo, temos a Lei 14.133/21 (Licitações e contratos), que prevê no art. 12, inciso III, que o desatendimento de exigências "meramente formais que não comprometam a aferição da qualificação do licitante ou a compreensão do conteúdo de sua proposta não importará seu afastamento da licitação ou a invalidação do processo".

8.2.4 Motivo

São os pressupostos no mundo dos fatos e do direito que fundamentam a prática do ato. **Motivo** é o *suporte fático abstrato* (**previsão na lei**) e o *suporte fático concreto* (**no mundo real**), que determinam ou autorizam que o ato seja praticado. É o elemento em que identificamos o princípio da subsunção no direito administrativo.

- **Será um elemento vinculado** nas hipóteses em que a lei determina que, configurada certa situação fática, deve o agente público praticar o ato.
- **Será um elemento discricionário** nas hipóteses em que a lei autoriza que, configurada certa situação fática, o agente público pratique o ato, segundo critérios de conveniência e oportunidade.

Vício nesse elemento *"se verifica quando a matéria de fato ou de direito, em que se fundamenta o ato, é **materialmente inexistente** ou **juridicamente inadequada** ao resultado obtido"* (art. 2º, Lei 4715/65). Trata-se de defeito insanável (ato nulo).

> ▷ **Atenção:**
>
> **Não confunda motivo com motivação!**
>
> A motivação é a *fundamentação* do ato administrativo, constituindo **parte do elemento forma**. Ela é a **descrição do motivo**, mas não se confunde com este. A motivação, quando obrigatória, é a *exteriorização formal do elemento motivo*, de modo que sua ausência nesse caso representa vício formal.
>
> A motivação pode ocorrer no próprio corpo do ato, chamada de **motivação contextual**, ou pode se reportar a outros documentos (como um parecer jurídico), chamada nesse caso de **motivação *aliunde*** (§1° do art. 50 da Lei 9784/99).
>
> A **motivação é imprescindível para o controle dos atos administrativos pelo interessado**.

8.2.5 Teoria dos motivos determinantes

Teoria que trata do controle do motivo do ato administrativo. A partir dessa teoria, entende-se que os fundamentos fáticos e legais declarados pela administração como determinantes para a prática do ato podem ser objeto de controle judicial ou pela própria administração. Ou seja, **a motivação deve ser verdadeira.** Deve corresponder ao real motivo (fático e jurídico) e, *mesmo quando não for obrigatória*, caso seja realizada, a motivação expressa deve ser idônea. Se for falsa, o ato tem vício de legalidade.

Como exemplo de aplicação dessa teoria vejamos o seguinte exemplo: se um ocupante exclusivamente de cargo em comissão for exonerado, com o fundamento expresso de ter praticado ato de improbidade administrativa, mas se comprove que ele não cometeu essa conduta, o ato de exoneração deverá ser anulado, ainda que a exoneração não necessitasse de fundamentação.

8.2.6 Objeto

O objeto é o conteúdo material do ato, é o "ato em si". Esse elemento está intimamente ligado ao elemento motivo. Sendo assim, quando o motivo for vinculado, caberá apenas um objeto a ser realizado, por determinação legal. Quando houver discricionariedade, haverá liberdade de apreciação, dentro das margens legais, a respeito da conveniência e oportunidade em torno do motivo, resultando a escolha pela prática do ato a materialização do objeto, entre os possíveis em lei.

Vício nesse elemento: *"a ilegalidade do objeto ocorre quando o resultado do ato importa em violação de lei, regulamento ou outro ato normativo"* (art. 2º, Lei 4715/65).

Trata-se de defeito insanável (ato nulo).

Portanto, **os elementos motivo e objeto consistem, nos atos discricionários, o chamado "mérito administrativo", pois é neles que reside a discricionariedade dos atos discricionários.**

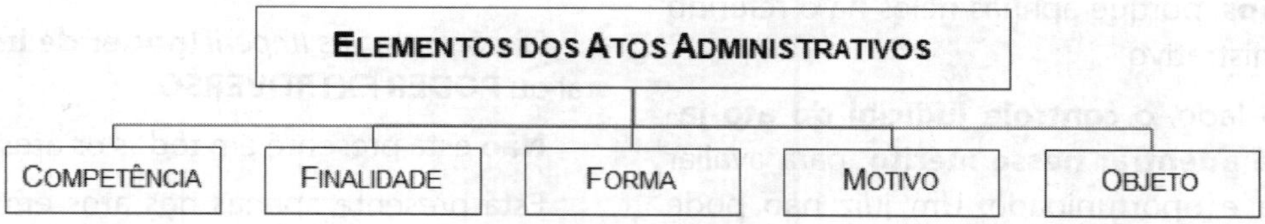

8.3 Mérito administrativo

Quando se fala em poderes da administração, vê-se que o poder discricionário é aquela margem de liberdade, conferida pelo legislador, para que o agente público avalie a conveniência e a oportunidade para prática do ato, desde que preenchidos os requisitos e nos limites da lei. Ou seja, é uma autorização para prática do ato.

Essa "margem de liberdade" é chamada de mérito administrativo, e só existe nos atos discricionários. Nos atos vinculados, nos quais não há essa liberdade, **todos os elementos são vinculados.** Nos atos discricionários, contudo, apesar de os elementos competência, finalidade e forma serem vinculados, os elementos motivo e objeto serão discricionários.

Então, temos que:

Portanto, **os elementos motivo e objeto consistem, nos atos discricionários, o chamado mérito administrativo.**

O controle de mérito, então, será o controle de conveniência e oportunidade do ato, e poderá resultar (*entendendo-se pela inconveniência ou inoportunidade*) na revogação do ato.

Veja que não há vício nesse caso (o que ensejaria a anulação). Assim, **só podem ser revogados atos discricionários**, porque apenas neles há o referido mérito administrativo.

Por outro lado, **o controle judicial do ato jamais poderá adentrar nesse mérito**, para avaliar conveniência e oportunidade. Um juiz não pode revogar um ato administrativo de outra autoridade, mas apenas anulá-lo por vício de legalidade.

Em suma: existe controle judicial dos atos discricionários, mas apenas quanto aos critérios de legalidade.

Portanto, não esqueça: o Poder Judiciário pode sempre controlar (anular) atos administrativos discricionários, quanto à análise dos seus elementos vinculados (competência, finalidade e forma). Quanto ao mérito do ato (elementos motivo e objeto), poderá realizar o controle de "*razoabilidade e proporcionalidade*", **aferindo se o exercício de escolha pelo agente público (conveniência e oportunidade) se deu dentro dos limites legais.**

Trata-se, portanto, de **controle de legalidade do mérito.**

8.4 Atributos do ato administrativo

Os atributos nada mais são do que as **características** dos atos administrativos. A doutrina elenca quatro desses atributos. Contudo, apenas dois atributos estão presentes em todos os atos:

8.4.1 Presunção De Legalidade

Está presente **em todos os atos** administrativos. Parte da doutrina desdobra essa característica em duas facetas:

1. a *PRESUNÇÃO DE LEGITIMIDADE* (o ato está de acordo com a lei); e
2. a *PRESUNÇÃO DE VERACIDADE* (os fatos alegados no ato são verdadeiros).

É uma decorrência necessária para que a administração pública funcione, dotando os agentes de "fé pública".

Trata-se de **presunção relativa** (*juris tantum*), ou seja, cabe prova em contrário, mas o **ônus dessa prova será do administrado.**

8.4.2 Imperatividade

Trata-se da característica oriunda do aspecto imperativo dos atos administrativos, que se manifesta na possibilidade de **criar obrigações aos administrados unilateralmente**, sem a prévia concordância deles.

Decorre do *Jus Imperii* (**poder de império**) estatal ou **PODER EXTROVERSO**.

Não está presente em todos os atos.

Está presente apenas nos atos em que ***não há necessidade de anuência*** do administrado para que sejam realizados (exemplo: poder de polícia ou atos punitivos).

8.4.3 Autoexecutoriedade

Trata-se da característica que permite a administração **colocar em prática** (ou seja, executar), **diretamente**, inclusive mediante o uso da força, o ato administrativo, **sem necessidade de autorização judicial prévia.**

> Exemplos: interdição de estabelecimento, remoção de pessoas e coisas, apreensão de mercadorias, cassação de licença.

Não está presente em todos os atos, mas apenas nos casos de:

- **Previsão legal expressa;**
- **Urgência.**

8.4.4 Tipicidade

Trata-se de desdobramento do princípio da legalidade da administração pública.

Todo ato administrativo dever ter previsão legal, ou seja, deve ser um "ato típico", fundamentado na lei: seja porque a lei determina (*ato vinculado*) seja porque autoriza (*ato discricionário*).

- Está presente em **todos os atos** administrativos.

Veja a diferença entre a:

1. Legalidade "do cidadão" (art. 5º, CF/88): o que não está proibido, está permitido. Liberdade é a regra.
2. Legalidade "da administração" (art. 37, *caput*, CF/88): só está permitido o que está dentro da lei, de forma expressa ou implícita. Ao agente público não há liberdade fora dos limites da lei.

8.5 Classificações do ato administrativo

São diversas as classificações dos atos, e cabe destacar algumas.

Quanto às vontades necessárias para a formação do ato, temos:

- **Ato simples**: é o que decorre de uma **única manifestação de vontade**, seja de um único órgão ou agente (ato simples singular) ou de vários agentes em conjunto como órgão colegiado (ato simples colegiado).
- **Ato complexo**: é o que decorre de **duas ou mais manifestações de vontade** de diferentes órgãos ou autoridades para que sua formação esteja completa. Trata-se de um **único ato** que se compõe de mais de uma manifestação de vontade.
- **Ato composto**: trata-se de ato que necessita de **uma manifestação de vontade principal**, quanto ao conteúdo, e **outra manifestação de vontade que autorize ou aprove** essa manifestação. Nesse caso, tem-se **dois atos:** ***um principal*** (conteúdo do ato) e outro ***acessório ou instrumental*** (tais como ratificação, homologação, aprovação).

→ Quanto aos destinatários do ato: Atos **gerais** (*genéricos e abstratos, sem destinatários determinados, ex: Resolução*) e **individuais** (*destinatários determinados e efeitos concretos, ex: Portaria de nomeação*).

→ Quanto à discricionariedade: Atos **vinculados** (caso preenchidos os requisitos legais, **devem ser praticados**: a lei determina sua edição) e **discricionários** (caso preenchidos os requisitos legais, **podem ser praticados**: a lei autoriza sua edição, segundo ***critério de conveniência e oportunidade*** do agente público competente).

→ Quanto aos efeitos: Atos **internos** (só produzem efeitos dentro da estrutura da administração pública) e atos **externos** (destinam-se aos administrados em geral, produzindo efeitos para além da estrutura do órgão).

→ Quanto às prerrogativas: Atos de império (onde se verifica imperatividade e unilateralidade, como apreensão de bens e embargo de uma obra), Atos de gestão (em que o Estado atua com certa igualdade com o particular, como em certos contratos) e Atos de expediente (para organização e andamento dos serviços da entidade, como nomeações e exonerações).

Quanto à validade do ato (sua conformidade com o ordenamento) e existência temos: **Ato válido, nulo, anulável e inexistente**:

- **Ato válido**: é o que está de acordo com a legislação, respeitou todos os requisitos de formação e não contém vícios em seus elementos;
- **Ato nulo**: está em desacordo com o ordenamento, é **ato ilegal ou ilegítimo**, possui **vício insanável** em algum dos seus elementos; deve ser **anulado**, produzindo efeitos *ex tunc* (retroativos) à anulação, declarando inválidos todos os efeitos eventualmente produzidos (contraditório no caso de terceiros interessados de boa-fé);
- **Ato anulável**: está em desacordo com o ordenamento, é **ato ilegal ou ilegítimo**, mas possui **vício sanável** em algum dos seus elementos, podendo ser **convalidado** pela administração OU **anulado** (convalidar ou anular é decisão discricionária);
- **Ato inexistente**: possui apenas **aparência de ato administrativo**, mas **não se originou de agente público**; é o caso dos atos realizados pelo *"usurpador de função"*, que se faz passar por agente público diante de um cidadão. Não há prazo para que se desconstituam os efeitos do ato inexistente, mas é possível a responsabilidade civil da administração por *culpa in vigilando*, por danos causados pelo usurpador (Exemplo: médico *fake* em hospital público).

8.6 Espécies de ato administrativo

→ **Atos normativos**: são atos com **generalidade e abstração**, sem destinatários determinados (exemplo: *decretos, resoluções, instruções normativas*);

→ **Atos ordinatórios**: decorrentes do **poder hierárquico** (exemplo: *memorandos, ofícios, portarias*);

→ **Atos negociais**: mediante solicitação do particular. Observação: *Não são contratos*.

→ podem ser:

- vinculados e definitivos (exemplo: *licença*) ou
- discricionários e precários (exemplo: *autorizações*);

→ **Atos enunciativos**: não contêm manifestação de vontade da administração. Podem ser

→ **declaratórios** (exemplo: *certidões e atestados*) ou **opinativos** (ex: *pareceres*);

→ **Atos punitivos**: imposição de sanções. Fundados no:

- poder disciplinar (*servidores ou particulares com vínculo específico com a adm.*) ou
- poder de polícia (*particulares em geral*).

8.7 Extinção dos atos administrativos

A compreensão da extinção dos Atos Administrativos requer a leitura da seguinte súmula e artigo, que consagram o princípio da autotutela:

STF, Súmula 473:

A administração pode **anular** seus próprios atos, quando **eivados de vícios** que os tornam **ilegais**, porque deles não se originam direitos; ou **revogá-los**, por motivo de **conveniência ou oportunidade**, respeitados os direitos adquiridos, e ressalvada, em todos os casos, a apreciação judicial.

Lei 9.784/99, Art. 53.

A Administração deve anular seus próprios atos, quando eivados de vício de legalidade, e pode **revogá-los por motivo de conveniência ou oportunidade**, respeitados os direitos adquiridos.

Portanto, temos que:

→ **ANULAÇÃO:** É **controle de legalidade**, pela **administração ou judiciário**. Ocorre em atos nulos (vícios insanáveis) ou anuláveis (vícios sanáveis). Se tiver efeitos favoráveis ao administrado, deve ser oportunizado contraditório e ampla defesa.

→ **REVOGAÇÃO:** É **controle de mérito**, pela própria administração, **jamais pelo judiciário**. Não se trata de ato viciado. **É ato válido**, que, por **conveniência e oportunidade**, será revogado pela autoridade competente.

▷ **Atenção - NÃO podem ser revogados**: *Atos consumados; Atos vinculados; Atos c/ direitos adquiridos; Atos preclusos no processo administrativo ou protegidos pela coisa julgada;*

Até quando a administração pode exercer o direito de anular os próprios atos?

- 5 anos, atos praticados com boa-fé.
- A qualquer tempo, em caso de má-fé.

▷ **Atenção:**

Lei nº 9.784/99, art. 54: O direito da Administração de **anular** os atos administrativos de que decorram efeitos favoráveis para os destinatários **DECAI EM CINCO ANOS**, contados da data em que foram praticados, salvo comprovada má-fé.

§ 2º Considera-se exercício do direito de anular qualquer medida (inclusive instauração de processo administrativo) de autoridade administrativa que importe impugnação à validade do ato.

É preciso saber que existem determinações nos casos em que seja invalidado um ato administrativo, como:

- indicar de modo expresso as consequências jurídicas e administrativas da anulação;
- considerar as circunstâncias práticas que houverem imposto, limitado ou condicionado a ação do agente.

LINDB, art. 21. A decisão que, nas esferas administrativa, controladora ou judicial, decretar a invalidação de ato, contrato, ajuste, processo ou norma administrativa deverá indicar de modo expresso suas consequências jurídicas e administrativas.

LINDB, art. 22, § 1º. Em decisão sobre regularidade de conduta ou validade de ato, contrato, ajuste, processo ou norma administrativa, serão consideradas as circunstâncias práticas que houverem imposto, limitado ou condicionado a ação do agente.

Por fim, saiba que existem outras formas de extinção dos atos, tais como:

→ **Cassação**: extinção do ato pela perda, pelo beneficiário, dos requisitos que autorizaram sua prática. (ex: *cassação de um alvará/licença*);

→ **Caducidade**: ilegalidade superveniente (a mudança na legislação torna o ato incompatível com o novo ordenamento).

EXTINÇÃO DOS ATOS ADMINISTRATIVOS			
ANULAÇÃO	**REVOGAÇÃO**	**CASSAÇÃO**	**CADUCIDADE**
controle de legalidade	controle de mérito (*conveniência e oportunidade*)	beneficiário deixa de cumprir os requisitos	Ato perde fundamento legal
administração ou judiciário	própria administração	mudança nos fatos	mudança na legislação (ilegalidade superveniente)
ato inválido (nulo ou anulável)	ato válido	Causa superveniente	
Retroage (*ex tunc*)	Não retroage (*ex nunc*)	Não ocorre automaticamente (precisa ser declarada)	

- **OUTRAS FORMAS DE EXTINÇÃO**: natural (pelo fim do prazo), subjetiva (morte do beneficiário) ou objetiva (destruição do bem objeto do ato);

8.8 Aproveitamento dos atos administrativos

Convalidação:

- ato administrativo discricionário que **supri-me um defeito (sanável)** de ato administrativo anteriormente editado (discricionário ou vinculado), desde que não prejudique interesse público ou terceiros;
- *Ex tunc*: retroagem efeitos a partir da data da edição do ato administrativo convalidado;
- Alguns vícios de forma e competência sanáveis (anuláveis), pode anular ou convalidar.
- **Se for vício insanável (ato nulo) não pode convalidar: deve anular**!

Conversão:

- aproveitamento de ato nulo de determinada espécie, pela transformação, retroativa, em ato válido de outra categoria. Considerada de difícil aplicação.

9. PROCESSO ADMINISTRATIVO

9.1 Introdução

O processo administrativo é um tema fundamental dentro do campo do Direito Administrativo, constituindo um dos pilares da atuação do poder público. O processo administrativo engloba os procedimentos formais e regulamentados pelos quais a administração pública realiza seus atos, toma suas decisões e exerce seu poder regulamentar.

É importante destacar o fundamento constitucional, que eleva a direito fundamental a prerrogativa de requerer ao poder público (direito de petição), bem como garante a aplicação de contraditório, ampla defesa e celeridade aos processos administrativos (Art. 5º, CF/88, incisos XXXIV e LXXVIII). Além disso, pode-se dizer que, como regra, o esgotamento da via do processo administrativo é dispensável, como requisito de acesso ao judiciário. Isso porque o art. 5º da CF/88 também consagra o princípio da inafastabilidade da jurisdição.

No Brasil, a **Lei nº 9.784/99** é o marco legal que regulamenta o processo administrativo no âmbito federal. Esta lei estabelece princípios, diretrizes e garantias que norteiam a atuação da administração pública em seus processos, assegurando a transparência, a defesa dos interesses dos administrados e a segurança jurídica.

Essa lei pode ser aplicada, na ausência de legislação específica, **para todos os procedimentos administrativos**: licitações, contratos administrativos, sanções, concessões, benefícios previdenciários, matéria tributária, entre outras, na esfera federal. Além disso, ela pode ser utilizada em Estados e Municípios, na ausência de disposição legal pela norma local.

▷ **Resumindo:**

Lei 9.784/99

- Processo administrativo federal;
- Aplica-se na Administração direta e indireta;
- Aplica-se a todos os poderes (quando no desempenho de função administrativa);
- Aplica-se subsidiariamente em procedimentos específicos (licitações, PAD, etc.);
- Aplica-se para Estados e Municípios, não havendo lei local;

9.2 Princípios e critérios

Os Princípios do processo administrativo estão elencados no art 2º da Lei 9.784/99, sendo alguns deles conhecidos na própria CF/88: legalidade, finalidade, motivação, razoabilidade, proporcionalidade, moralidade, ampla defesa, contraditório, segurança jurídica, interesse público e eficiência.

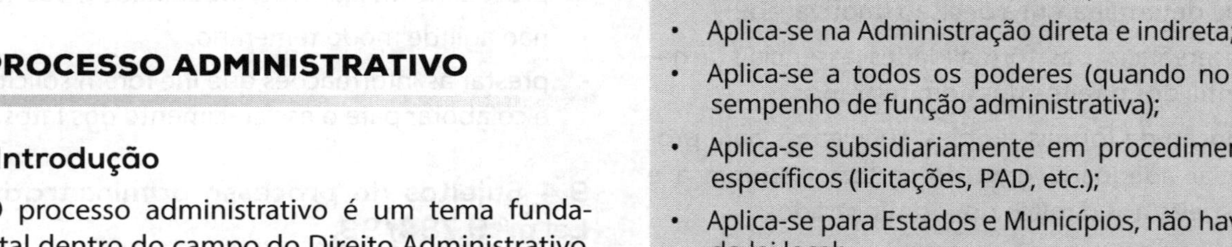

Ainda, elencam-se critérios, sendo na verdade desdobramentos dos princípios que já conhecemos:

→ atuação conforme a lei e o Direito, que é um desdobramento da legalidade.

→ atendimento a fins de interesse geral, vedada a renúncia total ou parcial de poderes ou competências, salvo autorização em lei (finalidade e interesse público);

→ objetividade no atendimento do interesse público, vedada a promoção pessoal de agentes ou autoridades, que se relaciona com a impessoalidade;

→ atuação segundo padrões éticos de probidade, decoro e boa-fé (moralidade);

→ divulgação oficial dos atos administrativos, ressalvadas as hipóteses de sigilo previstas na Constituição (publicidade);

→ adequação entre meios e fins, vedada a imposição de obrigações, restrições e sanções em medida superior àquelas estritamente necessárias ao atendimento do interesse público (razoabilidade e proporcionalidade);

→ indicação dos pressupostos de fato e de direito que determinarem a decisão (motivação);

→ observância das formalidades essenciais à garantia dos direitos dos administrados;

→ adoção de formas simples, suficientes para propiciar adequado grau de certeza, segurança e respeito aos direitos dos administrados;

→ garantia dos direitos à comunicação, à apresentação de alegações finais, à produção de provas e à interposição de recursos, nos processos de que possam resultar sanções e nas situações de litígio (contraditório e ampla defesa);

→ proibição de cobrança de despesas processuais, ressalvadas as previstas em lei;

→ impulsão, de ofício, do processo administrativo, sem prejuízo da atuação dos interessados;

→ interpretação da norma administrativa da forma que melhor garanta o atendimento do fim público a que se dirige, vedada aplicação retroativa de nova interpretação.

9.3 Direitos e deveres dos administrados

Conforme art. 3º da Lei 9.784/99, nos processos administrativos, o administrado tem direito de:

→ ser tratado com respeito pelas autoridades e servidores, que deverão facilitar o exercício de seus direitos e o cumprimento de suas obrigações;

→ ter ciência da tramitação dos processos administrativos em que tenha a condição de interessado, ter vista dos autos, obter cópias de documentos neles contidos e conhecer as decisões proferidas;

→ formular alegações e apresentar documentos antes da decisão, os quais serão objeto de consideração pelo órgão competente;

→ fazer-se assistir, **facultativamente**, por advogado, salvo quando obrigatória a representação, por força de lei.

Portanto, como regra, temos que o processo é gratuito (não há custas) e não é necessária representação por advogado. Sobre isso, o STF editou a **Súmula Vinculante 5**: "A falta de defesa técnica por advogado no processo administrativo disciplinar não ofende a Constituição".

Ademais, conforme **Súmula Vinculante 21**, é inconstitucional a "exigência de depósito ou arrolamento prévios de dinheiro ou bens para admissibilidade de recurso administrativo".

Por outro lado, figuram como **deveres** dos administrados:

- expor os fatos conforme a verdade;
- proceder com lealdade, urbanidade e boa-fé;
- não agir de modo temerário;
- prestar as informações que lhe forem solicitadas e colaborar para o esclarecimento dos fatos.

9.4 Sujeitos do processo adminsitrativo - Lei n.º 9.784/99.

O processo administrativo pode ser **instaurado de ofício** (pela própria administração) ou **a pedido do interessado**. Aqui, a lei reconhece a importância da iniciativa dos cidadãos na atuação da administração pública, permitindo que qualquer pessoa possa requerer a análise de uma questão. O artigo 6o define os elementos essenciais que devem constar no requerimento inicial do interessado.

Além de identificar o órgão ou autoridade administrativa destinatária do pedido, o requerente deve fornecer suas informações de identificação, domicílio, além de expor de maneira clara o pedido, incluindo os fatos e fundamentos que o embasam. A **formalização por escrito** visa à clareza e previsibilidade do processo.

Uma das premissas para a eficácia e celeridade do processo é a **padronização**. O artigo 7º ressalta que os órgãos e entidades administrativas devem elaborar modelos ou formulários padronizados para temas que envolvam solicitações equivalentes. Essa padronização visa simplificar e agilizar o trâmite dos processos, garantindo uniformidade nos procedimentos.

Ainda, o artigo 8º dispõe sobre a possibilidade de **unificar pedidos similares** em um único requerimento, desde que os conteúdos e fundamentos sejam idênticos. Essa disposição visa otimizar a análise e decisão, evitando duplicação de procedimentos quando vários interessados apresentam demandas idênticas.

9.4.1 Quem são "interessados"?

- Pessoas Físicas e Jurídicas (exercício de Direitos Individuais)
- Organizações e Associações Representativas (Direitos Coletivos e Difusos)

Só terá capacidade processual para postular no processo administrativo o maior de dezoito anos.

O tema da competência é tratado entre os arts. 11 a 17 da Lei 9.784/99, mas é abordado na nossa aula de Atos Administrativos.

9.4.2 Impedimento (servidor ou autoridade que):

- tenha **interesse** direto ou indireto na matéria;
- tenha participado ou venha a participar como **perito, testemunha ou representante**, ou se tais situações ocorrem quanto ao **cônjuge, companheiro ou parente e afins até o terceiro grau**;
- esteja **litigando judicial ou administrativamente** com o interessado ou respectivo cônjuge ou companheiro.
- *omissão do dever de comunicar o impedimento constitui falta grave*

9.4.3 Arguição de suspeição

- autoridade ou servidor que tenha amizade íntima ou inimizade notória com algum dos interessados ou com os respectivos cônjuges, companheiros, parentes e afins até o terceiro grau.
- indeferimento de alegação de suspeição: recurso, sem efeito suspensivo.

9.5 Formalidades do processo administrativo – Lei n.º 9.784/99

O art. 22 preceitua que os atos do processo administrativo não dependem de forma determinada senão quando a lei expressamente a exigir. Ou seja: a regra é a informalidade, podendo aqui também ser identificado o **princípio da instrumentalidade das formas**.

Exige-se que todos os atos sejam formalizados por **escrito**. Porém, o reconhecimento de firma somente será exigido do administrado quando houver dúvida de autenticidade, e a autenticação de documentos exigidos em cópia poderá ser feita pelo próprio órgão administrativo, facilitando e simplificando o acesso pelo administrado.

Detalhe do art. 23 que já apareceu em provas de concursos: os atos do processo devem realizar-se em **dias úteis**, no horário normal de funcionamento da repartição na qual tramitar o processo. Porém: serão **concluídos depois do horário normal os atos já iniciados**, cujo adiamento prejudique o curso regular do procedimento ou cause dano ao interessado ou à Administração.

Há um "prazo genérico" para a prática dos autos, no caso de não haver disposição específica: **cinco dias**, podendo ser dilatado ao dobro.

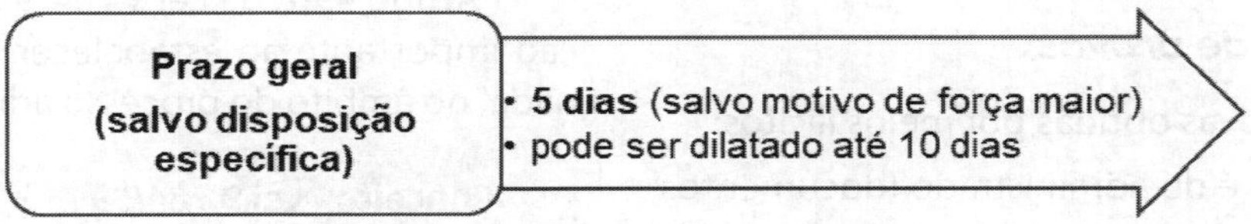

A comunicação oficial do processo administrativo se dá através a **intimação**. É através deste ato que o interessado toma ciência de decisão ou a efetivação de diligências.

Trata-se de um requisito necessário para os atos praticados produzam seus regulares efeitos. Essa intimação pode ser feita por ciência no processo, por via postal com aviso de recebimento, por telegrama ou outro meio que assegure a certeza da ciência do interessado.

A **intimação para comparecimento** (em audiência, por exemplo) precisa ser feita com antecedência mínima de **três dias úteis**.

Inobservância das formalidades gera nulidade, mas essa será suprida pelo comparecimento do interessado.

- desatendimento da intimação (revelia) **não importa o reconhecimento da verdade dos fatos**, nem a renúncia a direito pelo administrado;

- devem ser objeto de intimação: imposição de deveres, ônus, sanções ou restrição ao exercício de direitos e atividades ao interessado;
- Não há suspensão de prazos, e se contam de modo contínuo os prazos em dias.

Início da contagem dos prazos: da data da **cientificação oficial**, excluindo-se da contagem o dia do começo e incluindo-se o do vencimento. Considera-se prorrogado o prazo até o **primeiro dia útil seguinte** se o vencimento cair em dia em que não houver expediente ou este for encerrado antes da hora normal.

9.6 Instrução e decisão – Lei n.º 9.784/99

Os artigos 29 ao 47 da Lei 9.784/99 definem as etapas do processo administrativo federal, abordando instrução, produção de provas, motivação, publicidade e recursos, garantindo transparência, segurança jurídica e possibilidade de revisão das decisões administrativas.

Acerca da participação e transparência:

- **Consulta pública** para manifestação de terceiros, se não houver prejuízo ao interessado;
- Comparecimento à consulta pública não confere, por si, a condição de interessado do processo, mas confere o direito de obter da Administração resposta fundamentada, que poderá ser comum a todas as alegações substancialmente iguais.
- Possibilidade de **audiência pública** para debates sobre a matéria do processo;
- Possibilidade de **outros meios de participação** de administrados, diretamente ou por meio de organizações e associações;

9.6.1 Produção de provas

- **Vedação** de provas obtidas por meios ilícitos;
- **Ônus da prova** é do administrado (documentos existentes na própria Adm devem ser juntados de ofício);
- Somente podem ser rejeitadas provas ilícitas, impertinentes, desnecessárias ou protelatórias;
- interessado poderá juntar documentos e pareceres, requerer diligências e perícias;
- elementos probatórios deverão ser considerados na motivação do relatório e da decisão;
- interessados serão intimados de prova ou diligência ordenada, com antecedência mínima de três dias úteis;

Os **pareceres obrigatórios** prazo máximo de 15 (quinze) dias (salvo norma especial ou comprovada necessidade de maior prazo).

> ▷ **O que ocorre se um parecer não for emitido pelo órgão competente no prazo?**
>
> → Se **obrigatório e vinculante**, o processo não terá seguimento até a respectiva apresentação, responsabilizando-se quem der causa ao atraso.
>
> → Se **obrigatório e não vinculante**, o processo poderá ter prosseguimento e ser decidido com sua dispensa, sem prejuízo da responsabilidade de quem se omitiu.

- Laudo técnico: pode solicitar para outro órgão com capacidade.
- Encerrada instrução: alegações finais em 10 dias.
- Em caso de risco iminente: administração pode adotar **providências acauteladoras** sem oitiva do interessado.
- Vista do interessado de todos os atos, ressalvado sigilo ou direito à imagem e privacidade.

DECISÃO: a "Decisão" consiste na **manifestação conclusiva** de um órgão ou autoridade administrativa sobre determinada questão ou pedido submetido ao processo administrativo. Ela representa o desfecho da análise dos fatos, das provas e dos fundamentos jurídicos apresentados ao longo do processo.

Há dever de **explicitamente emitir decisão.**

PRAZO: após instrução, **prazo de 30 dias para decisão** (prorrogável justificadamente).

9.6.2 Decisão Coordenada

O Artigo 49-A da Lei 9.784/99 trouxe uma inovação importante ao estabelecer a "Decisão Coordenada" no âmbito do processo administrativo federal.

> ▷ **Conceito - Lei 9.784/99**
>
> Considera-se decisão coordenada a **instância de natureza interinstitucional ou intersetorial** que atua de forma compartilhada com a finalidade de simplificar o processo administrativo mediante participação concomitante de todas as autoridades e agentes decisórios e dos responsáveis pela instrução técnico-jurídica, observada a natureza do objeto e a compatibilidade do procedimento e de sua formalização com a legislação pertinente.

Poderão ser tomadas mediante decisão coordenada as decisões administrativas que exijam a participação de **3 (três) ou mais** setores, órgãos ou entidades, sempre que:

I - for justificável pela **relevância da matéria**; e

II - houver **discordância que prejudique a celeridade** do processo administrativo decisório.

A "Decisão Coordenada" tem o objetivo de permitir a unificação de informações e documentos em processos administrativos que possuam objetos similares, evitando repetições desnecessárias e promovendo uma abordagem mais eficiente. Isso é particularmente útil em casos em que diversos órgãos ou entidades da administração pública têm atribuições semelhantes ou convergentes, visando a tomada de decisões coerentes.

A essência da "Decisão Coordenada" reside na colaboração entre os órgãos e entidades envolvidos para a análise compartilhada de informações e documentações relevantes. Em vez de cada unidade administrativa repetir procedimentos idênticos, elas podem se comunicar e utilizar os dados disponíveis para tomar decisões conjuntas ou complementares.

Além da agilidade proporcionada pela eliminação de duplicações e processos paralelos, a "Decisão Coordenada" também contribui para a **padronização das decisões administrativas**, o que resulta em maior segurança jurídica para os administrados. Isso ajuda a evitar que diferentes unidades da administração tomem decisões contraditórias em casos similares.

A decisão coordenada não exclui a responsabilidade originária de cada órgão ou autoridade envolvida.

> ▷ **Atenção!**
>
> **NÃO SE APLICA** a decisão coordenada aos processos administrativos:
>
> I - de **licitação**;
>
> II - relacionados ao **poder sancionador**;
>
> III - em que estejam envolvidas autoridades de **Poderes distintos**.

Poderão habilitar-se a participar da decisão coordenada, na qualidade de ouvintes, os interessados no processo administrativo.

9.7 Motivação, extinção, desistência e sanções – Lei n.º 9.784/99

A motivação foi abordada na parte de Atos Administrativos. Mas é importante lembrar que, como regra, os atos administrativos **deverão ser motivados**, nos casos elencados pelo art. 50 da Lei.

9.7.1 Motivação obrigatória – atos que:

I - **neguem, limitem ou afetem** direitos ou interesses;

II - imponham ou agravem **deveres, encargos ou sanções**;

III - decidam processos administrativos de **concurso ou seleção pública**;

IV - dispensem ou declarem a **inexigibilidade de processo licitatório**;

V - decidam **recursos administrativos**;

VI - decorram de **reexame de ofício**;

VII - **deixem de aplicar jurisprudência** firmada sobre a questão ou **discrepem de pareceres**, laudos, propostas e relatórios oficiais;

VIII - importem **anulação, revogação, suspensão ou convalidação** de ato administrativo.

Sabe-se que alguns atos **dispensam motivação**, tal como a nomeação e exoneração de ocupante de cargo em comissão.

O interessado poderá, mediante manifestação escrita, desistir total ou parcialmente do pedido formulado ou, ainda, **renunciar a direitos disponíveis**.

Dispõem os arts. 53 e 54 acerca da extinção dos atos, já abordada no capítulo sobre atos administrativos. É importante lembrar da diferença entre anulação e revogação, e o prazo decadencial para que a administração anule os próprios atos (5 anos), ressalvados casos de má-fé. Ainda, a possibilidade de convalidação dos atos com vícios sanáveis.

Quais as **sanções** (punições) possíveis através do processo administrativo?

Elas terão natureza pecuniária (pagar) ou consistirão em obrigação de fazer ou de não fazer, assegurado sempre o direito de defesa.

9.8 Recursos e revisão – Lei n.º 9.784/99

→ O **RECURSO ADMINISTRATIVO** serve para questionar as decisões do processo, tanto em relação à **legalidade** quanto ao **mérito**.

O recurso será dirigido à autoridade que proferiu a decisão, a qual, se não a **reconsiderar no prazo de cinco dias**, o encaminhará à autoridade superior.

A Lei dispõe que haverá no máximo três instâncias ao processo, e poderá ser interposto por qualquer dos **interessados** no processo, **incluindo cidadãos ou associações, quanto a direitos ou interesses difusos**.

- Prazo de interposição: **10 dias**, contado a partir da ciência ou divulgação oficial da decisão.

- Prazo de decisão: **30 dias**, prorrogável por **mais 30**, contado do recebimento dos autos pelo órgão competente.
- Interessados serão intimados para, em **5 dias**, apresentar alegações.

Como regra: recurso administrativo **não tem efeito suspensivo**.

Porém: havendo justo receio de prejuízo de difícil ou incerta reparação decorrente da execução, a autoridade recorrida ou a imediatamente superior poderá, **de ofício ou a pedido, dar efeito suspensivo ao recurso.**

Conforme Art. 63, o recurso **não será conhecido** quando interposto:

> I - fora do prazo (intempestivo);
>
> II - perante órgão incompetente (deverá ser indicada a autoridade correta, devolvendo o prazo);
>
> III - por quem não seja legitimado;
>
> IV - após exaurida a esfera administrativa.

▷ **Atenção:** O não conhecimento do recurso **não impede a Administração de rever de ofício o ato ilegal**, desde que não ocorrida preclusão administrativa.

O órgão competente para decidir o recurso poderá confirmar, modificar, anular ou revogar, total ou parcialmente, a decisão recorrida, se a matéria for de sua competência.

O recorrente alegou **violação de enunciado da súmula vinculante**? O órgão competente para decidir o recurso deve **explicitar as razões da aplicabilidade ou inaplicabilidade da súmula**, conforme o caso.

→ A **REVISÃO** de processos administrativos de que resultem sanções pode ser **feita a qualquer tempo**, a pedido ou de ofício, quando **surgirem fatos novos ou circunstâncias relevantes** suscetíveis de justificar a inadequação da sanção aplicada.

Porém, diversamente do recurso, da revisão do processo **não poderá resultar agravamento da sanção.**

9.9 Prioridades de tramitação – Lei n.º 9.784/99

Terão prioridade os processos que envolverem interessado ou parte:

1. pessoa com idade igual ou superior a 60 (sessenta) anos;
2. pessoa com deficiência, física ou mental;
3. pessoa com doenças graves, indicadas na lei, ainda que contraída após o início do processo.

A pessoa interessada deve juntar prova e requerer a prioridade.

10. AGENTES PÚBLICOS

10.1 Introdução

No âmbito do Direito Administrativo, o estudo dos agentes públicos é de fundamental importância para compreender a estrutura e o funcionamento da administração pública. Os agentes públicos **são os indivíduos que exercem funções e desempenham atividades em nome do Estado e da coletividade, contribuindo para o cumprimento das finalidades públicas.** Dentro desse contexto, é essencial distinguir os agentes políticos dos agentes administrativos, bem como entender as nuances entre servidores, empregados públicos, temporários e militares, considerando as disposições da Constituição Federal de 1988.

10.2 Espécies e classificação

Primeiro, precisamos conhecer o **conceito amplo** de agente público, e para isso pode-se considerar o art. 2º da Lei 8429/92 que considera agente público o: *"agente político, o servidor público e todo aquele que exerce, ainda que transitoriamente ou sem remuneração, por eleição, nomeação, designação, contratação ou qualquer outra forma de investidura ou vínculo, mandato, cargo, emprego ou função"*, nas entidades públicas.

Portanto, nesse conceito amplo, podemos ter agentes, quanto a atividade desempenhada, **permanentes** ou **transitórios** (tal como o temporário e o estagiário), com ou **sem remuneração** (como o mesário e o jurado).

Quanto à **investidura**, que é a forma de ingresso na administração pública, podemos ter a eleição, a **nomeação, a designação, a contratação, a convocação** e outras. Quanto a posição ocupada, teremos **mandato, cargo, emprego ou função pública**.

Aqui estarão inclusos, também, aqueles que atuam fora da administração pública, mas no desempenho de atividades públicas: são os **particulares em colaboração** com o Estado.

Portanto, é essencial saber que existem três grandes grupos de agentes públicos: os agentes políticos, os agentes administrativos e os particulares em colaboração.

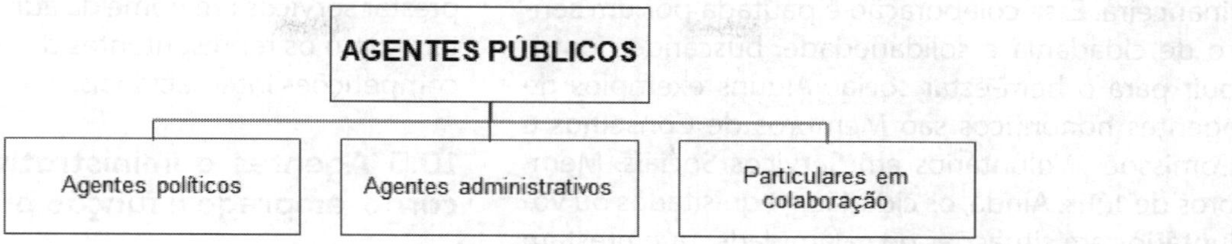

10.3 Agentes políticos

Os **agentes políticos** ocupam posições de destaque nas estruturas de poder do Estado, exercendo funções relacionadas à alta administração e à tomada de decisões de natureza política. Eles são responsáveis pela formulação e implementação das políticas públicas, bem como pela representação do poder estatal. Exercem atividade com fundamento direto na Constituição, sendo membros dos poderes: **Presidente, Governador e Prefeitos**, bem como seus auxiliares diretos, **Ministros de Estado** e **Secretários** estaduais e municipais. No legislativo, os representantes eleitos pela população, como Senadores, Deputados e Vereadores, também estão nessa categoria.

Apesar de certa divergência doutrinária, também são considerados agentes políticos os **membros** do **Judiciário** (Magistrados) e do **Ministério Público** (Promotores e Procuradores de Justiça).

Sobre esse ponto, é interessante saber o entendimento do STF, no sentido de que a vedação ao nepotismo, manifestada na Súmula Vinculante 13, não se aplica para a nomeação de cargos de natureza política, ressalvada fraude ou notória inadequação do nomeado para a função. Pode, por exemplo, um Prefeito nomear seu cônjuge para ser Secretária do Meio Ambiente do Município? Em regra, sim:

> [...] A previsão de nomeação do primeiro escalão do chefe do Executivo está no art. 84 da Constituição Federal, tal entendimento deve ser aplicado por simetria aos Secretários estaduais e municipais (art. 76, da CF/1988). 3. A nomeação de parente, cônjuge ou companheira para cargos de natureza eminentemente política, como no caso concreto, em que a esposa do Prefeito foi escolhida para exercer cargo de Secretária Municipal, não se subordina ao Enunciado Vinculante 13. [...] (Rcl 31.732, rel. min. Marco Aurélio, red. p/ o ac. min. Alexandre de Moraes, 1ª T, j. 5-11-2019, DJE 19 de 3-2-2020.).

Note, assim, que os agentes políticos são aqueles que exercem **mandato** (ex: Governador) ou cargo (ex: Secretário) têm investidura através de **eleição** (ex: Deputado) ou **nomeação** (ex: Ministro).

10.4 Particulares em colaboração

No âmbito do Direito Administrativo brasileiro, além dos agentes políticos e agentes administrativos, existe uma categoria importante: os particulares em colaboração com o Estado. Essa categoria é uma espécie do gênero "agentes públicos" e refere-se às situações em que pessoas físicas ou jurídicas atuam em parceria com o poder público na prestação de serviços públicos ou na realização de atividades de interesse coletivo. Eles exercem **função pública**. Essa colaboração é estabelecida por meio de contratos, convênios ou outras formas de parceria.

Os agentes delegados desempenham um papel relevante na execução de serviços e atividades que, muitas vezes, a administração pública não conseguiria realizar sozinha, seja por questões de eficiência, expertise ou recursos financeiros. Essa parceria é uma manifestação da chamada Administração Pública Gerencial, que busca uma maior eficiência e eficácia na prestação dos serviços públicos.

Um exemplo clássico dessa colaboração é a **concessão de serviços públicos**. Nesse caso, uma empresa privada assume a responsabilidade de operar e manter um serviço público (como rodovias, aeroportos ou saneamento) mediante um contrato com o poder público. A empresa é remunerada por tarifas pagas pelos usuários e deve atender a padrões de qualidade e eficiência estabelecidos pelo Estado. Outra forma de colaboração é a parceria público-privada (PPP), em que a iniciativa privada participa ativamente em projetos de grande envergadura, como construção e gestão de hospitais, escolas e outras infraestruturas públicas.

Também é considerado agente delegado **o titular de serviços notariais e de registros públicos** (Tabeliães, Notários e Registradores), que acessam o direito às serventias judiciais através de concurso público, bem como os leiloeiros, intérpretes e tradutores públicos.

Os **agentes honoríficos** são indivíduos que atuam de forma voluntária e não remunerada em atividades de interesse público, exercendo um **múnus público**. Eles desempenham funções em prol da coletividade, sem a expectativa de contraprestação financeira. Essa colaboração é pautada por um senso de cidadania e solidariedade, buscando contribuir para o bem-estar social. Alguns exemplos de agentes honoríficos são Membros de Conselhos e Comissões, Voluntários em Serviços Sociais, Membros de Júris. Ainda, os cidadãos requisitados ou voluntários em situações de calamidade, que prestam serviços de socorro e afins.

Ainda, os **agentes credenciados** são particulares que, mediante prévia autorização, atuam em nome do Estado, representando-o em determinadas situações ou desempenhando atividades específicas. A concessão de credenciamento confere a esses particulares a autoridade para realizar atos ou prestar serviços em nome da administração pública, tais como os representantes do Brasil em eventos e competições internacionais.

10.5 Agentes administrativos e militares: cargo, emprego e função públicos.

Os **agentes administrativos** são aqueles que desempenham **funções técnicas ou operacionais** no âmbito da administração pública. Eles executam tarefas voltadas para a gestão, operacionalização e execução dos serviços públicos. Nessa categoria estão os **servidores públicos, empregados públicos, temporários e militares**.

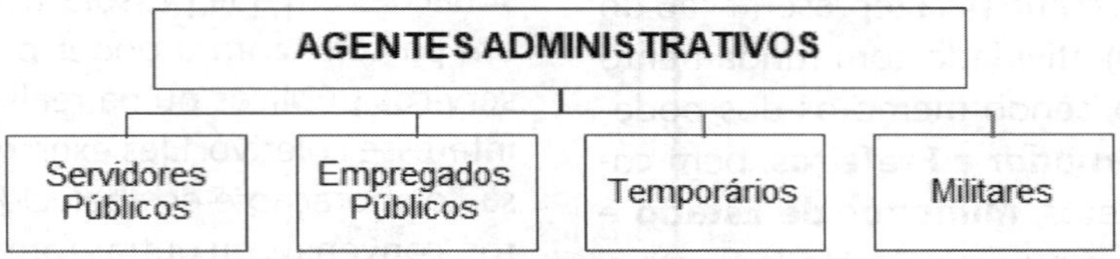

No que diz respeito aos servidores públicos, a Constituição Federal de 1988 estabelece os princípios e regras que regem o ingresso, a carreira, a aposentadoria e os direitos desses agentes. Os **servidores ocupam CARGO PÚBLICO** e estão sujeitos a um **regime estatutário**, ou seja: há um Estatuto, estabelecido por lei, que rege suas atividades, determinando seus diretos, deveres e responsabilidades.

Os cargos públicos ocupados pelos servidores podem ser de **provimento efetivo** ou **em comissão**.

Os **servidores com cargo EFETIVO** são aqueles que ingressaram através de **concurso público, gozam de estabilidade**, após cumprimento de estágio probatório, e prerrogativas que visam a assegurar sua independência e imparcialidade na atuação administrativa.

Os **servidores com cargo EM COMISSÃO** são aqueles de **livre nomeação e exoneração** pela autoridade competente, para desempenho de funções de **chefia, direção e assessoramento**, conforme art. 37, V, da CF/88. Portanto, seu ingresso não se dá através de concurso público, e eles não possuem estabilidade.

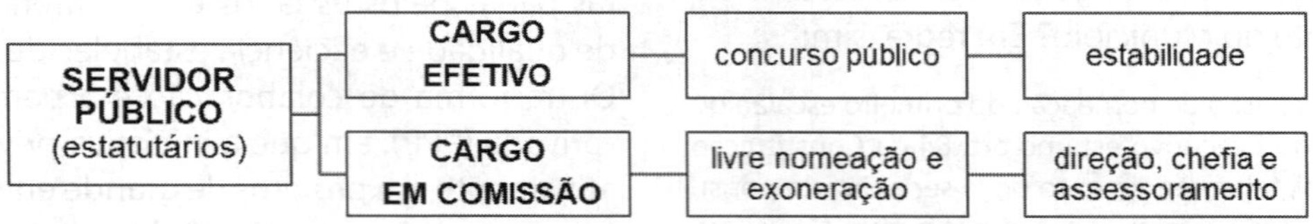

O art. 37 garante ao servidor público civil o direito à livre associação sindical, bem como ao direito de greve, que deve ser exercido nos termos e nos limites definidos em lei específica. Por não ter sido editada a referia lei até o momento, são aplicadas as disposições legais dos trabalhadores celetistas às greves dos servidores civis.

Os **empregados públicos**, por sua vez, são **contratados** mediante vínculo empregatício regido pela Consolidação das Leis do Trabalho (CLT), por isso são "celetistas". Ocupam emprego público, que, como regra, exigirá concurso público para sua investidura. Contudo, **não haverá estabilidade para empregados públicos**, dado seu vínculo trabalhista. Sua relação com o Estado é similar à de qualquer empregado comum, embora atuem em órgãos e entidades públicas.

Em geral, o regime de emprego público é encontrado nas empresas públicas e sociedades de economia mista, bem como em fundações públicas de direito privado.

Os **temporários** são contratados para atender **necessidades transitórias e excepcionais da**

administração pública, de acordo com o interesse público, nos termos do art. 37, IX, da CF/88. São regidos por legislação específica e possuem vínculo temporário com o Estado. São admitidos mediante **processo seletivo simplificado**, e formalizam seu vínculo através de **contrato administrativo**. Como exemplos, temos os professores temporários no ensino público, bem como recenseadores do IBGE.

Por fim, os **militares**, que possuem regime próprio de direitos e deveres. São organizados com base em princípios **hierárquicos e disciplinares**, assegurando a segurança e defesa do país. Nessa categoria, estão os militares da União, pertencentes às Forças Armadas (Exército, Marinha e Aeronáutica) e militares dos Estados (Polícia Militar e Corpos de Bombeiros Militar).

Aos militares, é vedada a associação sindical e a greve. A vedação ao direito de greve foi estendida pelo STF aos servidores civis da área de segurança pública.

10.6 Agente de fato e usurpador de função

Os agentes públicos desempenham um papel fundamental na realização das atividades estatais e na execução dos serviços públicos em prol da coletividade. Entretanto, dentro desse cenário, surgem situações em que a atuação de determinados indivíduos não está de acordo com os parâmetros legais, dando origem a conceitos como "agente de fato" e "usurpador de função". Essas categorias abordam situações em que pessoas exercem funções públicas sem a devida autorização ou legitimidade, diferenciando-se em suas características e implicações legais.

O **agente de fato** é alguém que, embora não possua nomeação formal ou investidura legal para exercer determinada função pública, atua como se fosse um agente público legítimo. Essa atuação pode ocorrer por razões variadas, como a falta ou defeito de nomeação formal, a inobservância de processos de seleção ou até mesmo a ocupação irregular de cargos públicos. O agente de fato atua de maneira aparentemente regular, executando tarefas e representando o Estado sem, no entanto, possuir a devida competência legal. Pode-se dividir o agente de fato em duas espécies: o agente necessário e o agente putativo.

O agente necessário é aquele que executa a função pública em caso de urgência, para prestar socorro ou atender a calamidade pública. O agente putativo é aquele que **age com boa-fé, acreditando que está legitimamente investido nas funções que exerce**, mas sua atuação carece de legalidade. Por exemplo, aquele que foi nomeado de forma irregular.

Apesar da nulidade, os atos praticados pelo agente de fato podem ter seus efeitos preservados, sendo válidos perante terceiros. Isso porque há uma **presunção de legalidade e legitimidade dos atos administrativos**, a partir da **teoria da aparência**, protegendo a confiança legítima dos terceiros envolvidos.

Por outro lado, o **usurpador de função** é alguém que, de maneira deliberada e maliciosa, assume uma posição ou função pública, muitas vezes por meio de fraude ou engano, visando a obter vantagens pessoais ou praticar atos que não lhe são permitidos legalmente. O usurpador de função atua com plena consciência de sua ilegitimidade e da ausência de competência legal para a função que exerce.

Os atos praticados pelo usurpador de função não são atos administrativos, nem mesmo nulos. São **atos "inexistentes"**, haja vista não haver qualquer vínculo do sujeito com a administração pública. A usurpação de função pública é uma afronta ao princípio da legalidade, que norteia a atuação da administração pública, e pode acarretar responsabilização administrativa, cível e penal.

10.7 Acumulação de cargos e empregos públicos

A acumulação de cargos e empregos públicos é um tema sensível no Direito Administrativo brasileiro, uma vez que envolve a busca pelo equilíbrio entre a eficiência da administração pública e a preservação dos princípios da moralidade, impessoalidade e isonomia. As regras constitucionais que regulam a acumulação visam a evitar o excesso de compromissos por parte dos servidores públicos, garantindo a qualidade dos serviços prestados pelo Estado.

A Constituição Federal de 1988 estabelece princípios e limitações claras quanto à acumulação de cargos e empregos públicos. O **artigo 37, inciso XVI**, estabelece que é **vedada a acumulação remunerada de cargos públicos, exceto quando houver compatibilidade de horários e nos casos especificados na própria Constituição.**

Hipóteses de **Acumulação Permitida**:

- **Dois Cargos de Professor**: É permitida a acumulação de dois cargos de professor, quando houver compatibilidade de horários, tanto em instituições de ensino públicas quanto privadas.
- **Professor com Técnico ou Científico**: O exercício de um cargo de professor com outro, técnico

ADMINISTRATIVO

ou científico, é possível desde que haja compatibilidade de horários e as atividades sejam compatíveis.

- **Cargos de Profissionais da Saúde**: Profissionais da saúde, como médicos, podem acumular dois cargos públicos, desde que haja compatibilidade de horários.

A **compatibilidade de horários é um requisito essencial para a acumulação**. Os cargos ou empregos acumulados não podem prejudicar o desempenho adequado das funções em nenhum dos vínculos.

A proibição de acumular estende-se a empregos e funções e abrange autarquias, fundações, empresas públicas, sociedades de economia mista, suas subsidiárias, e sociedades controladas, direta ou indiretamente, pelo poder público.

Caso a acumulação não seja permitida ou desrespeite os requisitos legais, o servidor público **deve optar** por um dos cargos ou empregos. A falta de opção acarretará na suspensão de qualquer pagamento relativo ao segundo cargo, emprego ou função, até que a situação seja regularizada.

Por fim, é preciso conhecer as disposições acerca da acumulação de cargo público (servidor público da administração direta, autárquica e fundacional) com o exercício de mandato eletivo. O art. 38 da CF/88 dispõe que:

- tratando-se de mandato eletivo **federal, estadual ou distrital**, ficará afastado de seu cargo, emprego ou função;
- investido no mandato de **Prefeito**, será afastado do cargo, emprego ou função, sendo-lhe facultado optar pela sua remuneração;
- investido no mandato de **Vereador**, havendo compatibilidade de horários, perceberá as vantagens de seu cargo, emprego ou função, sem prejuízo da remuneração do cargo eletivo, e, não havendo compatibilidade, será aplicada a norma do inciso anterior;

Portanto, a única hipótese de permanecer na atividade do cargo ou emprego público é no caso do exercício de mandato de Vereador.

10.8 Remuneração de agentes públicos

A Constituição Federal de 1988 estabelece princípios e diretrizes que visam garantir a justiça, a equidade e a transparência na remuneração dos servidores, contribuindo para a eficácia e a eficiência da administração pública. A Carta Magna consagra, em seu artigo 37, inciso X, o princípio da igualdade como baliza para a remuneração dos servidores públicos. Esse dispositivo estabelece que a remuneração dos servidores deve ser fixada com observância ao princípio da isonomia. Além disso, a **irredutibilidade salarial** também é consagrada na Constituição, assegurando que a remuneração dos servidores não poderá ser diminuída, salvo nos casos previstos em lei e respeitados os princípios da legalidade e da irretroatividade da norma que estabeleça a redução.

A Constituição Federal estabelece duas modalidades de pagamento: a **remuneração** e o **subsídio**. A remuneração é composta por vencimento (parte fixa) e vantagens pecuniárias (parte variável), como gratificações e adicionais. Já o subsídio é uma forma de remuneração única, sem a distinção entre parte fixa e parte variável, sendo adotado especialmente para cargos de agentes políticos e de membros de Poder.

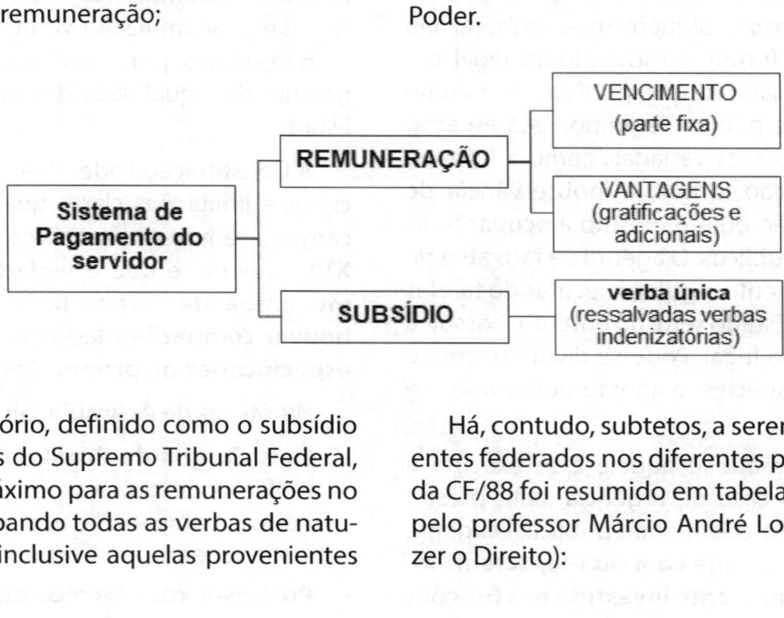

O teto remuneratório, definido como o subsídio mensal dos ministros do Supremo Tribunal Federal, serve como limite máximo para as remunerações no setor público, englobando todas as verbas de natureza remuneratória, inclusive aquelas provenientes de fontes externas.

Há, contudo, subtetos, a serem respeitados pelos entes federados nos diferentes poderes. O art. 37, XI, da CF/88 foi resumido em tabela da seguinte forma, pelo professor Márcio André Lopes Cavalcante (Dizer o Direito):

Teto NACIONAL: subsídio dos Ministros do STF		
Subteto na União	**Subteto nos Estados/DF**	**Subteto nos Municípios**
Subsídio dos **Ministros do STF**	**Opção 1** • Executivo: subsídio do Governador. • Legislativo: subsídio dos Deputados Estaduais. • Judiciário (*inclui MP, Defensoria e Procuradoria):* subsídio dos Desembargadores do TJ (máx. 90,25% do Ministros do STF) **Opção 2: teto único** **subsídio dos Desembargadores do TJ** (máx. 90,25% do Ministros do STF) ▷ *OBS: Deputados Estaduais: regras próprias (§ 2º do art. 27, CF)*	Subsídio do **Prefeito** ▷ *OBS: vereadores (art. 29, CF)* ▷ *OBS2: Procuradores (máx. 90,25% do Ministros do STF)*

▷ Atenção: o teto remuneratório **não se aplica para empregados públicos de empresas estatais independentes** (aquelas que não recebem recursos do ente controlador para pagamento de pessoal).

Por fim, conheça algumas teses vinculantes acerca dessa temática:

- É inconstitucional norma estadual que vincule subsídios de agentes políticos de distintos entes federativos, de modo que qualquer aumento no valor dos subsídios de um resulte, automaticamente, aumento no de outro. STF. ADI 6468. 2/8/2021 (Info 1024)
  - **Súmula Vinculante 42, STF**: É inconstitucional a vinculação do reajuste de vencimentos de servidores estaduais ou municipais a índices federais de correção monetária.
  - **Súmula Vinculante 37, STF**: Não cabe ao Poder Judiciário, que não tem função legislativa, aumentar vencimentos de servidores públicos sob o fundamento de isonomia.
  - **Súmula Vinculante 4, STF**: Salvo nos casos previstos na constituição, o salário-mínimo não pode ser usado como indexador de base de cálculo de vantagem de servidor público ou de empregado, nem ser substituído por decisão judicial.

10.9 Concurso público e estabilidade

A Constituição Federal de 1988 também consagra no Art. 37, incisos III e IV, o chamado "princípio do concurso público", segundo o qual, como regra, apenas através de aprovação nesse procedimento de provas ou provas e títulos será possível o acesso a **cargos e empregos efetivos** na administração pública, direta ou indireta.

Estão excluídos dessa exigência os cargos em comissão e as funções de confiança, os servidores e empregados admitidos anteriormente à CF/88, bem como o exercício de função temporária, que exige apenas processo seletivo simplificado.

Nesse sentido, saiba que: o prazo de validade do concurso público será **de até dois anos**, prorrogável uma vez, por igual período. Portanto, a validade máxima do concurso, a partir de sua homologação final, é de **4 anos**.

Além disso, "durante o prazo improrrogável previsto no edital de convocação, aquele aprovado em concurso público de provas ou de provas e títulos **será convocado com prioridade sobre novos concursados para assumir cargo ou emprego**, na carreira".

Sendo assim, pela redação da CF/88, nada impede que haja outro concurso enquanto vigente concurso anterior, desde que os aprovados no anterior sejam nomeados com prioridade.

Porém, saiba que Lei 8.112/90 e outros Estatutos de servidores municipais e estaduais **vedam novo concurso enquanto houver candidato aprovado em concurso anterior com prazo de validade não expirado**.

Quanto a estabilidade, dispõe a CF:

> Art. 41. São estáveis após **três anos de efetivo exercício** os **servidores** nomeados para **cargo de provimento efetivo** em virtude de concurso público.

Portanto, **NÃO** terão estabilidade:

- Empregados públicos (CLT);
- Cargos em comissão;
- Função de confiança;
- Agentes temporários;
- Agentes políticos;

ADMINISTRATIVO

O servidor público estável **só perderá o cargo:**

I - em virtude de **sentença judicial transitada em julgado**;

II - mediante **processo administrativo** em que lhe seja assegurada ampla defesa;

III - mediante **procedimento de avaliação periódica de desempenho**, na forma de lei complementar, assegurada ampla defesa.

OBS: Ainda há a situação excepcional do Art. 169, §4º da CF, a qual permite a exoneração do servidor estável por excesso de despesa com pessoal.

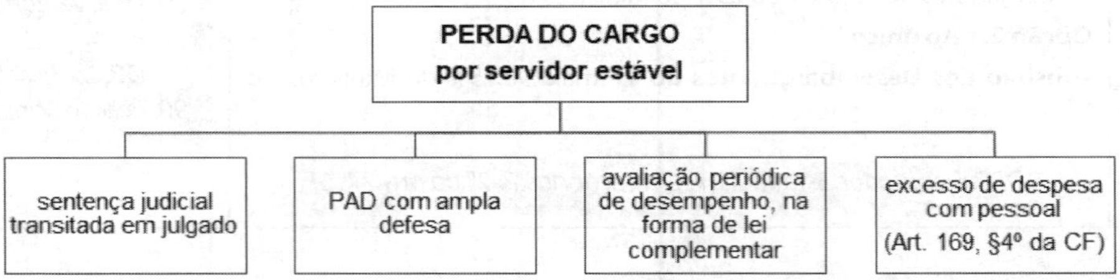

OBS[2]: é preciso saber que existe outro conceito, o de **vitaliciedade**. Essa condição só é garantida para alguns agentes públicos, tais como: magistrados, membros do Ministério Público, Ministros e Conselheiros de tribunais de contas. O agente com **vitaliciedade** só perde o cargo por sentença transitada em julgado.

▷ **Atenção:** A estabilidade não é "automática", após decurso dos 3 anos. Como condição para a aquisição da estabilidade, é **obrigatória a avaliação especial de desempenho** por comissão instituída para essa finalidade.

Situações como licenças e afastamentos suspendem o período de 3 anos.

Por fim, temos que:

- Invalidada por sentença judicial a demissão do servidor estável, será ele **reintegrado**, e o eventual ocupante da vaga, se estável, **reconduzido ao cargo de origem**, sem direito a indenização, aproveitado em outro cargo ou **posto em disponibilidade** com remuneração proporcional ao tempo de serviço.
- Extinto o cargo ou declarada a sua desnecessidade, o **servidor estável ficará em disponibilidade**, com remuneração proporcional ao tempo de serviço, até seu adequado **aproveitamento** em outro cargo.

REFERÊNCIAS

ALEXANDRINO, Marcelo. PAULO, Vicente. Direito Administrativo Descomplicado. 25. ed. São Paulo: Método, 2017.

CARVALHO FILHO, José dos Santos. Manual de direito administrativo. 30. ed. São Paulo: Atlas-Gen, 2019.

HEINEN, Juliano. Curso de Direito Administrativo. 2. ed. rev. Atual. Salvador: JusPodivm, 2021.

MEIRELLES, Hely Lopes. BURLE FILHO, José Emmanuel. Direito administrativo brasileiro. 42. ed. São Paulo: Malheiros, 2016.

11. ESTATUTO DOS SERVIDORES PÚBLICOS CIVIS FEDERAIS – LEI 8.112/1990

Ariel Rocha Zvoziak

Essa Lei institui o Regime Jurídico dos Servidores Públicos Civis da União, das autarquias, inclusive as em regime especial, e das fundações públicas federais. Inicialmente importante entender dois conceitos que a lei traz:

- **Servidor** – Pessoa legalmente investida em cargo público
- **Cargo Público** – Conjunto de atribuições e responsabilidades previstas na estrutura organizacional que devem ser cometidas a um servidor.

11.1 Provimento

São requisitos básicos para investidura em cargo público:

→ A nacionalidade brasileira;
→ O gozo dos direitos políticos;
→ A quitação com as obrigações militares e eleitorais;
→ O nível de escolaridade exigido para o exercício do cargo;
→ A idade mínima de dezoito anos;
→ Aptidão física e mental.

As atribuições do cargo podem justificar a exigência de outros requisitos estabelecidos em lei. A lei também estabelece que às pessoas portadoras de deficiência é assegurado o direito de se inscrever em concurso público para provimento de cargo cujas atribuições sejam compatíveis com a deficiência de que são portadoras; para tais pessoas serão reservadas até 20% (vinte por cento) das vagas oferecidas no concurso.

11.1.1. Conceito De Provimento

É o ato administrativo pelo qual a pessoa física vincula-se à Administração Pública ou a um novo cargo, para prestação de um serviço.

A investidura em cargo público ocorrerá com a posse.

> **Súmula 683 do STF:** "O limite de idade para a inscrição em concurso público só se legitima em face do art. 7º, XXX, da Constituição, quando possa ser justificado pela natureza das atribuições do cargo a ser preenchido."

O artigo 8º da Lei elenca como formas de provimento a nomeação (forma de provimento originária), a promoção, a readaptação, a reversão, o aproveitamento, a reintegração e a recondução. Os incisos III e IV do art. 8º apresentavam a ascensão e a transferência, que eram formas de provimento vertical em que o servidor passaria a integrar uma carreira distinta daquela que ocupava anteriormente.

Contudo, o STF considerou inconstitucionais tais formas de provimento, por violação ao princípio do concurso público. Assim, atualmente, a única forma de provimento vertical é a promoção, uma vez que, neste caso, a evolução ocorre dentro da mesma carreira.

> **Súmula Vinculante 43:** "É inconstitucional toda modalidade de provimento que propicie ao servidor investir-se, sem prévia aprovação em concurso público destinado ao seu provimento, em cargo que não integra a carreira na qual anteriormente investido".

A nomeação é o ato administrativo pelo qual se convoca a pessoa para tomar posse e entrar em exercício no cargo. Ela pode ocorrer em caráter efetivo, quando se ingressa no serviço público por concurso público, tendo assim plano de carreira, e eventualmente adquirindo a estabilidade. E ela pode ocorrer ainda em Cargo em Comissão, de livre nomeação e livre exoneração, não tendo nessa modalidade estabilidade ou organização do quadro em carreira.

A Promoção é a passagem do servidor de um cargo de nível inferior para um de nível superior na mesma carreira;

A Readaptação é o deslocamento do servidor para cargo compatível com sua capacidade física ou mental, quando a doença ou lesão adquirida no exercício do cargo o torna incapaz de desempenhar as atividades do cargo original;

A Reversão é o retorno à atividade de servidor aposentado por invalidez, quando comprovada a recuperação da capacidade de trabalho ou ainda o retorno do aposentado voluntariamente a pedido deste, desde que preenchidos os requisitos legais.

Aproveitamento é o retorno à atividade de servidor em disponibilidade, quando houver cargo vago e nenhum candidato habilitado em concurso público;

A Reintegração é o retorno do servidor estável que foi demitido, exonerado ou que teve sua dispensa declarada ilegal.

A Recondução é o retorno do servidor estável ao cargo anteriormente ocupado, quando o cargo que ocupava anteriormente for extinto ou deixar de ser provido por servidores estáveis. Pode ocorrer também quando o servidor não é aprovado no estágio probatório ou ainda, o STF já reconhece também a possibilidade de recondução por desistência do cargo novo, desde que seja durante o estágio probatório.

Cada uma dessas formas de provimento tem suas próprias regras e condições, que devem ser observadas pelos gestores públicos.

11.2. Concurso Público

O concurso público é a forma objetiva de selecionar servidores, primando pelo princípio da impessoalidade e assegurando igualdade de condições a todos os candidatos.

De acordo com a Lei 8.112/1990, o concurso será de provas ou de provas e títulos, podendo ser realizado em duas etapas, conforme dispuserem a lei e o regulamento do respectivo plano de carreira, terá validade de até 2 (dois) anos, podendo ser prorrogado uma única vez, por igual período. O prazo de validade do concurso e as condições de sua realização serão fixados em edital, que será publicado no Diário Oficial da União e em jornal diário de grande circulação.

Não se abrirá novo concurso enquanto houver candidato aprovado em concurso anterior com prazo de validade não expirado.

Enquanto a Constituição Federal, no art. 37, IV, dispõe sobre a prioridade de convocação do aprovado em concurso anterior, sobre os novos concursados, dentro do prazo de validade daquele; o art. 12, § 2º, do Estatuto dos Servidores Federais veda a realização de novo concurso se ainda houver aprovado em concurso anterior. Não há inconstitucionalidade nessa parte da Lei 8.112/1990, mas sim uma regra mais restrita, que deverá ser seguida pela Administração Pública federal.

11.3. Da posse, exercício, estágio probatório e estabilidade

A posse e o exercício são etapas importantes no processo de provimento de cargos públicos regidos pela Lei 8.112/1990. A posse é o ato formal pelo qual o servidor toma posse do cargo público para o qual foi nomeado, ela deve ocorrer no prazo máximo de 30 dias contados da publicação do ato de provimento (nomeação), sob pena de tornar sem efeito a nomeação. Para tomar posse, o servidor deve apresentar os documentos exigidos, declaração de bens e sobre exercício de outros cargos públicos. Importante lembrar que ela pode ocorrer por procuração, desde que específica.

O exercício é o início do efetivo desempenho das atribuições do cargo pelo servidor. O servidor deve entrar em exercício no prazo máximo de 15 dias contados da data da posse, sob pena de ser exonerado.

Após entrar em exercício, durante o período de três anos de exercício, o servidor está sujeito ao estágio probatório, no qual é avaliado quanto à capacidade de adaptação ao ambiente de trabalho tendo como fatore analisados a produtividade, assiduidade, capacidade de iniciativa, produtividade, responsabilidade e disciplina. Ao final do estágio probatório, o servidor poderá ser confirmado no cargo ou exonerado/reconduzido. Quatro meses antes de findo o período do estágio probatório, será submetida à homologação da autoridade competente a avaliação do desempenho do servidor, realizada por comissão constituída para essa finalidade, de acordo com o que dispuser a lei ou o regulamento da respectiva carreira ou cargo, sem prejuízo da continuidade de apuração dos fatores.

O servidor habilitado em concurso público e empossado em cargo de provimento efetivo adquirirá estabilidade no serviço público ao completar três anos de efetivo exercício

José dos Santos Carvalho Filho define a estabilidade como o instituto que guarda relação com o serviço, e não com o cargo. Emana daí que, se o servidor já adquiriu estabilidade no serviço ocupando determinado cargo, não precisará de novo estágio probatório no caso de permanecer em sua carreira, cujos patamares são alcançados normalmente pelo sistema de promoções. **A estabilidade é absoluta? NÃO!!!**

Para que não ocorra um engessamento do serviço público com faltas sem qualquer risco de demissão, a Lei n. 8.112/1990 estabelece, em seu artigo 22, as hipóteses em que o servidor público federal estável poderá perder o cargo:

> Art. 22. O servidor estável só perderá o cargo em virtude de sentença judicial transitada em julgado ou de processo administrativo disciplinar no qual lhe seja assegurada ampla defesa.

Além delas, temos duas outras possibilidades extraídas do texto da Constituição Federal, sendo elas o procedimento de avaliação periódica e a redução de despesas quando os entes federativos não observarem o limite máximo de gastos com pessoal.

11.4 Vacância

As diversas hipóteses de vacância são situações em que o servidor público deixa o cargo público anteriormente ocupado. Podem ser de caráter definitivo, oportunidade em que o agente estatal rompe o seu vínculo com o Poder Público, ou então tratar-se de hipóteses em que ocorre a simples troca dos cargos ocupados pelo servidor.

São formas de vacância a exoneração, a demissão, a aposentadoria, o falecimento do servidor, a readaptação, a promoção e a posse em cargo inacumulável.

Quanto à exoneração é importante lembrar que ela não é forma de punição, mas sim o rompimento da relação com o poder público. Ela pode ocorrer de forma voluntária ou de ofício.

- **Voluntária:** Quando a exoneração ocorre a pedido do servidor.

- **Involuntária ou de ofício:** Apenas em duas situações teremos a exoneração involuntária (de ofício) do servidor público ocupante de cargo efetivo:

  a) Quando não satisfeitas as condições do estágio probatório;

  b) Quando, tendo tomado posse, o servidor não entrar em exercício no prazo estabelecido, que é de 15 dias.

Quando se tratar de cargo em comissão, tendo em vista que estes são de livre nomeação e exoneração e possuem a característica da transitoriedade, a exoneração poderá ocorrer, a qualquer tempo, à pedido do servidor (voluntária) ou de ofício, no interesse da administração (involuntária).

A demissão por outro lado é uma forma de punição, sendo a dispensa do servidor em decorrência de processo administrativo disciplinar, por infração grave ou reincidência em infrações menos graves.

A Promoção é a passagem do servidor para cargo de nível superior, por meio de processo seletivo interno ou por merecimento e a Readaptação é a investidura do servidor em cargo compatível com a sua capacidade física ou mental, quando comprovada a incapacidade para o cargo anterior. Importante lembrar que essas duas formas de vacância também são formas de provimento, porque elas ao mesmo tempo que investem o servidor em um cargo novo, geram vacância do cargo que era anteriormente ocupado.

Aposentadoria é a dispensa do servidor que atinge os requisitos para se aposentar, podendo ser voluntária, por invalidez ou compulsória.

O Falecimento é a extinção do vínculo do servidor em decorrência de seu óbito, e por fim temos a posse em cargo inacumulável que é a extinção do vínculo com o cargo atual por aprovação em outro concurso.

11.5 Remoção e Redistribuição

Remoção	Redistribuição
Não se trata de uma forma de provimento	Não se trata de uma forma de provimento
Não altera o contingente funcional	Não altera o contingente funcional
Deslocamento do SERVIDOR	Deslocamento do CARGO
Objetivo de assegurar a preservação de valores como a saúde do servidor e o núcleo familiar	Forma de organização da administração pública
Quando ocorrer a mudança de Município, deve ter um período de trânsito de 10 a 30 dias para o novo exercício	Quando ocorrer a mudança de Município, deve ter um período de trânsito de 10 a 30 dias para o novo exercício
A pedido ou de ofício	Sempre de ofício

- **Entendimentos importantes dos Tribunais Superiores:**

- Para que exista o direito à remoção para acompanhar cônjuge ou companheiro, não há necessidade que o mesmo seja também regido pela Lei 8.112/1990!
- O Cônjuge deve ser servidor público ou empregado público, de qualquer dos Poderes, e de qualquer ente da Federação (União, estados, DF e municípios).
- Não se aplica quando um deles é aprovado em outro concurso em outra localidade, pois nesse caso não há intervenção do Poder Público!
- Também não se aplica quando o casal já morava em localidades diferentes!

11.6 Direitos e Vantagens

Os servidores regidos pela Lei n. 8.112/1990 possuem uma série de prerrogativas e benefícios para as mais diversas situações que podem ocorrem na sua vida profissional e decorrentes da atividade no serviço público.

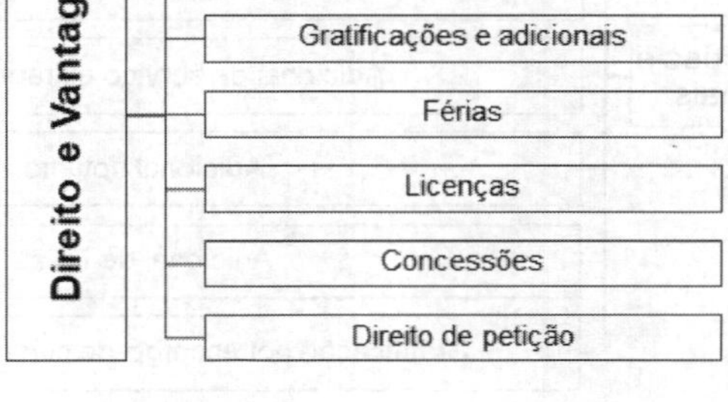

11.6.1 Vencimento e remuneração

- Vencimento: É a retribuição pecuniária pelo exercício de cargo público, com valor fixado em lei.
- Remuneração: É o vencimento do cargo efetivo, acrescido das vantagens pecuniárias permanentes estabelecidas em lei.

VENCIMENTO + VANTAGENS PERMANENTES = REMUNERAÇÃO

O vencimento do cargo efetivo, acrescido das vantagens de caráter permanente, é irredutível.

A regra da irredutibilidade dos vencimentos/remuneração não é absoluta, uma vez que a Constituição Federal apresenta algumas exceções:

> **Constituição Federal**
> Art. 37. [...] XV - o subsídio e os vencimentos dos ocupantes de cargos e empregos públicos são irredutíveis, ressalvado o disposto nos incisos XI e XIV deste artigo e nos arts. 39, § 4º, 150, II, 153, III, e 153, § 2º, I;

O art. 37, XI, trata do teto constitucional remuneratório. Dessa forma, as remunerações que se encontrarem acima do teto constitucional podem ser reduzidas para adequação de seu valor ao limite.

→ Mas o teto constitucional é igual ao da Lei 8.112/1990??? **NÃO**!!!

→ O servidor pode perder a remuneração? SIM

→ Quando?

- Perde a remuneração do dia em que faltar ao serviço, sem motivo justificado;
- Perde a parcela de remuneração diária, proporcional aos atrasos, ausências justificadas, ressalvadas as concessões, e saídas antecipadas, salvo na hipótese de compensação de horário, até o mês subsequente ao da ocorrência, a ser estabelecida pela chefia imediata.
- As faltas justificadas decorrentes de caso fortuito ou de força maior poderão ser compensadas a critério da chefia imediata, sendo assim consideradas como efetivo exercício.

11.6.2 Vantagens

Além do vencimento, poderão ser pagas ao servidor as seguintes vantagens:

- Indenizações
- Gratificações
- Adicionais

As indenizações não se incorporam ao vencimento ou provento para qualquer efeito enquanto as gratificações e os adicionais incorporam-se ao vencimento ou provento, nos casos e condições indicados em lei. As vantagens pecuniárias não serão computadas, nem acumuladas, para efeito de concessão de quaisquer outros acréscimos pecuniários ulteriores, sob o mesmo título ou idêntico fundamento.

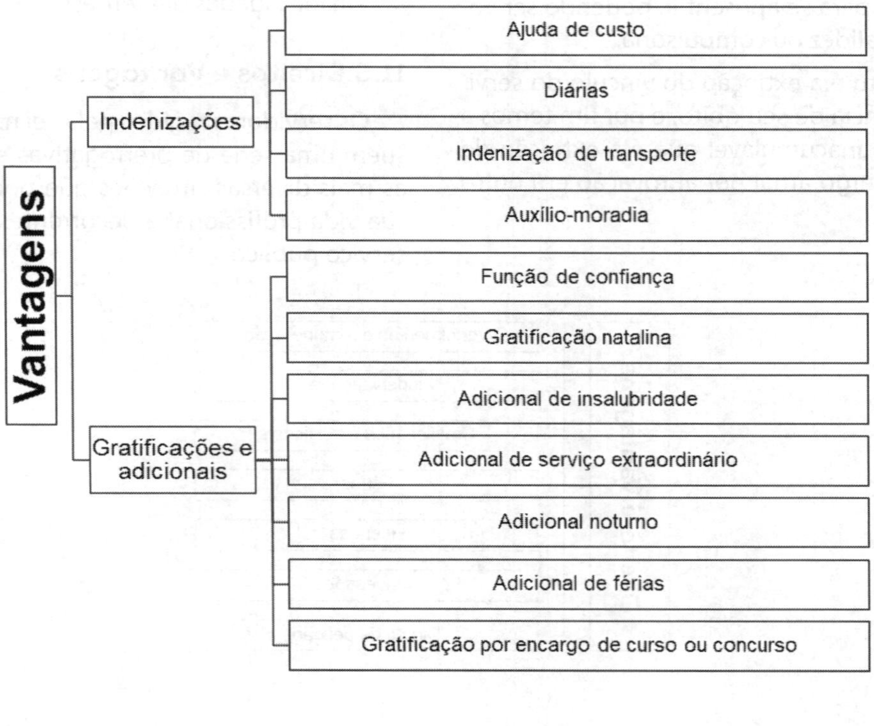

11.6.2.1. Ajuda de custo

É verba de caráter compensatório. Com o objetivo de ressarcir as despesas de instalação do servidor que, por interesse da administração, passou a ter exercício em nova sede em caráter permanente. Importante destacar que correm por conta da administração as despesas de transporte do servidor e de sua família, compreendendo passagem, bagagem e bens pessoais.

Não será concedida ajuda de custo nas hipóteses de remoção a pedido. Ou seja, só será paga se a mudança for por determinação da administração. É calculada com base na remuneração do servidor, não podendo exceder a importância correspondente a três meses de remuneração.

11.6.2.2. Diárias

O servidor que, a serviço, afastar-se da sede em caráter **eventual** ou **transitório** para outro ponto do território nacional ou para o exterior, fará jus a passagens e diárias destinadas a indenizar as parcelas de despesas extraordinária com pousada, alimentação e locomoção urbana, conforme dispuser em regulamento. A diária será concedida por dia de afastamento, sendo devida pela metade quando o deslocamento não exigir pernoite fora da sede, ou quando a União custear, por meio diverso, as despesas extraordinárias cobertas por diárias. Nos casos em que o deslocamento da sede constituir exigência permanente do cargo, o servidor não fará jus a diárias. Também não fará jus a diárias o servidor que se deslocar dentro da mesma região metropolitana, aglomeração urbana ou microrregião, constituídas por municípios limítrofes e regularmente instituídas, ou em áreas de controle integrado mantidas com países limítrofes, cuja jurisdição e competência dos órgãos, entidades e servidores brasileiros considera-se estendida, salvo se houver pernoite fora da sede, hipóteses em que as diárias pagas serão sempre as fixadas para os afastamentos dentro do território nacional.

11.6.2.3. Transporte

Conceder-se-á indenização de transporte ao servidor que realizar despesas com a utilização de meio próprio de locomoção para a execução de serviços externos, por força das atribuições próprias do cargo, conforme se dispuser em regulamento. A concessão de transporte tem como objetivo ressarcir as despesas que o servidor teve, no desempenho de suas atividades, com a utilização de meio próprio de locomoção.

11.6.2.4. Auxílio-moradia

O Auxílio-moradia tem o objetivo de ressarcir as despesas que os servidores tiveram com o aluguel de moradia ou outro meio de hospedagem, devidamente comprovadas, e desde que sejam atendidos diversos requisitos estabelecidos legalmente. Jamais poderá ultrapassar 25% da remuneração do cargo em comissão ou da função de confiança. Tal valor, da mesma forma, não poderá ultrapassar o percentual de 25% da remuneração recebida pelos Ministros de Estado.

11.6.2.5. Gratificações e adicionais

Além do vencimento e das vantagens previstas no estatuto federal, poderão ser deferidos aos servidores regidos por tal norma as seguintes retribuições, gratificações e adicionais

- Retribuição pelo exercício de função de direção, chefia e assessoramento
- Gratificação natalina
- Adicional pelo exercício de atividades insalubres, perigosas ou penosas
- Adicional pela prestação de serviço extraordinário
- Adicional noturno
- Adicional de férias
- Outros, relativos ao local ou à natureza do trabalho
- Gratificação por encargo de curso ou concurso

Vamos analisar as principais delas:

- **Retribuição por exercício de função de direção, chefia ou assessoramento**

Ao servidor ocupante de cargo efetivo investido em função de direção, chefia ou assessoramento, cargo de provimento em comissão ou de Natureza Especial é devida retribuição pelo seu exercício. Adicional pago com base na complexidade da atribuição desempenhada.

- **Gratificação natalina**

Também conhecida como 13º salário, a gratificação natalina corresponde a 1/12 da remuneração a que o servidor fizer jus no mês de dezembro, por mês de exercício no respectivo ano, sendo que a fração igual ou superior a 15 dias será considerada como mês integral.

A gratificação será paga até o dia 20 do mês de dezembro de cada ano.

ADMINISTRATIVO

- **Adicional pelo exercício de atividades insalubres, perigosas ou penosas**

Os servidores que trabalhem com habitualidade em locais insalubres ou em contato permanente com substâncias tóxicas, radioativas ou com risco de vida, fazem jus a um adicional sobre o vencimento do cargo efetivo.

Importante lembrar que eles não são cumulativos, ou seja, o servidor que fizer jus aos adicionais de insalubridade e de periculosidade deverá optar por um deles.

Se trata de salário-condição, sendo que o direito ao adicional de insalubridade ou periculosidade cessa com a eliminação das condições ou dos riscos que deram causa a sua concessão.

Periculosidade	• Está relacionada com atividades que coloquem o servidor em situações de risco de morte.
Insalubridade	• Está relacionada com condições do ambiente de trabalho, que, ainda que não causem um risco imediato, vão prejudicando, aos poucos, a saúde do servidor, tal como a falta de iluminação adequada ou o contato com substâncias tóxicas.
Penosidade	• Se relaciona com os servidores que estejam em exercício em zonas de fronteira ou outras localidades com baixa qualidade de vida.

- **Adicional pela prestação de serviço extraordinário**

O serviço extraordinário será remunerado com acréscimo de 50% (cinquenta por cento) em relação à hora normal de trabalho. Somente será permitido serviço extraordinário para atender a situações excepcionais e temporárias, respeitado o limite máximo de 2 (duas) horas por jornada.

- **Adicional noturno**

O serviço noturno, prestado em horário compreendido entre 22 (vinte e duas) horas de um dia e 5 (cinco) horas do dia seguinte, terá o valor-hora acrescido de 25% (vinte e cinco por cento), computando-se cada hora como cinquenta e dois minutos e trinta segundos.

- **Adicional de férias**

Independentemente de solicitação, será pago ao servidor, por ocasião das férias, um adicional correspondente a 1/3 (um terço) da remuneração do período das férias. O adicional de férias decorre de uma previsão constitucional (FAMOSO TERÇO CONSTITUCIONAL), podendo ser entendido como um percentual que será aplicado sobre a remuneração do servidor público sempre que este desejar gozar das suas férias.

- **Das férias**

O direito ao gozo de férias trata-se de uma regra Constitucional, sendo direito de todos. São, portanto, um direito social que, ainda que inicialmente previsto para os trabalhadores da iniciativa privada, foi estendido aos servidores públicos de todos os entes federados, já que seu intento é justamente preservar a saúde mental dos trabalhadores.

O período de férias é de 30 dias e seu gozo como regra é anual, sendo acumuláveis até o máximo de dois períodos anuais, desde que por absoluta necessidade de serviço. Pode ser fracionada até 3 períodos (mediante requerimento do servidor e aceitação da chefia), sendo que nesse caso o servidor receberá no primeiro período a remuneração de férias (1/3).

Durante as férias o servidor terá direito a todas as vantagens inerentes ao cargo como se estivesse em exercício.

Cumpre destacar que o servidor que opere direta e permanentemente com raios x ou substâncias radioativas, próximas a fontes de irradiação terá 20 (vinte) dias consecutivos de férias por semestre, não acumuláveis e intransferíveis.

Podem ser interrompidas:

- Calamidade pública
- Comoção interna
- Convocação para júri
- Serviço militar ou eleitoral
- Necessidade do serviço declarada pela autoridade máxima do órgão ou entidade

11.6 Licenças

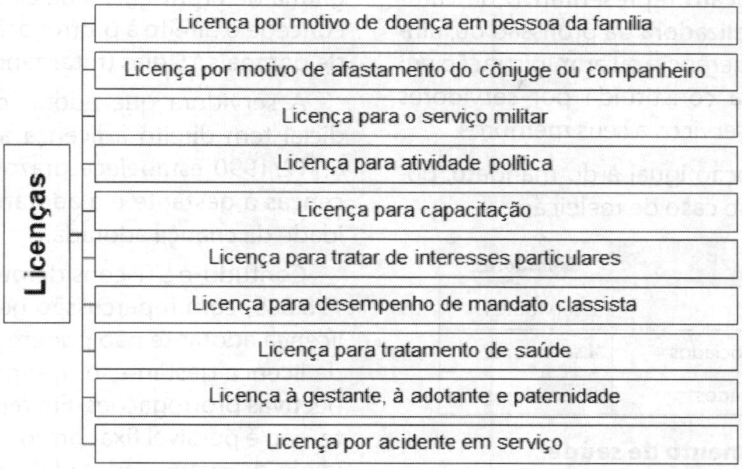

- **Licença por motivo de doença em pessoa da família**

Poderá ser concedida licença ao servidor por motivo de doença do cônjuge ou companheiro, dos pais, dos filhos, do padrasto ou madrasta e enteado, ou dependente que viva a suas expensas e conste do seu assentamento funcional, mediante comprovação por perícia médica oficial. A licença somente será deferida se a assistência direta do servidor for indispensável e não puder ser prestada simultaneamente com o exercício do cargo ou mediante compensação de horário.

Período (a cada 12 meses)	Remuneração
Até 60 dias consecutivos ou não	Com remuneração integral
Até 90 dias consecutivos ou não	Sem remuneração

O início do interstício de 12 meses será contado a partir da data do deferimento da primeira licença concedida.

- **Licença por motivo de afastamento do cônjuge ou companheiro**

Poderá ser concedida licença ao servidor para acompanhar cônjuge ou companheiro que foi deslocado para outro ponto do território nacional, para o exterior ou para o exercício de mandato eletivo dos Poderes Executivo e Legislativo. A licença será por prazo indeterminado e sem remuneração.

Trata-se de licença de caráter discricionário, ou seja, que pode ou não ser concedida pela administração pública

- **Licença para serviço militar**

Ao servidor convocado para o serviço militar será concedida licença, na forma e condições previstas na legislação específica. Concluído o serviço militar, o servidor terá até 30 (trinta) dias sem remuneração para reassumir o exercício do cargo.

- **Licença para atividade política**

O servidor terá direito a licença, sem remuneração, durante o período que mediar entre a sua escolha em convenção partidária, como candidato a cargo eletivo, e a véspera do registro de sua candidatura perante a Justiça Eleitoral. A partir do registro da candidatura e até o décimo dia seguinte ao da eleição, o servidor fará jus à licença, assegurados os vencimentos do cargo efetivo, somente pelo período de três meses.

- **Licença para capacitação**

Antiga licença prêmio. Após cada quinquênio de efetivo exercício, o servidor poderá, no interesse da Administração, afastar-se do exercício do cargo efetivo, com a respectiva remuneração, por até três meses, para participar de curso de capacitação profissional.

Os períodos de licença nesse caso não são acumuláveis.

- **Licença para tratar de interesses particulares**

A critério da Administração, poderão ser concedidas ao servidor ocupante de cargo efetivo, desde que não esteja em estágio probatório, licenças para o trato de assuntos particulares pelo prazo de até três anos consecutivos, sem remuneração. A licença poderá ser interrompida, a qualquer tempo, a pedido do servidor ou no interesse do serviço.

- **Licença para desempenho de mandado classista**

É assegurado ao servidor o direito à licença sem remuneração para o desempenho de mandato em confederação, federação, associação de classe de âmbito nacional, sindicato representativo da categoria ou entidade fiscalizadora da profissão ou, ainda, para participar de gerência ou administração em sociedade cooperativa constituída por servidores públicos para prestar serviços a seus membros.

A licença terá duração igual à do mandato, podendo ser renovada, no caso de reeleição.

Associados	Servidores
Até 5.000 associados	2 servidores
De 5.001 a 30.000 associados	4 servidores
Mais de 30.000 associados	8 servidores

- **Licença para tratamento de saúde**

Será concedida ao servidor licença para tratamento de saúde, a pedido ou de ofício, com base em perícia médica, sem prejuízo da remuneração a que fizer jus.

Como regra, a licença para tratamento de saúde apenas poderá ser concedida mediante inspeção realizada por perícia médica oficial. Quando a licença exceder o prazo de 120 dias no período de 12 meses, deverá ser analisada por uma junta médica oficial.

Em caráter de exceção, a licença concedida por prazo inferior a 15 dias, dentro do prazo de 1 ano, poderá ser dispensada da perícia oficial, desde que haja previsão neste sentido em regulamento editado pelo Poder Público.

- **Licença gestante, adotante e paternidade**

Será concedida licença à servidora gestante por 120 (cento e vinte) dias consecutivos, sem prejuízo da remuneração. O Decreto 6.690/2008 prevê a prorrogação da licença maternidade por mais 60 dias, totalizando o prazo de 180 dias.

A licença poderá ter início no primeiro dia do nono mês de gestação, salvo antecipação por prescrição médica. No caso de nascimento prematuro, a licença terá início a partir do parto.

No caso de natimorto, decorridos 30 (trinta) dias do evento, a servidora será submetida a exame médico, e se julgada apta, reassumirá o exercício. No caso de aborto atestado por médico oficial, a servidora terá direito a 30 (trinta) dias de repouso remunerado.

Para amamentar o próprio filho, até a idade de seis meses, a servidora lactante terá direito, durante a jornada de trabalho, a uma hora de descanso, que poderá ser parcelada em dois períodos de meia hora.

Pelo nascimento ou adoção de filhos, o servidor terá direito à licença paternidade de 5 (cinco) dias consecutivos. O Decreto 8.737/2016 instituiu o Programa de Prorrogação da Licença Paternidade, que concede o direito à prorrogação à licença paternidade por mais 15 dias (totalizando 20 dias).

À servidora que adotar ou obtiver guarda judicial tem direito à licença adotante, porém a Lei 8.112/1990 estabelece prazos distintos entre as licenças à gestante e à adotante e de acordo com a idade da criança adotada.

Contudo, o STF considerou, no julgamento do RE 778.889, com repercussão geral, que "os prazos da licença adotante não podem ser inferiores ao prazo da licença gestante, o mesmo valendo para as respectivas prorrogações. Em relação à licença adotante, não é possível fixar prazos diversos em função da idade da criança adotada". Com isso, pode-se concluir que tanto a licença à gestante como a licença à adotante, independentemente da idade da criança, possuem o prazo de 120 dias, assegurado o direito à prorrogação por mais 60 dias.

- **Licença por acidente de serviço**

Será licenciado, com remuneração integral, o servidor acidentado em serviço. Configura acidente em serviço o dano físico ou mental sofrido pelo servidor, que se relacione, mediata ou imediatamente, com as atribuições do cargo exercido.

Equipara-se ao acidente em serviço o dano decorrente de agressão sofrida e não provocada pelo servidor no exercício do cargo e o sofrido no percurso da residência para o trabalho e vice-versa.

O servidor acidentado em serviço que necessite de tratamento especializado poderá ser tratado em instituição privada, à conta de recursos públicos. O tratamento recomendado por junta médica oficial constitui medida de exceção e somente será admissível quando inexistirem meios e recursos adequados em instituição pública.

A prova do acidente será feita no prazo de 10 dias, prorrogável quando as circunstâncias o exigirem.

11.7 Afastamentos

Na teoria não existe uma diferença precisa entre os afastamentos e as licenças passíveis de concessão ao servidor público federal.

Nos dois casos, estamos diante de um direito, possibilitando que o servidor se ausente sem a perda da respectiva remuneração ou a cessação da contagem do tempo de afastamento como de efetivo exercício.

Quais são?

- Afastamento para servir em outro órgão ou entidade

- Afastamento para o exercício de mandato eletivo
- Afastamento para estudo ou missão no exterior
- Afastamento para participar de programa de pós-graduação no país

11.7.1 Do afastamento para exercício de mandato eletivo

Ao servidor investido em mandato eletivo aplicam-se as seguintes disposições:

→ Tratando-se de mandato federal, estadual ou distrital, ficará afastado do cargo;

→ Investido no mandato de prefeito, será afastado do cargo, sendo-lhe facultado optar pela sua remuneração;

→ Investido no mandato de vereador:

- havendo compatibilidade de horário, perceberá as vantagens de seu cargo, sem prejuízo da remuneração do cargo eletivo;
- não havendo compatibilidade de horário, será afastado do cargo, sendo-lhe facultado optar pela sua remuneração.

No caso de afastamento do cargo, o servidor contribuirá para a seguridade social como se em exercício estivesse.

11.8 Concessões

Sem qualquer prejuízo, poderá o servidor ausentar-se do serviço:

Período	Motiva da ausência
1 dia	Doação de sangue
Período comprovadamente necessário limitado a 2 (dois) dias	Para alistamento ou recadastramento eleitoral
8 dias	Casamento
8 dias	Falecimento do cônjuge, companheiro, pais, madrasta ou padrasto, filhos, enteados, menor sob guarda ou tutela e irmãos.

Será concedido horário especial ao servidor estudante, quando comprovada a incompatibilidade entre o horário escolar e o da repartição, sem prejuízo do exercício do cargo.

Também será concedido horário especial ao servidor portador de deficiência, quando comprovada a necessidade por junta médica oficial, independentemente de compensação de horário. As disposições constantes acima são extensivas ao servidor que tenha cônjuge, filho ou dependente com deficiência.

11.9 Direito de petição

É assegurado ao servidor o direito de requerer aos Poderes Públicos, em defesa de direito ou interesse legítimo. O requerimento será dirigido à autoridade competente para decidi-lo e encaminhado por intermédio daquela a que estiver imediatamente subordinado o requerente.

Cabe pedido de reconsideração à autoridade que houver expedido o ato ou proferido a primeira decisão, não podendo ser renovado. O requerimento e o pedido de reconsideração de que tratam os artigos anteriores deverão ser despachados no prazo de 5 (cinco) dias e decididos dentro de 30 (trinta) dias.

Cabe recurso do indeferimento do pedido de reconsideração e das decisões sobre os recursos sucessivamente interpostos. O recurso será dirigido à autoridade imediatamente superior à que tiver expedido o ato ou proferido a decisão, e, sucessivamente, em escala ascendente, às demais autoridades. O recurso será encaminhado por intermédio da autoridade a que estiver imediatamente subordinado o requerente.

O prazo para interposição de pedido de reconsideração ou de recurso é de 30 (trinta) dias, a contar da publicação ou da ciência, pelo interessado, da decisão recorrida. O recurso poderá ser recebido com efeito suspensivo, a juízo da autoridade competente. Em caso de provimento do pedido de reconsideração ou do recurso, os efeitos da decisão retroagirão à data do ato impugnado.

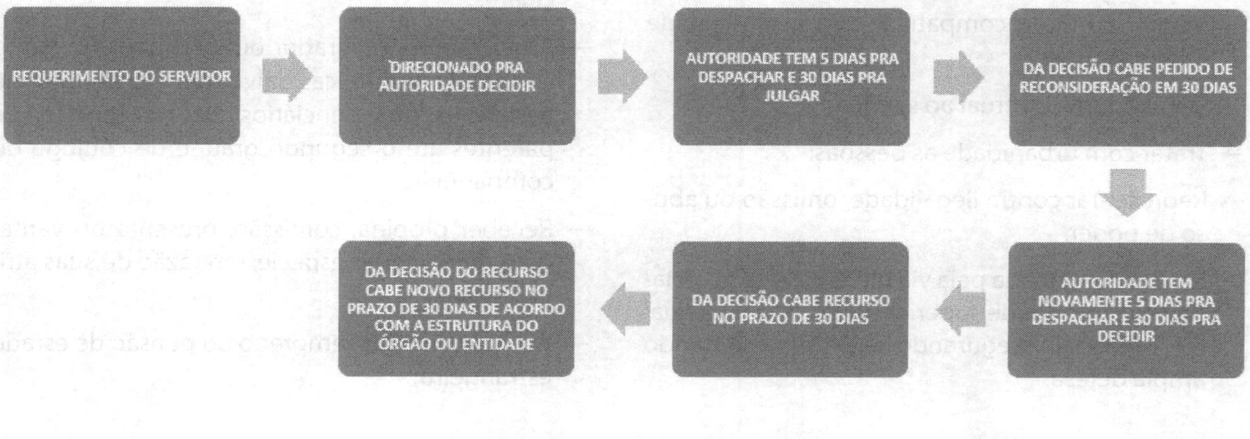

11.9.1 Prescrição

Prazos de prescrição	
5 anos	**120 dias**
Atos de demissão Cassação de aposentadoria Cassação de disponibilidade Atos que afetem interesses patrimoniais Atos de créditos das relações de trabalho	Nos demais casos, salvo quando, por prescrição legal, for fixado outro prazo

11.10 Regime disciplinar

- **Deveres:**

→ Exercer com zelo e dedicação as atribuições do cargo;

→ Ser leal às instituições a que servir;

→ Observar as normas legais e regulamentares;

→ Cumprir as ordens superiores, exceto quando manifestamente ilegais;

→ Atender com presteza:

- ao público em geral, prestando as informações requeridas, ressalvadas as protegidas por sigilo;
- à expedição de certidões requeridas para defesa de direito ou esclarecimento de situações de interesse
- pessoal;
- às requisições para a defesa da Fazenda Pública.

→ Levar as irregularidades de que tiver ciência em razão do cargo ao conhecimento da autoridade superior ou, quando houver suspeita de envolvimento desta, ao conhecimento de outra autoridade competente para apuração; VII zelar pela economia do material e a conservação do patrimônio público;

→ Guardar sigilo sobre assunto da repartição;

→ Manter conduta compatível com a moralidade administrativa;

→ Ser assíduo e pontual ao serviço;

→ Tratar com urbanidade as pessoas;

→ Representar contra ilegalidade, omissão ou abuso de poder.

→ Será encaminhada pela via hierárquica e apreciada pela autoridade superior àquela contra a qual é formulada, assegurando-se ao representando ampla defesa.

- **Proibições:**

→ Ausentar-se do serviço durante o expediente, sem prévia autorização do chefe imediato;

→ Retirar, sem prévia anuência da autoridade competente, qualquer documento ou objeto da repartição;

→ Recusar fé a documentos públicos;

→ Opor resistência injustificada ao andamento de documento e processo ou execução de serviço;

→ Promover manifestação de apreço ou desapreço no recinto da repartição;

→ Cometer a pessoa estranha à repartição, fora dos casos previstos em lei, o desempenho de atribuição que seja de sua responsabilidade ou de seu subordinado;

→ Coagir ou aliciar subordinados no sentido de filiarem-se a associação profissional ou sindical, ou a partido político;

→ Manter sob sua chefia imediata, em cargo ou função de confiança, cônjuge, companheiro ou parente até o segundo grau civil;

→ Valer-se do cargo para lograr proveito pessoal ou de outrem, em detrimento da dignidade da função pública;

→ Participar de gerência ou administração de sociedade privada, personificada ou não personificada, exercer o comércio, exceto na qualidade de acionista, cotista ou comanditário;

→ Essa vedação não se aplica nos seguintes casos:

- Participação nos conselhos de administração e fiscal de empresas ou entidades em que a união detenha, direta ou indiretamente, participação no capital social ou em sociedade cooperativa constituída para prestar serviços a seus membros;
- Gozo de licença para o trato de interesses particulares.

→ Atuar, como procurador ou intermediário, junto a repartições públicas, salvo quando se tratar de benefícios previdenciários ou assistenciais de parentes até o segundo grau, e de cônjuge ou companheiro;

→ Receber propina, comissão, presente ou vantagem de qualquer espécie, em razão de suas atribuições;

→ Aceitar comissão, emprego ou pensão de estado estrangeiro;

→ Praticar usura sob qualquer de suas formas;

- Praticar usura significa conceder empréstimos cobrando juros exorbitantes, ou seja, acima dos valores de mercado.

→ Proceder de forma desidiosa;

→ Utilizar pessoal ou recursos materiais da repartição em serviços ou atividades particulares;

→ Cometer a outro servidor atribuições estranhas ao cargo que ocupa, exceto em situações de emergência e transitórias;

→ Exercer quaisquer atividades que sejam incompatíveis com o exercício do cargo ou função e com o horário de trabalho;

→ Recusar-se a atualizar seus dados cadastrais quando solicitado

- **Acumulação:**

Ressalvados os casos previstos na Constituição, é vedada a acumulação remunerada de cargos públicos.

A proibição de acumular estende-se a cargos, empregos e funções em autarquias, fundações públicas, empresas públicas, sociedades de economia mista da União, do Distrito Federal, dos Estados, dos Territórios e dos Municípios.

A acumulação de cargos, ainda que lícita, fica condicionada à comprovação da compatibilidade de horários.

A Constituição Federal aborda a vedação à acumulação remunerada de cargos, empregos e funções públicos no art. 37, XVI:

> XVI - é vedada a acumulação remunerada de cargos públicos, exceto, quando houver compatibilidade de horários, observado em qualquer caso o disposto no inciso XI:
>
> a) a de dois cargos de professor;
>
> b) a de um cargo de professor com outro técnico ou científico;
>
> c) a de dois cargos ou empregos privativos de profissionais de saúde, com profissões regulamentadas;

A proibição de acumular ocorre mesmo na inatividade, uma vez que fica vedada a percepção de vencimento de cargo ou emprego público efetivo (o termo efetivo, nesse caso, deve ser lido no sentido de "concursado") com proventos da inatividade, salvo nas situações em que tal acumulação seria permitida enquanto na atividade.

11.11 Penalidades

São penas disciplinares a advertência, a suspensão, a demissão, cassação de aposentadoria e disponibilidade, multa e a destituição de cargo em comissão ou função gratificada. Na aplicação das penalidades serão consideradas a natureza e a gravidade da infração cometida, os danos que dela provierem para o serviço público, as circunstâncias agravantes ou atenuantes e os antecedentes funcionais.

O ato de imposição da penalidade mencionará sempre o fundamento legal e a causa da sanção disciplinar.

As penalidades de advertência e de suspensão terão seus registros cancelados, após o decurso de 3 e 5 anos de efetivo exercício, respectivamente, se o servidor não houver, nesse período, praticado nova infração disciplinar. O cancelamento da penalidade não surtirá efeitos retroativos

Advertência é a forma mais branda de punição, consistindo em uma repreensão por escrito ao servidor, registrada em sua ficha funcional.

A Suspensão é a interrupção do exercício das atividades funcionais do servidor por período determinado, com prejuízo da remuneração. Será aplicada em caso de reincidência das faltas punidas com advertência e de violação das demais proibições que não tipifiquem infração sujeita a penalidade de demissão. Não pode exceder de 90 dias e quando houver conveniência para o serviço, a penalidade de suspensão poderá ser convertida em multa, na base de 50% por dia de vencimento ou remuneração, ficando o servidor obrigado a permanecer em serviço.

A Demissão é a dispensa do servidor em decorrência de processo administrativo disciplinar, por infração grave ou reincidência em infrações menos graves.

As hipóteses de demissão estão elencadas no art. 132 da Lei 8.112/1990, cabendo destaque para o abandono de cargo e inassiduidade habitual. Configura abandono de cargo a ausência intencional do servidor ao serviço por mais de trinta dias consecutivos. Enquanto que configura inassiduidade habitual a falta ao serviço, sem causa justificada, por sessenta dias, interpoladamente, durante o período de doze meses.

Cassação de aposentadoria ou disponibilidade é a perda do benefício da aposentadoria ou da disponibilidade, em decorrência de infração disciplinar.

Destituição de cargo em comissão ou função comissionada é a perda do cargo ou função de confiança que o servidor ocupava, em decorrência de infração disciplinar.

A Multa se trata de uma sanção pecuniária que pode ser aplicada ao servidor em decorrência de infração disciplinar.

As penalidades disciplinares serão aplicadas:

→ Pelo Presidente da República, pelos Presidentes das Casas do Poder Legislativo e dos Tribunais Federais e pelo Procurador Geral da República, quando se tratar de demissão e cassação de aposentadoria ou disponibilidade de servidor vinculado ao respectivo Poder, órgão ou entidade;

→ Pelas autoridades administrativas de hierarquia imediatamente inferior àquelas mencionadas no inciso anterior quando se tratar de suspensão superior a 30 (trinta) dias;

→ Pelo chefe da repartição e outras autoridades na forma dos respectivos regimentos ou regulamentos, nos casos de advertência ou de suspensão de até 30 (trinta) dias;

→ Pela autoridade que houver feito a nomeação, quando se tratar de destituição de cargo em comissão.

Aqui também temos incidência de prescrição, ou seja, a administração tem prazo pra apurar e aplicar as punições aos servidores, como podemos observar no quadro abaixo:

Prazo prescricional	Penas disciplinares
5 anos	Infrações puníveis com demissão, ou cassação de aposentadoria ou disponibilidade e destituição de cargo em comissão
2 anos	Suspensão
180 dias	Advertência

11.12 Processo administrativo disciplinar

A autoridade que tiver ciência de irregularidade no serviço público é obrigada a promover a sua apuração imediata, mediante sindicância ou processo administrativo disciplinar, assegurada ao acusado ampla defesa. Quando o fato narrado não configurar evidente infração disciplinar ou ilícito penal, a denúncia será arquivada, por falta de objeto

A apuração de irregularidades pode ocorrer de duas formas, sindicância ou através do Processo Administrativo Disciplinar.

A Sindicância é o procedimento preliminar que visa apurar de forma sumária a existência de irregularidades ou faltas cometidas pelo servidor. Ela possui um caráter mais investigatório, e pode ser instaurada a pedido da administração ou por iniciativa do próprio servidor. Em geral, a sindicância é utilizada para apurar fatos que não apresentam indícios de gravidade ou complexidade suficientes para ensejar a abertura de um PAD. propriamente dito. Dela podem ser aplicadas apenas sanções de advertência ou suspensão até 30 dias. Por ser sumária, tem prazo de 30 dias para conclusão, podendo ser prorrogado por mais 30 dias.

Da sindicância poderá resultar:

- Arquivamento do processo;
- Aplicação de penalidade de advertência ou suspensão de até 30 (trinta) dias;
- Instauração de processo disciplinar.

Sempre que o ilícito praticado pelo servidor ensejar a imposição de penalidade de suspensão por mais de 30 (trinta) dias, de demissão, cassação de aposentadoria ou disponibilidade, ou destituição de cargo em comissão, será obrigatória a instauração de processo disciplinar.

11.13 Do afastamento preventivo

Como medida cautelar e a fim de que o servidor não venha a influir na apuração da irregularidade, a autoridade instauradora do processo disciplinar poderá determinar o seu afastamento do exercício do cargo, pelo prazo de até 60 (sessenta) dias, sem prejuízo da remuneração. O afastamento poderá ser prorrogado por igual prazo, findo o qual cessarão os seus efeitos, ainda que não concluído o processo.

11.14 Do processo disciplinar

O processo disciplinar é o instrumento destinado a apurar responsabilidade de servidor por infração praticada no exercício de suas atribuições, ou que tenha relação com as atribuições do cargo em que se encontre investido. O processo disciplinar será conduzido por comissão composta de três servidores estáveis designados pela autoridade competente, que indicará, dentre eles, o seu presidente, que deverá ser ocupante de cargo efetivo superior ou de mesmo nível, ou ter nível de escolaridade igual ou superior ao do indiciado. A exigência de nível do cargo e escolaridade refere-se apenas ao presidente da comissão. A exigência relativa à estabilidade aplica-se a todos os membros.

A Comissão terá como secretário servidor designado pelo seu presidente, podendo a indicação recair em um de seus membros. As reuniões e as audiências das comissões terão caráter reservado.

O processo disciplinar se desenvolve nas seguintes fases:

- Instauração, com a publicação do ato que constituir a comissão;
- Inquérito administrativo, que compreende instrução, defesa e relatório;
- Julgamento.

O prazo para a conclusão do processo disciplinar não excederá 60 (sessenta) dias, contados da data de publicação do ato que constituir a comissão, admitida a sua prorrogação por igual prazo, quando as circunstâncias o exigirem.

Sempre que necessário, a comissão dedicará tempo integral aos seus trabalhos, ficando seus membros dispensados do ponto, até a entrega do relatório final.

As reuniões da comissão serão registradas em atas que deverão detalhar as deliberações adotadas.

O inquérito administrativo obedecerá ao princípio do contraditório, assegurada ao acusado ampla defesa, com a utilização dos meios e recursos admitidos em direito. Os autos da sindicância integrarão o processo disciplinar, como peça informativa da instrução. Na hipótese de o relatório da sindicância concluir que a infração está capitulada como ilícito penal, a autoridade competente encaminhará cópia dos autos ao Ministério Público, independentemente da imediata instauração do processo disciplinar.

Na fase do inquérito, a comissão promoverá a tomada de depoimentos, acareações, investigações e diligências cabíveis, objetivando a coleta de prova, recorrendo, quando necessário, a técnicos e peritos, de modo a permitir a completa elucidação dos fatos. É assegurado ao servidor o direito de acompanhar o processo pessoalmente ou por intermédio de procurador, arrolar e reinquirir testemunhas, produzir provas e contraprovas e formular quesitos, quando se tratar de prova pericial.

> ▷ **Observação:**
>
> Súmula Vinculante nº 5: "A falta de defesa técnica por advogado no processo administrativo disciplinar não ofende a Constituição".

Concluída a inquirição das testemunhas, a comissão promoverá o interrogatório do acusado, observados os procedimentos previstos nos arts. 157 e 158. No caso de mais de um acusado, cada um deles será ouvido separadamente, e sempre que divergirem em suas declarações sobre fatos ou circunstâncias, será promovida a acareação entre eles.

Tipificada a infração disciplinar, será formulada a indiciação do servidor, com a especificação dos fatos a ele imputados e das respectivas provas. O indiciado será citado por mandado expedido pelo presidente da comissão para apresentar defesa escrita, no prazo de 10 (dez) dias, assegurando-se-lhe vista do processo na repartição. Havendo dois ou mais indiciados, o prazo será comum e de 20 (vinte) dias. O prazo de defesa poderá ser prorrogado pelo dobro, para diligências reputadas indispensáveis.

Achando-se o indiciado em lugar incerto e não sabido, será citado por edital, publicado no Diário Oficial da União e em jornal de grande circulação na localidade do último domicílio conhecido, para apresentar defesa. Na hipótese deste artigo, o prazo para defesa será de 15 (quinze) dias a partir da última publicação do edital.

Prazo para defesa	
Regra	10 dias
Mais de um indiciado	20 dias
Diligências indispensáveis	Prazo em dobro
Se o indiciado não for localizado (lugar incerto e não sabido)	15 dias a contar da última citação

Considerar-se-á revel o indiciado que, regularmente citado, não apresentar defesa no prazo legal. A revelia será declarada, por termo, nos autos do processo e devolverá o prazo para a defesa. Para defender o indiciado revel, a autoridade instauradora do processo designará um servidor como defensor dativo, ocupante de cargo de nível igual ou superior ao do indiciado.

Apreciada a defesa, a comissão elaborará relatório minucioso, onde resumirá as peças principais dos autos e mencionará as provas em que se baseou para formar a sua convicção. O relatório será sempre conclusivo quanto à inocência ou à responsabilidade do servidor. O processo disciplinar, com o relatório da comissão, será remetido à

ADMINISTRATIVO

autoridade que determinou a sua instauração, para julgamento.

No prazo de 20 (vinte) dias, contados do recebimento do processo, a autoridade julgadora proferirá a sua decisão. Se a penalidade a ser aplicada exceder a alçada da autoridade instauradora do processo, este será encaminhado à autoridade competente, que decidirá em igual prazo. O julgamento acatará o relatório da comissão, salvo quando contrário às provas dos autos. Quando o relatório da comissão contrariar as provas dos autos, a autoridade julgadora poderá, motivadamente, agravar a penalidade proposta, abrandá-la ou isentar o servidor de responsabilidade. O julgamento fora do prazo legal não implica nulidade do processo.

A autoridade julgadora que der causa à prescrição de que trata o art. 142, § 2º, será responsabilizada na forma do Capítulo IV do Título IV.

Extinta a punibilidade pela prescrição, a autoridade julgadora determinará o registro do fato nos assentamentos individuais do servidor.

> ▷ **Atenção!**
>
> No julgamento do MS 23.262/DF, o STF concluiu que o art. 170 da Lei 8.112/1990 é inconstitucional, uma vez que "reconhecida a prescrição da pretensão punitiva, há impedimento absoluto de ato decisório condenatório ou de formação de culpa definitiva por atos imputados ao investigado no período abrangido pelo PAD". Assim, nenhuma consequência desabonadora da conduta do servidor poderá ser realizada pela Administração, nem mesmo o registro dos fatos nos assentamentos individuais.

O servidor que responder a processo disciplinar só poderá ser exonerado a pedido, ou aposentado voluntariamente, após a conclusão do processo e o cumprimento da penalidade, acaso aplicada.

O processo disciplinar poderá ser revisto, a qualquer tempo, a pedido ou de ofício, quando se aduzirem fatos novos ou circunstâncias suscetíveis de justificar a inocência do punido ou a inadequação da penalidade aplicada.

A revisão é um novo processo administrativo, que é apensado ao processo originário. Portanto, não representa uma segunda instância do processo disciplinar (o PAD possui uma única instância no âmbito federal).

A revisão depende de "fatos novos", ou seja, que não foram apurados no processo originário, e que demonstrem:

→ A inocência do punido

→ A inadequação da penalidade aplicada

Ou seja, A simples alegação de injustiça da penalidade não constitui fundamento para a revisão, que requer elementos novos, ainda não apreciados no processo originário.

Em caso de falecimento, ausência ou desaparecimento do servidor, qualquer pessoa da família poderá requerer a revisão do processo.

Importante destacar que no PAD, o ônus da prova é da Administração; na revisão, o ônus da prova é do requerente. O requerimento de revisão do processo será dirigido ao Ministro de Estado ou autoridade equivalente, que, se autorizar a revisão, encaminhará o pedido ao dirigente do órgão ou entidade onde se originou o processo disciplinar.

Destaca-se que da revisão do processo não poderá resultar agravamento de penalidade.

11.15 Seguridade social

A União manterá Plano de Seguridade Social para o servidor e sua família.

O servidor ocupante de cargo em comissão que não seja, simultaneamente, ocupante de cargo ou emprego efetivo na administração pública direta, autárquica e fundacional não terá direito aos benefícios do Plano de Seguridade Social, com exceção da assistência à saúde.

O servidor público ocupante de cargo em comissão, sem vínculo efetivo com a União, autarquias e fundações públicas federais, contribui obrigatoriamente para o Regime Geral de Previdência Social.

O servidor afastado ou licenciado do cargo efetivo, sem direito à remuneração, inclusive para servir em organismo oficial internacional do qual o Brasil seja membro efetivo ou com o qual coopere, ainda que contribua para regime de previdência social no exterior, terá suspenso o seu vínculo com o regime do Plano de Seguridade Social do Servidor Público enquanto durar o afastamento ou a licença, não lhes assistindo, neste período, os benefícios do mencionado regime de previdência.

Os benefícios serão concedidos nos termos e condições definidos em regulamento, observadas as disposições desta Lei.

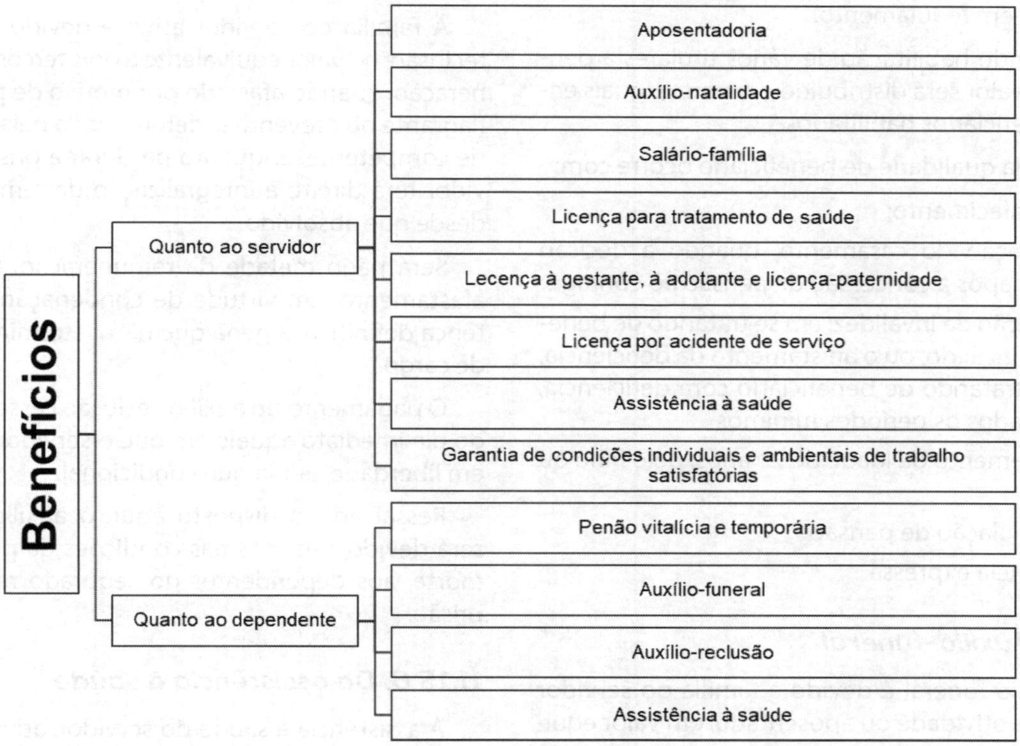

11.15.1. Auxílio-natalidade

O auxílio-natalidade é devido à servidora por motivo de nascimento de filho, em quantia equivalente ao menor vencimento do serviço público, inclusive no caso de natimorto.

Na hipótese de parto múltiplo, o valor será acrescido de 50% (cinquenta por cento), por nascituro.

O auxílio será pago ao cônjuge ou companheiro servidor público, quando a parturiente não for servidora.

11.15.2. Salário-família

O salário-família é devido ao servidor ativo ou ao inativo, por dependente econômico.

Consideram-se dependentes econômicos para efeito de percepção do salário-família:

→ O cônjuge ou companheiro e os filhos, inclusive os enteados até 21 (vinte e um) anos de idade ou, se estudante, até 24 (vinte e quatro) anos ou, se inválido, de qualquer idade;

→ O menor de 21 (vinte e um) anos que, mediante autorização judicial, viver na companhia e às expensas do servidor, ou do inativo;

→ A mãe e o pai sem economia própria.

Não se configura a dependência econômica quando o beneficiário do salário-família perceber rendimento do trabalho ou de qualquer outra fonte, inclusive pensão ou provento da aposentadoria, em valor igual ou superior ao salário mínimo.

Quando o pai e mãe forem servidores públicos e viverem em comum, o salário-família será pago a um deles; quando separados, será pago a um e outro, de acordo com a distribuição dos dependentes. Ao pai e à mãe equiparam-se o padrasto, a madrasta e, na falta destes, os representantes legais dos incapazes.

O salário-família não está sujeito a qualquer tributo, nem servirá de base para qualquer contribuição, inclusive para a Previdência Social. O afastamento do cargo efetivo, sem remuneração, não acarreta a suspensão do pagamento do salário-família.

11.15.3. Pensão

Por morte do servidor, os seus dependentes, nas hipóteses legais, fazem jus à pensão por morte, observados os limites estabelecidos no inciso XI do caput do art. 37 da Constituição Federal e no art. 2º da Lei nº 10.887, de 18 de junho de 2004.

O enteado e o menor tutelado equiparam-se a filho mediante declaração do servidor e desde que comprovada dependência econômica, na forma estabelecida em regulamento.

Ocorrendo habilitação de vários titulares à pensão, o seu valor será distribuído em partes iguais entre os beneficiários habilitados.

Perda da qualidade de beneficiário ocorre com:

→ O seu falecimento;

→ A anulação do casamento, quando a decisão ocorrer após a concessão da pensão ao cônjuge;

→ A cessação da invalidez, em se tratando de beneficiário inválido, ou o afastamento da deficiência, em se tratando de beneficiário com deficiência, respeitados os períodos mínimos

→ O implemento da idade de 21 anos, pelo filho ou irmão

→ A acumulação de pensão

→ A renúncia expressa

11.15.4. Auxílio-funeral

O auxílio-funeral é devido à família do servidor falecido na atividade ou aposentado, em valor equivalente a um mês da remuneração ou provento. No caso de acumulação legal de cargos, o auxílio será pago somente em razão do cargo de maior remuneração.

O auxílio será pago no prazo de 48 (quarenta e oito) horas, por meio de procedimento sumaríssimo, à pessoa da família que houver custeado o funeral. Se o funeral for custeado por terceiro, este será indenizado, observado o disposto no artigo anterior.

Em caso de falecimento de servidor em serviço fora do local de trabalho, inclusive no exterior, as despesas de transporte do corpo correrão à conta de recursos da União, autarquia ou fundação pública.

11.15.5. Auxílio-reclusão

À família do servidor ativo é devido o auxílio-reclusão, no valor equivalente a dois terços da remuneração, quando afastado por motivo de prisão, em flagrante ou preventiva, determinada pela autoridade competente, enquanto perdurar a prisão; O servidor terá direito à integralização da remuneração, desde que absolvido.

Será pago metade da remuneração, durante o afastamento, em virtude de condenação, por sentença definitiva, a pena que não determine a perda de cargo.

O pagamento do auxílio-reclusão cessará a partir do dia imediato àquele em que o servidor for posto em liberdade, ainda que condicional.

Ressalvado o disposto aqui, o auxílio-reclusão será devido, nas mesmas condições da pensão por morte, aos dependentes do segurado recolhido à prisão.

11.15.6. Da assistência à saúde

A assistência à saúde do servidor, ativo ou inativo, e de sua família compreende assistência médica, hospitalar, odontológica, psicológica e farmacêutica, terá como diretriz básica o implemento de ações preventivas voltadas para a promoção da saúde e será prestada pelo Sistema Único de Saúde – SUS, diretamente pelo órgão ou entidade ao qual estiver vinculado o servidor, ou mediante convênio ou contrato, ou ainda na forma de auxílio, mediante ressarcimento parcial do valor despendido pelo servidor, ativo ou inativo, e seus dependentes ou pensionistas com planos ou seguros privados de assistência à saúde, na forma estabelecida em regulamento.

RESUMOS E MAPAS MENTAIS

CARGO PÚBLICO	
EFETIVO	EM COMISSÃO
CONCURSO PÚBLICO	LIVRE NOMEAÇÃO E EXONERAÇÃO (DIREÇÃO, CHEFIA E ASSESSORAMENTO)
ESTABILIDADE APÓS 3 ANOS	SEM ESTABILIDADE

	FUNÇÃO DE CONFIANÇA	CARGO EM COMISSÃO
OCUPANTE	Exclusiva de ocupante de cargo efetivo.	Qualquer pessoa, observando em alguns casos percentual mínimo de servidores.
INGRESSO	Previamente aprovado em Concurso Público.	Sem concurso público, salvo o percentual mínimo para os servidores de carreira.
ATRIBUIÇÕES	São conferidos atribuições e responsabilidades.	De responsabilidade do cargo que irá ocupar.
FUNÇÕES	Direção – Chefia – Assessoramento.	Direção – Chefia – Assessoramento.
NOMEAÇÃO E EXONERAÇÃO	Livre designação e dispensa.	Livre nomeação e exoneração.

LINHA DO TEMPO DO SERVIDOR

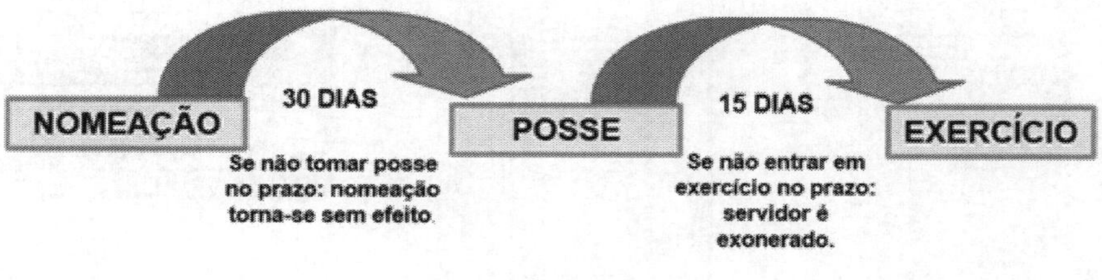

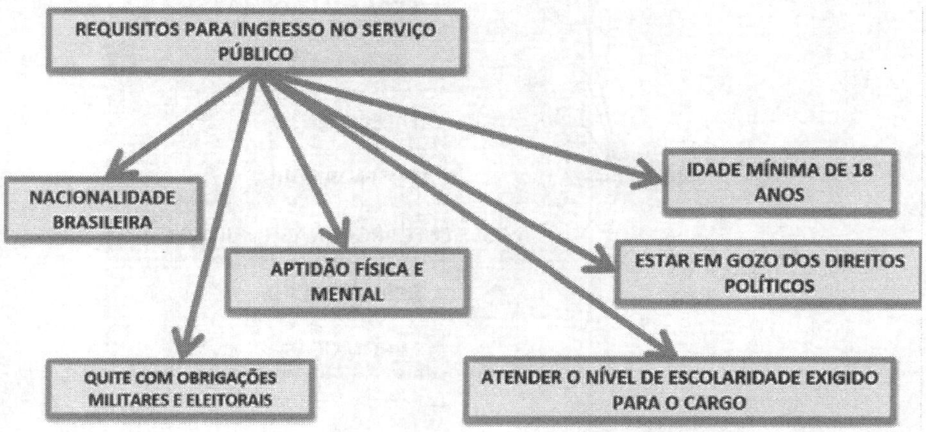

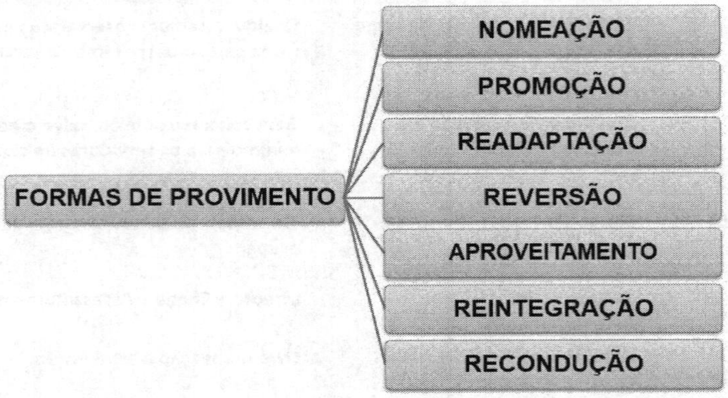
FORMAS DE PROVIMENTO
NOMEAÇÃO
PROMOÇÃO
READAPTAÇÃO
REVERSÃO
APROVEITAMENTO
REINTEGRAÇÃO
RECONDUÇÃO

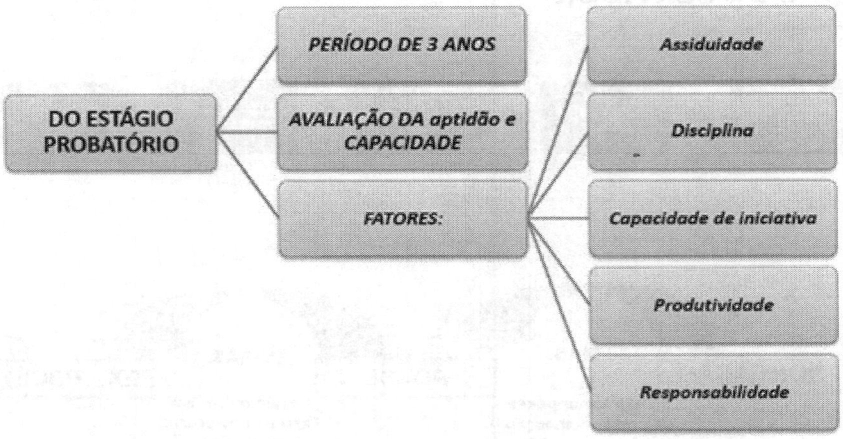
DO ESTÁGIO PROBATÓRIO
PERÍODO DE 3 ANOS
AVALIAÇÃO DA aptidão e CAPACIDADE
FATORES:
Assiduidade
Disciplina
Capacidade de iniciativa
Produtividade
Responsabilidade

VACÂNCIA
EXONERAÇÃO
DEMISSÃO
FALECIMENTO
APOSENTADORIA
POSSE EM CARGO INACUMULÁVEL
READAPTAÇÃO
PROMOÇÃO

REMOÇÃO	REDISTRIBUIÇÃO
Não se trata de uma forma de provimento	Não se trata de uma forma de provimento
Não altera o contingente funcional	Não altera o contingente funcional
Deslocamento do SERVIDOR	Deslocamento de CARGO
Objetivo de assegurar a preservação de valores como a saúde do servidor e o núcleo familiar	Forma de organização da administração pública
Quando ocorrer a mudança de Município, deve ter um período de trânsito de 10 a 30 dias para o novo exercício	Quando ocorrer a mudança de Município, deve ter um período de trânsito de 10 a 30 dias para o novo exercício
A pedido ou de ofício	Sempre de ofício

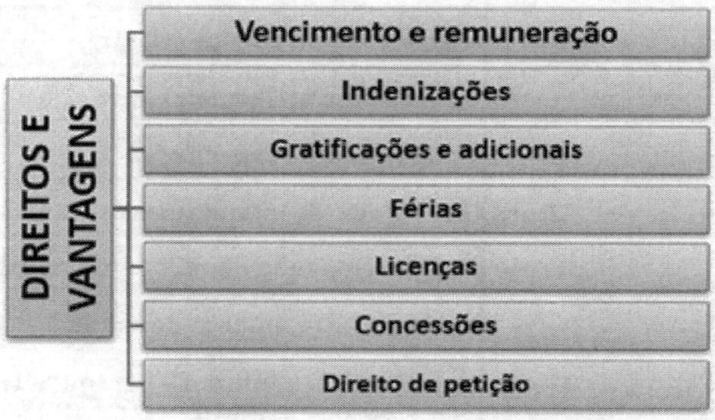

PERICULOSIDADE	Está relacionada com atividades que coloquem o servidor em situações de risco de morte.
INSALUBRIDADE	Está relacionada com condições do ambiente de trabalho, que, ainda que não causem um risco imediato, vão prejudicando, aos poucos, a saúde do servidor, tal como a falta de iluminação adequada ou o contato com substâncias tóxicas.
PENOSIDADE	Se relaciona com os servidores que estejam em exercício em zonas de fronteira ou outras localidades com baixa qualidade de vida.

LICENÇAS

- Licença por motivo de doença em pessoa da família
- Licença por motivo de afastamento do cônjuge ou companheiro
- Licença para o serviço militar
- Licença para atividade política
- Licença para capacitação
- Licença para tratar de interesses particulares
- Licença para desempenho de mandato classista
- Licença para tratamento de saúde
- Licença à gestante, à adotante e paternidade
- Licença por acidente em serviço

LICENÇA PRA TRATAMENTO DE SAÚDE

REGRA GERAL	Avaliação de perícia médica oficial
ATÉ 15 DIAS EM 12 MESES	Pode ser dispensada a perícia médica
ALÉM DE 120 DIAS EM 12 MESES	Avaliação de JUNTA MÉDICA

DIREITO DE PETIÇÃO
REQUERIMENTO
Finalidade
Defesa de Direito
Interesse Legítimo
Dirigido à autoridade competente
PEDIDO DE RECONSIDERAÇÃO
Finalidade
Solicitar revisão da decisão pela própria autoridade prolatora
Dirigido à autoridade que proferiu a decisão
Não pode ser renovado
Prazo de 30 dias
RECURSO
Quando?
Indeferimento do Pedido de reconsideração
Decisões de recursos interpostos
Dirigido à autoridade superior
Prazo de 30 dias
Pode ter efeito suspensivo

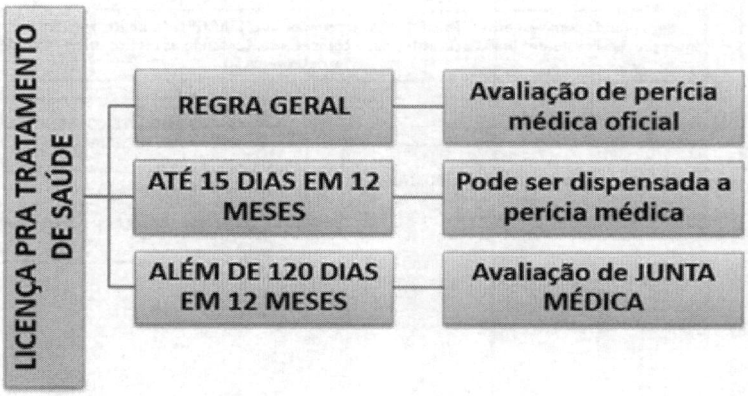
LICENÇA PRA TRATAMENTO DE SAÚDE
REGRA GERAL
Avaliação de perícia médica oficial
ATÉ 15 DIAS EM 12 MESES
Pode ser dispensada a perícia médica
ALÉM DE 120 DIAS EM 12 MESES
Avaliação de JUNTA MÉDICA

Responsabilidade Civil
Ato Omissivo ou Comissivo
Ato Doloso ou Culposo
Importe em prejuízo à Fazenda Estadual ou a terceiros
Responsabilidade Civil-Administrativa
Ato Omissivo ou Comissivo Praticado no desemprenho do cargo ou função
Responsabilidade Penal
Abrange Crimes e Contravenções imputadas ao servidor nesta qualidade

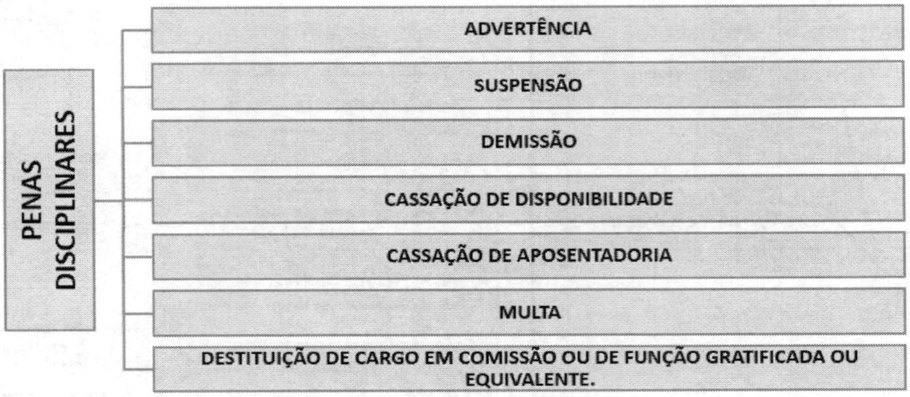

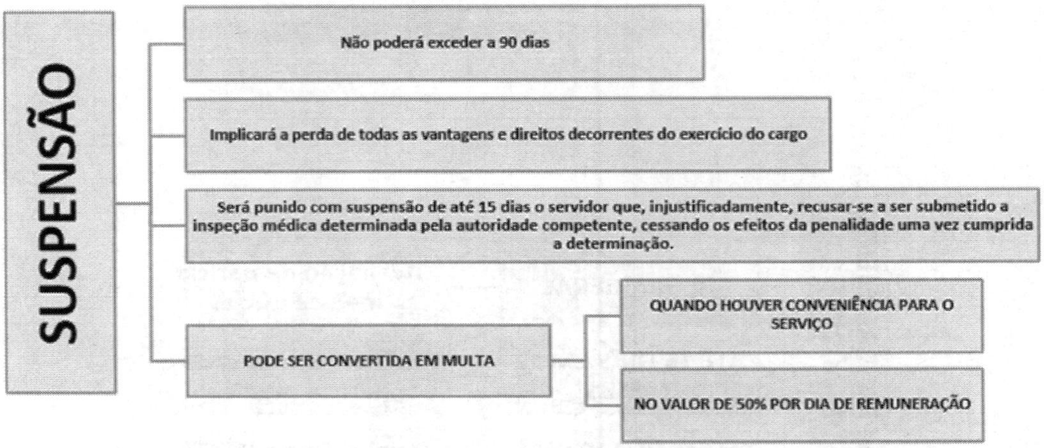

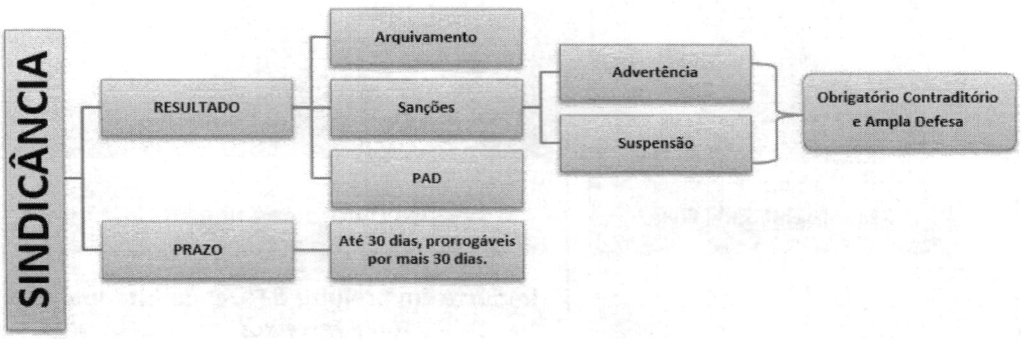

REFERÊNCIAS

Lei Federal 8.112/1990

CARVALHO FILHO, José dos Santos. Manual de direito administrativo. 30. ed. São Paulo: Atlas-Gen, 2019.

MEIRELLES, Hely Lopes. BURLE FILHO, José Emmanuel. Direito administrativo brasileiro. 42. ed. São Paulo: Malheiros, 2016.

DI PIETRO, Maria Sylvia Zanella. Direito administrativo. 35. ed. rev. atual e apl. Rio de Janeiro: Forense, 2022.

INFORMÁTICA

César Vianna

Sumário:

1. CONCEITOS DE INTERNET E INTRANET

1.1 Características Gerais

Redes de computadores são formadas por dispositivos de computação (computadores, tablets, celulares) interconectados que tem a capacidade de trocar dados e compartilhar recursos entre si.

1.2 Tipos de Redes por Abrangência Geográfica

Um dos tipos de subdivisão de redes é quanto à sua escala.

Em ordem crescente são classificadas como PAN, LAN, MAN e WAN. Por fim, a interligação de diversas redes, em escala mundial, forma a conhecida Internet.

Interprocessor distance	Processors located in same	Example
1 m	Square meter	Personal area network
10 m	Room	Local area network
100 m	Building	Local area network
1 km	Campus	Local area network
10 km	City	Metropolitan area network
100 km	Country	Wide area network
1000 km	Continent	Wide area network
10,000 km	Planet	The Internet

Figura 1- Redes de computadores – 4ª edição - Andrew S. Tanenbaum

- **PAN – Personal Area Network**

As redes pessoais são voltadas a atender uma única pessoa. A tecnologias mais comuns utilizada é o bluetooth.

- **LAN – Local Area Network**

Andrew S. Tanenbaum, em seu livro Redes de computadores - Quarta edição, traz a seguinte definição sobre o tema:

"As redes locais, muitas vezes chamadas LANs, são redes privadas contidas em um único edifício ou campus universitário com até alguns quilômetros de extensão. Elas são amplamente usadas para conectar computadores pessoais e estações de trabalho em escritórios e instalações industriais de empresas, permitindo o compartilhamento de recursos (por exemplo, impressoras) e a troca de informações."

- **VLAN**

É possível subdividir uma rede local física em várias redes lógicas. Essa divisão é realizada através da configuração de switches ou roteadores e facilita o gerenciamento e controle de segurança. A essas redes lógicas é dado o nome de Virtual Local Area Network (VLAN).

- **MANs - Redes Metropolitanas**

As MANs (Metropolitan Area Networks) são redes que abrangem uma cidade inteira e chegam a uma cobertura de dezenas de quilômetros.

- **WANs - Redes Geograficamente Distribuídas**

Definida como WAN (Wide Area Network), as redes distribuídas possuem abrangência de um país ou continente. São comumente utilizadas para interligar filiais à matriz de uma empresa.

O esquema abaixo representa a relação entre os tipos de rede.

1.3 Intranet

Conjunto de recursos e sistemas destinados a um determinado grupo de pessoas, frequentemente com acesso restrito a uma organização.

Em geral, utiliza os mesmos padrões da Internet, como protocolos e serviços oferecidos.

1.4 Extranet

Quando os serviços da Intranet são ofertados para um grupo específico de indivíduos externos (fornecedores, clientes, parceiros) temos o conceito de Extranet.

O acesso à extranet restringe-se a usuários registrados. Assim, eles podem acessar os aplicativos internos dessa rede por meio de diversos dispositivos, incluindo a utilização de smartphones.

1.5 Internet

E a Internet é a rede mundial de computadores que provê uma gama de serviços.

Para conectar à grande rede é necessário a contratação de um provedor de acesso, o ISP (Internet Service Provider).

Os principais meios físicos de acesso à internet são: linhas telefônicas fixas, móveis (3G, 4G, 5G), cabos de televisão, satélite, rádio e fibra ótica.

1.6 Equipamentos de Rede

Placa de Rede (conexão a cabo)

Placa de Rede Wi-Fi

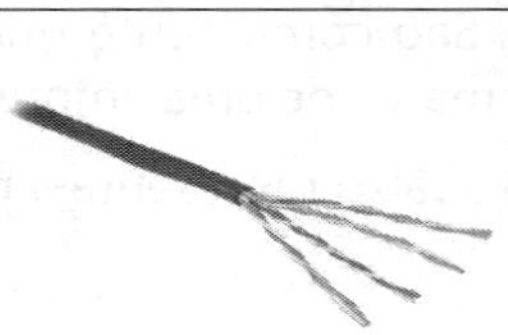

Cabos UTP

Conector RJ45

- **Hub (Concentrador)**

Conecta computadores em uma rede local através de várias linhas de entrada conectadas eletricamente. Os quadros que chegam a quaisquer dessas linhas são enviados a todas as outras.

Switch (Comutador)

Realizam a conexão de hosts de uma rede local de forma otimizada, estabelecendo a relação entre hosts e as respectivas portas a eles conectadas. Os switches utilizam o protocolo ARP (Address Resolution Protocol) que faz o mapeamento entre o endereço de rede (IP) e o endereço físico (MAC).

> ▷ Endereço MAC (Media Access Control)
>
> Endereço físico relacionado a uma interface de comunicação. Cada interface de rede possui um endereço MAC único, registrado em memória permanente. Esse endereço é formado por 6 bytes, cada um representado por dois algarismos na forma hexadecimal.
>
> Ex: 08-00-27-CD-77-5A

- **Roteadores**

Interligam redes diferentes. Eles avaliam os pacotes em trânsito e estabelecem uma rota, baseada em uma tabela previamente configurada.

- **Modem**

A palavra Modem vem da junção das palavras modulador e demodulador. É um dispositivo eletrônico que MODula um sinal digital numa onda analógica e que DEModula o sinal analógico e reconverte-o para o formato digital original.

O modem é inserido entre o computador (digital) e o meio físico de acesso (analógico).

- **Access Point**

Dispositivo em uma rede sem fio que realiza a interconexão entre todos os dispositivos.

- **Wi-Fi**

Tecnologia para redes locais sem fio (WLANs) definida pelo padrão IEEE 802.11. O uso mais comum atualmente é o compartilhamento de conexão de internet em locais públicos, como restaurantes e shoppings, ou em residências.

- **SSID**

Identificador de um ponto de acesso (é o nome da rede wi-fi).

1.7 Velocidade de Rede

A velocidade de tráfego em uma rede é medida em bps (bits por segundo). As conexões atuais, normalmente, estão na casa dos Mbps (Megabits por segundo).

> No padrão Ethernet, uma largura de banda de 10 Gbps corresponde a uma largura que permite a transmissão de até 10 bilhões de bits por segundo.
> CEBRASPE/2022

Lembre-se das grandezas:

- Kilo = 1.000
- Mega = 1.000.000
- Giga = 1.000.000.000

Logo, uma conexão à internet de 50Mbps é capaz de transportar 50 milhões de bits a cada segundo. Assim, nós conseguimos realizar o cálculo de tempo para determinada transferência de arquivos.

Primeiro precisamos dos seguintes dados: Tamanho do Arquivo em MB e Velocidade de Transferência em Mbps.

O cálculo de tempo (em segundos) será:

▷ Tempo = Tamanho / (Velocidade/8)

1.8 Protocolos

> Na ciência da computação, um protocolo é uma convenção que controla e possibilita uma conexão, comunicação, transferência de dados entre dois sistemas computacionais. De maneira simples, um protocolo pode ser definido como "as regras que governam" a sintaxe, semântica e sincronização da comunicação. Os protocolos podem ser implementados pelo hardware, software ou por uma combinação dos dois.
> https://pt.wikipedia.org/wiki/Protocolo_(ciência_da_computação)

- **IP (Internet Protocol)**

Responsável pela entrega de pacotes, ele será determinante para o serviço de roteamento dos dados. Uma de suas características bastante presentes em prova é o Endereço IP.

- **Endereço IP**

O endereço IP, de forma genérica, é uma identificação de um dispositivo (computador, impressora etc.) em uma rede local ou pública. Cada computador na internet possui um endereço IP (Internet Protocol ou Protocolo de internet) único, que é o meio em que as máquinas usam para se comunicarem na Internet.

> O endereço IP na versão 4 (IPv4) possui o seguinte formato X.X.X.X
> X é um número de 0 a 255
> Exemplo
> 10.3.20.1

- **IPV6**

Com a perspectiva de esgotamento dos endereços IPs foi criada uma versão do protocolo que passou a incorporar endereços de 128 bits (possibilita criar 3,4x1038 endereços distintos).

> O endereço IP na versão 6 (IPv6) normalmente é expresso com oito grupos de 4 dígitos hexadecimais
> Exemplo
> 2001:0db8:85a3:08d3:1319:8a2e:0370:7344

- **DHCP (Dynamic Host Configuration Protocol)**

Realiza a configuração dos computadores automaticamente.

- **DNS (Domain Name System)**

Realiza a tradução de nomes de domínios em endereços IPs.

- **TCP (Transmission Control Protocol) e UDP (User Datagram Protocol)**

TCP e UDP são protocolos da camada de transporte. O primeiro realiza a entrega dos dados conferindo a exatidão do processo. Isto é, ele possui garantia de entrega. Já o UDP não é orientado a conexão e não possui garantia de entrega.

- **HTTP - Hypertext Transfer Protocol**

Responsável pela transferência de documentos de hipertexto, isto é, as páginas da internet.

Quando o HTTP é usado sobre uma camada de segurança, ele se denomina HTTPS (Secure HTTP).

Essa camada de segurança pode ser implementada com SSL (mais antigo) ou TLS (mais novo)

- **FTP – File Transfer Protocol**

Especializado na transferência de arquivos.

Pode ser acessado por interface gráfica ou por linha de comando.

No terminal, utiliza-se os comandos abaixo para envio e recebimento de arquivos

PUT – ENVIO

GET – RECEBIMENTO

1.9 Serviços da Internet

- **WWW**

A World Wide Web ("Rede de alcance mundial"; também conhecida como Web e WWW) é o serviço de páginas da Internet, um sistema de documentos em hipermídia que são interligados e executados na Internet.

- **IM - Instant Messaging**

Um mensageiro instantâneo ou comunicador instantâneo é uma aplicação que permite o envio e o recebimento de mensagens de texto em tempo real. Atualmente os mensageiros instantâneos permitem também o envio de músicas, vídeos e imagens.

- **VoIP**

VoIP é uma aplicação de telefonia que utiliza a Internet como meio de transmissão. O VoIP significa Voice over Internet Protocol (Voz sobre IP) e é chamado telefonia IP. Esse sistema torna a transmissão de voz mais um dos serviços suportados pela rede de dados.

- **Streaming**

Streaming (fluxo de mídia ou fluxo contínuo de mídia) é uma forma de distribuir informação multimídia numa rede através de pacotes.

- **Redes Sociais**

Estrutura virtual na qual usuários e organizações compartilham informações, conhecimentos e interesses em comum.

Uma das características fundamentais na definição das redes é a sua abertura e porosidade, possibilitando relacionamentos horizontais e não hierárquicos entre os participantes.

- **Acesso Remoto**

O acesso remoto por terminal, comumente, é realizado pelos protocolos Telnet ou SSH. O primeiro, por padrão, não fornece criptografia. O segundo, implementa uma camada de segurança que criptografa os dados, protegendo de um possível ataque de interceptação.

1.10 Computação em Nuvem

A Computação em Nuvem transforma produtos em serviços. Produto é um galão de água, serviço é água da torneira. Produto é uma pilha, serviço é energia da tomada. E assim, chegamos aos serviços de tecnologia.

> *A computação em nuvem é um estilo de computação em que recursos escalonáveis e elásticos habilitados para TI são fornecidos como um serviço usando tecnologias de Internet.*
>
> *Fonte:* https://www.gartner.com/

Os serviços da computação em nuvem são pagos conforme o uso, esse conceito é comumente referenciado pela expressão *Pay per Use*.

- **Modelos de Serviço da Computação em Nuvem**

SaaS - Software como um serviço: fornece aplicações aos usuários permitindo o acesso através de um navegador da Internet. A hospedagem dos serviços e aplicações é realizada pelos fornecedores que se responsabilizam pela infraestrutura necessária.

> A computação em nuvem do tipo software as a service (SaaS) possibilita que o usuário acesse aplicativos e serviços de qualquer local usando um computador conectado à Internet.
>
> CEBRASPE/2019

IaaS - Infraestrutura como um serviço: fornece o acesso a infraestruturas de TI, alocadas fisicamente na empresa provedora. Os recursos incluem armazenamento de dados e equipamentos de rede.

PaaS - Plataforma como um serviço: conjuntos de ferramentas para desenvolvimento de software disponibilizadas no modelo serviço.

- **Modelos de Implantação da Computação em Nuvem**

Nuvem Privada: a infraestrutura é exclusiva de um contratante.

Nuvem da Comunidade: a infraestrutura é dividida entre parceiros.

Nuvem Pública: a infraestrutura é dividida por todos os clientes.

Nuvem Híbrida: mistura de dois ou mais modelos.

- **Armazenamento em Nuvem – Cloud Storage**

Serviço que permite armazenar e gerenciar os dados através de tecnologias de computação em nuvem, permitindo o acesso aos dados de qualquer dispositivo conectado à Internet.

- **Suítes de Escritório**

Hoje é possível criar documentos poderosos sem a necessidade de instalar um software em seu PC, eles rodam diretamente no navegador.

Ex: Office 365 e Google Docs.

2. CONCEITOS E MODOS DE UTILIZAÇÃO DE SISTEMAS OPERACIONAIS WINDOWS 10 E CONCEITOS BÁSICOS E MODOS DE UTILIZAÇÃO DE TECNOLOGIAS, FERRAMENTAS, APLICATIVOS E PROCEDIMENTOS DE INFORMÁTICA.

2.1 Características Gerais

O MS Windows é um Sistema operacional baseado em interface gráfica, fabricado pela gigante Microsoft.

> E o que é um Sistema Operacional? O sistema operacional é um sistema integrado de programas que gerencia as operações da CPU, controla os recursos e atividades de entrada/saída e de armazenamento e fornece vários serviços de apoio à medida que o computador executa os programas aplicativos dos usuários. Fonte: ESAF – Prova Auditor Fiscal do Tesouro Estadual (SET RN) / 2005

A frase mais simples e direta para definir um **sistema operacional é: "O programa que faz o computador funcionar".** Ele é responsável pelo controle básico do hardware e realiza a interface (comunicação) entre tais componentes e os aplicativos que, por sua vez, fornecem as funções finais ao usuário.

As questões sobre Windows são itens certos em prova. Vejamos alguns pontos essencialmente conceituais sobre o tema:

- O Windows é um **software proprietário**, regido por uma licença de uso restritiva, geralmente paga (existem versões "gratuitas").
- É um sistema operacional **multitarefa**, permitindo a execução de várias atividades em paralelo.
- Permite a criação de **várias contas de usuário** no mesmo computador. Assim, cada um pode ter seus arquivos e configurações organizados de forma independente. Essa característica é denominada em algumas bibliografias como Multiusuário.

> ▷ Atenção, para um detalhe!
>
> O conceito de Multiusuário pode ser esse ou também pode se referir a sistemas que permitem a utilização de vários usuários ao mesmo tempo. Essa última não é uma característica presente nas versões do Windows para computadores pessoais, apenas em versões específicas para uso em rede.

- O foco do Windows é sua **interface gráfica**. Hoje o prompt de comando é apenas um recurso auxiliar, utilizado em algumas tarefas adcapministrativas.

2.2 Componentes do Windows

- **Janelas**

Vamos verificar agora o componente que deu o nome para o sistema em estudo. As Janelas possuem algumas particularidades comumente cobradas em prova. É importante saber seus componentes, nomes, funcionamento e teclas de atalho.

- **Formato Antigo**

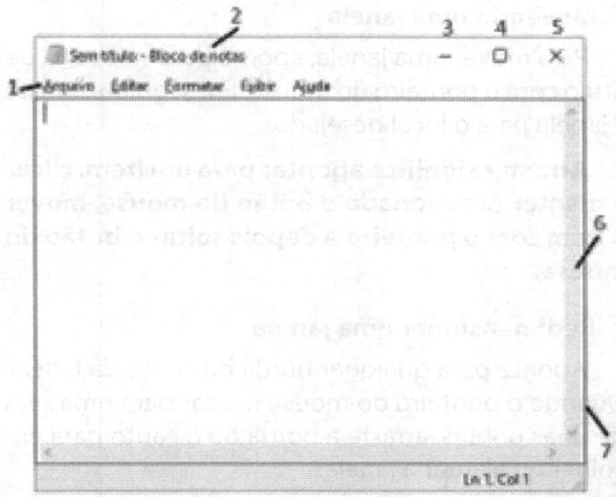

① Barra de menus ② Barra de título ③ Botão Minimizar ④ Botão Maximizar ⑤ Botão Fechar ⑥ Barra de rolagem ⑦ Borda

Barra de título: Exibe o nome do documento e do programa (ou o nome da pasta, se você estiver trabalhando em uma pasta).

**Botões Minimizar, Maximizar e Fechar:** Estes botões permitem ocultar a janela, alargá-la para preencher a tela inteira e fechá-la, respectivamente.

Para retornar uma janela maximizada ao tamanho anterior, clique no botão **Restaurar**

(que aparece em lugar do botão Maximizar) ou clique duas vezes na barra de título da janela.

Barra de menus: Contém itens nos quais você pode clicar para fazer escolhas em um programa. Para acessar um menu através do teclado pressione ALT e após a letra sublinhada no menu desejado.

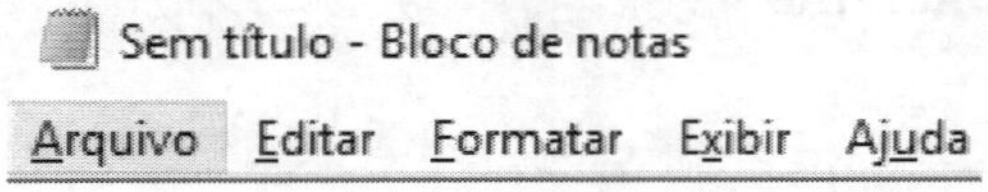

Barra de rolagem: Permite rolar o conteúdo da janela para ver informações que estão fora de visão no momento.

Bordas e cantos: É possível arrastá-los com o ponteiro do mouse para alterar o tamanho da janela.

- Outras janelas podem ter botões, caixas ou barras adicionais, mas normalmente também têm as partes básicas.
- Atalho para Fechar a Janela Ativa: ALT+F4

- **Movendo uma janela**

Para mover uma janela, aponte para sua barra de título com o ponteiro do mouse. Em seguida, arraste a janela para o local desejado.

Arrastar significa apontar para um item, clicar e manter pressionado o botão do mouse, mover o item com o ponteiro e depois soltar o botão do mouse.

- **Redimensionar uma janela**

Aponte para qualquer borda ou canto da janela. Quando o ponteiro do mouse mudar para uma seta de duas pontas, arraste a borda ou o canto para encolher ou alargar a janela.

- **Minimizar uma janela** 

Minimizar uma janela é o mesmo que ocultá-la.

Na imagem, o Word está minimizado (note o sublinhado abaixo do ícone).

Para minimizar uma janela, clique em seu botão Minimizar. A janela desaparecerá da área de trabalho e ficará visível somente como um botão na barra de tarefas, aquela barra longa horizontal na parte inferior da tela.

- **Formato Novo**

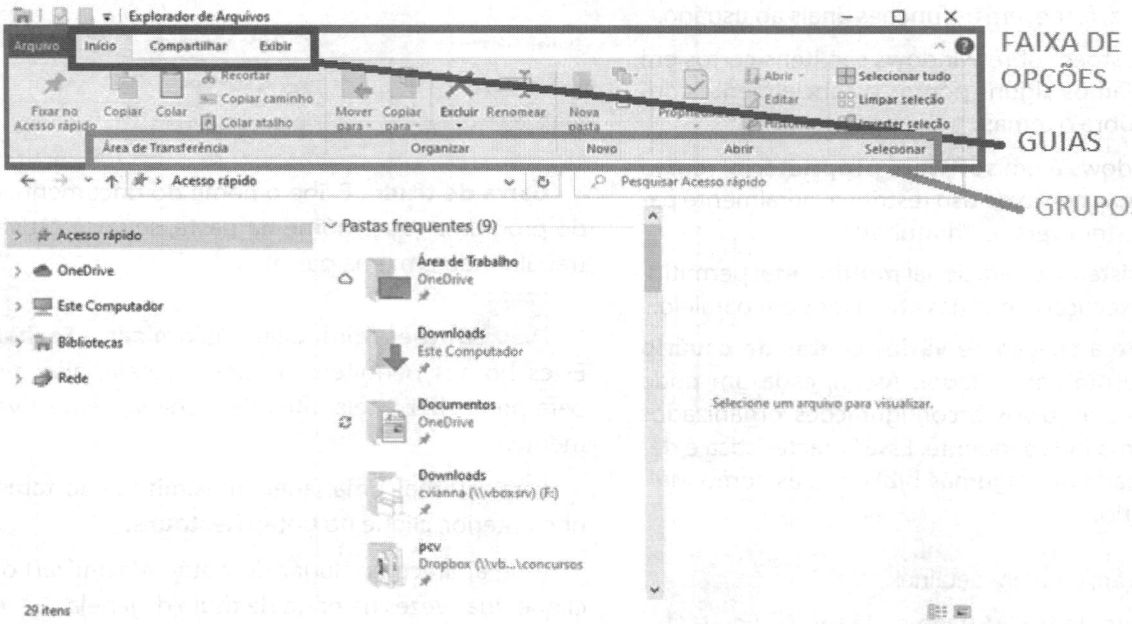

- **Alternando entre janelas**

> **Atalho importante!**
> **ALT+TAB**

A barra de tarefas fornece uma maneira de organizar todas as janelas. Cada janela tem um botão correspondente na barra de tarefas. Para alternar para outra janela, basta clicar no respectivo botão da barra de tarefas.

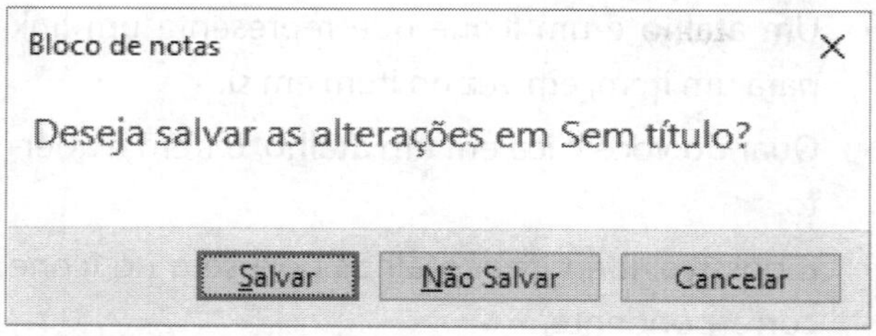

- **Caixas de Diálogo**

Uma caixa de diálogo é um tipo especial de janela que faz uma pergunta, fornece informações ou permite que você selecione opções para executar uma tarefa.

- **Ícones**

Ícones são imagens pequenas que representam arquivos, pastas, programas e outros itens.

Se você clicar duas vezes em um ícone da área de trabalho, o item que ele representa será iniciado ou aberto.

Ao se clicar com o botão direito do mouse sobre um local do Windows um menu especial é exibido. Para a vida prática é o menu do botão direito!

- **Menu de Contexto**

É o menu do botão direito! Para concurso, o nome é Menu de Contexto ou Menu de Atalho. As opções disponíveis nele variam de acordo como contexto quês estamos trabalhando.

Menu de Contexto de um Arquivo	Menu de Contexto da Área de Trabalho
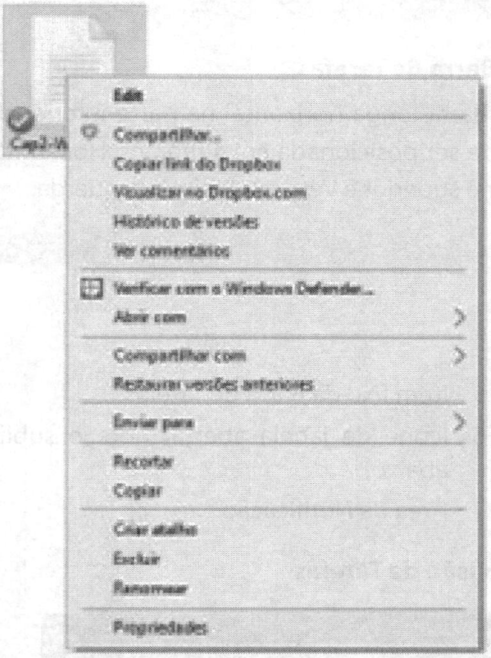	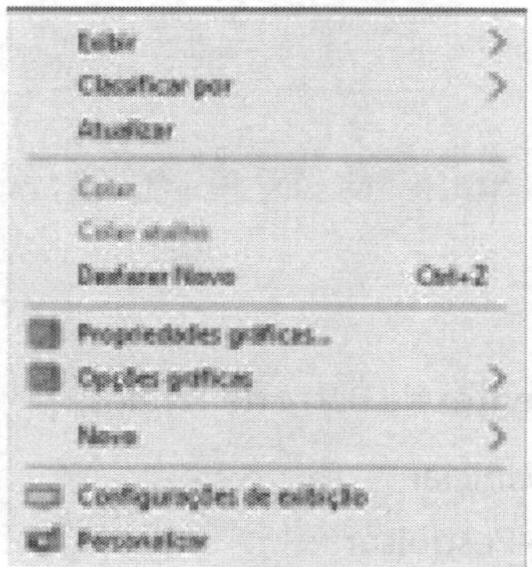

- **Área de Trabalho**

A Área de Trabalho é a principal área exibida na tela quando você liga o computador e faz logon no Windows.

Programas ou pastas com janelas abertas são exibidos na área de trabalho.

A imagem que vemos ao fundo, decorando a área de trabalho chama-se Tela de Fundo da Área de Trabalho (antigamente era Papel de Parede). Para alterá-la, podemos seguir os passos abaixo:

1. Clicar com o botão direito em uma área vazia a após em Personalizar.
2. Após, clique na opção Tela de Fundo no menu à esquerda;
3. O caminho completo do Painel de Controle é: Painel de Controle\Aparência e Personalização\Personalização\Tela de Fundo da Área de Trabalho

- **Ícone de Atalho**

- Um atalho é um ícone que representa um link para um item, em vez do item em si.
- Quando você clica em um atalho, o item é aberto.
- É possível identificar atalhos pela seta no ícone correspondente.

▷ **Atenção!**

- Se você excluir um atalho, somente ele será removido, e não o item original.
- O nome do atalho não tem relação com seu funcionamento. O importante é a propriedade Destino, que indica o caminho que irá ser acionado ao abrir um atalho.
- Podemos personalizar o ícone do atalho, alterando a sua imagem.

- **Barra de Tarefas**

Barra longa horizontal na parte inferior da tela. Pode ser posicionada em 4 regiões: Horizontal inferior e superior e Vertical direita e esquerda.

- Componentes da Barra de Tarefas:
  1. Botão Iniciar
  2. Botão Pesquisar
  3. Cortana
  4. Visão de Tarefas
  5. Item fixo da Barra de Tarefas
  6. Ícone de janela aberta (note o sublinhado abaixo)
  7. Área de Notificação

- **Visão de Tarefas**

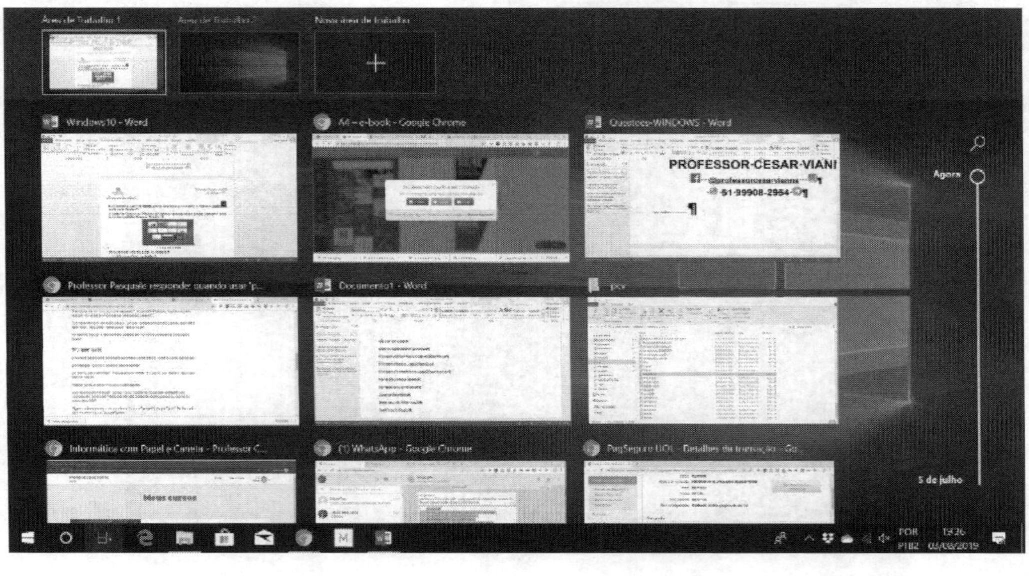

Para acionar a Visão de Tarefas pressione a Tecla do Windows + TAB ou o botão  na Barra de Tarefas.

A Visão de Tarefas do Windows 10 permite alternar entre janelas abertas e ainda gerenciar múltiplas Áreas de Trabalho.

Para adicionar uma nova Área de Trabalho:

1. Clique em Visão de tarefas.
2. Clique em Nova área de trabalho.
3. Abra os aplicativos que você quer usar nessa área de trabalho.
4. Clique em Visão de tarefas novamente para alternar entre as áreas de trabalho.

- **Central de Ações**

A Central de Ações do Windows 10 está localizada na Área de Notificação. Ela exibe notificações e alertas e permite habilitar e desabilitar funções do sistema.

- **Menu Iniciar**

O menu Iniciar é o portão de entrada para programas, pastas e configurações do computador.

Tecla de Atalho para Acionar o Menu Iniciar:
Ctrl+Esc ou

Use o menu Iniciar para:

- Iniciar programas
- Abrir pastas usadas com frequência
- Pesquisar arquivos, pastas e programas
- Ajustar configurações do computador
- Obter ajuda com o sistema operacional Windows
- Desligar o computador
- Fazer logoff do Windows ou alternar para outra conta de usuário

O menu Iniciar tem três partes básicas:

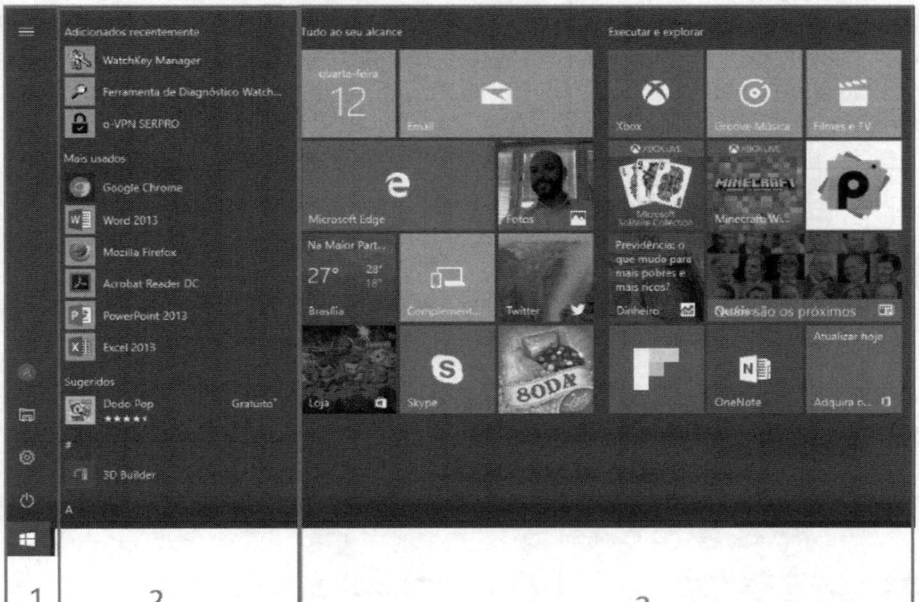

A área da direita (3) dos menus incorporou os blocos da interface Metro.

O menu pode ser redimensionado e inclusive configurado para ocupar a tela inteira.

Como sempre, as questões de concurso moram nos detalhes. Então, atenção para os componentes do novo Menu Iniciar.

Logo ao lado do botão, na barra de tarefas, existe uma Caixa de Pesquisa que permite pesquisar tanto na web, quando no próprio computador. O recurso de Pesquisar pode ser exibido como uma caixa, um botão ou ainda ser ocultado na Barra de Tarefas.

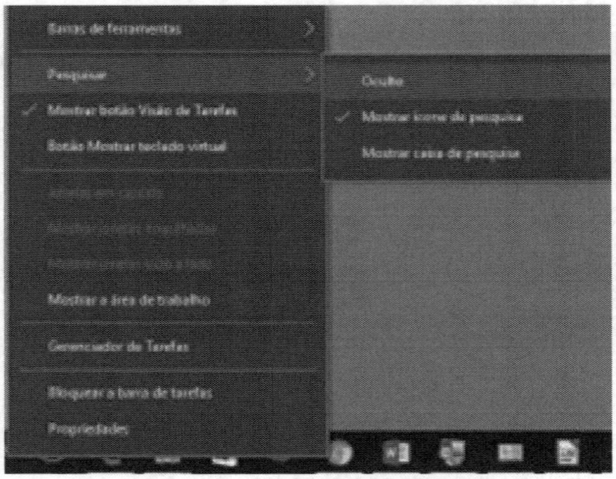

Abaixo temos recursos importantes:

- **Conta do Usuário Ativo**

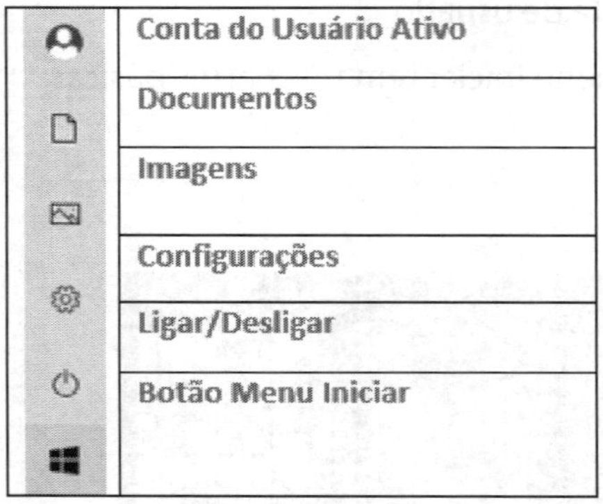

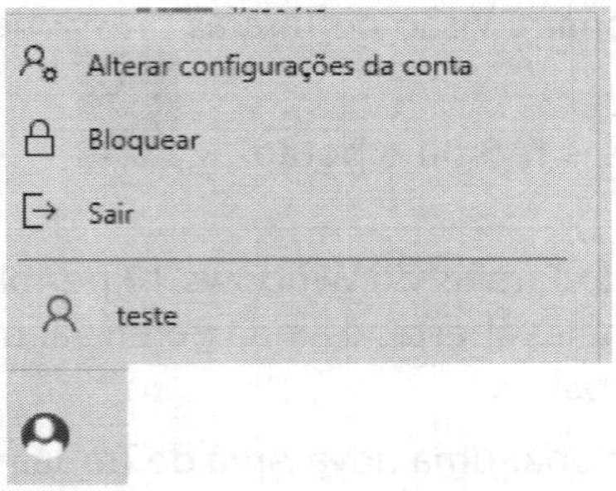

Quando clicamos nesse botão, o menu ao lado é exibido. Nele podemos configurar a conta, Bloquear a estação (Windows Key+L), Sair (antigo Fazer Logoff). Além disso, o menu exibe as demais contas de usuário (na imagem abaixo o ícone Jose). Ao clicar na outra conta, é possível alternar entre os perfis.

> ▷ **Dicas importantes!!**
>
> Ao alternar entre perfis ou bloquear a estação, os programas e arquivos permanecem abertos.
>
> Ao Sair do perfil, todos os programas são encerrados.

- **Configurações**

É possível realizar diversas configurações através dessa tela.

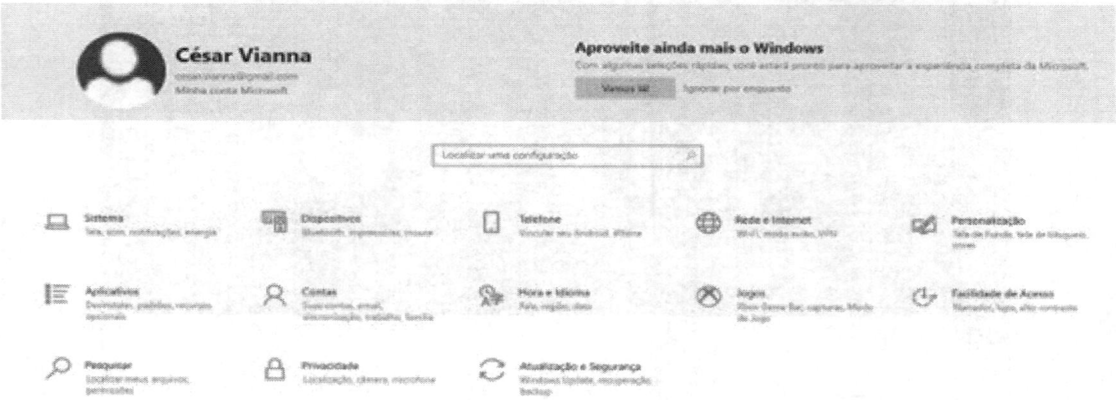

- **Ligar/Desligar**

Ao clicar no Botão Ligar/Desligar, o menu abaixo é exibido:

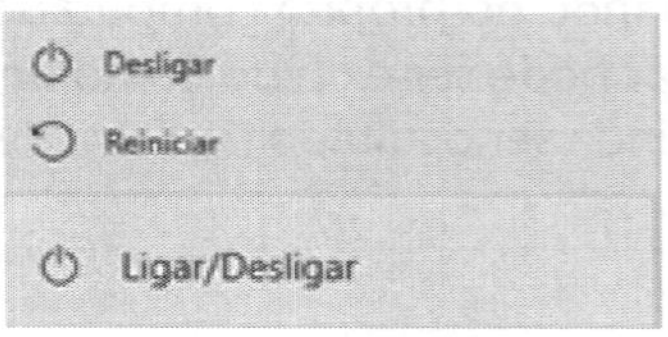

- **A caixa de pesquisa**

Você pode usar a caixa de pesquisa no menu Iniciar para localizar arquivos, pastas, programas, mensagens de e-mail armazenados no computador e fazer pesquisa na Web. Para ativar a caixa de pesquisa, basta abrir o Menu Iniciar e digitar uma expressão qualquer.

À medida que o texto for digitado, os itens correspondentes começarão a aparecer no menu Iniciar. Os resultados da pesquisa têm como base o texto no nome do arquivo, o texto no arquivo, as marcas e outras propriedades dos arquivos.

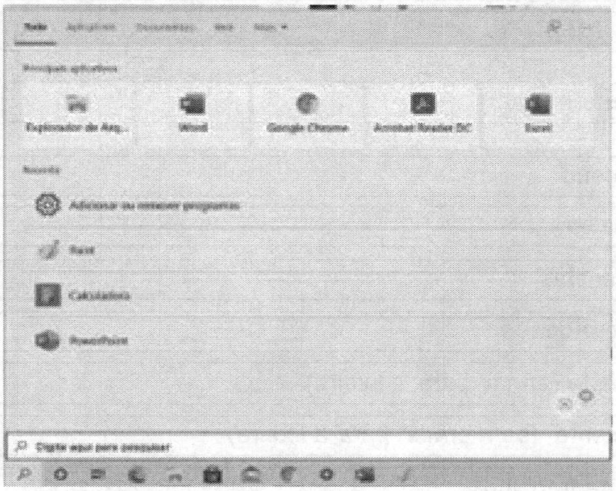

- **Pesquisa com Caracteres Curingas**

Você pode usar o ponto de interrogação (?) como curinga para um único caractere, e um asterisco (*) como curinga para qualquer número de caracteres.

- **Fixar Aplicativos no Menu Iniciar**

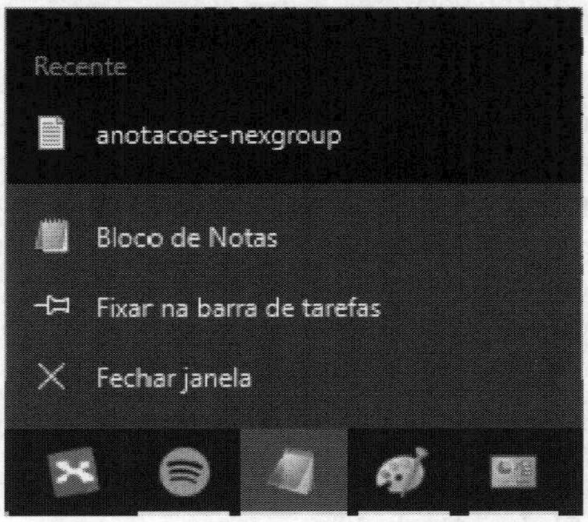

É possível fixar ícones no Menu Iniciar para facilitar o acesso aos recursos.

1. Selecione o botão Iniciar e, em seguida, selecione Todos os aplicativos.
2. Clique e arraste o aplicativo desejado para a área da direita do menu ou clique nele com botão direito e após em Fixar na Tela Inicial.

Ainda é possível agrupar aplicativos, dando nomes aos grupos e redimensionar os blocos.

- **Fixar Ícones na Barra de Tarefas**

- Você pode fixar um programa diretamente na barra de tarefas.
- Clique com o botão direito sobre o ícone desejado
- Para remover um item fixo da barra de tarefas, a opção é a mesma na negativa.

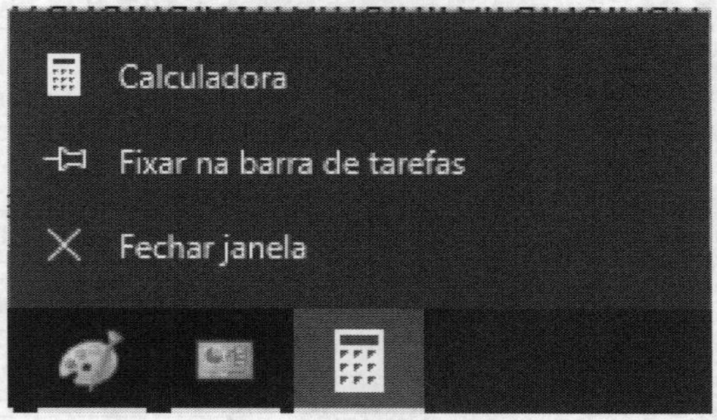

- **A área de notificação**

- Localizada na extrema direita da barra de tarefas.
- Inclui um relógio e um grupo de ícones.
- Esses ícones comunicam o status de algum item no computador ou fornecem acesso a determinadas configurações.

- **Mostrar ícones ocultos**

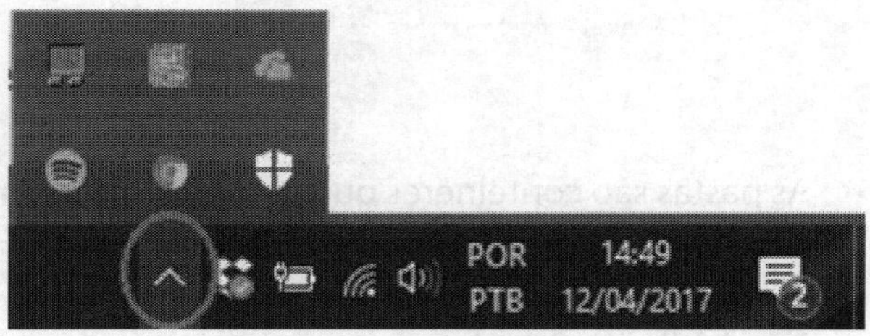

Para evitar confusão, o Windows oculta ícones na área de notificação quando você fica um tempo sem usá-los.

Clique no botão Mostrar ícones ocultos para exibi-los temporariamente.

- **Atalhos**

Vamos à nossa primeira lista de atalhos. É daquelas para comer com farinha! Como cai!!

F1	•Ajuda
Alt+f4	•Fechar janela ativa
Alt+tab	•Alternar entre janelas abertas
Ctrl+esc	•Abrir o menu iniciar
Tecla de logo do windows	•Exibir e ocultar o menu iniciar
Alt+letra sublinhada	•Exibe o respectivo menu
Logo do win+d	•Exibir a área de trabalho
Logo do win+m	•Minimizar todas as janelas
Logo do win+e	•Abrir o explorador de arquivos
Del	•Excluir arquivo ou pasta (enviar para a lixeira)
Shift+del	•Excluir permanentemente (sem enviar para a lixeira)
Logo do win+l	•Bloquear a estação de trabalho

2.3 Organização de informações, arquivos e pastas

- Um arquivo contém informações como textos, imagens, músicas. No Windows, eles são representados por ícones.

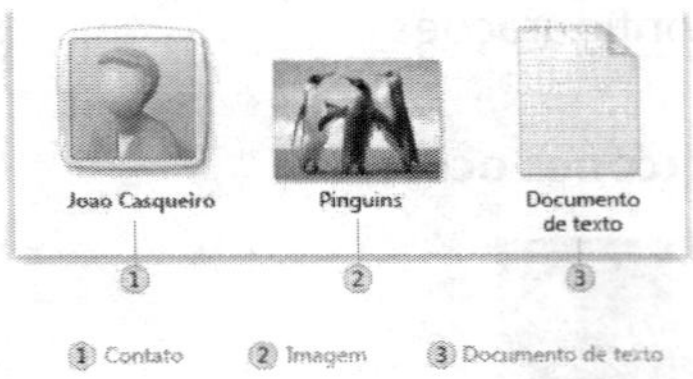

- As pastas são contêineres que podem armazenar arquivos e/ou outras pastas, chamadas subpastas ou pastas filhas.
- Não há limite de subpastas ou arquivos em pastas.

Uma pasta vazia (à direita); uma pasta contendo arquivos (à esquerda)

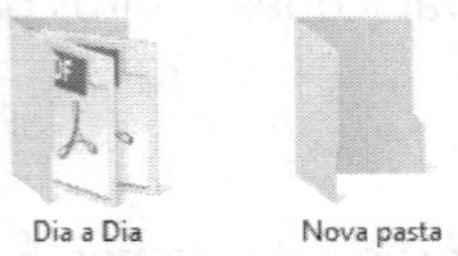

2.4 Janelas de manipulação de Arquivos e Pastas

> ▷ O Windows Explorer agora chama-se Explorador de Arquivos!

O Windows possui um padrão de janelas para gerenciamento e acesso às informações. Os programas Meu Computador e Explorador de Arquivos (antigo Windows Explorer) destinam-se a essa função. Em verdade, acabam sendo o mesmo programa. Apenas abrem com foco em locais distintos, um em Computador, outro em Bibliotecas, conforme a imagem abaixo.

Por esse motivo, as provas indicam a tecla de atalho +E como função para abrir o Meu Computador e Explorador de Arquivos.

- **Menu Iniciar / Sistemas do Windows / Meu Computador**

  * Note que o item no painel esquerdo agora chama-se "Este Computador".

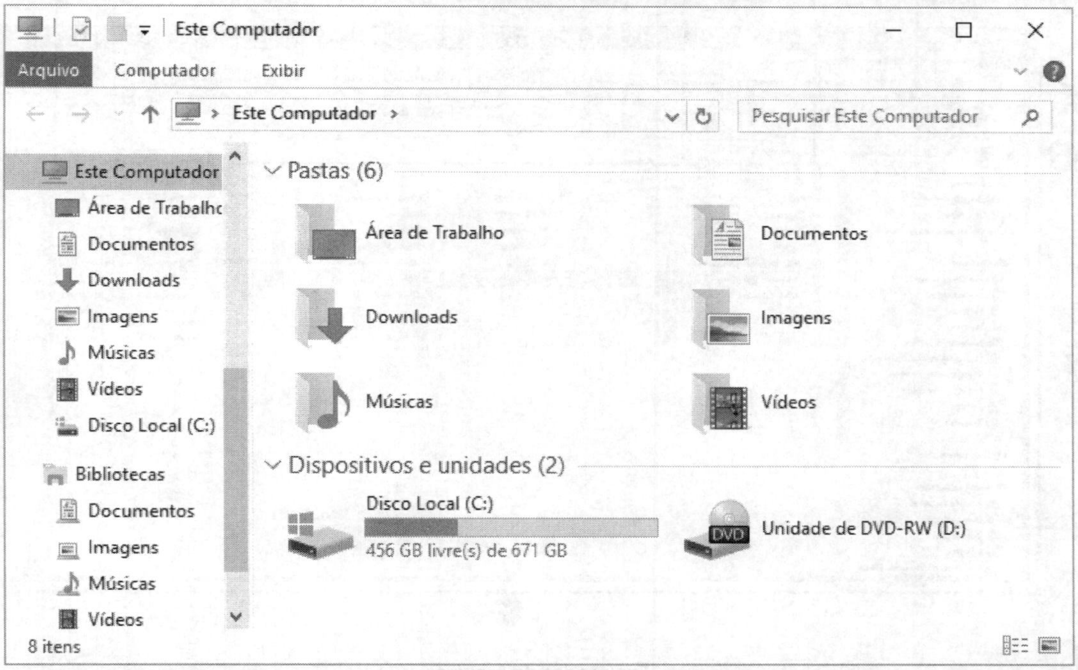

- **Menu Iniciar / Sistemas do Windows / Explorador de Arquivos**

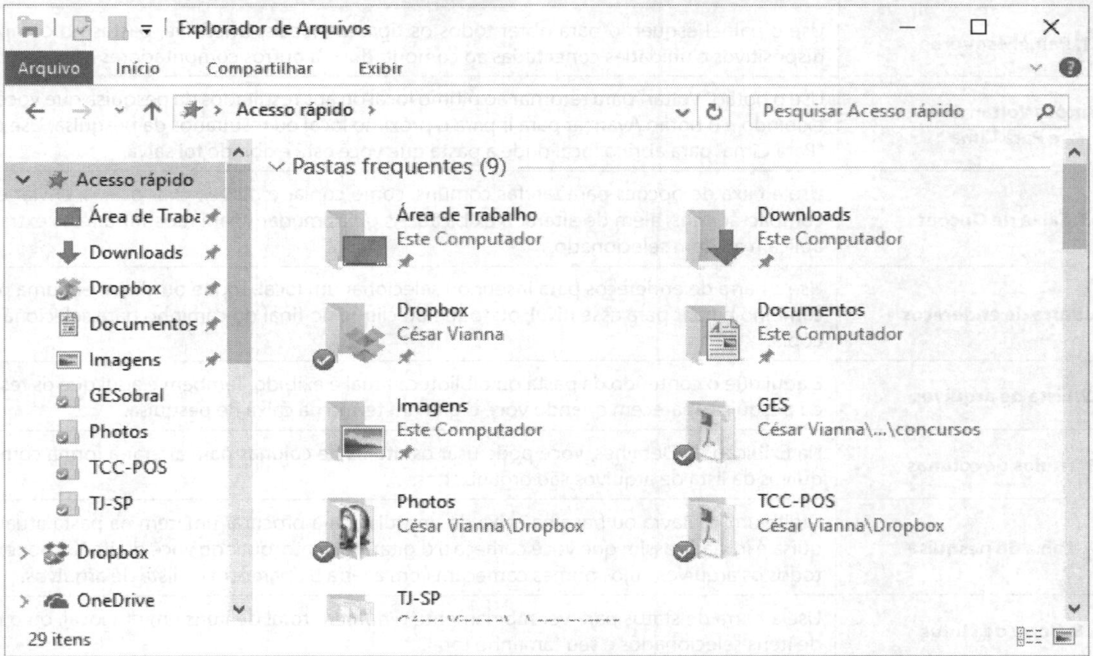

INFORMÁTICA

▪ Componente do Explorador de Arquivos

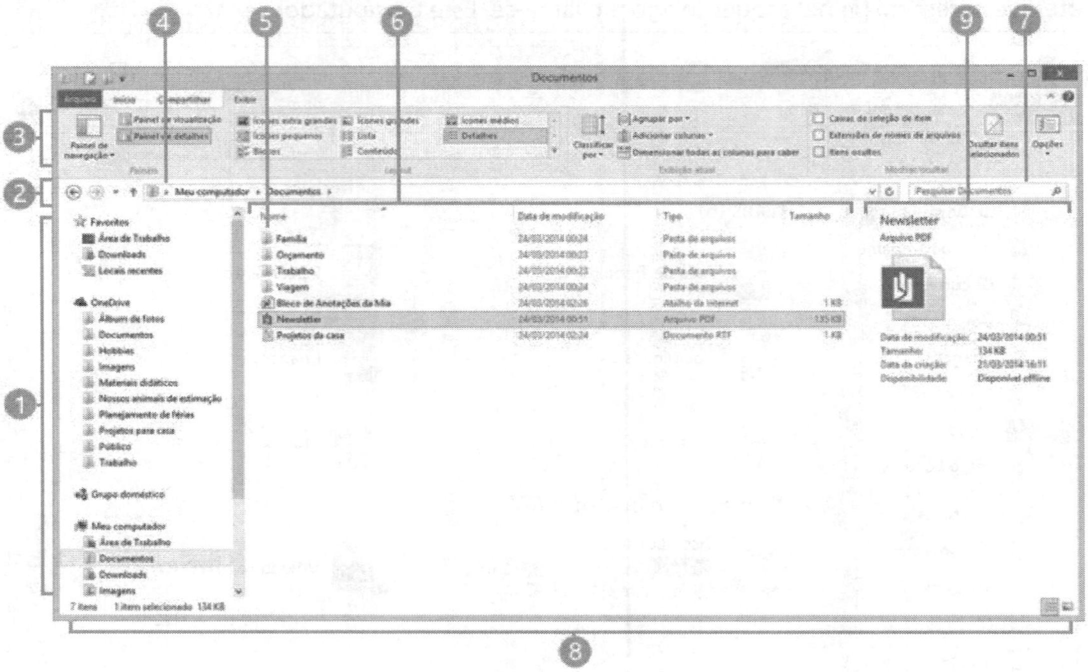

Explorador de Arquivos

Parte da janela	Função
1. Painel esquerdo	Use o painel esquerdo para obter todos os tipos de locais: OneDrive, pastas no computador, dispositivos e unidades conectadas ao computador e a outros computadores na rede.
2. Botões Voltar, Avançar e Para Cima	Use o botão "Voltar" para retornar ao último local ou aos resultados da pesquisa que você estava exibindo e o botão Avançar para ir para o próximo local ou resultados da pesquisa. Use o botão "Para Cima" para abrir o local onde a pasta que você está exibindo foi salva.
3. Faixa de Opções	Use a faixa de opções para tarefas comuns, como copiar e mover, criar pastas, enviar e-mail e compactar itens, além de alterar a exibição. As guias mudam para mostrar tarefas extra que se aplicam ao item selecionado.
4. Barra de endereços	Use a barra de endereços para inserir ou selecionar um local. Toque ou clique em uma parte do caminho para ir para esse nível, ou toque ou clique no final do caminho para selecioná-lo para cópia.
5. Lista de arquivos	É aqui que o conteúdo da pasta ou biblioteca atual é exibido. Também é aqui que os resultados da pesquisa aparecem quando você digita um termo na caixa de pesquisa.
6. Títulos de colunas	Na Exibição de Detalhes, você pode usar os títulos de colunas para alterar a forma como os arquivos da lista de arquivos são organizados.
7. Caixa de pesquisa	Digite uma palavra ou frase na caixa de pesquisa para procurar um item na pasta atual. A pesquisa é iniciada assim que você começa a digitar. Portanto, quando você digita "B", por exemplo, todos os arquivos cujos nomes começam com a letra B aparecem na lista de arquivos.
8. Barra de status	Use a barra de status para ver rapidamente o número total de itens em um local, ou o número de itens selecionados e seu tamanho total.
9. Painel de detalhes/ visualização	Use o painel de detalhes para ver as propriedades mais comuns associadas ao arquivo selecionado. As propriedades do arquivo fornecem informações mais detalhadas sobre um arquivo, como autor, a data em que você alterou o arquivo pela última vez, e todas as marcas descritivas que tenham sido adicionadas ao arquivo. Se o painel de detalhes não for exibido, toque ou clique na guia "Exibir" e em "Painel de detalhes".

▪ Acesso Rápido

Quando o Explorador de Arquivos for aberto, você entrará no Acesso rápido. As pastas usadas com frequência e os arquivos usados recentemente ficam listados ali, assim você não precisa procurar por eles uma série de pastas para encontrá-los. Fixe suas pastas favoritas ao Acesso rápido para mantê-las à mão.

É possível configurar o comportamento do Acesso Rápido, pelas opções de Pastas.

Acesse a guia Exibir e, em seguida, selecione Opções e Alterar opções de pasta e pesquisa. Escolha as opções desejadas em Privacidade.

- **Fixar**

Se você quiser que uma pasta apareça no Acesso rápido, clique nela com o botão direito do mouse e selecione Fixar no Acesso rápido. Desafixe-a de lá quando não precisar mais dela.

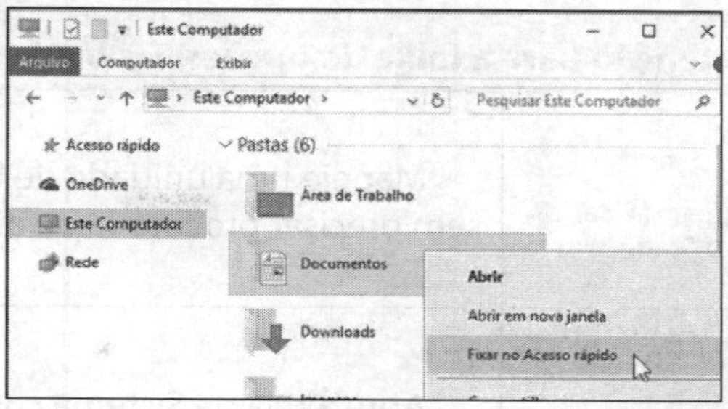

- **Desafixar**

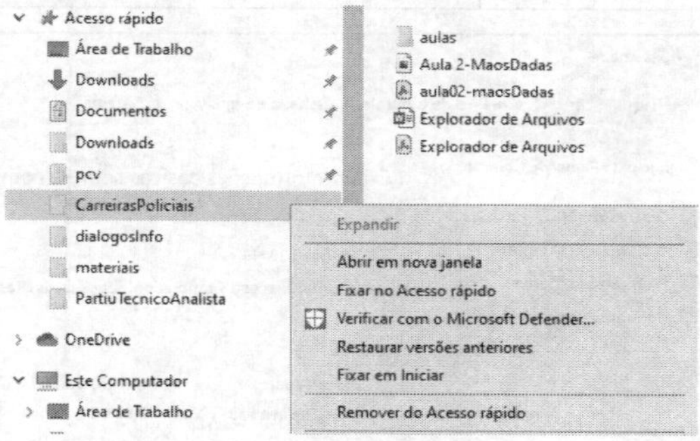

Itens fixados pelo usuário são indicados com um alfinete e podem ser desafixados.

- **Remover**

Itens que usados com frequência também podem ser removidos do Acesso Rápido.

- **Este Computador**

Agora Meu Computador é Este Computador. Nessa seção são exibidos os dispositivos de armazenamento.

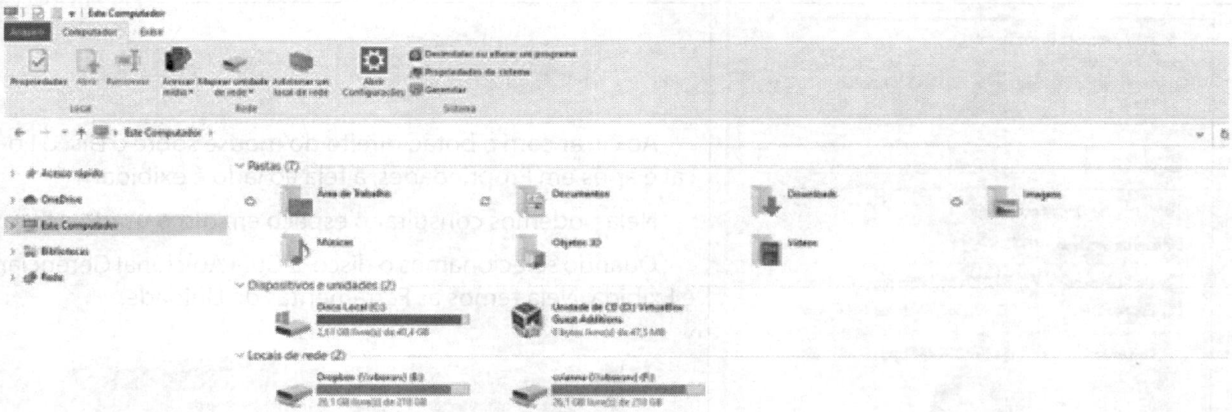

▪ **Atenção para a faixa de opções! Os botões mudam quando selecionamos Este Computador.**	
	Mapeie uma unidade de rede para acessá-la no Explorador de Arquivos do Windows sem precisar procurá-la ou digitar seu endereço de rede toda vez.
	Abre a tela de Sistema com um resumo da configuração de Hardware e Software.

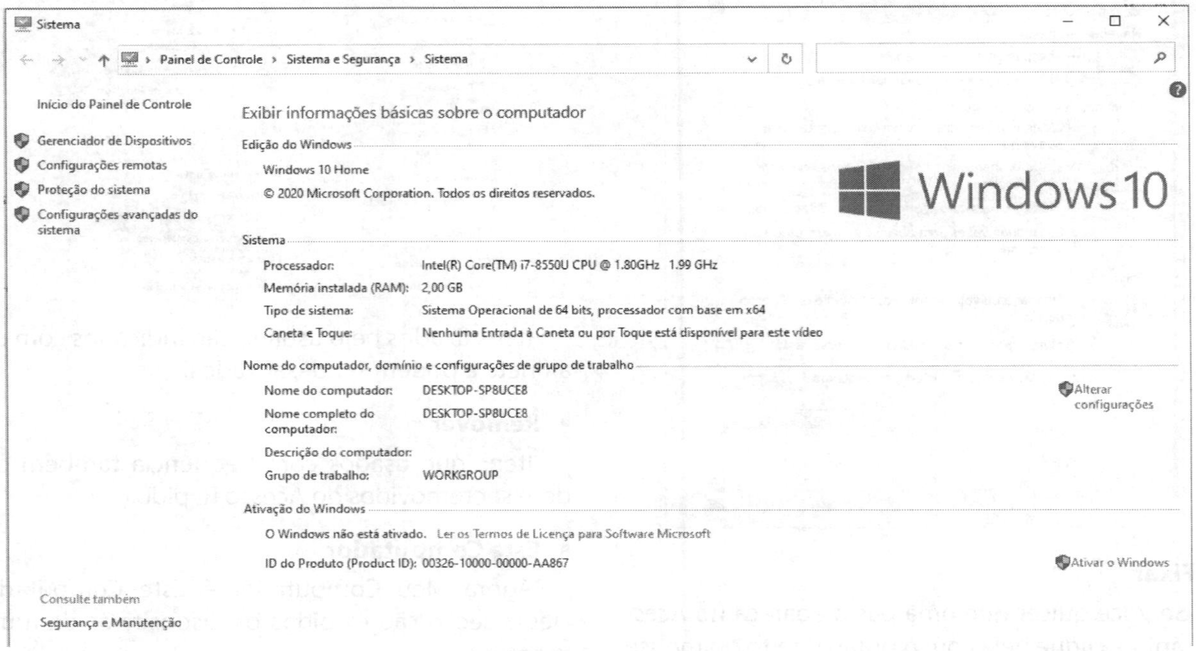

▪ **Propriedades do Disco Local**

	Ao clicar com o botão direito do mouse sobre o Disco Local e após em Propriedades, a tela ao lado é exibida. Nela podemos consultar o espaço em disco usado e livre. Quando selecionamos o disco, a Guia Adicional Gerenciar é Exibida. Nela temos as Ferramentas de Unidade. 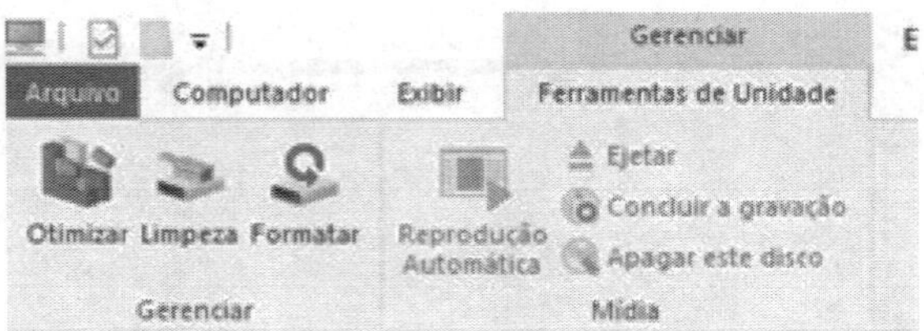

- **Rede**

Ao selecionar a opção Rede no Painel de Navegação, a Faixa de Opções exibe os seguintes itens:

2.5 Compartilhando arquivos e pastas

Para compartilhar um arquivo ou uma pasta no Explorador de Arquivos, siga os seguintes passos:

- Clique com o botão direito do mouse ou pressione um arquivo e selecione **Conceder acesso a** > **Pessoas específicas.**

OU

- Selecione um arquivo, clique na guia **Compartilhar** na parte superior do Explorador de Arquivos e, na seção **Compartilhar com**, selecione **Pessoas específicas.**

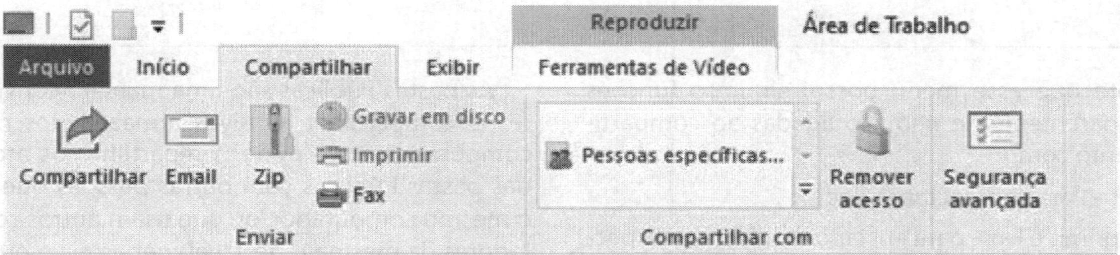

Após, basta selecionar a pessoa na lista exibida.

- **Compartilhar arquivos no Explorador de Arquivos**

É possível compartilhar arquivos com seu grupo doméstico, grupo de trabalho ou domínio. Para isso, basta selecionar o arquivo ou a pasta, clicar na guia Compartilhar e escolher uma das opções na seção "Compartilhar com". As opções são disponibilizadas de acordo com o tipo de rede configurada para o equipamento.

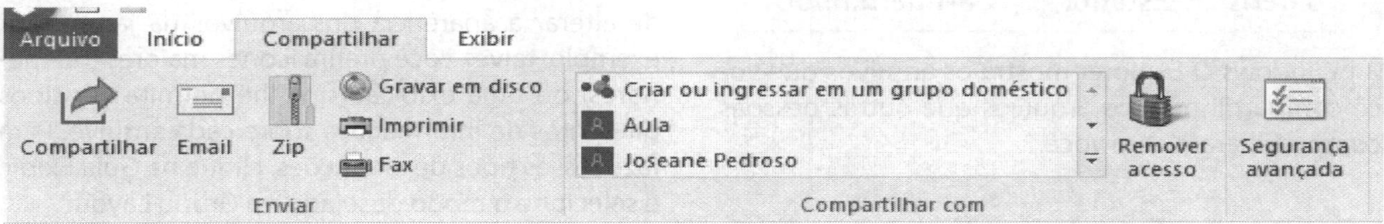

Ao clicar no botão 

serão exibidos os aplicativos disponíveis:

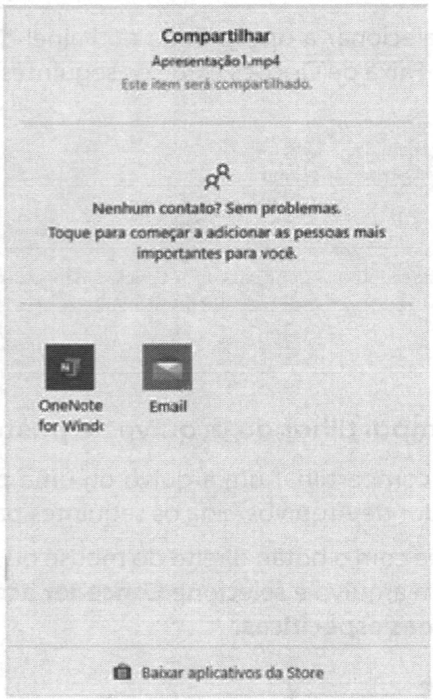

Note que esse menu possui algumas funções que aparentemente não são ligadas ao compartilhamento como:

- ZIP – Para compactar dados
- Imprimir e Fax - para enviar o arquivo aos respectivos dispositivos.

- **Verificar se um item está compartilhado**

Clique em qualquer arquivo ou pasta. O painel de detalhes na parte inferior da janela mostrará a você se esse item está compartilhado ou não e com quem.

Windows O Explorer mostra os arquivos que você compartilhou e os arquivos que outras pessoas compartilharam com você.

As pastas Públicas são uma maneira conveniente de compartilhar arquivos armazenados no seu computador. Você pode compartilhar os arquivos das pastas Públicas com outras pessoas que usam o mesmo computador, ou que usam outros computadores da mesma rede. Qualquer arquivo ou pasta colocado em uma pasta Pública é compartilhado automaticamente com as pessoas que têm acesso a suas pastas Públicas.

2.6 Exibindo e organizando arquivos e pastas

Quando você abre uma pasta ou biblioteca, pode alterar a aparência dos arquivos na janela. Por exemplo, talvez você prefira ícones maiores (ou menores) ou uma exibição que lhe permita ver tipos diferentes de informações sobre cada arquivo. Para fazer esses tipos de alterações, clique na Guia Exibir, e selecione o modo desejado no Grupo Layout.

2.7 Criar uma nova pasta

▷ Dica! O atalho par criar nova pasta é CTRL+SHIFT+N

Uma pasta é um local onde é possível armazenar arquivos. Você pode criar quantas pastas quiser e até mesmo armazenar pastas dentro de outras pastas (subpastas). Veja como criar uma pasta:

1. Vá até o local (uma pasta ou a área de trabalho) onde você deseja criar uma pasta.
2. Clique com o botão direito do mouse em uma área em branco da área de trabalho ou na janela da pasta, aponte para Novo e, em seguida, clique em Pasta.
3. Digite um nome para a nova pasta e pressione Enter.

A nova pasta aparecerá no local especificado.

2.8 Renomear um arquivo ou uma pasta

1. Clique com o botão direito do mouse no item que você deseja renomear e clique em Renomear.

   ou Selecione o arquivo e pressione F2 ou Clique sobre o nome de um arquivo já selecionado
2. Digite o novo nome e pressione Enter. Se você for solicitado a informar uma senha de administrador ou sua confirmação, digite a senha ou forneça a confirmação.

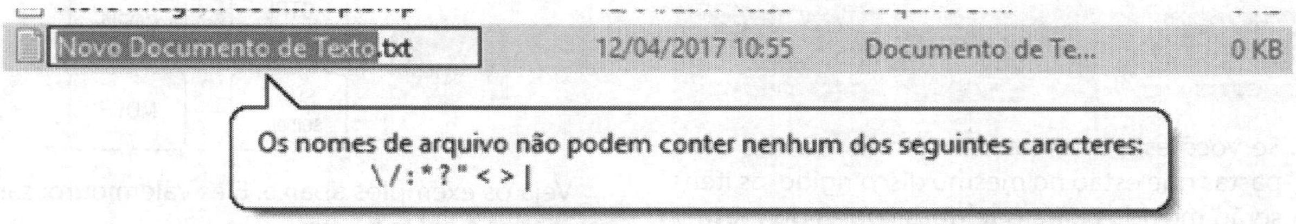

▷ Atenção! Para DESFAZER uma ação pressione CTRL+Z

2.9 Copiando e movendo arquivos e pastas

- **Área de Transferência**

A Área de Transferência é uma área de armazenamento temporário de informações que você copiou ou recortou de um lugar e planeja usar em algum outro lugar. Você pode selecionar texto ou elementos gráficos e, em seguida, usar os comandos recortar ou copiar para disponibilizar sua seleção para a Área de Transferência, onde ela será armazenada até que você use o comando colar para inseri-la em algum outro lugar. Por exemplo, você pode copiar uma seção de texto de um site e, em seguida, colar esse texto em uma mensagem de e-mail. A Área de Transferência está disponível na maioria dos programas do Windows.

Utilizando a barra de menus:

Copiar	Mover
• Selecione o arquivo • Clique na Guia Início – Copiar (no Grupo Área de Transferência) • Navegue até o local de destino • Clique na Guia Inicio e em Colar (no Grupo Área de Transferência)	• Selecione o arquivo • Clique na Guia Inicio e em Recortar (no Grupo Área de Transferência) • Navegue até o local de destino • Clique na Guia Inicio e em Colar (no Grupo Área de Transferência)

▷ Atenção!
Mover é a ação completa de Recortar e Colar.

Apenas Recortar marca o item e o deixa disponível na Área de Transferência para que seja colado.

- **Utilizando teclas de atalho:**

Recortar	•CTRL+X
Copiar	•CTRL+C
Colar	•CTRL+V

- **Podemos copiar e mover arquivos e pastas usando um método chamado arrastar e soltar.**

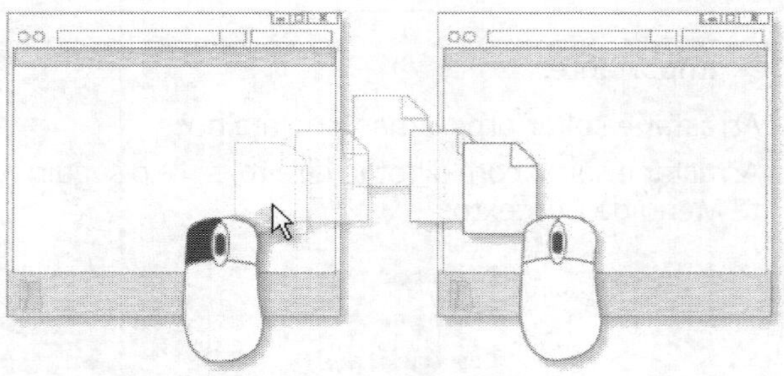

Pressionar e arrastar — Soltar

- Comece abrindo a pasta que contém o arquivo ou a pasta que deseja mover.
- Depois, em uma janela diferente, abra a pasta para onde deseja mover o item.
- Posicione as janelas lado a lado na área de trabalho para ver o conteúdo de ambas.
- Em seguida, arraste a pasta ou o arquivo da primeira pasta para a segunda.

> ▷ **Atenção!**
>
> **Se os locais de origem e destino estiverem na mesma unidade de disco o item arrastado será movido.**
>
> **Se estiverem em unidades diferentes, ele será copiado.**
>
> **Essa regra é de extrema importância para o concurso. Tenha ela em mente!**

Ao usar o método arrastar e soltar, note que algumas vezes o arquivo ou a pasta é copiado e, outras vezes, ele é movido.

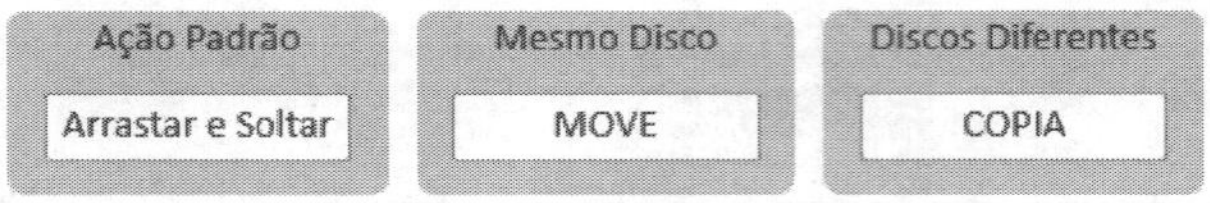

- Se você estiver arrastando um item entre duas pastas que estão no mesmo disco rígido, os itens serão movidos para que duas cópias do mesmo arquivo ou pasta não sejam criadas no mesmo local.
- Se você estiver arrastando o item para uma pasta que esteja em outro local (como um local de rede) ou para uma mídia removível (como um CD), o item será copiado.

Agora se arrastarmos e soltarmos utilizando uma tecla de atalho junto, o comportamento será o mesmo, independente dos locais de origem e destino.

E qual a tecla? CTRL para COPIAR e SHIFT para MOVER!

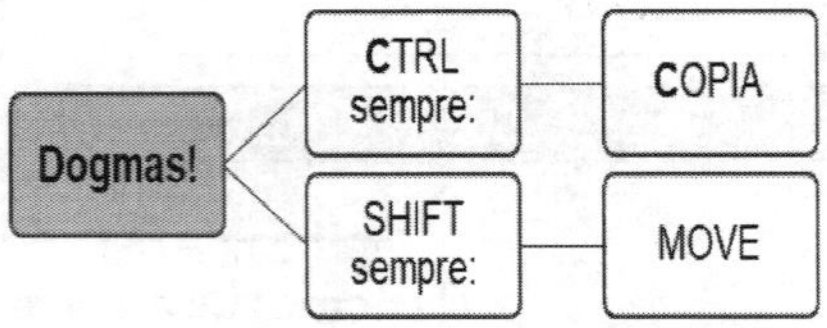

Veja os exemplos abaixo. Eles valem ouro: saiba, memorize e entenda eles!

Ação		Resultado
Arrastar e Soltar	João clicou com o botão esquerdo sobre um arquivo, localizado na pasta C:\Exemplo, e o arrastou para a pasta C:\Exemplo2 (**mesma unidade** de disco – C:).	Mover
	João clicou com o botão esquerdo sobre um arquivo, localizado no disco rígido, e o arrastou para um Pendrive (**unidades diferentes**).	Copiar
Pressionando CTRL	João clicou com o botão esquerdo sobre um arquivo, localizado na pasta C:\Exemplo, e o arrastou para a pasta C:\Exemplo2 (mesma unidade de disco – C:), mantendo o **CTRL** pressionado.	Copiar
	João clicou com o botão esquerdo sobre um arquivo, localizado no disco rígido, e o arrastou para um Pendrive (unidades diferentes), mantendo o **CTRL** pressionado.	Copiar
Pressionando SHIFT	João clicou com o botão esquerdo sobre um arquivo, localizado no disco rígido, e o arrastou para um Pendrive (unidades diferentes), mantendo o **SHIFT** pressionado.	Mover
	João clicou com o botão esquerdo sobre um arquivo, localizado na pasta C:\Exemplo, e o arrastou para a pasta C:\Exemplo2 (mesma unidade de disco – C:), mantendo o **SHIFT** pressionado.	Mover

> ▷ Importante!
>
> Arrastar e soltar programas, cria atalhos.
>
> Arrastar e soltar com o botão direito, abre o seguinte Menu de Contexto:

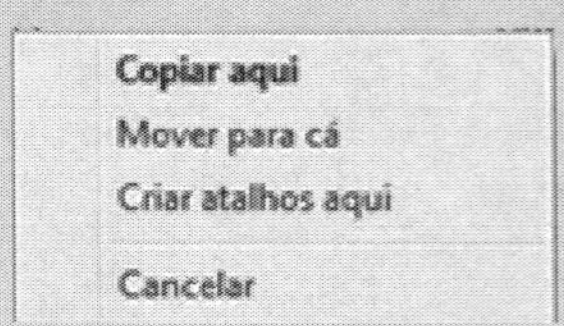

> Ao arrastar um item e posicionar em um local proibido, um sinal indicativo é exibido:

2.10 Excluir um arquivo ou uma pasta

Para excluir um arquivo ou pasta:

- Clique com o botão direito do mouse no arquivo ou na pasta que você deseja excluir e clique em Excluir.
- Você pode também excluir um arquivo ou pasta arrastando o mesmo para a Lixeira ou selecionando o arquivo ou a pasta e pressionando Delete.

Observações Importantes!

- Quando você exclui um arquivo ou pasta do disco rígido, ele não é excluído imediatamente. Em vez disso, ele é armazenado na Lixeira até que a Lixeira seja esvaziada.
- Para excluir permanentemente um arquivo sem antes movê-lo para a Lixeira, selecione o arquivo e pressione Shift+Delete.

- Se você excluir um arquivo ou pasta de uma pasta da rede ou de uma unidade flash USB é possível que ele seja excluído permanentemente.
- Se um arquivo não puder ser excluído, talvez ele esteja em uso por um programa em execução no momento. Tente fechar o programa ou reiniciar o computador para corrigir o problema.

- **Lixeira**

A Lixeira é local que armazena arquivos e pastas que foram excluídos pelo usuário, permitindo que exclusões equivocadas sejam desfeitas.

Para recuperar arquivos da Lixeira

1. Clique duas vezes na Lixeira na área de trabalho para abri-la.
2. Siga um destes procedimentos:
   - Para restaurar um arquivo, clique nele e, na barra de ferramentas, clique em Restaurar este item.
   - Para restaurar todos os arquivos, verifique se nenhum arquivo está selecionado e, na barra de ferramentas, clique em Restaurar todos os itens.

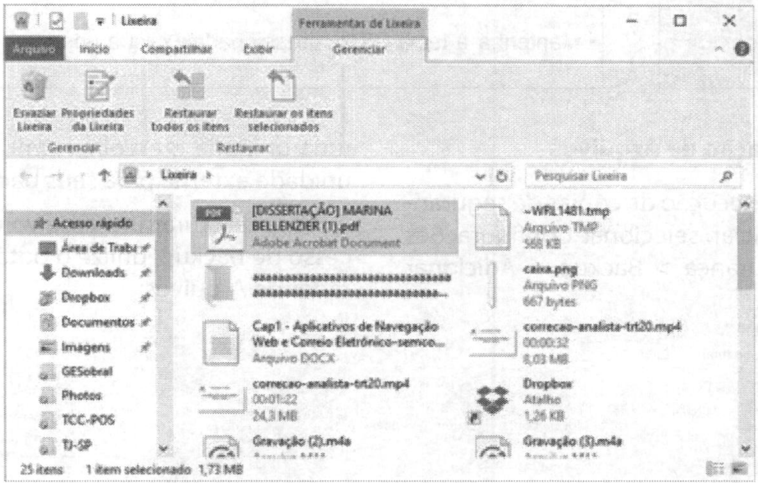

▷ Os arquivos restaurados retornam para seus locais originais no computador.

▷ Caso o local original tenha sido removido, o Windows irá recriar o caminho completo.

- **Propriedades da Lixeira**

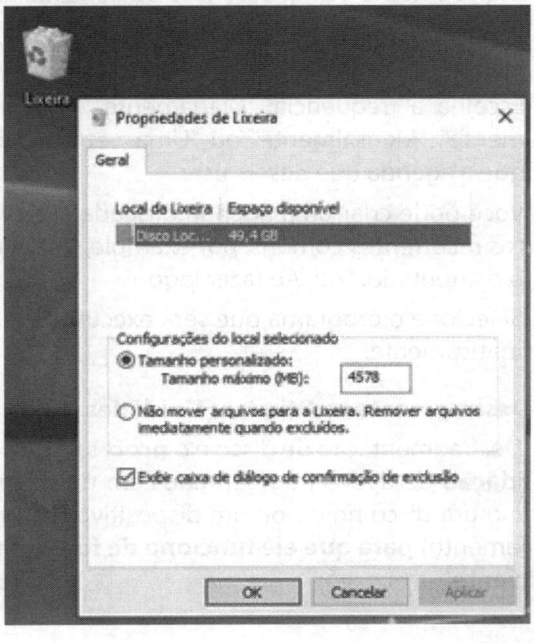

É possível alterar o tamanho máximo de armazenamento da Lixeira.

- Você pode optar por ignorar a Lixeira ao excluir algo. Essa opção não é recomendada para a maioria dos usuários.
- Se não quiser receber uma mensagem sempre que enviar um arquivo ou pasta para a Lixeira, você pode escolher não receber as mensagens.
- A Lixeira tem duas aparências diferentes: uma quando está vazia e outra quando contém arquivos ou pastas. Você pode personalizar a aparência da Lixeira alterando um ou ambos os ícones.

Comparação da Lixeira quando vazia (à esquerda) e com conteúdo (à direita)

2.11 Selecionar vários arquivos ou pastas

Há diversas formas de se selecionar vários arquivos ou pastas.

INFORMÁTICA

Para **selecionar** um grupo de arquivos ou pastas **consecutivos**	• Clique no primeiro item, mantenha a tecla **SHIFT** pressionada e clique no último item.
Para selecionar vários arquivos ou pastas próximos entre si	• Arraste o ponteiro do mouse para criar uma seleção em torno da área externa de todos os itens que você desejar incluir.
Para **selecionar** arquivos ou pastas **não consecutivos**	• Mantenha a tecla **CTRL** pressionada e clique em cada um dos itens que você deseja selecionar.
Para selecionar todos os arquivos ou pastas	• Clique em uma janela, na barra de ferramentas, clique em Organizar e após em Selecionar tudo. • Ou pressione **CTRL+A**.
Para remover a seleção de um ou mais itens	• Mantenha a tecla **CTRL** pressionada e clique nos itens.

- **Backup e Restauração de Arquivos**

Para configurar a execução de cópias de segurança, basta clicar em Iniciar, selecionar Configurações > Atualização e segurança > Backup > Adicionar uma unidade e escolher um local de rede ou uma unidade externa para seus backups.

Para restaurar um arquivo que passou pelo processo de backup, utilize o botão Histórico do Explorador de Arquivos:

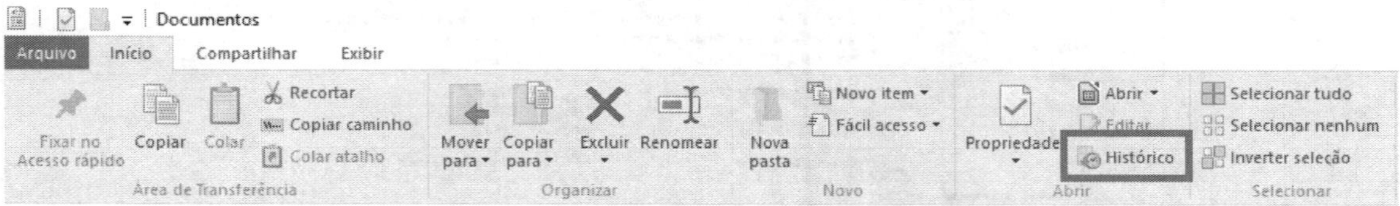

4 - Faixa de Opções do Explorador de Arquivos

2.12 Ferramentas Administrativas do Windows

A seguir veremos algumas ferramentas para manutenção do Windows. As provas raramente cobram detalhes de utilização. Concentram-se mais em questionar o que são e para que servem.

- **Agendador de tarefa**

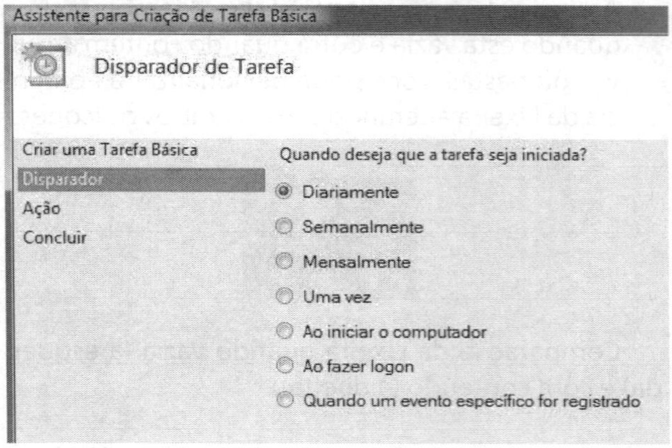

Se você costuma usar um determinado programa regularmente, poderá usar o Assistente de Agendador de Tarefas para criar uma tarefa que abre o programa para você automaticamente de acordo com a agenda que você escolher.

Para criar uma tarefa:

- Clique no menu Ação e em Criar Tarefa Básica.
- Digite o nome e uma descrição opcional da tarefa e clique em Avançar.
- Siga um destes procedimentos:
- Escolha a frequência: "Diariamente", "Semanalmente", "Mensalmente" ou "Uma vez". Especifique a agenda que deseja usar.
- Você pode criar uma agenda baseada em eventos recorrentes comuns, por exemplo, "Ao iniciar o computador" ou "Ao fazer logon".
- Selecione o programa que será executado automaticamente.

- **Desfragmentar e Otimizar Unidades**

Desfragmentação de disco é o **processo de consolidação** de dados fragmentados em um volume (como um disco rígido ou um dispositivo de armazenamento) **para que ele funcione de forma mais eficiente.**

- **Gerenciador de Tarefas**

Permite visualizar os recursos consumidos pelos processos em execução.

- **Informações do Sistema**

O item Informações do Sistema (também conhecidas como msinfo32.exe) mostra detalhes sobre o software, os componentes e a configuração de hardware do seu computador, inclusive os drivers.

Informações do Sistema lista categorias no painel esquerdo e detalhes sobre cada categoria no painel direito. São elas:

- **Resumo do Sistema:** Exibe informações gerais sobre o computador e o sistema operacional, como o nome e o fabricante do computador, o tipo de sistema BIOS utilizado por ele e a quantidade de memória instalada.
- **Recursos de Hardware:** Exibe detalhes avançados sobre o hardware do computador e destina-se a profissionais de TI.
- **Componentes:** Exibe informações sobre unidades de disco, dispositivos de som, modems e outros componentes instalados no computador.
- **Ambiente de Software:** Exibe informações sobre drivers, conexões de rede e outros detalhes relacionados a programas.

- **Limpeza de Disco**

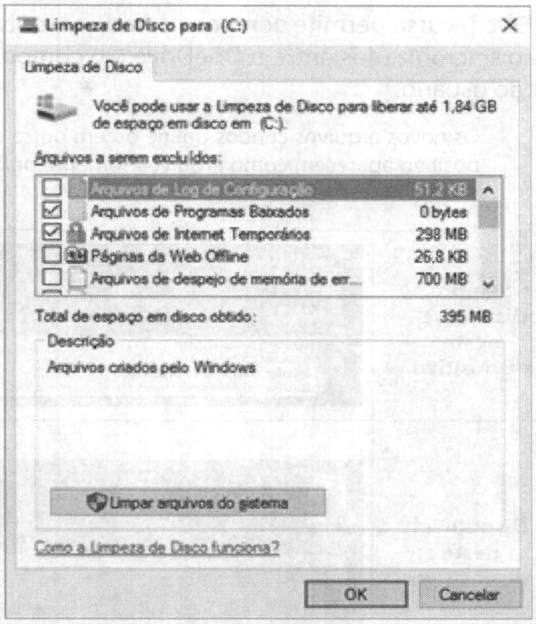

Se você deseja reduzir o número de arquivos desnecessários no disco rígido para liberar espaço em disco e ajudar a tornar mais rápida a execução do computador, use a Limpeza de Disco. Ela remove arquivos temporários, esvazia a Lixeira e remove vários arquivos do sistema e outros itens que você não precisa mais.

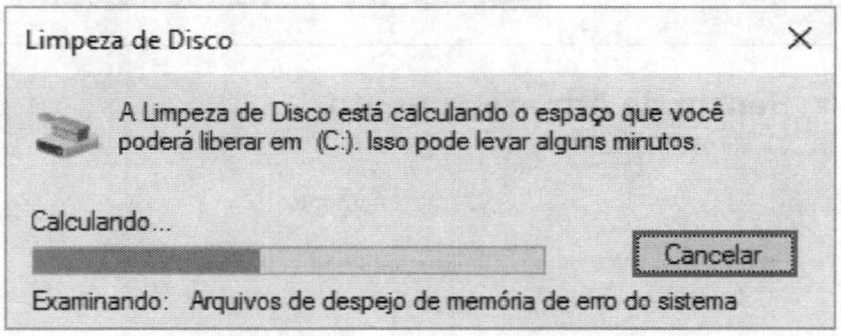

2.13 OneDrive

O OneDrive é um armazenamento de arquivos online (Armazenamento em Nuvem) que você pode acessar de qualquer lugar. Com ele, é fácil salvar documentos do Office e outros arquivos na nuvem para acessá-los de qualquer dispositivo.

Com o OneDrive, você pode compartilhar documentos, fotos e muito mais sem enviar anexos pesados por e-mail. E pode trabalhar facilmente com arquivos do OneDrive no Windows ou no Mac.

INFORMÁTICA

▪ Arquivos Sob Demanda

Esse recurso permite gerenciar como os arquivos serão sincronizados entre o OneDrive e o computador do usuário.

> Os novos arquivos criados online ou em outro dispositivo aparecem como arquivos somente online, que não ocupam espaço no dispositivo. Ao se conectar à Internet, você poderá usá-los como outros arquivos em seu dispositivo.
>
> Fonte: https://support.microsoft.com/

Os arquivos sob demanda ficam marcados de acordo com seu status de disponibilidade, conforme a tabela abaixo

Sempre Disponível neste dispositivo	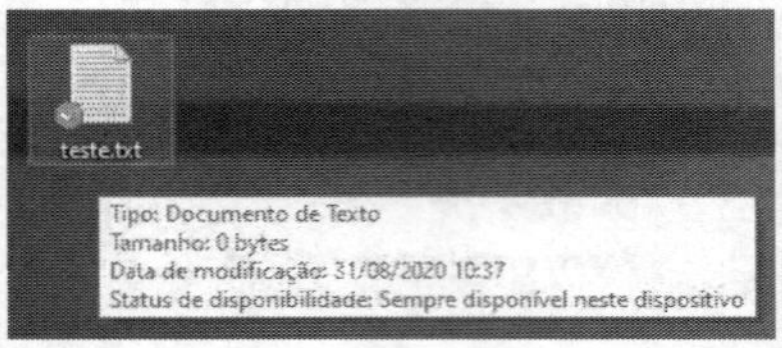	Somente os arquivos que você marcar como "Sempre manter neste dispositivo" terão o círculo verde com a marca de seleção branca. Esses arquivos sempre disponíveis são baixados no dispositivo e ocupam espaço, mas estarão sempre disponíveis mesmo quando estiver offline.
Disponível neste dispositivo		Quando você abre um arquivo somente online, ele é baixado no dispositivo e se torna um arquivo disponível localmente. É possível abrir um arquivo disponível localmente a qualquer momento, mesmo sem acesso à Internet. Se precisar de mais espaço, basta alterar o arquivo para somente online. Clique com o botão direito do mouse no arquivo e selecione "Liberar espaço". Com o sensor de armazenamento ativado, esses arquivos se tornarão arquivos somente online após o período selecionado.
Disponível quando online	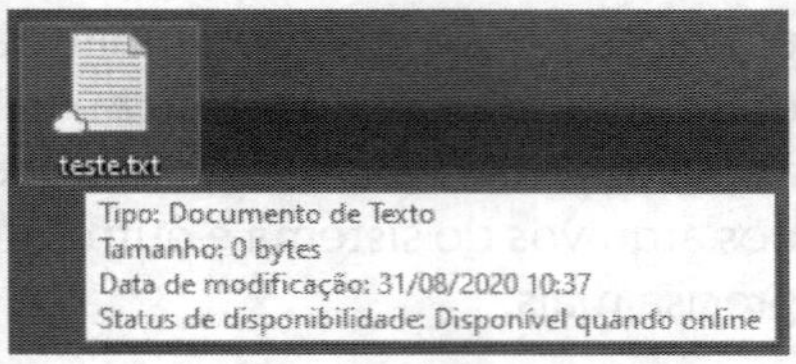	Um ícone de nuvem azul ao lado de um arquivo ou pasta do OneDrive indica que o arquivo está disponível somente online. Arquivos somente online não ocupam espaço no computador. Um ícone de nuvem aparece para cada arquivo somente online no Explorador de Arquivos, mas o arquivo só será baixado para o dispositivo se você abri-lo. Não é possível abrir arquivos somente online se o dispositivo não está conectado à Internet.

▪ Sensor de Armazenamento

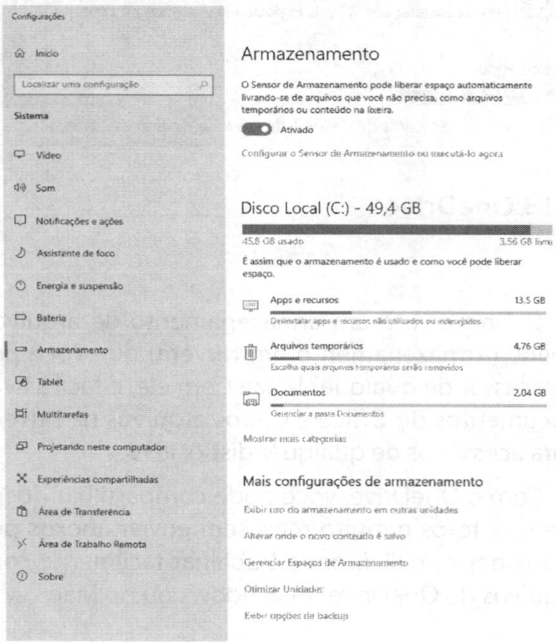

O sensor de armazenamento do Windows é um assistente silencioso que funciona com o OneDrive para liberar espaço automaticamente, disponibilizando arquivos disponíveis localmente que você não está usando mais online novamente. Arquivos somente online ficam seguros no OneDrive e visíveis no seu dispositivo. Quando estiver conectado à Internet, você pode continuar a usar seus arquivos somente online da mesma forma que qualquer outro arquivo.

Fonte: https://support.microsoft.com/

> ▷ Dica de Leitura!
>
> https://support.microsoft.com/pt-br/office/economizar-espa%C3%A7o-em-disco-com-arquivos-do-onedrive-sob-demanda-para-windows-10-0e6860d3-d9f3-4971-b321-7092438fb38e

2.14 Windows Defender

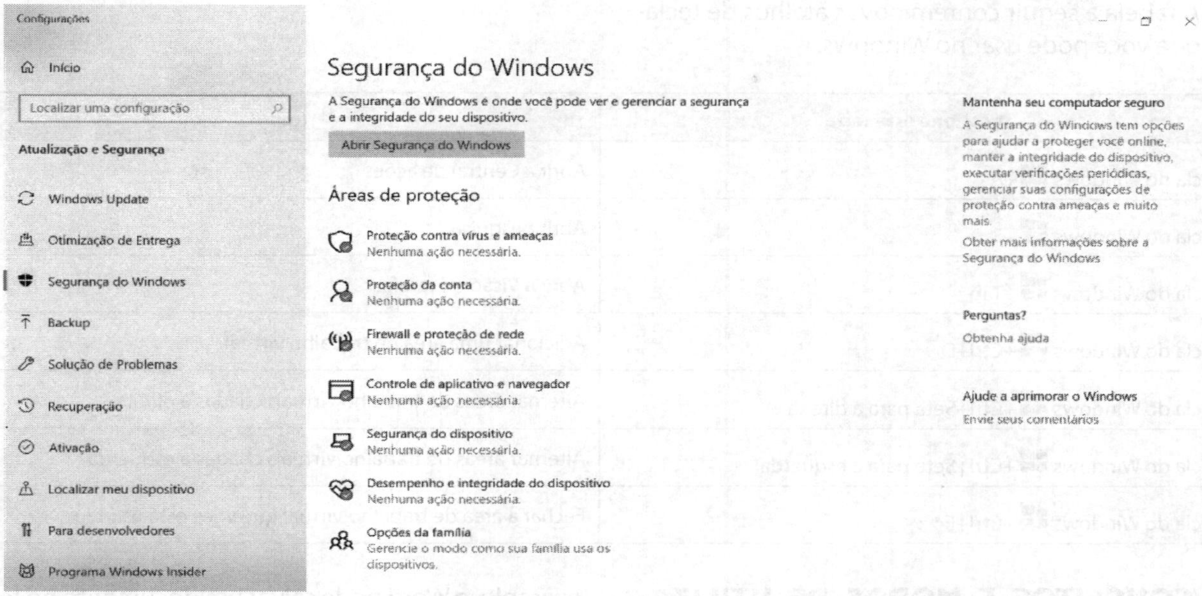

O Windows Defender faz parte das versões mais recentes do Windows e ajuda a proteger o computador contra vírus e outro malware.

Em computadores com uma versão mais antiga do Windows 7, você pode baixar o Microsoft Security Essentials gratuitamente.

Características:

- Proteção em tempo real contra spyware, vírus, rootkits e outros tipos de software mal-intencionado;
- Verificação e limpeza online do sistema;
- Serviço de assinaturas dinâmicas (inteligência artificial);
- Verificação e limpeza offline do sistema; Proteção avançada contra rootkits e bootkits.
- Observação: o Windows Defender também está disponível no Windows 7. No entanto, no Windows 7, o Defender só oferece proteção contra spyware. No Windows 8.1, no Windows RT 8.1 e no Windows 10, o Windows Defender oferece proteção completa contra malware para seu computador. O malware consiste em vírus, spyware e outros tipos de software potencialmente indesejados.

2.15 Bitlocker

A Criptografia de Unidade de Disco BitLocker é um recurso de proteção de dados que se integra ao sistema operacional e enfrenta as ameaças de roubo de dados ou exposição de computadores perdidos, roubados ou incorretamente descomissionados.

O BitLocker oferece o máximo em proteção quando usado com um Trusted Platform Module (TPM) versão 1.2 ou posterior. TPM é um componente de hardware instalado em muitos computadores mais novos pelos fabricantes. Ele funciona com o BitLocker para ajudar a proteger os dados do usuário e assegurar que um computador não tenha sido violado enquanto o sistema estava offline.

Em computadores que não tenham um TPM versão 1.2 ou posterior, você ainda pode usar o BitLocker para criptografar a unidade do sistema operacional Windows. No entanto, essa implementação exigirá que o usuário insira uma chave de inicialização USB para iniciar o computador tirá-lo da hibernação. Desde o Windows 8, é possível usar uma senha de volume do sistema operacional para proteger o volume do sistema operacional em um computador sem TPM. Ambas as opções não fornecem a verificação de integridade do sistema de pré-inicialização oferecida pelo BitLocker com um TPM.

Fonte: https://docs.microsoft.com/

2.16 Mais Atalhos do Windows 10

A tabela a seguir contém novos atalhos de teclado que você pode usar no Windows.

Pressione esta tecla	Ação
Tecla do Windows +A	Abrir a Central de ações
Tecla do Windows +S	Abrir pesquisa
Tecla do Windows +Tab	Abrir a Visão de tarefas
Tecla do Windows +Ctrl+D	Adicionar uma área de trabalho virtual
Tecla do Windows +Ctrl+Seta para a direita	Alternar áreas de trabalho virtuais criadas à direita
Tecla do Windows +Ctrl+Seta para a esquerda	Alternar áreas de trabalho virtuais criadas à esquerda
Tecla do Windows +Ctrl+F4	Fechar a área de trabalho virtual que você está usando

3. CONCEITOS E MODOS DE UTILIZAÇÃO DE APLICATIVOS PARA A EDIÇÃO DE TEXTOS, COM A SUÍTE DE ESCRITÓRIO MICROSOFT OFFICE

O Word é um programa integrante do conjunto de programas Microsoft Office para edição e processamento de textos, com diversos recursos bastante úteis.

O MS Office é regido por uma licença proprietária, que limita o uso a determinados critérios e não permite a cópia do sistema.

As provas abordam os conceitos de ambos e, por vezes, realizam comparações.

3.1 Padrões e Extensões de Arquivos

Cada programa possui um padrão de criação de documentos e suas respectivas extensões. O Word é capaz de salvar arquivos em diversos formatos. Por exemplo, o Word pode salvar um documento no formato do Writer (extensão .odt), seu concorrente.

▷ Para concursos é importante saber qual a extensão padrão de cada programa!

- **Extensões**

WORD

TIPO DE ARQUIVO XML	EXTENSÃO
Documento	.docx
Documento habilitado para macro	.docm
Modelo	.dotx
Modelo habilitado para macro	.dotm

- **Arquivos PDF**

O MS Office passou a gerar arquivos no formato PDF, a partir da versão 2007, conforme esquema abaixo:

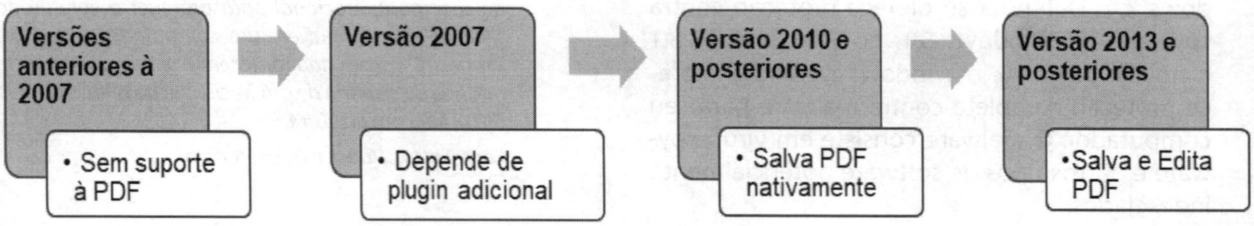

3.2 Interface do Word

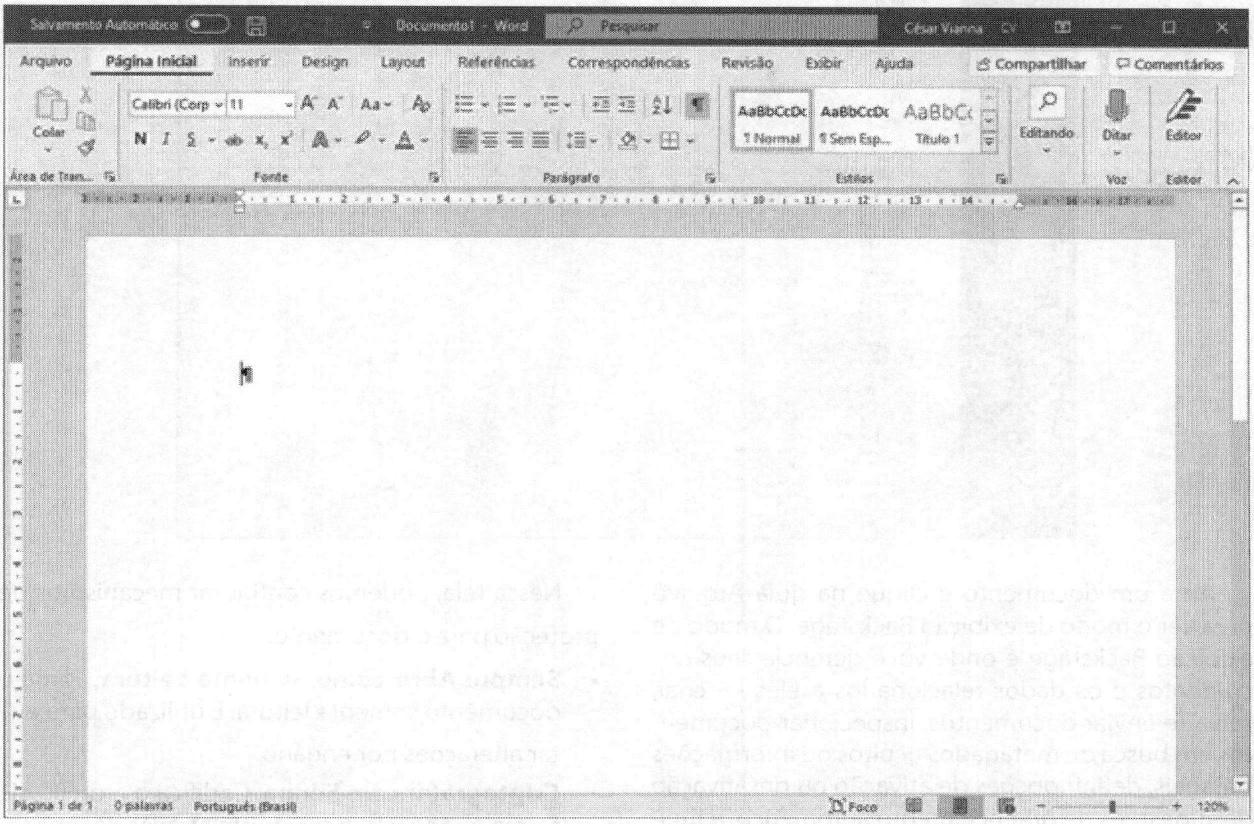

3.3 Organização do Word

A Interface de usuário Office Fluent, utilizada desde a versão do MS Office 2007, é orientada a resultados e disponibiliza as ferramentas de uma forma limpa e organizada quando você precisa delas. A antiga Barra de Menus deu lugar a um conjunto de Guias. As Barras de Ferramentas foram substituídas por Grupos que abrigam Botões de Comando. Veremos nos próximos tópicos detalhes dessa estrutura.

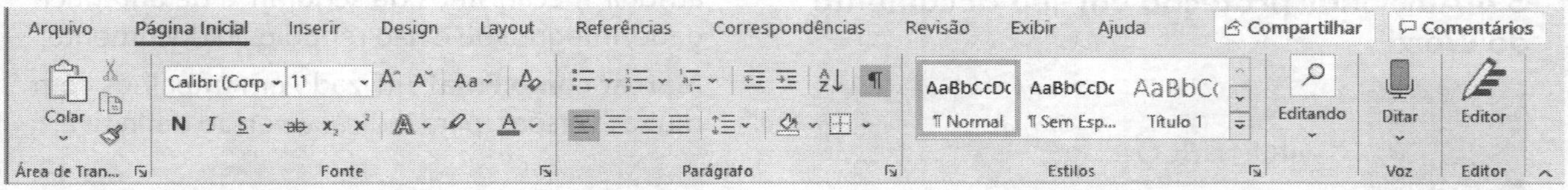

3.3.1 Guia Arquivo - Microsoft Office Backstage

Ao clicar na guia Arquivo, você vê muitos dos mesmos comandos básicos que utiliza no dia a dia. Faixa de Opções contém um conjunto de comandos de trabalho em um documento, enquanto o modo de exibição do Microsoft Office Backstage é o conjunto de comandos que você usa para fazer algo para um documento.

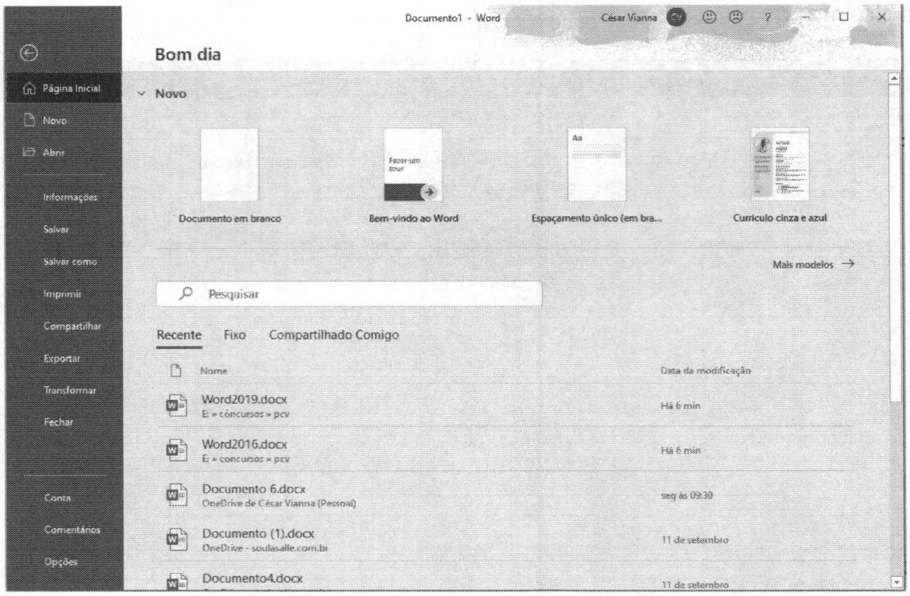

Abra um documento e clique na guia Arquivo para ver o modo de exibição Backstage. O modo de exibição Backstage é onde você gerencia seus documentos e os dados relacionados a eles — criar, salvar e enviar documentos, inspecionar documentos em busca de metadados ocultos ou informações pessoais, definir opções de ativação ou desativação de sugestões de preenchimento automático, e muito mais.

> ▷ Atenção!!
>
> Para retornar rapidamente ao documento no modo de exibição Backstage, pressione a tecla ESC.

3.4 Adicionar proteção em seu documento do Word

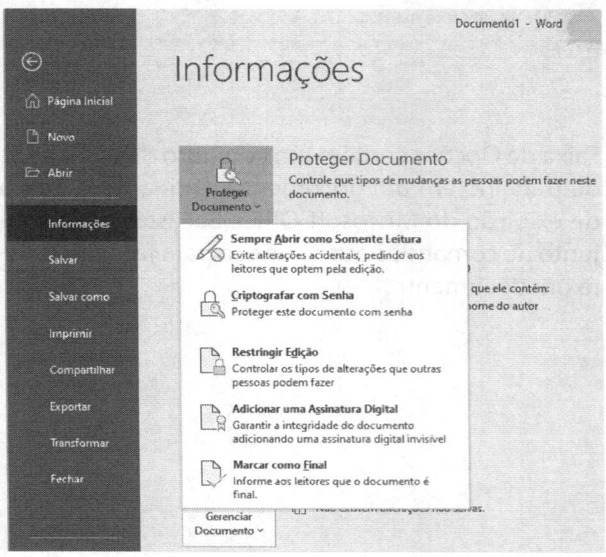

Nessa tela, podemos configurar mecanismos de proteção para o documento.

- **Sempre Abrir como Somente Leitura**: Torna o documento somente leitura. É utilizado para evitar alterações por engano.
- **Criptografar com Senha**: Codifica o arquivo, de forma que só possa ser aberto através de uma senha que será definida para o documento.
- **Restringir Edição**: Controla os tipos de alterações que podem ser feitas no documento.
- **Adicionar uma Assinatura Digital**: Adiciona uma assinatura digital visível ou invisível para atribuir mecanismos de segurança de autenticidade, integridade e não repúdio ao documento.
- **Marcar como Final**: utilizado em trabalhos com muitas versões, para indicar a versão definitiva.

> ▷ A **Barra de Ferramentas de Acesso Rápido** está localizada, por padrão, na parte superior da janela do Word e fornece acesso rápido às ferramentas que você usa com frequência. É possível personalizar a Barra de Ferramentas de Acesso Rápido adicionando comandos a ela.

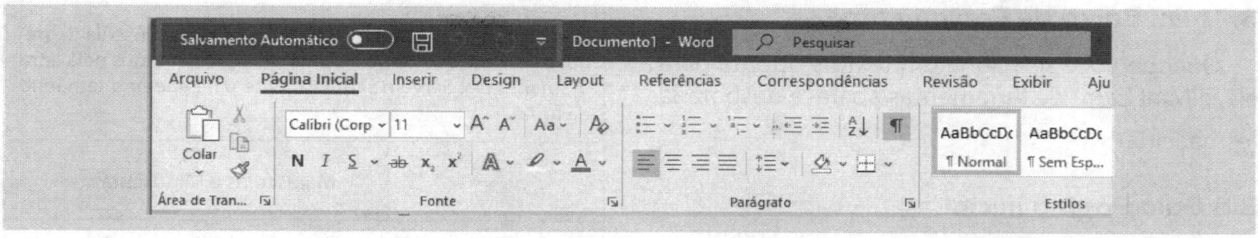

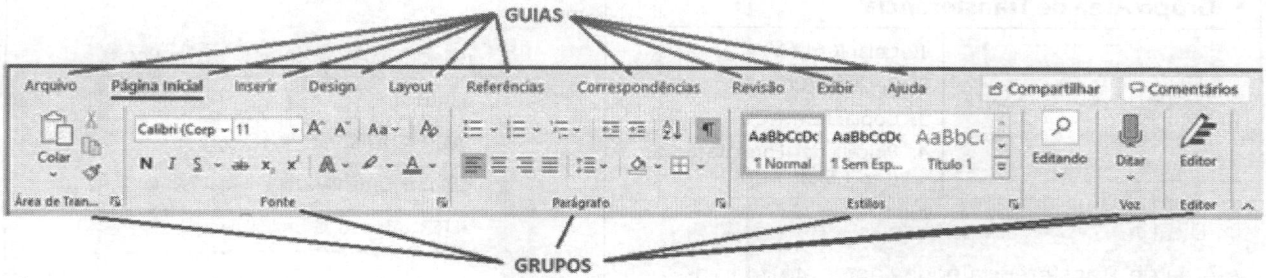

A nova **Faixa de Opções**, um componente do Interface de usuário Office Fluent, agrupa as ferramentas por tarefa, e os comandos usados com mais frequência estão sempre à mão.

1. As guias são projetadas para serem orientadas às tarefas.
2. Os grupos de cada guia dividem a tarefa em subtarefas.
3. Os botões de comando de cada grupo executam um comando ou exibem um menu de comandos.

3.5 Iniciadores de Caixas de Diálogo

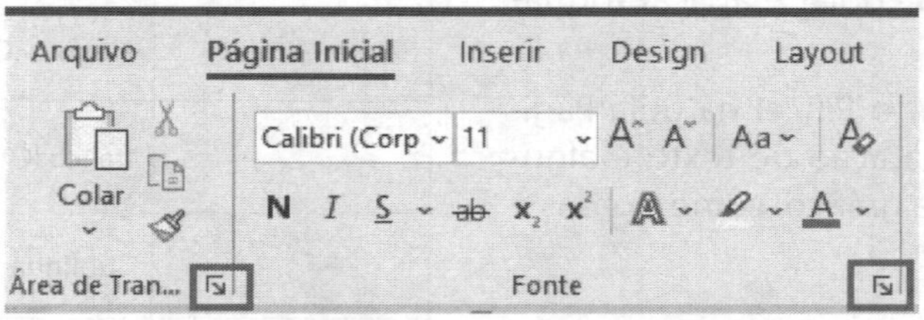

Os Iniciadores de Caixa de Diálogo são pequenos ícones que aparecem em alguns grupos. Clicar em um Iniciador de Caixa de Diálogo abre uma caixa de diálogo ou um painel de tarefas relacionado, fornecendo mais opções relacionadas a esse grupo.

3.6 Guias Adicionais

Quando você seleciona uma imagem, a guia Ferramentas de Imagem adicional aparece, mostrando grupos de comandos para o trabalho com imagens. O mesmo ocorre ao selecionar outros objetos como a tabelas.

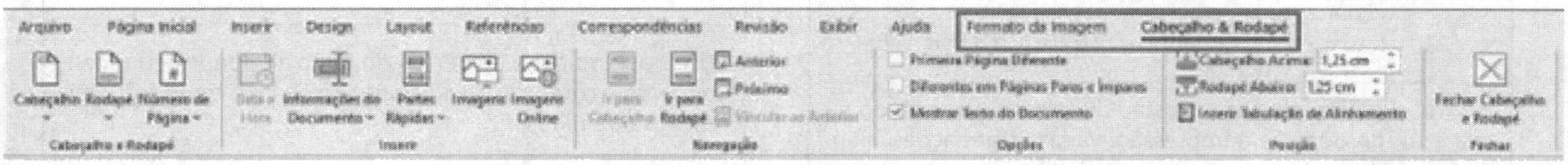

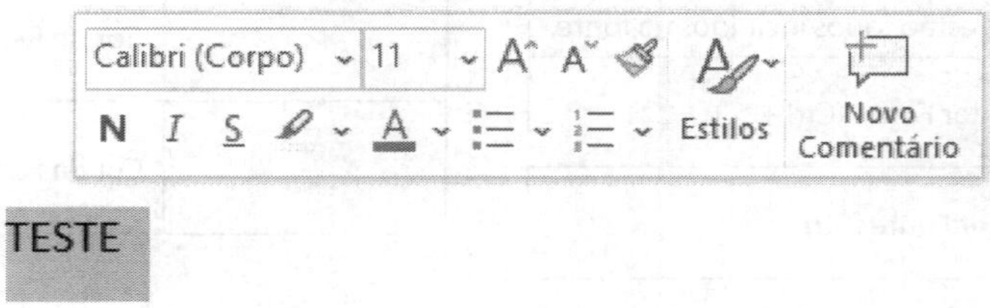

3.7 Mini Barra de Ferramentas

Quando você seleciona um texto e aponta para ele, a Mini barra de ferramentas aparece desbotada (esmaecida).

3.8 Guia Página Inicial

▪ **Grupo Área de Transferência**	
	1. Colar (Ctrl + V) 2. Recortar (Ctrl + X) 3. Copiar (Ctrl + C) 4. Pincel de Formatação (Ctrl + Shift + C)

▷ Dica!

A Área de Transferência pode conter até 24 itens. Se você copiar 25 itens, o primeiro item na Área de Transferência do Office será excluído.

Leitura Complementar:

https://support.office.com/pt-br/article/copiar-e-colar-usando-a-%C3%81rea-de-transfer%C3%AAncia-do-office-714a72af-1ad4-450f-8708-c2931e73ec8a

3.8.1. Pincel

O Pincel é utilizado para copiar e aplicar formatação.

No Word, é possível usar o Pincel na guia Página Inicial para aplicar formatação de texto e algumas formatações básicas de gráfico, como bordas e preenchimentos.

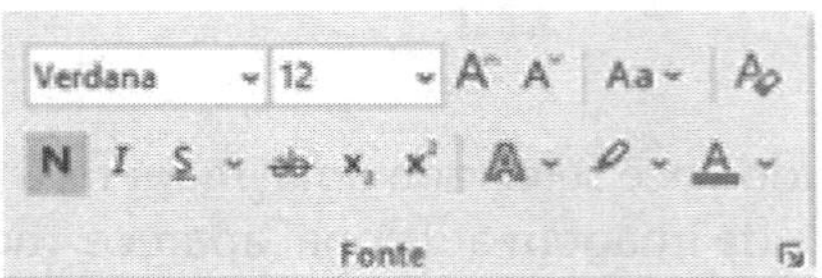

3.8.2 Grupo Fonte

Calibri (Corp	Tipo de Fonte (Ctrl+Shift + F)
11	Tamanho da Fonte (Ctrl+Shift + P)
"Fonte" significa a forma e o estilo do texto que é exibido na tela e usado durante a impressão. Várias informações, além da forma do texto, como o espaço entre os caracteres e os espaços padrão entre as linhas estão todos incluídos na fonte.	
A^	Aumentar Fonte (Ctrl + >)
A˅	Diminuir Fonte (Ctrl + <)
Não confunda os dois botões acima, com o maiúscula de minúscula. Note que os dois acima são representados pela letra "A" maiúscula! Servem simplesmente para alterar o tamanho da fonte.	
Aa	Maiúsculas e Minúsculas
Ao clicar no botão acima é exibido o seguinte sub-menu: 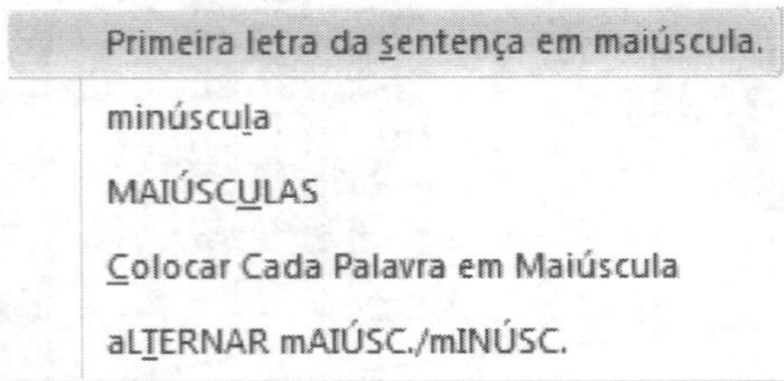	
(ícone)	Limpar Formatação
Utilize para eliminar todos os estilos, efeitos de texto e formatações de fonte em seu documento. ▷ OBSERVAÇÃO: O comando Limpar Formatação não removerá o realce do seu texto. Para limpá-lo, selecione o texto realçado e clique na seta ao lado de Cor de Realce de Texto e clique em Sem Cor.	
N	Negrito (CTRL + N)
I	Itálico (CTRL + I)
S	Sublinhado (CTRL + S)
ab	Tachado (Exemplo)
x^2	Subscrito (Ctrl + =) CO2
x^2	Sobrescrito (Ctrl + Shift + +) X2
A	Efeitos de Texto
Você pode mudar a aparência do texto alterando seu preenchimento e contorno ou adicionando efeitos, como sombras, reflexos ou brilhos.	
(ícone)	Cor de Realce de Texto
A	Cor da Fonte

3.8.3. Grupo Parágrafo

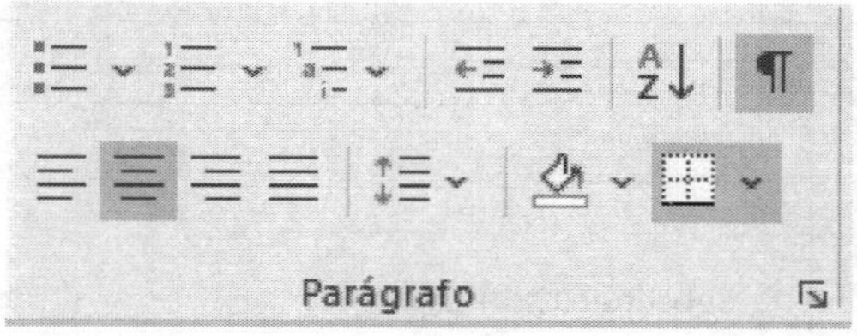

<table>
<tr><td></td><td>Marcadores</td></tr>
<tr><td></td><td>Numeração</td></tr>
<tr><td colspan="2">Você pode adicionar com rapidez marcadores ou números a linhas de texto existentes, ou o Word pode automaticamente criar listas à medida que você digita.
Por padrão, se você iniciar um parágrafo com um asterisco ou um número 1., o Word reconhecerá que você está tentando iniciar uma lista numerada ou com marcadores.</td></tr>
<tr><td></td><td>Lista de Vários Níveis</td></tr>
<tr><td colspan="2">Uma lista de vários níveis mostra os itens da lista em níveis diferentes em vez de mostrar em um nível.</td></tr>
<tr><td></td><td>Diminuir Recuo</td></tr>
<tr><td></td><td>Aumentar Recuo</td></tr>
<tr><td colspan="2">O recuo determina a distância do parágrafo em relação às margens esquerda ou direita.</td></tr>
<tr><td></td><td>Classificar</td></tr>
<tr><td colspan="2">Você pode classificar uma lista com marcadores ou numeração de um nível para que o texto fique em ordem alfabética. Classifique o texto em ordem ascendente (A a Z) ou em ordem decrescente (Z a A).</td></tr>
<tr><td></td><td>Mostrar Tudo (Ctrl + *)</td></tr>
<tr><td colspan="2">Ao redigir um texto, você poderá ver símbolos estranhos no texto, chamados marcas de formatação ou caracteres não imprimíveis. Esses símbolos são, na verdade, usados para ajudar a criar o layout do texto. Eles não aparecem em uma cópia impressa da mensagem. São eles:
→ TABULAÇÃO
• ESPAÇO
¶ FINAL DE PARÁGRAFO
↵ QUEBRA DE LINHA MANUAL</td></tr>
</table>

<table>
<tr><td></td><td>Alinhar texto à esquerda (Ctrl + Q)</td></tr>
<tr><td></td><td>Centralizar (Ctrl + E)</td></tr>
<tr><td></td><td>Alinhar texto à direita (Ctrl+G)</td></tr>
<tr><td></td><td>Justificar (Ctrl + J)</td></tr>
<tr><td></td><td>Espaçamento entre linhas</td></tr>
</table>

PARA	PRIMA
Espaçamento simples entre linhas.	CTRL+1
Espaçamento duplo entre linhas.	CTRL+2
Definir espaçamento de 1,5 linhas.	CTRL+5
Adicionar ou remover um espaço entre linhas que antecede um parágrafo.	CTRL+0 (zero)

<table>
<tr><td></td><td>Sombreamento</td></tr>
<tr><td></td><td>Bordas</td></tr>
</table>

- **Recuos**

Recuo é a distância das margens laterais até o parágrafo. A régua do processador de texto indica, através de marcadores em formato de seta, a configuração dos recuos.

Tipo	Descrição
Recuo / Esquerda	Distância da margem esquerda até o início do parágrafo, com exceção da primeira linha.
Recuo / Direita	Distância do final do parágrafo até a margem direita.
Recuo / Especial / Primeira Linha	Distância da primeira linha em relação ao parágrafo.

- **Marcadores de Recuo**

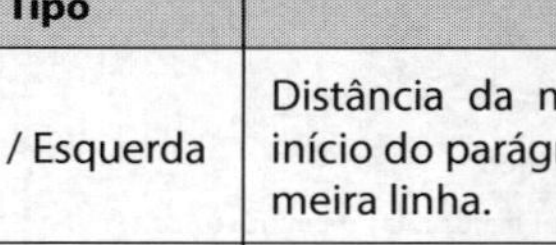

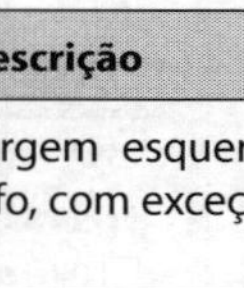

INFORMÁTICA

- **Grupo Editando**

- **Navegação (Localizar) (Ctrl + L)**

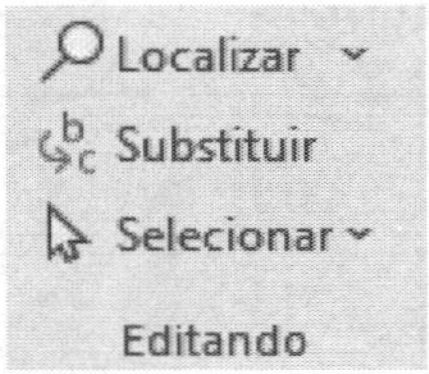

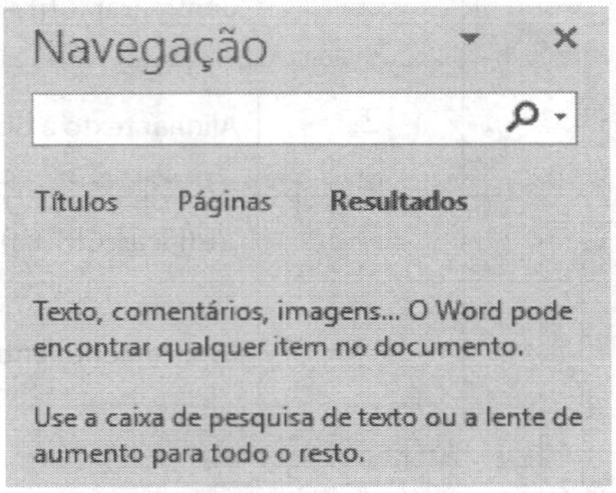

1. Substituir (Ctrl + U)
2. Selecionar

> ▷ Atalho Importante!
>
> CTRL+T: seleciona todo o documento!

> ▷ Importante!
>
> Saiba esses dois padrões de localização do Word:
>
> 1 – Por padrão, o Word não diferencia letras minúsculas de maiúsculas.
>
> 2 – Por padrão, o Word localiza fragmentos de palavras.

É possível alterar isso na tela de Localizar e Substituir, clicando no botão "Mais".

Conforme imagem ao lado, existem as duas opções referentes a esse contexto:

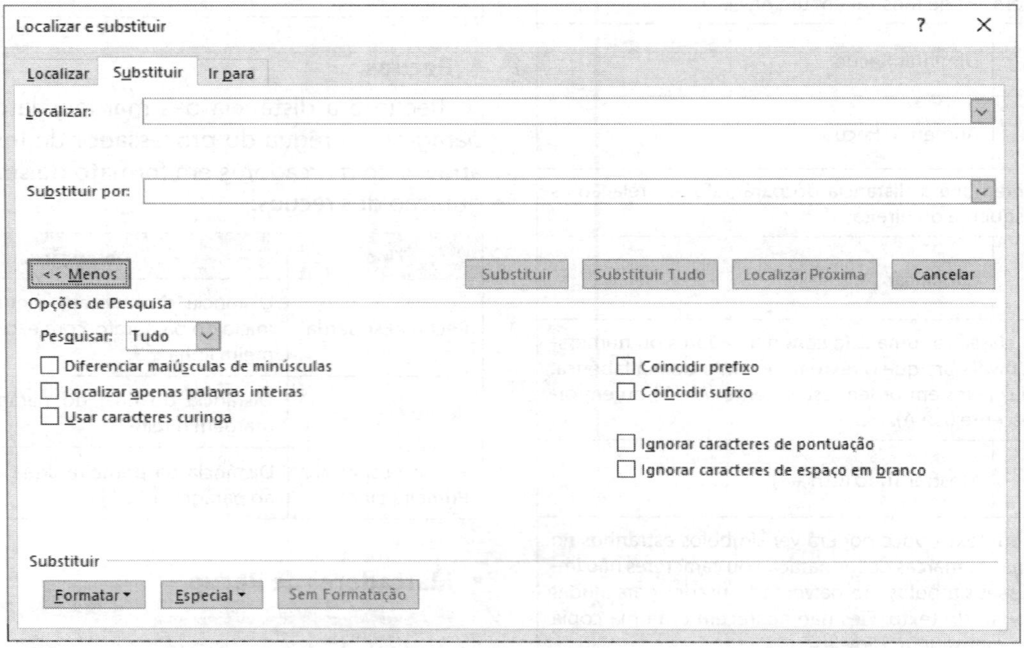

Grupo Voz 	Permite ditar um texto no microfone, que será interpretado e inserido no documento.
Grupo Editor 	O Editor substituí o recurso Ortografia e Gramática de versões anteriores do Word. Esse recurso agora está presente na Guia Página Inicial e na Guia Revisão, no Grupo Revisão de Texto. Vamos estudá-lo mais adiante.

3.9 Guia Inserir

- **Grupo Páginas**

O Microsoft Word oferece uma galeria conveniente de folhas de rosto predefinidos. Escolha uma folha de rosto e substitua o texto de exemplo pelo seu.

As folhas de rosto são sempre inseridas no início de um documento, independentemente de onde o cursor aparece no documento. Observações:

- Se você inserir outra folha de rosto no documento, a nova folha de rosto substituirá a primeira folha de rosto inserida.
- Para substituir uma folha de rosto criada em uma versão anterior do Word, você deve excluir manualmente a primeira folha de rosto e, em seguida, adicionar uma folha de rosto com um design da galeria do Word.
- Para excluir uma folha de rosto inserida com o Word, clique na guia Inserir, clique em Folhas de rosto no grupo Páginas e clique em Remover Folha de Rosto Atual.

O Word insere uma quebra de página automaticamente quando você atinge o final de uma página. Se desejar que a página seja quebrada em um local diferente, você poderá inserir uma quebra de página manual através do botão Quebra de Página ou pela tecla de atalho CTRL+ENTER.

- **Grupo Tabelas**

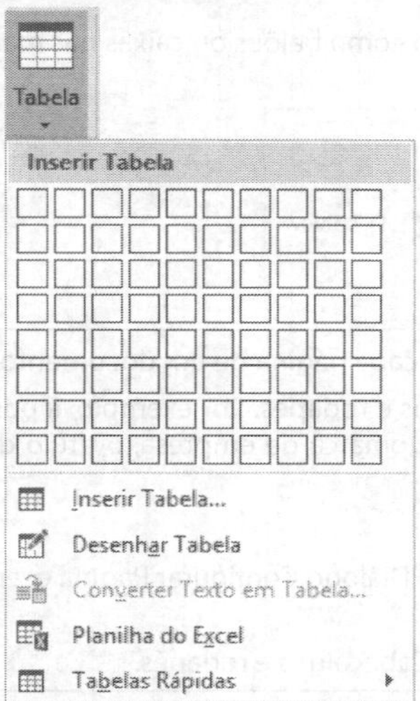

No Microsoft Word, é possível inserir uma tabela de diversas formas:

- Através de uma seleção de tabelas pré-formatadas — completas com dados de amostra.
- Selecionar o número de linhas e colunas que deseja.
- Desenhar manualmente as células da tabela.

É possível inserir uma tabela em um documento ou inserir uma tabela em outra tabela para criar uma tabela mais complexa.

O Word ainda permite que você crie uma Planilha do Excel dentro de um documento, permitindo realizar os cálculos complexos desse aplicativo.

- **Grupo Ilustrações**

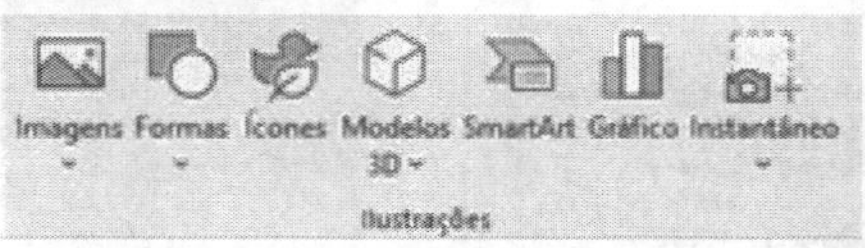

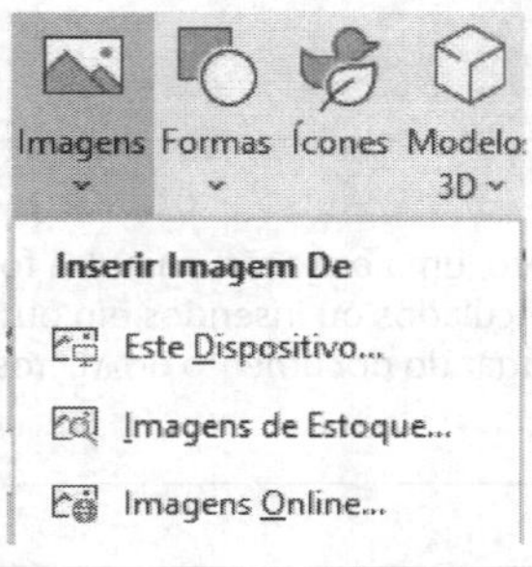

Imagens: Permite inserir imagens armazenadas localmente, de uma galeria fornecida pelo Microsoft (estoque) e também pesquisar Imagens Online através da ferramenta Bing e do OneDrive.

Os Modelos 3D permitem inserir imagens tridimensionais animadas.

Um elemento gráfico SmartArt é uma representação visual de suas informações que você pode criar com rapidez e facilidade, escolhendo entre vários layouts diferentes, para comunicar suas mensagens ou ideias com eficiência.

O Word inclui tipos diferentes de gráficos que podem ser usados para representar níveis de estoque, alterações organizacionais, totais de vendas e muito mais. Se o Excel estiver instalado, é possível criar gráficos do Excel no Word.

Instantâneo: Permite inserir imagens com captura de telas.

- **Grupo Conteúdo**

Permite reutilizar conteúdos de outros documentos.

<table>
<tr><td>

- **Grupo Suplementos**

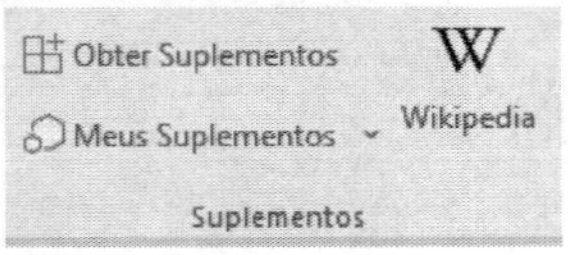

</td><td>Os suplementos adicionam recursos ao Word. Anteriormente, eles eram chamados de Aplicativos do Office. É possível, por exemplo, adicionar um recurso de pesquisa de termos na Wikipedia.</td></tr>
<tr><td>

- **Grupo Mídia**

</td><td>É possível inserir um vídeo direto da internet para ser incorporado ao corpo do documento. Para sua exibição, o usuário precisará estar online.</td></tr>
<tr><td>

- **Grupo Links**

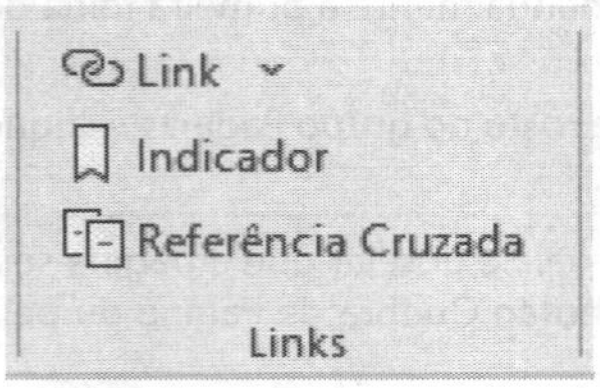

</td><td>

1. **Hiperlink** (CTRL + K para inserir – CTRL+Clique para acionar): O Microsoft Office Word cria um hiperlink quando você pressiona ENTER ou a BARRA DE ESPAÇO depois de digitar o endereço de uma página da Web
2. **Indicador**: Um indicador identifica um local ou seleção de texto aos quais você atribui um nome e identifica para referência futura. Por exemplo, você poderá usar um indicador para identificar um texto que deseje revisar posteriormente. Em vez de rolar pelo documento para localizar o texto, você poderá ir para ele usando a caixa de diálogo Indicador.
3. **Referência Cruzada**: Possibilita inserir referência a outra parte do documento como títulos, ilustrações e tabelas

</td></tr>
<tr><td>

- **Grupo Comentários**

</td><td>É possível inserir comentários no documento que aparecerão como balões ou caixas nas margens do documento.

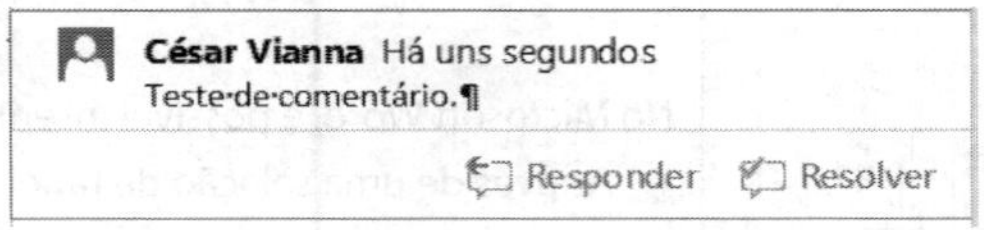

</td></tr>
<tr><td>

- **Grupo Cabeçalho e Rodapé**

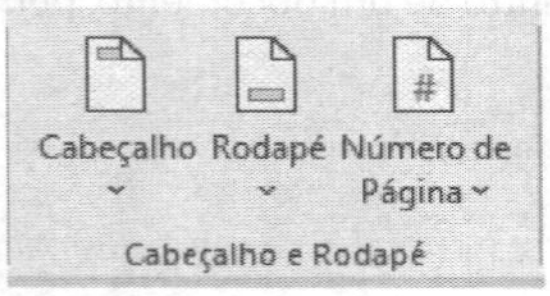

</td><td>Os cabeçalhos e rodapés são áreas situadas nas **margens** de cada página de um documento. Você pode inserir ou alterar textos ou gráficos em cabeçalhos e rodapés. Por exemplo, é possível adicionar números de página, a hora e a data, uma logomarca de empresa, o título do documento ou o nome do arquivo ou do autor.

Remover o cabeçalho ou rodapé da primeira página

- Na guia Layout da Página, clique no Iniciador de Caixa de Diálogo Configurar Página e, em seguida, clique na guia Layout.
- Marque a caixa de seleção Primeira página diferente em Cabeçalhos e rodapés.

</td></tr>
</table>

- **Grupo Texto**

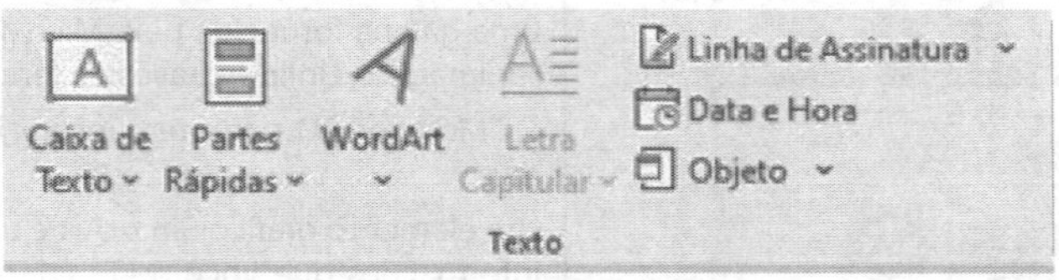

<table>
<tr><td>

</td><td>Uma caixa de texto é um objeto (objeto: uma tabela, um gráfico, uma equação ou outra forma de informação. Os objetos criados em um aplicativo, como planilhas, e vinculados ou inseridos em outro aplicativo são objetos OLE.) que permite inserir e digitar texto em qualquer lugar do documento do Microsoft Office 2010.</td></tr>
<tr><td>

</td><td>A Galeria de Partes Rápidas é um local onde você pode criar, armazenar e localizar partes reutilizáveis de conteúdo, incluindo AutoTexto, propriedades do documento, como título e autor, e campos.</td></tr>
</table>

WordArt	O WordArt é uma galeria de estilos de texto que você pode adicionar a documentos do Office para criar efeitos decorativos, como texto sombreado ou espelhado (refletido). No PowerPoint, também é possível converter texto existente em WordArt.
Letra Capitular	 A capitular, uma letra inicial maiúscula grande, pode ser usada para começar um documento ou capítulo, ou para chamar atenção em um boletim informativo ou convite. 1. Capitular 2. Capitular na margem
Linha de Assinatura	Uma linha de assinatura parece um típico espaço reservado para a assinatura que pode aparecer em um documento impresso. No entanto, ela funciona de forma diferente. Quando uma linha de assinatura é inserida em um arquivo do Office, o autor pode especificar as informações sobre o signatário desejado e as instruções para o signatário.
Data e Hora	Insere e/ou hora atual ao documento.
Objeto	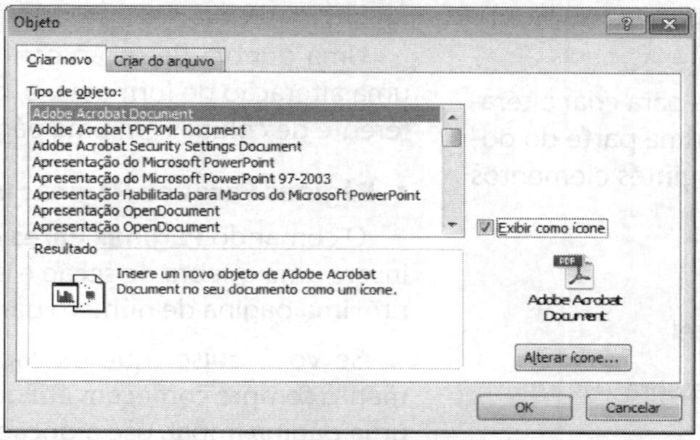 É possível inserir diversos objetos dentro de um documento do Word, conforme lista acima.

3.10 Guia Design

- **Grupo Formatação do Documento**

- **Temas**

Você pode alterar o tema do documento que é aplicado por padrão nos programas do Office, como Word, Excel e PowerPoint, selecionando outro tema de documento predefinido ou personalizado. Temas de documentos aplicados afetam imediatamente os **estilos** que podem ser usados no documento.

- **Grupo Plano de Fundo da Página**

Marca D'água: Imagens inserida atrás do texto do documento.

INFORMÁTICA

3.11 Guia Layout

▪ **Grupo Configurar Página**  	1. Margens: As margens da página são o espaço em branco em volta das bordas da página. Em geral, você insere texto e elementos gráficos na área imprimível entre as margens. No entanto, é possível posicionar alguns itens nas margens — por exemplo, cabeçalhos, rodapés e números da página. 2. Orientação - Retrato ou Paisagem 3. Tamanho 4. Colunas
5. Quebras • Você pode inserir uma quebra de página em qualquer local do documento, ou pode especificar onde o Microsoft Word posiciona quebras de página automáticas. • Também é possível quebrar colunas em uma mesma página. • As Quebras Automáticas de Texto permitem separar o texto ao redor de objetos.	• É possível usar quebras de seção para alterar o layout ou a formatação de uma página ou de páginas do documento. Por exemplo, você pode definir o layout de uma página em coluna única e as demais com duas colunas. 6. Números de Linha 7. Hifenização - Permite ao Word quebrar linhas entre as sílabas das palavras.

▪ **Quebras de Seção**

As quebras de seção são usadas para criar alterações de layout ou formatação em uma parte do documento. Você pode alterar os seguintes elementos de seções específicas:

- Margens
- Tamanho ou orientação do papel
- Fonte do papel para uma impressora
- Bordas da página
- Alinhamento vertical de um texto em uma página
- Cabeçalhos e rodapés
- Colunas
- Numeração de página
- Numerar linhas
- Numeração de nota de rodapé e de nota de fim

Tipos de Quebras de Seção

▪ **Próxima Página**

O comando Próxima Página insere uma quebra de seção e inicia a nova seção na próxima página.

Esse tipo de quebra de seção é especialmente útil para iniciar novos capítulos em um documento.

▪ **Contínua**

O comando Contínua insere uma quebra de seção e inicia a nova seção na mesma página.

Uma quebra de seção contínua é útil para criar uma alteração de formatação, como um número diferente de colunas em uma página.

▪ **Páginas Pares ou Páginas Ímpares**

O comando **Páginas Pares** ou **Páginas Ímpares** insere uma quebra de seção e inicia a nova seção na próxima página de número par ou ímpar.

Se você quiser que os capítulos do seu documento sempre comecem em uma página par ou em uma página ímpar, use a opção de quebra de seção Páginas pares ou Páginas ímpares.

▪ **Grupo Parágrafo**

Ao clicar no iniciador de caixa de diálogo do grupo Parágrafo, a tela abaixo é exibida.

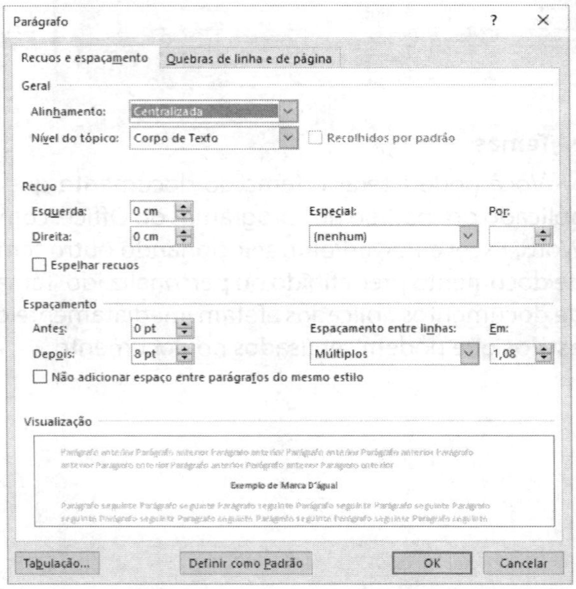

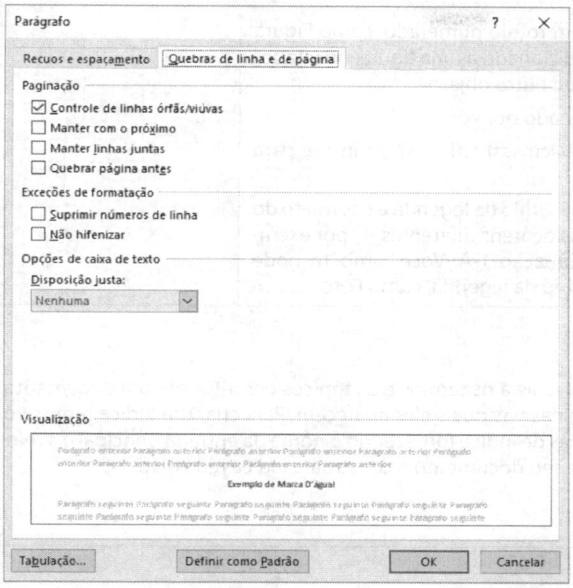

Destaco a segunda aba, opção Controle de linhas órfãs/viúvas.

- **Linha Órfã:** primeira linha de um parágrafo que fica isolada na folha anterior.
- **Linha Viúva:** última linha de um parágrafo que fica isolada na folha seguinte.

3.12 Guia Referências

▪ **Grupo Sumário** 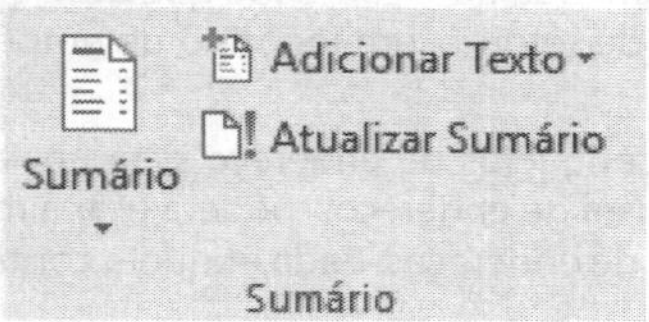 	1. Sumário – Você cria um índice analítico escolhendo os estilos de título, por exemplo, Título 1, Título 2 e Título 3, que deseja incluir no índice analítico. O Microsoft Office Word procura títulos que correspondam ao estilo que escolheu, formata e recua o texto da entrada de acordo com o estilo do título e insere o índice analítico no documento. 2. Adicionar Texto – permite adicionar o parágrafo atual como uma entrada do sumário. 3. Atualizar Sumário

▷ Obs: A maneira mais fácil de criar um sumário é usar os estilos de título (estilo de título: formatação aplicada a um título. O Microsoft Word tem nove estilos internos diferentes: Título 1 a Título 9.) internos. Também é possível criar um sumário com base nos estilos personalizados que você aplicou ou atribuir os níveis do sumário às entradas de texto individuais.

▪ **Grupo Notas de Rodapé**  	1. As notas de rodapé e notas de fim são usadas nos documentos impressos para explicar e comentar o texto de um documento ou fornecer referências sobre ele. Você poderá usar notas de rodapé para fazer comentários detalhados e notas de fim para fazer citações de fontes. As notas de rodapé ficam localizadas no rodapé da página, enquanto as notas de fim ficam no final do documento.
▪ **Grupo Pesquisar**  	A Pesquisa Inteligente permite pesquisar um texto selecionado diretamente na internet, utilizando a ferramenta de busca Bing. Também é possível acionar o recurso com o botão direito sobre o texto selecionado. O Pesquisador ajuda você a localizar e citar fontes confiáveis para o artigo de pesquisa em apenas algumas etapas. Esse recurso só está disponível para assinantes do Microsoft 365 para clientes de área de trabalho do Windows.
▪ **Grupo Citações e Bibliografia** 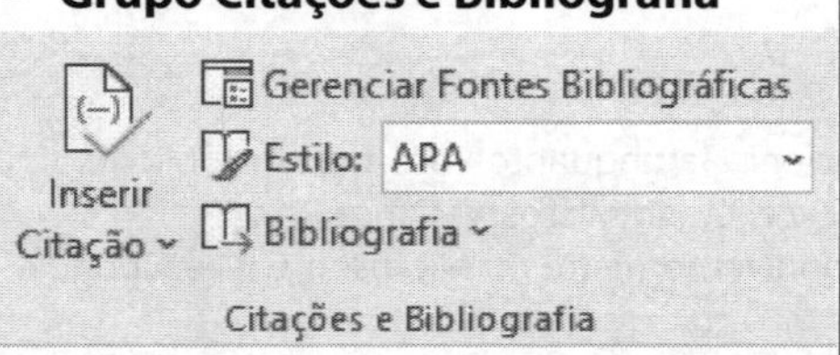 	1) Uma bibliografia é uma lista de fontes, normalmente colocada no final de um documento, que você consultou ou citou na criação do documento. No Microsoft Office Word 2007, é possível gerar automaticamente uma bibliografia com base nas informações sobre a fonte fornecidas para documento. Toda vez que você cria uma nova fonte, as informações sobre a fonte são salvas no seu computador, para que você possa localizar e usar qualquer fonte que criou.

INFORMÁTICA

▪ **Grupo Legendas** 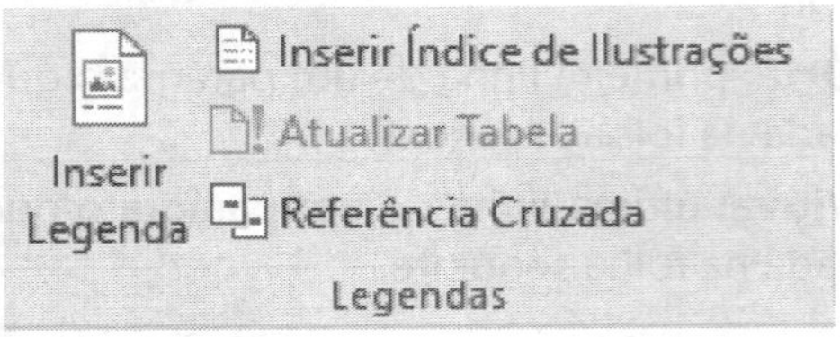	Uma legenda é um rótulo numerado, como Figura 1, que pode ser adicionado a uma figura, uma tabela, uma equação ou outro objeto. **1** Rótulo selecionado por você **2** Número que Microsoft Office Word insere para você Você pode variar o rótulo da legenda e o formato do número para tipos de itens diferentes — por exemplo, Tabela II e Equação 1-A. Você também pode criar um novo rótulo da legenda, como Foto.	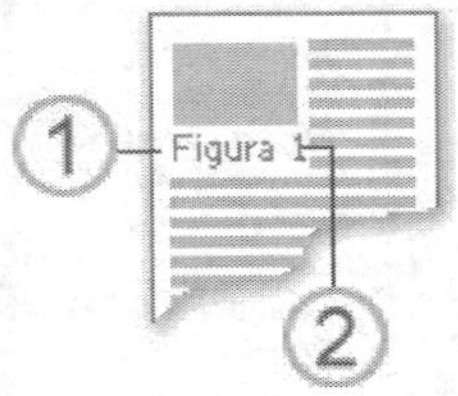
▪ **Grupo Índice** 	Um índice remissivo lista os termos e os tópicos descritos em um documento, junto com as páginas nas quais eles aparecem. Para criar um índice remissivo, marque as entradas de índice fornecendo o nome da entrada principal e a referência cruzada no seu documento e construa o índice remissivo.	

3.13 Guia Correspondência

▪ **Grupo Criar** 	Envelopes: É possível configurar o layout dos envelopes uma vez, para todos os envelopes na mala direta. Em uma mala direta, o documento que você usa para fazer isso é chamado de documento principal. No documento principal do envelope, você também pode configurar qualquer conteúdo que deseja repetir em cada etiqueta, como o endereço de retorno, um logotipo de empresa ou um texto predefinido. Etiquetas: Quando você desejar usar etiquetas de endereço para enviar uma correspondência em massa para sua lista de endereços, poderá usar a mala direta para criar uma folha de etiquetas de endereços. Cada etiqueta contém um endereço da sua lista.
▪ **Grupo Iniciar Mala Direta** 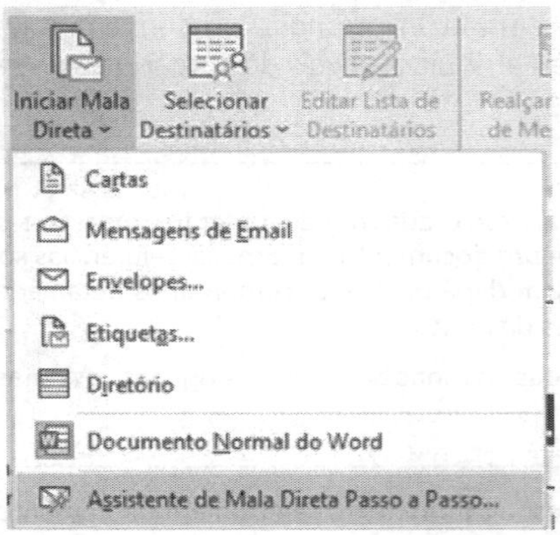	É possível usar a mala direta para criar um conjunto de documentos, como uma carta modelo a ser enviada para muitos clientes. Cada documento contém o mesmo tipo de informação, no entanto, o conteúdo é exclusivo. Por exemplo, nas cartas para os clientes, cada carta pode ser personalizada com o nome de cada cliente.

3.14 Guia Revisão

▪ **Grupo Revisão de Texto** 	1. Editor (F7): Esse é um item bastante comum em provas. Funciona como um assistente para verificação de erros. Ao acionar essa opção, a tela abaixo é exibida. Pesquisar (Alt + Clique) Dicionário de sinônimos (Shift + F7) Contar Palavras ▷ Dicas! - Não há opção para verificar a ortografia enquanto você digita no Microsoft Office Access, no Microsoft Office Excel ou no Microsoft Office Project. - A verificação gramatical está disponível somente no Microsoft Office Outlook e no Microsoft Office Word.

- **Verificação ortográfica automática**

Depois que você ativa a verificação gramatical automática, o Word e o Outlook sinalizam (sublinhando em azul) possíveis erros de gramática e estilo enquanto você trabalha em documentos do Word e em itens abertos do Outlook (exceto Anotações), como mostra o exemplo ao lado:

- **Grupo Controle**

É possível fazer e exibir alterações controladas e comentários enquanto você trabalha em um documento.

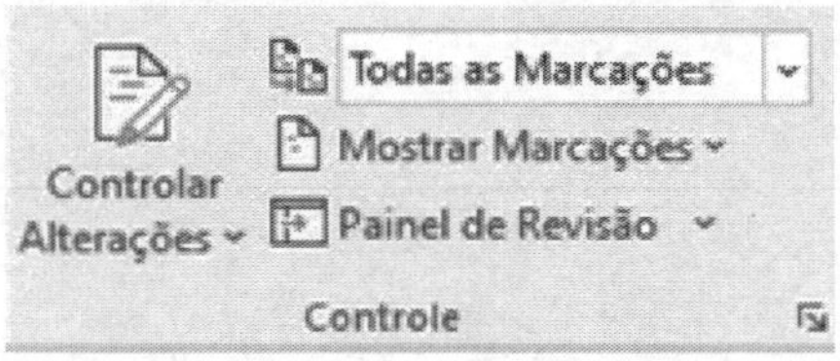

▷ Dica! Quando um documento é marcado como final, a digitação de comandos de edição e marcas de revisão são desabilitadas e as pessoas que exibirem o documento não poderão alterá-lo inadvertidamente (somente leitura).

▷ Obs: O comando Marcar como Final não é um recurso de segurança. Qualquer pessoa pode editar um documento marcado como final desativando o recurso Marcar como Final.

Mostrar Revisões Embutidas

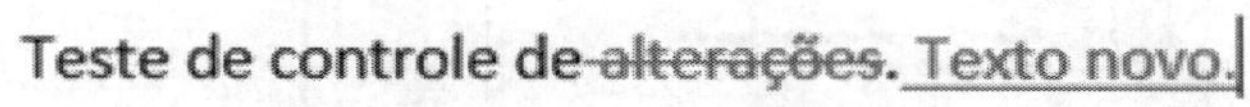

Mostrar Revisões nos Balões

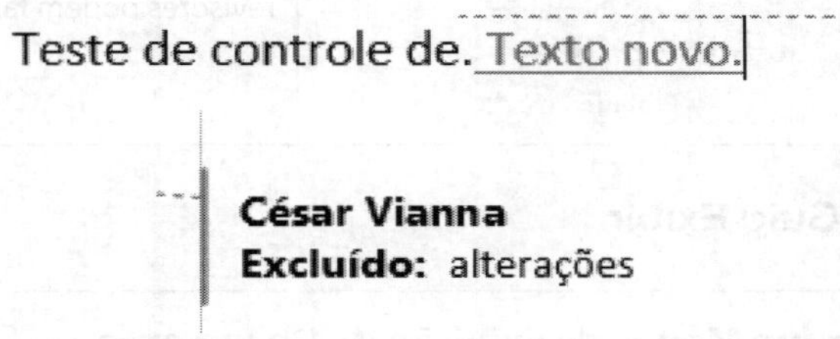

Para habilitar o Controle, clicamos na **Guia Revisão**, vamos até o **Grupo Controle** e ativamos o Botão **Controlar Alterações**.

Na configuração padrão do Controle de Alterações, a aparência seria a seguinte:

Podemos alterar a aparência, clicando no botão **Mostrar Marcações** (no grupo Controle) e escolhendo a opção abaixo:

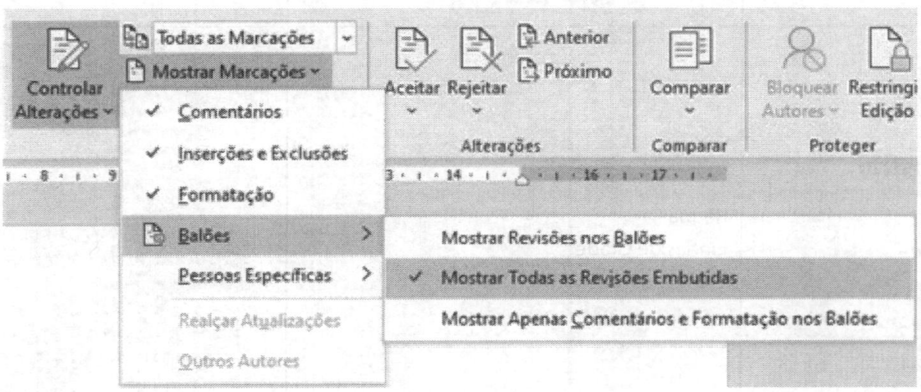

Nesse exemplo, o registro ficaria assim:

▪ **Grupo Alterações** 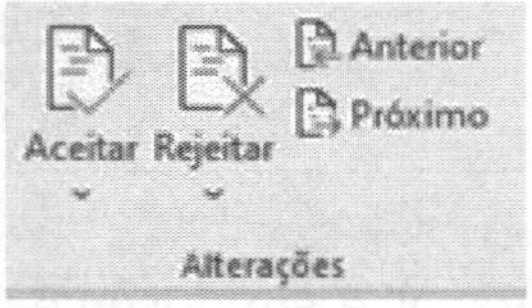	Permite navegar pelas alterações, aceitando ou rejeitando-as.
▪ **Grupo Comparar** 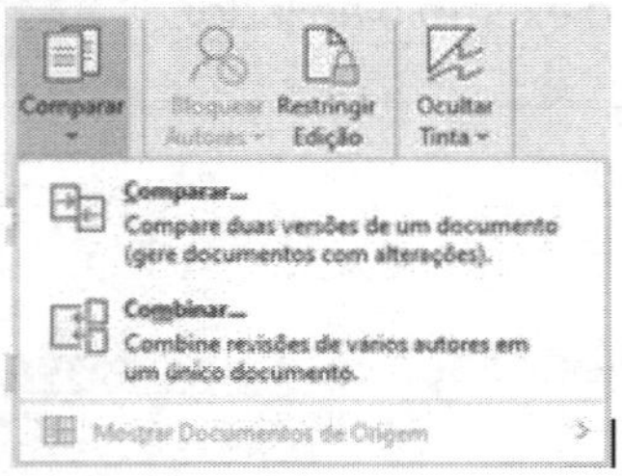	Permite comparar e mesclar documentos. Se você enviar um documento para revisão para diversos revisores e cada revisor retornar o documento, você poderá combinar os documentos, dois por vez, até que todas as alterações do revisor tenham sido incorporadas em um único documento.
▪ **Grupo Proteger** 	Você pode usar a proteção de documento para restringir os tipos de alterações que os revisores podem fazer.

3.15 Guia Exibir

▪ **Grupo Modos de Exibição de Documento** 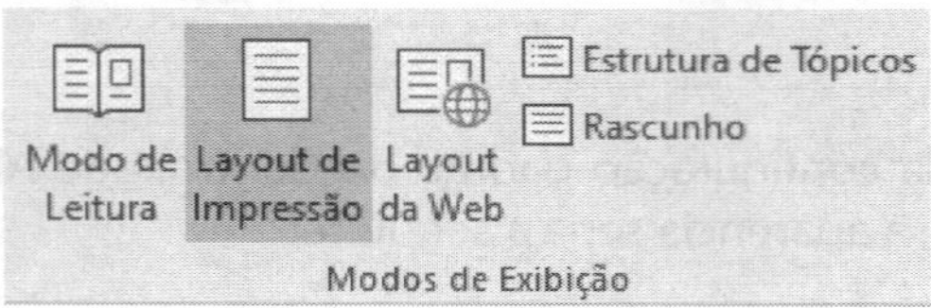	Modo de Leitura Layout de Impressão Layout de Web Estrutura de Tópicos Rascunhos	▷ É importante saber quais são os modos de exibição do Word. É comum cobrarem esse item em prova!

▪ **Grupo Avançada**	Foco: Oculta partes do programa para melhorar a experiência de leitura. Leitura Avançada: Modo para edição do documento que permite leitura em voz alta.	
▪ **Grupo Movimentação de Páginas**		Alterna a orientação de rolagem das páginas.
▪ **Grupo Mostrar** 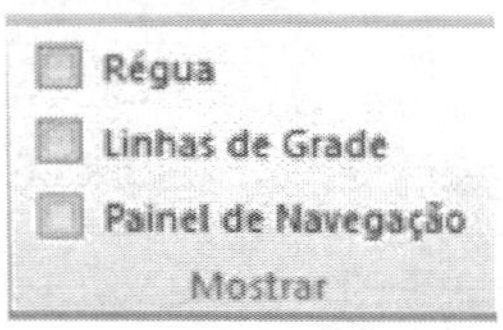	Régua Linhas de Grade Painel de Navegação	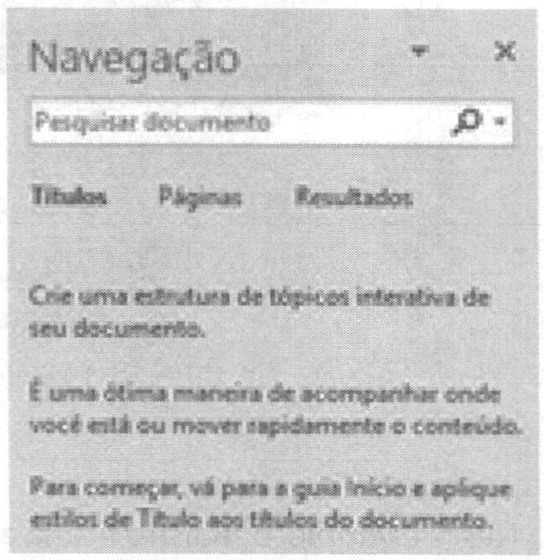

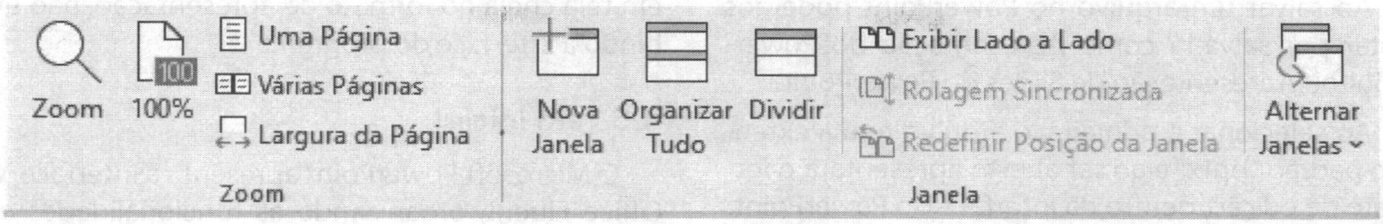

▪ **Macros**	
	Permite a gravação, edição e execução de Macros. Uma macro é uma série de comandos que podem ser usados para automatizar uma tarefa repetida e que podem ser executados durante a tarefa.

4. CONCEITOS E MODOS DE UTILIZAÇÃO DE APLICATIVOS PARA A EDIÇÃO DE APRESENTAÇÕES, COM A SUÍTE DE ESCRITÓRIO MICROSOFT OFFICE

4.1 Características Gerais

O MS PowerPoint permite a criação de apresentações com inúmeros recursos gráficos.

Uma apresentação é um documento composto por slides. Neles, podemos inserir imagens, textos, vídeos, botões, gráficos, sons, etc. Tanto a sequência de apresentação de objetos, quanto a transição dos slides podes conter animações.

4.2 Formatos e Extensões

A partir do MS Office 2007, os programas do pacote usam os formatos de arquivo baseados em XML, como .docx, .xlsx e .pptx. Esses formatos e extensões de nomes de arquivo se aplicam ao Microsoft Word, Microsoft Excel e Microsoft PowerPoint.

A extensão padrão de arquivos do PowerPoint até a versão 2003/XP era ".ppt". A partir da versão 2007 passou a ser ".pptx".

Os Formatos Open XML apresentam benefícios por serem mais compactos, permitir recuperação avançada de arquivos danificados, maior privacidade e controle sobre informações pessoais, melhor integração e interoperabilidade de dados e a detecção mais fácil de documentos contendo macros.

Arquivos salvos usando o sufixo "x" padrão (por exemplo, .docx, xlsx e .pptx) não podem conter. Somente arquivos cuja extensão termine com "m" (por exemplo, .docm, xlsm e xlsm) podem conter macros.

4.3 PowerPoint X Impress

O Impress faz parte da suíte LibreOffice, desenvolvida em software livre e concorrente do MS Office.

Os dois aplicativos guardam certa compatibilidade. Um arquivo criado em um pode ser aberto em outro. Tanto o Impress pode salvar arquivos no formato do PowerPoint, quanto o inverso. Porém, esse processo pode levar a desformatações.

▷ A extensão padrão do Impress é ".odp"

4.4 Atribuindo Uma Senha para Abrir a Apresentação

A opção Criptografar com Senha configurará o arquivo somente seja aberto com a confirmação da senha inserida.

Para isso, clique na Guia Arquivo, Informações, após em Proteger Documento e então em Criptografar com Senha.

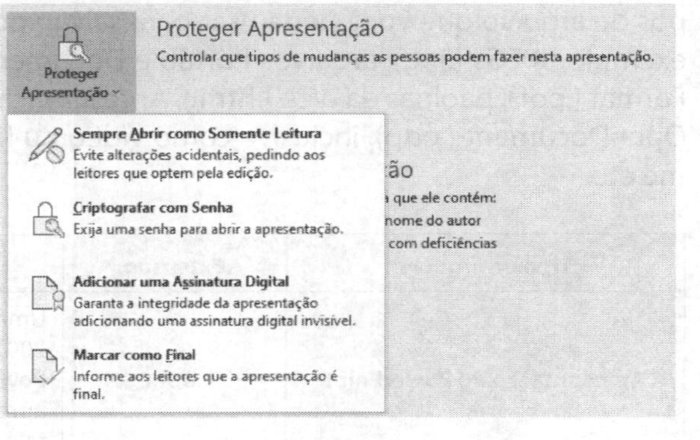

4.5 Apresentação X Apresentação de Slides

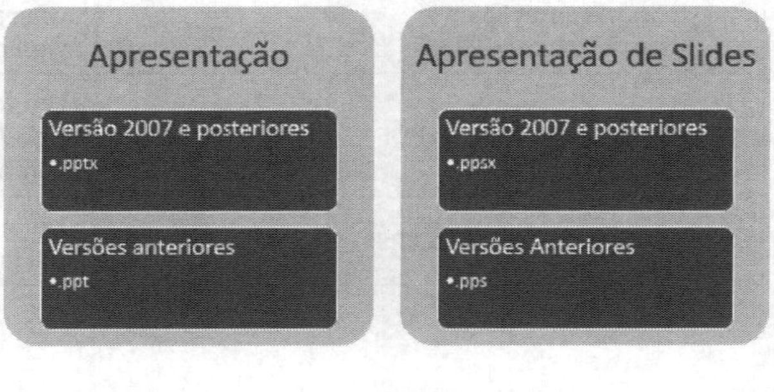

INFORMÁTICA

Ao salvar um arquivo no PowerPoint podemos optar por salvá-lo como Apresentação do PowerPoint ou Apresentação de Slides do PowerPoint.

Ao selecionar a primeira, o arquivo terá a extensão padrão ".pptx" e ao ser aberto apresentará o formato de edição, dentro da interface do PowerPoint.

Ao optar pelo segundo, ganhará a extensão ".ppsx" e ao ser aberto exibirá diretamente os slides em tela cheia no formato de apresentação, não exibindo a interface do programa.

4.6 Tela Inicial

O Microsoft PowerPoint apresenta a interface MS Office Fluent, organizando as funcionalidades em Guias, Grupos e Botões de Comando.

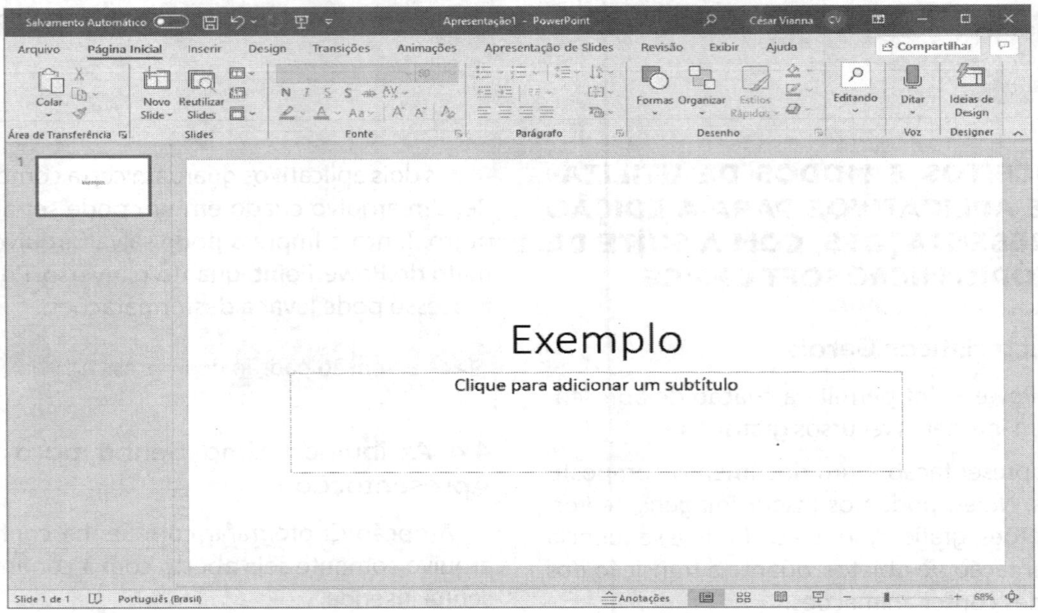

4.7 Salvando em outros Tipos de Arquivos

O Microsoft PowerPoint oferece uma série de tipos de arquivo que você pode usar para salvar; por exemplo, JPEGs (.jpg), arquivos Portable Document Format (.pdf), páginas da Web (.html), Apresentação OpenDocument (.odp), inclusive como vídeo ou filme etc.

Também é possível abrir vários formatos de arquivo diferentes com o PowerPoint, como Apresentações OpenDocument, páginas da Web e outros tipos de arquivos.

- **Principais Formatos suportados**

Tipo de arquivo	Extensão	Use para salvar
Apresentação do PowerPoint	.pptx	Uma apresentação que você pode abrir em um computador no PowerPoint 2007 e em versões mais recentes, ou que você pode abrir em um Mac no PowerPoint 2008 e em versões mais recentes. Você também pode abrir a apresentação em qualquer dispositivo móvel que tenha o PowerPoint instalado.
Apresentação habilitada para macro do PowerPoint	.pptm	Uma apresentação que contém o código do Visual Basic for Applications (VBA).
Apresentação do PowerPoint 97-2003	.ppt	Uma apresentação que você pode abrir no PowerPoint 97 para o Office PowerPoint 2003.
Formato de documento PDF	.pdf	Um formato de arquivo eletrônico baseado em PostScript desenvolvido pela Adobe Systems que preserva a formatação do documento e habilita o compartilhamento de arquivos.
Formato de documento XPS	.xps	Um novo formato de papel eletrônico para trocar documentos em sua forma final.

Modelos de design do PowerPoint	.potx	Um modelo de apresentação PowerPoint que você pode usar para formatar apresentações futuras.
Modelo de design habilitado para macro do PowerPoint	.potm	Um modelo que inclui macros previamente aprovadas que você pode adicionar a um modelo para ser usado em uma apresentação.
Modelo de design do PowerPoint 97-2003	.pot	Um modelo que você pode abrir no PowerPoint 97 para o Office PowerPoint 2003.
Tema do Office	.thmx	Uma folha de estilos que inclui definições de um tema de cor, tema de fonte e tema de efeito.
Apresentação do PowerPoint	.ppsx	Uma apresentação que sempre é aberta no modo de exibição apresentação de slides e não no modo de exibição normal.
Apresentação de slides habilitada para macro do PowerPoint	.ppsm	Uma apresentação de slides que inclui macros previamente aprovadas que você pode executar em uma apresentação de slides.
Apresentação do PowerPoint 97-2003	.pps	Uma apresentação de slides que você pode abrir no PowerPoint 97 para o Office PowerPoint 2003.
Suplemento do PowerPoint	.ppam	Um suplemento que armazena comandos personalizados, código do Visual Basic for Applications (VBA) e recursos especializados como um suplemento.
Suplemento do PowerPoint 97-2003	. ppa	Um suplemento que você pode abrir no PowerPoint 97 para o Office PowerPoint 2003.
Apresentação XML do PowerPoint	.xml	Uma apresentação em um formato de arquivo padrão compatível com XML.
Vídeo MPEG-4	.mp4	Uma apresentação salva como um vídeo. O formato de arquivo MP4 é reproduzido em muitos players de mídia, como o Windows Media Player.
Windows Media Video	.wmv	Uma apresentação salva como um vídeo. O formato de arquivo WMV é reproduzido em muitos players de mídia. Observação: Esse formato só está disponível em versões PowerPoint 2010 e mais recentes.
GIF (Graphics Interchange Format)	.gif	Um slide como um elemento gráfico para ser usado em páginas da Web. O formato de arquivo GIF limita-se ao suporte a cores 256. Portanto, é mais eficiente para imagens digitalizadas, como ilustrações. O GIF também pode ser bom para desenhos de linha, imagens pretas e brancas e texto pequeno com apenas vários pixels de altura. O GIF também dá suporte à animação.
Formato JPEG (conjunto de experts do grupo de experts)	.jpg	Um slide como um elemento gráfico para ser usado em páginas da Web. O formato de arquivo JPEG tem suporte para cores do 16 milhões e é mais adequado para fotografias e elementos gráficos complexos.
Formato PNG (Portable Network Graphics)	.png	Um slide como um elemento gráfico para ser usado em páginas da Web. O PNG foi aprovado como padrão pelo W3C (World Wide Web Consortium) para substituir o GIF. O PNG não é compatível com a animação com o GIF e alguns navegadores mais antigos não dão suporte a esse formato de arquivo. O PNG aceita planos de fundo transparentes.
TIFF (formato de arquivo de imagem de marca)	.tif	Um slide como um elemento gráfico para ser usado em páginas da Web. TIFF é o melhor formato de arquivo para armazenar imagens mapeadas por bits em computadores pessoais. Os elementos gráficos TIFF podem ser qualquer resolução, e podem ser pretos e brancos, em escala de cinza ou em cores.
Bitmap independente de dispositivo	.bmp	Um slide como um elemento gráfico para ser usado em páginas da Web. Um bitmap é uma representação que consiste em linhas e colunas de pontos de uma imagem de elementos gráficos na memória do computador. O valor de cada ponto (seja preenchido ou não) é armazenado em um ou mais bits de dados.
Windows Metafile	.wmf	Um slide como um elemento gráfico de 16 bits (para uso com o Microsoft Windows 3. x e posterior).
Metarquivo aprimorado do Windows	.emf	Um slide como um elemento gráfico de 32 bits (para uso com o Microsoft Windows 95 e posterior).

Estrutura de tópicos/RTF	.rtf	Uma estrutura de tópicos de apresentação como um documento somente texto que fornece arquivos de arquivo menores e a capacidade de compartilhar arquivos sem macro com outras pessoas que talvez não tenham a mesma versão do PowerPoint ou do sistema operacional que você tem. Qualquer texto no painel de anotações não é salvo com este formato de arquivo.
Apresentação de imagem do PowerPoint	.pptx	Uma PowerPoint apresentação em que cada slide foi convertido em uma imagem. Se você salvar um arquivo como uma apresentação de imagem do PowerPoint, o tamanho do arquivo será reduzido. No entanto, algumas informações serão perdidas.
Apresentação Strict Open XML	.pptx	Uma apresentação na versão ISO Strict do formato de arquivo de apresentação do PowerPoint.
Apresentação OpenDocument	. odp	Você pode salvar PowerPoint arquivos para que possam ser abertos em aplicativos de apresentação que usam o formato de apresentação OpenDocument, como documentos do Google e OpenOffice.org Impress. Você também pode abrir apresentações no formato. odp no PowerPoint. Algumas informações podem ser perdidas ao salvar e abrir arquivos. odp.

4.8 Guias do Power Point

Vamos estudar os botões do PowerPoint que diferem do Word e do Excel, reforçando os que apresentam maior incidência em provas. Diversos grupos já foram abordados nos capítulo anteriores, por isso não serão repetidos aqui.

- **Guia Página Inicial**

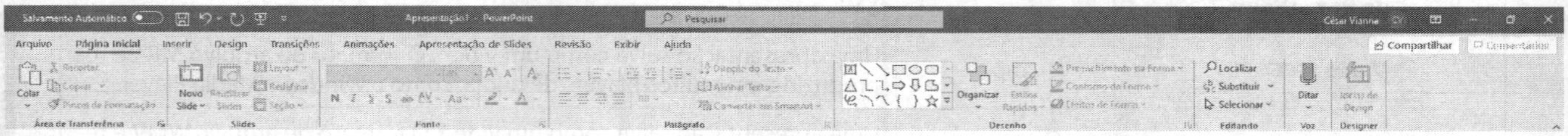

- **Grupo Slides**

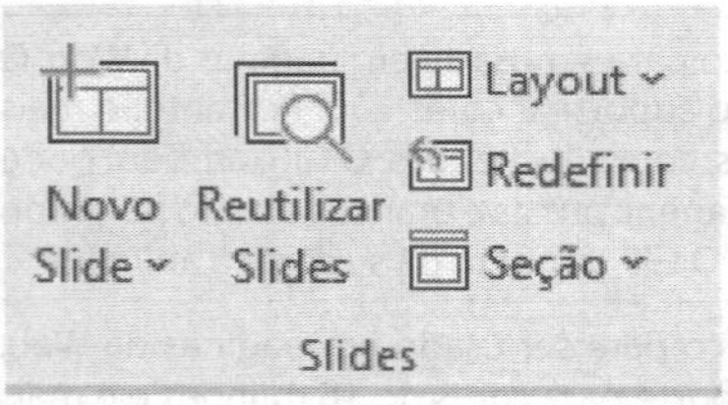

1 – Novo Slide (CTRL + M)

2 – Layout – Permite alterar o layout do slide

3 – Redefinir – restabelece as formatações padrões

4 – Seções – permite organizar slides, muito semelhante à maneira como você usa pastas para organizar os seus arquivos. Você pode usar seções nomeadas para controlar grupos de slides e pode atribuir seções a colegas para esclarecer a propriedade durante a colaboração. Se estiver começando do zero, as seções poderão até ser usadas para destacar os tópicos em sua apresentação.

- **Guia Inserir**

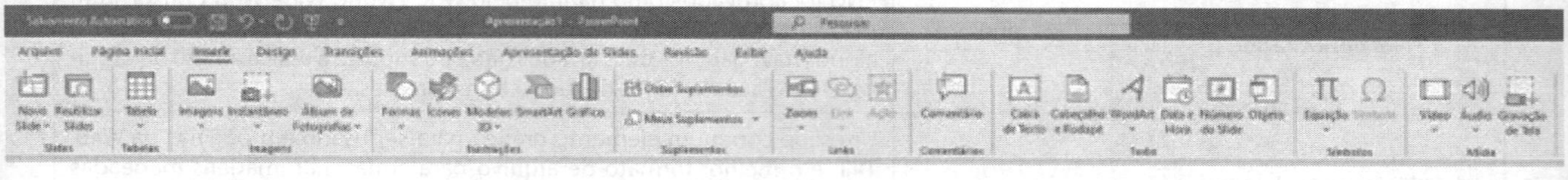

Para exibir suas fotografias pessoais ou de negócios, é possível criar um álbum de fotografias do PowerPoint e adicionar transições de slide atrativas, temas e planos de fundo coloridos, layouts específicos e outros efeitos ao álbum de fotografias.

1. Na guia Inserir, no grupo Imagens, clique na seta abaixo de Álbum de Fotografias e siga um destes procedimentos:
   a. Para adicionar uma fotografia a um novo álbum de fotografias, clique em Novo Álbum de Fotografias.
   b. Para adicionar uma fotografia a um álbum de fotografias existentes, clique em Editar Álbum de Fotografias.

2. Na caixa de diálogo Álbum de Fotografias, em Inserir fotografia de, clique em Arquivo/Disco.

3. Na caixa de diálogo Inserir Novas Imagens, localize e clique na fotografia que deseja adicionar e clique em Inserir.

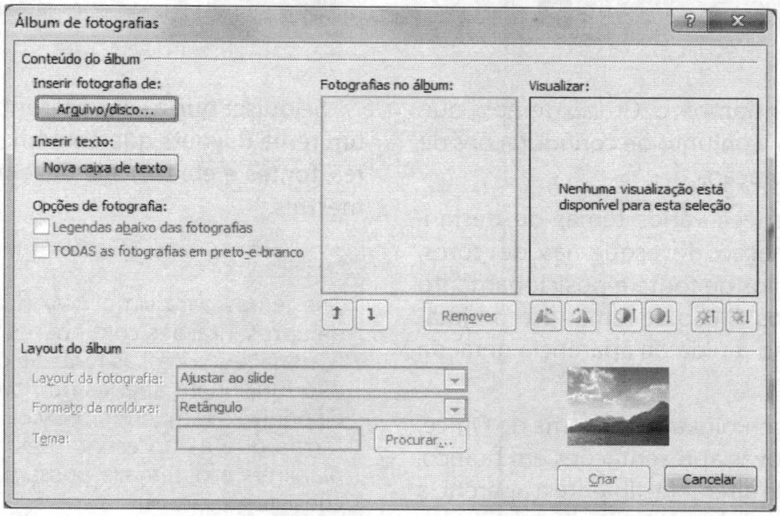

Você pode inserir um vídeo ou vincular a um vídeo a partir de sua apresentação do PowerPoint. **Ao inserir o vídeo, você não precisará se preocupar com arquivos perdidos quando entregar sua apresentação, pois todos os arquivos estarão contidos nela.** Se desejar limitar o tamanho da apresentação, você poderá vincular a um arquivo de vídeo em sua unidade local ou a um arquivo de vídeo carregado para um site, como o YouTube.

Você também pode adicionar áudio, como música ou narração, à sua próxima apresentação.

Quando você adiciona áudio a um slide, um ícone de áudio aparece no slide. Como em qualquer áudio, você pode clicar no ícone para executar o som ou definir que ele seja executado automaticamente.

- **Formatos de arquivo de áudio compatíveis**

Formato de arquivo	Extensão
Arquivo de áudio AIFF	.aiff
Arquivo de áudio AU	.au
Arquivo MIDI	.mid ou .midi
Arquivo de áudio MP3	.mp3
Codificação de Áudio Avançada – Arquivo de áudio MPEG-4*	.m4a, .mp4
Arquivo de áudio do Windows	.wav
Arquivo Windows Media Audio	.wma

- **Formatos de arquivo de vídeo compatíveis**

Formato de arquivo	Extensão
Arquivo de vídeo do Windows (alguns arquivos .avi podem exigir codecs adicionais)	.asf
Arquivo de vídeo do Windows (alguns arquivos .avi podem exigir codecs adicionais)	.avi
Arquivo de vídeo MP4*	.mp4, .m4v, .mov
Arquivo de filme	.mpg ou .mpeg
Arquivo Windows Media Video	.wmv

INFORMÁTICA

- **Guia Design**

Nesse guia encontramos o Grupo Temas, que permite gerenciar um conjunto de configurações de aparência da apresentação.

O PowerPoint fornece vários temas de design, incluindo a coordenação de esquemas de cores, planos de fundo, estilos de fonte e posicionamento de espaços reservados. O uso de temas pré-projetados facilita a alteração rápida da aparência geral da apresentação.

Por padrão, o PowerPoint aplica o tema do Office, sem formatação, a novas apresentações em branco. Entretanto, você pode alterar facilmente a aparência da apresentação aplicando um tema diferente.

Se quiser que a sua apresentação possua mais de um tema (layouts que contêm planos de fundo, cores, fontes e efeitos), ela deverá conter vários slides mestres.

> ▷ Dica:
> Use temas para simplificar o processo de criação de apresentações com aparência de designer profissional. As cores, as fontes e os efeitos dos temas não funcionam apenas no PowerPoint, mas estão disponíveis também em Excel, Word e Outlook, de forma que as apresentações, os documentos, as planilhas e os emails possam ter uma aparência coesiva.

- **Guia Transições**

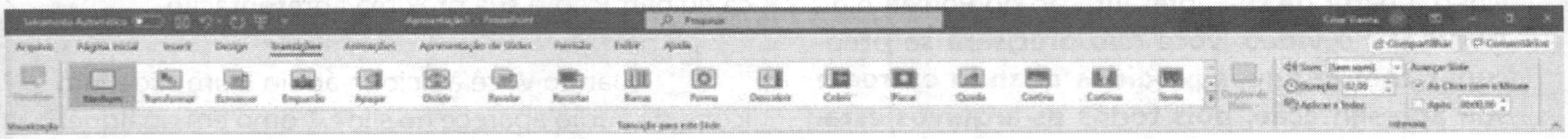

As transições de slide são efeitos de animação que ocorrem no modo de exibição Apresentação de Slides quando você muda de um slide para o próximo. É possível controlar a velocidade, adicionar som e até mesmo personalizar as propriedades de efeitos de transição.

- **Definir o intervalo para uma transição**

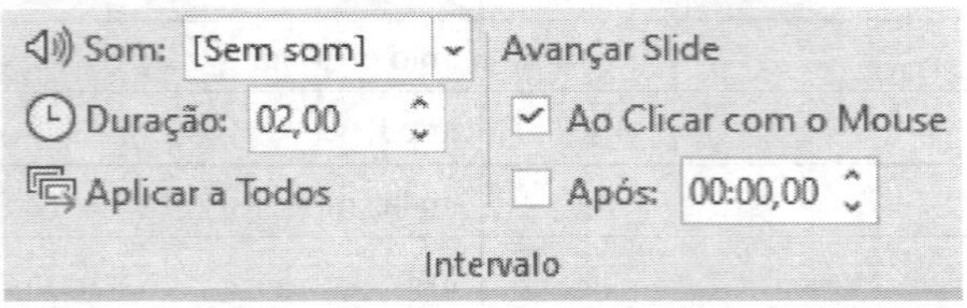

Para definir a duração da transição entre o slide anterior e o slide atual, faça o seguinte:

Na guia Transições, no grupo Intervalo, na caixa Duração, digite ou selecione a velocidade desejada.

Para especificar o intervalo antes do avanço do slide atual para o próximo, use um destes procedimentos:

- Para avançar o slide clicando com o mouse, na guia Transições, no grupo Intervalo, marque a caixa de seleção Ao Clicar com o Mouse.
- Para avançar o slide após um tempo especificado, na guia Transições, no grupo Intervalo, na caixa Após, digite o número de segundos desejado.

- **Guia Animações**

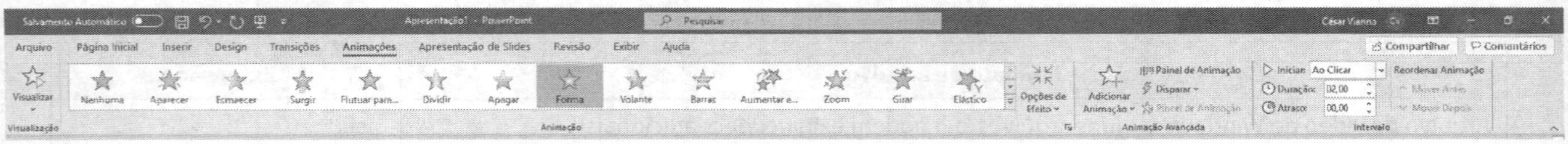

Você pode animar o texto, as imagens, as formas, as tabelas, os elementos gráficos SmartArt e outros objetos em sua apresentação do Microsoft PowerPoint 2010 para oferecer a eles efeitos visuais, incluindo entradas, saídas, alterações no tamanho ou na cor e até mesmo movimento.

Para **alterar o efeito de animação** aplicado em um objeto, siga este procedimento:

1. Selecione o objeto que tem o efeito de animação que deseja alterar.

2. Na guia Animações, no grupo Animação, clique no botão Mais e selecione a nova animação desejada.

O Grupo Animação Avançada do **PowerPoint** possui o botão **Pincel de Animação**. Com ele é possível copiar de maneira rápida e fácil animações do objeto para outro.

Para copiar uma animação, siga este procedimento:

1. Selecione o objeto com as animações que você deseja copiar.
2. Na guia Animações, no grupo Animação Avançada, clique em Pincel de Animação.
   O cursor será alterado para ter aparência semelhante a esta:
3. No slide, clique no objeto para o qual deseja copiar as animações.
   A opção Disparar permite definir uma condição para o início da animação.

- **Guia Apresentação de Slides**

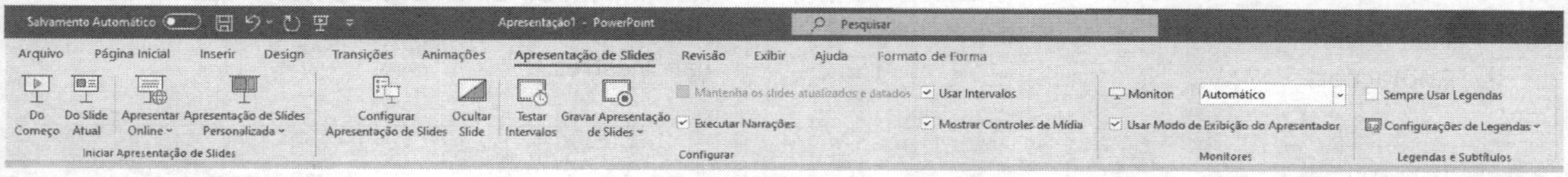

- **Grupo Iniciar Apresentação de Slides**

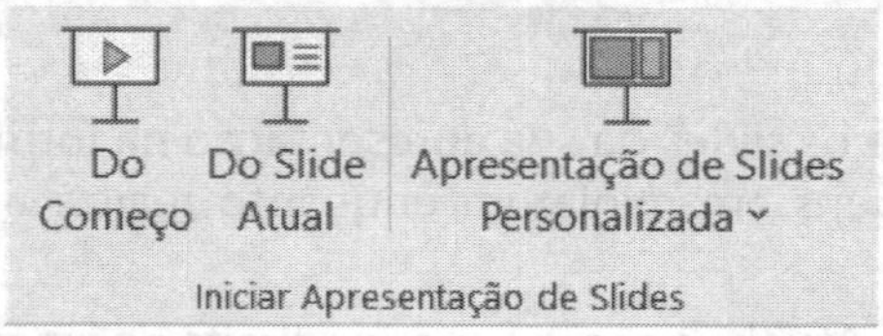

1 – Inicia a apresentação a partir do primeiro slide (Atalho F5)

2 – Inicia a apresentação a partir do slide que está sendo visualizado no painel de slide (Atalho SHIFT+F5)

3 – Personalizar a apresentação, selecionando quais slides devem ser exibidos

O **Modo de Exibição do Apresentador do PowerPoint** é uma excelente maneira de exibir a apresentação com as anotações do orador em um computador (o laptop, por exemplo), ao mesmo tempo que o público-alvo exibe a apresentação sem anotações em um monitor diferente.

Quando quiser gravar um tempo de execução para cada slide, utilize o recurso Testar Intervalos do PowerPoint.

Isso permite que você execute a apresentação no modo de exibição de Apresentação de Slide e registre o tempo que leva para cada slide. Em seguida, utilize os intervalos para executar a apresentação automaticamente, para ajudá-lo a ensaiar a apresentação ou para uma autoexecução.

- **Guia Revisão**

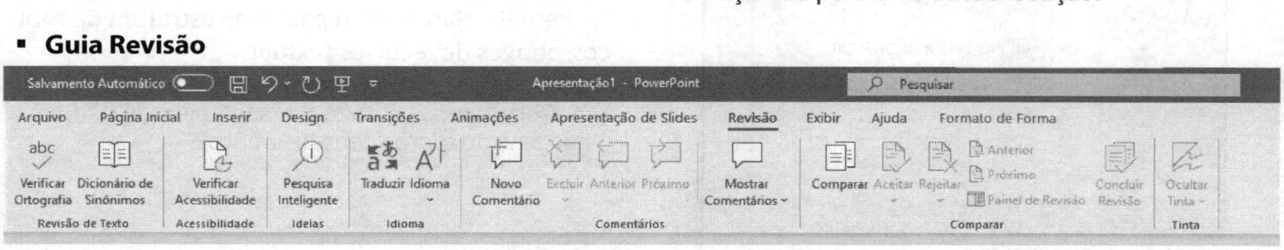

▷ Atenção!

O PowerPoint verifica apenas Ortografia!

Isto é, verifica apenas palavras grafadas incorretamente e não expressões, concordâncias e pontuações.

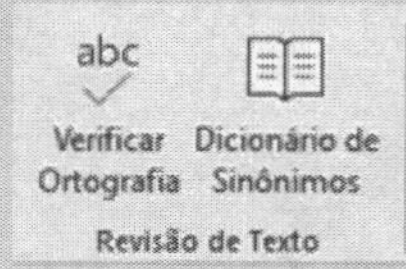

INFORMÁTICA

- **Guia Exibir**

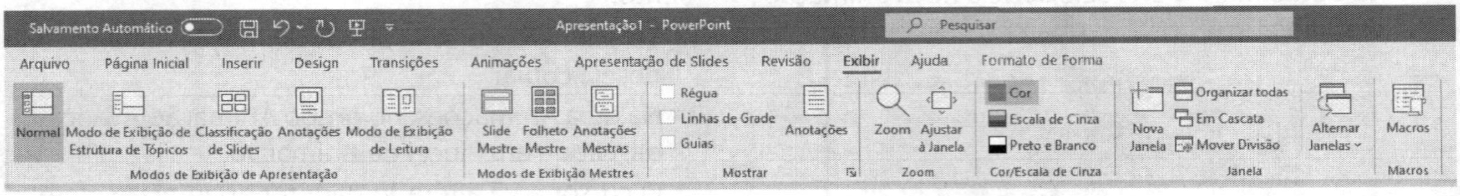

- **PowerPoint - Modos de Exibição**

Os seguintes modos de exibição estão disponíveis no PowerPoint para você editar, imprimir e exibir apresentações:

- Normal
- Modo de Exibição de Estrutura de Tópicos
- Classificação de Slides
- Anotações
- Modo de exibição de Leitura
- Modos de Exibição Mestres: Slide Mestre, Folheto Mestre e Anotações Mestras.

Você pode encontrar os modos de exibição do PowerPoint em dois lugares:

- Na guia Modo de Exibição e nos grupos Modos de Exibição de Apresentação e Modos de Exibição Mestres.

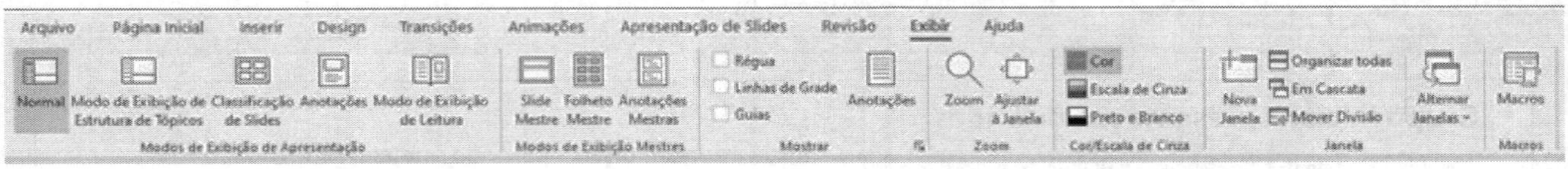

- Em uma barra de fácil utilização, localizada na parte inferior da janela do PowerPoint, onde estão disponíveis os principais modos de exibição (Normal, Classificação de Slides, Leitura e Apresentação de Slides).

- **Modo de exibição Normal**

O modo de exibição Normal é o principal modo de exibição de edição, no qual você pode escrever e criar sua apresentação. O modo de exibição Normal tem três áreas de trabalho:

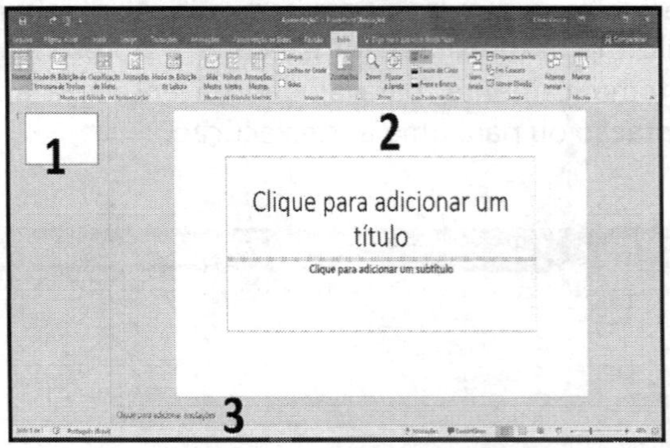

1. Exibe os slides da sua apresentação na forma de imagens em miniatura enquanto realiza a edição.
2. Slide Atual: na seção superior direita da janela do PowerPoint, é exibida uma imagem ampla do slide atual. Esse é o local que utilizamos para confeccionar os slides.
3. Anotações: permite digitar anotações que se apliquem ao slide atual. Mais tarde, você poderá imprimir suas anotações e consultá-las ao fornecer a apresentação.

Ao se clicar com o botão direito sobre alguma miniatura do painel de slides (à esquerda), é exibido o seguinte menu de contexto, contendo entre outras opções: Novo slide (CTRL+M) e Duplicar Slide.

- **Modo de exibição de Estrutura de Tópicos**

Permite elaborar um painel de estrutura de tópicos, através de recursos textuais.

> ▷ Exibe apenas o texto em seus slides, e não em imagens ou outros itens de gráficos.

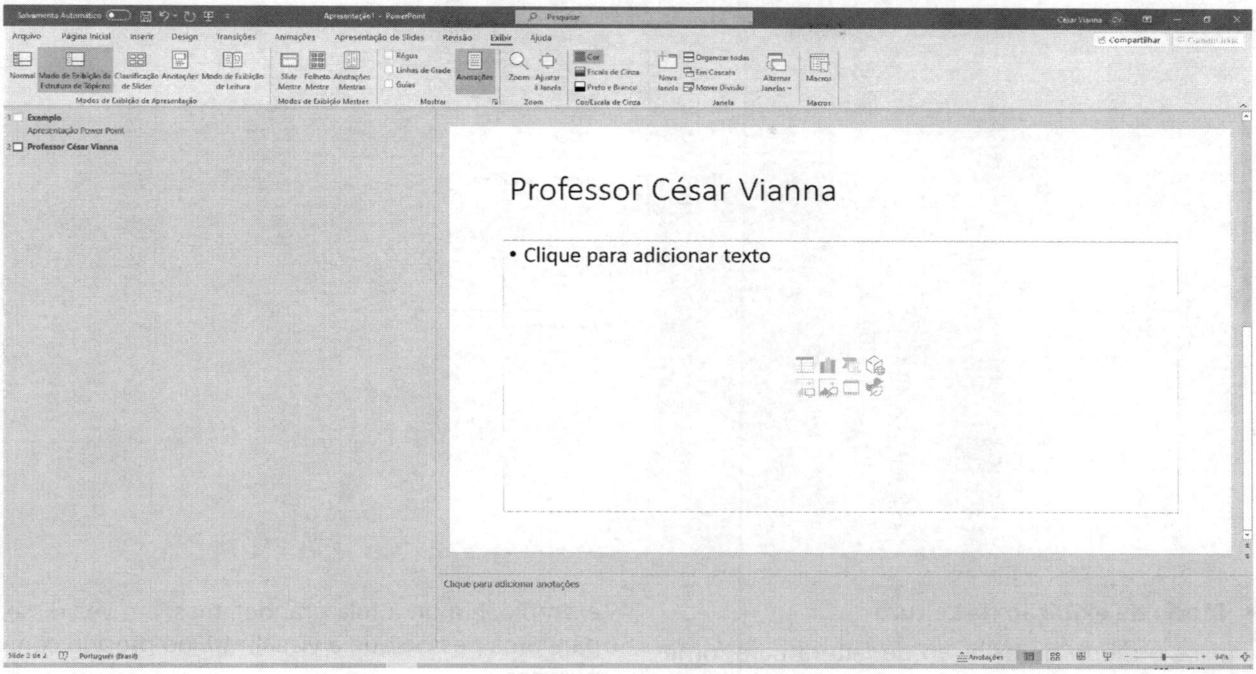

- **Modo de exibição Classificação de Slides**

   Exibe os slides em forma de miniaturas. Esse modo de exibição facilita a classificação e a organização da sequência de slides à medida que você cria a apresentação e também quando você prepara a apresentação para impressão.

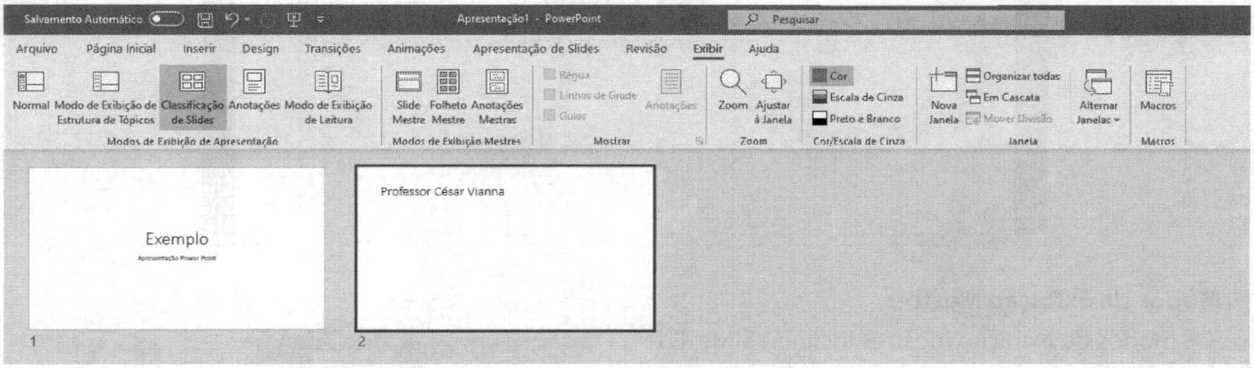

- **Modo de exibição de Anotações**

   No painel Anotações, que está localizado abaixo do painel Slide, é possível digitar anotações que se apliquem ao slide atual. Mais tarde, você poderá imprimir suas anotações e consultá-las ao fornecer a apresentação.

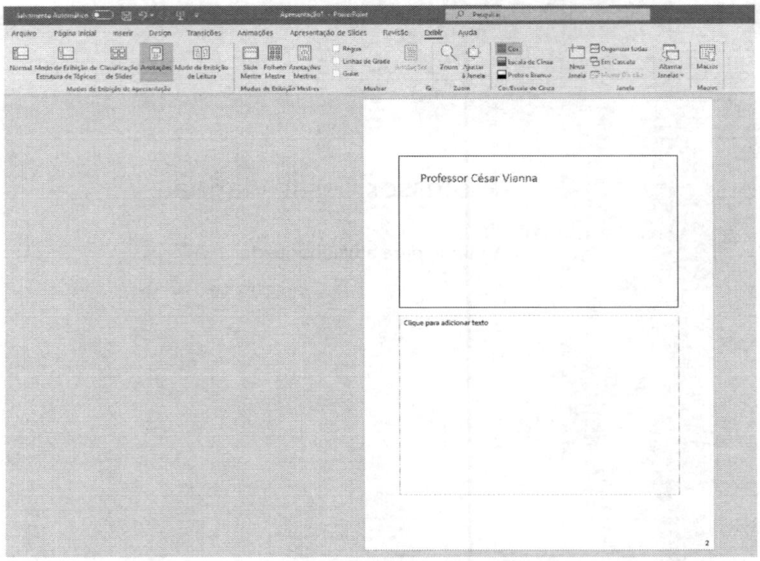

- **Modo de exibição de Leitura**

Use o modo de exibição de leitura para fornecer sua apresentação não para um público (por exemplo, em uma tela grande), mas, em vez disso, para uma pessoa que a visualizará no próprio computador.

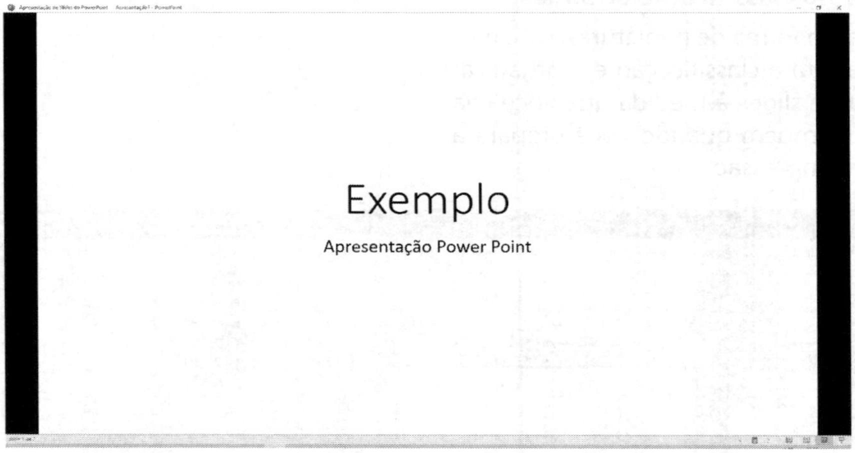

- **Modos de Exibição Mestres**

Os modos de exibição mestres incluem Slide, Folheto e Anotações. Esses modos de exibição representam os principais slides com informações sobre a apresentação, incluindo plano de fundo, cor, fontes, efeitos, tamanhos e posições de espaços reservados. A principal vantagem de trabalhar em um modo de exibição mestre é que, no slide mestre, nas anotações mestras ou no folheto mestre, você pode fazer alterações universais de estilo para cada slide, anotação ou folheto associado à apresentação.

- **Slide Mestre**

Um slide mestre é o slide principal em uma hierarquia de slides que armazena informações sobre o tema e os layouts dos slides de uma apresentação, incluindo o plano de fundo, a cor, as fontes, os efeitos, os tamanhos dos espaços reservados e o posicionamento.

Cada apresentação contém, pelo menos, um slide mestre. O principal benefício de modificar e usar slides mestres é que você pode fazer alterações de estilo universal em todos os slides de sua apresentação, inclusive naqueles adicionados posteriormente a ela. Ao usar um slide mestre, você poupa tempo, pois não precisa digitar as mesmas informações em mais de um slide. O slide mestre é prático principalmente quando você tem apresentações longas demais com muitos slides.

Como os slides mestres afetam a aparência de toda a apresentação, ao criar e editar um slide mestre ou os layouts correspondentes, você trabalha no modo de exibição Slide Mestre.

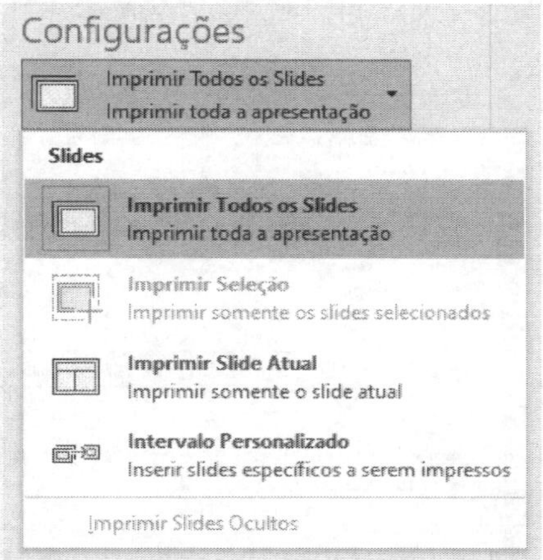

- **Opções de Impressão**

O PowerPoint disponibiliza diversas opções interessantes para a impressão.

Podemos imprimir Todos os Slides ou escolher por uma das opções ao lado:

Ainda, podemos escolher entre os modos de impressão:

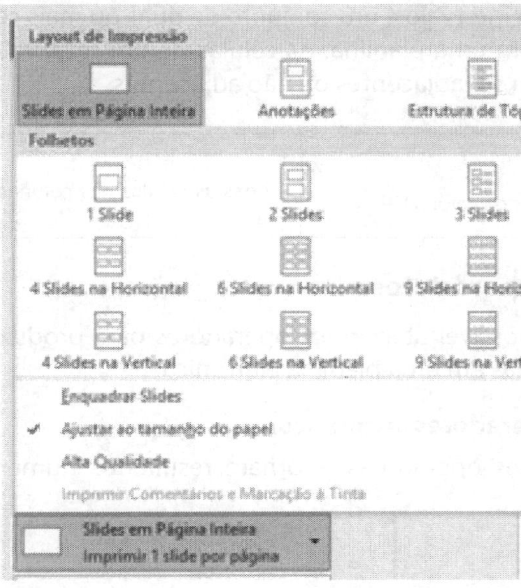

5. CONCEITOS E MODOS DE UTILIZAÇÃO DE APLICATIVOS PARA A EDIÇÃO DE PLANILHAS, COM A SUÍTE DE ESCRITÓRIO MICROSOFT OFFICE

5.1 Características Gerais

O programa Excel é um editor de Planilhas Eletrônicas. Uma planilha guarda certa semelhança com uma tabela, porém possui recursos muito mais avançados, podendo automatizar diversas tarefas.

A Planilha é o principal documento usado no Excel para armazenar e trabalhar com dados, também chamado **planilha eletrônica**.

Uma **planilha** consiste em **células** organizadas em **colunas e linhas.**

O Excel chama um arquivo de Pasta de Trabalho. Isto mesmo, um arquivo gerado no Excel chama-se uma **Pasta de Trabalho do Excel**. Por esse motivo, quando criamos um novo arquivo no Excel aparece na barra de títulos Pasta1, Pasta2, etc...

Agora, se olharmos para a parte inferior da janela, veremos algumas abas. Essas abas são denominadas planilhas. Cada planilha é composta por um conjunto de células.

Por fim, uma célula é o encontro de uma coluna e uma linha (Ex: A1).

Vejamos o esquema abaixo, comparando essas nomenclaturas.

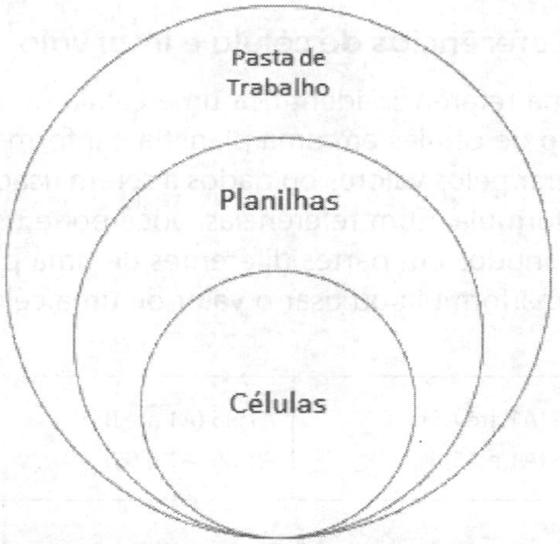

Formato	Extensão
Pasta de trabalho do Excel	.xlsx
Pasta de trabalho do Excel habilitado para macro	.xlsm
Modelo de Pasta de trabalho do Excel	.xltx
Modelo de Pasta de trabalho do Excel habilitado para macro	.xltm

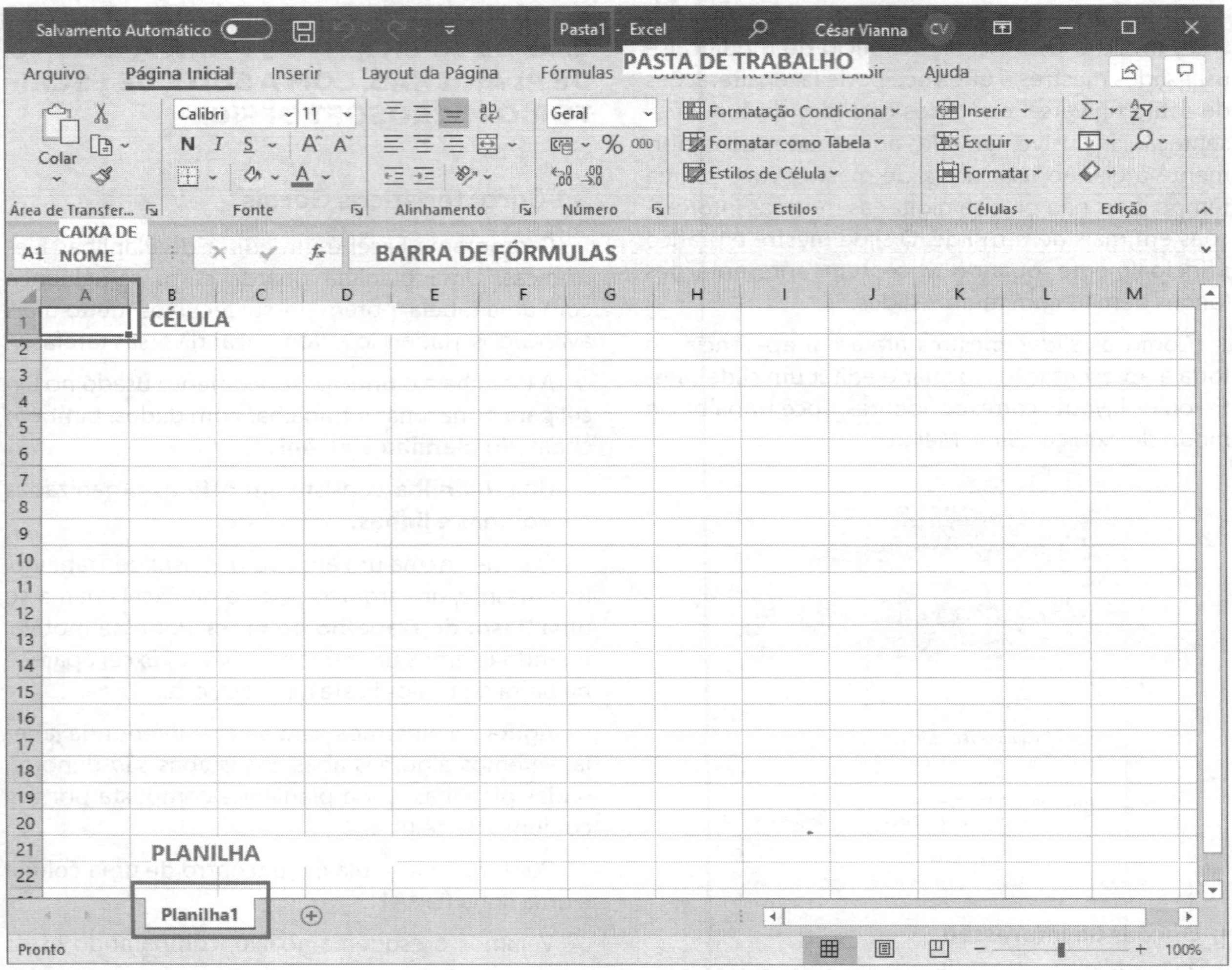

5.2 Referências de célula e intervalo

Uma referência identifica uma célula ou um intervalo de células em uma planilha e informa onde procurar pelos valores ou dados a serem usados em uma fórmula. Com referências, você pode usar dados contidos em partes diferentes de uma planilha em uma fórmula ou usar o valor de uma célula em várias fórmulas. Você também pode se referir a células de outras planilhas na mesma pasta de trabalho (arquivo) e a outras pastas de trabalho.

- **Intervalo**

Um intervalo é um conjunto de duas ou mais células em uma planilha. As células de um **intervalo** podem ser adjacentes ou não adjacentes.

A1:A5 (A1 até A5) A1;A5 (A1 e A5)	A1:B5 (A1 até B5) A1;B5 (A1 e B5)	H:H (Todas as células na coluna H)	H:J (Todas as células nas colunas H a J)

▷ Como podemos notar na tabela acima, quando lemos um intervalo, devemos ler o sinal ";" (ponto e vírgula) como E e o ":" (dois pontos) como ATÉ!

Mais exemplos:

- C4;D7 (refere-se a duas células. C4 **E** D7)
- C4:D7 (refere-se as oito células do conjunto de C4 **ATÉ** D7)

5.3 Operadores

É possível utilizarmos operadores para produzir fórmulas em uma planilha eletrônica.

- **Operadores aritméticos**

Esses operadores retornam resultados numéricos.

Muita atenção para os seus símbolos. Podem ser diferentes da matemática!!

Operador	Nome	Exemplo
+ (Mais)	Adição	=1+1
- (Menos)	Subtração	=2-1
- (Menos)	Negação	=-5
* (asterisco)	Multiplicação	=2*2
/ (Barra)	Divisão	=9/3
% (Porcentagem)	Porcentagem	=15%
^ (Acento circunflexo)	Exponenciação	=3^2

- **Operadores de comparação**

Esses operadores retornam Verdadeiro ou Falso. Imagine uma fórmula lógica como se fosse uma pergunta à planilha.

Ex:

– Excel o valor que está na célula A1 é igual a 5?

Como escrever isso em fórmula?

=A1=5

Se o valor de A1 for igual a 5, aparecerá o retorno VERDADEIRO, senão, FALSO.

Operador	Nome	Exemplo
= (sinal de igual)	Igual	=A1=B1
> (Maior que)	Maior que	=A1>B1
< (Menor que)	Menor que	=A1<B1
>= (Maior ou igual a)	Maior ou igual a	=A1>=B1
<= (Menor ou igual a)	Menor ou igual a	=A1<=B1
<> (Diferente)	Desigualdade	=A1<>B1

▷ Dica:

Atenção para o operador "diferente"! São dois jacarés se beijando <> !!

Já viu uma cena dessas? Então!! É bem diferente!!

- **Operadores de texto**

O operador "&" (concatenação) combina trechos de texto em um único novo texto.

Operador	Nome	Exemplo
&	concatenação de texto	="Do"&"mingo" é "Domingo"

	A	B	C
1	Receita	Despesa	Resultado
2	1000	800	200
3	O resultado foi 200		

Podemos aplicar esse operador para gerar uma frase, unindo um texto e um valor de uma célula. Ex:

A frase exibida na célula C3 foi obtida pela fórmula abaixo

="O resultado foi "&C2

▷ Como estamos trabalhando com texto dentro de uma fórmula, devemos utilizar aspas duplas.

Então, a fórmula concatenou o texto "O resultado foi ", com o valor da célula C2.

- **Operadores de Referência**

Os operadores de referência permitem criar intervalos contínuos, unir conjuntos independentes e operar sobre a intersecção de conjuntos.

Operador	Descrição	Exemplo
: (dois pontos)	Intervalo contínuo. Lê-se "ATÉ"	A1:B2 Células A1 até B2
; (ponto e vírgula)	União. Lê-se "E"	A1;B2 Células A1 e B2
(espaço)	Intersecção	A1:B2 B2:C3 A intersecção dos conjuntos A1 até B2 e B2 até C3 (célula B2)

5.4 Guia Página Inicial

5.4.1. Grupo Alinhamento

	Alinha em Cima
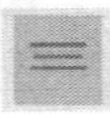	Alinhar no Meio
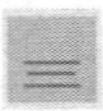	Alinhar Embaixo
	Orientação: Gira o texto em um ângulo diagonal, ou em uma orientação vertical. Geralmente usado para rotular colunas estreitas.
	Quebrar texto automaticamente: Torna todo o conteúdo visível em uma célula, exibindo em várias linhas.
	Mesclar e Centralizar: Associa as células selecionadas a uma célula maior

5.4.2. Grupo Número

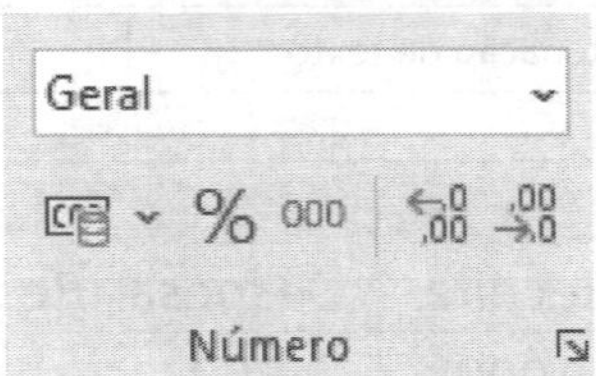

	Formato de número de contabilização: Formato alternativo de unidade monetária (possui duas casas decimais).
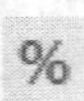	Porcentagem (Ctrl + Shift + %). **O Excel formata percentual sem casas decimais!**
	Separador de milhares. Acrescenta o "." Para milhar e duas casas decimais (334000 => 334.000,00)

	Aumentar casas decimais
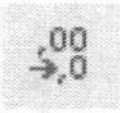	Diminuir casas decimais

Note que o botão "Aumentar casas decimais" tem 1 zero e depois 2.
Já o "Diminuir casas decimais", inicia com 2 zeros e depois tem apenas 1.
Fácil de lembrar!

Ao se aplicar os formatos indicados, sobre a célula A1, quais valores serão exibidos?	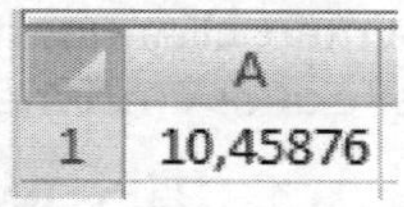
Formato de número de contabilização:	R$ 10,46
Porcentagem:	1046%
Separador de milhares:	10,46

5.4.3. Grupo Estilos

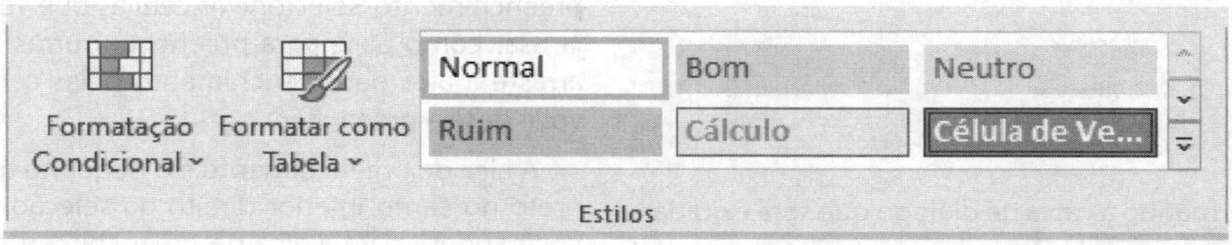

Um formato condicional altera a aparência de um intervalo de células com base em condições (ou critérios). Se a condição for verdadeira, o intervalo de células será formatado com base nessa condição; se a condição for falsa, o intervalo de células não será formatado com base nessa condição.

5.4.4. Grupo Edição

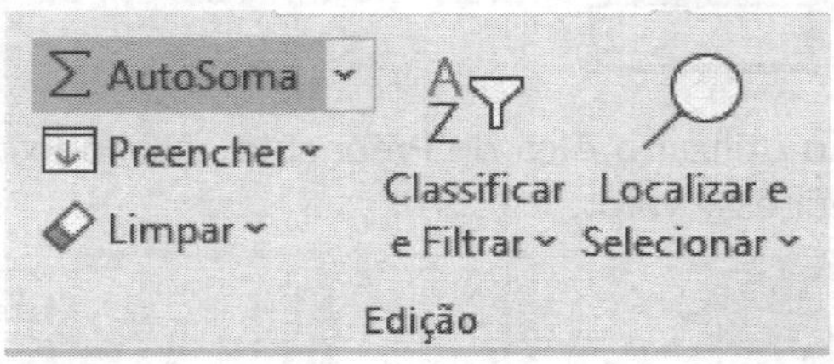

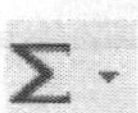 O recurso Soma permite somar valores em uma coluna ou linha.

Também é possível somar valores selecionados.

Veja a imagem abaixo. Temos 3 células com valores numéricos e a célula ativa é a D1.

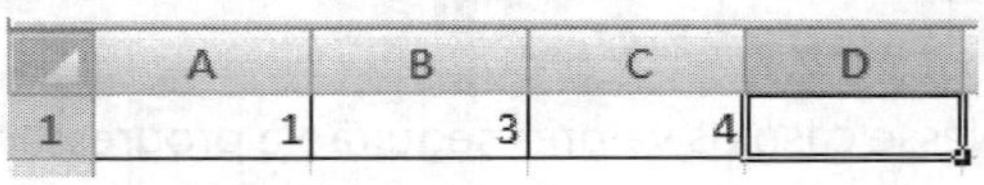

Ao clicar no botão AutoSoma (atalho ALT+=), o Excel irá inserir uma função soma para os valores da linha:

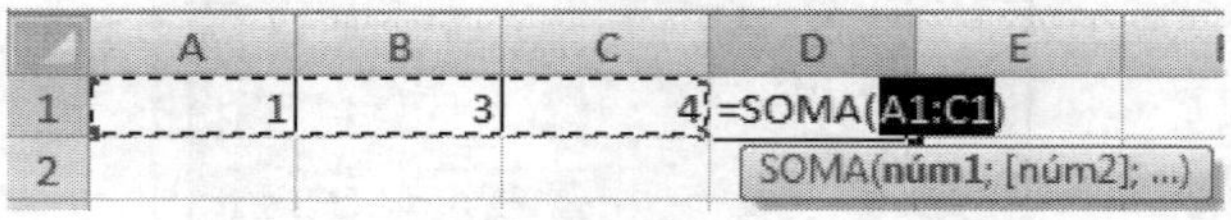

Agora pressionamos Enter para confirmar:

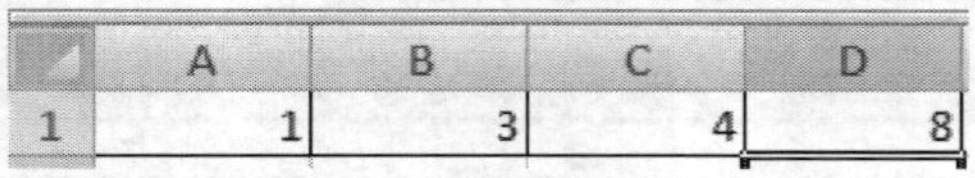

O botão AutoSoma possui mais funcionalidades! Ao clicar na seta ao seu lado vemos uma lista de funções.

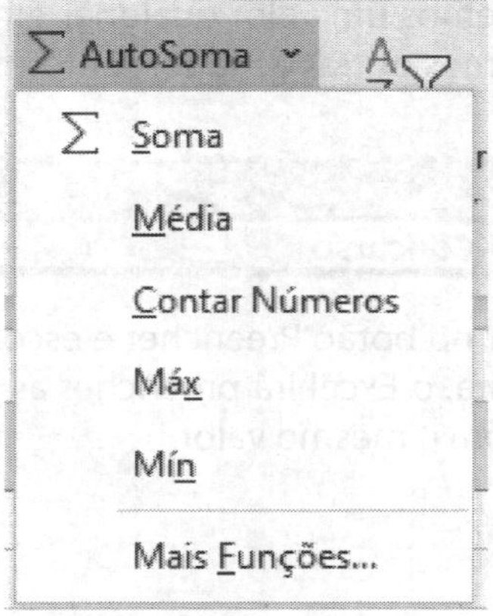

INFORMÁTICA

Podemos utilizar a função **Preencher** para completar séries.

No exemplo abaixo, temos 3 valores em células adjacentes. Note que os números guardam um padrão de crescimento (lembra de PA da matemática?).

Selecionamos as cinco células (A1 até E1).

Então, clicamos na seta ao lado do botão Preencher e após em Série, conforme a imagem.

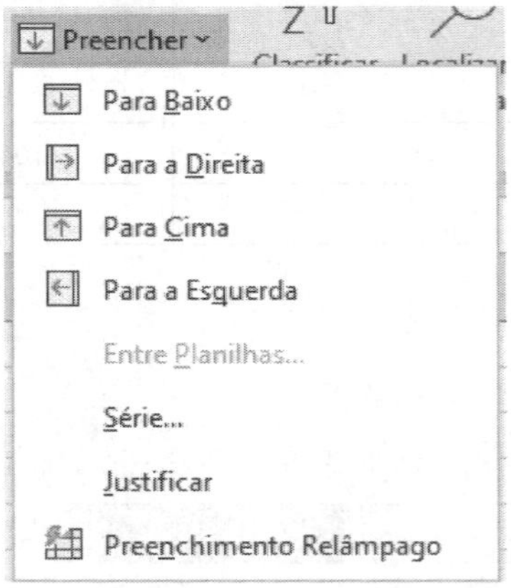

Confirmando a caixa de diálogo que será exibida:

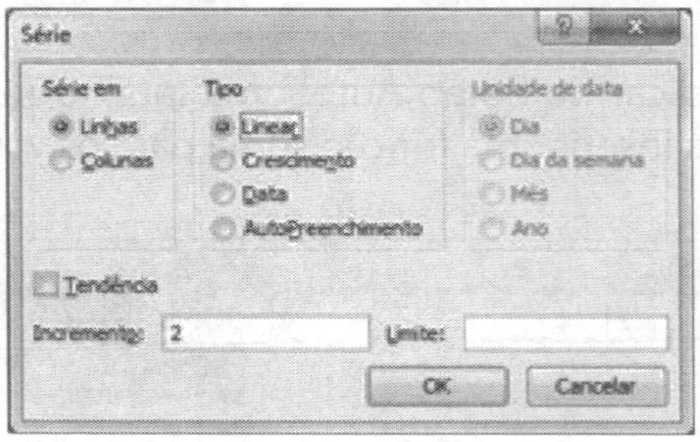

Teremos o resultado abaixo:

O Excel completou a série mantendo o padrão (incremento de 2).

Agora, temos um valor qualquer em uma célula e selecionamos outras ao lado, conforme a imagem abaixo:

Ao clicar no botão Preencher e escolher a opção Para a Direita, o Excel irá preencher as células selecionadas com o mesmo valor.

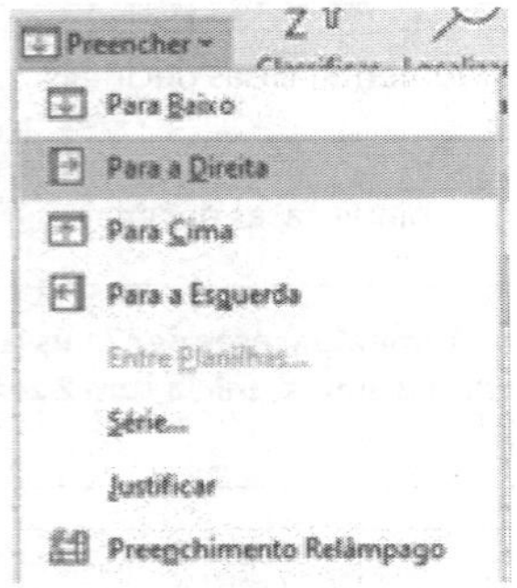

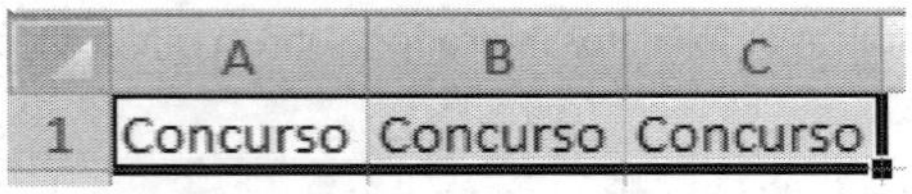

Use a alça de preenchimento para preencher os dados

Para preencher rapidamente vários tipos de séries de dados, você pode selecionar células e arrastar a alça de preenchimento. Para usar a alça de preenchimento, selecione as células que você deseja usar como base para preencher outras células e arraste a alça de preenchimento pelas células que você deseja preencher.

A alça de preenchimento é o pequeno quadrado preto no canto inferior direito da seleção. Quando você aponta para a alça de preenchimento, o ponteiro se transforma em uma cruz preta.

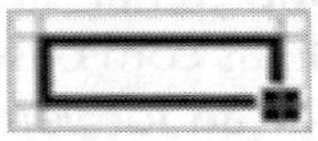

Vejamos como é o comportamento da Alça de Preenchimento.

Temos uma célula com um valor numérico.

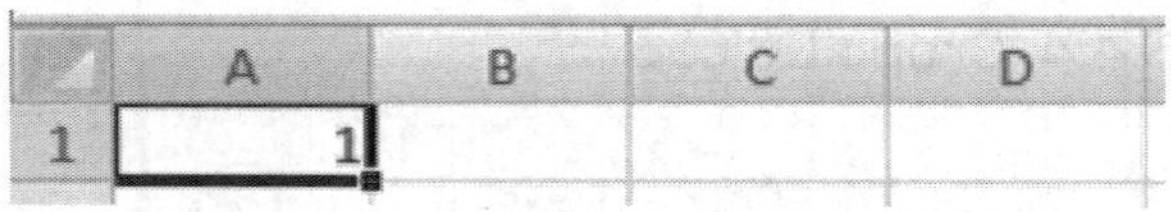

Ao utilizar a Alça de Preenchimento, o Excel irá repetir esse valor:

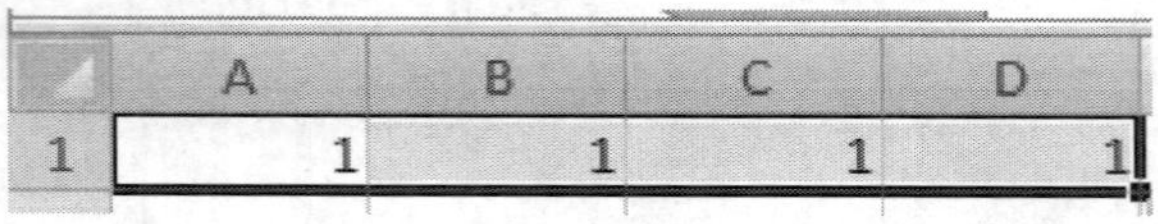

Agora temos dois valores numéricos. Selecionamos as duas células e arrastamos a Alça de Preenchimento até a célula D1

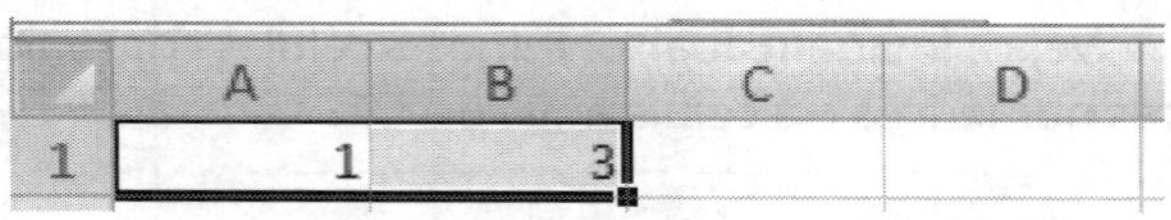

Nesse caso os valores seguirão a progressão:

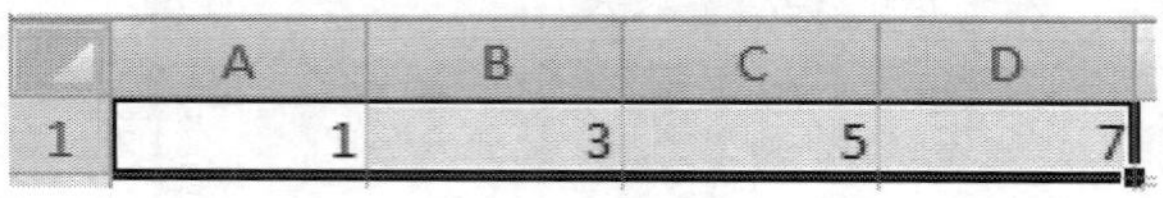

Veja outros exemplos:

Valores iniciais	Resultado
A1: 5 · B1: 2	A1: 5 · B1: 2 · C1: -1 · D1: -4
A1: 10 · B1: 15	A1: 10 · B1: 15 · C1: 20 · D1: 25

Podemos preencher dias da semana e meses do ano. Ambos os programas tem o mesmo comportamento:

Valores iniciais	Resultado
A1: Domingo	A1: Domingo · B1: Segunda-feira · C1: Terça-feira
A1: Janeiro	A1: Janeiro · B1: Fevereiro · C1: Março

Se tivermos letras, conforme o exemplo abaixo, elas serão repetidas e não "incrementadas"!

Valores iniciais	Resultado
A1: A · B1: B	A1: A · B1: B · C1: A · D1: B

5.4.5 Classificar e Filtrar

- **Classificar**

A classificação permite colocar uma lista de nomes em ordem alfabética, compilar uma lista de produtos do valor mais alto para o mais baixo ou organizar linhas por cores ou ícones. A classificação de dados ajuda a visualizar e a compreender os dados de modo mais rápido e melhor, organizar e localizar dados desejados e por fim tomar decisões mais efetivas.

- **Filtro**

Os dados filtrados exibem somente as linhas que atendem aos critérios especificados e oculta as linhas que não deseja exibir.

5.5 Guia Inserir

- **Grupo Gráficos**

Um tipo de questão envolvendo gráficos é sobre os tipos de gráficos e suas aplicações. Nesse esquema, temos as descrições dos principais.

1. **Colunas** - Dados que estejam organizados em colunas ou linhas em uma planilha podem ser plotados em um gráfico de colunas. Gráficos de colunas são úteis para mostrar as alterações de dados em um período de tempo ou para ilustrar comparações entre itens.

Em gráficos de colunas, as categorias são geralmente organizadas ao longo do eixo horizontal, e os valores ao longo do eixo vertical.

1. **Linhas** - Gráficos de linhas podem exibir dados contínuos ao longo do tempo, definidos em relação a uma escala comum e são, portanto, ideais para mostrar tendências em dados a intervalos iguais. Em um gráfico de linha, dados de categorias são distribuídos uniformemente ao longo do eixo horizontal, e todos os dados de valores são distribuídos igualmente ao longo do eixo vertical.

3. **Barras** - Gráficos de barras ilustram comparações entre itens individuais.

5. **Área** - Gráficos de área enfatizam a magnitude da mudança no decorrer do tempo e podem ser usados para chamar atenção para o valor total ao longo de uma tendência. Por exemplo, os dados que representam o lucro no decorrer do tempo podem ser plotados em um gráfico de área para enfatizar o lucro total.

2. **Pizza** - Gráficos de pizza mostram o tamanho de itens em uma série de dados (série de dados: pontos de dados relacionados plotados em um gráfico. Cada série de dados em um gráfico tem uma cor ou um padrão exclusivo e é representada na legenda do gráfico. É possível plotar uma ou mais séries de dados em um gráfico. Os gráficos de pizza têm somente uma série de dados.), de modo proporcional à soma dos itens. Os pontos de dados (pontos de dados: valores individuais plotados em um gráfico e representados por barras, colunas, linhas, fatias de pizza ou rosca, pontos e diversas outras formas chamadas de marcadores de dados. Os marcadores de dados da mesma cor constituem uma série de dados.) em um gráfico de pizza são exibidos como um percentual de toda a pizza.

6. **Dispersão** - Gráficos de dispersão mostram as relações entre os valores numéricos em várias seqüências de dados ou plotam dois grupos de números como uma seqüência de coordenadas XY.

- **Guia Fórmulas - Grupo Nomes Definidos**

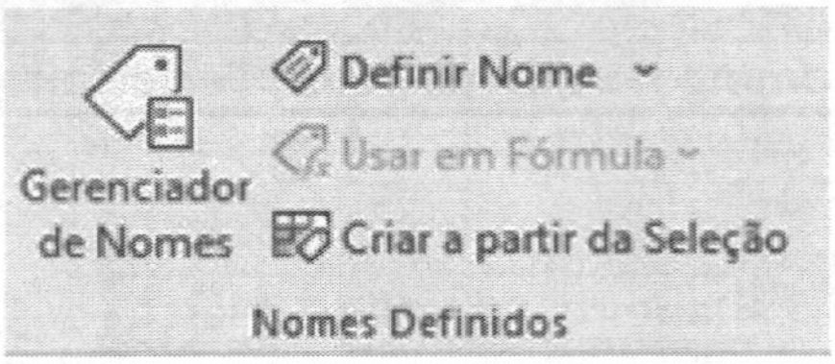

Usando nomes você pode facilitar muito o entendimento e a manutenção das fórmulas. É possível definir um nome para um intervalo de células, uma função, uma constante ou uma tabela.

Também é possível definir nomes através da Caixa de Nome.

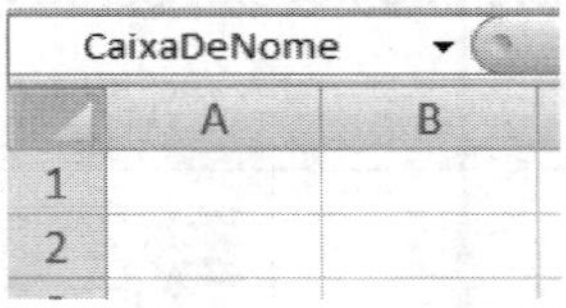

<table>
<tr>
<td>

- **Grupo Auditoria de Fórmulas**

</td>
<td>

1. **Células precedentes** são células que são referenciados por uma fórmula em outra célula. Por exemplo, se a célula D10 contiver a fórmula=B5, a célula B5 é um precedente da célula D10.
2. **Células dependentes** contêm fórmulas que se referem a outras células. Por exemplo, se a célula D10 contiver a fórmula=B5, a célula D10 é um dependente da célula B5.
3. **Janela de Inspeção:** Quando as células não estão visíveis em uma planilha, você pode inspecionar as fórmulas e seus resultados na barra de ferramentas Janela de Inspeção. A Janela de Inspeção torna conveniente inspecionar, auditar ou confirmar os cálculos de uma fórmula e os resultados em uma grande planilha. Utilizando a Janela de Inspeção, não é necessário navegar várias vezes para diferentes partes da planilha.

</td>
</tr>
<tr>
<td>

- **Grupo Cálculo**

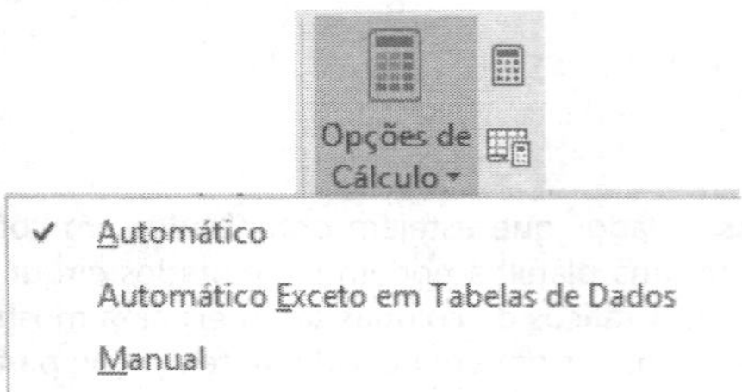

</td>
<td>

Permite determinar quando as fórmulas serão calculadas.

</td>
</tr>
</table>

- **Recalcular uma planilha ou pasta de trabalho manualmente usando atalhos de teclado**

Para	Pressione
Recalcular as fórmulas que foram alteradas desde o último cálculo e as fórmulas que dependem desses cálculos, em todas as pastas de trabalho abertas. Se uma pasta de trabalho estiver definida para recálculo automático, você não precisará pressionar F9 para recalcular.	F9
Recalcular as fórmulas que foram alteradas desde o último cálculo e as fórmulas que dependem desses cálculos, na pasta de trabalho ativa.	SHIFT+F9
Recalcular todas as fórmulas em todas as pastas de trabalho abertas, independentemente de elas terem sido ou não alteradas desde o último cálculo.	CTRL+ALT+F9
Verificar novamente as fórmulas dependentes e, em seguida, recalcula todas as fórmulas em todas as pastas de trabalho abertas, independentemente de elas terem sido ou não alteradas desde o último cálculo.	CTRL+SHIFT+ALT+F9

5.6 Guia Dados

5.6.1. Grupo Ferramentas de Dados

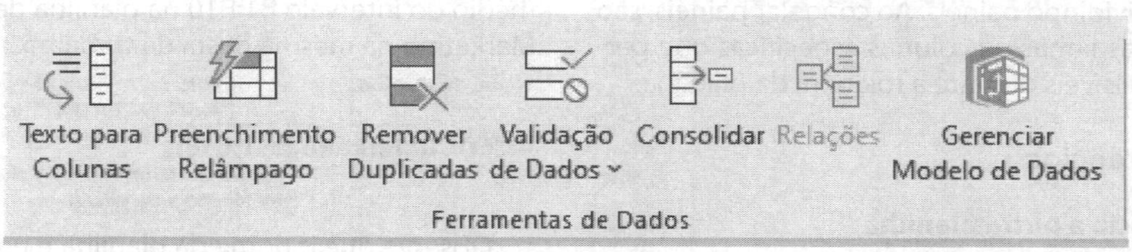

1) Use o Assistente para Conversão de **Texto em Colunas** para separar conteúdo de célula simples, como nomes e sobrenomes, em colunas diferentes.
2) **Remover Duplicadas** – remove registros duplicados em uma coluna.
3) **Validação de Dados** - Use a validação de dados para controlar o tipo de dados que os usuários inserem em uma célula. Por exemplo, é possível restringir a entrada de dados a um certo intervalo de datas, limitar opções usando uma lista ou garantir que apenas números inteiros positivos sejam inseridos
4) **Consolidar** - Para resumir e relatar os resultados de planilhas separadas, você pode consolidar dados de cada planilha separada em um planilha principal.

5.7 Guia Revisão

5.7.1. Grupo Revisão de Texto

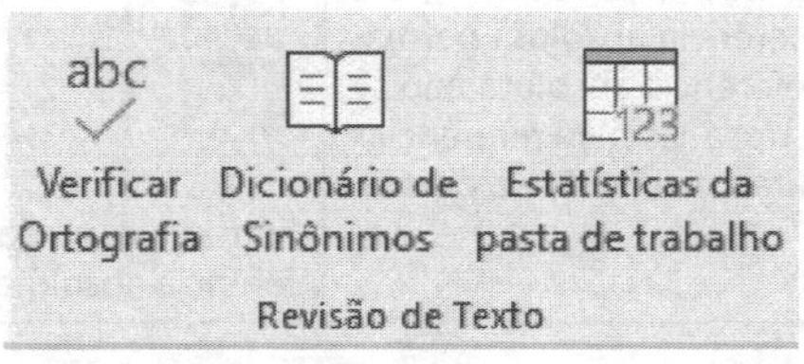

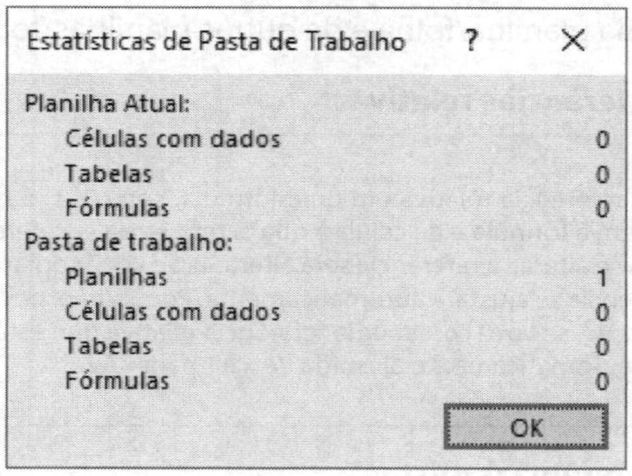

5.7.2. Grupo Proteger

Para impedir que, por acidente ou deliberadamente, um usuário altere, mova ou exclua dados importantes, você pode proteger determinados elementos de uma planilha ou pasta de trabalho, com ou sem uma senha.

Usando o controle de alterações, é possível controlar, preservar e exibir informações sobre as alterações que foram feitas em uma pasta de trabalho compartilhada.

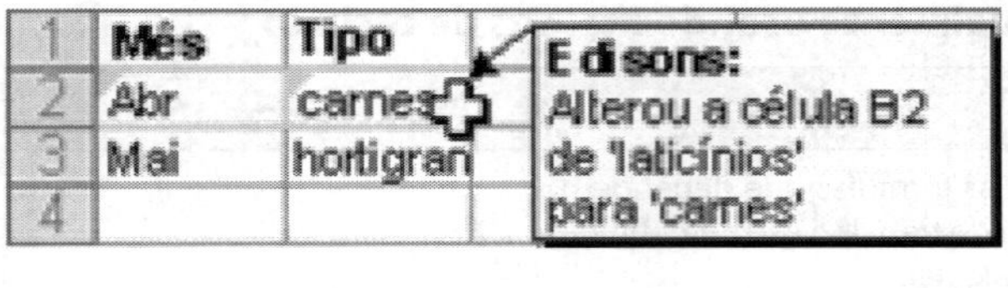

5.8 Guia Exibir

5.8.1. Grupo Janela

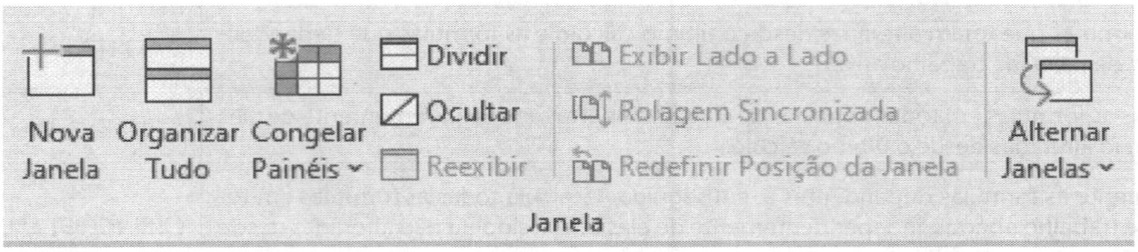

É possível visualizar duas áreas de uma planilha e bloquear linhas ou colunas em uma área congelando ou dividindo painéis. Ao congelar painéis, são selecionadas linhas ou colunas específicas que permanecem visíveis durante a rolagem da planilha.

5.9 Referências

- **Referência a outra planilha**

Podemos criar fórmulas referenciando células da mesma planilha/folha e de outras planilhas/folhas.

Observe o exemplo abaixo referente ao Excel. Nele, a função de planilha MÉDIA calcula o valor médio do intervalo B1:B10 na planilha denominada Marketing na mesma pasta de trabalho.

Observe que o nome da planilha e um ponto de exclamação (!) precedem a referência de intervalo.

- **Referências relativas**

Uma referência relativa em uma fórmula, como A1, é baseada na posição relativa da célula que contém a fórmula e da célula à qual a referência se refere. Se a posição da célula que contém a fórmula se alterar, a referência será alterada. Se você copiar a fórmula ao longo de linhas ou colunas, a referência se ajustará automaticamente. Por padrão, novas fórmulas usam referências relativas. Por exemplo, se você copiar uma referência relativa que está na célula B2 para a célula B3, a referência será automaticamente ajustada de =A1 para =A2.

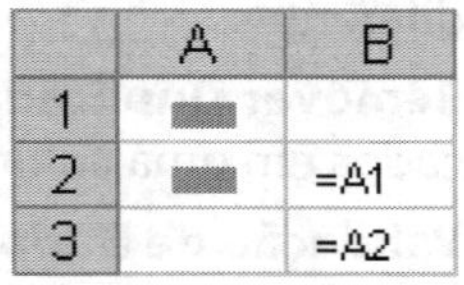

Fórmula copiada com referência relativa

- **Referências mistas**

Uma referência mista tem uma coluna absoluta e linha relativa, ou linha absoluta e coluna relativa. Uma referência de coluna absoluta tem o formato $A1, $B1 e assim por diante. Uma referência de linha absoluta tem o formato A$1, B$1 e assim por diante. Se a posição da célula que contém a fórmula se alterar, a referência relativa será alterada e a referência absoluta não se alterará. Se você copiar a fórmula ao longo de linhas ou colunas, a referência relativa se ajustará automaticamente e a referência absoluta não se ajustará. Por exemplo, se você copiar uma referência mista da célula A2 para B3, ela se ajustará de =A$1 para =B$1.

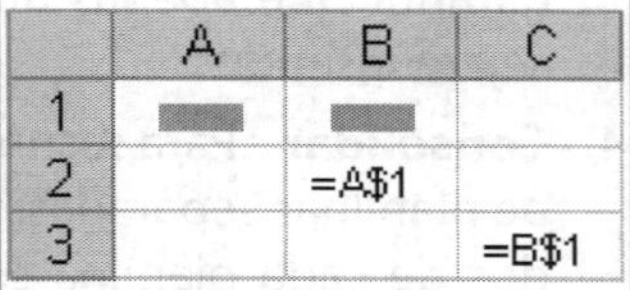

Fórmula copiada com referência mista

- **Referências absolutas**

Uma referência absoluta de célula em uma fórmula, como A1, sempre se refere a uma célula em um local específico. Se a posição da célula que contém a fórmula se alterar, a referência absoluta permanecerá a mesma. Se você copiar a fórmula ao longo de linhas ou colunas, a referência absoluta não se ajustará. Por padrão, novas fórmulas usam referências relativas e você precisa trocá-las para referências absolutas. Por exemplo, se você copiar uma referência absoluta na célula B2 para a célula B3, ela permanecerá a mesma em ambas as células =A1.

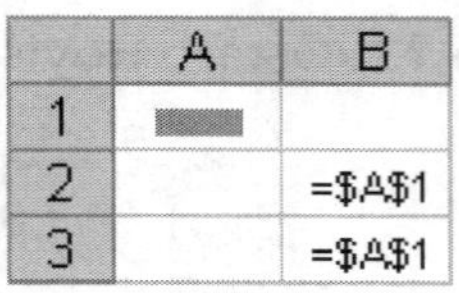

Fórmula copiada com referência absoluta

▷ Atenção! O $ (cifrão) prende a referência

Referências que não estiverem presas serão alteradas ao copiar e colar ou ao usar a alça de preenchimento.

Recortar e colar uma fórmula não altera suas referências, independente do tipo.

Em Planilhas Eletrônicas, fórmulas são equações que realizam cálculos com valores. **Uma fórmula sempre começa com um sinal de igual (=).**

Você pode criar uma fórmula simples usando constantes e operadores de cálculo. Por exemplo, a fórmula =5+2*3, multiplica dois números e, em seguida, adiciona um número ao resultado. As planilhas seguem a ordem padrão de operações matemáticas. No exemplo anterior, a operação de multiplicação (2*3) é realizada primeiro e, em seguida, 5 é adicionado ao resultado.

A maioria das questões de prova abordam fórmulas que tem o mesmo comportamento tanto no Excel, quanto no Calc!

Você também pode criar uma fórmula usando uma função. Por exemplo, as fórmulas =SOMA(A1:A2) e =SOMA(A1;A2) usam ambas a função SOMA para adicionar os valores nas células A1 e A2.

Vejamos os componentes que podemos utilizar em uma fórmula:

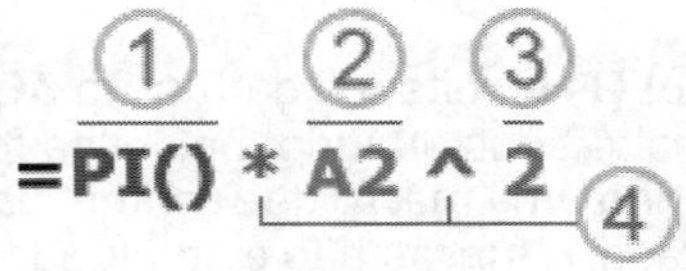

1. **Funções** Uma função, como **PI()**, começa com um sinal de igual (=) e você pode inserir argumentos (argumento: os valores que uma função usa para executar operações ou cálculos. O tipo de argumento que uma função usa é específico à função. Os argumentos comuns usados em funções incluem números, texto, referências de célula e nomes.) para essa função entre os parênteses. Cada função tem uma sintaxe de argumentos específica.
2. **Referências de célula** Você pode fazer referência aos dados nas células de uma planilha incluindo referências de célula na fórmula. Por exemplo, a referência de célula **A2** retorna o valor dessa célula ou usa esse valor no cálculo.
3. **Constantes** Você também pode inserir constantes, como números (por exemplo, **2**) ou valores de texto, diretamente em uma fórmula.
4. **Operadores** Operadores são os símbolos que são usados para especificar o tipo de cálculo que você deseja que a fórmula realize. Por exemplo, o operador ^ (circunflexo) eleva um número a uma potência e o operador * (asterisco) multiplica números.

5.10 Funções

Como vimos acima, uma função pode integrar uma fórmula e tem como característica realizar tarefas automaticamente.

Por exemplo, para calcular a média dos valores 3, 10 e 2 podemos utilizar uma fórmula simples:

=(3+10+2)/3

Nesse caso, os parênteses devem ser utilizados para levar a precedência de cálculo para a soma, caso contrário a divisão seria efetuada em primeiro lugar.

Mas, também podemos utilizar uma função apropriada para esse cálculo:

=MÉDIA(3;10;2)

Agora não precisamos nos preocupar com os detalhes do cálculo. A planilha irá tomar conta disso. Informamos para ela qual função desejamos utilizar e quais os argumentos.

Uma função apresenta sempre o padrão abaixo:

=NOME_DA_FUNÇÃO(ARGUMENTOS)

1. Sempre inicia com sinal de "=" (igual);
2. Seguido do nome da função, respeitando sua sintaxe (atenção para acentos e pontos);
3. Abrir e fechar os parênteses;
4. Inserir os argumentos, compatíveis com a função utilizada (não podemos fazer média com letras!);

4.1 Algumas funções não possuem argumentos ou eles são opcionais.

5.11.1. Função SOMA

A função SOMA soma todos os números que você especifica como argumentos. Cada argumento pode ser um intervalo, uma referência de célula, uma matriz, uma constante, uma fórmula ou o resultado de outra função.

Por exemplo, =SOMA(A1:A5) soma todos os números contidos nas células de A1 a A5. Um outro exemplo: =SOMA(A1; A3; A5) soma os números contidos nas células A1, A3 e A5.

5.11.2. Função MÉDIA

Retorna a média (média aritmética) dos argumentos. Por exemplo, se o intervalo A1:A20 contiver números, a fórmula =MÉDIA(A1:A20) retornará a média desses números.

Vale lembrar que a média aritmética é aquela que somamos os valores e dividimos pela quantidade de valores (sem pesos diferenciados).

Sintaxe

=MÉDIA(núm1; [núm2],...)

A sintaxe da função MÉDIA tem os seguintes argumentos:

- núm1 - Necessário. O primeiro número, referência de célula ou intervalo para o qual você deseja a média.
- núm2, ... - Opcional. Números adicionais, referências de célula ou intervalos para os quais você deseja a média, até no máximo 255.

5.11.3. Função DATA

A função DATA retorna o número de série sequencial que representa uma data particular. Por exemplo, a fórmula

=DATA(2008;7;8)

retorna 39637, o número de série que representa 8/7/2008.

> ▷ Atenção para a sintaxe! A ordem dos argumentos é obrigatória!

Sintaxe

=DATA(ano; mês; dia)

A sintaxe da função DATA tem os seguintes argumentos:

- ano - Necessário. O valor do argumento ano pode incluir de um a quatro dígitos. O Excel interpreta o argumento ano de acordo com o sistema de datas usado pelo seu computador.

> ▷ **Dica!** Utilize quatro dígitos para o argumento ano para impedir resultados indesejados. Por exemplo, usar "07" retorna "1907" como valor de ano.

- mês - Necessário. Um inteiro positivo ou negativo que representa o mês do ano, de 1 a 12 (janeiro a dezembro).

Se mês for maior do que 12, mês adicionará esse número de meses ao primeiro mês no ano especificado. Por exemplo, =DATA(2008;14;2) retorna o número de série que representa 2 de fevereiro de 2009.

Se mês for menor do que 1, mês subtrairá a amplitude desse número de meses, mais 1, do primeiro mês no ano especificado. Por exemplo, =DATA(2008;-3;2) retorna o número de série que representa 2 de setembro de 2007.

- dia - Necessário. Um inteiro positivo ou negativo que representa o dia do mês, de 1 a 31.

Se dia for maior do que o número de dias no mês especificado, dia adicionará esse número de dias ao primeiro dia do mês. Por exemplo, =DATA(2008;1;35) retorna o número de série que representa 4 de fevereiro de 2008.

Se dia for menor do que 1, dia subtrairá a amplitude desse número de dias, mais 1, do primeiro dia do mês especificado. Por exemplo, =DATA(2008;1;-15) retorna o número de série que representa 16 de dezembro de 2007.

5.11.4. Função AGORA

Retorna o número de série da data e da hora atual.

A função AGORA é útil quando você precisa exibir a data e a hora atuais em uma planilha ou calcular um valor com base na data e na hora atuais e ter esse valor atualizado sempre que abrir a planilha.

> ▷ Atenção! Os resultados da função AGORA apenas serão alterados quando a planilha for calculada ou quando uma macro que contém essa função for executada. A função não é atualizada continuamente.

Sintaxe

=AGORA()

A sintaxe da função AGORA não tem argumentos.

5.11.5. Função HOJE

Retorna o número de série da data atual.

A função HOJE é útil quando você precisa ter a data atual exibida em uma planilha, independentemente de quando a pasta de trabalho for aberta. Ela também é útil para o cálculo de intervalos. Por exemplo, se você souber que alguém nasceu em 1963, poderá usar a seguinte fórmula para descobrir a idade dessa pessoa a partir do aniversário deste ano:

=ANO(HOJE())-1963

Essa fórmula usa a função HOJE como argumento da função ANO de forma a obter o ano atual e, em seguida, subtrai 1963, retornando a idade da pessoa.

Sintaxe

=HOJE()

A sintaxe da função HOJE não tem argumentos.

5.11.6. Função SE

▷ Essa é campeã de concursos!

A função SE retornará um valor se uma condição que você especificou for avaliada como VERDADEIRO e um outro valor se essa condição for avaliada como FALSO. Por exemplo, avalie a fórmula abaixo:

=SE(A1>10;"Mais que 10";"10 ou menos")

Retornará "Mais que 10" se A1 for maior que 10 e "10 ou menos" se A1 for menor que ou igual a 10.

Sintaxe

=SE(teste_lógico; [valor_se_verdadeiro]; [valor_se_falso])

A sintaxe da função SE tem os seguintes argumentos.

- Teste_lógico - Obrigatório. É a CONDIÇÃO! Qualquer valor ou expressão que possa ser avaliado como VERDADEIRO ou FALSO. Por exemplo, A10=100 é uma expressão lógica; se o valor da célula A10 for igual a 100, a expressão será considerada VERDADEIRO. Caso contrário, a expressão será considerada FALSO. Esse argumento pode usar qualquer operador de cálculo de comparação.
- Valor_se_verdadeiro - Opcional. O valor que você deseja que seja retornado se o argumento teste_lógico for considerado VERDADEIRO. Por exemplo, se o valor desse argumento for a cadeia de texto "Dentro do orçamento" e o argumento teste_lógico for considerado VERDADEIRO, a função SE retornará o texto "Dentro do orçamento". Se teste_lógico for considerado VERDADEIRO e o argumento valor_se_verdadeiro for omitido (ou seja, há apenas um ponto e vírgula depois do argumento teste_lógico), a função SE retornará 0 (zero).
- Valor_se_falso - Opcional. O valor que você quer que seja retornado se o argumento teste_lógico for avaliado como FALSO. Por exemplo, se o valor desse argumento for a cadeia de texto "Acima do orçamento", e o argumento teste_lógico for avaliado como FALSO, a função SE retornará o texto "Acima do orçamento". Se teste_lógico for avaliado como FALSO, e o argumento valor_se_falso for omitido (ou seja, não há ponto e vírgula depois do argumento valor_se_verdadeiro), a função SE retornará o valor lógico FALSO. Se teste_lógico for avaliado como FALSO, e o valor do argumento valor_se_falso estiver em branco (ou seja, se houver apenas um ponto e vírgula após o argumento valor_se_verdadeiro), a função SE retornará o valor 0 (zero).

Lendo assim, com essa descrição formal e um monte de símbolos parece estranho.

Mas, essa é uma construção que utilizamos diariamente.

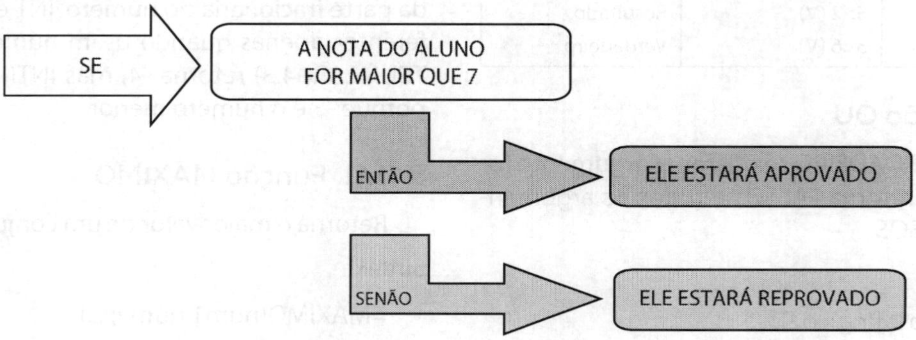

A diferença é que na planilha escrevemos de forma linear.

Vamos ver mais um exemplo. De acordo com a planilha abaixo:

	A	B	C	D	E	F
1	**Nome**	**Prova 1**	**Prova 2**	**Prova 3**	**Nota Final**	**Resultado**
2	João	8	9	5	7,33	

Qual fórmula deve ser digitada em F2 para que seja apresentado o resultado APROVADO ou REPROVADO, de acordo com a regra acima.

Vejamos:

CONDIÇÃO: NOTA (E2) SER MAIOR QUE 7

VALOR PARA CONDIÇÃO VERDADEIRA: APROVADO

VALOR PARA A CONDIÇÃO FALSA: REPROVADO

=SE(**CONDIÇÃO**, VALOR_SE_VERDADEIRO, **VALOR_SE_FALSO**)

=SE(E2>7;"APROVADO";"REPROVADO")

Captou?

> ▷ **Dicas!**
>
> 1. **Quando estiver estudando a função SE, leia o primeiro ponto e vírgula com como ENTÃO e o segundo como SENÃO!**
> 2. **Podem ser aninhadas até 64 funções SE como argumentos valor_se_verdadeiro e valor_se_falso para criar testes mais elaborados.**

5.11.7. Função E

Retornará VERDADEIRO se todos os seus argumentos forem avaliados como VERDADEIRO e retornará FALSO se um ou mais argumentos forem avaliados como FALSO.

Sintaxe

=E(lógico1; [lógico2]; ...)

> ▷ Dica! Máximo de 255 condições.

Ex:

=E(5>2;3<6)	5>2 (V) 3<6 (V)	Resultado Verdadeiro

5.11.8. Função OU

Retorna VERDADEIRO se qualquer argumento for VERDADEIRO; retorna FALSO se todos os argumentos forem FALSOS.

Sintaxe

=OU(lógico1; [lógico2]; ...)

> ▷ Dica! Máximo de 255 condições.

Ex:

=OU(5<2;3<6)	5>2 (F) 3<6 (V)	Resultado Verdadeiro

5.11.9. Função ARRED

A função ARRED arredonda um número para um número especificado de dígitos. Por exemplo, se a célula A1 contiver 23,7825 e você quiser arredondar esse valor para duas casas decimais, poderá usar a seguinte fórmula:

=ARRED(A1;2)

O resultado dessa função é 23,78.

Sintaxe

=ARRED(número; núm_dígitos)

A sintaxe da função ARRED tem os seguintes argumentos:

- número - Necessário. O número que você deseja arredondar.
- núm_dígitos - Necessário. O número de dígitos para o qual você deseja arredondar o argumento número.

5.11.10. Função TRUNCAR

Trunca um número para um inteiro removendo a parte fracionária do número.

Sintaxe

=TRUNCAR(núm;núm_dígitos)

- Núm - é o número que se deseja truncar.
- Núm_dígitos - é um número que especifica a precisão da operação. O valor padrão para num_digits é 0 (zero).

Comentários:

TRUNCAR e INT são semelhantes pois os dois retornam inteiros. TRUNCAR remove a parte fracionária do número. INT arredonda para menos até o número inteiro mais próximo de acordo com o valor da parte fracionária do número. INT e TRUNC são diferentes apenas quando usam números negativos: TRUNCAR(-4.3) retorna -4, mas INT(-4.3) retorna -5, porque -5 é o número menor.

5.11.11. Função MÁXIMO

Retorna o maior valor de um conjunto de valores.

Sintaxe

=MÁXIMO(núm1;núm2; ...)

- Núm1, núm2,... - são de 1 a 255 números cujo valor máximo você deseja saber.

5.11.12. Função MÍNIMO

Retorna o menor número na lista de argumentos.

Sintaxe

=MÍNIMO(núm1;núm2;...)

- Núm1, núm2,... - são de 1 a 255 números cujo valor mínimo você deseja saber.

> Temos também a função MENOR, que funciona de forma correlata à função MAIOR.

Vejamos os exemplos a seguir:

	A
1	Dados
2	10
3	7
4	9
5	27
6	0
7	4

Fórmula	Descrição (resultado)
=MÍNIMO(A2:A7)	O menor número no intervalo (0)
=MÁXIMO(A2:A7)	O maior número no intervalo (27)
=MENOR(A2:A7; 2)	O segundo menor número no intervalo (4)
=MAIOR(A2:A7;3)	O terceiro maior número no intervalo (9)

5.11.13. Função CONT.SE

A função CONT.SE conta o número de células dentro de um intervalo que atendem a um único critério que você especifica. Por exemplo, é possível contar todas as células que começam com uma certa letra ou todas as células que contêm um número maior do que ou menor do que um número que você especificar.

Sintaxe

=CONT.SE(intervalo; critérios)

- intervalo - Obrigatório. Uma ou mais células a serem contadas, incluindo números ou nomes, matrizes ou referências que contêm números. Campos em branco e valores de texto são ignorados.
- critérios - Obrigatório. Um número, uma expressão, uma referência de célula ou uma cadeia de texto que define quais células serão contadas. Por exemplo, os critérios podem ser expressos como 32, "32", ">32", "maçãs" ou B4.

> ▷ **Observações: Critérios não fazem distinção entre maiúsculas e minúsculas; por exemplo, a cadeia "maçãs" e a cadeia "MAÇÃS" corresponderão as mesmas células.**

5.11.14. Função SOMASE

Use a função SOMASE para somar os valores em um intervalo que atendem aos critérios que você especificar. Por exemplo, suponha que em uma coluna que contém números, você deseja somar apenas os valores maiores que 5. É possível usar a seguinte fórmula:

=SOMASE(B2:B25;">5")

Nesse exemplo, os critérios são aplicados aos mesmos valores que estão sendo somados. Se desejar, você pode aplicar os critérios a um intervalo e somar os valores correspondentes em um intervalo diferente. Por exemplo, a fórmula =SOMASE(B2:B5; "João"; C2:C5) soma apenas os valores no intervalo C2:C5, em que as células correspondentes no intervalo B2:B5 equivalem a "João".

Sintaxe

=SOMASE(intervalo; critérios; [intervalo_soma])

A sintaxe da função SOMASE tem os seguintes argumentos:

- **intervalo** - Obrigatório. O intervalo de células que se deseja calcular por critérios. As células em cada intervalo devem ser números e nomes, matrizes ou referências que contêm números. Espaços em branco e valores de texto são ignorados.
- **critérios** - Obrigatório. Os critérios na forma de um número, expressão, referência de célula, texto ou função que define quais células serão adicionadas. Por exemplo, os critérios podem ser expressos como 32, ">32", B5, 32, "32", "maçãs" ou HOJE().

> ▷ **Importante! Qualquer critério de texto ou qualquer critério que inclua símbolos lógicos ou matemáticos deve estar entre aspas duplas ("). Se os critérios forem numéricos, as aspas duplas não serão necessárias.**

- **intervalo**_soma - Opcional. As células reais a serem adicionadas, se você quiser adicionar células diferentes das especificadas no argumento de intervalo. Se o argumento intervalo_soma for omitido, a planilha adicionará as células especificadas no argumento intervalo (as mesmas células às quais os critérios são aplicados).

5.11.15. Função PROCV

Você pode usar a função PROCV para pesquisar a primeira coluna de um intervalo de células e, em seguida, retornar um valor de qualquer célula na mesma linha do intervalo. Por exemplo, suponhamos que você tenha uma lista de funcionários contida no intervalo A2:C10. Os números de identificação dos funcionários são armazenados na primeira coluna do intervalo, como mostrado na ilustração a seguir.

	A	B	C
1	ID do funcionário	Departamento	Nome Completo
2	35	Vendas	Paula Bento
3	36	Produção	Janaína Bueno
4	37	Vendas	João Casqueiro
5	38	Operações	Gonçalo Cunha
6	39	Vendas	Nuno Farinha
7	40	Produção	Carlos Grilo
8	41	Vendas	Carlos Lacerda
9	42	Operações	Manuel Machado
10	43	Produção	Leonor Marques

Se souber o número de identificação do funcionário, você poderá usar a função PROCV para retornar o departamento ou o nome desse funcionário.

Para obter o nome do funcionário número 38, você pode usar a fórmula:

=PROCV(38; A2:C10; 3; FALSO)

Essa fórmula procura o valor 38 na primeira coluna do intervalo A2:C10 e, em seguida, retorna o valor contido na terceira coluna do intervalo e na mesma linha do valor procurado ("Gonçalo Cunha").

> O V em PROCV significa vertical. PROCV = Procura vertical!
>
> Use PROCH em vez de PROCV quando os valores da comparação estiverem posicionados em uma linha.
>
> PROCH = Procura Horizontal.

Sintaxe

=PROCV(valor_procurado; matriz_tabela; núm_índice_coluna; [procurar_intervalo])

A sintaxe da função PROCV tem os seguintes argumentos:

- valor_procurado: Obrigatório. O valor a ser procurado na primeira coluna da tabela ou intervalo. O argumento valor_procurado pode ser um valor ou uma referência. Se o valor que você fornecer para o argumento valor_procurado for menor do que o menor valor da primeira coluna do argumento matriz_tabela, PROCV retornará o valor de erro #N/D.
- matriz_tabela: Obrigatório. O intervalo de células que contém os dados. Você pode usar uma referência a um intervalo (por exemplo, A2:D8) ou um nome de intervalo. Os valores na primeira coluna de matriz_tabela são os valores procurados por valor_procurado. Os valores podem ser texto, números ou valores lógicos. Textos em maiúsculas e minúsculas são equivalentes.
- núm_índice_coluna: Obrigatório. O número da coluna no argumento matriz_tabela do qual o valor correspondente deve ser retornado. Um argumento núm_índice_coluna de 1 retorna o valor na primeira coluna em matriz_tabela; um núm_índice_coluna de 2 retorna o valor na segunda coluna em matriz_tabela e assim por diante.

Se o argumento núm_índice_coluna for:

- Menor que 1, PROCV retornará o valor de erro #VALOR!.
- Maior do que o número de colunas em matriz_tabela, PROCV retornará o valor de erro #REF!.
- procurar_intervalo - Opcional. Um valor lógico que especifica se você quer que PROCV localize uma correspondência exata ou aproximada.
- Se procurar_intervalo for VERDADEIRO, ou for omitido, uma correspondência exata ou aproximada será retornada. Se uma correspondência exata não for localizada, o valor maior mais próximo que seja menor que o valor_procurado será retornado.
- Importante! Se procurar_intervalo for VERDADEIRO, ou for omitido, os valores na primeira coluna de matriz_tabela deverão ser colocados em ordem ascendente; caso contrário, PROCV poderá não retornar o valor correto.
- Se procurar_intervalo for FALSO, os valores na primeira coluna de matriz_tabela não precisarão ser ordenados.
- Se o argumento procurar_intervalo for FALSO, PROCV encontrará somente uma correspondência exata. Se houver dois ou mais valores na primeira coluna de matriz_tabela que não coincidem com o valor_procurado, o primeiro valor encontrado será utilizado. Se nenhuma correspondência exata for localizada, o valor de erro #N/D será retornado.

6. NOÇÕES BÁSICAS DE FERRAMENTAS E APLICATIVOS DE NAVEGAÇÃO E CORREIO ELETRÔNICO

6.1 Navegador de Internet Firefox

O Firefox ganhou mercado por ter a fama de ser rápido e seguro. Além disso, ele é um software livre, podendo ser distribuído livremente.

Vejamos a interface dele:

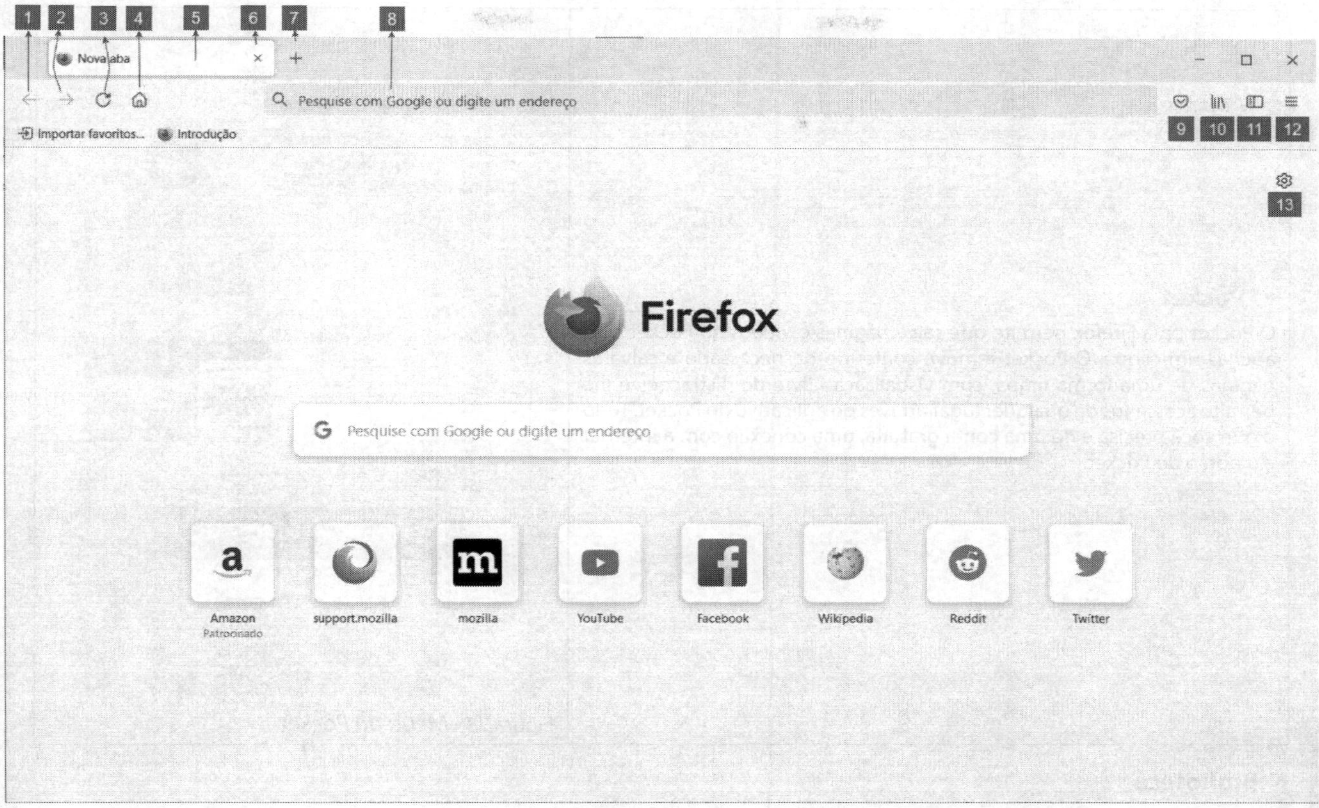

Figura 26- Tela Principal do Firefox

1 – Voltar	**2** – Avançar	**3** – Atualizar	**4** – Página Inicial
5 – Aba ou Guia	**6** – Fechar Aba	**7** – Abrir uma nova aba	**8** – Barra de Endereços
9 – Pocket	**10** – Biblioteca (Ver histórico, favoritos e muito mais)	**11** – Mostrar Painel Lateral	**12** – Abrir menu do aplicativo
13 – Personalizar página de nova aba			

6.1 Mostrar Informações do Site

 Figura 27 - *Informações do Site*	A janela "Informações da Página" fornece detalhes técnicos sobre a página em que você está.

- **Pocket**

O Pocket para Firefox permite que salve páginas e vídeos no Pocket com apenas um clique. O Pocket remove conteúdo desnecessário e salva as páginas de uma forma limpa, com visualização livre de distrações e lhe permite acessá-los de qualquer lugar através do aplicativo do Pocket. Tudo o que você precisa é de uma conta gratuita, uma conexão com a internet e o botão do Pocket.

Figura 28 - *Menu do Pocket*

- **Biblioteca**

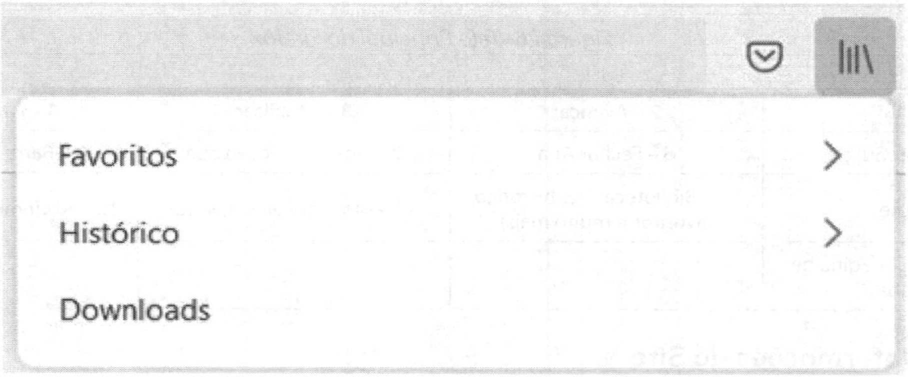

Figura 29- Bibliotecas

- **Mostrar Painel**

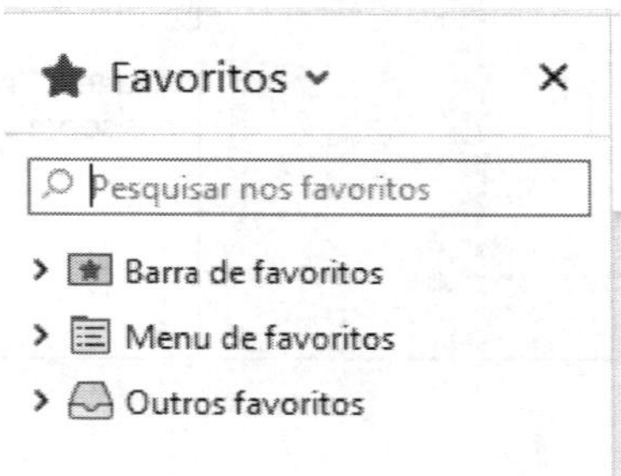

Figura 30- Mostrar Painel

- **Mostrar Menu**

Figura 31 - *Menu do Firefox*

- **Modo Sync**

Uma Conta Firefox permite sincronizar seus dados e preferências (como favoritos, histórico, senhas, abas abertas e extensões instaladas) com todos os seus dispositivos. Seu uso é gratuito.

- **Bloqueio de conteúdo**

Alguns sites usam rastreadores que podem monitorar suas atividades pela internet. Bloqueio de conteúdo é uma coleção de configurações do Firefox que bloqueia muitos desses rastreadores de terceiros. Ele mantém sua navegação mais privativa, de modo que informações sobre você não serão rastreadas, armazenadas ou compartilhadas entre sites sem que você perceba.

- **Janela Privativa**

O recurso  Nova janela privativa tem o mesmo objetivo da navegação InPrivate já vista no IE. A tecla de atalho aqui também é CTRL+SHIFT+P.

É possível verificar o **Histórico** pelo menu ou pelo atalho CTRL+H.

Ao clicar no ícone  Histórico as seguintes opções são exibidas:

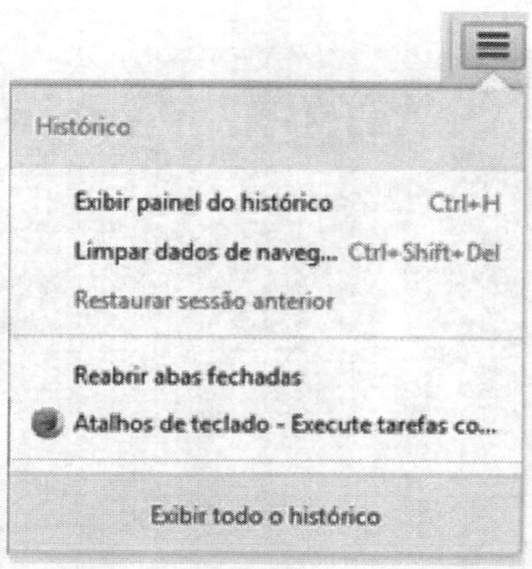

Figura 32 - Histórico do Firefox

- **Configurações do Firefox**

Ao acessar o Menu do Firefox e clicar em Configurações os itens são exibidos como se fossem páginas web, mas com o endereço interno do navegador: about:preferences

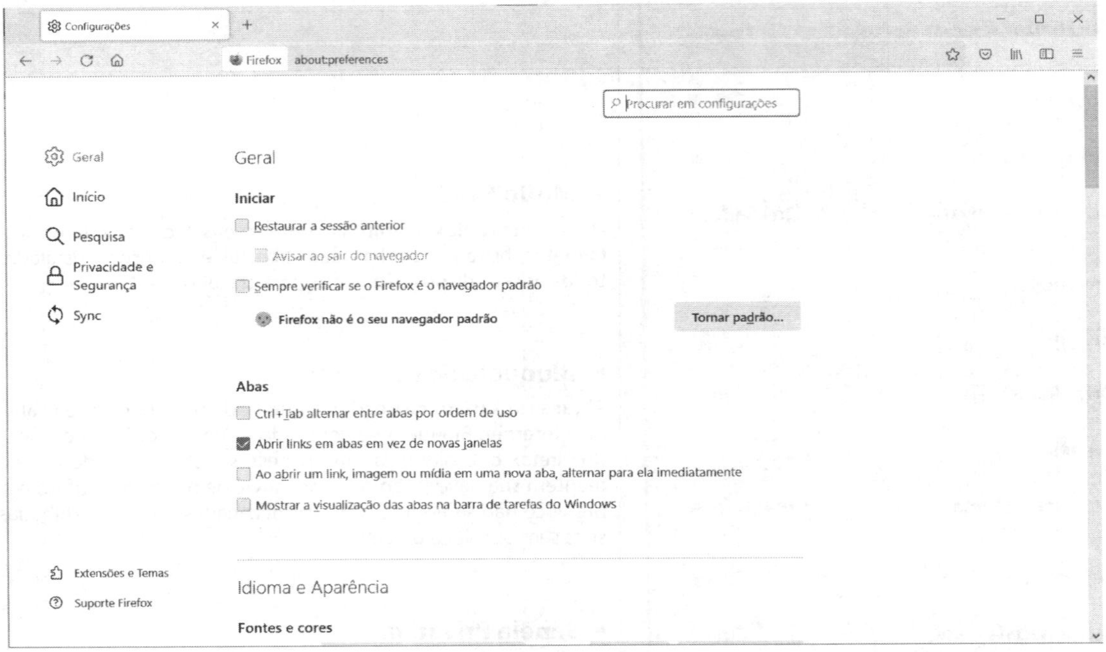

Figura 33- Configurações do Firefox

6.2 Navegador de Internet Google Chrome

O navegador da Google é o a grande novidade do mercado nos últimos anos. Por integrar suas funcionalidades com a nuvem do Google, permitindo sincronizar e-mails, edição documentos online e armazenamento de dados em nuvem, o programa ganhou muitos adeptos.

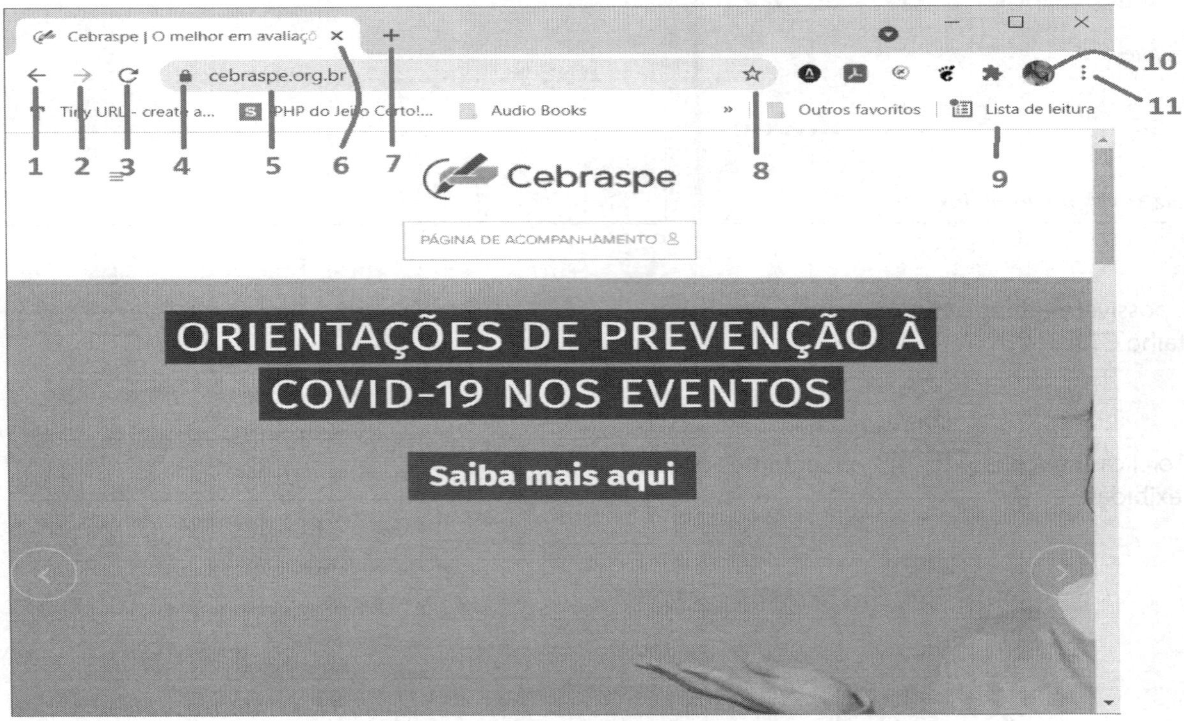

Figura 34 - Interface do Google Chrome

Note que a interface é parecida com a do Firefox e MS Edge. Os navegadores adotam um padrão de janelas, botões e atalhos. Mudam os menus e nomes das funções.

Item	Nome	Atalho
1	Voltar	ALT+⊠
2	Avançar	ALT
3	Atualizar	F5
4	Visualizar Informações do Site	-
5	Barra de Endereços	F6 (Foco na barra de endereços) CTRL+E (Pesquisar na Barra de Endereços)
6	Fechar Guia	CTRL+W
7	Nova Guia	CTRLT
8	Adicionar esta guia aos favoritos	CTRL+D
9	Lista de Leitura	-
10	Conta Google	-
11	Menu Personalizar e Controlar o Google Chrome	-

- **Visualizar Informações do Site**

Figura 35 - *Infomações do Site*

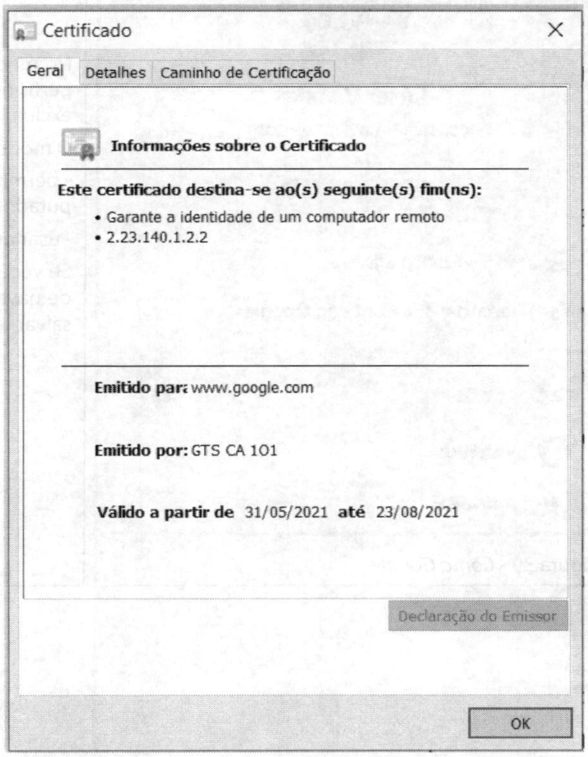

Figura 36 - *Informações sobre o Certificado*

- **Adicionar Esta Guia Aos Favoritos**

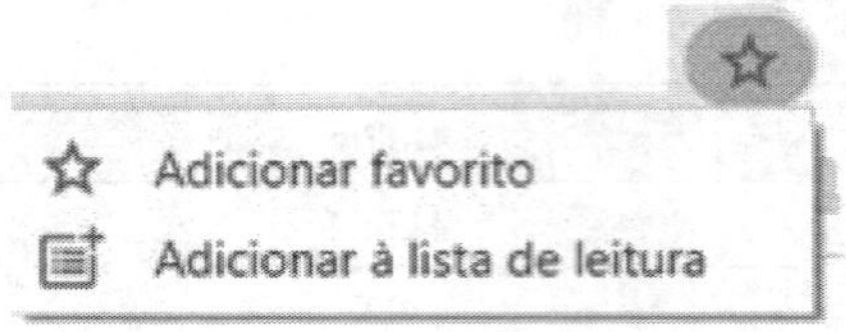

Figura 37 - *Favoritos*

- **Lista de Leitura**

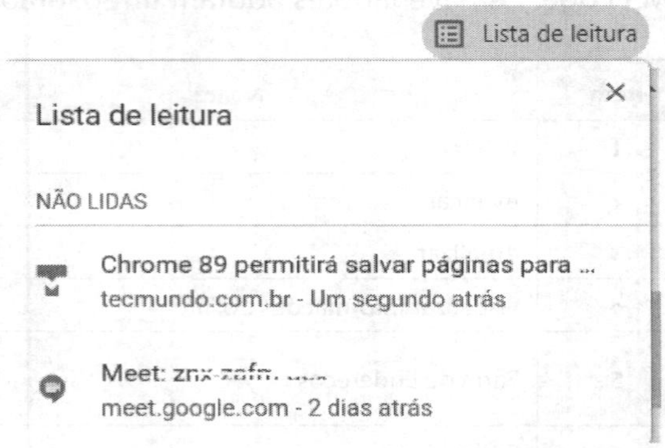

Figura 38 - *Lista de Leitura*

- **Conta Google**

Figura 39 - *Conta Google*

No modo visitante, você não verá nem mudará as informações de outros perfis do Chrome. Ao sair do modo visitante, sua atividade de navegação é excluída do computador.

O modo visitante é ideal para:

- permitir que outras pessoas usem seu computador ou para usar o computador de outra pessoa;

- usar um computador público, como em uma biblioteca ou um café.

Se você quiser navegar com privacidade no seu computador, use o modo de navegação anônima. Você verá suas informações e configurações sem salvar o histórico de navegação.

- **Menu Personalizar e Controlar o Google Chrome**

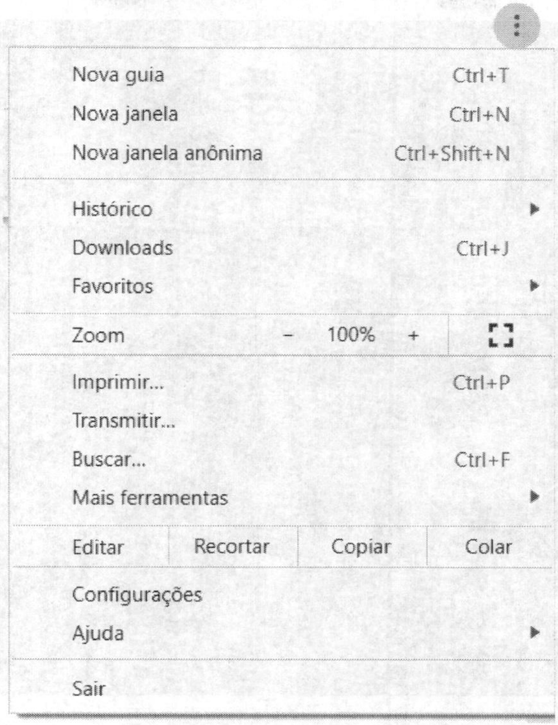

Figura 40 - Menu do Chrome

- **Limpar Dados de Navegação – CTRL+SHIFT+-DEL**

Figura 41 - Limpar Dados de Navegação

- **Gerenciador de Tarefas – SHIFT+ESC**

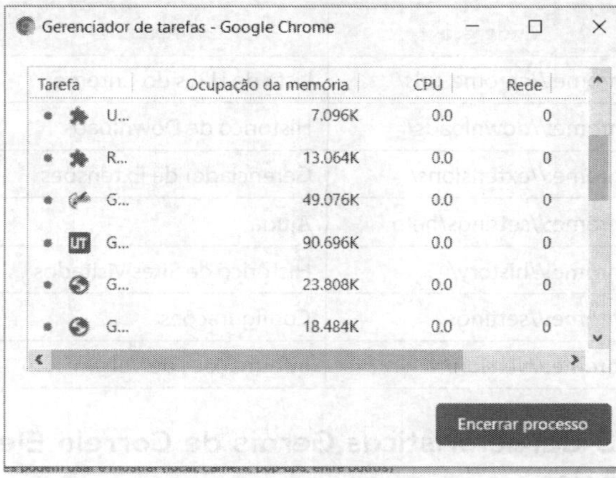

Figura 42 – Gerenciador de Tarefas

- **Navegação Anônima - CTRL+SHIFT+N.**

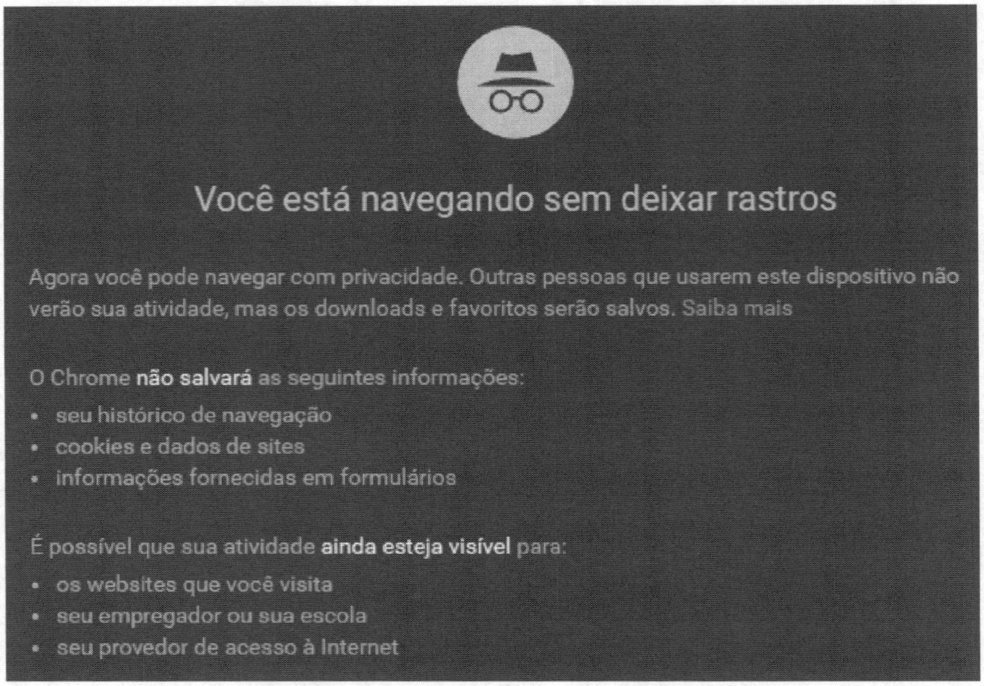

Figura 43 - Nova Janela Anônima

- **URLs Internas do Google Chrome**

Endereço	Ação
chrome://chrome-urls/	Lista de URLs do Chrome
chrome://downloads/	Histórico de Downloads
chrome://extensions/	Gerenciador de Extensões
chrome://settings/help	Ajuda
chrome://history/	Histórico de Sites Visitados
chrome://settings/	Configurações
chrome://version/	Informações de Versão

6.3 Características Gerais de Correio Eletrônico

Um correio eletrônico ou ainda e-mail é um método que permite compor, enviar e receber mensagens através de sistemas eletrônicos de comunicação.

Podemos acessar nossos e-mails de duas formas:

- **Webmail**: o acesso é realizado através de uma interface da World Wide Web. Uma página da internet que permite ao utilizador gerenciar suas mensagens usando um navegador. São exemplos de webmail o Gmail, Yahoo! Mail, Hotmail, entre outros.
- **Cliente** de e-mail: nessa forma de acesso é necessária a instalação de um programa de computador que permite acesso às mensagens do servidor. Quando utilizamos um cliente de e-mail é necessário realizar a configuração de uma conta, informando os dados do usuário e dos servidores de recebimento e envio de mensagens. Nesse momento o usuário pode optar por receber mensagens utilizando o protocolo POP3 ou IMAP. São exemplos de cliente de email MS Outlook e Thunderbird.

6.4 Criando um Novo Email

Ao criar uma mensagem, os seguintes campos estão disponíveis, por padrão:

- Remetente: endereço do usuário que irá enviar a mensagem (Campo "De")
- Para: destinatários simples.
- Cc: destinatários em cópia aberta.
- CCo: destinatários em cópia oculta. Os e-mails inseridos nesse campo não são visíveis aos destinatários da mensagem.
- Assunto: campo de texto, destinado ao assunto da mensagem. Pode ser deixado em branco.
- Corpo: Conteúdo efetivo da mensagem. Pode ser deixado em branco.

Além dos campos citados, uma mensagem pode conter um ou mais arquivos anexados.

O símbolo padrão de anexo é um clipes .

▪ **Lendo Emails**

Ao receber uma mensagem, ela será armazenada, por padrão, na Caixa de Entrada.

Ao clicar sobre ela, as seguintes opções são exibidas:

≪ Responder a todos	Permite responder ao remetente. Os anexos NÃO são inseridos.
≪ Responder a todos	Permite responder ao remetente e todos os destinatários, exceto os inseridos em Cco. Os anexos NÃO são inseridos.
→ Encaminhar	Permite encaminhar a mensagem a terceiros. Os anexos SÃO inseridos.

▪ **Protocolos de Correio Eletrônico**

- POP3
- Protocolo de Recebimento de E-mails
- Por padrão, MOVE as mensagens do servidor para o cliente de e-mail.
- SMTP
- Protocolo de Envio de E-mails
- IMAP
- Protocolo de Gerenciamento de E-mails
- Por padrão, ESPELHA as mensagens do servidor para o cliente de e-mail.

7. NOÇÕES BÁSICAS DE SEGURANÇA E PROTEÇÃO: VÍRUS, WORMS E DERIVADOS

7.1 Vírus

Vírus é um segmento de código de computador, normalmente malicioso, que se propaga inserindo cópias de si mesmo e se tornando parte de outros programas e arquivos. Os programas que são afetados pelos vírus tornam-se hospedeiros. A execução do hospedeiro é o gatilho para a execução do vírus.

Então, para que possa se tornar ativo e dar continuidade ao processo de infecção, o **vírus depende da execução do programa ou arquivo hospedeiro**, ou seja, para que o seu computador seja infectado é preciso que um programa já infectado seja executado.

▪ **Tipos específicos de vírus**

- **Vírus de Boot:** infecta o setor de inicialização do computador sendo ativado junto com o sistema operacional. Assim, pode interferir no funcionamento dos antivírus.
- **Time Bomb ou Bomba Relógio**: malware de contagem regressiva, programado para ser executado em um determinado momento.
- **Vírus de Macro**: infectam arquivos de documentos, planilhas, apresentações, etc. Utilizam as linguagens das macros.
  - Uma macro é uma série de comandos e instruções que você agrupa como um único comando para realizar uma tarefa automaticamente.
- **Vírus polimórficos:** são mutantes! Tem a capacidade de se alterar para evitar a detecção.

7.2 Worms

Worm é um programa capaz de se propagar automaticamente pelas redes, enviando cópias de si mesmo de computador para computador. É isso que o difere do vírus: **o Worm não necessita de hospedeiro!**

O worm não se propaga por meio da inclusão de cópias de si mesmo em outros programas ou arquivos, mas sim pela execução direta de suas cópias ou pela exploração automática de vulnerabilidades existentes em programas instalados em computadores.

O dano aos sistemas é causado por consumir muitos recursos, devido à grande quantidade de cópias de si mesmo que costumam propagar e, como consequência, podem afetar o desempenho de redes e a utilização de computadores. Essa situação **pode afetar a disponibilidade dos recursos.**

Uma situação clássica de ação de um worm ocorre quando recebemos um e-mail em branco e ao questionarmos o remetente (comumente uma pessoa conhecida), ele informa que não enviou mensagem alguma. O que ocorreu? Um Worm ao infectar um computador é capaz de se enviar automaticamente a toda a lista de contatos do usuário infectado. Assim, sua propagação atinge índices exponenciais!

7.3 Spyware

É um **programa espião** que monitora as atividades de um sistema e envia as informações coletadas para terceiros.

Os spywares podem ser legítimos ou maliciosos. Se forem autorizados pelo usuário, com consentimento explícito para a coleta de dados, são considerados líticos.

INFORMÁTICA

Contudo, se forem instalados sem o conhecimento, e, consequente mente, sem o consentimento do usuário, são danosos e considerados malwares.

Existem alguns tipos específicos de Spywares:

- Keyloggers: armazenam as teclas digitadas pelo usuário.
- Screenloggers: armazenam as telas e a posição do cursor. São utilizados para capturar os dados inseridos em teclados virtuais.
- Adwares: exibem propagandas de forma não autorizada, em geral, baseadas no comportamento do usuário, sem seu consentimento.

7.4 Bot

Bot é um programa que dispõe de mecanismos de comunicação com o invasor que permitem que ele seja controlado remotamente. Possui processo de infecção e propagação similar ao do worm, ou seja, é capaz de se propagar automaticamente, explorando vulnerabilidades existentes em programas instalados em computadores.

A ação de um Bot pode ser potencializada através de uma ação em conjunto. Uma Botnet é uma rede formada por centenas ou milhares de computadores zumbis e que permite potencializar as ações danosas executadas pelos bots.

Um ataque comum utilizado através de Botnets é o DoS (Denial of Service/Ataque de Negação de Serviço). Nele uma grande os bots de uma grande rede são programados para realizar acessos simultâneos a determinado sistema, extrapolando a capacidade de atendimento e tornando o recurso indisponível.

7.5 Backdoor

Backdoor é um programa que permite o retorno de um invasor a um computador comprometido, por meio da inclusão de serviços criados ou modificados para este fim.

Diversos programas possuem Backdoors implantados pelos fabricantes com o objetivo de permitir acessos administrativos quando necessário. Contudo, essas brechas podem oferecer grandes riscos e são objetos de grande polêmica. Nos Estados Unidos, por exemplo, faz parte da legislação que determinados equipamentos devem possuir Backdoors para acesso legal para fins de auditoria.

7.6 Cavalo de troia (Trojan)

Cavalo de troia, trojan ou trojan-horse, é um programa que, além de executar as funções para as quais foi aparentemente projetado, também executa outras funções, normalmente maliciosas, e sem o conhecimento do usuário.

Existem diversos tipos de Cavalos de Tróia, conforme a tabela abaixo extraída do site http://cartilha.cert.br/malware/

Tipo	Ação
Trojan Downloader	instala outros códigos maliciosos, obtidos de sites na Internet.
Trojan Dropper	instala outros códigos maliciosos, embutidos no próprio código do trojan.
Trojan Backdoor ▷ O mais cobrado em provas!	inclui backdoors, possibilitando o acesso remoto do atacante ao computador.
Trojan DoS	instala ferramentas de negação de serviço e as utiliza para desferir ataques.
Trojan Destrutivo	altera/apaga arquivos e diretórios, formata o disco rígido e pode deixar o computador fora de operação.
Trojan Clicker	redireciona a navegação do usuário para sites específicos, com o objetivo de aumentar a quantidade de acessos a estes sites ou apresentar propagandas.
Trojan Proxy	instala um servidor de proxy, possibilitando que o computador seja utilizado para navegação anônima e para envio de spam.
Trojan Spy	instala programas spyware e os utiliza para coletar informações sensíveis, como senhas e números de cartão de crédito, e enviá-las ao atacante.
Trojan Banker ou Bancos	coleta dados bancários do usuário, através da instalação de programas spyware que são ativados quando sites de Internet Banking são acessados. É similar ao Trojan Spy porém com objetivos mais específicos.

7.7 Rootkit

Conjunto de programas e técnicas que permite esconder e assegurar a presença de um invasor ou de outro código malicioso em um computador comprometido.

O Rootkit é utilizado para apagar as evidências de uma infecção ou invasão, possibilitando que o ataque possa ser continuamente executado.

7.8 Ransomware

> Ransomware é um tipo de malware que cifra os arquivos armazenados no computador da vítima e solicita um resgate para decifrá-los.
>
> CESPE/2021

O resgate, geralmente, é solicitado através de moedas virtuais (ex: bitcoin).

Esse tipo de malware pode se propagar de diversas formas, em especial através de anexos de e-mail e ou links que indicam o usuário a executar o código malicioso. Ainda pode ocorrer a exploração de vulnerabilidades dos sistemas.

- **Tipos de Ransomware:**

1. Ransomware Locker: impede o acesso ao equipamento infectado.
2. Ransomware Crypto: impede o acesso aos dados armazenados no equipamento infectado, geralmente usando criptografia.

REFERÊNCIAS

Suporte Microsoft - https://support.microsoft.com/

Amazon Web Services - https://aws.amazon.com/

Suporte Microsoft - https://support.microsoft.com/

TANENBAUM, A. S. – Redes de Computadores – 4ª Ed., Editora Campus (Elsevier), 2003

Cartilha de Segurança para Internet - https://cartilha.cert.br/

MATEMÁTICA

Daniel Machado de Campos Alves

Sumário:

1.TEORIA DOS CONJUNTOS

Caro aluno, estamos iniciando a caminhada dentro do maravilhoso e desafiador mundo da Matemática. Nosso destino é a sua aprovação no concurso do INSS e para isso estaremos juntos, focados e dedicados até o fim.

Teoria dos Conjuntos exige um conhecimento amplo e claro sobre os conjuntos numéricos, as relações entre eles e também os conceitos básicos de união, intersecção e etc.

Conjunto é um conceito primitivo, isto é, sem definição, que indica agrupamento de objetos, elementos, pessoas etc. Para nomear os conjuntos, usualmente são utilizadas letras maiúsculas do nosso alfabeto.

1.1 Representações

Os conjuntos podem ser representados de três formas distintas:

I. Por enumeração (ou extensão): Nessa representação, o conjunto é apresentado pela citação de seus elementos entre chaves e separados por vírgula. Assim temos:

O conjunto "A" das vogais → A = {a, e, i, o, u}.

O conjunto "B" dos números naturais menores que 5 → B = {0,1,2,3,4}.

O conjunto "C" dos estados da região Sul do Brasil → C = {RS, SC, PR}.

II. Por propriedade (ou compreensão)

Nessa representação, o conjunto é apresentado por uma lei de formação que caracteriza todos os seus elementos. Assim, o conjunto "A" das vogais é dado por:

A = {x / x é vogal do alfabeto} → (Lê-se: A é o conjunto dos elementos x, tal que x é uma vogal)

Outros exemplos: B = {x/x é número natural menor que 5}

C = {x/x é estado da região Sul do Brasil}

III. Por Diagrama de Venn

Nessa representação, o conjunto é apresentado por meio de uma linha fechada de tal forma que todos os seus elementos estejam no seu interior. Assim, o conjunto "A" das vogais é dado por:

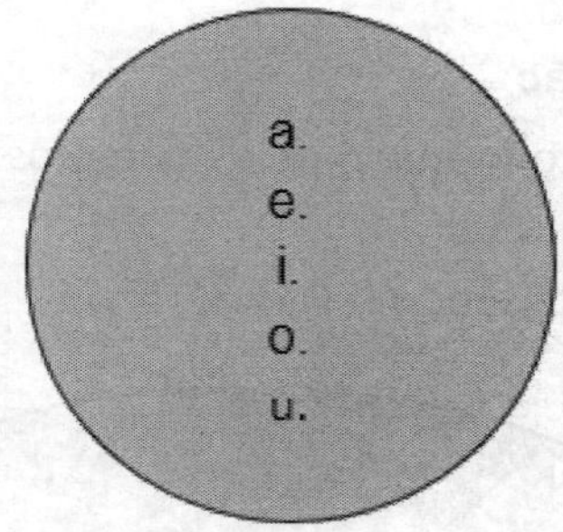

Antes de iniciarmos o estudo de Teoria dos conjuntos, vamos rever os principais conjuntos numéricos existentes. Entender os conjuntos numéricos é fundamental.

Números naturais (N)

Definição: Z = {0, 1, 2, 3, 4, ... }

Números inteiros (Z)

Definição: Z = {..., -4, -3, -2, -1, 0, 1, 2, 3, 4, ... }

Números racionais (Q)

- **Definição**

É todo número que pode ser escrito na forma:

$$Q = \left\{ \frac{p}{q} \mid p \in Z \text{ e } q \in Z^* \right\}$$

São exemplos de números racionais as Frações e Decimais.

- **Decimais exatos**

$\frac{2}{5} = 0{,}4$ $\qquad$ $\frac{1}{4} = 0{,}25$

- **Decimais periódicos**

$\frac{1}{3} = 0{,}333... = 0{,}\overline{3}$ $\qquad$ $\frac{7}{9} = 0{,}777... = 0{,}\overline{7}$

Números irracionais (I)

- **Definição**

Todo número cuja representação decimal não é periódica.

Exemplos:

0,212112111... $\qquad$ 1,203040...

$\sqrt{2}$ $\qquad$ $\sqrt[3]{9}$

π

Números reais (R)

- **Definição**

Conjunto formado pelos números racionais e irracionais.

$R = Q \cup I$, sendo $Q \cap I = \emptyset$

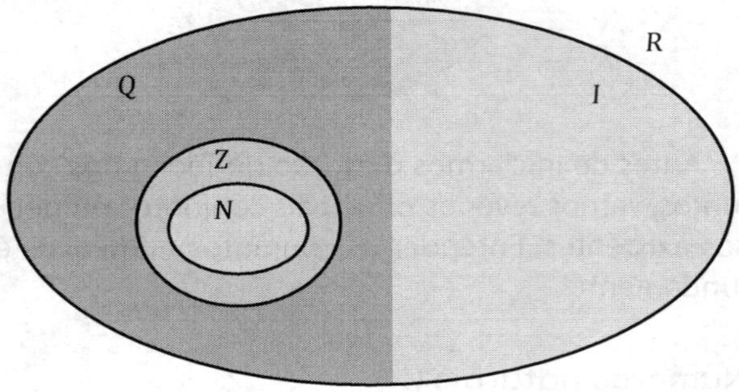

$N = \{0, 1, 2, 3, 4 ...\}$

$Z = \{..., -4, -3, -2, -1, 0, 1, 2, 3,...\}$

Q = todo número que pode ser escrito na forma: $Q = \left\{ \frac{p}{q} \mid p \in Z \text{ e } q \in Z^* \right\}$

$R = Q \cup I$

1.2 Relação de Pertinência

É uma relação estabelecemos entre elemento e conjunto, para ela fazemos uso dos símbolos $\in$ e $\notin$ .A pergunta que vai nos orientar é: "O elemento está dentro do conjunto?"

Fazendo uso dos símbolos, estabeleça a relação entre elemento e o conjunto, baseado no diagrama a seguir :

a) $7 \in N$

b) $-9 \notin N$

c) $0,5 \notin I$

d) $-12,333435 \in Q$

e) $0,1212... \in Q$

f) $\sqrt{3} \in I$

g) $\sqrt{16} \in R$

h) $-3,72 \notin Z$

1.3 Relação de Inclusão

É uma relação que estabelecemos entre dois conjuntos.

Para essa relação fazemos uso dos símbolos: $\subset$, $\subset$, $\supset$ e $\not\supset$. A pergunta que pode nos orientar é: "O conjunto está dentro do conjunto?"

Fazendo uso dos símbolos de inclusão, estabeleça a relação entre conjuntos:

$N \subset Z$

$Q \not\subset N$

$R \not\subset I$

$I \not\subset Q$

▷ **Observações**

- Dizemos que um conjunto "B" é um subconjunto ou parte do conjunto "A" se, e somente se, B C A.
- Dois conjuntos "A" e "B" são iguais se, e somente se, A C B e B C A.
- Dados os conjuntos "A", "B" e "C", temos que: se A C B e B C C, então A C C.
- O total de subconjuntos é dado por 2e, onde "*e*" é o número de elementos do conjunto.

  Exemplo:

  O conjunto A = {1,2,3,4} possui 16 subconjuntos, pois $2^4 = 16$.

- O conjunto Vazio (Ø ou { }) e o próprio conjunto são sempre subconjuntos.

  Assim chamaremos de Partes de A os seus subconjuntos e com isso temos que:

  n(P(A)) = 2^7 = *16 e*

  P(A) = Ø , {1} , {2} , {3} , {4} , {1,2} , {1,3} , {1,4} , {2,3} , {2,4}, {3,4} , {1,2,3} , {1,2,4} , {1,3,4} , {2,3,4} e {1,2,3,4}

1.4 Exercícios Resolvidos

1) Indique quantos são os subconjuntos do conjunto {a, b, c, d, e}.

a) 4

b) 8

c) 16

d) 32

e) 64

Comentário: Dado que o conjunto é formado por 5 elementos, temos que o total de subconjuntos ou partes do conjunto é dado por 2e, ou seja, 2^5.

Logo teremos um total de 32 subconjuntos.

Gabarito: D

2) Certo dia, o professor Dudan disse em aula que poderia criar 128 subconjuntos com os objetos que havia em sua mesa. Sendo assim, é correto afirmar que o número de objetos na mesa do professor é de.

a) 4

b) 5

c) 6

d) 7

e) 8

Comentário: Como sabemos o total de subconjuntos é dado por 2e.

O enunciado fala em 128 subconjuntos logo $2^e = 128$ e assim $2^e = 2^7$.

Logo teremos um total de 7 elementos.

Gabarito: D

3) Seja o conjunto $A = \emptyset$. Pode-se afirmar que

a) A é vazio.

b) A é unitário.

c) $A =\{\emptyset\}$

d) $\{\emptyset\} \in A$

e) $\emptyset \in A$

Comentário: Se $A = \emptyset$, então temos que A é o conjunto vazio.

Gabarito: A

5) Sendo $A = \{\emptyset, a, \{b\}\}$, com $\{b\} \neq a$ e $b \neq \emptyset$, então

a) $\{a, \{b\}\} \in A$

b) $\{a\} \in A$

c) $\{\{a\}\} \subset A$

d) $\{\emptyset, b\} \subset A$

e) $\{\emptyset, \{b\}\} \subset A$

Comentário: interpretando o enunciado temos que entender que os elementos de A são:

$\emptyset$, a e $\{b\}$, logo: $\{a, \{b\}\} \subset A$; $\{a\} \subset A$; $\{\emptyset, \{b\}\} \subset A$.

Gabarito: E

1.5 Relações entre Conjuntos

Agora veremos como os conjuntos podem se relacionar.

I. Se B é subconjunto de A, pode-se dizer que B é parte de A, ou que B está contido em A.

Um exemplo fácil é a relação entre sua cidade natal e seu estado.

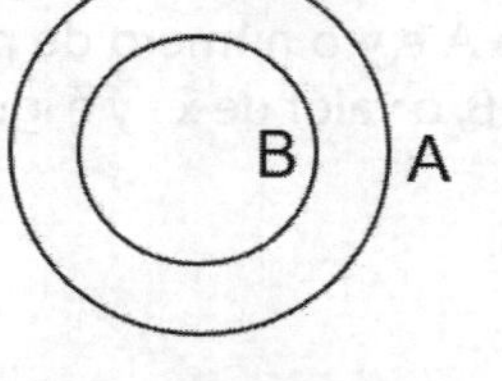

II. Se A e B são conjuntos disjuntos, eles não possuem elementos em comum, ou seja, nenhum elemento de A também pertence a B, e vice-versa.

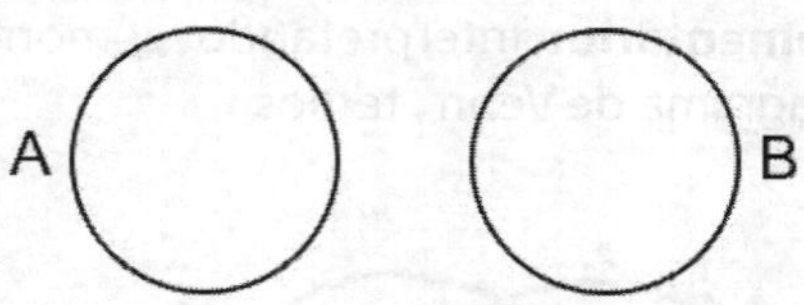

Um exemplo fácil é a relação entre dois países que não fazem fronteira.

III. Os diagramas de A e B estão entrelaçados, significa que estes dois conjuntos possuem apenas alguns elementos em comum.

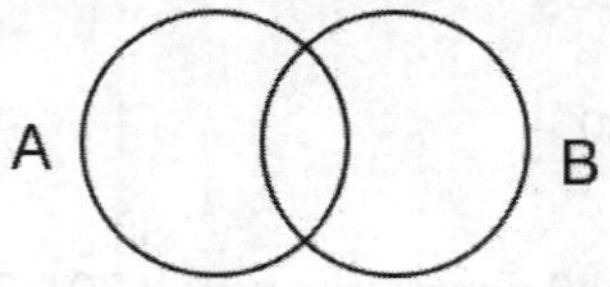

1.5.1 União, Intersecção e Diferença entre Conjuntos

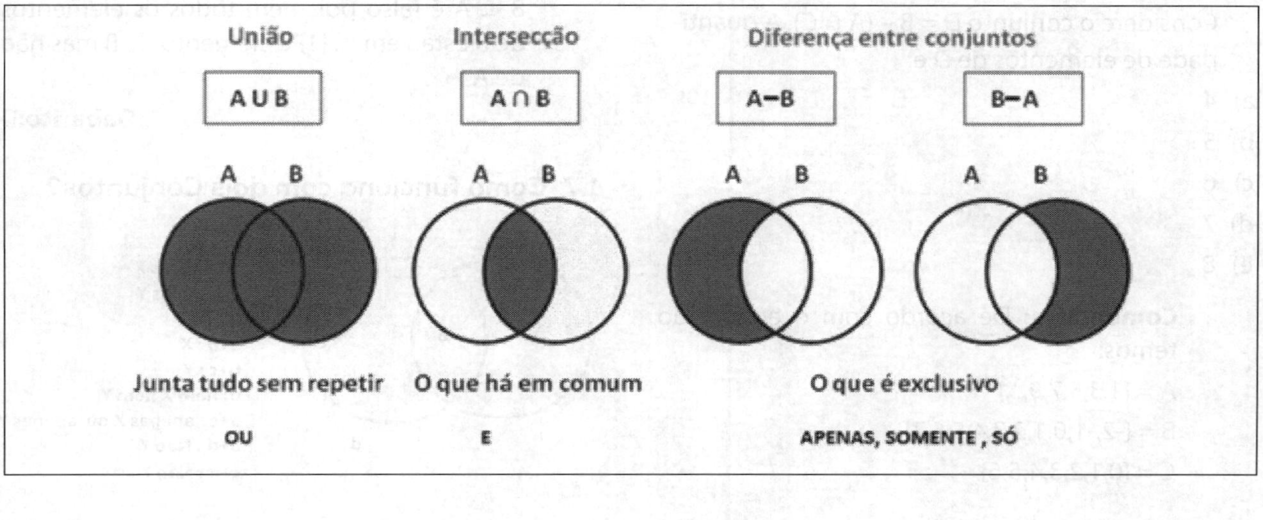

1.6 Exercícios Resolvidos

6) Num setor do INSS foi feita uma pesquisa com duas perguntas A e B e com isso , sabe se que :

- A união dos servidores que responderam as duas perguntas tem 100 pessoas.
- A diferença B – A tem 30 pessoas.
- A diferença A – B tem 50 pessoas.

Sendo x o número de pessoas que responderam a pergunta A e y o número de pessoas que responderam B, o valor de x - y é igual a

a) 10.
b) 20.
c) 30.
d) 40.
e) 50.

Comentário: Interpretando e montando o diagrama de Venn , temos :

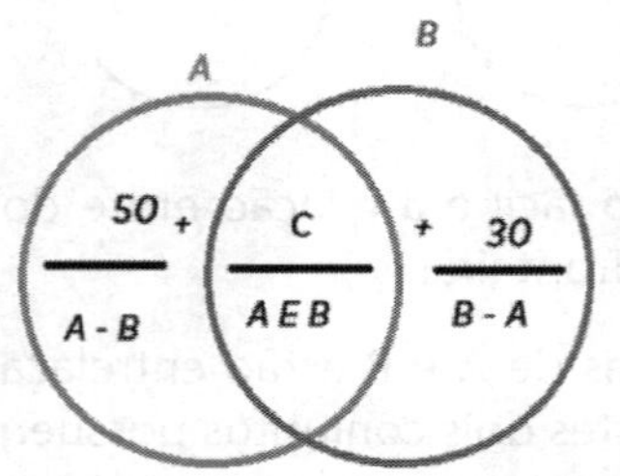

Assim C = 100 – 80

C = 20

Logo x = 70 e y = 50 e com isso x - y = 70 – 50 = 20

Gabarito: B

7) Sejam os conjuntos $A = \{x \in N | x \text{ é } ímpar\}$, $B = \{x \in Z | -3 < x \leq 7\}$ e $C = \{x \in N | x < 7\}$.

Considere o conjunto D = B – (A ∩ C). A quantidade de elementos de D é:

a) 4
b) 5
c) 6
d) 7
e) 8

Comentário: De acordo com o enunciado, temos:

A = {1,3,5,7,9,...}

B = {-2,-1,0,1,2,3,4,5,6,7}

C = {0,1,2,3,4,5,6}

Assim (A ∩ C) é composto pelos elementos comuns a A e C, logo: ?

(A ∩ C) = {1,3,5}

E com isso B - (A ∩ C) = {-2,-1,0,2,4,6,7}

Gabarito: D

8) O conjunto A é subconjunto de B e A ≠ B, então A ∩ B – A é

a) A
b) B
c) {0}
d) Ø
e) A ∪ B

Comentário: Sendo A subconjunto de B, temos que A ∩ B é o próprio conjunto A. Assim A ∩ B – A = A-A = Ø

Gabarito: D

9) Considere os seguintes conjuntos: A = {1, 2, {1,2}}, B = {{1},2} e C = {1, {1},{2}}. Assinale abaixo a alternativa falsa:

a) A ∩ B = {2}
b) B ∩ C = {{1}}
c) B – C = A ∩ B
d) B ⊂ A
e) A ∩ P(A) = {{1,2}}, sendo P(A) é o conjunto das partes de A

Comentário: Interpretando o enunciado temos que os elementos de A são 1,2 e {1,2}. Já o conjunto B é formado pelos elementos {1} e 2 e c pelos elementos 1,{1} e {2}.

Assim:

A ∩ B = {2} ; B ∩ C = {{1}} ; B - C = {2} = A ∩ B e A ∩ P(A) = {{1,2}}.

B ⊂ A é falso pois nem todos os elementos de B estão em A. {1} é elemento de B mas não de A.

Gabarito:D

1.7 Como funciona com dois Conjuntos?

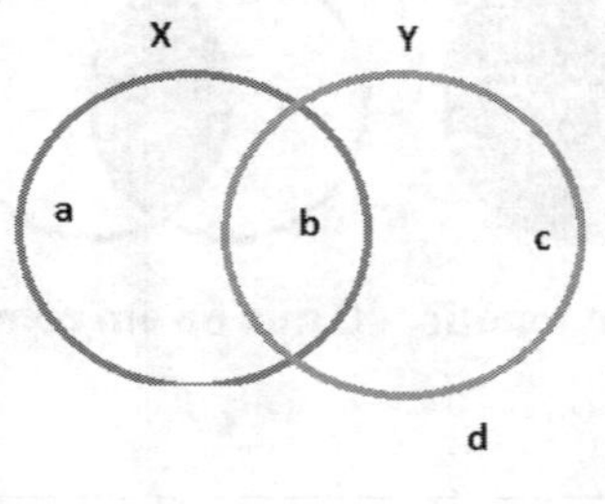

a : apenas X
c : apenas Y
b: X e Y
a+b : X
b+c : Y
d: nem X nem Y
a+c : apenas X ou apenas Y
a+d : Não Y
c+d : Não X

DICA: Somando os dois conjuntos integrais e comparando com a união deles, o excedente é sempre culpa da intersecção.

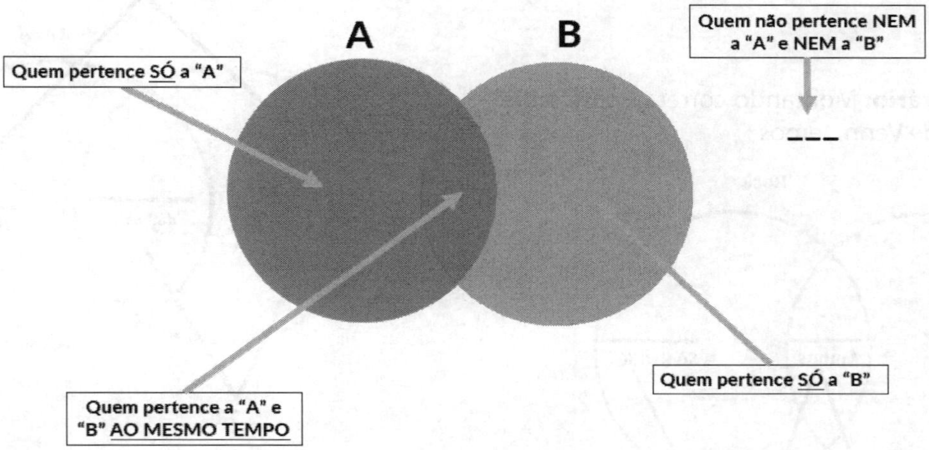

1.8 Exercícios Resolvidos

10) A é o conjunto de todas as pessoas que gostam de aspargos e B é o conjunto de todas as pessoas que gostam de brócolis, conforme representado no diagrama a seguir:

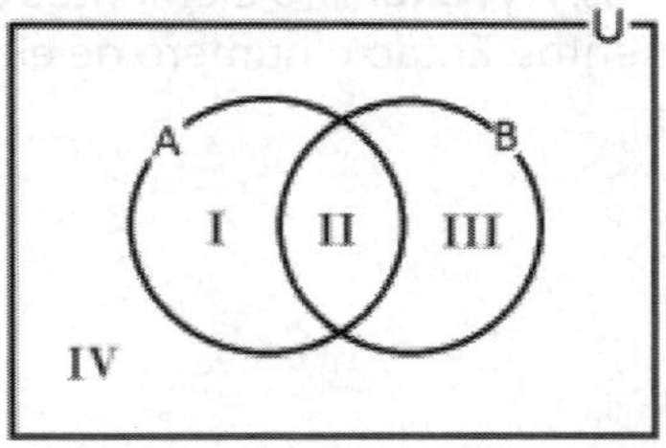

Com base nessas informações, é correto afirmar que

a) A região I representa o conjunto de todas as pessoas que gostam de brócolis, mas não gostam de aspargos.
b) A região II representa o conjunto de todas as pessoas que gostam dos dois legumes.
c) A região III representa o conjunto de todas as pessoas que gostam de aspargos, mas não gostam de brócolis.
d) A região IV representa o conjunto de todas as pessoas que gostam dos dois legumes.
e) U representa o conjunto de todas as pessoas que não gostam de nenhum desses dois legumes.

Comentário: a região I representa quem gosta apenas de Aspargo, a região III quem gosta apenas de Brócolis, a região II quem gosta de ambos, a região IV

Gabarito: B

11) No diagrama a seguir, considere que há elementos em todas as seções e interseções.

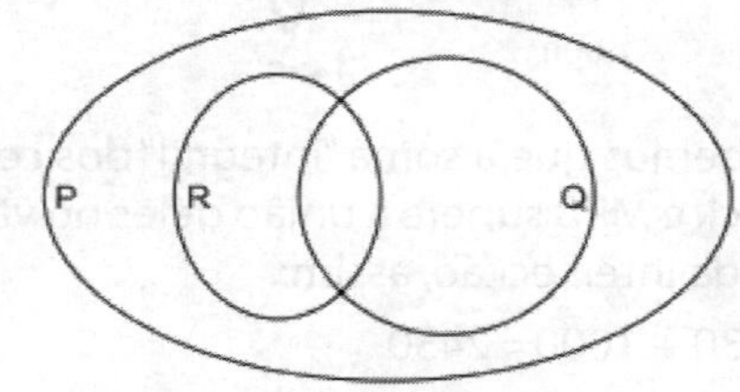

Nessa situação, é verdade afirmar que

a) Todo elemento de P, que não é elemento de R, é elemento de Q.
b) Todo elemento de Q, que não é elemento de R, não é elemento de P.
c) Todo elemento de R, que é elemento de Q, não é elemento de P.
d) Qualquer elemento de P, que não é elemento de Q, é elemento de R.
e) Todo elemento de R, que não é elemento de Q, é elemento de P.

Comentários: Analisando o diagrama dado temos que há elementos de P que não são de R e nem de Q. Todo elemento de Q é de P . Todo elemento de R é de P .

Gabarito: E

12) Foi realizada uma entrevista com 2.000 funcionários do INSS sobre seus gostos musicais: rock ou MPB. A pesquisa apontou que 1430 funcionários gostam de rock, 1.000 gostam de MPB e 300 não gostam de qualquer um dos estilos musicais. Sabendo disso, o número de funcionários que gostam de ambos os estilos musicais é de.

a) 1350.
b) 900.
c) 830.
d) 750.
e) 730.

Comentário: Montando corretamente o diagrama de Venn, temos :

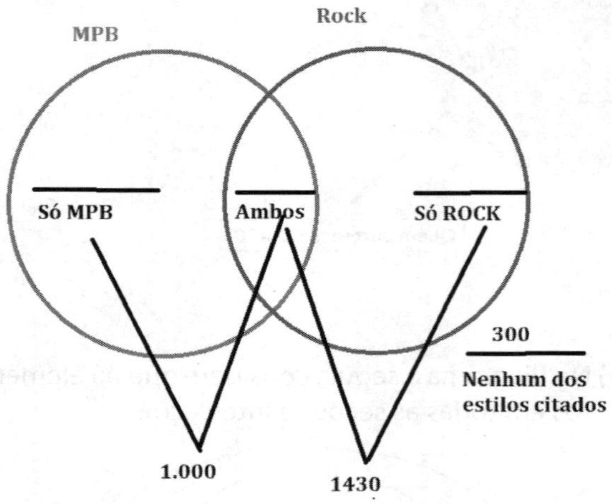

Sabemos que a soma "integral" dos conjuntos Rock e MPB supera a união deles no valor exato da intersecção, assim:

1430 + 1000= 2430

Como são 2.000 alunos e 300 deles não gostam nem de Rock nem de MPB, concluímos que 1700 deles curtem Rock ou MPB (União dos conjuntos)

Assim 2430 – 1700 = 730 que é justamente a intersecção

Portanto o número de funcionários que gostam de ambos os estilos musicais é 730.

Gabarito: E

13) No grupo de funcionários do INSS, verificou-se que 19 gostam de apenas um dos sabores de pizza: Margarita ou Calabresa;11 gostam de Margarita; 5 gostam dos dois sabores e 9 não gostam de Calabresa. Sendo assim, o número total de funcionários do INSS é igual a:

a) 27
b) 33
c) 38
d) 44
e) 51

Comentários: De acordo com o diagrama de Veen, temos:

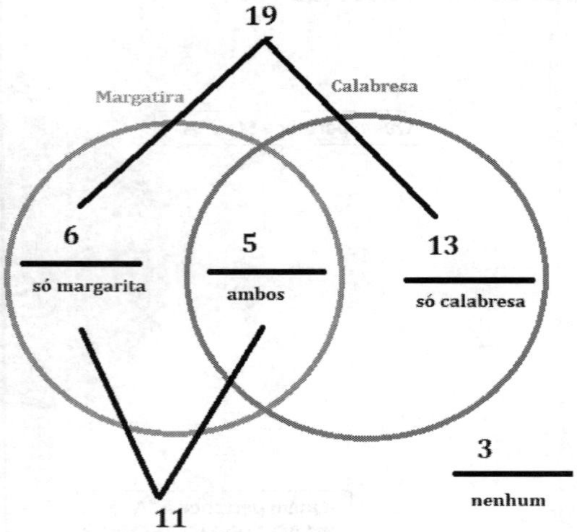

Assim o total de funcionários é a soma de 6+5+13+3 = 27

Gabarito: A

14) Se A e B são dois conjuntos tais que A – B tem 30 elementos, A ∩ B tem 10 elementos e A U B tem 48 elementos. Então o número de elementos de B – A é:

a) 8
b) 10
c) 12
d) 18
e) 22

Comentários: De acordo com o diagrama, temos:

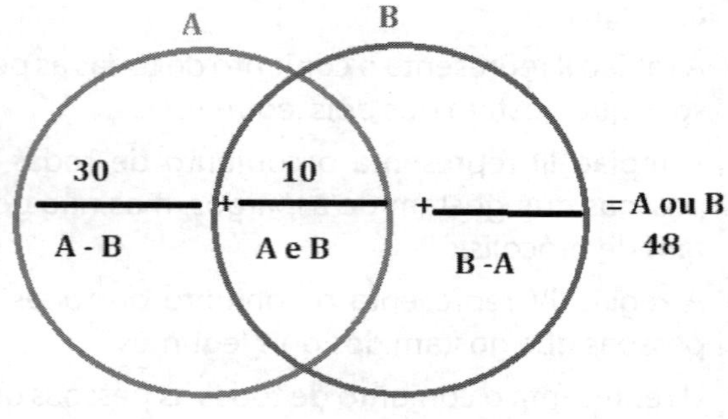

Assim 30 + 10 + x = 48 , logo x = 8

Gabarito: A

1.9 E se forem três Conjuntos?

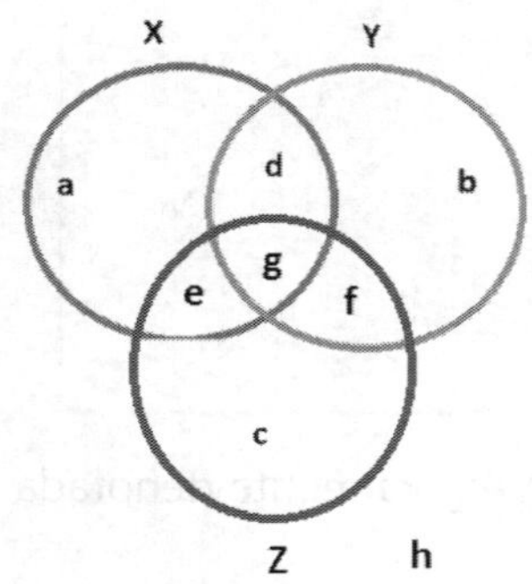

a: apenas X
b: apenas Y
c: apenas Z
g: X,Y e Z
h: nem X, nem Y, nem Z
d: somente X e Y
d+g: X e Y
f: Somente Y e Z
f+g :Y e Z
e: somente X e Z
e+g: X e Z

> ▷ **IMPORTANTE:** Quando somarmos os três conjuntos integrais, teremos um excedente que é resultado de: d + e + f + 2g

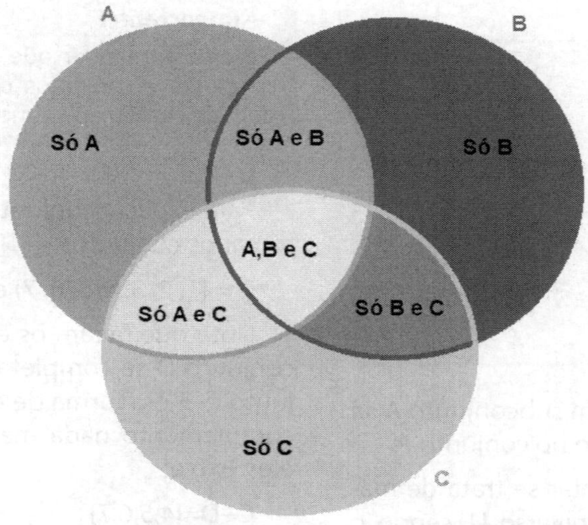

n(A) + n(B) + n(C) - n(AUBUC) = n(A∩B) + n(A∩C) + n(B∩C) - n(A∩B∩C)

É fundamental entendermos o que representa cada "lacuna". teoria dos conjuntos é muita "cuca no lance".

1.10 Exercício Resolvido

15) O INSS pretende oferecer plano de saúde para seus funcionários de um certo setor e para isso realizou uma pesquisa com o objetivo de propor o melhor plano que os atenda. A pesquisa apresentou três planos de saúde: plano A; plano B; e, plano C. O resultado da pesquisa mostrou que 75 funcionários gostaram do plano A; 85 gostaram do plano B; 100 gostaram do plano C; 20 gostaram dos planos A e B; 25 gostaram dos planos B e C; e, 10 gostaram dos três planos. Sabendo-se que há 200 funcionários nesse setor e que todos eles responderam à pesquisa, podemos afirmar que o número de funcionários que gostam somente do Plano de saúde C é de.

a) 15
b) 45
c) 60
d) 85
e) 100

Comentário: Interpretando o enunciado e montando o Diagrama de Veen, temos :

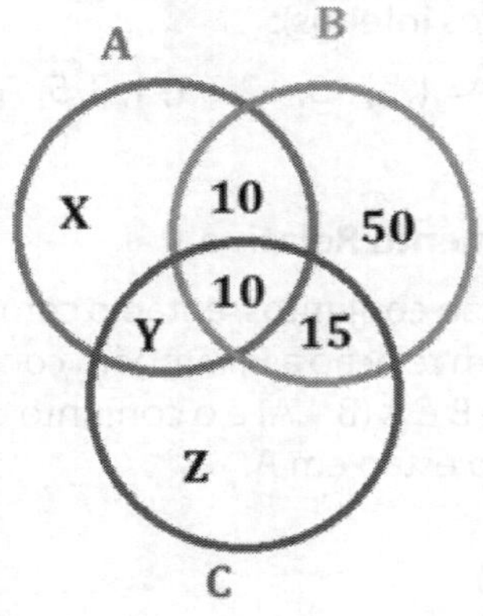

Assim $x + y + z + 10 + 10 + 15 + 50 = 200$, logo $X + y + z = 115$

Além disso em A: $x + y + 10 + 10 = 75$, logo $x + y = 55$ e com isso concluímos que $z = 60$, $y = 15$ e $x = 40$

Portanto o número de funcionários que gostam somente do Plano de saúde C é 60.

1.11 Conjunto Complementar

Considere A um conjunto qualquer e U o conjunto universo. Todos os elementos que não estão em A estão no complementar de A. Veja o diagrama de Venn que representa o complementar de A, indicado por A^C,

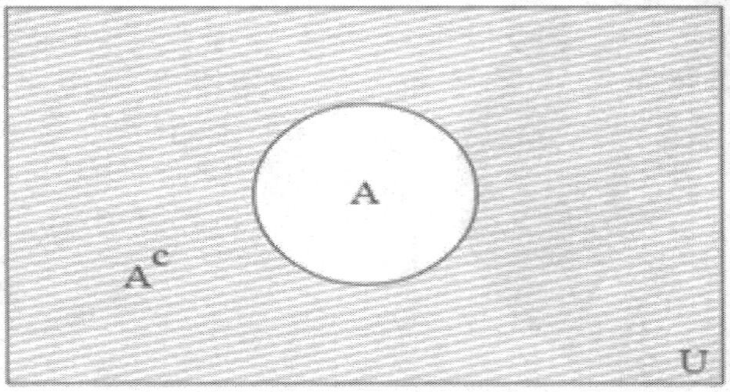

Assim o complementar de um subconjunto A se refere a elementos que não estão no conjunto A.

Normalmente, o complementar se trata de maneira relativa à um conjunto universo U, sendo o conjunto A^C o complementar de A formado pelos elementos de U que não pertencem a A.

Vamos exemplificar como o contexto é importante para determinar o conjunto complementar.

Considere o conjunto $A = \{0,2,4,6,8,10,...\}$

Veja como fica se o conjunto universo no nosso contexto for N (números naturais): $A^C = N - A = \{1,3,5,7,9...\}$

Conjunto universo $U = Z$

Agora, se o conjunto universo no nosso contexto for Z (números inteiros):

$A^C = Z - A = \{..., -3, -2, -1, 1, 3, 5, 7, 9...\}$

- **Complemento Relativo**

Se A e B são conjuntos, então o complemento relativo de A em relação a B, também conhecido como diferença de B e A (B – A) é o conjunto de elementos de B que não estão em A.

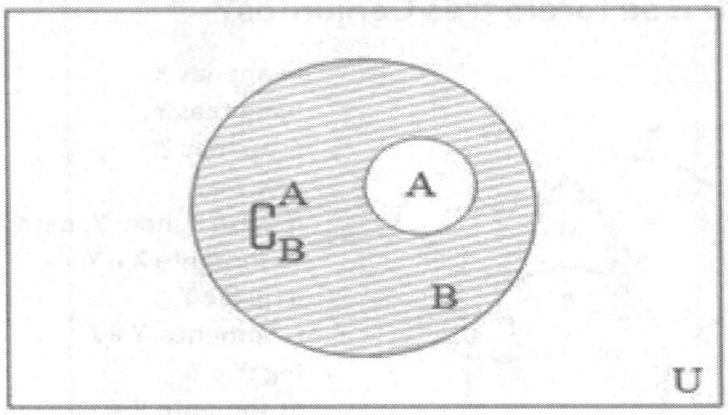

A diferença de B para A é geralmente denotada por:

$B \setminus A$ ou também B-A. Assim: $B \setminus A = \{x \in B / x \notin A\}$

> ▷ **Importante!**
> Devemos entender que o Complementar ou a diferença entre conjuntos depende inicialmente da ordem de citação do enunciado.

Para explicar conjuntos complementares, vamos tomar os conjuntos

$C = \{1, 2, 3, 4, 5, 6, 7\}$ e $D = \{1, 2, 3\}$

Note que faltam os elementos 4, 5, 6 e 7 para o conjunto D se completar a fim de se tornar o conjunto C. E em forma de operações de conjuntos, tal complemento nada mais é que a diferença entre eles, isto é:

$C - D = \{4,5,6,7\}$

Portanto, de modo mais geral, temos que, dados dois conjuntos C e D, o complementar de D em relação a C é $C_C^D = \{x \in A \mid x \notin B\}$

Em relação ao exemplo inicial, temos então $C_C^D = \{4, 5, 6, 7\}$

Assim o conceito de conjunto complementar em relação a um conjunto universo U, sendo A um subconjunto de U é indicando por A^C.

Entenda que A^C é o conjunto de todos os elementos de U que não são elementos de A, isto é, a diferença U – A

Devemos ter em mente que a união de um conjunto com o seu complementar resulta no conjunto universo inteiro: $A \cup A^C = U$

E também é preciso observar que a relação de complementar só existe entre um conjunto e um de seus subconjuntos, ou seja. Seria inviável tratarmos dessa relação de complementação entre conjuntos disjuntos e até entre conjuntos que possuem certa intersecção.

2. PORCENTAGEM

Agora abordaremos outro tópico de grande importância para a sua aprovação: a porcentagem. Entenda que a porcentagem é uma fração elegante, de denominador 100, e por esse motivo tem todas as características e propriedades de frações.

A percentagem ou porcentagem (do latim per *centum,* significando "por cento", "a cada centena") é uma medida de razão com base 100 (cem). É um modo de expressar uma proporção ou uma relação entre 2 (dois) valores (um é a parte e o outro é o inteiro) a partir de uma fração cujo denominador é 100 (cem), ou seja, é dividir um número por 100 (cem).

Sendo assim:

X % = X/100 e vice-versa, ou seja, toda porcentagem é uma fração de denominador 100 e toda fração de denominador 100 representa uma porcentagem.

▷ **Dica:** A porcentagem vem sempre associada a um elemento, portanto, sempre multiplicado a ele.

2.1 Taxa Unitária

Quando pegamos uma taxa de juros e dividimos o seu valor por 100, encontramos a taxa unitária. Ela é importante para nos auxiliar a desenvolver todos os cálculos que envolvam porcentagem. Temos que entender que o símbolo "%" é usado para representar a porcentagem na linguagem do dia a dia, no português.

Para o uso no matematiquês será fundamental transformarmos essa porcentagem em decimal ou fração. Pense na expressão 20% (vinte por cento), ou seja, essa taxa pode ser representada por uma fração cujo numerador é igual a 20 e o denominador é igual a 100.

Exemplos:

$$10\% = \frac{10}{100} = 0{,}10$$

$$20\% = \frac{20}{100} = 0{,}\ 20$$

$$5\% = \frac{5}{100} = 0{,}\ 05$$

$$38\% = \frac{38}{100} = 0{,}\ 38$$

$$1{,}\ 5\% = \frac{1{,}\ 5}{100} = 0{,}\ 015$$

$$230\% = \frac{230}{100} = 2{,}\ 3$$

2.2 Método Prático

É muito importante sabermos calcular os valores básicos de 1% e 10%.

- 1%: basta movimentar a vírgula duas casas para a esquerda.

  Exemplos:
  1% de 170 = 1,7
  1% de 354 = 3,54
  1% de 456,7 = 4,567

- 10%: basta movimentar a vírgula uma casa para a esquerda.

  Exemplos:
  10% de 170 = 17,0
  10% de 354 = 35,4
  10% de 456,7 = 45,67

Ainda temos outros recursos para agilizar o cálculo:

E como calcular 5%?

Daí basta definir 10% e dividir por 2, ou seja, basta lembrar quer 5% é a metade de 10%.

Exemplos:
5% de 170 = (17) /2 = 8,5
5% de 354 = (35,4) / 2 = 17,7
5% de 456,7 = (45,67) / 2 = 22,835

E para calcular 25%?
Basta dividir por 4 o valor dado pois 25% = 1/4.

Exemplos:
25% de 170 = 170/ 4 = 42,5
25% de 354 = 354 / 4 = 88,5
25% de 456,7 = 4567 / 4 = 114,175

- **Exemplo:**

  Calcule:
  a) 10% de 750 = 75
  b) 20% de 670 = 134
  c) 30% de 240 = 72
  d) 25% de 200 = 50

2.2.1 Exercícios Resolvidos

1) Ao realizar um simulado entre 220 alunos, o professor Dudan verificou que 75% deles apresentavam um aproveitamento igual ou superior a 80%. Qual das seguintes alternativas apresenta o número de alunos que aproveitamento inferior a 80%?

a) 78.
b) 66.
c) 61.
d) 55.
e) 42.

MATEMÁTICA

Comentário:

Podemos tanto calcular os 75% dos 220 alunos e depois subtrair esse resultado dos 220 alunos já que a questão pede os alunos com aproveitamento inferior a 80% ou podemos ir direto nos 25% com aproveitamento inferior a 80% .

Assim 25% de 220 = 0,25. 220 ou ainda 1/4. 220 = 55

2) Um setor do INSS possui um total de 145 servidores, dos quais 20% idade acima de 50 anos, 26 funcionários tem idade entre 30 e 50 anos e os demais têm idade abaixo de 30 anos. Logo, é correto afirmar que o percentual aproximado de servidores abaixo de 30 anos é de.

a) 58%.

b) 60%.

c) 62%.

d) 64%.

e) 65%.

Comentário: interpretando temos:

Acima de 50 anos: 20% de 145 = 29 servidores

Entre 30-50 anos: 26

Abaixo de 30: 145 – 29 – 26 = 145 – 55 = 90

Assim o Percentual = 90/145 = 0,62 = 62% aprox.

2.3 Aumento e Descontos

É muito comum encontrarmos em provas questões que tratam de aumentos ou descontos e, para resolvê-las, há várias maneiras distintas.

Podemos usar regra de três, podemos calcular o aumento /desconto isoladamente e somar/subtrair do valor inicial.

Mas podemos também fazer uma conta mais direta com o uso dos fatores de aumento/desconto.

Em questões em que nenhum valor real é dado, podemos criar um valor hipotético (de preferência 100) para facilitar os cálculos.

2.3.1. Fator de Capitalização

Vamos imaginar que certo produto sofreu um aumento de 20% sobre o seu valor inicial.

Qual novo valor deste produto?

Claro que, se não sabemos o valor inicial deste produto, fica complicado para calcularmos, mas podemos fazer a afirmação abaixo:

O produto valia 100% e sofreu um aumento de 20%.

Logo, está valendo 120% do seu valor inicial. Como vimos no tópico anterior (taxas unitárias), podemos calcular qual o fator que podemos utilizar para calcular o novo preço deste produto após o acréscimo.

O Fator de capitalização é um número pelo qual devo multiplicar o preço do meu produto para obter como resultado final o seu novo preço, acrescido do percentual de aumento que desejo utilizar.

$$\text{ator de Capitalização} = \frac{120}{100} = 1,$$

- **Calculando o Fator de Capitalização**

Basta somar 1 com a taxa unitária. Lembre-se que 1 = 100/100 = 100%

Como calcular:

Acréscimo de 45% = 100% + 45% = 145% = 145/ 100 = 1,45

Acréscimo de 20% = 100% + 20% = 120% = 120/ 100 = 1,2

- **Entendendo o resultado:**

Para aumentar o preço do meu produto em 20%, deve-se multiplicar o preço por 1,2.

Exemplo: Imagine que um produto custa R$ 1.500,00 e vai sofrer um acréscimo de 20%

Assim ele passará a custar 1.500 x 1,2 (fator de capitalização para 20%) = R$ 1.800,00.

- **Como fazer:**

$$\text{Acréscimo de } 30\% = 100\% + 30\% = 130\% = \frac{130}{100} = 1,3$$

$$\text{Acréscimo de } 15\% = 100\% + 15\% = 115\% = \frac{115}{100} = 1,15$$

$$\text{Acréscimo de } 3\% = 100\% + 3\% = 103\% = \frac{103}{100} = 1,03$$

$$\text{Acréscimo de } 200\% = 100\% + 200\% = 300\% = \frac{300}{100} = 3$$

2.3.2 Fator de Descapitalização

Agora vamos imaginar que certo produto sofreu um desconto de 20% sobre o seu valor inicial. Qual novo valor deste produto?

Claro que, se não sabemos o valor inicial deste produto, fica complicado para calcularmos, mas podemos pensar que o produto valia 100% e sofreu um desconto de 20%. Logo, está valendo 80% do seu valor inicial.

O Fator de descapitalização é o número pelo qual devo multiplicar o preço do meu produto para obter como resultado final o seu novo preço, considerando o percentual de desconto que desejo utilizar.

O Fator de capitalização é um número pelo qual devo multiplicar o preço do meu produto para obter como resultado final o seu novo preço, acrescido do percentual de aumento que desejo utilizar.

$$\text{Fator de Descapitalização} = \frac{80}{100} = 0,8$$

- **Calculando o fator de descapitalização**

Basta subtrair o valor do desconto expresso em taxa unitária de 1, lembre-se que 1=100/100=100%

Como calcular:

Desconto de 4% = 100&% - 45% = 55% = 55/100 = 0,55

Desconto de 20% = 100% - 20% = 80% = 80/100 = 0,8

Entendendo o resultado:

Para calcularmos um desconto no preço do meu produto de 20%, devemos multiplicar o valor desse produto por 0,80.

- **Exemplo:**

Um produto que custa R$ 1.500,00 ao sofrer um desconto de 20% passará a custar 1.500 x 0,80 (fator de descapitalização para 20%) = R$ 1.200,00.

Como fazer:

$$\text{Desconto de } 30\% = 100\% - 30\% = 70\% = \frac{70}{100} = 0,7$$

$$\text{Desconto de } 15\% = 100\% - 15\% = 85\% = \frac{85}{100} = 0,85$$

$$\text{Desconto de } 3\% = 100\% - 3\% = 97\% = \frac{97}{100} = 0,97$$

$$\text{Desconto de } 50\% = 100\% - 50\% = 50\% = \frac{50}{100} = 0,5$$

Vale ressaltar que o uso do fator de aumento/desconto agiliza bastante as contas e facilita o entendimento por parte do candidato.

Para deixar isso ainda mais claro observe o esquema a seguir:

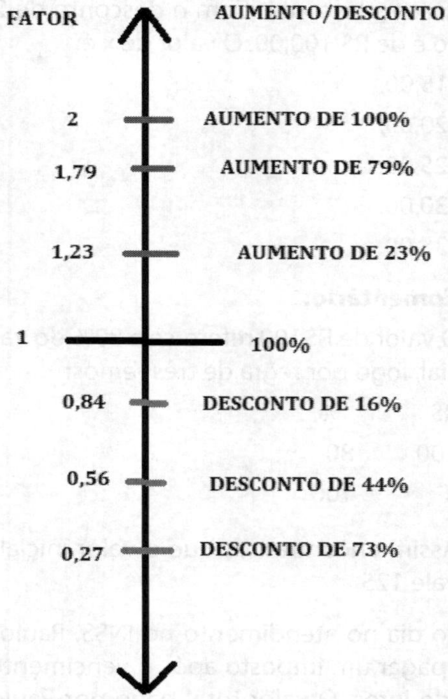

Observe que fatores maiores que 1 indicam aumento, e o aumento será dado pela diferença entre o fator e 1.

Já os fatores menores que 1 indicarão desconto e o desconto será dado pela diferença entre 1 e o fator.

Resumindo: o valor que o fator tem "a mais" que 1 é o aumento, e o valor do fator tem "a menos" que 1 é o desconto.

> ▷ Cuidado: um fator 0,27 não indica 27% de desconto. Entenda que restam 27%; logo foram descontados os outros 73%, pois, 100% - 27% = 73%.

Exemplo Resolvido:

3.a) Calcule um aumento de 10% em 750;

Sabemos que 10% de 750 = 75 logo um aumento de 10% = 750 + 75 = 825

3.b) Calcule um desconto de 20% em 670;

Sabemos que 10% de 670 = 67 logo 20% seriam 134 .Assim um desconto de 20% sobre 670 é dado por 670 – 134 = 536.

MATEMÁTICA

2.3.3. Exercícios Resolvidos

4) Certo produto é vendido por um valor x, em reais, sem desconto. Com o desconto de 20%, o preço é de R$ 100,00. O valor de x é:

a) R$ 115,00;

b) R$ 120,00;

c) R$ 125,00;

d) R$ 130,00;

e) R$ 135,00.

Comentário:

O valor de R$100 refere-se a 80% do valor inicial, logo por regra de três temos:

R$	%
100	80
X	100

Assim encontramos que o valor inicial x que vale 125

5) Certo dia no atendimento no INSS, Paulo precisou pagar um imposto após o vencimento, com 5% de juros. O valor total pago por Paulo, com juros incluídos, foi de R$252,00. O valor original imposto, sem os 5% de juros, era de

a) R$242,00.

b) R$240,00.

c) R$239,40.

d) R$238,20.

Gabarito: B

Comentário: O valor pago por Paulo equivale a 100% + 5% = 105 %, assim

R$	%
252	105
x	100

x = 25200 / 105

x = 240

2.4 Aumentos e Descontos Sucessivos

Um tema muito comum abordado nos concursos é os acréscimos e os descontos sucessivos. Isso acontece pela facilidade que os candidatos têm em se confundir ao resolver uma questão desse tipo.

O erro cometido nesse tipo de questão é básico: o de somar ou subtrair os percentuais, sendo que na verdade o candidato deveria multiplicar os fatores de capitalização e descapitalização.

Exemplo:

O valor pago para hospedar o site Matemática Sem Trauma sofre um aumento de 30% e posteriormente um outro acréscimo de 20%.

Sendo assim, o valor total desses dois aumentos equivale a ?

- **Como resolver a questão anterior de uma forma mais direta?**

Basta multiplicar os fatores de capitalização, como aprendemos.

- Fator de Capitalização para acréscimo de 30% = 1,3
- Fator de Capitalização para acréscimo de 20% = 1,2
- Daí basta multiplicá-los: 1,3 x 1,2 = 1,56
- E agora basta interpretá-lo.

Logo, as tarifas sofreram uma alta média de: 1,56 – 1 = 0,56 = 56%

▷ **CUIDADO:** Dois aumentos sucessivos de 20% não implicam num aumento final de 40%.

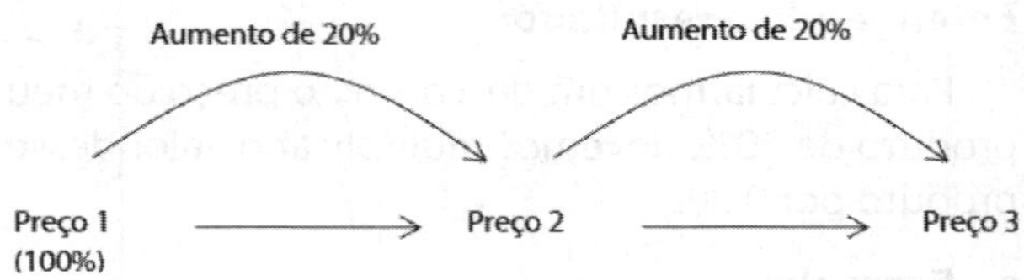

2.4.1 Exercícios Resolvidos

6) Uma pesquisa interna do INSS no ano de 2018 verificou que a quantidade de servidores tinha aumentado 15% no último biênio, e o censo de 2020 verificou que a quantidade de servidores tinha diminuído 10% no biênio anterior. Nesses dois biênios analisados, podemos afirmar que a quantidade de servidores aumentou:

a) 3,5%;

b) 4,0%;

c) 4,5%;

d) 5,0%;

e) 5,5%.

Comentário:

Supondo 100 alunos em 2016, teríamos 115 alunos em 2018 (aumento de 15%).

E em 2020, devido à diminuição de 10% , teríamos 115 – 11,5 = 103,5

Comparando 103,5 com os 100 alunos iniciais temos um aumento de 3,5 %

7) Um aluno quando foi comprar o curso preparatório para o concurso do INSS conseguiu um desconto de 15% mediante uso de um cupom divulgado numa live. Enquanto finalizava a compra para garantir a sua aprovação, ele descobriu que se pagasse a vista, receberia ainda um desconto adicional de 7% sobre o preço do curso após aplicação do cupom. Nessa situação, o desconto total dado a ele foi de:

a) 19,04%.

b) 19,76%.

c) 20,95%.

d) 21,40%.

e) 24.54%

Comentário:

Questão de descontos sucessivos que pode ser feito usando os fatores de desconto:

Assim um desconto de 15% gera um fator de 0,85 pois temos 100% - 15% = 85% que é representado por 0,85.

Assim como um desconto de 7% representa um fator de 0,93.

Multiplicando-os teremos: 0,85 x 0,93 = 0,7905, ou seja, após os 2 descontos dados ele pagará apenas 79,05% do valor inicial o que significa um desconto de (100% - 79,05%) 20,95%.

RACIOCÍNIO LÓGICO--MATEMÁTICO

Gustavo Rodrigues

Sumário:

O Raciocínio Lógico Matemático parece pura e simples "interpretação", mas na verdade é ciência. Portanto, tem conceitos, definições e uma estrutura própria.

Uma das tarefas do Raciocínio Lógico Matemático é classificar uma frase em Verdadeira ou Falsa. Fazer isso (classificar a frase em verdadeira ou falsa) é um processo chamado de "determinação do valor lógico" de uma frase. Portanto, toda vez que precisarmos determinar o valor lógico de alguma coisa, precisaremos dizer se aquela coisa é Verdadeira ou se é Falsa.

Mas a palavra "frase" praticamente não será muito utilizada em nosso estudo. Vamos falar bastante sobre "proposições". Mas antes disso, precisamos entender o que é uma proposição.

Para conseguirmos determinar claramente o conceito de proposição, precisamos de alguns requisitos. O primeiro passo é entender que as frases podem ser chamadas de sentenças. E que as sentenças podem ser classificadas em: abertas ou fechadas.

Uma sentença será determinada aberta quando não for possível dizer se ela é verdadeira ou falsa. A sentença será chamada de fechada quando for possível dizer se ela é verdadeira ou falsa.

Ou seja:

- Sentença aberta – aquela cujo valor lógico não pode ser determinado.
- Sentença fechada – aquela cujo valor lógico pode ser determinado.

Quando uma sentença é dita fechada, ela é chamada de proposição. As proposições são o foco do nosso estudo. Como estudaremos as proposições, podemos dizer que nosso estudo foca as sentenças fechadas.

Um alerta: não confunda o "não pode ser determinado" com "não sei determinar". Digo isso porque sentença aberta é aquela cujo valor lógico não pode ser determinado. Caso seja possível determinar mas a gente não saiba fazê-lo, a sentença é fechada.

Um exemplo:

Determine o valor lógico da frase a seguir:

– O professor Gus Rodrigues tem um exemplar de felis catus.

Você sabe o que é um *felis catus*?

Você sabe se o professor tem um desses?

Possivelmente, sua resposta foi não para as perguntas acima. Logo, você não sabe dizer se a frase é verdadeira ou falsa. Mas, mesmo assim, é possível determinar o valor dela. A gente "apenas" não sabe!

Mas calma!

Essa proposição jamais seria cobrada em um concurso. A não ser que o edital mandasse vocês estudarem a vida pessoal do professor Gus Rodrigues. Nesse caso, vocês saberiam que a proposição dada é falsa, pois eu não tenho gato! (Sim, *felis catus* é o nome científico do gato).

PROPOSIÇÕES

Chamamos de proposição uma declaração que representa um sentido completo, que pode ser verdadeira ou falsa. Dessa forma, não podem ser proposições:

- **Sentenças interrogativas: (Pergunta direta ou indireta)**

  "Quantos anos você tem?"

  "Desejo saber se você está de aniversário hoje." (Interrogação indireta)

  Mesmo que a resposta seja sim, não podemos classificar uma pergunta em Verdadeiro ou Falso.

- **Sentenças imperativas: (Ordem, conselho ou pedido)**

  "Estude com o Ceisc."

  "Corra, Forrest, corra!"

  Mesmo que a gente "cumpra a ordem", também não podemos classificar em verdadeiro ou Falso.

- **Sentenças exclamativas: (Aparece o ponto de exclamação!)**

  "Que pizza deliciosa!"

  "Que alegria!"

  Neste tipo de sentença (frase), o emissor exterioriza um estado afetivo (emoção). Apresentam entoação ligeiramente prolongada. Não tem como classificar em verdadeiro ou falso.

  (Por isso não é proposição!)

- **Sentenças sem verbo: (Chamada de frase nominal)**

  "Bom dia, pessoal."

  "Silêncio!"

  Como não tem verbo, fica mais evidente que não pode ser classificada como V ou F.

- **Sentenças que podem mudar de significado. (Característica: presença do pronome indefinido)**

  Por exemplo, uma equação formada apenas por incógnitas.

  "$x + y = z$"

"Ele faz as compras do mês."

Em Matemática: incógnita

No Português: pronome indefinido

PRINCÍPIOS DO RLM

O Raciocínio Lógico Matemática (RLM) é um conjunto de conhecimentos que tem por objetivo tornar clara a comunicação de ideias. É uma ciência. Portanto, tem suas bases. Chamamos essas bases de princípios.

Os princípios do RLM são três: princípio da identidade, princípio da não-contradição e princípio do terceiro excluído. Ao finalizarmos o estudo, precisamos ter dois objetivos atingidos. O primeiro é decorar o nome dos três princípios. O segundo objetivo é entender cada um deles.

Antes, porém, é fundamental destacar que todas as questões que resolveremos no dia da prova serão resolvidas utilizando os três princípios. Gosto de fazer uma analogia com o alfabeto. Quando somos crianças, decoramos o alfabeto. Depois, aos poucos, a gente vai aprendendo a ler. Atualmente, a gente lê fluentemente. Isso veio com o tempo e com a prática.

Esse mesmo processo acontecerá no RLM. No início, precisaremos identificar os princípios. Com o passar da leitura, à medida em que vamos nos apropriando dos conceitos e fazendo exercícios, os princípios ficam enraizados em nosso pensar. Assim, o respeito aos princípios fica naturalizado. Então, resolveremos as questões fluentemente, sem uma preocupação consciente dos princípios. Mas isso acontecerá apenas se decorarmos e entendermos os princípios.

- **Princípio da Identidade**

Sabe o teu documento de identidade? O documento mostra que tu é tu. A palavra identidade nos remete ao conceito de idêntico. Essa é a ideia central do princípio da identidade. O princípio garante que uma coisa é igual a ela mesma. Parece estranho, né? Parece até óbvio. Mas essa é uma característica de um princípio. É um ponto de partida para os outros conceitos. Segundo o princípio da identidade, podemos garantir que uma proposição que aparece lá no início da questão vai ter o mesmo valor lógico se aparecer novamente, a qualquer momento. Gosto que vocês pensem assim: se uma proposição for verdadeira, então ela sempre será verdadeira. Se uma proposição for falsa, então ela sempre será falsa. Esse é o princípio da identidade.

- **Princípio da Não-contradição**

Os nomes dos princípios servem pra ajudar. Se a gente pensar nesse nome: "não contradição", então o que podemos concluir? Que não pode existir contradição. Ora, o princípio está dizendo que quando uma proposição for falsa, ela não poderá ser verdadeira. Já no caso de termos uma proposição verdadeira, ela não poderá ser falsa. A ideia principal do princípio é que não exista contradição, ou seja, uma proposição não pode ser verdadeira e falsa ao mesmo tempo.

- **Princípio do Terceiro Excluído**

Como vimos nos outros dois princípios, os nomes auxiliam bastante na compreensão do conceito. Neste princípio, vamos ter o "terceiro excluído". E é isso mesmo, precisamos excluir o terceiro. Mas que terceiro é esse? É o terceiro valor lógico. Só existem dois valores lógicos: V e F. Não existe uma terceira possibilidade. Uma proposição só pode ser verdadeira ou falsa. Excluímos uma terceira possibilidade. Isso nos ajuda mais do que parece, pessoal.

Em suma, temos:

PRINCÍPIO	CONCEITO
Identidade	Uma proposição verdadeira é sempre verdadeira; uma proposição falsa é sempre falsa.
Não-contradição	Uma proposição nunca será verdadeira e falsa ao mesmo tempo.
Terceiro Excluído	Uma proposição ou será verdadeira ou será falsa, sem uma terceira opção.

PROPOSIÇÕES SIMPLES E COMPOSTAS

A essa altura, você já deve estar familiarizado com a ideia de proposição. Então, já podemos aprofundar nossos conceitos. Vamos aprender que as proposições são divididas em duas categorias: as simples e as compostas.

Muita gente deixa de lado a proposição simples e foca na proposição composta. Isso é um equívoco. Naturalmente, à medida em que vamos estudando, as proposições compostas tomarão conta do nosso estudo. Mas em todo momento, precisaremos dominar o conceito de proposição simples.

Quero dizer logo no início que uma proposição composta é formada por mais de uma proposição simples. Percebam que a própria definição de proposição composta traz a ideia de proposição simples. Preciso que você entenda que a proposição simples é muito importante. Toda vez que formos analisar uma proposição composta, obrigatoriamente passaremos por uma análise da proposição simples. É inevitável!

Eu gosto muito de analogias. Para relacionar o que vamos estudar (proposições simples e compostas), quero comparar com algumas coisas que vocês já conhecem: letras e palavras. As proposições simples podem ser comparadas às letras. Já as proposições compostas podem ser comparadas às palavras. Em algumas palavras, basta trocar uma letra que todo o sentido muda. Por exemplo: comprimento e cumprimento; emergir e imergir; somar, tomar, domar, gomar e pomar. São vários exemplos que ilustram a importância de cada uma das letras da palavra. No RLM também é fundamental a importância da proposição simples. Mas, como eu já falei, essa é apenas uma analogia. E tem outra que eu gosto muito.

Pensem nos números que a gente conhece. Vou escolher dois quaisquer: 8 e 2. Imaginem que os números são as nossas proposições simples. Eu posso efetuar diversas operações entre eles. Vejamos:

$8 + 2 =$

$8 - 2 =$

$8 \times 2 =$

$8 \div 2 =$

Sem mudar os números, mudando apenas um símbolo, a gente muda o valor.

É exatamente isso que a gente precisa entender quando estivermos tratando de proposições compostas. São proposições simples que, ao serem conectadas, passam a dar outro sentido para a ideia. O valor lógico da proposição composta depende exclusivamente do valor lógico das proposições simples envolvidas.

Saindo do campo das analogias, vamos às definições.

- **Proposição simples**

São proposições que apresentam uma única ideia, um único verbo. As proposições simples não apresentam conectivo (estudaremos os conectivos a seguir).

Exemplos:

Gus é professor de RLM.

O Ceisc está em festa.

O professor corrige as provas.

Porto Alegre é a capital do Maranhão.

O violão não é um instrumento musical.

- **Proposição composta**

São proposições formadas por mais de uma proposição simples. Terá a presença de mais de um verbo. Também trará um conectivo (nosso próximo tema de estudo)

Exemplos:

Gus é professor de RLM e o Ceisc está em festa.

O Ceisc está em festa ou o professor corrige as provas.

Ou o professor corrige as provas ou Porto Alegre é a capital do Maranhão.

Se Porto Alegre é a capital do Maranhão, então o violão não é um instrumento musical.

O violão não é um instrumento musical se, e somente se, Gus é professor de RLM.

Uma observação importante sobre as proposições compostas é a questão dos verbos subentendidos. Digo isso porque a banca pode tentar nos enganar. Observe a proposição a seguir:

Gus Rodrigues joga futebol e vôlei.

Trata-se de uma proposição composta. As duas simples envolvidas são:

p: Gus Rodrigues joga futebol.

q: Gus Rodrigues joga vôlei.

Mas não costumamos escrever "Gus Rodrigues joga futebol e Gus Rodrigues joga vôlei". Para que a escrita fique mais fluída, tiramos o segundo "Gus Rodrigues" e deixamos o verbo jogar implícito na segunda proposição simples.

CONECTIVOS

Depois de falarmos sobre as proposições simples e compostas, chegou a hora de conhecermos os conectivos, afinal de contas, tanto na definição de proposição simples como na definição de proposição composta, a gente acabou falando dos conectivos.

Como o próprio nome sugere, conectivo é algo que conecta coisas. Em nosso contexto, os conectivos servirão de conexão entre as proposições simples. Por isso, são fundamentais para a construção das proposições compostas.

No estudo do RLM, temos cinco conectivos para estudar. Precisamos decorar o nome de cada conectivo, o símbolo matemático e como ele é representado em português. Somente depois disso é que a gente vai estudar o funcionamento de cada conectivo. Vamos, aos poucos, com calma, cumprir essa missão.

Os cinco conectivos são conjunção, disjunção inclusiva, disjunção exclusiva, condicional e bicondicional.

- **Conjunção**

  Nome: Conjunção
  Símbolo Matemático: ∧
  Representação no português: e

- **Disjunção Inclusiva ou Disjunção**

  Nome: Disjunção Inclusiva ou Disjunção
  Símbolo Matemático: v
  Representação no português: ou

- **Disjunção Exclusiva**

  Nome: Disjunção Exclusiva
  Símbolo Matemático: $\underline{v}$
  Representação no português: Ou ..., ou ...

- **Condicional**

  Nome: Condicional
  Símbolo Matemático: →
  Representação no português: Se ..., então ...

- **Bicondicional**

  Nome: Bicondicional
  Símbolo Matemático: ↔
  Representação no português: ... se, e somente se, ...

Ainda utilizando analogias, repare as operações a seguir:

$8 + 2 = 10$
$8 - 2 = 6$
$8 \times 2 = 16$
$8 \div 2 = 4$

Note que os mesmos números (8 e 2) conectados por diferentes símbolos, nos dão resultados diferentes. Essa vai ser nossa futura tarefa, mas não com números e sim com proposições, como nos exemplos a seguir.

i. Gus Rodrigues canta e Neymar dança.
ii. Gus Rodrigues canta ou Neymar dança.
iii. Ou Gus Rodrigues canta ou Neymar dança.
iv. Se Gus Rodrigues canta, então Neymar dança.
v. Gus Rodrigues canta se, e somente se, Neymar dança.

Cada uma das 5 proposições anteriores tem um valor lógico. Esse valor lógico depende do valor lógico de cada proposição simples envolvida.

Assim como a gente precisou aprender a somar, subtrair, multiplicar e dividir, também iremos aprender como utilizar cada conectivo. Até pela semelhança entre os conectivos e as operações matemáticas, os conectivos também são chamados de "operadores".

CONJUNÇÃO

Caso ainda não tenha decorado a tabela dos conectivos, retorne e faça isso. E agora que você já decorou o nome (conjunção), o símbolo (∧) e como costuma aparecer (e) nas frases, vamos entender o funcionamento do "e". O nome conjunção não é uma casualidade. No estudo da Língua Portuguesa, quando tratamos das classes gramaticais, temos contato com várias conjunções. Lá, são divididas em categorias. Aqui, trataremos apenas como conjunção.

A conjunção é a palavra que liga duas proposições simples. Normalmente, trazem o sentido de adicionar ideias. O "e" nos dá a ideia de intersecção, ou seja, ao mesmo tempo. Temos o nosso "mantra" da conjunção: "a tabela do e só é V quando ambas forem V". Vamos entender as quatro linhas da tabela.

O estudo da tabela será a partir de exemplos. É fundamental entender que os exemplos servem para ilustrar a situação. Vamos considerar duas proposições simples.

p: Jogo futebol.

q: Como churrasco.

Cada proposição acima pode ser V ou F. Com isso, temos 4 possibilidades de combinações entre seus valores lógicos: VV, VF, FV ou FF.

- **Caso 1 – As duas proposições são verdadeiras. (VV)**

p: Jogo futebol. (V)

q: Como churrasco. (V)

É o único caso em que a tabela do "e" é V. O que significa isso? Significa que se aparecer a proposição composta:

"Jogo futebol e como churrasco."

Ela só será verdadeira caso as duas proposições simples sejam verdadeiras.

O que as bancas costumam fazer?

Elas costumam entregar uma conjunção e dizer que ela é verdadeira. E o que a gente faz? A gente conclui que as duas simples envolvidas são verdadeiras. Olha o exemplo:

Sabendo que a proposição "O professor escreve e fala." É verdadeira, podemos concluir que:

i. O professor escreve é verdadeiro.
ii. O professor fala é verdadeiro.

Qualquer proposição composta conectada pelo "e" (conjunção) será VERDADEIRA quando as duas proposições conectadas forem verdadeiras.

- **Caso 2 – A primeira proposição é verdadeira e a segunda é falsa. (VF)**

p: Jogo futebol. (V)

q: Como churrasco. (F)

A tabela do "e" só é V quando ambas forem V. Logo, esse segundo caso será F.

"Jogo futebol e como churrasco." É uma proposição Falsa quando a primeira proposição for verdadeira e a segunda for falsa.

Qualquer proposição composta conectada pelo "e" (conjunção) será FALSA quando a primeira proposição conectada for verdadeira e a segunda for falsa.

- **Caso 3 – A primeira proposição é falsa e a segunda é verdadeira. (FV)**

p: Jogo futebol. (F)

q: Como churrasco. (V)

A tabela do "e" só é V quando ambas forem V. Logo, esse terceiro caso será F.

"Jogo futebol e como churrasco." É uma proposição Falsa quando a primeira proposição for falsa e a segunda for verdadeira.

Qualquer proposição composta conectada pelo "e" (conjunção) será FALSA quando a primeira proposição conectada for falsa e a segunda for verdadeira.

- **Caso 4 – As duas proposições são falsas. (FF)**

p: Jogo futebol. (F)

q: Como churrasco. (F)

A tabela do "e" só é V quando ambas forem V. Logo, esse quarto caso será F.

"Jogo futebol e como churrasco." É uma proposição Falsa quando as duas proposições conectadas forem falsas.

Qualquer proposição composta conectada pelo "e" (conjunção) será FALSA quando a primeira proposição conectada for falsa e a segunda for falsa.

- **Atenção para um disfarce do "e"**

Sim, gente! Quando estamos quase terminando, surge um "atenção". Mas é simples. Basta que você se lembre de uma coisa: o "e" pode ser trocado pelo "mas". O raciocínio é idêntico, as precisamos estar atentos.

Exemplo:

O jogador treinou muito mas errou o pênalti.

Aquele "mas" pode ser tranquilamente substituído pelo "e". Mas, por favor, saibam que o sentido da frase pode não se manter. Porém, para a análise sob o ponto de vista do RLM, pode trocar tranquilamente.

Assim, chegamos à construção da tabela da conjunção. Cada caso estudado corresponde a uma linha da tabela. É fundamental que a gente entenda e decore a tabela. (Entender **E** decorar, olha a conjunção!)

Faça a sua tabela. Copie em seu caderno, em um post-it, em uma folha ou em uma cartolina, mas tenha a sua versão física da tabela. Não imprima! Faça você mesmo, com a mão. Construir suas próprias tabelas vai ajudar na memorização.

CONJUNÇÃO		
p	**q**	**$p \wedge q$**
V	V	V
V	F	F
F	V	F
F	F	F

A tabela do "e" só é V quando ambas forem V.

DISJUNÇÃO INCLUSIVA

Começo reforçando a importância de ter decorado a tabela da conjunção (tópico anterior). Aproveite para decorar as tabelas uma a uma. Serão cinco para você memorizar. Fazer isso aos poucos, uma a uma, facilita o processo.

O conectivo que estudaremos agora é a disjunção inclusiva (o símbolo é o "v"). Saliento que você pode chamar o "ou" de disjunção inclusiva ou simplesmente de disjunção. Caso uma questão de prova fale de "disjunção", saiba que estarão falando da "disjunção inclusiva". Também destaco que, via de regra, ao longo da vida, a gente usa o "ou" de forma errada. Sim, a gente usa a disjunção inclusiva de forma equivocada, o que prejudica um pouco a nossa compreensão dos conceitos formais.

Sou professor. Escuto com frequência perguntas do tipo:

"O trabalho é individual ou em dupla?"

Entendo qual é a dúvida do estudante. Mas sei também que ele não poderia usar o "ou" em seu questionamento. Explico.

Assim como o a conjunção tem seu mantra, a disjunção inclusiva também tem o seu. "A tabela do ou só é F quando ambas forem F". Repita diversas vezes a frase, pois assim vamos internalizando a ideia. Agora, vamos entender as 4 linhas da tabela verdade da disjunção inclusiva. O estudo da tabela será a partir de exemplos. É fundamental entender que os exemplos servem para ilustrar a situação. Vamos considerar duas proposições simples.

p: Gosto de filmes.

q: Estudo bastante.

Cada proposição acima pode ser V ou F. Com isso, temos 4 possibilidades de combinações entre seus valores lógicos: VV, VF, FV ou FF.

- **Caso 1 – As duas proposições são verdadeiras. (VV)**

p: Gosto de filmes. (V)

q: Estudo bastante. (V)

A proposição "Gosto de filmes ou estudo bastante" é Verdadeira quando a primeira for V e a segunda for V.

O "ou" é a disjunção inclusiva. O nome nos ajuda a entender que ela inclui as coisas. Quando você está, por exemplo, com muita fome. Mas a fome é tanta que você não está preocupado com o alimento, você só quer comer. Nessa hora, alguém pergunta: "Quer pão ou bolo?". Qual sua resposta? "Tanto faz!". Essa é a essência do "ou". Nos dá a ideia de que você quer só o pão, só o bolo ou pão e bolo. Por isso, a linha da tabela do "ou" que tem as duas proposições simples, é verdadeira. "A tabela do ou só é F quando ambas forem F".

Qualquer proposição composta conectada pelo "ou" (disjunção inclusiva) será VERDADEIRA quando as duas proposições conectadas forem verdadeiras.

- **Caso 2 – A primeira proposição é verdadeira e a segunda é falsa. (VF)**

p: Gosto de filmes. (V)

q: Estudo bastante. (F)

A proposição "Gosto de filmes ou estudo bastante" é Verdadeira quando a primeira for V e a segunda for F.

"A tabela do ou só é F quando ambas forem F".

O nome "disjunção inclusiva" precisa estar bem claro pra que a gente compreenda o funcionamento da tabela. Você pode estar se perguntando: "Como é que a proposição composta vai ser verdadeira se tem uma falsa?". Mas é justamente por isso que é a inclusiva. Ela inclui. Para que a proposição composta seja verdadeira, podemos ter só a primeira V, só a segunda V ou as duas V.

Qualquer proposição composta conectada pelo "ou" (disjunção inclusiva) será VERDADEIRA quando a primeira proposição conectada for verdadeira e a segunda for falsa.

- **Caso 3 – A primeira proposição é falsa e a segunda é verdadeira. (FV)**

p: Gosto de filmes. (F)

q: Estudo bastante. (V)

A proposição "Gosto de filmes ou estudo bastante" é Verdadeira quando a primeira for F e a segunda for V.

"A tabela do ou só é F quando ambas forem F".

No início do texto, quando eu disse que a gente usava o "ou" de forma errada, eu estava tentando me antecipar ao seu estranhamento. Até aqui, é natural que a gente não concorde com a tabela do "ou". Mas, a partir de agora, aceite que você usou o conectivo de forma errada até hoje. Falo com propriedade, pois eu também senti isso quando aprendi os conectivos.

Qualquer proposição composta conectada pelo "ou" (disjunção inclusiva) será VERDADEIRA quando a primeira proposição conectada for falsa e a segunda for verdadeira.

- **Caso 4 – As duas proposições são falsas. (FF)**

p: Gosto de filmes. (F)

q: Estudo bastante. (F)

A proposição "Gosto de filmes ou estudo bastante" é Falsa quando a primeira for F e a segunda for F.

"A tabela do ou só é F quando ambas forem F".

Enfim, chegamos à linha diferentona da tabela do "ou". A única linha falsa da tabela verdade da disjunção inclusiva é a linha que conecta duas proposições falsas.

Qualquer proposição composta conectada pelo "ou" (disjunção inclusiva) será **FALSA** quando as duas proposições conectadas forem falsas.

Gosto de chamar a atenção para essa situação, pois ela é explorada pelas bancas. Os avaliadores adoram dar a seguinte informação:

Considere falsa a seguinte proposição:

"O policial trabalha à noite ou o fiscal é honesto".

Ao dar essa informação, a banca já está dizendo duas coisas:

i. que a proposição simples "O policial trabalha à noite" é falsa.

ii. que a proposição simples "o fiscal é honesto" é falsa também.

Essa é uma maneira muito comum de verificar se o candidato (você) conhece a tabela do "ou".

E quando o edital usa expressões do tipo estruturas lógicas, lógicas de argumentação, inferências, deduções, lógica sentencial e outras, a banca está dizendo assim: "te digo isso e tu conclui aquilo".

Por isso é tão importante dominar (decorar) as tabelas.

Faça a sua tabela. Copie em seu caderno, em um post-it, em uma folha ou em uma cartolina, mas tenha a sua versão física da tabela. Não imprima! Faça você mesmo, com a mão. Construir suas próprias tabelas vai ajudar na memorização.

Aí está a tabela da disjunção inclusiva. (Também conhecida por disjunção).

DISJUNÇÃO INCLUSIVA		
p	**q**	**p v q**
V	V	V
V	F	V
F	V	V
F	F	F

A tabela do "ou" só é F quando ambas forem F.

DISJUNÇÃO EXCLUSIVA

Já são duas tabelas que você deve saber. É importante decorar as tabelas uma a uma, com calma. Serão cinco para você memorizar. Fazer isso aos poucos, uma a uma, facilita o processo. Neste tópico, aprenderemos a terceira tabela.

O conectivo que estudaremos é a disjunção exclusiva. O símbolo é o "$\underline{v}$". Eventualmente, a banca pode usar o símbolo "$\oplus$". Mas fique tranquilo, pois sempre ficará claro qual o conectivo em questão.

Diferente da disjunção inclusiva (que pode ser chamada apenas de disjunção), a disjunção exclusiva sempre terá "nome e sobrenome", ou seja, sempre será chamada de disjunção exclusiva. Caso apareça apenas "disjunção", estaremos diante da disjunção inclusiva.

Você lembra que eu falei que o "ou" (disjunção inclusiva) é usado de forma errada pelas pessoas? Agora você vai conhecer o "ou..., ou..." e verá que a gente sempre queria dizer "ou..., ou..." mas dizia apenas "ou". Sim, a gente usava o conectivo errado.

Vamos entender a "disjunção exclusiva" a partir do nome: exclusiva. Ela exclui. Ela não admite das coisas iguais. Ela exclui as coisas iguais. Ela quer coisas diferentes. Tem mantra? Sim! "A tabela do 'ou, ou' é V quando ambas são diferentes. A tabela do 'ou, ou' é F quando ambas são iguais".

Utilizarei o mesmo exemplo do "ou" para ilustrar o "ou, ou". Olha a pergunta que eu ouço muito: "O trabalho é individual ou em dupla?" A pergunta correta deveria ser: "Ou o trabalho é individual ou em dupla?". Sim, o "ou, ou" é quem exclui as possibilidades. Na pergunta, o aluno espera que o professor responda como o trabalho será feito (ou individual ou em dupla). A proposição composta só será verdadeira quando uma das simples for Verdadeira e a outra, Falsa. "A tabela do 'ou, ou' é V quando ambas são diferentes. A tabela do 'ou, ou' é F quando ambas são iguais".

Vamos, então, entender as 4 linhas da tabela verdade da disjunção exclusiva. O estudo da tabela será a partir de exemplos mas é fundamental entender que os exemplos servem apenas para ilustrar a situação. Vamos considerar duas proposições simples.

p: Acordo cedo.

q: Trabalho demais.

Cada proposição acima pode ser V ou F. Com isso, temos 4 possibilidades de combinações entre seus valores lógicos: VV, VF, FV ou FF.

- **Caso 1 – As duas proposições são verdadeiras. (VV)**

p: Acordo cedo. (V)

q: Trabalho demais. (V)

A proposição composta "Ou acordo cedo ou trabalho demais." será Falsa quando a primeira proposição simples for Verdadeira e a segunda também. Basta se lembrar do mantra: "A tabela do 'ou, ou' é V quando ambas são diferentes. A tabela do 'ou, ou' é F quando ambas são iguais". O "ou, ou" exclui, por isso, se as duas proposições simples forem verdadeiras, a composta será falsa.

Qualquer proposição composta conectada pelo "ou, ou" (disjunção exclusiva) será **FALSA** quando as duas proposições conectadas forem verdadeiras.

- **Caso 2 – A primeira proposição é verdadeira e a segunda é falsa. (VF)**

p: Acordo cedo. (V)

q: Trabalho demais. (F)

A proposição composta "Ou acordo cedo ou trabalho demais." será Verdadeira quando a primeira proposição simples for Verdadeira e a segunda for Falsa. Basta se lembrar do mantra: "A tabela do 'ou, ou' é V quando ambas são diferentes. A tabela do 'ou, ou' é F quando ambas são iguais". O "ou, ou" exclui, por isso, quando uma só é Verdadeira, a composta é Verdadeira.

Qualquer proposição composta conectada pelo "ou, ou" (disjunção exclusiva) será **VERDADEIRA** quando a primeira proposição conectada for verdadeira e a segunda for falsa.

- **Caso 3 – A primeira proposição é falsa e a segunda é verdadeira. (FV)**

p: Acordo cedo. (F)

q: Trabalho demais. (V)

A proposição composta "Ou acordo cedo ou trabalho demais." será Verdadeira quando a primeira proposição simples for Falsa e a segunda for Verdadeira. Basta se lembrar do mantra: "A tabela do 'ou, ou' é V quando ambas são diferentes. A tabela do 'ou, ou' é F quando ambas são iguais". O "ou, ou" exclui, por isso, quando uma só é Verdadeira, a composta é Verdadeira.

Qualquer proposição composta conectada pelo "ou, ou" (disjunção exclusiva) será **VERDADEIRA** quando a primeira proposição conectada for falsa e a segunda for verdadeira.

- **Caso 4 – As duas proposições são falsas. (FF)**

p: Acordo cedo. (F)

q: Trabalho demais. (F)

A proposição composta "Ou acordo cedo ou trabalho demais." será Falsa quando a primeira proposição simples for Falsa e a segunda também. Basta se lembrar do mantra: "A tabela do 'ou, ou' é V quando ambas são diferentes. A tabela do 'ou, ou' é F quando ambas são iguais". O "ou, ou" exclui, por isso, quando uma só é Verdadeira, a composta é Verdadeira.

Qualquer proposição composta conectada pelo "ou, ou" (disjunção exclusiva) será **FALSA** quando as proposições conectadas forem falsas.

É bem importante que você faça a construção da sua própria tabela. Pode ser em seu caderno, em um post-it, em uma folha ou em uma cartolina, mas tenha a sua versão física da tabela. Não imprima! Faça você mesmo, com a mão. Construir suas próprias tabelas vai ajudar na memorização de todas elas.

Aí está a tabela da disjunção exclusiva.

DISJUNÇÃO EXCLUSIVA		
p	**q**	**p $\underline{\vee}$ q**
V	V	F
V	F	V
F	V	V
F	F	F

Já conhecemos três (dos cinco) conectivos. A partir de agora, vamos começar a misturar o que já estudamos. Vamos construir, por exemplo, a tabela da seguinte proposição composta:

$(p \vee q) \underline{\vee} (p \wedge q)$

O primeiro passo SEMPRE será calcular o número de linhas da tabela verdade. Para isso, basta contarmos o número de proposições simples envolvidas. No exemplo, são duas (p e q). Dizemos que n = p, ou seja, n é o número de proposições simples envolvidas.

Em seguida, a gente substitui o n na fórmula 2^n.

Em nosso caso, $2^2 = 4$.

Ou seja, nossa tabela verdade terá 4 linhas.

Em seguida, a gente pensa nas colunas. Antes de tudo, teremos uma coluna para cada proposição simples (duas colunas: p e q). Além disso, teremos uma coluna para cada expressão que está entre parênteses (no caso, mais duas colunas: $(p \vee q)$ e $(p \wedge q)$). Por fim, uma coluna para a proposição composta completa: $(p \vee q) \underline{\vee} (p \wedge q)$. Com isso, teremos 5 colunas em nossa tabela verdade.

p	**q**	**(p ∨ q)**	**(p ∧ q)**	**(p ∨ q) $\underline{\vee}$ (p ∧ q)**

Agora, vamos para o preenchimento da tabela verdade. Nosso raciocínio partirá sempre do total de linhas que calculamos (no caso, foram 4). Pegue a metade do total de linhas e coloque essa quantidade de V na primeira coluna e a mesma quantidade de F na primeira coluna. Como são 4 linhas, teremos 2 V e 2 F na primeira coluna.

p	**q**	**(p ∨ q)**	**(p ∧ q)**	**(p ∨ q) $\underline{\vee}$ (p ∧ q)**
V				
V				
F				
F				

Em seguida, preenchemos a segunda coluna. Para isso, pegaremos a metade das quantidades da coluna anterior. Ora, se na primeira coluna a gente colocou 2 de cada (2 V e 2 F), na próxima colocaremos 1 de cada até preencher toda a coluna:

p	q	(p v q)	(p ∧ q)	(p v q) v̲ (p ∧ q)
V	V			
V	F			
F	V			
F	F			

Se o número de proposições simples for maior, termos mais colunas para preencher com esse raciocínio (metade da coluna anterior). Ao preenchermos todas as colunas com proposições simples, partimos para as proposições compostas. E aí surge a importância de termos decorado as tabelas dos conectivos.

Vamos preencher a terceira coluna: (p v q). É o conectivo "ou". Pegue sua tabela, observe as proposições simples que estão sendo conectadas e complete a terceira coluna:

p	q	(p v q)	(p ∧ q)	(p v q) v̲ (p ∧ q)
V	**V**	V		
V	**F**	V		
F	**V**	V		
F	**F**	F		

Vamos preencher agora a quarta coluna: (p ∧ q). É o conectivo "e". Pegue sua tabela, observe as proposições simples que estão sendo conectadas e complete a quarta coluna:

p	q	(p v q)	(p ∧ q)	(p v q) v̲ (p ∧ q)
V	**V**	V	V	
V	**F**	V	F	
F	**V**	V	F	
F	**F**	F	F	

Finalmente, completaremos a quinta e última coluna. Ali, está o conectivo "ou, ou". Mas atenção! No exemplo, o conectivo "ou, ou" está ligando duas proposições compostas. Pode isso? Pode! Tanto pode que essa será a nossa realidade em muitas questões a partir de agora. Mas o processo é simples. Basta nossa atenção. A quinta coluna conecta a coluna 3 e a coluna 4. E são essas duas as únicas colunas que nos interessam a partir de agora. Vamos usar a tabela do "ou, ou", observar as colunas 3 e 4 e vamos preencher a última coluna da tabela:

p	q	(p v q)	(p ∧ q)	(p v q) v̲ (p ∧ q)
V	V	**V**	**V**	F
V	F	**V**	**F**	V
F	V	**V**	**F**	V
F	F	**F**	**F**	F

A tabela do "ou, ou" é V quando ambas são diferentes; a tabela do "ou, ou" é F quando ambas são iguais.

CONDICIONAL

Agora já são três as tabelas que você deve saber: conjunção, disjunção inclusiva e disjunção exclusiva. É importante decorar as tabelas uma a uma, com calma. Serão cinco para você memorizar. Neste momento, aprenderemos a tabela mais famosa do Raciocínio Lógico Matemático: a tabela do condicional.

O conectivo condicional é muito cobrado nas provas. Isso acontece porque ele é utilizado frequentemente em nosso cotidiano. A gente faz isso sem perceber. Outra aplicação do condicional é na linguagem computacional (*if, then*). Em português, é o nosso "se, então". Estou tentando te mostrar alguns motivos que levam as bancas a cobrar tanto o condicional. Independente dos exemplos que eu use aqui, você precisa ter em mente que o condicional é o conectivo mais cobrado. Vamos estudar as possibilidades de cobrança dele nas provas (são várias).

Vamos entender o condicional como de costume, avaliando o nome. Condicional nos dá a ideia de que temos uma condição. Algo precisa acontecer para que outra coisa aconteça. Temos duas condições: uma suficiente e uma necessária. O que vem primeiro, logo após o "se", é o antecedente. O que vem depois do "então" é o consequente. O antecedente é a condição suficiente e o consequente é a condição necessária.

- ▷ Se (antecedente), então (consequente).
- ▷ Se (suficiente), então (necessária).
- ▷ **S**e (**S**uficiente), e**N**tão (**N**ecessária).

Na linguagem simbólica, o conectivo condicional é representado pelo sinal "→". Em português, o condicional é representado pelo "se, então". Uma característica do condicional é que ele pode vir "disfarçado", ou seja, podemos utilizar outras palavras para representar o conectivo condicional. Mas esse assunto será trabalhado futuramente. Agora, vamos

RAC. LÓGICO

focar em entender a tabela verdade do condicional. Este é o nosso objetivo.

E a tabela verdade do condicional é super tranquila de memorizar. Ela só tem uma linha Falsa. O condicional só será falso quando conectar a primeira proposição verdadeira e a segunda proposição falsa.

$V \rightarrow F = F$

Como só temos UMA linha que é diferente, é essa linha que vamos focar. Pra decorar, trago uma brincadeira que ajuda. É uma homenagem a uma grande atriz brasileira. Sempre pense assim:

▷ Se **V**era **F**ischer, então **F**also.

Repare que ajuda a decorar, pois traz o conectivo (se, então) e traz as letras V, F e F (Vera Fischer Falso). Assim, você decora que a linha do "se, então" falsa é a linha $V \rightarrow F$.

Se Vera Fischer, então Falso.

Vamos, então, estudar as 4 linhas da tabela verdade do condicional. Vamos considerar as duas proposições simples a seguir.

p: O dia está lindo.

q: Os cachorros passeiam.

Cada proposição acima pode ser V ou F. Com isso, temos 4 possibilidades de combinações entre seus valores lógicos: VV, VF, FV ou FF.

- **Caso 1 – As duas proposições são verdadeiras. (VV)**

p: O dia está lindo. (V)

q: Os cachorros passeiam. (V)

A proposição composta "Se o dia está lindo, então os cachorros passeiam." será verdadeira quando a primeira proposição simples for Verdadeira e a segunda também. Basta se lembrar do mantra do condicional: "Se Vera Fisher, então Falso".

Qualquer proposição composta conectada pelo "se, então" (condicional) será **VERDADEIRA** quando as duas forem verdadeiras.

- **Caso 2 – A primeira proposição é verdadeira e a segunda é falsa. (VF)**

p: O dia está lindo. (V)

q: Os cachorros passeiam. (F)

A proposição composta "Se o dia está lindo, então os cachorros passeiam." será Falsa quando a primeira proposição simples for Verdadeira e a segunda for Falsa. Basta se lembrar do mantra do condicional: "Se Vera Fisher, então Falso".

Qualquer proposição composta conectada pelo "se, então" (condicional) será **FALSA** quando a primeira proposição for Verdadeira e a segunda for Falsa.

- **Caso 3 – A primeira proposição é falsa e a segunda é verdadeira. (FV)**

p: O dia está lindo. (F)

q: Os cachorros passeiam. (V)

A proposição composta "Se o dia está lindo, então os cachorros passeiam." será Falsa quando a primeira proposição simples for Verdadeira e a segunda for Falsa. Basta se lembrar do mantra do condicional: "Se Vera Fisher, então Falso".

Qualquer proposição composta conectada pelo "se, então" (condicional) será **VERDADEIRA** quando a primeira proposição for falsa e a segunda for verdadeira.

- **Caso 4 – As duas proposições são falsas. (FF)**

p: O dia está lindo. (F)

q: Os cachorros passeiam. (F)

A proposição composta "Se o dia está lindo, então os cachorros passeiam." será Falsa quando a primeira proposição simples for Verdadeira e a segunda for Falsa. Basta se lembrar do mantra do condicional: "Se Vera Fisher, então Falso".

Qualquer proposição composta conectada pelo "se, então" (condicional) será **VERDADEIRA** quando as duas proposições forem falsas.

CONDICIONAL		
p	**q**	**p → q**
V	V	V
V	F	F
F	V	V
F	F	V

CONDICIONAL E SEUS DISFARCES

Quando eu digo que o conectivo condicional é o mais importante, eu não estou exagerando. E para ser coerente, separei dois tópicos para o nosso estudo do condicional. Neste, destaco os disfarces do condicional e aproveito para oferecer mais exercícios que misturem os conectivos. É importante a gente já ir se habituando a resolver proposições compostas com mais de um conectivo.

Vamos começar retomando um ponto importante do condicional, que é a ideia de ter uma condição para que outra coisa aconteça. Esse é o ponto fundamental pra que a gente consiga reconhecer o condicional quando ele estiver disfarçado. E quando falamos em "disfarce", é disfarce mesmo! A banca vai tirar as palavras "se" e "então" e vai colocar outras palavras. Mas o sentido da proposição será mantido.

Condicional e seus disfarces

Se, então

→

Atenção ao sentido.

Ideia de condição.

Condição para um resultado.

Para ajudar, vou trazer alguns exemplos de disfarces que podem aparecer. Não são os únicos, mas quero que você use esses exemplos para entender a ideia do disfarce. Todos eles foram retirados de questões de bancas.

- **Exemplo 01**

Quando eu parar de comer eu emagrecerei.

=

Se eu parar de comer, então emagrecerei.

- **Exemplo 02**

Toda vez que eu comer, vou engordar.

=

Se eu comer, então vou engordar.

- **Exemplo 03**

Sempre que joga bem, a equipe ganha.

=

Se joga bem, então a equipe ganha.

- **Exemplo 04**

Fui à praia, pois fez sol.

=

Se fez sol, então fui à praia.

- **Exemplo 05**

Antônio fuma 10 cigarros por dia, logo a probabilidade de ele sofrer um infarto é três vezes maior que a de Pedro, que é não fumante.

=

Se Antônio fuma 10 cigarros por dia, então a probabilidade de ele sofrer um infarto é três vezes maior que a de Pedro, que não é fumante.

BICONDICIONAL

Chegamos ao quinto conectivo (e último). É fundamental que você pare agora e confira se as quatro tabelas anteriores estão decoradas. Caso já tenha decorado todas, siga o estudo. Caso ainda não tenha decorado, decore! É sério. Se não fosse fundamental, então eu não pediria.

Falando agora do bicondicional. Temos o mantra dele, sim: "bicondicional, lembra o igual". O símbolo do bicondicional é a flechinha apontando para os dois lados: ↔. Em português, vai aparecer a expressão "se, e somente se". O bicondicional é chamado também de "igualdade lógica". É a estrutura formada por duas condicionais. Se tivermos os dois condicionais a seguir verdadeiros, estaremos diante do bicondicional.

Quando A → B é V.

E quando B → A é V.

Teremos A ↔ B é V.

E quando um dos dois condicionais acima é Falso, o bicondicional será Falso.

Vamos, então, estudar as 4 linhas da tabela verdade do bicondicional. Vamos considerar as duas proposições simples a seguir.

p: O time perde todos os jogos.

q: O treinador foi demitido.

Cada proposição acima pode ser V ou F. Com isso, temos 4 possibilidades de combinações entre seus valores lógicos: VV, VF, FV ou FF.

- **Caso 1 – As duas proposições são verdadeiras. (VV)**

p: O time perde todos os jogos. (V)

q: O treinador foi demitido. (V)

A proposição composta "O time perde todos os jogos se, e somente se, o treinador foi demitido." será verdadeira quando a primeira proposição simples for Verdadeira e a segunda também. Basta se lembrar do mantra do bicondicional: "bicondicional, lembra o igual".

Qualquer proposição composta conectada pelo "se, e somente se" (bicondicional) será VERDADEIRA quando as duas forem verdadeiras.

- **Caso 2 – A primeira proposição é verdadeira e a segunda é falsa. (VF)**

p: O time perde todos os jogos. (V)

q: O treinador foi demitido. (F)

A proposição composta "O time perde todos os jogos se, e somente se, o treinador foi demitido."

RAC. LÓGICO

será verdadeira quando a primeira proposição simples for Verdadeira e a segunda for Falsa. Basta se lembrar do mantra do bicondicional: "bicondicional, lembra o igual".

Qualquer proposição composta conectada pelo "se, e somente se" (bicondicional) será FALSA quando a primeira for verdadeira e a segunda for falsa.

- **Caso 3 – A primeira proposição é falsa e a segunda é verdadeira. (FV)**

p: O time perde todos os jogos. (F)

q: O treinador foi demitido. (V)

A proposição composta "O time perde todos os jogos se, e somente se, o treinador foi demitido." será verdadeira quando a primeira proposição simples for Falsa e a segunda for Verdadeira. Basta se lembrar do mantra do bicondicional: "bicondicional, lembra o igual".

Qualquer proposição composta conectada pelo "se, e somente se" (bicondicional) será FALSA quando a primeira for falsa e a segunda for verdadeira.

- **Caso 4 – As duas proposições são falsas. (FF)**

p: O time perde todos os jogos. (F)

q: O treinador foi demitido. (F)

A proposição composta "O time perde todos os jogos se, e somente se, o treinador foi demitido." será verdadeira quando a primeira proposição simples for Falsa e a segunda também for Falsa. Basta se lembrar do mantra do bicondicional: "bicondicional, lembra o igual".

Qualquer proposição composta conectada pelo "se, e somente se" (bicondicional) será VERDADEIRA quando as duas forem falsas.

BICONDICIONAL		
p	**q**	**p ↔ q**
V	V	V
V	F	F
F	V	F
F	F	V

Bicondicional lembra o igual.

LEIS DE "DE MORGAN" – NEGAÇÃO DA CONJUNÇÃO

Como você já sabe, o Raciocínio Lógico Matemático tem como um dos objetivos a determinação do valor lógico de uma proposição. Segundo os princípios do RLM (vale recordar o INTER), as proposições só podem ter dois valores lógicos: ou a proposição é V, ou a proposição é F (princípio do terceiro excluído). O que é negar uma proposição? Negar é mudar o valor lógico.

PROPOSIÇÃO	NEGAÇÃO
V	F
F	V

A negação é representada por dois sinais: esse (~) e esse (¬). É legal a gente conhecer, mas normalmente as bancas deixam isso bem claro nos enunciados. E a gente vai usar e falar tanto, que logo vai fazer parte do nosso cotidiano. Isso vai acontecer naturalmente. Diferente das tabelas dos conectivos. Elas, a gente usa bastante mas não é fácil decorar "ao natural". Exige que a gente faça um esforço pra conseguir decorar.

As negações serão divididas em duas partes: negação de proposições simples e negação de proposições compostas. Este tópico fala da negação da conjunção, ou seja, negação de uma proposição composta. Mas só conseguiremos negar uma proposição composta depois de conseguirmos negar uma proposição simples. Por isso, vamos ver primeiro a negação das proposições simples.

Tenha em mente logo de cara que negação é diferente do antônimo (contrário). O antônimo de alto é baixo. Mas a negação do alto não é baixo. Uma pessoa que não é alta pode ser baixa mas também pode ser muito alta. Deixa eu te dar outro exemplo. O celular é caro. Qual o antônimo de caro? Barato. Mas a negação da frase "O celular é caro." Não é "O celular é barato." Pelo simples fato de que o celular pode ser grátis. Ou pode ser extremamente caro!

Vamos focar na palavra não. A negação está diretamente relacionada ao não. Quando a proposição **TEM** o não, a gente tira. Quando a proposição **NÃO TEM** o não, a gente coloca. Adoro exemplos. Vamos lá:

PROPOSIÇÃO	NEGAÇÃO
O celular é caro.	O celular não é caro.
O carro não funcionou.	O carro funcionou.
A música é ruim.	A música não é ruim.

Se a proposição for F, a negação será V. E vice-versa, ou seja, se a proposição for V, a negação será F.

Outra coisa importante pra gente ficar atento é o seguinte.

Proposição: A música é ruim.

Negação: A música não é ruim.

Mas olha só que interessante:

Proposição: A música não é ruim.

Negação: A música é ruim.

Se A é a negação de B, podemos garantir que B é a negação de A. Entender isso vai te ajudar muito! Alguns exemplos pra fixar isso:

PROPOSIÇÃO	NEGAÇÃO
A empresa é boa.	A empresa não é boa.
A empresa não é boa.	A empresa é boa.
O professor joga bem.	O professor não joga bem.
O professor não joga bem.	O professor joga bem.

Fechando o estudo das negações de proposições simples, fique atento à dupla negação. Quando você nega uma negação, você volta à proposição original. Observe a tabela:

PROPOSIÇÃO	NEGAÇÃO	NEGAÇÃO DA NEGAÇÃO
O carro é veloz.	O carro não é veloz.	O carro é veloz.
O pão não é caro.	O pão é caro.	O pão não é caro.
Verdadeiro	Falso	Verdadeiro
Falso	Verdadeiro	Falso
A	~A	~(~A) = A

Esses conceitos são tão fundamentais que possivelmente nunca nos perguntarão algo sobre eles. A banca vai partir do princípio que você sabe isso e pronto. As questões de prova cobram normalmente a partir de agora: as negações de proposições compostas.

O matemático indiano "Augustus de Morgan" estudou as negações das proposições compostas. Ele enunciou os "Teoremas de De Morgan", que aparecem nos editais como "Leis de Morgan", "Equivalências das Negações", "Negações dos conectivos" entre outras denominações. Às vezes, o edital traz duas dessas nomenclaturas (sim, isso já aconteceu) e o candidato acaba pensando que não estudou tudo. Vamos agora falar das negações dos conectivos.

A primeira negação de proposição composta que a gente vai estudar é a negação do primeiro conectivo, a negação da conjunção. A famosa "negação do e". Tem mantra? Sim, tem. "A negação do "e" é o "ou" e nega todo mundo".

Claro que vamos dissecar esse mantra. Você precisa entender o mantra, concordar com ele e, por fim, decorá-lo.

Vamos entender?

"A negação do "e" é o "ou" e nega todo mundo".

~(A e B) = ~A ou ~B

Se tivermos a proposição: "O atleta treina e o torcedor sofre".

A negação será: "O atleta não treina ou o torcedor não sofre".

Mas como o De Morgan chegou nisso? Simples, gente, construindo tabela verdade.

Observe a tabela do "e". Depois, vamos fazer a sua negação.

A	B	(A e B)	~(A e B)
V	V	V	**F**
V	F	F	**V**
F	V	F	**V**
F	F	F	**V**

Agora, vamos construir a tabela do ~A ou ~B:

A	B	~A	~B	~A ou ~B
V	V	F	F	**F**
V	F	F	V	**V**
F	V	V	F	**V**
F	F	V	V	**V**

Reparem que a coluna do ~(A e B) é igual à coluna do ~A ou ~B. Isso prova que De Morgan estava certo. A gente provou que ~(A e B) = ~A ou ~B. Você precisa saber como demonstrar? Não! Mas você precisa saber construir uma tabela verdade e você precisa decorar que ~(A e B) = ~A ou ~B. Utilize o mantra para te ajudar: "A negação do "e" é o "ou" e nega todo mundo".

NEGAÇÕES DE CONECTIVOS

Negação da conjunção (∧): $\sim(p \wedge q) = (\sim p \vee \sim q)$

LEIS DE "DE MORGAN" – NEGAÇÃO DA DISJUNÇÃO INCLUSIVA

Agora, vamos falar da negação de outra proposição composta, a disjunção inclusiva. Tem mantra pra essa negação? Tem, sim! "A negação do "ou" é o "e" e nega todo mundo".

Vamos entender o mantra.

"A negação do "ou" é o "e" e nega todo mundo".

~(A ou B) = ~A e ~B

Se tivermos a proposição: "O atleta treina ou o torcedor sofre".

A negação será: "O atleta não treina e o torcedor não sofre".

Vamos construir as tabelas pra podermos entender a negação.

Observe a tabela do "e". Depois, vamos fazer a sua negação.

A	B	(A ou B)	~(A ou B)
V	V	V	**F**
V	F	V	**F**
F	V	V	**F**
F	F	F	**V**

Agora, vamos construir a tabela do ~A e ~B:

A	B	~A	~B	~A e ~B
V	V	F	F	**F**
V	F	F	V	**F**
F	V	V	F	**F**
F	F	V	V	**V**

Reparem que a coluna do ~(A ou B) é igual à coluna do ~A e ~B. Assim, provamos que, de fato, "A negação do "ou" é o "e" e nega todo mundo". Precisamos fazer de tudo pra não esquecer: ~(A e B) = ~A ou ~B.

Não precisamos saber provar isso, mas é interessante que a gente consiga construir o maior número possível de tabelas. Assim, a gente vai decorando as tabelas dos conectivos. Além disso, a gente pratica a construção das tabelas das proposições compostas.

NEGAÇÕES DE CONECTIVOS

Negação da conjunção (v): $\sim(p \vee q) = (\sim p \wedge \sim q)$

NEGAÇÃO DO "SE, E SOMENTE SE" E DO "OU, OU"

Já estudamos anteriormente as negações. Muitas vezes, o autor não fala as coisas e espera que o leitor faça ligações complicadas. Pode ser óbvio para alguns, mas nem sempre a gente percebe as coisas. Gostaria de dizer que as duas negações que a gente já estudou podem ser consideradas uma só. Veja bem:

$\sim(A \wedge B) = \sim A$ ou $\sim B$

$\sim(A$ ou $B) = \sim A \wedge \sim B$

Negou o "e", chega no "ou".

Negou o "ou", chega no "e".

Com isso, introduzimos o assunto. Quero destacar que a negação do "se, e somente se" leva ao "ou, ou" e que a negação do "ou, ou" nos leva ao "se, e somente se".

$\sim(A \leftrightarrow B) = (A \underline{\vee} B)$

$\sim(A \underline{\vee} B) = (A \leftrightarrow B)$

Essas negações são muito diretas, pois basta trocar o conectivo.

Observe a tabela do "se, e somente se". Depois, vamos fazer a sua negação.

A	B	(A ↔ B)	~(A ↔ B)
V	V	V	**F**
V	F	F	**V**
F	V	F	**V**
F	F	V	**F**

Agora, vamos construir a tabela do $A \underline{\vee} B$:

A	B	$A \underline{\vee} B$	$\sim(A \underline{\vee} B)$
V	V	**F**	**V**
V	F	**V**	**F**
F	V	**V**	**F**
F	F	**F**	**V**

Repare que a coluna do $\sim(A \leftrightarrow B)$ é igual à coluna do $A \underline{\vee} B$. E repare também que a coluna do $\sim(A \underline{\vee} B)$ é igual à coluna do $(A \leftrightarrow B)$.

Como sempre digo, não precisamos saber construir as tabelas para provar essas negações. Mas de tanto construir tabelas, a gente vai pegando o jeito. Na hora da prova, isso pode ser muito útil.

NEGAÇÕES DE CONECTIVOS

Negação da conjunção (v): $\sim(p \vee q) = (\sim p \wedge \sim q)$

NEGAÇÃO DO "E" E DO "OU" JUNTOS

A gente viu como fazer a negação do "e" e como negar o "ou". Agora, a missão é negar proposições que tragam os dois conectivos. Para ajudar, vou fazer uma analogia. E destaco que a analogia é para observarmos o funcionamento de dois conectivos na mesma proposição composta. Não quero que você pense que o "e" ou que o "ou" equivale à soma (ou subtração). Não é isso. Quero mostrar que a expressão numérica 9 + 6 – 3 pode ser interpretada de duas maneiras: primeiro podemos fazer a soma 9 + 6 e depois a gente faz o – 3. Mas podemos fazer primeiro a subtração 6 – 3 e depois a gente faz 9 + a resposta.

Usando os símbolos adequados, temos as duas opções ilustradas assim:

(9 + 6) – 3 (primeira situação)

9 + (6 – 3) (segunda situação)

O que é importante saber? Que ambas as expressões são iguais!

(9 + 6) – 3 = 9 + (6 – 3)

E é essa a analogia. Quando a gente tem que fazer a negação de uma proposição composta que misture o "e" e o "ou", tanto faz qual a gente resolva primeiro. A resposta será a mesma, ou seja, segue o mantra: "troca o 'e' por 'ou', troca o 'ou' por 'e' e nega todo mundo".

A negação da proposição (p ∧ q v r) é (~p v ~q ∧ ~r).

Veja que ~(p ∧ q v r), podemos ter dois caminhos:

Caso 1: ~[(p ∧ q) v r] ~(p ∧ q) ∧ ~r ~p v ~q ∧ ~r	Caso 2: ~[p ∧ (q v r)] ~p v ~(q v r) ~p v ~q ∧ ~r

E é importante destacar que a ordem dos conectivos não interessa.

Exemplos:

~(a v b v c ∧ d) = ~a ∧ ~b ∧ ~c v ~d

~(p v q ∧ r v s ∧ t ∧ u) = ~p ∧ ~q v ~r ∧ ~s v ~t v ~u

NEGAÇÃO DO CONDICIONAL

Já falei pra você que o conectivo mais importante é, indiscutivelmente, o condicional. Por isso, tudo que envolve o "se, então" é primordial para nossa nomeação. Na leitura deste tópico, quero que você termine sabendo de uma coisa: "negação do condicional, regra do Mané". É o mantra. Esse não tem como a gente seguir antes de decorarmos. Mande um áudio pra alguém dizendo: "negação do condicional, regra do Mané". Faça um cartaz, escreva, fale, ouça, mentalize, olhe, enfim, a estratégia é por sua conta. Só não dá pra terminar o estudo sem saber que "negação do condicional, regra do Mané".

Vou te explicar, vou dar exemplos, vou construir as tabelas, você vai fazer exercícios... Tudo serve apenas pra que você decore esse mantra: "negação do condicional, regra do Mané". Acho que já deu pra entender, né? Decore e depois siga a leitura.

Bom, diante de uma proposição composta, conectada pelo condicional, nós teremos a seguinte relação: ~(p → q) = p e ~q. E por isso, regra do Mané. Por que Mané? Porque **MA**ntém a primeira **E NE**ga a segunda. MA-NÉ: mantém e nega. Mantém a primeira E nega a segunda.

Alguns exemplos:

Proposição: Se hoje faz sol, então passeio no parque.

Negação: Hoje faz sol e não passeio no parque.

O mantra: "negação do condicional, regra do Mané".

Proposição: Se o cientista manda ficar isolado, então não vou à escola.

Negação: O cientista manda ficar isolado e vou à escola.

O mantra: "negação do condicional, regra do Mané".

Proposição: Se não é domingo, então não descanso.

Negação: Não é domingo e descanso.

O mantra: "negação do condicional, regra do Mané".

Em todos os exemplos, você pode perceber a regra do Mané em ação: mantém a primeira e nega a segunda. E agora apresento a vocês as tabelas que farão a demonstração disso tudo.

P	Q	P → Q	~(P → Q)
V	V	V	F
V	F	F	V
F	V	V	F
F	F	V	F

P	Q	~Q	P ∧ ~Q
V	V	F	F
V	F	V	V
F	V	F	F
F	F	V	F

Observe que as duas últimas colunas são iguais. Assim, provamos que ~(P → Q) = P ∧ ~Q. Ou seja, "negação do condicional, regra do Mané".

NEGAÇÕES DE CONECTIVOS

Negação do condicional: ~(p → q) = (p ∧ ~q)

PROPOSIÇÕES CATEGÓRICAS E SUAS NEGAÇÕES

A proposição categórica é uma proposição que afirma ou nega que todos ou alguns membros de uma categoria estão incluídos em outra categoria. Parece estranho, né? E é! Sendo mais específico, estudaremos as seguintes formas:

1. Todo A é B
2. Nenhum A é B
3. Algum A é B
4. Algum A não é B

São essas 4 formas que estudaremos. Mas elas podem variar. Precisamos estar atentos. Como eu gosto de trabalhar? Com desenhos! Acho que é uma maneira bastante eficaz de abordarmos o tema. Não é a única estratégia, mas é uma que eu gosto bastante. Vamos ver as formas, uma a uma.

1. Todo A é B

Proposições do tipo "todo A é B" são aquelas que dizem que todos os elementos do conjunto A são também elementos do conjunto B. Isso significa que A é subconjunto de B. Olha a dica dos desenhos. Leia "todo A é B" e olhe para a imagem a seguir. Quando as duas coisas te passarem a mesma ideia, você entendeu!

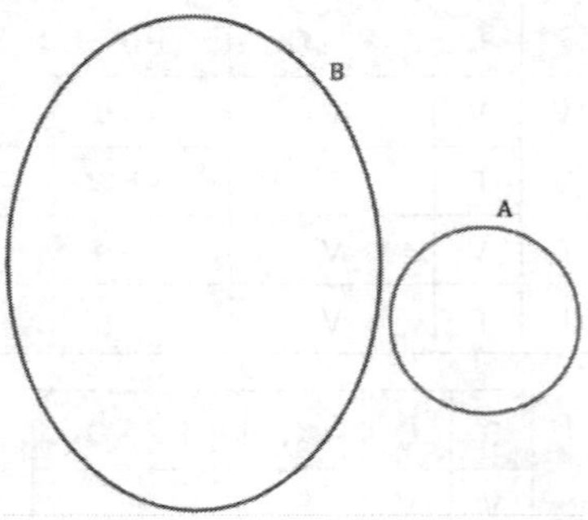

Atenção: dizer "todo A é B" não é o mesmo que "todo B é A".

Mas temos uma exceção: quando os dois conjuntos são iguais.

É o único caso em que "todo A é B" e "todo B é A".

- **OLHA A EXCEÇÃO**

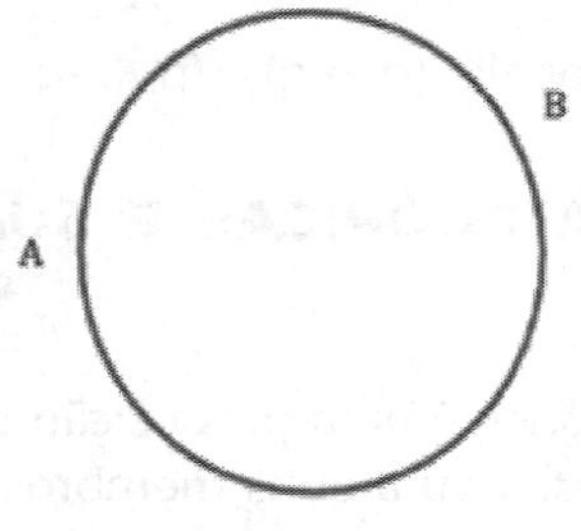

Exemplos de "todo A é B":

Todo peixe é planador.

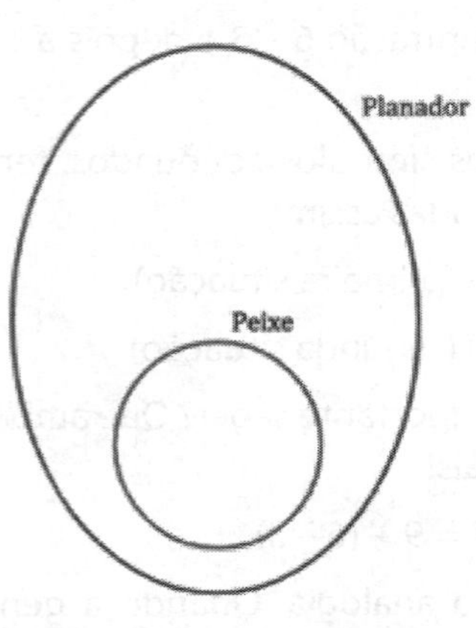

1.1 A negação do "todo A é B"

Para negar o "todo A é B", basta que um A não seja B. Ou seja, se pelo menos um elemento do A não for B, já é a negação do "todo A é B". Se eu disser: "Todos os meus exemplos são bons". Pra termos a negação, basta que um exemplo seja ruim. Pronto! Já não posso dizer que "todos os meus exemplos são bons". Cuidado: a negação do "todo" não é "nenhum". E a banca vai te induzir a esse erro.

Exemplos:
Proposição: Todo jogador faz gol.
Negação: Algum jogador não faz gol.

Proposição: Todo professor de RLM é milionário.
Negação: Algum professor de RLM não é milionário.

2. Nenhum A é B

Enunciados da forma "Nenhum A é B" afirmam que os conjuntos A e B são disjuntos, isto é, A e B não possuem elementos em comum. Faça o exercício de ler o "nenhum A é B" e relacionar com a imagem a seguir:

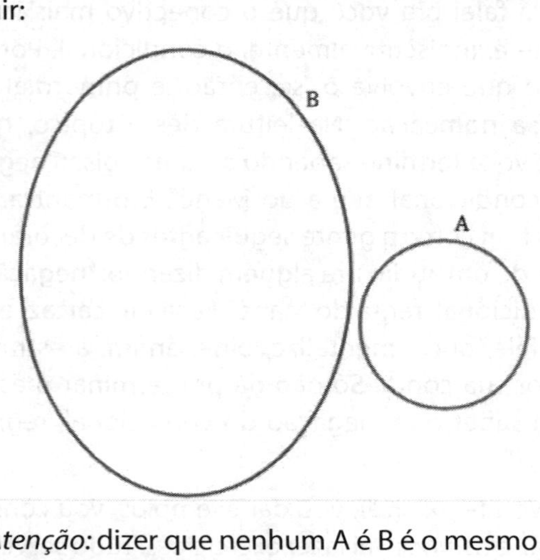

Atenção: dizer que nenhum A é B é o mesmo que dizer que nenhum B é A.

Exemplo do "nenhum A é B":
"Nenhum gremista é colorado."

É o mesmo que dizer:
"Nenhum colorado é gremista."

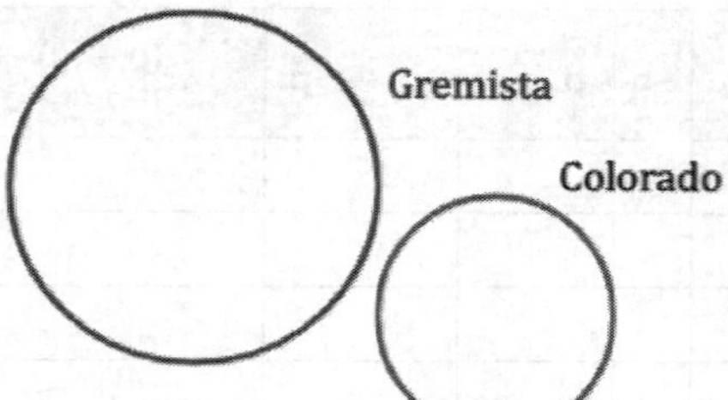

2.1 A negação do nenhum

Para negar o "nenhum", a gente usa o "pelo menos um" ou o "algum". A ideia é de que exista um elemento em comum entre A e B. O alerta é pra não deixar que a banca te engane. Normalmente, a banca quer te iludir. A banca quer que você pense que a negação do "nenhum" é "todo". Tá errado! A negação do "nenhum" é "algum".

Exemplos:
Proposição: Nenhum professor é chato.
Negação: Algum professor é chato.
Negação: Existe algum professor chato.
Negação: Pelo menos um professor é chato.

Proposição: Nenhuma cebola é saborosa.
Negação: Pelo menos uma cebola é saborosa.
Negação: Alguma cebola é saborosa.
Negação: Existe alguma cebola saborosa.

3. Algum A é B

As proposições da forma "algum A é B" estabelecem que o conjunto A tem pelo menos um elemento em comum com o conjunto B. Quero chamar a atenção para a representação (desenho) do "algum A é B". São quatro possibilidades:

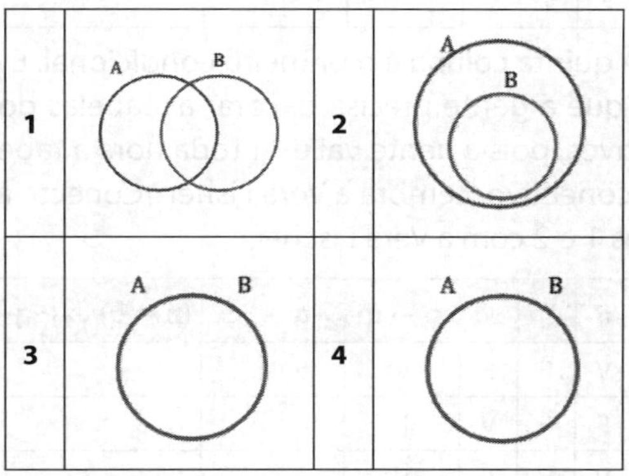

O algum é bem abrangente. O desenho 1 é o mais tranquilo de pensar. Já o desenho 2, representa "algum A é B" e também "todo B é A", e não tem problema. O desenho 3 você pode pensar que é "todo A é B". E é! Mas também é "algum A é B". E o mais peculiar de todos é o desenho 4. Porque é o caso em que A e B são iguais. Fique atento. O exercício a ser feito é o mesmo: leia "algum A é B" e associe com cada um dos 4 desenhos.

3.1 A negação do "algum A é B"

Para fazer a negação do "algum A é B", você deve garantir que "nenhum A é B". Atenção aos exemplos:

Proposição: Algum time vai ganhar.
Negação: Nenhum time vai ganhar.

Proposição: Algum jogador sabe a regra.
Negação: Nenhum jogador sabe a regra.

4. Algum A não é B

A proposição "algum A não é B" estabelece que o conjunto A tem pelo menos um elemento que não pertence ao conjunto B. Atenção, pois também temos mais de uma maneira de representar com desenhos.

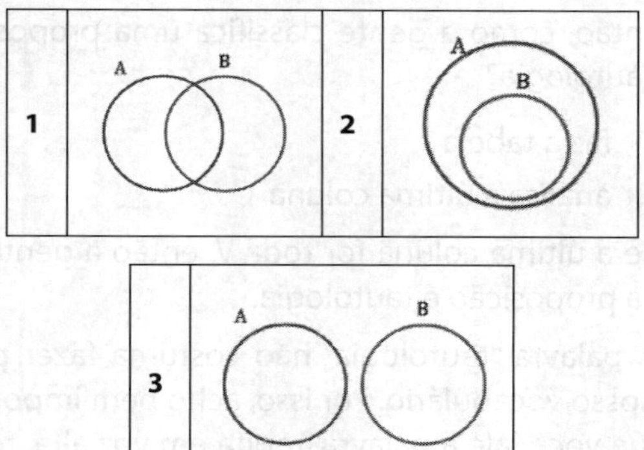

Agora, você lê "algum A não é B" e faça a associação com cada um dos desenhos.

4.1 A negação do "algum a não é B"

A negação do "algum A não é B" é o "todo A é B". Observe:

Proposição: Algum juiz não é bandeirinha.
Negação: Todo juiz é bandeirinha.

Proposição: Algum mistério não foi resolvido.
Negação: Todo mistério foi resolvido.

Proposição: Algum atacante não faz gol.
Negação: Todo atacante faz gol.

RAC. LÓGICO

CATEGÓRICAS E NEGAÇÕES	
POPOSIÇÃO	NEGAÇÃO
Todo A é B	Algum A não é B
Nenhum A é B	Algum A é B
Algum A é B	Nenhum A é B
Algum A não é B	Todo A é B

TAUTOLOGIA

Antes de falar de "Tautologia", deixa eu dar uma contextualizada. O que é "Tautologia"? Tautologia é uma das classificações de uma proposição composta. Uma proposição composta pode ser classificada de três maneiras: tautologia, contradição ou contingência. Vamos estudar uma a uma. Para classificar uma proposição, a gente constrói a tabela da proposição (por isso precisa ser uma proposição composta). Depois de construir a tabela, a gente olha para a última coluna. Dependendo dos valores lógicos da última coluna, a gente tem uma classificação. Esse é o processo.

Mas o que é tautologia? É uma proposição que permanece sempre verdadeira.

Então, como a gente classifica uma proposição em tautologia?

i. faz a tabela
ii. analisa a última coluna

Se a última coluna for toda V, então a gente diz que a proposição é tautologia.

A palavra "tautologia" não costuma fazer parte do nosso vocabulário. Por isso, acho bem importante que você fale a palavra, repita em voz alta, repita baixinho, pense, escreva, soletre, enfim, tente tornar a palavra tautologia mais comum pra você. É mais difícil esquecer algo que é usual.

Agora vamos classificar a proposição $(p \rightarrow q) \leftrightarrow (\sim q \rightarrow \sim p)$.

Primeiro, construiremos a tabela da proposição. Como são duas proposições simples envolvidas, teremos $2^2 = 4$ linhas (2^n, com n sendo o número de proposições simples envolvidas). Além disso, teremos as seguintes sete colunas: p, q, ~p, ~q, (p → q), (~q → ~p) e (p → q) ↔ (~q → ~p).

A tabela que será preenchida ficará assim:

p	q	~p	~q	p → q	~q → ~p	(p → q) ↔ (~q → ~p)

Agora, começamos preenchendo as colunas das proposições simples. Como temos 4 linhas, dividimos este 4 por 2 e o resultado será a quantidade de Verdadeiros e Falsos da primeira coluna.

p	q	~p	~q	p → q	~q → ~p	(p → q) ↔ (~q → ~p)
V						
V						
F						
F						

A segunda coluna será preenchida com a metade de Verdadeiros e Falsos da primeira coluna.

p	q	~p	~q	p → q	~q → ~p	(p → q) ↔ (~q → ~p)
V	V					
V	F					
F	V					
F	F					

A partir de agora, tem que analisar cada coluna pra fazer o preenchimento correto. Vamos preencher a terceira coluna, a negação do p. Olha para a coluna do p e troca o valor (negação).

p	q	~p	~q	p → q	~q → ~p	(p → q) ↔ (~q → ~p)
V	V	F				
V	F	F				
F	V	V				
F	F	V				

Preenchendo a quarta coluna, a negação do q. Olha para a coluna do q e troca o valor (negação).

p	q	~p	~q	p → q	~q → ~p	(p → q) ↔ (~q → ~p)
V	V	F	F			
V	F	F	V			
F	V	V	F			
F	F	V	V			

A quinta coluna é o primeiro condicional. E é por isso que a gente precisa decorar as tabelas dos conectivos, pois a gente vai usar toda hora a tabela de um conectivo. Lembra a Vera Fisher? Conecte as colunas 1 e 2 com a Vera Fischer.

p	q	~p	~q	p → q	~q → ~p	(p → q) ↔ (~q → ~p)
V	V	F	F	V		
V	F	F	V	F		
F	V	V	F	V		
F	F	V	V	V		

A sexta coluna também é do condicional. Vamos de novo com a Vera Fischer, sempre atento às proposições que estão sendo conectadas (terceira e quarta colunas agora).

p	q	~p	~q	p → q	~q → ~p	(p → q) ↔ (~q → ~p)
V	V	F	F	V	V	
V	F	F	V	F	F	
F	V	V	F	V	V	
F	F	V	V	V	V	

A sétima coluna é do conectivo bicondicional. Mais uma tabela que você precisa saber. Conecte as colunas 5 e 6 e complete a sétima coluna.

p	q	~p	~q	p → q	~q → ~p	(p → q) ↔ (~q → ~p)
V	V	F	F	V	V	V
V	F	F	V	F	F	V
F	V	V	F	V	V	V
F	F	V	V	V	V	V

Pronto! Tabela completa. Olhe agora para a última coluna. Percebe que tem apenas o valor V? Por isso, a proposição (p → q) ↔ (~q → ~p) é classificada como tautologia.

CONTRADIÇÃO

Depois de entendermos o que é tautologia (tópico anterior), estudar contradição e contingência é mais tranquilo, pois o processo é o mesmo.

i. faz a tabela

ii. analisa a última coluna

Se a última coluna for toda F, então a gente diz que a proposição é contradição. A própria palavra "contradição" já é mais falada e ouvida pela maioria de nós. Diferente de tautologia.

Vamos classificar a proposição (p v ~p) → (q ʌ ~q).

Primeiro, a gente calcula o número de linhas da tabela: teremos $2^2 = 4$ linhas (2^n, com n sendo o número de proposições simples envolvidas). Além disso, teremos as seguintes sete colunas p, q, p, ~q, (p v ~p), (q ʌ ~q) e (p v ~p) → (q ʌ ~q).

p	q	~p	~q	(p v ~p)	(q ʌ ~q)	(p v ~p) → (q ʌ ~p)

Agora, começamos preenchendo as colunas das proposições simples. Como temos 4 linhas, dividimos este 4 por 2 e o resultado será a quantidade de Verdadeiros e Falsos da primeira coluna.

p	q	~p	~q	(p v ~p)	(q ʌ ~q)	(p v ~p) → (q ʌ ~p)
V						
V						
F						
F						

A segunda coluna será preenchida com a metade de Verdadeiros e Falsos da primeira coluna.

p	q	~p	~q	(p v ~p)	(q ʌ ~q)	(p v ~p) → (q ʌ ~p)
V	V					
V	F					
F	V					
F	F					

A partir de agora, tem que analisar cada coluna pra fazer o preenchimento correto. Vamos preencher a terceira coluna, a negação do p. Olha para a coluna do p e troca o valor (negação).

p	q	~p	~q	(p v ~p)	(q ʌ ~q)	(p v ~p) → (q ʌ ~p)
V	V	F				
V	F	F				
F	V	V				
F	F	V				

Preenchendo a quarta coluna, a negação do q. Olha para a coluna do q e troca o valor (negação).

p	q	~p	~q	(p v ~p)	(q ʌ ~q)	(p v ~p) → (q ʌ ~p)
V	V	F	F			
V	F	F	V			
F	V	V	F			
F	F	V	V			

A quinta coluna é o conectivo "ou". Você precisa decorar as tabelas dos conectivos, pois toda hora a tabela de um conectivo será utilizada. A tabela do "ou" só é F quando ambas forem F.

p	q	~p	~q	(p v ~p)	(q ʌ ~q)	(p v ~p) → (q ʌ ~p)
V	V	F	F	V		
V	F	F	V	V		
F	V	V	F	V		
F	F	V	V	V		

RAC. LÓGICO

A sexta coluna é o conectivo "e". Nosso mantra: "a tabela do "e" só é V quando ambas forem V".

p	q	~p	~q	(p v ~p)	(q ∧ ~q)	(p v ~p) → (q ∧ ~p)
V	V	F	F	V	F	
V	F	F	V	V	F	
F	V	V	F	V	F	
F	F	V	V	V	F	

A sétima coluna é do conectivo condicional. Conecte as colunas 5 e 6 e complete a sétima coluna.

p	q	~p	~q	(p v ~p)	(q ∧ ~q)	(p v ~p) → (q ∧ ~p)
V	V	F	F	V	F	F
V	F	F	V	V	F	F
F	V	V	F	V	F	F
F	F	V	V	V	F	F

Pronto! Tabela completa. Olhe agora para a última coluna. Percebe que tem apenas o valor F? Por isso, a proposição (p v ~p) → (q ∧ ~q) é classificada como contradição.

CONTINGÊNCIA

Nos dois últimos tópicos, você deve ter percebido a importância de construir uma tabela verdade. O processo de classificação de uma proposição completa é aquele que a gente já sabe:

i. faz a tabela

ii. analisa a última coluna

Como só existem dois valores lógicos (V ou F), a última coluna pode ser toda V (tautologia), toda F (contradição) ou pode aparecer V e F misturado, que é o que vamos ver nesse tópico.

Agora é a hora de você me ajudar a te ajudar. Pensemos juntos: tudo V? Tautologia! Tudo F? Contradição! E se for outra coisa? Contingência!

Então, contingência é isso: quando a última coluna não for tautologia e não for contradição.

Mas o principal é a gente ter firmeza na construção das tabelas. Por isso, faça as tabelas! Com as tabelas dos conectivos decoradas, construir as tabelas maiores é um grande estudo.

Vamos, então, classificar a proposição {[q ↔ (p v q)] → [(p ∧ q) → q]}.

Primeiro, a gente calcula o número de linhas da tabela: teremos $2^2 = 4$ linhas (2^n, com n sendo o número de proposições simples envolvidas). Além disso, teremos as seguintes sete colunas p, q, (p v q), [q ↔ (p v q)], (p ∧ q), [(p ∧ q) → q]}, {[q ↔ (p v q)] → [(p ∧ q) → q]}.

p	q	(p v q)	q ↔ (p v q)	(p ∧ q)	(p ∧ q) → q	[q↔(pvq)]↔ [(p∧q)→q]

Agora, começamos preenchendo as colunas das proposições simples. Como temos 4 linhas, dividimos este 4 por 2 e o resultado será a quantidade de Verdadeiros e Falsos da primeira coluna.

p	q	(p v q)	q ↔ (p v q)	(p ∧ q)	(p ∧ q) → q	[q↔(pvq)]↔ [(p∧q)→q]
V						
V						
F						
F						

A segunda coluna será preenchida com a metade de Verdadeiros e Falsos da primeira coluna.

p	q	(p v q)	q ↔ (p v q)	(p ∧ q)	(p ∧ q) → q	[q↔(pvq)]↔ [(p∧q)→q]
V	**V**					
V	**F**					
F	**V**					
F	**F**					

A partir de agora, tem que analisar cada coluna pra fazer o preenchimento correto. Vamos preencher a terceira coluna, a coluna do (p v q).

p	q	(p v q)	q ↔ (p v q)	(p ∧ q)	(p ∧ q) → q	[q↔(pvq)]↔ [(p∧q)→q]
V	**V**	**V**				
V	**F**	**V**				
F	**V**	**V**				
F	**F**	**F**				

Preenchendo a quarta coluna, usando o se, e somente se.

p	q	(p v q)	q ↔ (p v q)	(p ∧ q)	(p ∧ q) → q	[q↔(pvq)]↔ [(p∧q)→q]
V	**V**	**V**	**V**			
V	**F**	**V**	**F**			
F	**V**	**V**	**V**			
F	**F**	**F**	**V**			

A quinta coluna é o conectivo "e".

p	q	$(p \vee q)$	$q \leftrightarrow (p \vee q)$	$(p \wedge q)$	$(p \wedge q) \rightarrow q$	$[q \leftrightarrow (p \vee q)] \leftrightarrow [(p \wedge q) \rightarrow q]$
V	V	V	V	V		
V	F	V	F	F		
F	V	V	V	F		
F	F	F	V	F		

A sexta coluna é o condicional.

p	q	$(p \vee q)$	$q \leftrightarrow (p \vee q)$	$(p \wedge q)$	$(p \wedge q) \rightarrow q$	$[q \leftrightarrow (p \vee q)] \leftrightarrow [(p \wedge q) \rightarrow q]$
V	V	V	V	V	V	
V	F	V	F	F	V	
F	V	V	V	F	V	
F	F	F	V	F	V	

E a última coluna é a proposição composta completa.

p	q	$(p \vee q)$	$q \leftrightarrow (p \vee q)$	$(p \wedge q)$	$(p \wedge q) \rightarrow q$	$[q \leftrightarrow (p \vee q)] \leftrightarrow [(p \wedge q) \rightarrow q]$
V	V	V	V	V	V	V
V	F	V	F	F	V	F
F	V	V	V	F	V	V
F	F	F	V	F	V	V

E a tabela está pronta! Olhe agora para a última coluna. É tautologia? Não! É contradição? Não! Logo, vai ser contingência.

PROPOSIÇÕES LOGICAMENTE EQUIVALENTES

As proposições logicamente equivalentes são aquelas que possuem o mesmo valor lógico. Mas não são proposições simples. Se fossem simples, imagine:

P: O Grêmio é um clube de futebol.

Q: O Ceisc tem os melhores alunos.

Essas duas proposições seriam equivalentes, pois ambas são Verdadeiras. Não teria muito sentido em nosso estudo. Então, para que duas proposições sejam logicamente equivalentes, elas precisam atender a dois pré-requisitos:

- compostas pelas mesmas simples
- mesmo valor lógico

Algumas equivalências são mais famosas do que outras. Quem se aprofunda no estudo do RLM acaba conhecendo as principais equivalências. A gente aqui vai focar nas equivalências mais cobradas nos concursos e na construção de tabelas. Sim, quem "manda" nas proposições logicamente equivalentes são as tabelas. Sim, pois duas proposições serão logicamente equivalentes quando as tabelas forem iguais (a última coluna delas).

Equivalências básicas

a) $p \wedge p = p$

b) $p \vee p = p$

c) $p \wedge q = q \wedge p$

d) $p \vee q = q \vee p$

Vamos conferir as tabelas de cada uma das equivalências acima.

a) $p \wedge p = p$

p	p	$p \wedge p$
V	V	V
F	F	F

b) $p \vee p = p$

p	p	$p \vee p$
V	V	V
F	F	F

c) $p \wedge q = q \wedge p$

p	q	$p \wedge q$	$q \wedge p$
V	V	V	V
V	F	F	F
F	V	F	F
F	F	F	F

d) $p \vee q = q \vee p$

p	q	$p \vee q$	$q \vee p$
V	V	V	V
V	F	V	V
F	V	V	V
F	F	F	F

Essas são as chamadas equivalências básicas. Se você prestou atenção, a primeira e a segunda não possuem mais de uma proposição simples. Até por isso elas são chamadas de básicas.

Agora, vamos para outra categoria de equivalências. São equivalências que precisamos entender, decorar e saber usar cada equivalência.

a) Equivalências de De Morgan

b) Equivalências do Condicional

c) Negação do Condicional

a) Equivalências de De Morgan

Outras equivalências importantes, mas que você já conhece, são as "Equivalências de De Morgan". Nós já estudamos e você domina as duas. Quer lembrar? São as negações! "A negação do e é o ou e nega todo mundo" e "A negação do ou é o e e nega todo mundo".

i. $\sim(p \wedge q) = \sim p \vee \sim q$

ii. $\sim(p \vee q) = \sim p \wedge \sim q$

Não farei as tabelas dessas equivalências, pois a gente já tem isso feito anteriormente. Mas você vai! Tente fazer, agora, essas duas tabelas. Pra ver se você se lembra delas, pra testar sua habilidade de construir as tabelas, enfim, para estudar e ganhar confiança.

b) Equivalências do conectivo condicional

Eu sempre digo (e sempre direi) que o conectivo condicional (o se, então) é o mais importante. E cada tópico estudado reforça isso. Neste tópico, estudaremos as duas equivalências do condicional. Sim, são duas! Precisamos dominar as duas, pois nunca saberemos qual delas a banca vai cobrar. O que a gente sabe é que a chance de cair uma delas é muito grande.

As duas equivalências do condicional são:

i. A disjunção

ii. O condicional

Vamos começar nossa conversa assim, dizendo que o "se, então" pode virar "ou" e pode virar "se, então". Essa é a visão geral do que pode acontecer com uma proposição composta conectada pelo condicional. Agora, vamos analisar com calma cada uma das duas equivalências.

i. A disjunção

$p \to q = \sim p \vee q$

Exemplos:

Proposição: Se tomo vacina, então estou imunizado.

Equivalência: Não tomo vacina ou estou imunizado.

Proposição: Se estudo, então sou nomeado.

Equivalência: Não estudo ou sou nomeado.

Um exemplo mais complicado:

$(p \wedge q) \to r = \sim(p \wedge q) \vee r = \sim p \vee \sim q \vee r$

Proposição: Se saio cedo e compro carne, então faço um churrasco.

Equivalência: Não saio cedo ou não compro carne ou faço churrasco.

Vamos verificar a validade da equivalência $p \to q = \sim p \vee q$ através das tabelas

p	q	~p	p → q	~p v q
V	V	F	V	V
V	F	F	F	F
F	V	V	V	V
F	F	V	V	V

Perceba que as duas últimas colunas são iguais. Com isso, retornamos ao início deste tópico: para que duas proposições sejam logicamente equivalentes, elas precisam atender a dois pré-requisitos:

- compostas pelas mesmas simples
- mesmo valor lógico

Por isso é que afirmamos que são logicamente equivalentes as proposições $(p \to q)$ e $(\sim p \vee q)$.

ii. O condicional

$(p \to q) = (\sim q \to \sim p)$

Esperei até aqui pra dizer que essa equivalência tem um nome próprio: a contrapositiva. E ela (a contrapositiva) é tão famosa, mas tão famosa, que tem até mantra pra ela. Anota aí: "equivalência do condicional, nega-nega, troca-troca". Acho legal dizer que "proposições logicamente equivalentes", em uma explicação mais direta, significa dizer a mesma coisa. Ou seja, dizer $(p \to q)$ é a mesma coisa que dizer $(\sim p \vee q)$. E dizer $(p \to q)$ é a mesma coisa que dizer que $(\sim q \to \sim p)$.

Proposição: Se tomo vacina, então estou imunizado.

Contrapositiva: Se não estou imunizado, então não tomo vacina.

Proposição: Se estudo, então sou nomeado.

Contrapositiva: Se não sou nomeado, então não estudo.

- **Atenção para este exemplo:**

Proposição: Se saio cedo e compro carne, então faço o almoço ou a janta.

É uma proposição com três conectivos!

Em linguagem lógica, fica assim:

$(a \wedge b) \to (c \vee d)$

A contrapositiva fica:

$\sim(c \vee d) \to \sim(a \wedge b)$

Mas a gente já sabe fazer a negação do "e" e dou "ou". Fica assim:

$\sim c \wedge \sim d \to \sim a \vee \sim b$

Com isso, a contrapositiva da proposição "Se saio cedo e compro carne, então faço o almoço ou a janta" fica:

"Se não faço o almoço e não faço a janta, então não saio cedo ou não compro carne".

Vamos verificar a tabela da contrapositiva:

p	q	~q	~p	p → q	~q → ~p
V	V	F	F	V	V
V	F	V	F	F	F
F	V	F	V	V	V
F	F	V	V	V	V

c) Negação do condicional

É a nossa já dominada regra do Mané! É proibido dizer que não lembra. Eu não vou refazer a tabela, mas vou pedir que você faça. Qualquer dúvida, olhe no tópico da negação do condicional.

AS EQUIVALÊNCIAS

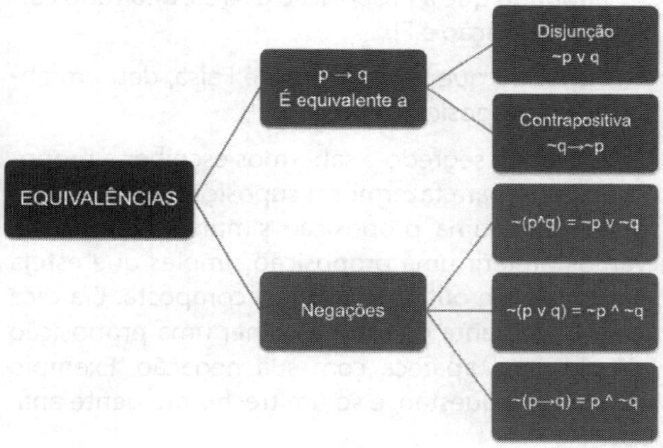

<table>
<tr><th colspan="3">AS EQUIVALÊNCIAS</th></tr>
<tr><td rowspan="5">EQUIVALÊNCIAS</td><td rowspan="2">p → q
É equivalente a</td><td>Disjunção
~p v q</td></tr>
<tr><td>Contrapositiva
~q → ~p</td></tr>
<tr><td rowspan="3">Negações</td><td>~(p ∧ q) = (~p v ~q)</td></tr>
<tr><td>~(p v q) = (~p ∧ ~q)</td></tr>
<tr><td>~(p → q) = (p ∧ ~q)</td></tr>
</table>

SEQUÊNCIAS E PADRÕES

As bancas trazem em seus editais algumas expressões do tipo: "lógica de relações arbitrárias entre pessoas, lugares, coisas ou eventos fictícios; deduzir novas informações das relações fornecidas, e avaliar as condições usadas para estabelecer a estrutura daquelas relações". Quando o candidato vai procurar esses tópicos em um livro didático, a surpresa: não tem! O candidato precisa desenvolver muitas habilidades. Por isso, eu opto por deixar o assunto de sucessões e sequências para o final.

Quando pensamos em sequências e padrões, parece que falaremos de algo abstrato. Mas são coisas presentes em nosso cotidiano. Os dias da semana, os meses, os dias do mês, os anos e tantas outras coisas seguem um padrão que nos remetem a algumas sequências famosas.

Para o nosso edital (que é o que nos interessa), precisamos focar em sequências de números, letras, palavras e figuras. Gosto de destacar que a gente não consegue "prever" o que a banca vai trazer. Isso acontece porque as possibilidades de criação de sequência são muito grandes. Qual será a nossa estratégia? Nós vamos tentar conhecer MUITAS sequências. Com essa experiência, vamos tentar aprender a reconhecer uma sequência e entender como a banca criou a sequência. Isso é o que eu costumo chamar de "caixa de ferramentas". Com nossas ferramentas, vamos tentar resolver as questões. Daí, dessa dificuldade de conseguirmos entender o que se passa na cabeça da banca, surge a brincadeira do "Olho de Thundera" (lê-se "olho de Tandera"). A gente precisa ter a "visão além do alcance".

Uma sequência pode ser definida de duas maneiras: pelo termo geral e por recorrência.

i. pelo termo geral

A gente consegue calcular qualquer termo da sequência de forma isolada. Podemos calcular o milésimo termo da sequência, por exemplo, sem precisar calcular outro termo.

ii. recorrência

Como o nome sugere, para calcular o milésimo termo, precisamos do anterior. E para calcular o 999º, precisamos do anterior. E assim por diante. O nome "recorrência" quer dizer que a gente recorre a um termo (ou dois ou três termos) para calcular o próximo.

Sequência é um encadeamento de fatos que se sucedem. Nossa missão é entender como esses fatos acontecem. Alguns exemplos:

Qual o próximo número da sequência (0, 2, 4, 6, 8, 10, ...)?

É a sequência de números pares.

Qual o próximo número da sequência (2, 10, 12, 16, 17, 18, 19, ...)?

É a sequência dos números que começam com a letra D.

Qual o próximo número da sequência (1, 1, 2, 3, 5, 8, 13, 21, ...) ?

- Sucessão de Fibonacci.

O que a gente precisa é treinar nosso cérebro para descobrir esses PADRÕES para sequências (palavras, números, objetos, figuras, letras, pessoas, etc). Esse treinamento pode ser feito com um embasamento teórico (estudando sequências como PA e PG, por exemplo) ou fazendo exercícios. Como estamos nos preparando para uma prova, considero fundamental a resolução de exercícios para que a gente consiga enriquecer nossa caixa de ferramentas.

VERDADES E MENTIRAS

As questões envolvendo verdades e mentiras comumente são vistas na internet, geralmente como memes. Esse tipo de "brincadeira" viraliza, pois as pessoas querem entender a lógica das questões. A partir de agora, você também poderá explicar essas questões a quem tiver interesse.

Para começarmos, quero falar sobre uma palavra chamada paradoxo. Paradoxo é a "aparente falta de nexo ou de lógica; contradição". Na Matemática, a gente tem muitos paradoxos. Um deles, é o paradoxo da mentira. São proposições que, se forem valoradas (em V ou F), elas se contradizem. O "paradoxo da mentira" trata de afirmações como:

– "Estou mentindo agora."

Se for Verdade, ele estará mentindo.

E se for Falsa, ele estará falando a verdade.

Quando você tentar determinar o valor à proposição "Estou mentindo agora", chegará a uma contradição.

A base para resolvermos questões de verdades e mentiras é: INTER. Sim, os princípios do RLM: Identidade; Não contradição; Terceiro excluído.

Além disso, será importante conseguir organizar as informações. Nesse sentido, além de dominarmos os três princípios, precisaremos dominar algumas técnicas como desenhos, diagramas e tabelas. Isso tudo pode ser muito útil na hora das resoluções.

Na prática, na hora da resolução, a gente pode pensar sempre no princípio do terceiro excluído. Ele diz que uma proposição só tem dois valores lógicos possíveis. Então, no início da resolução, a gente já sabe que cada informação ou será Verdadeira ou será Falsa. Quando a gente admitir que a proposição é Verdadeira, duas coisas podem acontecer: ou tudo se encaixa perfeitamente ou vamos ter algum absurdo ao longo da resolução. Essas duas coisas também podem acontecer se a gente admitir que a proposição é Falsa.

Veja bem como a gente vai raciocinar:

Supondo que a proposição é Verdadeira, deu tudo certo? A proposição é V!

Supondo que a proposição é Verdadeira, deu um absurdo? A proposição é F!

O mesmo raciocínio vale para o caso de supormos que a proposição é Falsa. Vejamos:

Supondo que a proposição é Falsa, deu tudo certo? A proposição é F!

Supondo que a proposição é Falsa, deu um absurdo? A proposição é V!

O grande segredo é sabermos escolher a proposição certa para fazermos a suposição. Vamos sempre preferir uma proposição simples. Além disso, vamos preferir uma proposição simples que esteja envolvida em outra proposição composta. E a dica mais importante é tentar escolher uma proposição simples que apareça com sua negação. Exemplo (não é uma questão, é só um trecho pra gente analisar):

Três pessoas (A, B e C) estão em uma sala do Ceisc. Apenas uma pessoa fala a verdade, as outras sempre mentem. De repente, entra na sala uma quarta pessoa (D) que pergunta: "Qual de vocês chegou primeiro?"

As respostas foram:

A: Eu cheguei primeiro.

B: A chegou primeiro.

C: Eu cheguei primeiro.

Veja bem que temos três proposições simples e nenhuma proposição composta. Isso complica um pouco nossa escolha. Porém, temos a dica mais importante: é tentar escolher uma proposição simples que apareça com sua negação. Veja o que as pessoas A e C falaram. Não tem como as duas estarem falando a verdade, não é mesmo? Então, com certeza uma delas está mentindo. Percebem que ali vai ser o nosso ponto de partida? Pense que as pessoas A e B podem estar falando a verdade ambas, mas A e C não podem estar falando a verdade ambas. É isso que eu chamo de "absurdo".

Outro absurdo: A estar mentindo e B estar falando a verdade. Isso não pode acontecer.

Percebam que a análise da relação entre as proposições é muito importante. Não podemos analisar cada proposição isoladamente.

E é assim que a gente vai abordar essas questões, sempre com o embasamento dos princípios do RLM.

LÓGICA DE ARGUMENTAÇÃO

Quando falamos de lógica de argumentação, estamos nos referindo a praticamente todo o conteúdo do nosso curso de RLM. Isso ocorre porque a base desse tópico é algo chamado de "argumento". Por isso, antes de qualquer coisa, precisamos saber o que é um argumento.

Argumento é um conjunto de proposições. Essas proposições são divididas em duas categorias: as premissas e a conclusão. Podemos ter qualquer quantidade de premissas em um argumento. As premissas precisam estar diretamente relacionadas à conclusão. E a conclusão também deve estar ligada às premissas. Quem faz essa relação entre premissas e conclusão (e vice-versa) são os conceitos do RLM. No argumento, precisamos ter muito clara essa noção de dependência entre as premissas e a conclusão.

Para que seja um argumento válido, a conclusão precisa ser tirada a partir das premissas. Parece óbvio dizer isso, mas não é. A gente precisa repetir isso muitas vezes, pois as bancas tentarão nos induzir ao erro.

Atenção para o fato de que o argumento não é uma sequência de etapas a serem executas. Não são comandos. Não é uma "receita de bolo". O argumento tem premissas que nos levam à conclusão.

Em um argumento válido, as premissas são verdadeiras e nos levam a uma conclusão verdadeira. Mas precisamos estar atentos, pois um conjunto de premissas pode ter proposições verdadeiras e falsas. Nossa missão é seguir os conceitos do RLM para determinar o valor lógico da todas as proposições simples envolvidas. As premissas nos levarão até a conclusão.

LÓGICA DAS SITUAÇÕES

É fundamental ao iniciarmos Lógica das Situações retomarmos o conceito de argumento. Sim, pois são outros tipos de questões, mas o embasamento conceitual sempre é feito a partir da ideia do argumento. O argumento é aquele conjunto de proposições (frases). Algumas dessas frases serão chamadas de premissas e uma última será chamada de conclusão. Para ser um argumento válido, a conclusão precisa resultar das premissas. Um exemplo de argumento inválido:

- **Argumento inválido**

Premissa 1:	Todo aluno do Ceisc é legal.
Premissa 2:	Mané é aluno do Ceisc.
Premissa 3:	Gus Rodrigues é legal.
Conclusão:	Gus Rodrigues é professor do Ceisc.

Mas você saberia dizer o motivo que faz o argumento acima ser inválido?

A conclusão (mesmo sendo verdadeira) não resultou das premissas. A gente não pode olhar para as premissas e inferir a conclusão. Por isso, é um argumento inválido. As bancas sempre tentam nos induzir ao erro. Mas a gente foge das pegadinhas da banca usando os conceitos de RLM que a gente aprendeu ao longo do curso, especificamente o tópico "proposições categóricas".

Vamos praticar através de questões.

Exemplo:

P_1: Todo molusco é invertebrado.

P_2: O caracol é um molusco.

C: Logo, o caracol é invertebrado.

É um argumento válido, pois a conclusão veio a partir das premissas.

Acompanhe os desenhos:

- **P_1: Todo molusco é invertebrado.**

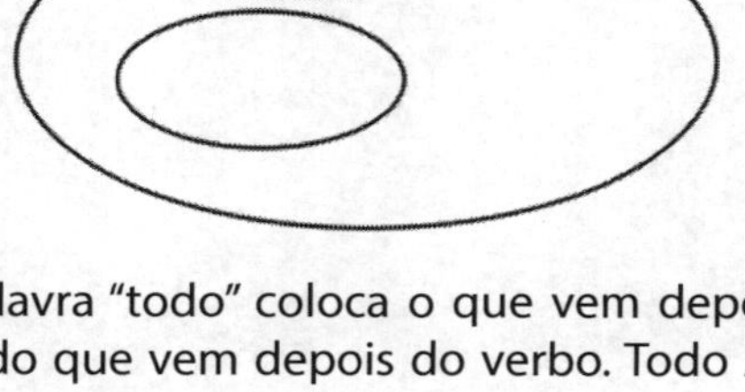

A palavra "todo" coloca o que vem depois dela dentro do que vem depois do verbo. Todo A é B, é

RAC. LÓGICO

o mesmo que "o A está dentro do B" ou então "o A é subconjunto de B".

- **P_2: O caracol é um molusco.**

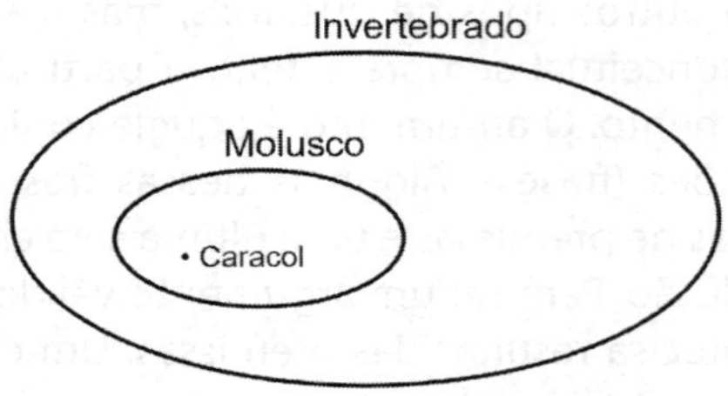

- **C: Logo, o caracol é invertebrado.**

Como o caracol está dentro do conjunto dos moluscos, e todos os moluscos são invertebrados, o Caracol é invertebrado.

Todos os argumentos que apresentarem esta forma lógica serão argumentos válidos.

Todo A é B.

C é A.

Logo, C é B.

Esse encadeamento de ideias é o que chamamos de lógica das situações.

ASSOCIAÇÕES LÓGICAS

Os editais de Raciocínio Lógico Matemático estão apresentando os conteúdos de formas cada vez mais distintas. As bancas colocam expressões "abertas", que permitem que elas cobrem qualquer tipo de questão. E a gente vai tentando entender o que eles pedem, sempre com o intuito de te ajudar.

As questões que vamos trabalhar exigem que a gente domine todos os conceitos do RLM. Gosto de destacar os princípios do RLM (Identidade, Não contradição e Terceiro excluído), mas tudo o que foi estudado até aqui forma o teu arcabouço teórico que sustentará as resoluções dos exercícios. São questões que, normalmente, são resolvidas com o apoio de uma tabela. Existem outras maneiras de organizar as informações, mas minha experiência indica que as tabelas que construiremos são de grande valia para suas resoluções.

É importante destacar que precisaremos estar atentos aos desdobramentos das informações que serão apresentadas. Por exemplo, se a questão for assim:

"Em uma escolinha estão 10 bebês entre meninos e meninas. Sabemos que 4 bebês são meninos." A partir dessa informação, podemos garantir que 6 bebês são meninas. Esse é um desdobramento, uma associação que podemos fazer.

Devemos saber que todas as informações que precisamos estão na questão. Caso a gente pense que está faltando alguma informação, é possível que a gente esteja deixando passar alguma associação lógica. Lembre-se: osso desafio é organizar as ideias.

Para facilitar essa organização, deixo três sugestões que podem te ajudar:

1. organize as informações por categorias em uma tabela;
2. faça o cruzamento das informações para conseguir preencher a tabela;
3. resolva o maior número possível de questões para praticar.

SEGURIDADE SOCIAL

Guilherme Volpato

Luiz Henrique Dutra

Sumário:

19. Regras de transição
20. Empresa e Empregador Doméstico: Conceito Previdenciário
21. Financiamento da Seguridade Social
22. Decadência e prescrição
23. Crimes contra a seguridade social
24. Recursos das Decisões Administrativas
25. Serviços Previdenciários
26. Benefícios decorrentes de legislações especiais
27. Seguro Desemprego do Pescador Artesanal
28. Lei Orgânica da Assistência Social
29. Regimes Próprios de Previdência Social
30. Servidor Público como Agente de Desenvolvimento Social
31. Saúde e qualidade de vida no serviço público
32. Instrução Normativa 128/2022

1. ORIGEM DA SEGURIDADE SOCIAL

1.1 Seguridade Social no Mundo

A Seguridade Social surge da luta dos trabalhadores por melhores condições de vida, sendo instituído no Brasil com a Constituição Federal de 1988 nos artigos 193 a 204. Abaixo destacaremos os principais marcos no contexto mundial:

- 1601: Lei dos pobres (Poor Relief), na Inglaterra. Instituiu auxílios e socorros aos necessitados.
- 1883: ordenamento legal editado por **Otto Von Bismarck**, na Alemanha. Instituiu o seguro-doença. Depois de um ano criou a cobertura para acidentes do trabalho. E, em 1889, o seguro de invalidez e velhice.
- **1917 - Constituição do México** - 1ª Constituição a tratar do tema.
- **1919 - Constituição Alemã de Weimar** (Alemanha), que com grande influência mundial estabeleceru em seu artigo 161, que: *"o império promoverá a criação de um sistema geral de segurança social, para conservação da saúde e da capacidade para o trabalho, proteção da maternidade e prevenção de riscos de idade, da invalidez e das vicissitudes da vida".*
- **Após a crise de 1929** os Estados Unidos adoram o New Deal, inspirador no Welfare State, com maior intervenção do Estado na economia, com investimento na saúde pública, assistência social e na previdência social.
- E, em **1935** editou o Social Security Act, criando a previdência social como forma de proteção social.
- **1942 – Plano Beveridge** – na Inglaterra: participação universal de todos os trabalhadores em três áreas: saúde, assistência e previdência. Sua relevância deve-se ao fato de ter garantido proteção aos indivíduos que ficassem em situações desfavoráveis, quando não pudessem trabalhar ou ainda em caso de indigência. Ele instituiu a participação universal dos trabalhadores e a contribuição compulsória para custear a seguridade (seguridade social financiada por toda a sociedade), ao unir os três pilares da seguridade, a saúde, a assistência e a previdência social.

1.2 História Da Seguridade Social No Brasil

- As primeiras entidades a atuarem na seguridade social foram as **Santas Casas de Misericórdia**.
- Primeira entidade de previdência privada – em 1853 - o **Montepio Geral dos Servidores do Estado** (mongeral), com caráter mutualista.
- Constituição de 1824 – tratou no art. 179, XXXI, dos **socorros públicos** sendo considerado o primeiro ato securitário com previsão constitucional.
- **Constituição de 1891** – estabeleceu a aposentadoria por invalidez permanente para os servidores públicos, sendo custeada pela Nação.
- **Lei 3.724 de 1919** – instituiu o seguro obrigatório de acidente de trabalho.
- **Lei Eloy Chaves** (Decreto 4.682 de 1923) – marco da previdência social brasileira que criou as Caixas de Aposentadoria e Pensão – **CAP´s** para empregados de empresas ferroviárias. O dia 24 de janeiro é comemorado como dia da previdência em razão desta lei.
- Década de 20 – instituição em outras empresas.
- **Em 1930 cria-se o Ministério do Trabalho Indústria e Comércio** – responsável pela organização da previdência
- As **CAP´s** foram reunidas com a formação do Instituto de Aposentadoria e Pensão – **IAP´s** (organizados agora por categorias profissionais e não mais por empresa)
- A **Constituição de 1934** foi a primeira a estabelecer a tríplice forma de custeio (governo, empregadores e empregados).
- A **Constituição de 1946** utilizou de forma inovadora o termo previdência social.
- Em 1953 as caixas são unificadas – surge a Caixa Nacional.
- Em **1960 é criado o Ministério do Trabalho e Previdência e criada a Lei Orgânica da Previdência Social (LOPS)**.
- Em 1967 são unificados os IAP´s com a criação do **INPS** (Instituto Nacional da Previdência Social) – dec-lei 72/1966.
- **Constituição de 1967** criou o auxílio-desemprego.
- Em 1971 – os trabalhadores rurais passaram a gozar de direitos previdenciários (LC 11/1971)
- Os empregados domésticos são incluídos pela lei 5.859/1972, ressalta-se que referida já foi revogada.
- Em 1977 foi instituído o **SINPAS** – Sistema Nacional de Previdência e Assistência Social, com os seguintes órgãos:

→ INPS (administração dos benefícios)

→ IAPAS (arrecadação, fiscalização e cobrança)

→ INAMPS (saúde)

→ LBA – (assistência)

→ FUNABEM – (menor)

→ CEME – (medicamentos)

→ DATAPREV (sistema de informações)

Todas essas as entidades foram extintas exceto a DATAPREV

- A **Constituição de 1988** reuniu as três atividades: saúde, previdência e assistência.
- Em **1990 a Lei 8.029 criou o INSS** (Instituto Nacional do Seguro Social) com a fusão do INPS e IAPAS.
- **Em 1991 foi editada a Lei 8212 (plano de custeio) e 8213 (lei de benefícios).**
- Em 1993 tivemos a criação da Lei nº 8.742/1993 - **Lei orgânica da Assistência Social - LOAS**
- Em 2012 tivemos a edição da **Lei 12.618** – trata da previsão legal da previdência complementar dos servidores
- **EC 103 de 2019** – Altera o sistema de previdência social e estabelece regras de transição e disposições transitórias.

2. SEGURIDADE SOCIAL

2.1 Conceito

A Seguridade Social está localizada na Constituição de 1988, em seu Título VIII, denominado da Ordem Social e tem como base o primado do trabalho e como objetivo o bem-estar e a justiça sociais.

A Constituição Federal de 1988 definiu a Seguridade Social, em seu **art. 194**, como sendo um *"conjunto integrado de ações de iniciativa dos Poderes Públicos e da sociedade, destinadas a assegurar os direitos relativos à saúde, à previdência e à assistência social".*

Assim, não podemos esquecer que:

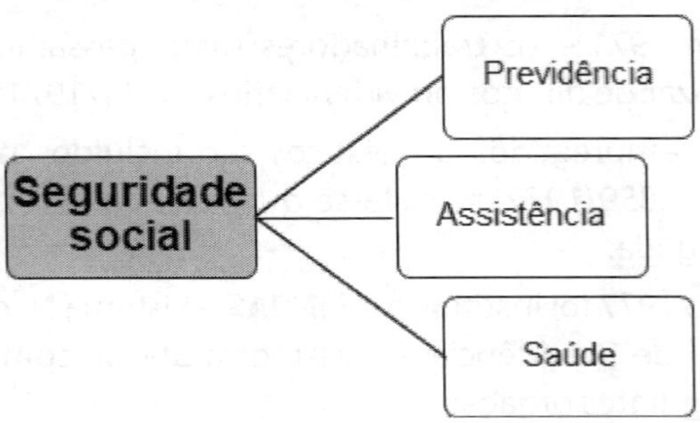

E, devemos também observar que:

- **Previdência** – é para os segurados e tem caráter contributivo
- **Assistência** – é para necessitados e não tem caráter contributivo
- **Saúde** – é para todos e não tem caráter contributivo

2.2 Seguridade Social: Saúde

O art. 196 da Constituição estabelece que a saúde é direito de todos e dever do Estado, garantido mediante políticas sociais e econômicas que visem à redução do risco de doença e de outros agravos e ao acesso universal e igualitário às ações e serviços para sua promoção, proteção e recuperação.

No Decreto 3.048/1999, art. 2º, parágrafo único, encontramos também que as atividades de saúde são de relevância pública, e sua organização obedecerá aos seguintes princípios e diretrizes:

> I - acesso universal e igualitário;
>
> II - provimento das ações e serviços mediante rede regionalizada e hierarquizada, integrados em sistema único;
>
> III - descentralização, com direção única em cada esfera de governo;
>
> IV - atendimento integral, com prioridade para as atividades preventivas;
>
> V - participação da comunidade na gestão, fiscalização e acompanhamento das ações e serviços de saúde; e
>
> VI - participação da iniciativa privada na assistência à saúde, em obediência aos preceitos constitucionais.

Assim, o direito à saúde é assegurado a toda população, independente de contribuição, e garante à assistência e tratamento gratuito, tanto de caráter repressivo como preventivo.

Existe uma solidariedade entre todos os entes públicos quando o assunto é o fornecimento a saúde aos brasileiros e estrangeiros residentes ou não no Brasil. Nesse sentido, o tema 793 do STF:

> **Tema n. 793 do STF - Responsabilidade solidária dos entes federados pelo dever de prestar assistência à saúde.**
>
> Os entes da federação, em decorrência da competência comum, são solidariamente responsáveis nas demandas prestacionais na área da saúde, e, diante dos critérios constitucionais de descentralização e hierarquização, compete à autoridade judicial direcionar o cumprimento conforme as regras de repartição de competências e determinar o ressarcimento a quem suportou o ônus financeiro.

Importante destacar, que conforme o tema 500 do STF, o Estado não pode ser obrigado a fornecer medicamentos experimentais:

> **Tema n. 500 do STF – Dever do Estado de fornecer medicamento não registrado pela ANVISA**
>
> 1. O Estado não pode ser obrigado a fornecer medicamentos experimentais. 2. A ausência de registro na ANVISA impede, como regra geral, o fornecimento de medicamento por decisão judicial. 3. É possível, excepcionalmente, a concessão judicial de medicamento sem registro sanitário, em caso de mora irrazoável da ANVISA em apreciar o pedido (prazo superior ao previsto na Lei nº 13.411/2016), quando preenchidos três requisitos: (i) a existência de pedido de registro do medicamento no Brasil (salvo no caso de medicamentos órfãos para doenças raras e ultrarraras);(ii) a existência de registro do medicamento em renomadas agências de regulação no exterior; e (iii) a inexistência de substituto terapêutico com registro no Brasil. 4. As ações que demandem fornecimento de medicamentos sem registro na ANVISA deverão necessariamente ser propostas em face da União.

2.3 Seguridade Social: Assistência Social

A assistência social, prevista no Art. 203 da Constituição, será prestada a quem dela necessitar, independentemente de contribuição à seguridade social, e tem por objetivos:

> I - a proteção à família, à maternidade, à infância, à adolescência e à velhice;
>
> II - o amparo às crianças e adolescentes carentes;
>
> III - a promoção da integração ao mercado de trabalho;
>
> IV - a habilitação e reabilitação das pessoas portadoras de deficiência e a promoção de sua integração à vida comunitária;
>
> V - a garantia de um salário-mínimo de benefício mensal à pessoa portadora de deficiência e ao idoso que comprovem não possuir meios de prover à própria manutenção ou de tê-la provida por sua família, conforme dispuser a lei[1].

O art. 4ª da Lei 8.742-93 indica quais os princípios informadores da assistência social:

> Art. 4º A assistência social rege-se pelos seguintes princípios:
>
> I - supremacia do atendimento às necessidades sociais sobre as exigências de rentabilidade econômica;
>
> II - universalização dos direitos sociais, a fim de tornar o destinatário da ação assistencial alcançável pelas demais políticas públicas;
>
> III - respeito à dignidade do cidadão, à sua autonomia e ao seu direito a benefícios e serviços de qualidade, bem como à convivência familiar e comunitária, vedando-se qualquer comprovação vexatória de necessidade;
>
> IV - igualdade de direitos no acesso ao atendimento, sem discriminação de qualquer natureza, garantindo-se equivalência às populações urbanas e rurais;
>
> V - divulgação ampla dos benefícios, serviços, programas e projetos assistenciais, bem como dos recursos oferecidos pelo Poder Público e dos critérios para sua concessão.

Já o art. 5ª da referida lei indica as diretrizes da assistência social:

> Art. 5º A organização da assistência social tem como base as seguintes diretrizes:
>
> I - descentralização político-administrativa para os Estados, o Distrito Federal e os Municípios, e comando único das ações em cada esfera de governo;
>
> II - participação da população, por meio de organizações representativas, na formulação das políticas e no controle das ações em todos os níveis;
>
> III - primazia da responsabilidade do Estado na condução da política de assistência social em cada esfera de governo.

As políticas de assistência social estão regulamentadas na Lei Orgânica da Assistência Social - LOAS, Lei Federal nº 8.742/1993, constando em seu primeiro artigo:

> Art. 1º A assistência social, direito do cidadão e dever do Estado, é Política de Seguridade Social não contributiva, que provê os mínimos sociais, realizada através de um conjunto integrado de ações de iniciativa pública e da sociedade, para garantir o atendimento às necessidades básicas.

Assim, a assistência social tem dimensão universalista, mas o público prioritário a receber a proteção social será as famílias, mães, crianças e adolescentes carentes ou não, pessoas portadoras de deficiência e idosos desprovidos de renda. Visa a promover a justiça social e também para a inclusão social, através de projetos de enfrentamento da pobreza.

2.4 Seguridade Social: Previdência Social

No Brasil existem três tipos de regimes previdenciários:

- Regime Geral da Previdência Social – RGPS
- Regimes Próprios da Previdência Social – RPPS
- Regimes de Aposentadoria Complementar

1 **Súmula n. 79 do TNU** - Nas ações em que se postula benefício assistencial, é necessária a comprovação das condições socioeconômicas do autor por laudo de assistente social, por auto de constatação lavrado por oficial de justiça ou, sendo inviabilizados os referidos meios, por prova testemunhal.

SEG. SOCIAL

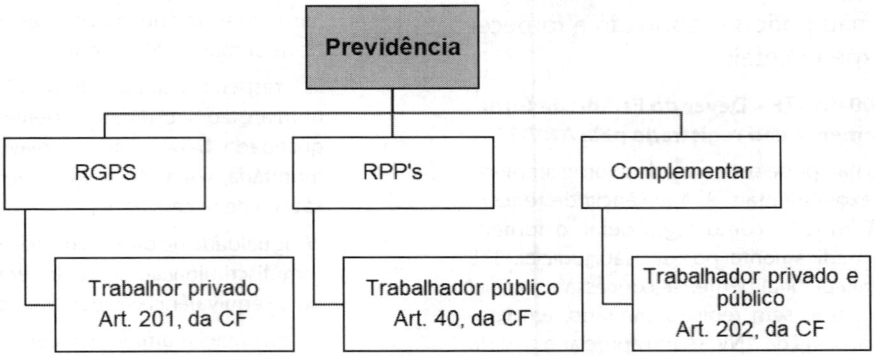

2.5 Regime Geral de Previdência (RGPS)

A previdência social é um seguro social compulsório. Nos termos do art. 201 da Constituição:

> **Art. 201.** A previdência social será organizada sob a forma do Regime Geral de Previdência Social, de caráter contributivo e de filiação obrigatória, observados critérios que preservem o equilíbrio financeiro e atuarial, e atenderá, na forma da lei, a:
>
> **I** - cobertura dos eventos de incapacidade temporária ou permanente para o trabalho e idade avançada; (Redação dada pela Emenda Constitucional nº 103, de 2019)
>
> **II** - proteção à maternidade, especialmente à gestante; (Redação dada pela Emenda Constitucional nº 20, de 1998)
>
> **III** - proteção ao trabalhador em situação de desemprego involuntário; (Redação dada pela Emenda Constitucional nº 20, de 1998)
>
> **IV** - salário-família e auxílio-reclusão para os dependentes dos segurados de baixa renda; (Redação dada pela Emenda Constitucional nº 20, de 1998)
>
> **V** - pensão por morte do segurado, homem ou mulher, ao cônjuge ou companheiro e dependentes, observado o disposto no § 2º. (Redação dada pela Emenda Constitucional nº 20, de 1998)

- **Lembre-se:**
  - → **INSS** – responsável pela administração dos benefícios previdenciários
  - → **SRFB** – responsável pelas atividades correlacionadas a arrecadação, fiscalização e cobrança de tributos previdenciários
  - → Todas as pessoas que trabalham (salvo servidores) estão obrigatoriamente vinculadas ao RGPS.
  - → É regime público, organizado pelo Estado.

2.5.1. Regime Próprio de Previdência Social (RPPS)

Fazem parte deste regime os servidores públicos da União, Estados e Municípios.

Os militares também têm seu regime próprio.

Todos os Estados instituíram os seus regimes. Ex: IPE PREV (Instituto de Previdência do Rio Grande do Sul)

A maioria dos municípios brasileiros não possui regime próprio de previdência.

> Art. 40. O **regime próprio de previdência social** dos **servidores titulares de cargos efetivos** terá caráter contributivo e solidário, mediante contribuição do respectivo ente federativo, de servidores ativos, de aposentados e de pensionistas, observados critérios que preservem o equilíbrio financeiro e atuarial.
>
> § 1º O servidor abrangido por regime próprio de previdência social será **aposentado**:
>
> I - por **incapacidade permanente** para o trabalho, no cargo em que estiver investido, quando insuscetível de readaptação, hipótese em que será obrigatória a realização de avaliações periódicas para verificação da continuidade das condições que ensejaram a concessão da aposentadoria, na forma de lei do respectivo ente federativo;
>
> II - **compulsoriamente**, com proventos proporcionais ao tempo de contribuição, aos 70 (setenta) anos de idade, ou aos 75 (setenta e cinco) anos de idade, na forma de lei complementar;
>
> III - **no âmbito da União, aos 62 (sessenta e dois) anos de idade, se mulher, e aos 65 (sessenta e cinco) anos de idade**, se homem, e, no âmbito dos Estados, do Distrito Federal e dos Municípios, na idade mínima estabelecida mediante emenda às respectivas Constituições e Leis Orgânicas, observados o tempo de contribuição e os demais requisitos estabelecidos em lei complementar do respectivo ente federativo.

Excluídos do RPPs (ou seja, são RGPS):

- Cargo em comissão
- Cargos políticos
- Empregados públicos
- Empregado público temporário
- Contratado pela Administração Pública

2.5.2. Regime de Previdência Complementar (RPC)

O regime de previdência complementar pode ser:

- Regime de Previdência Complementar dos Servidores Públicos - Necessidade de prévia e expressa opção do servidor.
- Regime de Previdência Privada complementar - Facultativo e de regime privado.

Pode ser:

- **Aberta:** é organizada por instituições financeiras e disponibilizados para quem deles tiver interesse em participar. Ex: Brasilprev, Bradesco Previdência, etc.
- **Fechada:** é aplicável a grupos fechados que contribuem para obter os respectivos benefícios. Ex: uma empresa adere a um plano de previdência fechado para seus funcionários, como a Previ para os funcionários do Banco do Brasil ou Funcef para os funcionários da Caixa Econômica Federal.

3. PRINCÍPIOS DA SEGURIDADE SOCIAL

A compreensão dos princípios da seguridade social e, mais especificadamente da previdência social são fundamentais para a compreensão dos benefícios, seus requisitos e quem pode ter acesso a eles.

Princípios da Seguridade Social (art. 194, CF)	Princípios da Previdência (art. 4º, Dec. 3.048)	Princípios da Previdência (art. 2º, Lei 8.213/1991)
universalidade da cobertura e do atendimento	universalidade de participação nos planos previdenciários	universalidade de participação nos planos previdenciários
uniformidade e equivalência dos benefícios e serviços às populações urbanas e rurais	uniformidade e equivalência dos benefícios e serviços às populações urbanas e rurais	uniformidade e equivalência dos benefícios e serviços às populações urbanas e rurais;
seletividade e distributividade na prestação dos benefícios e serviços	seletividade e distributividade na prestação dos benefícios	seletividade e distributividade na prestação dos benefícios
irredutibilidade do valor dos benefícios	cálculo dos benefícios considerando-se os salários-de-contribuição corrigidos monetariamente	cálculo dos benefícios considerando-se os salários-de-contribuição corrigidos monetariamente
equidade na forma de participação no custeio	irredutibilidade do valor dos benefícios, de forma a preservar-lhe o poder aquisitivo	irredutibilidade do valor dos benefícios de forma a preservar-lhes o poder aquisitivo
diversidade da base de financiamento, identificando-se, em rubricas contábeis específicas para cada área, as receitas e as despesas vinculadas a ações de saúde, previdência e assistência social, preservado o caráter contributivo da previdência social	valor da renda mensal dos benefícios substitutos do salário-de-contribuição ou do rendimento do trabalho do segurado não inferior ao do salário-mínimo	valor da renda mensal dos benefícios substitutos do salário-de-contribuição ou do rendimento do trabalho do segurado não inferior ao do salário-mínimo
caráter democrático e descentralizado da administração, mediante gestão quadripartite, com participação dos trabalhadores, dos empregadores, dos aposentados e do Governo nos órgãos colegiados.	caráter democrático e descentralizado da administração, mediante gestão quadripartite, com participação dos trabalhadores, dos empregadores, dos aposentados e do governo nos órgãos colegiados	previdência complementar facultativa, custeada por contribuição adicional
		caráter democrático e descentralizado da gestão administrativa, com a participação do governo e da comunidade, em especial de trabalhadores em atividade, empregadores e aposentados

3.1 Princípios gerais

Solidariedade

A solidariedade está prevista no artigo 3ª, inciso I da CF. A Previdência Social baseia-se, fundamentalmente, na solidariedade entre os membros da sociedade.

Um bom exemplo sobre o princípio da solidariedade que pode ser citado é a posição do Supremo Tribunal Federal (STF) no sentido de ser constitucional a contribuição previdenciária devida por aposentado pelo Regime Geral de Previdência Social (RGPS) que permaneça em atividade ou retorne a ela.

O tema foi objeto do Recurso Extraordinário com Agravo ARE 1224327 ES (Relator Ministro Presidente, julgado em 26/09/2019. DJE 238, Divulgado em 30/10/2019 e Publicado em 04/11/2019), que teve repercussão geral reconhecida, sendo fixada a seguinte TESE: *"É constitucional a contribuição previdenciária devida por aposentado pelo Regime Geral de Previdência Social (RGPS) que permaneça em atividade ou a essa retorne."*

Vedação do retrocesso social

Corresponde à ideia de impossibilidade de redução das implementações de direitos fundamentais já realizadas.

Já para os benefícios previdenciários, além da não redução, deve ser garantido o reajuste para manter o seu valor, conforme disposto no art. 201, §4ªda CF[2].

Proteção ao segurado

Este princípio, ainda que não aceito de modo uniforme pela doutrina previdenciarista, vem sendo admitido com cada vez mais frequência o postulado de que as normas dos sistemas de proteção social devem ser fundadas na ideia de proteção ao menos favorecido, ao qual se assemelha ao princípio da proteção do direito do trabalho.

3.2 Princípio da Universalidade da Cobertura e Atendimento

O princípio da universalidade busca o atendimento do maior número de problemas possíveis e o maior de pessoas possíveis.

A seguridade social deverá atender a todos os necessitados, especialmente através da assistência social e da saúde pública, que são gratuitas, pois independem do pagamento de contribuições diretas dos usuários.

3.3 Princípio Da Uniformidade e Equivalência Dos Benefícios

O princípio da uniformidade e equivalência dos benefícios e serviços às populações urbanas e rurais conduz a busca da isonomia – igualdade material.

Assim, por uniformidade pode-se entender a possibilidade de receber as mesmas prestações, e por equivalência pode-se entender a correspondência entre o valor das prestações.

2 Art. 201 da CF, § 4º É assegurado o reajustamento dos benefícios para preservar-lhes, em caráter permanente, o valor real, conforme critérios definidos em lei.

Mas, para que seja efetiva a igualdade, em certas situações haverá tratamento diferenciado, justamente por encontrarem-se as pessoas em situação de desigualdade.

3.4 Princípio da Seletividade e Distributividade

O sistema encontra limites financeiros para sua execução, e por essa razão torna-se necessária a seletividade, de modo a escolher as prestações que serão feitas de acordo com as possibilidades econômico-financeiras.

A distributividade, por sua vez, relaciona-se com o ideal de justiça social, de modo que sistema visa à redução das desigualdades sociais e econômicas, mediante política de redistribuição de renda.

Logo, há requisitos/condições para ter direito aos benefícios.

3.5 Princípio Da Irredutibilidade Do Valor Do Benefício

Pode ser entendido como princípio que busca a proteção constitucional contra a corrosão no valor dos benefícios ao longo do tempo.

Tal princípio visa a assegurar que o valor nominal dos benefícios concedidos aos beneficiários da Previdência ou da Assistência Social seja preservado, tal como, paralelamente, é garantida a irredutibilidade dos vencimentos aos empregados e dos subsídios dos servidores públicos (arts. 7º, 37, XV, 95, III, CF/88, e 468, CLT).

Discute-se na doutrina e na jurisprudência sobre a garantia de irredutibilidade ser real ou nominal.

O STF entende que:

> Recurso. Extraordinário. Benefício previdenciário. Reajuste. Plano de Custeio e Benefícios. Lei 8.213/ 1991. Princípio da irredutibilidade do valor dos benefícios (Art. 194, IV, da CF). Não violação. Precedentes do STF. Agravo regimental improvido. O critério de reajuste dos benefícios previdenciários, previsto no inciso II do art. 41 da Lei 8.213/ 1991, substituído pelo § 1. º do art. 9. º da Lei 8.542/ 1992, e, pelo § 4. º do art. 29 da Lei 8.880/ 1994, não viola o princípio estampado no art. 194, IV, da CF (AI 548.735-AgR, 2. ª Turma, Rel. Min. Cezar Peluso, DJ de 23.02.2007)

Ao determinar que "os valores dos benefícios em manutenção serão reajustados, de acordo com as suas respectivas datas, com base na variação integral do INPC", o art. 41, II, da Lei 8.213/1991 (posteriormente revogado pela Lei 8.542/1992), não infringiu o disposto nos arts. 194, IV, e 201, § 2º, CF, que asseguram, respectivamente, a irredutibilidade do valor dos benefícios e a preservação do seu valor real.

> [**RE 231.395**, rel. min. Sepúlveda Pertence, j. 25-8-1998, 1ª T, **DJ** de 18-9-1998.] = **AI 779.912 AgR**, rel. min. Cármen Lúcia, j. 2-12-2010, 1ª T, **DJE** de 1º-2-2011 **Vide AI 548.735 AgR**, rel. min. Cezar Peluso, j. 18-12-2006, 2ª T, **DJ** de 23-2-2007

3.6 Princípio da Equidade na Forma de Participação do Custeio e Diversidade da Base de Financiamento

Apresentam-se como critérios obrigacionais de toda a coletividade como integrantes do pacote protetivo. Assim, há que se ter participação coletiva efetiva, de forma equânime e diversa quanto as contribuições. Logo, é custeada por: empresas, trabalhadores, governo. Cada fonte custeia de acordo com a sua capacidade contributiva.

Com a reforma da previdência a redação do inciso VI do 194, passou a estabelecer diversidade da base de financiamento, identificando-se, em rubricas contábeis específicas para cada área, as receitas e as despesas vinculadas a ações de saúde, previdência e assistência social, preservado o caráter contributivo da previdência social.

A alteração dada pela reforma visa a dar maior transparência ao orçamento da Seguridade Social para distinguir as receitas e despesas de cada área: saúde, previdência e assistência social.

3.7 Princípio do Caráter Democrático e descentralizado da Administração (Gestão Quadripartite)

Traz a ideia de que a sociedade e poder público participam de forma:

- Democrática – participação de todos
- Descentralizada – todas as esferas do Poder Público

O art. 194, VII, da Constituição estabelece o "caráter democrático e descentralizado da administração, mediante gestão quadripartite, com participação dos trabalhadores, dos empregadores, dos aposentados e do Governo nos órgãos colegiados".

A gestão quadripartite refere que a seguridade deve contar com representantes de todos os grupos, sendo:

- Governo – responsável pela administração
- Trabalhadores
- Empregadores
- Aposentados

O Conselho Nacional de Previdência Social – CNPS é o órgão superior de deliberação colegiada, que tem como principal objetivo estabelecer o caráter democrático e descentralizado da administração.

3.7.1. Custeio

O art. 195, § 5º, da Constituição Federal, estabelece o princípio da preexistência da fonte de custeio, de modo que nenhum benefício ou serviço da Seguridade Social pode ser criado, majorado ou estendido sem que previamente seja estabelecida sua fonte de custeio.

E, pode-se entender como fonte de custeio **os meios necessários à concessão e manutenção das prestações previdenciárias.**

A seguridade social é financiada por toda a sociedade, de forma direta e indireta, mediante recursos provenientes dos orçamentos da União, dos Estados, do Distrito Federal, dos Municípios e de contribuições sociais.

O artigo 195 da Constituição, elenca as contribuições:

> I - do **empregador**, da empresa e da entidade a ela equiparada na forma da lei, incidentes sobre:
>
> a) a folha de salários e demais rendimentos do trabalho pagos ou creditados, a qualquer título, à pessoa física que lhe preste serviço, mesmo sem vínculo empregatício;
>
> b) a receita ou o faturamento;
>
> c) o lucro;
>
> II - do **trabalhador** e dos demais segurados da previdência social, podendo ser adotadas alíquotas progressivas de acordo com o valor do salário de contribuição, não incidindo contribuição sobre aposentadoria e pensão concedidas pelo Regime Geral de Previdência Social;
>
> III - sobre a receita de **concursos de prognósticos**.
>
> IV - do **importador** de bens ou serviços do exterior, ou de quem a lei a ele equiparar.

Importante destacar que, nos termos do art. 22, inciso XX da CF, somente a União poderá criar loterias. Nesse sentido, a Súmula Vinculante n. 02 do STF:

- **Súmula Vinculante 2 do STF** – É inconstitucional a lei ou ato normativo estadual ou distrital que disponha sobre sistemas de consórcios e sorteios, inclusive bingos e loterias.

E o Decreto 3.048/1999 estabelece, no art. 195, as fontes de custeio da seguridade, em nível federal:

> Art 195. No âmbito federal, o orçamento da seguridade social é composto de receitas provenientes:
>
> I - **da União;**
>
> **II - das contribuições sociais;**

SEG. SOCIAL

III - de outras fontes.

O artigo 195 da Constituição também estabelece que as receitas dos Estados, do Distrito Federal e dos Municípios destinadas à seguridade social constarão dos respectivos orçamentos, não integrando o orçamento da União.

A proposta de orçamento da seguridade social será elaborada de forma integrada pelos órgãos responsáveis pela saúde, previdência social e assistência social, tendo em vista as metas e prioridades estabelecidas na lei de diretrizes orçamentárias, assegurada a cada área a gestão de seus recursos.

A lei poderá instituir outras fontes destinadas a garantir a manutenção ou expansão da seguridade social, obedecido o disposto no art. 154, I (mediante lei complementar, impostos não previstos no artigo anterior, desde que sejam não-cumulativos e não tenham fato gerador ou base de cálculo próprios dos discriminados nesta Constituição).

Conforme o §5º do art. 195 da Constituição, nenhum benefício ou serviço da seguridade social poderá ser criado, majorado ou estendido sem a correspondente fonte de custeio total.

Também estabelece, em seu § 6º, que as contribuições sociais só poderão ser exigidas após decorridos noventa dias da data da publicação da lei que as houver instituído ou modificado.

O parágrafo 9º do artigo, com redação dada pela reforma da previdência, diz que as contribuições sociais do empregador poderão ter alíquotas diferenciadas em razão da atividade econômica, da utilização intensiva de mão de obra, do porte da empresa ou da condição estrutural do mercado de trabalho, sendo também autorizada a adoção de bases de cálculo diferenciadas apenas no caso das alíneas "b" e "c" do inciso I do caput (a receita ou o faturamento e lucro).

São isentas de contribuição para a seguridade social as entidades beneficentes de assistência social que atendam às exigências estabelecidas em lei.

O produtor, o parceiro, o meeiro e o arrendatário rurais e o pescador artesanal, bem como os respectivos cônjuges, que exerçam suas atividades em regime de economia familiar, sem empregados permanentes, contribuirão para a seguridade social mediante a aplicação de uma alíquota sobre o resultado da comercialização da produção e farão jus aos benefícios nos termos da lei.

A lei definirá os critérios de transferência de recursos para o sistema único de saúde e ações de assistência social da União para os Estados, o Distrito Federal e os Municípios, e dos Estados para os Municípios, observada a respectiva contrapartida de recursos. E também os setores de atividade econômica para os quais as contribuições incidentes na forma dos incisos I, b; e IV do *capu* t, serão não-cumulativas.

Conforme art. 195, §11, são vedados a moratória e o parcelamento em prazo superior a 60 (sessenta) meses e, na forma de lei complementar, a remissão e a anistia das contribuições sociais sobre a folha de salários e demais rendimentos do trabalho pagos ou creditados, a qualquer título, à pessoa física que lhe preste serviço, mesmo sem vínculo empregatício, e do o trabalhador e dos demais segurados da previdência social.

Finalmente, incluído pela reforma, o § 14 do artigo diz que o segurado somente terá reconhecida como tempo de contribuição ao Regime Geral de Previdência Social a competência cuja contribuição seja igual ou superior à contribuição mínima mensal exigida para sua categoria, assegurado o agrupamento de contribuições.

- **Súmulas do STJ sobre o custeio:**
- **Súmula n. 352 do STJ** - A obtenção ou a renovação do Certificado de Entidade Beneficente de Assistência Social (Cebas) não exime a entidade do cumprimento dos requisitos legais supervenientes.
- **Súmula n. 423 do STJ** - A Contribuição para Financiamento da Seguridade Social - Cofins **incide sobre as receitas provenientes das operações de locação de bens móveis**
- **Súmula n. 508 do STJ** - A isenção da Cofins concedida pelo art. 6º, II, da LC n. 70/1991 às sociedades civis de prestação de serviços profissionais foi revogada pelo art. 56 da Lei n. 9.430/1996.
- **Súmula n. 612 do STJ** - O certificado de entidade beneficente de assistência social (CEBAS), no prazo de sua validade, possui natureza declaratória para fins tributários, retroagindo seus efeitos à data em que demonstrado o cumprimento dos requisitos estabelecidos por lei complementar para a fruição da imunidade.

4. FILIAÇÃO E INSCRIÇÃO

Para que a pessoa possa acessar benefícios e exercer seus direitos perante a previdência social, é necessário que esteja filiada ao regime.

Ou seja, **filiação** é o **vínculo jurídico** que se estabelece entre a Previdência Social e as pessoas que fazem contribuições a ela, podendo se dar de forma **obrigatória** ou **facultativa**.

No Decreto 3.048/1999, encontramos que:

> Art. 18. Considera-se inscrição de segurado para os efeitos da previdência social o ato pelo qual o segurado é cadastrado no RGPS, por meio da comprovação dos dados pessoais, (...)
>
> Art. 20. Filiação é o vínculo que se estabelece entre pessoas que contribuem para a previdência social e esta, do qual decorrem direitos e obrigações.

Logo, fique atento, filiação e inscrição não coincidem necessariamente, pois a inscrição é o cadastramento do segurado na Previdência Social ou um passo necessário à concretização desse cadastramento.

Veja:

Filiação	Inscrição
• Vínculo jurídico	• cadastramento

Nesse contexto, pode-se dizer que a filiação é pressuposto da inscrição, logo precede a inscrição.

Sem filiação, a inscrição perde a validade, não produz efeitos jurídicos. Apenas no caso do segurado facultativo, a filiação e a inscrição são simultâneas, nascendo o estado de filiado da inscrição e do pagamento da primeira contribuição.

A filiação independe da vontade de quem se filia, decorrendo automaticamente do exercício da atividade laboral remunerada. Já a inscrição é uma formalidade, promovida pelo segurado ou pelo empregador/sindicato/órgão gestor de mão-de-obra/tomador de serviços.

Importante observar que essa distinção possibilita, por exemplo, que um segurado obrigatório, tendo comprovada a condição de filiado anterior à inscrição, recolha as contribuições relativas ao período em que ainda não estava inscrito.

O art. 18 do Decreto 3.048/1999 dispõe que a comprovação será da seguinte forma:

Empregado (I)	**Pelo empregador, por meio da formalização do contrato de trabalho e, a partir da obrigatoriedade do uso do Sistema de Escrituração Digital das Obrigações Fiscais, Previdenciárias e Trabalhistas - eSocial, instituído pelo Decreto nº 8.373, de 11 de dezembro de 2014, ou do sistema que venha a substituí-lo, por meio do registro contratual eletrônico realizado nesse Sistema;**
Trabalhador avulso (II)	Pelo cadastramento e pelo registro no órgão gestor de mão de obra, no caso de trabalhador portuário, ou no sindicato, no caso de trabalhador não portuário, e a partir da obrigatoriedade do uso do eSocial, ou do sistema que venha a substituí-lo, por meio do cadastramento e do registro eletrônico realizado nesse Sistema;
Empregado doméstico (III)	Pelo empregador, por meio do registro contratual eletrônico realizado no eSocial;
Contribuinte individual: (IV)	a) por ato próprio, por meio do cadastramento de informações para identificação e reconhecimento da atividade, hipótese em que o Instituto Nacional do Seguro Social - INSS poderá solicitar a apresentação de documento que comprove o exercício da atividade declarada; b) pela cooperativa de trabalho ou pela pessoa jurídica a quem preste serviço, no caso de cooperados ou contratados, respectivamente, se ainda não inscritos no RGPS; e c) pelo MEI, por meio do sítio eletrônico do Portal do Empreendedor;
Segurado especial (V)	Preferencialmente, pelo titular do grupo familiar que se enquadre em uma das condições previstas no inciso VII do caput do art. 9º, hipótese em que o INSS poderá solicitar a apresentação de documento que comprove o exercício da atividade declarada, observado o disposto no art. 19-D
Segurado facultativo (VI)	Por ato próprio, por meio do cadastramento de informações pessoais que permitam a sua identificação, desde que não exerça atividade que o enquadre na categoria de segurado obrigatório.

O Decreto 3.048/1999 também dispõe no art. 18, § 2º que: "A inscrição do segurado em qualquer categoria mencionada neste artigo exige a idade mínima de dezesseis anos."

E, o mesmo diploma legal refere no § 5º, que: "Presentes os pressupostos da filiação, admite-se a inscrição *post mortem* do segurado especial."

No caso do empregado, trabalhador avulso e contribuinte individual que trabalha para pessoa jurídica, caberá à empresa promover a inscrição do segurado a seu serviço. Já no caso do contribuinte individual que trabalha por conta própria e o segurado facultativo, o próprio segurado deverá requerer a sua inscrição do INSS. Por sua vez, caberá ao empregador doméstico promover a inscrição do empregado doméstico a seu serviço no e-social, nos termos do art. 32 da LC 150-2015[3] (AMADO, 2020, p. 179).

5. SEGURADOS DO RGPS

Existem duas espécies de segurados do RGPS:

→ Segurados Obrigatórios

→ Segurados Facultativos

Os segurados obrigatórios estão elencados no Art. 12 da Lei 8.212/1991 e art. 9º do Decreto 3.048/1999, sendo:

→ Empregado;

→ Trabalhador Avulso;

→ Empregado Doméstico

→ Contribuinte Individual;

→ Segurado Especial.

- **Logo:**

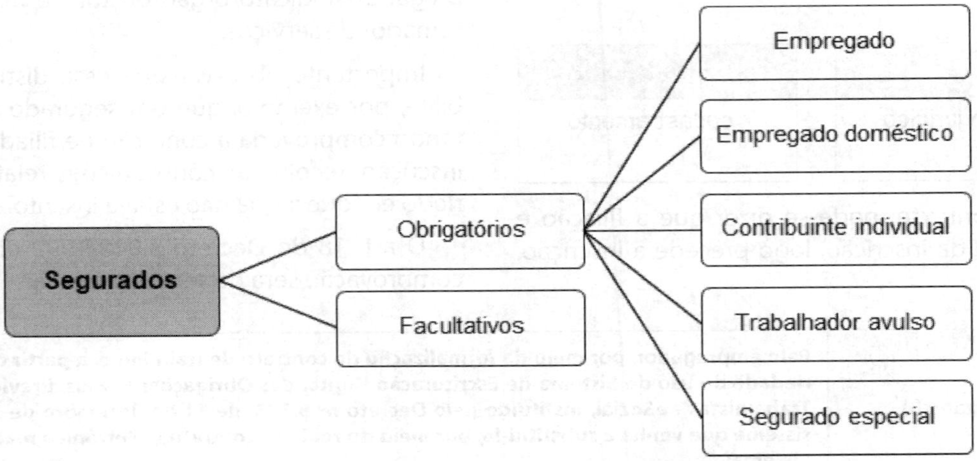

5.1 Segurado empregado

Conforme a CLT, art. 3º, empregado é toda a pessoa física que presta serviços de natureza não eventual, sob a dependência deste e mediante salário. Para fins previdenciários será empregado:

→ aquele que presta serviço de natureza urbana ou rural a empresa, em caráter não eventual, sob sua subordinação e mediante remuneração, inclusive como diretor empregado (art. 9º, I, "a" do Dec. 3.048/1999);

→ o aprendiz, que realiza um formação técnico profissional na empresa, com a sua carteira de trabalho e previdência social assinada[4];

→ aquele que, contratado por empresa de trabalho temporário, na forma prevista em legislação específica, por prazo não superior a cento e oitenta dias, consecutivos ou não, prorrogável por até noventa dias, presta serviço para atender a necessidade transitória de substituição de pessoal regular e permanente ou a acréscimo extraordinário de serviço de outras empresas (art. 9º, I, "b" do Dec. 3.048/1999);

3 Art. 32. A inscrição do empregador e a entrada única de dados cadastrais e de informações trabalhistas, previdenciárias e fiscais no âmbito do Simples Doméstico dar-se-ão mediante registro em sistema eletrônico a ser disponibilizado em portal na internet, conforme regulamento.
Parágrafo único. A impossibilidade de utilização do sistema eletrônico será objeto de regulamento, a ser editado pelo Ministério da Fazenda e pelo agente operador do FGTS.

4 **Súmula n. 18 do TNU** - Para fins previdenciários, o cômputo do tempo de serviço prestado como aluno-aprendiz exige a comprovação de que, durante o período de aprendizado, houve simultaneamente: (i) retribuição consubstanciada em prestação pecuniária ou em auxílios materiais; (ii) à conta do Orçamento; (iii) a título de contraprestação por labor; (iv) na execução de bens e serviços destinados a terceiros.

- o brasileiro ou o estrangeiro domiciliado e contratado no Brasil para trabalhar como empregado no exterior, em sucursal ou agência de empresa constituída sob as leis brasileiras e que tenha sede e administração no País (art. 9º, I, "c" do Dec. 3.048/1999);
- o brasileiro ou o estrangeiro domiciliado e contratado no Brasil para trabalhar como empregado em empresa domiciliada no exterior com maioria do capital votante pertencente a empresa constituída sob as leis brasileiras, que tenha sede e administração no País e cujo controle efetivo esteja em caráter permanente sob a titularidade direta ou indireta de pessoas físicas domiciliadas e residentes no País ou de entidade de direito público interno (art. 9º, I, "d" do Dec. 3.048/1999);
- aquele que presta serviço no Brasil a missão diplomática ou a repartição consular de carreira estrangeira e a órgãos a elas subordinados, ou a membros dessas missões e repartições, excluídos o não-brasileiro sem residência permanente no Brasil e o brasileiro amparado pela legislação previdenciária do país da respectiva missão diplomática ou repartição consular (art. 9º, I, "e" do Dec. 3.048/1999);
- o brasileiro civil que trabalha para a União no exterior, em organismos oficiais internacionais dos quais o Brasil seja membro efetivo, ainda que lá domiciliado e contratado, salvo se amparado por regime próprio de previdência social (art. 9º, I, "f" do Dec. 3.048/1999);
- o brasileiro civil que presta serviços à União no exterior, em repartições governamentais brasileiras, lá domiciliado e contratado, inclusive o auxiliar local de que tratam os arts. 56 e 57 da Lei nº 11.440, de 29 de dezembro de 2006, este desde que, em razão de proibição legal, não possa filiar-se ao sistema previdenciário local (art. 9º, I, "g" do Dec. 3.048/1999);
- o bolsista e o estagiário que prestam serviços a empresa, em desacordo com a Lei nº 11.788, de 25 de setembro de 2008 (art. 9º, I, "h" do Dec. 3.048/1999);
- o servidor da União, Estado, Distrito Federal ou Município, incluídas suas autarquias e fundações, ocupante, exclusivamente, de cargo em comissão declarado em lei de livre nomeação e exoneração (Aplica-se também ao ocupante de cargo de Ministro de Estado, de Secretário Estadual, Distrital ou Municipal, sem vínculo efetivo com a União, Estados, Distrito Federal e Municípios, suas autarquias, ainda que em regime especial, e fundações);
- o servidor do Estado, Distrito Federal ou Município, bem como o das respectivas autarquias e fundações, ocupante de cargo efetivo, desde que, nessa qualidade, não esteja amparado por regime próprio de previdência social (art. 9º, I, "j" do Dec. 3.048/1999);
- o servidor contratado pela União, Estado, Distrito Federal ou Município, bem como pelas respectivas autarquias e fundações, por tempo determinado, para atender a necessidade temporária de excepcional interesse público, nos termos do inciso IX do art. 37 da Constituição Federal (art. 9º, I, "l" do Dec. 3.048/1999);
- o servidor da União, Estado, Distrito Federal ou Município, incluídas suas autarquias e fundações, ocupante de emprego público (art. 9º, I, "m" do Dec. 3.048/1999);
- o escrevente e o auxiliar contratados por titular de serviços notariais e de registro a partir de 21 de novembro de 1994, bem como aquele que optou pelo Regime Geral de Previdência Social, em conformidade com a Lei nº 8.935, de 18 de novembro de 1994; (art. 9º, I, "o" do Dec. 3.048/1999) e
- aquele em exercício de mandato eletivo federal, estadual, distrital ou municipal, desde que não seja vinculado a regime próprio de previdência social (art. 9º, I, "p" do Dec. 3.048/1999);
- o empregado de organismo oficial internacional ou estrangeiro em funcionamento no Brasil, salvo quando coberto por regime próprio de previdência social (art. 9º, I, "q" do Dec. 3.048/1999);
- o trabalhador rural contratado por produtor rural pessoa física, na forma do art. 14-A da Lei nº 5.889, de 8 de junho de 1973, para o exercício de atividades de natureza temporária por prazo não superior a dois meses dentro do período de um ano (art. 9º, I, "r" do Dec. 3.048/1999);
- aquele contratado como trabalhador intermitente para a prestação de serviços, com subordinação, de forma não contínua, com alternância de períodos de prestação de serviços e de inatividade, em conformidade com o disposto no § 3º do art. 443 da Consolidação das Leis do Trabalho, aprovada pelo Decreto-Lei nº 5.452, de 1º de maio de 1943 (art. 9º, I, "s" do Dec. 3.048/1999);

5.2 Empregado doméstico

Aquele que presta serviço de forma contínua, subordinada, onerosa e pessoal a pessoa ou família, no âmbito residencial desta, em atividade sem fins lucrativos, por mais de dois dias por semana, conforme disposto no art. 1 da Lei Complementar 150 de 2015[5].

5.3 Contribuinte individual

São contribuintes individuais:

→ a pessoa física, proprietária ou não, que explora atividade agropecuária, a qualquer título, em caráter permanente ou temporário, em área, contínua ou descontínua, superior a quatro módulos fiscais; ou, quando em área igual ou inferior a quatro módulos fiscais ou atividade pesqueira ou extrativista, com auxílio de empregados ou por intermédio de prepostos; ou ainda nas hipóteses dos §§ 8º e 23 deste artigo (art. 9º, V, "a", do Dec. nº 3.048/199), que diz:

> § 8º Não é segurado especial o membro de grupo familiar que possuir outra fonte de rendimento, exceto se decorrente de:
>
> I - benefício de pensão por morte, auxílio-acidente ou auxílio-reclusão, cujo valor não supere o do menor benefício da previdência social;
>
> I-A - benefício concedido ao segurado qualificado como segurado especial, independentemente do valor;
>
> II - benefício previdenciário pela participação em plano de previdência complementar instituído nos termos do inciso III do § 18 deste artigo;
>
> III - exercício de atividade remunerada em período não superior a cento e vinte dias, corridos ou intercalados, no ano civil, observado o disposto no § 22;
>
> IV - exercício de mandato eletivo de dirigente sindical de organização da categoria de trabalhadores rurais;
>
> V - exercício de mandato de vereador do município onde desenvolve a atividade rural, ou de dirigente de cooperativa rural constituída exclusivamente por segurados especiais, observado o disposto no § 22 deste artigo;
>
> VI - parceria ou meação outorgada na forma e condições estabelecidas no inciso I do § 18 deste artigo;
>
> VII - atividade artesanal desenvolvida com matéria-prima produzida pelo respectivo grupo familiar, podendo ser utilizada matéria-prima de outra origem, desde que, nesse caso, a renda mensal obtida na atividade não exceda ao menor benefício de prestação continuada da previdência social; e
>
> VIII - atividade artística, desde que em valor mensal inferior ao menor benefício de prestação continuada da previdência social.
>
> § 23. O segurado especial fica excluído dessa categoria:
>
> I - a contar do primeiro dia do mês em que:
>
> a) deixar de satisfazer as condições estabelecidas no inciso VII do **caput** deste artigo, sem prejuízo do disposto no art. 13, ou exceder qualquer dos limites estabelecidos no inciso I do § 18 deste artigo;
>
> b) se enquadrar em qualquer outra categoria de segurado obrigatório do Regulamento da Previdência Social, exceto nas hipóteses previstas nos incisos III, V, VII e VIII do § 8º e no inciso VIII do § 18, sem prejuízo do disposto no art. 13;
>
> c) se tornar segurado obrigatório de outro regime previdenciário; ou
>
> d) na hipótese de descumprimento do disposto no inciso VIII do § 18:
>
> 1. participar de sociedade empresária ou de sociedade simples; ou
>
> 2. atuar como empresário individual ou como titular de empresa individual de responsabilidade limitada; ou
>
> II - a contar do primeiro dia do mês subsequente ao da ocorrência, quando o grupo familiar a que pertence exceder o limite de:
>
> a) utilização de trabalhadores nos termos do § 21 deste artigo;
>
> b) dias em atividade remunerada estabelecidos no inciso III do § 8º deste artigo; e
>
> c) dias de hospedagem a que se refere o inciso II do § 18 deste artigo.

→ a pessoa física, proprietária ou não, que explora atividade de extração mineral - garimpo -, em caráter permanente ou temporário, diretamente ou por intermédio de prepostos, com ou sem o auxílio de empregados, utilizados a qualquer título, ainda que de forma não contínua (art. 9º, V, "b" do Dec. nº 3.048/1999);

→ o ministro de confissão religiosa e o membro de instituto de vida consagrada, de congregação ou de ordem religiosa (art. 9º, V, "c" do Dec. nº 3.048/1999);

→ o brasileiro civil que trabalha no exterior para organismo oficial internacional do qual o Brasil é membro efetivo, ainda que lá domiciliado e contratado, salvo quando coberto por regime

---

5. Art. 1º - Ao empregado doméstico, assim considerado aquele que presta serviços de forma contínua, subordinada, onerosa e pessoal e de finalidade não lucrativa à pessoa ou à família, no âmbito residencial destas, por mais de 2 (dois) dias por semana, aplica-se o disposto nesta Lei.
Parágrafo único. É vedada a contratação de menor de 18 (dezoito) anos para desempenho de trabalho doméstico, de acordo com a Convenção nº 182, de 1999, da Organização Internacional do Trabalho (OIT) e com o Decreto nº 6.481, de 12 de junho de 2008.

próprio de previdência social (art. 9º, V, "d" do Dec. nº 3.048/1999);

→ desde que receba remuneração decorrente de trabalho na empresa (art. 9º, V, "e" do Dec. nº 3.048/1999):

1. o empresário individual e o titular de empresa individual de responsabilidade limitada, urbana ou rural;
2. o diretor não empregado e o membro de conselho de administração de sociedade anônima;
3. o sócio de sociedade em nome coletivo; e
4. o sócio solidário, o sócio gerente, o sócio cotista e o administrador, quanto a este último, quando não for empregado em sociedade limitada, urbana ou rural;

→ o associado eleito para cargo de direção em cooperativa, associação ou entidade de qualquer natureza ou finalidade, bem como o síndico ou administrador eleito para exercer atividade de direção condominial, desde que recebam remuneração (art. 9º, V, "i" do Dec. nº 3.048/1999);

→ quem presta serviço de natureza urbana ou rural, em caráter eventual, a uma ou mais empresas, sem relação de emprego (art. 9º, V, "j" do Dec. nº 3.048/1999); a pessoa física que exerce, por conta própria, atividade econômica de natureza urbana, com fins lucrativos ou não (art. 9º, V, "l" do Dec. nº 3.048/1999);

→ o aposentado de qualquer regime previdenciário nomeado magistrado classista temporário da Justiça do Trabalho, na forma dos incisos II do § 1º do art. 111 ou III do art. 115 ou do parágrafo único do art. 116 da Constituição Federal, ou nomeado magistrado da Justiça Eleitoral, na forma dos incisos II do art. 119 ou III do § 1º do art. 120 da Constituição Federal (art. 9º, V, "m" do Dec. nº 3.048/1999);

→ o cooperado de cooperativa de produção que, nesta condição, presta serviço à sociedade cooperativa mediante remuneração ajustada ao trabalho executado (art. 9º, V, "n" do Dec. nº 3.048/1999); e

→ o Microempreendedor Individual - MEI de que tratam os arts. 18-A e 18-C da Lei Complementar nº 123, de 14 de dezembro de 2006, que opte pelo recolhimento dos impostos e contribuições abrangidos pelo Simples Nacional em valores fixos mensais (art. 9º, V, "p" do Dec. nº 3.048/1999);

→ o médico participante do Projeto Mais Médicos para o Brasil, instituído pela Lei nº 12.871, de 22 de outubro de 2013, exceto na hipótese de cobertura securitária específica estabelecida por organismo internacional ou filiação a regime de seguridade social em seu país de origem, com o qual a República Federativa do Brasil mantenha acordo de seguridade social (art. 9º, V, "q" do Dec. nº 3.048/1999);

→ o médico em curso de formação no âmbito do Programa Médicos pelo Brasil, instituído pela Lei nº 13.958, de 18 de dezembro de 2019 (art. 9º, V, "r" do Dec. nº 3.048/1999);

▷ **Observação:**

Enquadram-se, nas situações de quem presta serviço de natureza urbana ou rural, em caráter eventual, a uma ou mais empresas, sem relação de emprego e da pessoa física que exerce, por conta própria, atividade econômica de natureza urbana, com fins lucrativos ou não, entre outros, art. 9º, §º 15, do Decreto. nº 3.048/1999:

I - aquele que trabalha como condutor autônomo de veículo rodoviário, inclusive como taxista ou motorista de transporte remunerado privado individual de passageiros, ou como operador de trator, máquina de terraplenagem, colheitadeira e assemelhados, sem vínculo empregatício;

II - aquele que exerce atividade de auxiliar de condutor autônomo de veículo rodoviário, em automóvel cedido em regime de colaboração, nos termos da Lei nº 6.094, de 30 de agosto de 1974;

III - aquele que, pessoalmente, por conta própria e a seu risco, exerce pequena atividade comercial em via pública ou de porta em porta, como comerciante ambulante, nos termos da Lei nº 6.586, de 6 de novembro de 1978;

IV - o trabalhador associado a cooperativa que, nessa qualidade, presta serviços a terceiros;

V - o membro de conselho fiscal de sociedade por ações;

VI - aquele que presta serviço de natureza não contínua, por conta própria, a pessoa ou família, no âmbito residencial desta, em atividade sem fins lucrativos, até dois dias por semana;

VII - o notário ou tabelião e o oficial de registros ou registrador, titular de cartório, que detêm a delegação do exercício da atividade notarial e de registro, não remunerados pelos cofres públicos, admitidos a partir de 21 de novembro de 1994;

VIII - aquele que, na condição de pequeno feirante, compra para revenda produtos hortifrutigranjeiros ou assemelhados;

IX - a pessoa física que edifica obra de construção civil;

X - o médico residente de que trata a Lei nº 6.932, de 7 de julho de 1981.

XI - o pescador que trabalha em regime de parceria, meação ou arrendamento, em embarcação de médio ou grande porte, nos termos da Lei nº 11.959, de 2009;

XII - o incorporador de que trata o art. 29 da Lei nº 4.591, de 16 de dezembro de 1964.

XIII - o bolsista da Fundação Habitacional do Exército contratado em conformidade com a Lei nº 6.855, de 18 de novembro de 1980; e

XIV - o árbitro e seus auxiliares que atuam em conformidade com a Lei nº 9.615, de 24 de março de 1998.

XV - o membro de conselho tutelar de que trata o art. 132 da Lei nº 8.069, de 13 de julho de 1990, quando remunerado;

XVI - o interventor, o liquidante, o administrador especial e o diretor fiscal de instituição financeira, empresa ou entidade referida no § 6º do art. 201;

XVII - o transportador autônomo de cargas e o transportador autônomo de cargas auxiliar, nos termos do disposto na Lei nº 11.442, de 5 de janeiro de 2007;

XVIII - o repentista de que trata a Lei nº 12.198, de 14 de janeiro de 2010, desde que não se enquadre na condição de empregado, prevista no inciso I do caput, em relação à referida atividade; e

XIX - o artesão de que trata a Lei nº 13.180, de 22 de outubro de 2015, desde que não se enquadre em outras categorias de segurado obrigatório do RGPS em relação à referida atividade.

5.4 Trabalhador avulso

O trabalhador avulso é aquele que, sindicalizado ou não, presta serviço de natureza urbana ou rural a diversas empresas, ou equiparados, sem vínculo empregatício, com intermediação obrigatória do órgão gestor de mão de obra, nos termos do disposto na Lei nº 12.815, de 5 de junho de 2013, ou do sindicato da categoria, assim considerados:

1. o trabalhador que exerça atividade portuária de capatazia, estiva, conferência e conserto de carga e vigilância de embarcação e bloco;
2. o trabalhador de estiva de mercadorias de qualquer natureza, inclusive carvão e minério;
3. o trabalhador em alvarenga (embarcação para carga e descarga de navios);
4. o amarrador de embarcação;
5. o ensacador de café, cacau, sal e similares;
6. o trabalhador na indústria de extração de sal;
7. o carregador de bagagem em porto;
8. o prático de barra em porto;
9. o guindasteiro; e
10. o classificador, o movimentador e o empacotador de mercadorias em portos;

(art. 9º, VI, a do Decreto 3.048/1999)

Ou, exerça atividade de movimentação de mercadorias em geral, nos termos do disposto no art. 2º da Lei nº 12.023, de 27 de agosto de 2009, em áreas urbanas ou rurais, sem vínculo empregatício, com intermediação obrigatória do sindicato da categoria, por meio de acordo ou convenção coletiva de trabalho, nas atividades de:

1. cargas e descargas de mercadorias a granel e ensacados, costura, pesagem, embalagem, enlonamento, ensaque, arrasto, posicionamento, acomodação, reordenamento, reparação de carga, amostragem, arrumação, remoção, classificação, empilhamento, transporte com empilhadeiras, paletização, ova e desova de vagões, carga e descarga em feiras livres e abastecimento de lenha em secadores e caldeiras;
2. operação de equipamentos de carga e descarga; e
3. pré-limpeza e limpeza em locais necessários às operações ou à sua continuidade;

Nos termos do art. 7, inciso XXXIV da CF, embora não seja considerado como empregado, o trabalhador possui todos os direitos "como se empregado fosse", conforme segue:

> Art. 7º São direitos dos trabalhadores urbanos e rurais, além de outros que visem à melhoria de sua condição social:
>
> XXXIV - igualdade de direitos entre o trabalhador com vínculo empregatício permanente e o trabalhador avulso.

5.5 Segurado especial

Como segurado especial, a pessoa física residente no imóvel rural ou em aglomerado urbano ou rural próximo que, individualmente ou em regime de economia familiar, ainda que com o auxílio eventual de terceiros, na condição de (art. 9º, VII, do Dec. nº 3.048/1999):

a) produtor, seja ele proprietário, usufrutuário, possuidor, assentado, parceiro ou meeiro outorgados, comodatário ou arrendatário rurais, que explore atividade:
   1. agropecuária em área contínua ou não de até quatro módulos fiscais; ou
   2. de seringueiro ou extrativista vegetal na coleta e extração, de modo sustentável, de recursos naturais renováveis, e faça dessas atividades o principal meio de vida;

b) pescador artesanal ou a este assemelhado, que faça da pesca profissão habitual ou principal meio de vida; e

c) cônjuge ou companheiro, bem como filho maior de dezesseis anos de idade ou a este equiparado, do segurado de que tratam as alíneas "a" e "b" deste inciso, que, comprovadamente, tenham participação ativa nas atividades rurais ou pesqueiras artesanais, respectivamente, do grupo familiar.

▷ **Observações:**

§ 14 Considera-se pescador artesanal aquele que, individualmente ou em regime de economia familiar, faz da pesca sua profissão habitual ou meio principal de vida, desde que:

I - não utilize embarcação; ou

II - utilize embarcação de pequeno porte, nos termos da Lei nº 11.959, de 29 de junho de 2009.

§ 14-A Considera-se assemelhado ao pescador artesanal aquele que realiza atividade de apoio à pesca artesanal, exercendo trabalhos de confecção e de reparos de artes e petrechos de pesca e de reparos em embarcações de pequeno porte ou atuando no processamento do produto da pesca artesanal.

Conforme a legislação previdenciária, entende-se como regime de economia familiar a atividade em que o trabalho dos membros da família é indispensável à própria subsistência e ao desenvolvimento socioeconômico do núcleo familiar e é exercido em condições de mútua dependência e colaboração, sem a utilização de empregados permanentes. Entende-se como auxílio eventual de terceiros o que é exercido ocasionalmente, em condições de mútua colaboração, não existindo subordinação nem remuneração.

Também se considera que o segurado especial reside em aglomerado urbano ou rural próximo ao imóvel rural onde desenvolve a atividade quando resida no mesmo município de situação do imóvel onde desenvolve a atividade rural, ou em município contíguo ao em que desenvolve a atividade rural.

Nos termos do §9ª do art. 12 da Lei 8.212-91, não descaracteriza a condição de segurado especial:

I – a outorga, por meio de contrato escrito de parceria, meação ou comodato, de até 50% (cinquenta por cento) de imóvel rural cuja área total não seja superior a 4 (quatro) módulos fiscais, desde que outorgante e outorgado continuem a exercer a respectiva atividade, individualmente ou em regime de economia familiar;

II – a exploração da atividade turística da propriedade rural, inclusive com hospedagem, por não mais de 120 (cento e vinte) dias ao ano;

III – a participação em plano de previdência complementar instituído por entidade classista a que seja associado, em razão da condição de trabalhador rural ou de produtor rural em regime de economia familiar;

IV – ser beneficiário ou fazer parte de grupo familiar que tem algum componente que seja beneficiário de programa assistencial oficial de governo;

V – a utilização pelo próprio grupo familiar, na exploração da atividade, de processo de beneficiamento ou industrialização artesanal, na forma do § 11 do art. 25 desta Lei; e

VI - a associação em cooperativa agropecuária ou de crédito rural; e

VII - a incidência do Imposto Sobre Produtos Industrializados - IPI sobre o produto das atividades desenvolvidas nos termos do § 14 deste artigo.

Já nos termos do §10ª do art. 12 da Lei 8.212-91, indica que especial não é segurado especial o membro de grupo familiar que possuir outra fonte de rendimento, exceto se decorrente de:

I – benefício de pensão por morte, auxílio-acidente ou auxílio-reclusão, cujo valor não supere o do menor benefício de prestação continuada da Previdência Social;

II – benefício previdenciário pela participação em plano de previdência complementar instituído nos termos do inciso IV do § 9o deste artigo;

III - exercício de atividade remunerada em período não superior a 120 (cento e vinte) dias, corridos ou intercalados, no ano civil, observado o disposto no § 13 deste artigo;

IV – exercício de mandato eletivo de dirigente sindical de organização da categoria de trabalhadores rurais;

V – exercício de mandato de vereador do município onde desenvolve a atividade rural, ou de dirigente de cooperativa rural constituída exclusivamente por segurados especiais, observado o disposto no § 13 deste artigo;

VI – parceria ou meação outorgada na forma e condições estabelecidas no inciso I do § 9o deste artigo;

VII – atividade artesanal desenvolvida com matéria-prima produzida pelo respectivo grupo familiar, podendo ser utilizada matéria-prima de outra origem, desde que a renda mensal obtida na atividade não exceda ao menor benefício de prestação continuada da Previdência Social; e

VIII – atividade artística, desde que em valor mensal inferior ao menor benefício de prestação continuada da Previdência Social.

Importante trazer o posicionamento de algumas súmulas da TNU sobre os segurados especiais:

- **Súmula n. 5 da TNU** - A prestação de serviço rural por menor de 12 a 14 anos, até o advento da Lei 8.213, de 24 de julho de 1991, devidamente comprovada, pode ser reconhecida para fins previdenciários.
- **Súmula n. 30 da TNU** - Tratando-se de demanda previdenciária, o fato de o imóvel ser superior ao módulo rural não afasta, por si só, a qualificação de seu proprietário como segurado especial, desde que comprovada, nos autos, a sua exploração em regime de economia familiar.
- **Súmula n. 41 da TNU** - A circunstância de um dos integrantes do núcleo familiar desempenhar atividade urbana não implica, por si só, a descaracterização do trabalhador rural como segurado especial, condição que deve ser analisada no caso concreto.
- **Súmula n. 46 da TNU** - O exercício de atividade urbana intercalada não impede a concessão de benefício previdenciário de trabalhador rural, condição que deve ser analisada no caso concreto.

5.6 Segurado facultativo

Conforme art. 11 do Decreto 3.048/1999, é segurado facultativo o maior de dezesseis anos de idade que se filiar ao Regime Geral de Previdência Social, mediante contribuição, na forma do art. 199, desde que não esteja exercendo atividade remunerada que o enquadre como segurado obrigatório da previdência social.

Podem filiar-se facultativamente, entre outros:

→ aquele que se dedique exclusivamente ao trabalho doméstico no âmbito de sua residência;

→ o síndico de condomínio, quando não remunerado;

→ o estudante;

→ o brasileiro que acompanha cônjuge que presta serviço no exterior;

→ aquele que deixou de ser segurado obrigatório da previdência social;

→ o membro de conselho tutelar de que trata o art. 132 da Lei nº 8.069, de 13 de julho de 1990, quando não esteja vinculado a qualquer regime de previdência social;

→ o estagiário que preste serviços a empresa nos termos do disposto na Lei nº 11.788, de 2008;

→ o bolsista que se dedique em tempo integral a pesquisa, curso de especialização, pós-graduação, mestrado ou doutorado, no Brasil ou no exterior, desde que não esteja vinculado a qualquer regime de previdência social;

→ o presidiário que não exerce atividade remunerada nem esteja vinculado a qualquer regime de previdência social;

→ o brasileiro residente ou domiciliado no exterior;

→ o segurado recolhido à prisão sob regime fechado ou semiaberto, que, nesta condição, preste serviço, dentro ou fora da unidade penal, a uma ou mais empresas, com ou sem intermediação da organização carcerária ou entidade afim, ou que exerce atividade artesanal por conta própria.

→ o atleta beneficiário da Bolsa-Atleta não filiado a regime próprio de previdência social ou não enquadrado em uma das hipóteses previstas no art. 9º do Dec. nº 3.048/1999.

A filiação na qualidade de segurado facultativo representa ato volitivo, gerando efeito somente a partir da inscrição e do primeiro recolhimento, não podendo retroagir e não permitindo o pagamento de contribuições relativas a competências anteriores à data da inscrição. Após a inscrição, o segurado facultativo somente poderá recolher contribuições em atraso quando não tiver ocorrido perda da qualidade de segurado.

O segurado poderá contribuir facultativamente durante os períodos de afastamento ou de inatividade, desde que não receba remuneração nesses períodos e não exerça outra atividade que o vincule ao RGPS ou a regime próprio de previdência social.

6. DEPENDENTE

Além dos segurados, também podem ter acesso a alguns benefícios do Regime Geral de Previdência os dependentes do segurado, considerados como "beneficiários indiretos".

O art. 16 do Decreto 3.048/1999 dispõe que:

> Art. 16. São beneficiários do Regime Geral de Previdência Social, na condição de dependentes do segurado:
>
> I - o cônjuge, a companheira, o companheiro e o filho não emancipado, de qualquer condição, menor de vinte e um anos de idade ou inválido ou que tenha deficiência intelectual, mental ou grave; (Redação dada pelo Decreto nº 10.410, de 2020).
>
> II - os pais; ou
>
> III - o irmão não emancipado, de qualquer condição, menor de vinte e um anos de idade ou inválido ou que tenha deficiência intelectual, mental ou grave. (Redação dada pelo Decreto nº 10.410, de 2020).

Assim, são dependentes:

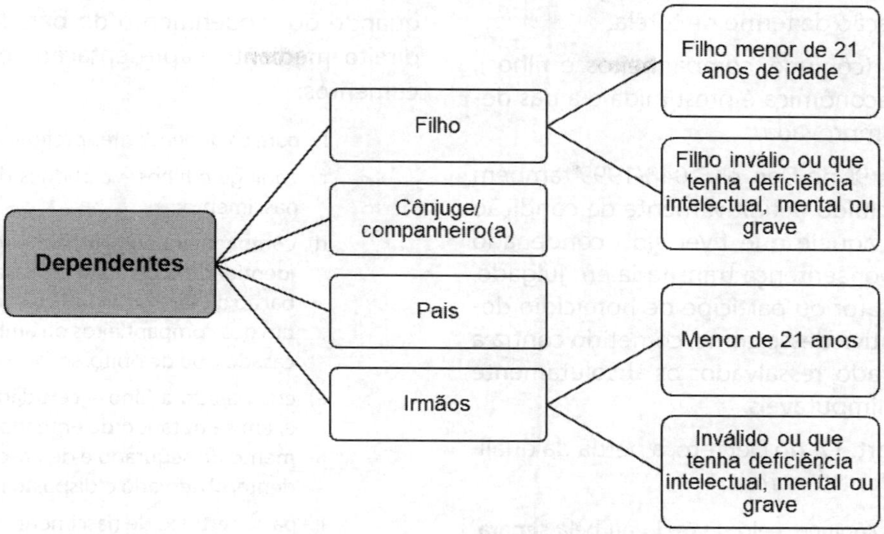

6.1 Classes

Os dependentes de uma mesma classe concorrem em igualdade de condições. E, a existência de dependente de qualquer das classes deste artigo exclui do direito às prestações os das classes seguintes.

Na primeira classe (do inciso I), estão incluídos o cônjuge, companheiro(a), filho não emancipado, menor de 21 anos ou inválido.

Para tanto, considera-se companheira ou companheiro a pessoa que mantenha união estável com o segurado ou segurada. Sendo, considerada união estável aquela configurada na convivência pública, contínua e duradoura entre pessoas, estabelecida com intenção de constituição de família, observado o disposto no § 1º do art. 1.723 da Lei nº 10.406, de 2002 - Código Civil, desde que comprovado o vínculo na forma estabelecida no § 3º do art. 22, do Dec. nº 3.048/1999 que diz:

> §3º Para comprovação do vínculo e da dependência econômica, conforme o caso, deverão ser apresentados, no mínimo, dois documentos, observado o disposto nos § 6º-A e § 8º do art. 16, e poderão ser aceitos, dentre outros:
>
> I- certidão de nascimento de filho havido em comum;
>
> II- certidão de casamento religioso;
>
> III- declaração do imposto de renda do segurado, em que conste o interessado com seu dependente;
>
> IV- disposições testamentárias;
>
> VI - declaração especial feita perante tabelião;
>
> VII - prova de mesmo domicílio;
>
> VIII - prova de encargos domésticos evidentes e existência de sociedade ou comunhão nos atos da vida civil;
>
> IX - procuração ou fiança reciprocamente outorgada;
>
> X - conta bancária conjunta;
>
> XI - registro em associação de qualquer natureza, onde conste o interessado como dependente do segurado;
>
> XII - anotação constante de ficha ou livro de registro de empregados;
>
> XIII - apólice de seguro da qual conste o segurado como instituidor do seguro e a pessoa interessada como sua beneficiária;
>
> XIV - ficha de tratamento em instituição de assistência médica, da qual conste o segurado como responsável;
>
> XV - escritura de compra e venda de imóvel pelo segurado em nome de dependente;
>
> XVI - declaração de não emancipação do dependente menor de vinte e um anos; ou
>
> XVII - quaisquer outros que possam levar à convicção do fato a comprovar.

As provas de união estável e de dependência econômica exigem início de prova material contemporânea dos fatos, produzido em período não superior aos vinte e quatro meses anteriores à data do óbito ou do recolhimento à prisão do segurado, não admitida a prova exclusivamente testemunhal, exceto na ocorrência de motivo de força maior ou caso fortuito.

E, equiparam-se a filho, na condição de dependente, exclusivamente o enteado e o menor tutelado, desde que comprovada a dependência econômica. Ademais, o menor sob tutela somente poderá ser equiparado aos filhos do segurado mediante apresentação de termo de tutela.

Nestes casos (cônjuge, companheiros e filhos), a dependência econômica é presumida e a das demais deve ser comprovada.

O artigo 16, § 9º do Dec. nº 3.048/1999 também cita que será excluído definitivamente da condição de dependente aquele que tiver sido condenado criminalmente por sentença transitada em julgado, como autor, coautor ou partícipe de homicídio doloso, ou de tentativa desse crime, cometido contra a pessoa do segurado, ressalvados os absolutamente incapazes e os inimputáveis.

E, conforme art. 17, do Decreto, a perda da qualidade de dependente ocorre:

> I - para o cônjuge, pelo **divórcio** ou pela **separação** judicial ou de fato, enquanto não lhe for assegurada a prestação de alimentos, pela anulação do casamento, pelo óbito ou por sentença judicial transitada em julgado;
>
> II - para a companheira ou companheiro, pela **cessação da união estável** com o segurado ou segurada, enquanto não lhe for garantida a prestação de alimentos;
>
> III – ao **completar vinte e um anos de idade,** para o filho, o irmão, o enteado ou o menor tutelado, ou nas seguintes hipóteses, se ocorridas anteriormente a essa idade:
>
> a) casamento;
>
> b) início do exercício de emprego público efetivo;
>
> c) constituição de estabelecimento civil ou comercial ou pela existência de relação de emprego, desde que, em função deles, o menor com dezesseis anos completos tenha economia própria; ou
>
> d) concessão de emancipação, pelos pais, ou por um deles na falta do outro, por meio de instrumento público, independentemente de homologação judicial, ou por sentença judicial, ouvido o tutor, se o menor tiver dezesseis anos completos;

Nestas hipóteses, o filho, o irmão, o enteado e o menor tutelado, desde que comprovada a dependência econômica dos três últimos, se inválidos ou se tiverem deficiência intelectual, mental ou grave, não perderão a qualidade de dependentes desde que a invalidez ou a deficiência intelectual, mental ou grave tenha ocorrido antes de uma destas das hipóteses. E, para esse fim, a data de início da invalidez ou da deficiência intelectual, mental ou grave será estabelecida pela Perícia Médica Federal.

> IV - para os dependentes em geral:
>
> a) pela **cessação da invalidez ou da deficiência intelectual**, mental ou grave; ou
>
> b) **pelo falecimento**.

Conforme art. 22 do Decreto 3.048/1999, a inscrição do dependente do segurado será promovida quando do requerimento do benefício a que tiver direito, mediante a apresentação dos seguintes documentos:

> I – para os dependentes preferenciais:
>
> c) cônjuge e filhos – certidões de casamento e de nascimento;
>
> d) companheira ou companheiro – documento de identidade e certidão de casamento com averbação da separação judicial ou divórcio, quando um dos companheiros ou ambos já tiverem sido casados, ou de óbito, se for o caso; e
>
> e) equiparado a filho – certidão judicial de tutela e, em se tratando de enteado, certidão de casamento do segurado e de nascimento do dependente, observado o disposto no § 3º do art. 16;
>
> II - pais - certidão de nascimento do segurado e documentos de identidade dos mesmos; e
>
> III - irmão - certidão de nascimento.

E, conforme art. 24 do Decreto, os pais ou irmãos deverão, para fins de concessão de benefícios, comprovar a inexistência de dependentes preferenciais, mediante declaração firmada perante o Instituto Nacional do Seguro Social.

7. CARÊNCIA E QUALIDADE DE SEGURADO

7.1 Carência

Conforme art. 26 do Decreto 3.048/1999, período de carência **é o tempo correspondente ao número mínimo de contribuições mensais indispensáveis para que o beneficiário faça jus ao benefício**, consideradas as competências cujo salário de contribuição seja igual ou superior ao seu limite mínimo mensal.

Algumas observações são necessárias:

> § 1º Para o segurado especial, considera-se período de carência, para fins de concessão dos benefícios de que trata o inciso I do § 2º do art. 39 do Decreto 3048/99, o tempo mínimo de efetivo exercício de atividade rural, ainda que de forma descontínua, igual à quantidade de meses necessária à concessão do benefício requerido.
>
> § 2º Será considerado, para efeito de carência, o tempo de contribuição para o Plano de Seguridade Social do Servidor Público anterior à Lei nº 8.647, de 13 de abril de 1993, efetuado pelo servidor público ocupante de cargo em comissão sem vínculo efetivo com a União, autarquias, ainda que em regime especial, e fundações públicas federais.

§ 3º Não é computado para efeito de carência o tempo de atividade do trabalhador rural anterior à competência novembro de 1991.

§ 4º Para efeito de carência, considera-se presumido o recolhimento das contribuições do segurado empregado, do trabalhador avulso e, relativamente ao contribuinte individual, a partir da competência abril de 2003, as contribuições dele descontadas pela empresa na forma do art. 216.

§ 4º-A Para fins de carência, no caso de segurado empregado doméstico, considera-se presumido o recolhimento das contribuições dele descontadas pelo empregador doméstico, a partir da competência junho de 2015, na forma prevista no art. 211.

§ 4º-B Para o segurado empregado doméstico filiado ao RGPS nessa condição até 31 de maio de 2015, o período de carência será contado a partir da data do efetivo recolhimento da primeira contribuição sem atraso.

§ 4º-C Para o período de filiação comprovado como empregado doméstico sem a comprovação do recolhimento ou sem a comprovação da primeira contribuição sem atraso, será reconhecido o direito ao benefício na forma prevista no § 2º do art. 36, independentemente da categoria do segurado na data do requerimento.

§ 5º Observado o disposto no § 4º do art. 13, as contribuições vertidas para regime próprio de previdência social serão consideradas para todos os efeitos, inclusive para os de carência.

§ 6º Para fins de carência, as contribuições anteriores à data de publicação da Emenda à Constituição nº 103, de 12 de novembro de 2019, serão consideradas em conformidade com a legislação vigente à época.

A concessão das prestações pecuniárias do Regime Geral de Previdência Social depende dos seguintes períodos de carência, em número de contribuições mensais:

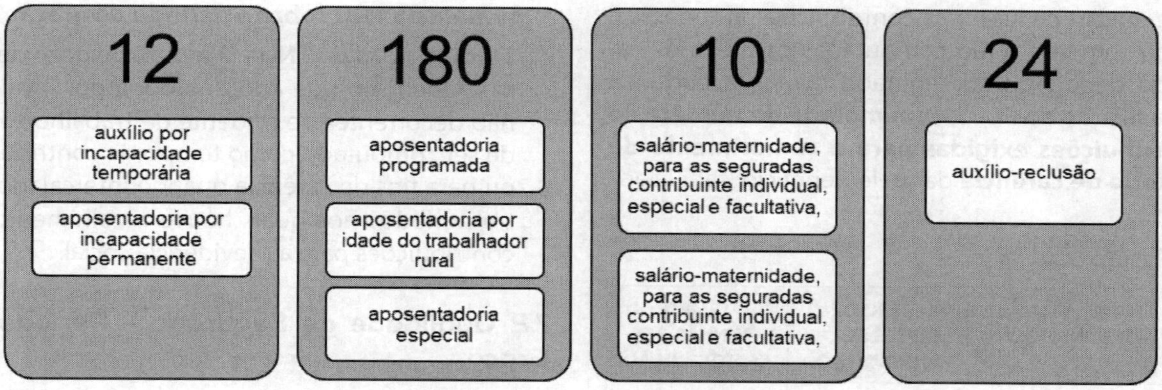

Observe-se que, em caso de parto antecipado, o período de carência a que se refere o inciso III será reduzido em número de contribuições equivalente ao número de meses em que o parto foi antecipado.

Mas, atenção, **INDEPENDE** de carência a concessão das seguintes prestações (art. 30 do Dec. 3.048/1999):

I - **pensão por morte, salário-família e auxílio-acidente** de qualquer natureza, observado, quanto à pensão por morte, o disposto no inciso V do **caput** e nos § 3º e § 4º do art. 114;

II - **salário-maternidade**, para as seguradas empregada, empregada doméstica e trabalhadora avulsa;

III - **auxílio por incapacidade temporária e aposentadoria por incapacidade permanente** nos casos de acidente de qualquer natureza ou causa e de doença profissional ou do trabalho e nos casos de segurado que, após filiar-se ao RGPS, seja acometido de alguma das doenças ou afecções especificadas em lista elaborada pelos Ministérios da Saúde e da Economia, atualizada a cada três anos, de acordo com os critérios de estigma, deformação, mutilação, deficiência ou outro fator que lhe confira especificidade e gravidade que mereçam tratamento particularizado;

IV - **aposentadoria por idade ou por invalidez, auxílio-doença, auxílio-reclusão ou pensão por morte aos segurados especiais**, desde que comprovem o exercício de atividade rural no período imediatamente anterior ao requerimento do benefício, ainda que de forma descontínua, igual ao número de meses correspondente à carência do benefício requerido; e

V - **reabilitação profissional**.

▷ **Observações:**

- § 1º Entende-se como acidente de qualquer natureza ou causa aquele de origem traumática e por exposição a agentes exógenos, físicos, químicos ou biológicos, que acarrete lesão corporal ou perturbação funcional que cause a morte ou a perda ou a redução permanente ou temporária da capacidade laborativa.

- § 2º Até que seja elaborada a lista de doenças ou afecções independerá de carência a concessão de auxílio por incapacidade temporária e de aposentadoria por incapacidade permanente ao segurado que, após filiar-se ao RGPS, seja acometido por alguma das seguintes doenças: tuberculose ativa; hanseníase; alienação mental; esclerose múltipla; hepatopatia grave; neoplasia maligna; cegueira; paralisia irreversível e incapacitante; cardiopatia grave; doença de Parkinson; espondiloartrose anquilosante; nefropatia grave; estado avançado da doença de Paget (osteíte deformante); síndrome da imunodeficiência adquirida (aids); ou contaminação por radiação, com base em conclusão da medicina especializada.

Na hipótese de **perda da qualidade de segurado**, para fins da concessão dos benefícios de auxílio por incapacidade temporária, de aposentadoria por incapacidade permanente, de salário-maternidade e de auxílio-reclusão, as contribuições anteriores à perda somente serão computadas para fins de carência depois que o segurado contar, a partir da nova filiação ao RGPS, **com metade do número de contribuições exigidas para o cumprimento do período de carência** daquele benefício (tabela acima).

Assim:

TIPO DE BENEFÍCIO	NÚMERO DE MESES DE CONTRIBUIÇÃO	TEMPO MÍNIMO DE CONTRIBUIÇÃO
Salário-maternidade	10 meses	05 meses
Benefício por incapacidade temporária	12 meses	06 meses
Aposentadoria por incapacidade permanente	12 meses	06 meses
Auxílio-reclusão	24 meses	12 meses

O período de carência é contado:

- para o segurado empregado, inclusive o doméstico, e o trabalhador avulso, a partir da data de sua filiação ao RGPS; e
- para o segurado contribuinte individual, observado o disposto no § 4º do art. 26, e o segurado facultativo, inclusive o segurado especial que contribua na forma prevista no § 2º do art. 200 do Decreto, a partir da data do efetivo recolhimento da primeira contribuição sem atraso, e não serão consideradas, para esse fim, as contribuições recolhidas com atraso referentes a competências anteriores, observado, quanto ao segurado facultativo, o disposto nos § 3º e § 4º do art. 11 do Decreto.

Para o segurado especial que não contribui na forma do § 2º do art. 200 do Decreto, o período de carência de que trata o § 1º do art. 26 é contado a partir do efetivo exercício da atividade rural, mediante comprovação.

Para os segurados contribuinte individual, optantes pelo recolhimento trimestral, o período de carência é contado a partir do mês de inscrição do segurado, desde que efetuado o recolhimento da primeira contribuição. E, na hipótese de perda da qualidade de segurado, somente serão consideradas, para fins de carência, as contribuições efetivadas após novo recolhimento sem atraso, observado o disposto no art. 19-E do Decreto.

- **Súmula da TNU sobre o período de graça:**
- **Súmula n. 73 da TNU** - O tempo de gozo de auxílio-doença ou de aposentadoria por invalidez não decorrentes de acidente de trabalho só pode ser computado como tempo de contribuição ou para fins de carência quando intercalado entre períodos nos quais houve recolhimento de contribuições para a previdência social.

7.2 Qualidade de Segurado - Período de Graça

A partir da data em que uma pessoa se filia ao Regime Geral de Previdência Social (RGPS) e contribui mensalmente para a Previdência Social, ela é considerada um segurado.

Atente-se que qualidade de segurado é diferente de carência, pois alguns benefícios concedidos aos segurados que independem de carência, isto é, pelo simples fato de estarem filiados (trabalhando) já fazem jus ao benefício.

A perda da qualidade de segurado ocorre quando o segurado deixa de contribuir para a Previdência, não fazendo mais jus a concessão dos benefícios previdenciários. Mas, se o segurado interrompeu as contribuições e/ou o exercício da atividade, ainda manterá a qualidade de segurado por alguns meses, denominados pela doutrina como "períodos de graça".

O art. 13 do Decreto refere que mantém a qualidade de segurado, independentemente de contribuições:

I - **sem limite de prazo**, o segurado que estiver em **gozo de benefício**, exceto na hipótese de auxílio-acidente;

II - até **doze meses** após a cessação das contribuições, observado o disposto nos § 7º e § 8º e no art. 19-E;

Esse prazo será prorrogado para **até vinte e quatro meses**, se o segurado já tiver pago mais de cento e vinte contribuições mensais sem interrupção que acarrete a perda da qualidade de segurado. E, o prazo será **acrescido de doze meses** para o segurado **desempregado**, desde que comprovada essa situação por registro no órgão próprio do Ministério do Trabalho e Emprego. E, aplica-se a regra do inciso II, ao segurado que se desvincular de regime próprio de previdência social.

III - até **doze meses** após cessar a segregação, o segurado acometido de doença de segregação compulsória;

IV - até **doze meses** após o livramento, o segurado detido ou recluso;

V - **até três meses** após o licenciamento, o segurado incorporado às Forças Armadas para prestar serviço militar; e

VI - até **seis meses** após a cessação das contribuições, o segurado facultativo.

- **Logo:**

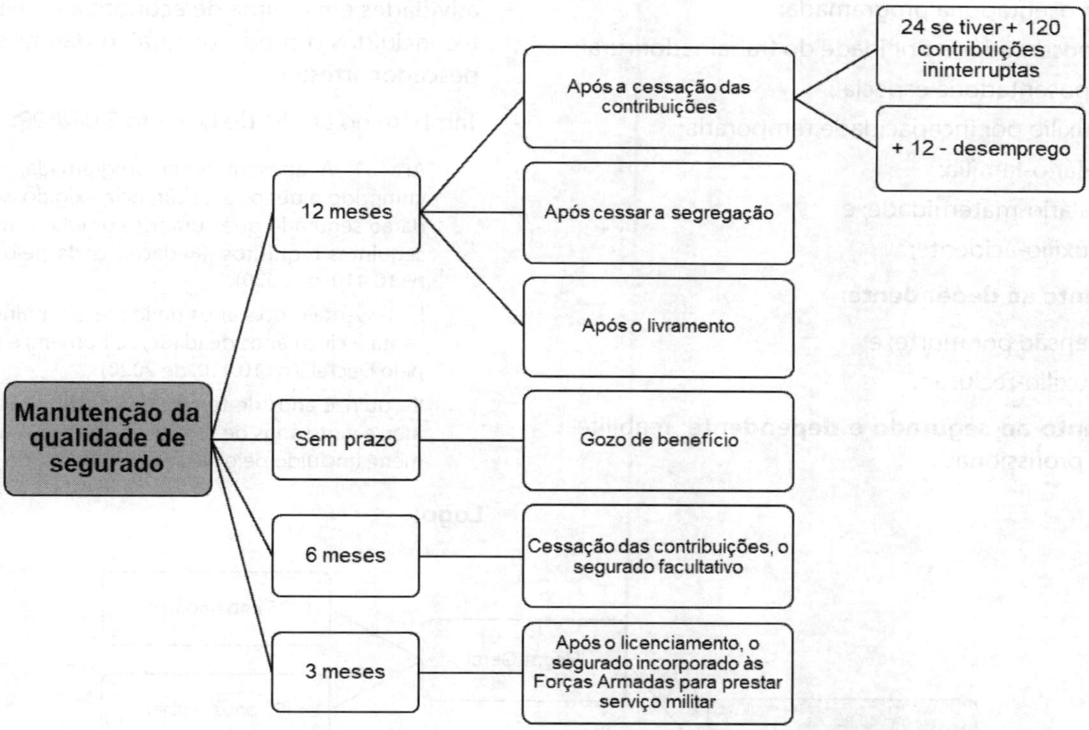

Durante os prazos acima, o segurado conserva todos os seus direitos perante a previdência social.

Ademais, a perda da qualidade de segurado não será considerada para a concessão das aposentadorias por tempo de contribuição e especial. Também sendo aplicada à aposentadoria por idade, desde que o segurado conte com, no mínimo, o número de contribuições mensais exigido para efeito de carência na data do requerimento do benefício.

▷ **Observações:**

- Para o contribuinte individual, o período de manutenção da qualidade de segurado inicia-se no primeiro dia do mês subsequente ao da última contribuição com valor igual ou superior ao salário-mínimo.
- O segurado que receber remuneração inferior ao limite mínimo mensal do salário de contribuição somente manterá a qualidade de segurado se efetuar os ajustes de complementação, utilização e agrupamento a que se referem o § 1º do art. 19-E e o § 27-A do art. 216 do Decreto.
- O reconhecimento da perda da qualidade de segurado no termo final dos prazos fixados no art. 13 do Decreto ocorrerá no dia seguinte ao do vencimento da contribuição do contribuinte individual relativa ao mês imediatamente posterior ao término daqueles prazos.

- **Súmula da TNU sobre o período de graça:**

- **Súmula n. 37 da TNU** - A ausência de registro em órgão do Ministério do Trabalho não impede a comprovação do desemprego por outros meios admitidos em Direito.

8. BENEFÍCIOS EM ESPÉCIE

Conforme o Art. 25 do Decreto 3.048/99, o Regime Geral de Previdência Social compreende as seguintes prestações, expressas em benefícios e serviços:

- **quanto ao segurado**:
  a) aposentadoria por incapacidade permanente;
  b) aposentadoria programada;
  c) aposentadoria por idade do trabalhador rural;
  d) aposentadoria especial;
  e) auxílio por incapacidade temporária;
  f) salário-família;
  g) salário-maternidade; e
  h) auxílio-acidente;
- **quanto ao dependente**:
  a) pensão por morte; e
  b) auxílio-reclusão;
- **quanto ao segurado e dependente**: reabilitação profissional.

9. APOSENTADORIA

9.1 Da aposentadoria programada

Na Constituição, art. 201, § 7º, com redação dada pela reforma previdenciária, encontramos que é assegurada aposentadoria no regime geral de previdência social, nos termos da lei, obedecidas as seguintes condições:

- 65 (sessenta e cinco) anos de idade, se homem, e 62 (sessenta e dois) anos de idade, se mulher, observado tempo mínimo de contribuição;
- 60 (sessenta) anos de idade, se homem, e 55 (cinquenta e cinco) anos de idade, se mulher, para os trabalhadores rurais e para os que exerçam suas atividades em regime de economia familiar, nestes incluídos o produtor rural, o garimpeiro e o pescador artesanal.

Também no art. 51 do Decreto 3.048/99:

> Art. 51. A aposentadoria programada, uma vez cumprido o período de carência exigido, será devida ao segurado que cumprir, cumulativamente, os seguintes requisitos: (Redação dada pelo Decreto nº 10.410, de 2020).
>
> I - sessenta e dois anos de idade, se mulher, e sessenta e cinco anos de idade, se homem; e (Incluído pelo Decreto nº 10.410, de 2020)
>
> II - quinze anos de tempo de contribuição, se mulher, e vinte anos de tempo de contribuição, se homem. (Incluído pelo Decreto nº 10.410, de 2020)

- **Logo:**

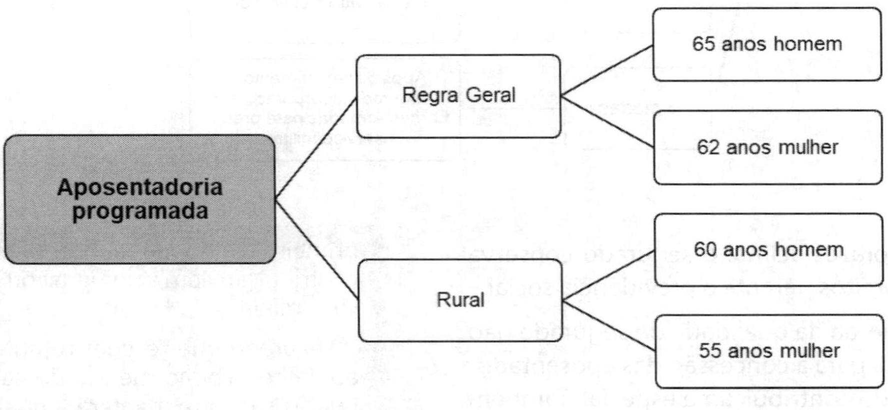

▷ **Atenção** - Para fins de apuração do tempo de contribuição, é vedada a inclusão de tempo fictício.

Conforme art. 52 do Decreto, a aposentadoria programada será devida

- ao segurado empregado, inclusive o doméstico:
  a) a partir da data do desligamento do emprego, quando requerida até noventa dias depois dela; ou
  b) a partir da data do requerimento, quando não houver desligamento do emprego ou quando for requerida após o prazo da alínea "a"; e
- para os demais segurados, a partir da data da entrada do requerimento.

E, nos termos do Art. 53 do Decreto, o valor da aposentadoria programada corresponderá a sessenta por cento do salário de benefício, com acréscimo de dois pontos percentuais para cada contribuição que exceder o tempo de vinte anos de contribuição, para os homens, ou de quinze anos de contribuição, para as mulheres.

9.2 Aposentadoria Híbrida

A Lei n.º 11.718/ 2008 criou espécie de aposentadoria por idade ao trabalhador rural que não tiver como comprovar o efetivo exercício de atividade rural, ainda que de forma descontínua, no período imediatamente anterior ao cumprimento da idade mínima ou ao requerimento da aposentadoria.

Conforme o § 3. º do art. 48 da Lei 8.213/91:

> § 3º Os trabalhadores rurais de que trata o § 1º deste artigo que não atendam ao disposto no § 2º deste artigo, mas que satisfaçam essa condição, se forem considerados períodos de contribuição sob outras categorias do segurado, farão jus ao benefício ao completarem 65 (sessenta e cinco) anos de idade, se homem, e 60 (sessenta) anos, se mulher.

Assim, a idade mínima a ser considerada é de 65 anos de idade, se homem, e 60 anos, se mulher, ou seja, equiparando-se ao trabalhador urbano no requisito etário.

Conforme Lazzari:

> Mesmo após a Reforma da Previdência efetivada pela EC n.º 103/ 2019, entendemos que permanece válida a hipótese de concessão da aposentadoria híbrida, pois não houve revogação expressa nem tácita desse modelo de benefício. No entanto, as regras deverão ser ajustadas para contemplar as mudanças trazidas O tempo de serviço do segurado trabalhador rural, anterior à data de início de vigência desta Lei, será computado independentemente do recolhimento das contribuições a ele correspondentes, exceto para efeito de carência, conforme dispuser o Regulamento". Considerando-se que a Lei n.º 11.718, de 2008, disciplina de forma inovadora o cômputo de tempo rural (admitindo-o para efeito de carência) e por ser norma posterior, deve prevalecer o entendimento de que o regramento referido (art. 55, § 2. º, da LB) não tem aplicabilidade para essa modalidade de aposentadoria. (LAZZARI, 2020, pp. 282-283).

9.3 Aposentadoria programada do professor

A Constituição, no art. 201, § 8º, menciona que o requisito de idade será reduzido em 5 (cinco) anos, para o professor que comprove tempo de efetivo exercício das funções de magistério na educação infantil e no ensino fundamental e médio fixado em lei complementar.

O Decreto 3.048/99, também dispõe que:

> Art. 54. Para o professor que comprove, exclusivamente, tempo de efetivo exercício em função de magistério na educação infantil, no ensino fundamental ou no ensino médio, desde que cumprido o período de carência exigido, será concedida a aposentadoria de que trata esta Subseção quando cumprir, cumulativamente, os seguintes requisitos:
>
> I - cinquenta e sete anos de idade, se mulher, e sessenta anos de idade, se homem; e (Incluído pelo Decreto nº 10.410, de 2020)
>
> II - vinte e cinco anos de contribuição, para ambos os sexos, em efetivo exercício na função a que se refere o **caput**. (Incluído pelo Decreto nº 10.410, de 2020)

- **Logo:**

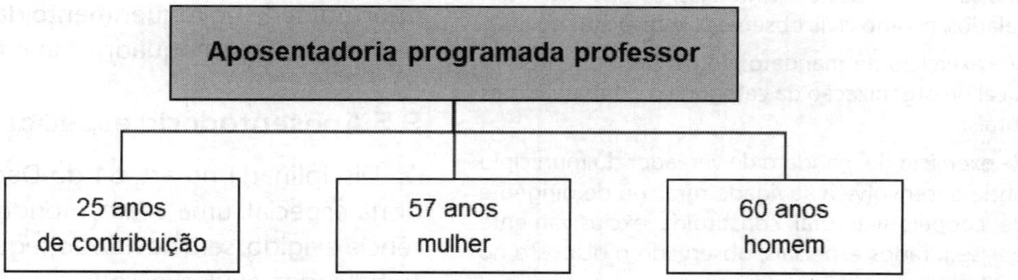

Para fins de concessão desta aposentadoria, considera-se função de magistério aquela exercida por professor em estabelecimento de ensino de educação básica em seus diversos níveis e modalidades, incluídas, além do exercício da docência, as funções de direção de unidade escolar e de coordenação e assessoramento pedagógicos.

A comprovação da condição de professor será feita por meio da apresentação:

- do diploma registrado nos órgãos competentes federais e estaduais ou de documento que comprove a habilitação para o exercício do magistério, na forma prevista em lei específica; e
- dos registros em carteira profissional ou Carteira de Trabalho e Previdência Social complementados, quando for o caso, por declaração do estabelecimento de ensino no qual tenha sido exercida a atividade, sempre que essa

informação for necessária para caracterização do efetivo exercício da função de magistério.

É vedada a conversão de tempo de serviço de magistério, exercido em qualquer época, em tempo de serviço comum.

9.4 Aposentadoria por idade do trabalhador rural

Conforme Art. 56 do Decreto 3.048/99, menciona que a aposentadoria por idade do trabalhador rural, uma vez cumprido o período de carência exigido, será devida aos segurados a que se referem a alínea "a" do inciso I, a alínea "j" do inciso V(quem presta serviço de natureza urbana ou rural, em caráter eventual, a uma ou mais empresas, sem relação de emprego) e os incisos VI e VII do caput do art. 9º do Decreto e aos segurados garimpeiros que trabalhem, comprovadamente, em regime de economia familiar, conforme definido no § 5º do art. 9º, quando completarem cinquenta e cinco anos de idade, se mulher, e sessenta anos de idade, se homem.

Para tanto, o segurado a que se refere o inciso VII do caput do art. 9º (segurado especial) comprovará o efetivo exercício de atividade rural, ainda que de forma descontínua, no período imediatamente anterior ao requerimento do benefício ou, conforme o caso, ao mês em que tiver cumprido o requisito etário, por tempo igual ao número de meses de contribuição correspondente à carência do benefício pretendido, computados os períodos pelos quais o segurado especial tenha recebido os rendimentos a que se referem os incisos III ao VIII do § 8º do art. 9º do Decreto, que diz:

> III - exercício de atividade remunerada em período não superior a cento e vinte dias, corridos ou intercalados, no ano civil, observado o disposto no § 22;
>
> IV - exercício de mandato eletivo de dirigente sindical de organização da categoria de trabalhadores rurais;
>
> V - exercício de mandato de vereador do município onde desenvolve a atividade rural, ou de dirigente de cooperativa rural constituída exclusivamente por segurados especiais, observado o disposto no § 22 deste artigo;
>
> VI - parceria ou meação outorgada na forma e condições estabelecidas no inciso I do § 18 deste artigo;
>
> VII - atividade artesanal desenvolvida com matéria-prima produzida pelo respectivo grupo familiar, podendo ser utilizada matéria-prima de outra origem, desde que, nesse caso, a renda mensal obtida na atividade não exceda ao menor benefício de prestação continuada da previdência social; e
>
> VIII - atividade artística, desde que em valor mensal inferior ao menor benefício de prestação continuada da previdência social.

O valor da renda mensal da aposentadoria de que trata este artigo para os trabalhadores rurais a que se referem a alínea "a" do inciso I (aquele que presta serviço de natureza urbana ou rural a empresa, em caráter não eventual, sob sua subordinação e mediante remuneração, inclusive como diretor empregado), a alínea "j" do inciso V e o inciso VI do caput do art. 9º, para o garimpeiro e para o segurado especial que contribua facultativamente corresponderá a setenta por cento do salário de benefício definido na forma prevista no art. 32, com acréscimo de um ponto percentual para cada ano de contribuição.

O valor da renda mensal do benefício de que trata este artigo para os trabalhadores rurais a que se refere o inciso VII do caput do art. 9º será de um salário-mínimo.

O segurado especial que contribui na forma prevista no § 2º do art. 200 somente fará jus à aposentadoria com valor apurado na forma prevista no § 2º deste artigo após o cumprimento do período de carência exigido, hipótese em que não será considerado como período de carência o tempo de atividade rural não contributivo.

Por fim, conforme art. 57 do Decreto, os trabalhadores rurais que não atendam ao disposto no art. 56 mas que satisfaçam essa condição, se considerados períodos de contribuição sob outras categorias de segurado, farão jus ao benefício ao atenderem os requisitos definidos nos incisos I e II do caput do art. 51. Sendo que, para isso, o valor da renda mensal da aposentadoria será apurado na forma do disposto no art. 53, considerando-se como salário de contribuição mensal do período como segurado especial o salário-mínimo. E, isso se aplica ainda que, na oportunidade do requerimento da aposentadoria, o segurado não se enquadre como trabalhador rural.

9.5 Aposentadoria especial

Disciplinada no art. 64 do Decreto, a aposentadoria especial, uma vez cumprido o período de carência exigido, será devida ao segurado empregado, trabalhador avulso e contribuinte individual, este último somente quando cooperado filiado a cooperativa de trabalho ou de produção, que comprove o exercício de atividades com efetiva exposição a agentes químicos, físicos e biológicos prejudiciais à saúde, ou a associação desses agentes, de forma permanente, não ocasional nem intermitente, vedada a caracterização por categoria profissional ou ocupação, durante, no mínimo, **quinze, vinte ou vinte e cinco anos, e que cumprir os seguintes requisitos:**

I - **cinquenta e cinco anos de idade**, quando se tratar de atividade especial de quinze anos de contribuição;

II - **cinquenta e oito anos de idade**, quando se tratar de atividade especial de vinte anos de contribuição; ou

III - **sessenta anos de idade,** quando se tratar de atividade especial de vinte e cinco anos de contribuição.

- **Logo:**

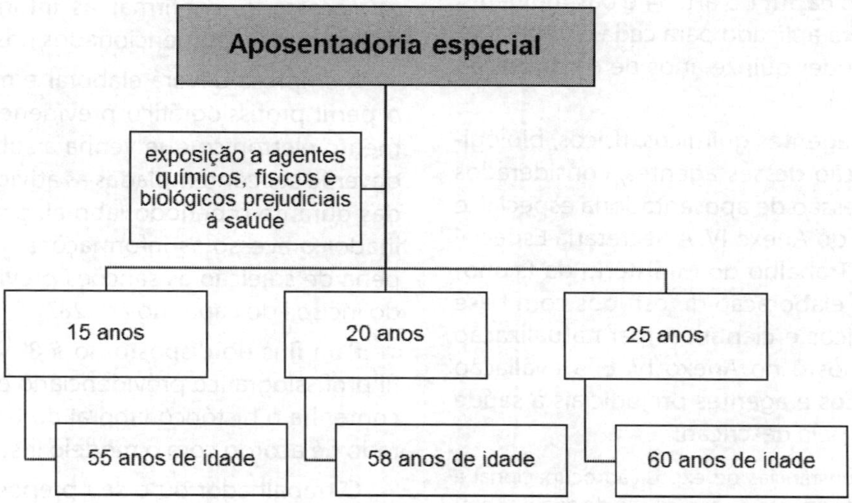

▷ Observações:

- A efetiva exposição a agente prejudicial à saúde configura-se quando, mesmo após a adoção das medidas de controle previstas na legislação trabalhista, a nocividade não seja eliminada ou neutralizada. E, considera-se:

  I - eliminação - a adoção de medidas de controle que efetivamente impossibilitem a exposição ao agente prejudicial à saúde no ambiente de trabalho; e

  II - neutralização - a adoção de medidas de controle que reduzam a intensidade, a concentração ou a dose do agente prejudicial à saúde ao limite de tolerância previsto neste Regulamento ou, na sua ausência, na legislação trabalhista.

- a exposição aos agentes químicos, físicos e biológicos prejudiciais à saúde, ou a associação desses agentes, deverá superar os limites de tolerância estabelecidos segundo critérios quantitativos ou estar caracterizada de acordo com os critérios da avaliação qualitativa.

Ademais, conforme art. 65 do Decreto, considera-se tempo de trabalho permanente aquele que é exercido de forma não ocasional nem intermitente, no qual a exposição do empregado, do trabalhador avulso ou do cooperado ao agente nocivo seja indissociável da produção do bem ou da prestação do serviço. E, isso se aplica aos períodos de descanso determinados pela legislação trabalhista, inclusive ao período de férias, e aos de percepção de salário-maternidade, desde que, à data do afastamento, o segurado estivesse exposto aos fatores de risco.

O Art. 66 do Decreto estabelece que, para o segurado que houver exercido duas ou mais atividades sujeitas a agentes químicos, físicos e biológicos prejudiciais à saúde, ou a associação desses agentes, sem completar em quaisquer delas o prazo mínimo exigido para a aposentadoria especial, os respectivos períodos de exercício serão somados após conversão, hipótese em que será considerada a atividade preponderante para efeito de enquadramento. Para isso, não serão considerados os períodos em que a atividade exercida não estava sujeita a condições especiais.

Essa conversão será feita segundo a tabela abaixo:

Tempo a converter	Multiplicadores		
	Para 15	Para 20	Para 25
De 15 anos	-	1,33	1,67
De 20 anos	0,75	-	1,25
De 25 anos	0,60	0,80	-

A atividade preponderante será aquela pela qual o segurado tenha contribuído por mais tempo, antes da conversão, e servirá como parâmetro para definir o tempo mínimo necessário para a aposentadoria especial e para a conversão.

O valor da aposentadoria especial corresponderá a sessenta por cento do salário de benefício definido na forma prevista no art. 32, com acréscimo de dois pontos percentuais para cada ano de contribuição que exceder o tempo de vinte anos de contribuição exceto no caso da aposentadoria a que se refere o inciso I do **caput** do art. 64 e das mulheres, cujo acréscimo será aplicado para cada ano de contribuição que exceder quinze anos de contribuição (Art. 67 do Decreto).

A relação dos agentes químicos, físicos, biológicos, e da associação desses agentes, considerados para fins de concessão de aposentadoria especial, é aquela constante do Anexo IV. A Secretaria Especial de Previdência e Trabalho do Ministério da Economia promoverá a elaboração de estudos com base em critérios técnicos e científicos para atualização periódica do disposto no Anexo IV. E, a avaliação qualitativa de riscos e agentes prejudiciais à saúde será comprovada pela descrição:

> I - das circunstâncias de exposição ocupacional a determinado agente ou associação de agentes prejudiciais à saúde presentes no ambiente de trabalho durante toda a jornada de trabalho;
>
> II - de todas as fontes e possibilidades de liberação dos agentes mencionados no inciso I; e
>
> III - dos meios de contato ou exposição dos trabalhadores, as vias de absorção, a intensidade da exposição, a frequência e a duração do contato.

A comprovação da efetiva exposição do segurado a agentes prejudiciais à saúde será feita por meio de documento, em meio físico ou eletrônico, emitido pela empresa ou por seu preposto com base em laudo técnico de condições ambientais do trabalho expedido por médico do trabalho ou engenheiro de segurança do trabalho.

Os agentes reconhecidamente cancerígenos para humanos, listados pela Secretaria Especial de Previdência e Trabalho do Ministério da Economia, serão avaliados em conformidade com o disposto nos § 2º e § 3º deste artigo e no caput do art. 64 e, caso sejam adotadas as medidas de controle previstas na legislação trabalhista que eliminem a nocividade, será descaracterizada a efetiva exposição.

O laudo técnico a que se refere o § 3º conterá informações sobre a existência de tecnologia de proteção coletiva ou individual e sobre a sua eficácia e será elaborado com observância às normas editadas pela Secretaria Especial de Previdência e Trabalho do Ministério Economia e aos procedimentos adotados pelo INSS.

A empresa que não mantiver laudo técnico atualizado com referência aos agentes existentes no ambiente de trabalho prejudiciais à saúde de seus trabalhadores ou que emitir documento de comprovação de efetiva exposição em desacordo com o referido laudo incorrerá na infração a que se refere a alínea "n" do inciso II do caput do art. 283.

O INSS estabelecerá os procedimentos para fins de concessão de aposentadoria especial, podendo, se necessário, confirmar as informações contidas nos documentos mencionados nos § 2º e 3º.

A empresa deverá elaborar e manter atualizado o perfil profissiográfico previdenciário, ou o documento eletrônico que venha a substituí-lo, no qual deverão ser contempladas as atividades desenvolvidas durante o período laboral, garantido ao trabalhador o acesso às informações nele contidas, sob pena de sujeição às sanções previstas na alínea "h" do inciso I do caput do art. 283.

Para fins do disposto no § 8º, considera-se perfil profissiográfico previdenciário o documento que contenha o histórico laboral do trabalhador, elaborado de acordo com o modelo instituído pelo INSS.

O trabalhador ou o seu preposto terá acesso às informações prestadas pela empresa sobre o seu perfil profissiográfico previdenciário e poderá, inclusive, solicitar a retificação de informações que estejam em desacordo com a realidade do ambiente de trabalho, conforme orientação estabelecida em ato do Ministro de Estado da Economia.

A cooperativa de trabalho e a empresa contratada para prestar serviços mediante cessão ou empreitada de mão de obra atenderão ao disposto nos §§ 3º, 4º e 5º com base nos laudos técnicos de condições ambientais de trabalho emitidos pela empresa contratante, quando o serviço for prestado em estabelecimento da contratante.

Nas avaliações ambientais, deverão ser considerados, além do disposto no Anexo IV, a metodologia e os procedimentos de avaliação estabelecidos pela Fundação Jorge Duprat Figueiredo de Segurança e Medicina do Trabalho - FUNDACENTRO.

Na hipótese de não terem sido estabelecidos pela FUNDACENTRO a metodologia e os procedimentos de avaliação, caberá ao Ministério da Economia indicar outras instituições para estabelecê-los.

E o art. 69 do Decreto refere que a data de início da aposentadoria especial será fixada:

> I - para o segurado empregado:
>
> a) a partir da data do desligamento do emprego, quando requerida a aposentadoria especial, até noventa dias após essa data; ou
>
> b) a partir da data do requerimento, quando não houver desligamento do emprego ou quando a aposentadoria for requerida após o prazo estabelecido na alínea "a"; e

II - para os demais segurados, a partir da data da entrada do requerimento.

O segurado que retornar ao exercício de atividade ou operação que o sujeite aos riscos e agentes nocivos constantes do Anexo IV, ou nele permanecer, na mesma ou em outra empresa, qualquer que seja a forma de prestação do serviço ou categoria de segurado, será imediatamente notificado da cessação do pagamento de sua aposentadoria especial, no prazo de sessenta dias contado da data de emissão da notificação, salvo comprovação, nesse prazo, de que o exercício dessa atividade ou operação foi encerrado.

9.6 Aposentadorias por Tempo de Contribuição e por Idade do Segurado com Deficiência

A concessão da aposentadoria por tempo de contribuição ou por idade ao segurado que tenha reconhecido, após ter sido submetido a avaliação biopsicossocial realizada por equipe multiprofissional e interdisciplinar, grau de deficiência leve, moderada ou grave está condicionada à comprovação da condição de pessoa com deficiência na data da entrada do requerimento ou na data da implementação dos requisitos para o benefício. (Decreto 3.048/99 - Art. 70-A)

Conforme o Art. 70-B do Decreto, a aposentadoria por tempo de contribuição do segurado com deficiência, cumprida a carência, é devida ao segurado empregado, inclusive o doméstico, trabalhador avulso, contribuinte individual e facultativo, observado o disposto no art. 199-A e os seguintes requisitos:

I - aos **vinte e cinco anos** de tempo de contribuição na condição de pessoa com deficiência, se homem, e vinte anos, se mulher, no caso de segurado com deficiência grave;

II - aos **vinte e nove anos** de tempo de contribuição na condição de pessoa com deficiência, se homem, e vinte e quatro anos, se mulher, no caso de segurado com deficiência moderada; e

III - aos **trinta e três anos** de tempo de contribuição na condição de pessoa com deficiência, se homem, e vinte e oito anos, se mulher, no caso de segurado com deficiência leve.

A aposentadoria é devida aos segurados especiais que contribuam facultativamente, de acordo com o disposto no art. 199 e no § 2º do art. 200 do Decreto.

Ademais, nos termos do Art. 70-C do Decreto, a aposentadoria por idade da pessoa com deficiência, cumprida a carência, é devida ao segurado aos sessenta anos de idade, se homem, e cinquenta e cinco anos de idade, se mulher.

Para isso, o segurado deve contar com no mínimo quinze anos de tempo de contribuição, cumpridos na condição de pessoa com deficiência, independentemente do grau.

Aplica-se ao segurado especial com deficiência o disposto nos §§ 1º a 4º do art. 51, e na hipótese do § 2º será considerada a idade prevista no caput deste artigo, desde que o tempo exigido para a carência da aposentadoria por idade seja cumprido na condição de pessoa com deficiência.

E, o Art. 70-D do Decreto diz que para efeito de concessão da aposentadoria da pessoa com deficiência, a avaliação de que trata o art. 70-A deverá, entre outros aspectos:

I - avaliar o segurado e fixar a data provável do início da deficiência e o seu grau; e

II - identificar a ocorrência de variação no grau de deficiência e indicar os respectivos períodos em cada grau.

A comprovação da deficiência anterior à data da vigência da Lei Complementar nº 142, de 8 de maio de 2013, será instruída por documentos que subsidiem a avaliação de que trata o art. 70-A, vedada a prova exclusivamente testemunhal.

A avaliação da pessoa com deficiência será realizada para fazer prova dessa condição exclusivamente para fins previdenciários.

Considera-se pessoa com deficiência aquela que tem impedimentos de longo prazo de natureza física, mental, intelectual ou sensorial, os quais, em interação com diversas barreiras, podem obstruir sua participação plena e efetiva na sociedade em igualdade de condições com as demais pessoas.

Finalmente, conforme Art. 70-E do Decreto, para o segurado que, após a filiação ao RGPS, tornar-se pessoa com deficiência, ou tiver seu grau alterado, os parâmetros mencionados nos incisos I, II e III do **caput** do art. 70-B serão proporcionalmente ajustados e os respectivos períodos serão somados após conversão, conforme as tabelas abaixo, considerando o grau de deficiência preponderante, observado o disposto no art. 70-A:

MULHER				
Tempo a converter	**Multiplicadores**			
	Para 20	**Para 24**	**Para 28**	**Para 30**
De 20 anos	1,00	1,20	1,40	1,50
De 24 anos	0,83	1,00	1,17	1,25
De 28 anos	0,71	0,86	1,00	1,07
De 30 anos	0,67	0,80	0,93	1,00

HOMEM				
Tempo a converter	Multiplicadores			
	Para 25	Para 29	Para 33	Para 35
De 25 anos	1,00	1,16	1,32	1,40
De 29 anos	0,86	1,00	1,14	1,21
De 33 anos	0,76	0,88	1,00	1,06
De 35 anos	0,71	0,83	0,94	1,00

O grau de deficiência preponderante será aquele em que o segurado cumpriu maior tempo de contribuição, antes da conversão, e servirá como parâmetro para definir o tempo mínimo necessário para a aposentadoria por tempo de contribuição da pessoa com deficiência e para a conversão.

Quando o segurado contribuiu alternadamente na condição de pessoa sem deficiência e com deficiência, os respectivos períodos poderão ser somados, após aplicação da conversão de que trata o caput.

> Art. 70-F. A redução do tempo de contribuição da pessoa com deficiência não poderá ser acumulada, no mesmo período contributivo, com a redução aplicada aos períodos de contribuição relativos a atividades exercidas sob condições especiais que prejudiquem a saúde ou a integridade física.

É garantida a conversão do tempo de contribuição cumprido em condições especiais que prejudiquem a saúde ou a integridade física do segurado, inclusive da pessoa com deficiência, para fins da aposentadoria de que trata o art. 70-B, se resultar mais favorável ao segurado, conforme tabela abaixo:

MULHER					
Tempo a converter	Multiplicadores				
	Para 15	Para 20	Para 24	Para 25	Para 28
De 15 anos	1,00	1,33	1,60	1,67	1,87
De 20 anos	0,75	1,00	1,20	1,25	1,40
De 24 anos	0,63	0,83	1,00	1,04	1,17
De 25 anos	0,60	0,80	0,96	1,00	1,12
De 28 anos	0,54	0,71	0,86	0,89	1,00

HOMEM					
Tempo a converter	Multiplicadores				
	Para 15	Para 20	Para 25	Para 29	Para 33
De 15 anos	1,00	1,33	1,67	1,93	2,20
De 20 anos	0,75	1,00	1,25	1,45	1,65
De 25 anos	0,60	0,80	1,00	1,16	1,32
De 29 anos	0,52	0,69	0,86	1,00	1,14
De 33 anos	0,45	0,61	0,76	0,88	1,00

É vedada a conversão do tempo de contribuição da pessoa com deficiência para fins de concessão da aposentadoria especial.

Ainda, conforme art.70-G do Decreto, é facultado ao segurado com deficiência optar pela percepção de qualquer outra espécie de aposentadoria do RGPS que lhe seja mais vantajosa.

E, nos termos do Art. 70-H do Decreto, a critério do INSS, o segurado com deficiência deverá, a qualquer tempo, submeter-se à avaliação de que trata o art. 70-A.

A renda mensal da aposentadoria devida ao segurado com deficiência será calculada a partir da aplicação dos seguintes percentuais sobre o salário de benefício definido na forma prevista no art. 32:

> I - cem por cento, na hipótese de aposentadoria por tempo de contribuição de que trata o art. 70-B; ou
>
> II - setenta por cento, acrescido de um ponto percentual do salário de benefício por grupo de doze contribuições mensais até o máximo de trinta por cento, na hipótese de aposentadoria por idade de que trata o art. 70-C.

10. PENSÃO POR MORTE

A pensão por morte é um benefício da Previdência Social **pago aos dependentes do segurado que falecer, aposentado ou não**. Tal benefício é revisto no art. 105 do Decreto 3.048/99.

Trata-se de uma prestação de pagamento continuado que **substitui a remuneração do segurado falecido**, fato que torna a pensão um direito irrenunciável dos beneficiários que fazem jus a ela.

Mas fique atento: pensão por morte não se confunde com aposentadoria, pois aposentadoria é benefício próprio do segurado, enquanto que a primeira é direcionada aos dependentes.

São considerados dependentes para fins de pensão, na primeira classe, o cônjuge, a companheira, o companheiro e o filho não emancipado, menor de 21 anos ou inválido; na segunda classe, os pais; e, na terceira classe, o irmão não emancipado, menor de 21 anos ou inválido. Os dependentes de uma mesma classe concorrem em igualdade de condições, mas a existência de dependentes de uma classe exclui os dependentes das classes seguintes.

Lembrando que os dependentes da segunda e terceira classe (pais e irmãos) devem comprovar a dependência econômica e a inexistência dos dependentes da classe anterior na data do falecimento do segurado. A mesma regra vale para o cônjuge ausente que se afastou do convívio conjugal por longo período, mas continua casado legalmente.

O exercício de atividade remunerada, inclusive na condição de MEI, não impede a concessão ou a manutenção da parte individual da pensão do dependente com deficiência intelectual, mental ou grave.

▷ Fique atento:

- Perde o direito à pensão por morte o condenado criminalmente por sentença transitada em julgado, como autor, coautor ou partícipe de homicídio doloso, ou de tentativa desse crime, cometido contra a pessoa do segurado, ressalvados os absolutamente incapazes e os inimputáveis.
- Perde o direito à pensão por morte o cônjuge ou o companheiro ou a companheira se comprovada, a qualquer tempo, simulação ou fraude no casamento ou na união estável, ou a formalização desses com o fim exclusivo de constituir benefício previdenciário, apurada em processo judicial, assegurados os direitos ao contraditório e à ampla defesa.

Também é possível que o dependente busque o reconhecimento desta condição na via judicial, sendo que, neste caso, ajuizada a ação judicial para reconhecimento da condição de dependente, este poderá requerer a sua habilitação provisória ao benefício de pensão por morte, exclusivamente para fins de rateio dos valores com outros dependentes, vedado o pagamento da cota respectiva até o trânsito em julgado da ação, ressalvada a existência de decisão judicial que disponha em sentido contrário. Ademais, nas ações judiciais em que o INSS for parte, este poderá proceder, de ofício, à habilitação excepcional da pensão objeto da ação apenas para efeitos de rateio, descontados os valores referentes à habilitação das demais cotas, vedado o pagamento da respectiva cota até o trânsito em julgado da ação, ressalvada a existência de decisão judicial que disponha em sentido contrário.

Nesses casos, sendo julgada improcedente a ação, o valor retido para pagamento ao autor será corrigido pelos índices legais de reajustamento e será pago de forma proporcional aos demais dependentes, de acordo com as suas cotas e o tempo de duração de seus benefícios, ficando assegurada ao INSS a cobrança dos valores indevidamente pagos em decorrência da habilitação.

O direito à pensão por morte pressupõe a comprovação da **qualidade de segurado** à época do falecimento, salvo o direito adquirido, nos casos em que o segurado já havia cumprido todos os requisitos para a concessão da aposentadoria na data do seu falecimento.

E, a concessão da pensão por morte independe de número mínimo de contribuições pagas pelo segurado, ou seja, **não há exigência de carência.**

A pensão por morte é devida a contar da data:

> I - do óbito, quando requerida em até cento e oitenta dias após o óbito, para os filhos menores de dezesseis anos, ou quando requerida no prazo de noventa dias, para os demais dependentes;
>
> II - do requerimento, quando requerida após o prazo previsto no inciso I; ou
>
> III - da decisão judicial, no caso de morte presumida.

No caso de ser considerada a data do requerimento a data de início do benefício será a data do óbito, aplicados os devidos reajustamentos até a data de início do pagamento, não sendo devida qualquer importância relativa ao período anterior à data de entrada do requerimento.

O Art. 106 de Decreto 3.048/99 estabelece que a pensão por morte consiste em renda mensal equivalente a **uma cota familiar de cinquenta por cento do valor da aposentadoria** recebida pelo segurado ou daquela a que teria direito se fosse aposentado por incapacidade permanente na data do óbito, **acrescida de cotas de dez pontos percentuais por dependente, até o máximo de cem por cento.**

- **Logo:**

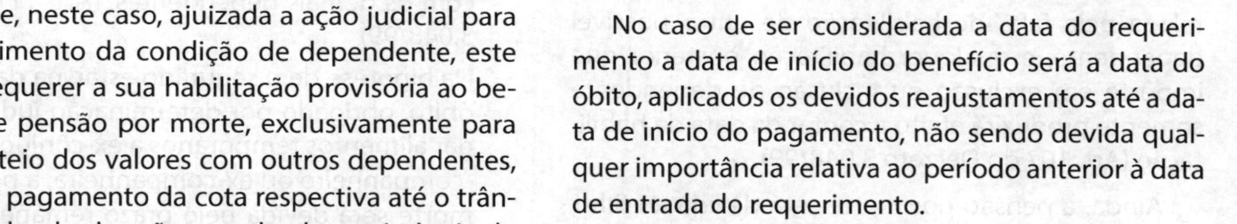

▷ **Lembrando que: as cotas de dez pontos percentuais por dependente vão ao máximo de cem por cento.**

O valor da pensão por morte, no caso de morte de segurado recluso que tenha contribuído para a previdência social durante o período de reclusão, será calculado de modo a considerar o tempo de contribuição adicional e os correspondentes salários de contribuição.

Na hipótese de haver dependente inválido ou com deficiência intelectual, mental ou grave, o valor da pensão por morte será equivalente a cem por cento do valor da aposentadoria recebida pelo segurado ou daquela a que teria direito se fosse aposentado por incapacidade permanente na data do óbito, até o limite máximo do salário de benefício do RGPS, observado o disposto no § 1º do art. 113 do Decreto 3.048/99.

O valor da pensão será recalculado, quando:

> I - a invalidez ou deficiência intelectual, mental ou grave sobrevier à data do óbito, enquanto estiver mantida a qualidade de dependente; ou
>
> II - deixar de haver dependente inválido ou com deficiência intelectual, mental ou grave.

A concessão da pensão por morte não será protelada pela falta de habilitação de outro possível dependente, e qualquer habilitação posterior que importe em exclusão ou inclusão de dependente somente produzirá efeito a contar da data da habilitação (Art. 107 do Decreto 3.048/99).

Ainda, a pensão por morte será devida ao filho, ao enteado, ao menor tutelado e ao irmão, desde que comprovada a dependência econômica dos três últimos, que sejam inválidos ou que tenham deficiência intelectual, mental ou grave, cuja invalidez ou deficiência tenha ocorrido antes da data do óbito, consonante Art. 108 do Decreto 3.048/99.

A invalidez será reconhecida pela Perícia Médica Federal e a deficiência, por meio de avaliação biopsicossocial realizada por equipe multiprofissional e interdisciplinar.

A condição do dependente inválido ou com deficiência intelectual, mental ou grave poderá ser reconhecida previamente ao óbito do segurado e, quando necessário, ser reavaliada quando da concessão do benefício.

Nos termos do Art. 109 do Decreto 3.048/99, o pensionista inválido fica obrigado, sob pena de suspensão do benefício, a submeter-se a exame médico a cargo da Perícia Médica Federal, processo de reabilitação profissional a cargo do INSS e tratamento dispensado gratuitamente, exceto o cirúrgico e a transfusão de sangue, que são facultativos.

O pensionista inválido que não tenha retornado à atividade estará isento do exame a partir dos sessenta anos de idade.

Mas a isenção não se aplica quando o exame tiver a finalidade de:

> I - verificar a recuperação da capacidade de trabalho, em razão de solicitação do pensionista que se julgar apto; e
>
> II - subsidiar autoridade judiciária na concessão de curatela, nos termos do disposto no art. 162 do Decreto 3.048/99.

O pensionista inválido sempre será submetido ao exame médico-pericial de que trata este artigo quando necessário para apuração de fraude.

Algumas observações:

- O cônjuge ausente somente fará jus ao benefício a partir da data de sua habilitação e mediante prova de dependência econômica, não excluindo do direito a companheira ou o companheiro. (Art. 110, Decreto 3.048/99)
- O cônjuge divorciado ou separado judicialmente ou de fato, que recebia pensão de alimentos, receberá a pensão em igualdade de condições com os demais dependentes. (Art. 111, Decreto 3.048/99)
- Na hipótese de o segurado estar, na data do seu óbito, obrigado por determinação judicial a pagar alimentos temporários a ex-cônjuge ou a ex-companheiro ou ex-companheira, a pensão por morte será devida pelo prazo remanescente na data do óbito, caso não incida outra hipótese de cancelamento anterior do benefício.

Em caso de morte presumida, diz o Art. 112 do Decreto 3.0248/99 que a pensão poderá ser concedida, em caráter provisório:

- mediante sentença declaratória de ausência, expedida por autoridade judiciária, a contar da data de sua emissão; ou
- em caso de desaparecimento do segurado por motivo de catástrofe, acidente ou desastre, a contar da data da ocorrência, mediante prova hábil.

Verificado o reaparecimento do segurado, o pagamento da pensão cessa imediatamente, ficando os dependentes desobrigados da reposição dos valores recebidos, salvo má-fé.

Ainda, consoante Art. 113 do Decreto 3.0248/99, a pensão por morte, havendo mais de um pensionista, será rateada entre todos, em partes iguais.

Na hipótese de haver dependente inválido ou com deficiência intelectual, mental ou grave, enquanto o dependente inválido ou com deficiência intelectual, mental ou grave mantiver essa condição, independentemente do número de dependentes habilitados ao benefício, o valor da pensão será rateado entre todos os dependentes em partes iguais.

As cotas por dependente cessarão com a perda dessa qualidade e não serão reversíveis aos demais dependentes, preservado o valor de cem por cento da pensão por morte quando o número de dependentes remanescentes for igual ou superior a cinco.

Além disso, o pagamento da cota individual da pensão por morte cessa (Art. 114, do Decreto 3.0248/99:

- pela morte do pensionista;
- para o filho, o enteado, o menor tutelado ou o irmão, de ambos os sexos, ao completar vinte e um anos de idade, exceto se o pensionista for inválido ou tiver deficiência intelectual, mental ou grave;
- para o filho, o enteado, o menor tutelado ou o irmão inválido, pela cessação da invalidez;
- para o filho, o enteado, o menor tutelado ou o irmão que tenha deficiência intelectual, mental ou grave, pelo afastamento da deficiência;
- pela adoção, para o filho adotado que receba pensão por morte dos pais biológicos. Não se aplicando quando o cônjuge ou companheiro adota o filho do outro.
- para o cônjuge ou o companheiro ou a companheira:
  - → se inválido ou com deficiência, pela cessação da invalidez ou pelo afastamento da deficiência;
  - → em quatro meses, se o óbito ocorrer sem que o segurado tenha vertido dezoito contribuições mensais ou se o casamento ou a união estável tiver sido iniciado a menos de dois anos antes do óbito do segurado; ou
  - → transcorridos os seguintes períodos, estabelecidos de acordo com a idade do beneficiário na data de óbito do segurado, se o óbito ocorrer depois de vertidas dezoito contribuições mensais e de, no mínimo, dois anos de casamento ou união estável:
    1. três anos, com menos de vinte e um anos de idade;
    2. seis anos, entre vinte e um e vinte e seis anos de idade;
    3. dez anos, entre vinte e sete e vinte e nove anos de idade;
    4. quinze anos, entre trinta e quarenta anos de idade;
    5. vinte anos, entre quarenta e um e quarenta e três anos de idade; ou
    6. vitalícia, com quarenta e quatro ou mais anos de idade;

  Após o transcurso de, no mínimo, três anos e desde que nesse período se verifique o incremento mínimo de um ano inteiro na média nacional única, para ambos os sexos, correspondente à expectativa de sobrevida da população brasileira ao nascer, poderão ser estabelecidos, em números inteiros, novas idades, em ato do Ministro de Estado da Economia, limitado o acréscimo à comparação com as idades anteriores ao referido incremento.

- pela perda do direito em razão de condenação criminal por sentença transitada em julgado, como autor, coautor ou partícipe de homicídio doloso, ou de tentativa desse crime, cometido contra a pessoa do segurado, ressalvados os absolutamente incapazes e os inimputáveis. E, no caso de cônjuge ou o companheiro ou a companheira em razão de comprovação de simulação ou fraude no casamento ou na união estável, ou a formalização desses com o fim exclusivo de constituir benefício previdenciário, apurada em processo judicial, assegurados os direitos ao contraditório e à ampla defesa.
- pelo decurso do prazo remanescente na data do óbito estabelecido na determinação judicial para recebimento de pensão de alimentos temporários para o ex-cônjuge ou o ex-companheiro ou a ex-companheira, caso não incida outra hipótese de cancelamento anterior do benefício.

Com a extinção da cota do último pensionista, a pensão por morte será encerrada.

Serão aplicados, conforme o caso, o disposto na alínea "a" ou na alínea "c" do inciso V do caput do art. 114 do Decreto 3.048/99, se o óbito do segurado decorrer de acidente de qualquer natureza ou de doença profissional ou do trabalho, independentemente do recolhimento de dezoito contribuições mensais ou da comprovação de dois anos de casamento ou de união estável.

Observe-se que o art. 114, caput, V, "a" e "c" dizem:

> a) se inválido ou com deficiência, pela cessação da invalidez ou pelo afastamento da deficiência, respeitados os períodos mínimos decorrentes da aplicação do disposto nas alíneas "b" e "c";

SEG. SOCIAL

c) transcorridos os seguintes períodos, estabelecidos de acordo com a idade do beneficiário na data de óbito do segurado, se o óbito ocorrer depois de vertidas dezoito contribuições mensais e de, no mínimo, dois anos de casamento ou união estável:

1. três anos, com menos de vinte e um anos de idade;

2. seis anos, entre vinte e um e vinte e seis anos de idade;

3. dez anos, entre vinte e sete e vinte e nove anos de idade;

4. quinze anos, entre trinta e quarenta anos de idade;

5. vinte anos, entre quarenta e um e quarenta e três anos de idade; ou

6. vitalícia, com quarenta e quatro ou mais anos de idade;

O tempo de contribuição para regime próprio de previdência social, será considerado na contagem das dezoito contribuições mensais, acima mencionadas.

Na hipótese de haver fundados indícios de autoria, coautoria ou participação de dependente, ressalvados os absolutamente incapazes e os inimputáveis, em homicídio, ou em tentativa desse crime, cometido contra a pessoa do segurado, será possível a suspensão provisória de sua parte no benefício de pensão por morte, por meio de processo administrativo próprio, respeitados os direitos à ampla defesa e ao contraditório, e, na hipótese de absolvição, serão devidas as parcelas corrigidas desde a data da suspensão e a reativação imediata do benefício.

A cota do filho, do enteado, do menor tutelado ou do irmão dependente que se tornar inválido ou pessoa com deficiência intelectual, mental ou grave antes de completar vinte e um anos de idade não será extinta se confirmada a invalidez ou a deficiência. (Art. 115 do Decreto 3.048-99).

- **Súmulas da TNU e STJ sobre pensão por morte:**
- **Súmula n. 37 da TNU** - A pensão por morte, devida ao filho até os 21 anos de idade, não se prorroga pela pendência do curso universitário.
- **Súmula n. 52 da TNU** - Para fins de concessão de pensão por morte, é incabível a regularização do recolhimento de contribuições de segurado contribuinte individual posteriormente a seu óbito, exceto quando as contribuições devam ser arrecadadas por empresa tomadora de serviços.
- **Súmula n. 63 da TNU** - A comprovação de união estável para efeito de concessão de pensão por morte prescinde de início de prova material.
- **Súmula n. 340 do STJ** - A lei aplicável à concessão de pensão previdenciária por morte é aquela vigente na data do óbito do segurado.
- **Súmula n. 416 do STJ** - É devida a pensão por morte aos dependentes do segurado que, apesar de ter perdido essa qualidade, preencheu os requisitos legais para a obtenção de aposentadoria até a data do seu óbito.

11. AUXÍLIO POR INCAPACIDADE TEMPORÁRIA - AUXÍLIO-DOENÇA

O auxílio por incapacidade temporária é um benefício previdenciário devido ao segurado considerado incapacitado para o trabalho ou atividade habitual por mais de quinze dias consecutivos.

A EC n.º 103/ 2019 passou a estabelecer no art. 201, I, da CF, a "cobertura dos eventos de incapacidade temporária ou permanente para o trabalho e idade avançada".

Mas o art. 71 do Decreto 3.048/99 assim dispõe:

> Art. 71. O auxílio por incapacidade temporária será devido ao segurado que, uma vez cumprido, quando for o caso, o período de carência exigido, ficar incapacitado para o seu trabalho ou para a sua atividade habitual por mais de quinze dias consecutivos, conforme definido em avaliação médico-pericial.

- **Logo:**

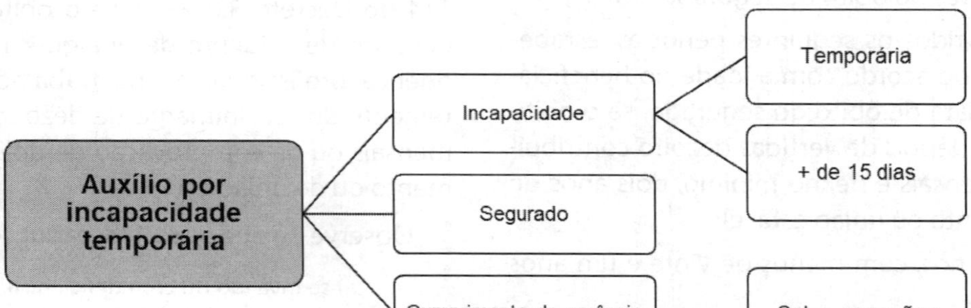

Mas atenção: **NÃO** será devido auxílio por incapacidade temporária ao segurado que se filiar ao RGPS já portador de doença ou lesão invocada como causa para a concessão do benefício, exceto quando a incapacidade sobrevier por motivo de progressão ou agravamento dessa doença ou lesão.

E **NÃO** será devido o auxílio por incapacidade temporária ao segurado recluso em regime fechado, sendo que o segurado em gozo de auxílio por incapacidade temporária na data do recolhimento à prisão terá o seu benefício suspenso. Essa suspensão será pelo prazo de até sessenta dias, contado da data do recolhimento à prisão, hipótese em que o benefício será cessado após o referido prazo. Na hipótese de o segurado ser colocado em liberdade antes do prazo previsto no § 5º, o benefício será restabelecido a partir da data de sua soltura. Ainda, em caso de prisão declarada ilegal, o segurado terá direito à percepção do benefício por todo o período devido, efetuado o encontro de contas na hipótese de ter havido pagamento de auxílio-reclusão com valor inferior ao do auxílio por incapacidade temporária no mesmo período.

Mas,o segurado recluso em cumprimento de pena em regime aberto ou semiaberto fará jus ao auxílio por incapacidade temporária.

Por outro lado, será devido auxílio por incapacidade temporária, independentemente do cumprimento de período de carência, aos segurados obrigatório e facultativo quando sofrerem acidente de qualquer natureza.

Quanto ao valor, diz o art. 72 do Decreto 3.048/99, que o auxílio por incapacidade temporária consiste em renda mensal correspondente a **noventa e um por cento do salário de benefício** e será devido:

- a contar do décimo sexto dia do afastamento da atividade para o segurado empregado, exceto o doméstico;
- a contar da data do início da incapacidade, para os demais segurados, desde que o afastamento seja superior a quinze dias;
- a contar da data de entrada do requerimento, quando requerido após o trigésimo dia do afastamento da atividade, para todos os segurados.
- Algumas observações:
- Quando o acidentado não se afastar do trabalho no dia do acidente, os quinze dias de responsabilidade da empresa pela sua remuneração integral são contados a partir da data do afastamento.
- O auxílio por incapacidade temporária será devido durante o curso de reclamação trabalhista relacionada com a rescisão do contrato de trabalho, ou após a decisão final, desde que implementadas as condições mínimas para a concessão do benefício.

O auxílio por incapacidade temporária do segurado que exercer mais de uma atividade abrangida pela previdência social será devido mesmo no caso de incapacidade apenas para o exercício de uma delas, hipótese em que o segurado deverá informar a Perícia Médica Federal a respeito de todas as atividades que estiver exercendo. (Art. 73 do Decreto 3.048/99)

Nesse caso, o auxílio por incapacidade temporária será concedido em relação à atividade para a qual o segurado estiver incapacitado, consideradas para fins de carência somente as contribuições relativas a essa atividade. E, o valor do auxílio por incapacidade temporária poderá ser inferior ao salário-mínimo, desde que, se somado às demais remunerações recebidas, resulte em valor superior ao salário-mínimo.

E, se nas várias atividades, o segurado exercer a mesma profissão, será exigido de imediato o afastamento de todas.

Constatada durante o recebimento do auxílio por incapacidade temporária concedido nos termos do disposto neste artigo a incapacidade do segurado para cada uma das demais atividades, o valor do benefício deverá ser revisto com base nos salários de contribuição de cada uma das atividades.

> ▷ Fique atento: O segurado que, durante o gozo do auxílio por incapacidade temporária, vier a exercer atividade remunerada que lhe garanta a subsistência poderá ter o benefício cancelado a partir do retorno à atividade. E, caso a atividade remunerada exercida seja diversa daquela que gerou o benefício, deverá ser verificada a incapacidade para cada uma das atividades exercidas.

Conforme o Art. 74 do Decreto 3.048/99, quando o segurado que exercer mais de uma atividade for considerado definitivamente incapacitado para uma delas, o auxílio por incapacidade temporária deverá ser mantido indefinidamente, hipótese em que não caberá a concessão de aposentadoria por incapacidade permanente enquanto a incapacidade não se estender às demais atividades. Nessa situação, o segurado somente poderá transferir-se das demais atividades que exerce após o conhecimento da reavaliação médico-pericial.

Destaca-se que durante os primeiros quinze dias consecutivos de afastamento da atividade por motivo de incapacidade temporária, compete à empresa pagar o salário ao segurado empregado. E, cabe à empresa que dispuser de serviço médico próprio ou em convênio o exame médico e o abono das faltas correspondentes aos primeiros quinze dias de afastamento (Art. 74 do Decreto 3.048/99).

Quando a incapacidade ultrapassar o período de quinze dias consecutivos, o segurado será encaminhado ao INSS para avaliação médico-pericial.

Assim:

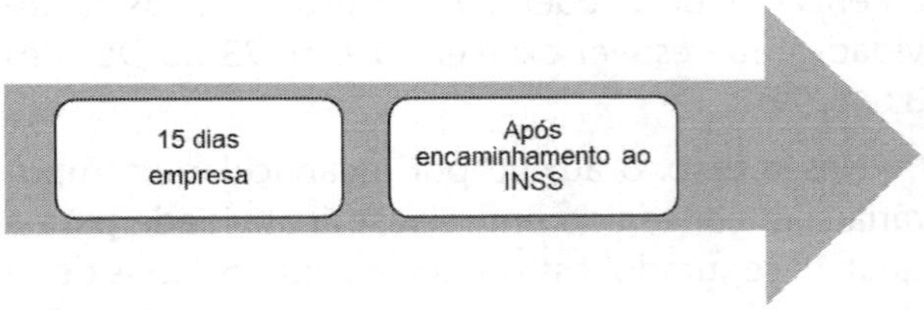

Se concedido novo benefício decorrente do mesmo motivo que gerou a incapacidade no prazo de sessenta dias, contado da data da cessação do benefício anterior, a empresa ficará desobrigada do pagamento relativo aos quinze primeiros dias de afastamento, prorrogando-se o benefício anterior e descontando-se os dias trabalhados, se for o caso.

Se o segurado empregado, por motivo de incapacidade, afastar-se do trabalho durante o período de quinze dias, retornar à atividade no décimo sexto dia e voltar a se afastar no prazo de sessenta dias, contado da data de seu retorno, em decorrência do mesmo motivo que gerou a incapacidade, este fará jus ao auxílio por incapacidade temporária a partir da data do novo afastamento. Nesse caso, se o retorno à atividade tiver ocorrido antes do período de quinze dias do afastamento, o segurado fará jus ao auxílio por incapacidade temporária a partir do dia seguinte ao que completar aquele período.

Na impossibilidade de realização do exame médico-pericial inicial antes do término do período de recuperação indicado pelo médico assistente em documentação, o empregado é autorizado a retornar ao trabalho no dia seguinte à data indicada pelo médico assistente, mantida a necessidade de comparecimento do segurado à perícia na data agendada.

Diz o Art. 76 do Decreto 3.048/99, que a previdência social processará, de ofício, o benefício quando tiver ciência da incapacidade do segurado sem que este tenha requerido auxílio por incapacidade temporária. E, o Art. 76-A, do mesmo diploma, com redação dada pelo Decreto 10.410/2020, diz que é facultado à empresa protocolar requerimento de auxílio por incapacidade temporária ou documento dele originário de seu empregado ou de contribuinte individual a ela vinculado ou a seu serviço, na forma estabelecida pelo INSS. E, ainda, conforme Art. 76-B, incluído pelo Decreto 10.410/2020, a empresa terá acesso às decisões administrativas de benefícios requeridos por seus empregados, resguardadas as informações consideradas sigilosas, na forma estabelecida em ato do INSS.

O segurado em gozo de auxílio por incapacidade temporária concedido judicial ou administrativamente está obrigado, independentemente de sua idade e sob pena de suspensão do benefício, a submeter-se a exame médico a cargo da Perícia Médica Federal, processo de reabilitação profissional a cargo do INSS e tratamento dispensado gratuitamente, exceto o cirúrgico e a transfusão de sangue, que são facultativos. (Art. 77 do Decreto 3.048/99, com redação dada pelo Decreto 10.410/2020)

O segurado em gozo de auxílio por incapacidade temporária concedido judicial ou administrativamente poderá ser convocado a qualquer tempo para avaliação das condições que ensejaram sua concessão ou manutenção. (Art. 77-A do Decreto 3.048/99, incluído pelo Decreto 10.410/2020)

No Decreto 3.048/99, também encontramos que o auxílio por incapacidade temporária cessa pela recuperação da capacidade para o trabalho, pela concessão de aposentadoria por incapacidade permanente ou, na hipótese de o evento causador da redução da capacidade laborativa ser o mesmo que gerou o auxílio por incapacidade temporária, pela concessão do auxílio acidente (Art. 78).

Sempre que possível, o ato de concessão ou de reativação de auxílio por incapacidade temporária, judicial ou administrativo, deverá estabelecer o prazo estimado para a duração do benefício, sendo que caso não seja estabelecido o prazo, o benefício cessará após o **prazo de cento e vinte dias,** contado da data de concessão ou de reativação do auxílio por incapacidade temporária, exceto se o segurado requerer a sua prorrogação ao INSS.

Caso o prazo concedido para a recuperação se revele insuficiente, o segurado poderá solicitar a sua prorrogação, na forma estabelecida pelo INSS.

A comunicação da concessão do auxílio por incapacidade temporária conterá as informações necessárias ao requerimento de sua prorrogação.

O segurado que se considerar capaz antes do prazo estabelecido pela Perícia Médica Federal no ato da concessão ou da prorrogação do auxílio por incapacidade temporária somente retornará ao trabalho após nova avaliação médico-pericial.

O segurado poderá desistir do requerimento de prorrogação antes da realização do exame médico-pericial, hipótese em que o benefício será mantido até a data da sua desistência, desde que posterior à data de cessação estabelecida pela Perícia Médica Federal.

O segurado que não concordar com o resultado da avaliação a que se refere o § 1º poderá apresentar, no prazo de trinta dias, recurso da decisão proferida pela Perícia Médica Federal perante o Conselho de Recursos da Previdência Social - CRPS, cuja análise médico-pericial, se necessária, será feita por perito médico federal diverso daquele que tenha realizado o exame anterior.

O Art. 79 do Decreto 3.048/99, diz que o segurado em gozo de auxílio por incapacidade temporária insuscetível de recuperação para sua atividade habitual deverá submeter-se a processo de **reabilitação profissional** para o exercício de outra atividade.

O benefício será mantido até que o segurado seja considerado reabilitado para o desempenho de atividade que lhe garanta a subsistência ou, quando considerado não recuperável, seja aposentado por incapacidade permanente.

A alteração das atribuições e responsabilidades do segurado compatíveis com a limitação que tenha sofrido em sua capacidade física ou mental não configura desvio de cargo ou função do segurado reabilitado ou que estiver em processo de reabilitação profissional a cargo do INSS.

E, finalmente, conforme Art. 80 do Decreto 3.048/99, o segurado empregado, inclusive o doméstico, em gozo de auxílio por incapacidade temporária será considerado pela empresa e pelo empregador doméstico como licenciado. A empresa que garantir ao segurado licença remunerada ficará obrigada a pagar-lhe, durante o período do auxílio por incapacidade temporária, a eventual diferença entre o valor do benefício recebido e a quantia garantida pela licença.

- **Súmulas da TNU sobre auxílio doença:**

- **Súmula n. 53 da TNU** - Não há direito a auxílio-doença ou a aposentadoria por invalidez quando a incapacidade para o trabalho é preexistente ao reingresso do segurado no Regime Geral de Previdência Social.
- **Súmula n. 72 da TNU** - É possível o recebimento de benefício por incapacidade durante período em que houve exercício de atividade remunerada quando comprovado que o segurado estava incapaz para as atividades habituais na época em que trabalhou.

12. APOSENTADORIA POR INCAPACIDADE PERMANENTE (APOSENTADORIA POR INVALIDEZ)

A aposentadoria por incapacidade permanente será concedida em caso de incapacidade para o trabalho, insuscetível de reabilitação. Nesse sentido, dispõe o art. 43 do Decreto 3.048/99:

> Art. 43. A aposentadoria por incapacidade permanente, uma vez cumprido o período de carência exigido, quando for o caso, será devida ao segurado que, em gozo ou não de auxílio por incapacidade temporária, for considerado incapaz para o trabalho e insuscetível de reabilitação para o exercício de atividade que lhe garanta a subsistência, que lhe será paga enquanto permanecer nessa condição. (Redação dada pelo Decreto nº 10.410, de 2020).

- **Logo:**

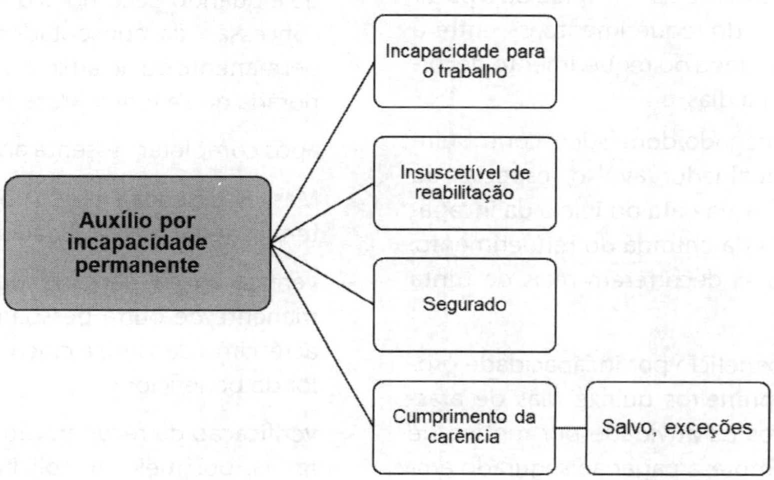

A concessão de aposentadoria por incapacidade permanente dependerá da verificação da condição de incapacidade por meio de exame médico-pericial a cargo da Perícia Médica Federal, de modo que o segurado possa, às suas expensas, ser acompanhado por médico de sua confiança.

A doença ou lesão de que o segurado já era portador ao filiar-se ao RGPS não lhe conferirá direito à aposentadoria por incapacidade permanente, exceto quando a incapacidade sobrevier por motivo de progressão ou agravamento dessa doença ou lesão.

Nos termos do Art. 44 do Decreto 3.048/99, a aposentadoria por incapacidade permanente será devida a partir do dia imediato ao da cessação do auxílio por incapacidade temporária, e consistirá em renda mensal decorrente da aplicação dos seguintes percentuais incidentes sobre o salário de benefício:

- **sessenta por cento (70%)**, com acréscimo de **dois pontos percentuais para cada ano de contribuição que exceder o tempo de vinte anos de contribuição, para os homens, ou quinze anos de contribuição, para as mulheres**; ou
- **cem por cento (100%)**, quando a aposentadoria decorrer de:

  a) acidente de trabalho;

  b) doença profissional; ou

  c) doença do trabalho.

▷ **Fique atento:** Na hipótese de a perícia médica inicial concluir pela existência de incapacidade total e definitiva para o trabalho, a aposentadoria por incapacidade permanente será devida:

- ao segurado empregado a contar do décimo sexto dia do afastamento da atividade ou a partir da data da entrada do requerimento, se entre o afastamento e a entrada do requerimento decorrerem mais de trinta dias; e
- ao segurado empregado doméstico, contribuinte individual, trabalhador avulso, especial ou facultativo, a contar da data do início da incapacidade ou da data da entrada do requerimento, se entre essas datas decorrerem mais de trinta dias.

Assim como no benefício por incapacidade provisória, durante os primeiros quinze dias de afastamento consecutivos da atividade por motivo de invalidez, caberá à empresa pagar ao segurado empregado o salário.

▷ **Atenção:** A concessão de aposentadoria por incapacidade permanente, inclusive quando precedida de auxílio por incapacidade temporária, fica condicionada ao afastamento do segurado de todas as suas atividades.

Nos termos do art. 45 do Decreto 3.048/99, o valor da aposentadoria por incapacidade permanente do segurado que necessitar da assistência permanente de outra pessoa será **acrescido de vinte e cinco por cento (25%)**, e:

- devido ainda que o valor da aposentadoria atinja o limite máximo legal; e
- recalculado quando o benefício que lhe deu origem for reajustado.

Este acréscimo cessará com a morte do aposentado, não sendo incorporado ao valor da pensão por morte.

Observe que conforme art. 46, o segurado aposentado por incapacidade permanente poderá ser convocado a qualquer momento para avaliação das condições que ensejaram o afastamento ou a aposentadoria, concedida judicial ou administrativamente, sob pena de suspensão do benefício. Além disso, o aposentado por incapacidade permanente fica obrigado, sob pena de suspensão do pagamento do benefício, a submeter-se a exame médico-pericial pela Perícia Médica Federal, a processo de reabilitação profissional a cargo do INSS e a tratamento dispensado gratuitamente, exceto o cirúrgico e a transfusão de sangue, que são facultativos.

- O aposentado por incapacidade permanente que não tenha retornado à atividade estará isento do exame médico-pericial:
- após completar cinquenta e cinco anos de idade e quando decorridos quinze anos da data de concessão da aposentadoria por incapacidade permanente ou do auxílio por incapacidade temporária que a tenha precedido; ou
- após completar sessenta anos de idade.
- Mas, essa isenção não se aplica quando o exame tem as seguintes finalidades:
- verificação da necessidade de assistência permanente de outra pessoa para a concessão do acréscimo de vinte e cinco por cento sobre o valor do benefício;
- verificação da recuperação da capacidade laborativa, por meio de solicitação do aposentado que se julgar apto; ou

- subsídios à autoridade judiciária na concessão de curatela;

O aposentado por incapacidade permanente será sempre submetido ao exame médico-pericial de que trata este artigo quando necessário para apuração de fraude.

O segurado com síndrome da imunodeficiência adquirida (aids) fica dispensado da avaliação.

A Perícia Médica Federal terá acesso aos prontuários médicos do segurado registrados no Sistema Único de Saúde - SUS, desde que haja anuência prévia do periciado e seja garantido o sigilo sobre os seus dados. Ainda, o atendimento domiciliar e hospitalar é assegurado pela Perícia Médica Federal e pelo serviço social ao segurado com dificuldade de locomoção, quando o seu deslocamento, em razão de sua limitação funcional e de condições de acessibilidade, lhe impuser ônus desproporcional e indevido.

Conforme Art. 47 do Decreto 3.048/99, o aposentado por incapacidade permanente que se julgar apto a retornar à atividade deverá solicitar ao INSS a realização de nova avaliação médico-pericial. Na hipótese de a Perícia Médica Federal concluir pela recuperação da capacidade laborativa, a aposentadoria do segurado será cancelada.

Também, consoante o Art. 48 do Decreto 3.048/99, o aposentado por incapacidade permanente que retornar voluntariamente à atividade terá a sua aposentadoria automaticamente cessada, a partir da data de seu retorno.

E, como menciona o Art. 49 do Decreto 3.048/99, se verificada a recuperação da capacidade laborativa do aposentado por incapacidade permanente, exceto na situação anterior (retornar voluntariamente), serão observadas as seguintes normas:

- quando a recuperação for total e ocorrer no prazo de cinco anos, contado da data de início da aposentadoria por incapacidade permanente ou do auxílio por incapacidade temporária que a antecedeu sem interrupção, o benefício cessará:
  a) de imediato, para o segurado empregado que tiver direito a retornar à função que desempenhava na empresa ao se aposentar, na forma da legislação trabalhista, valendo como documento, para tal fim, o certificado de capacidade fornecido pela previdência social; ou
  b) após tantos meses quantos forem os anos de duração do auxílio por incapacidade temporária e da aposentadoria por incapacidade permanente, para os demais segurados; e
- quando a recuperação for parcial ou ocorrer após o período previsto no inciso I, ou ainda quando o segurado for declarado apto para o exercício de trabalho diverso do qual habitualmente exercia, a aposentadoria será mantida, sem prejuízo da volta à atividade:
  a) pelo seu valor integral, durante seis meses contados da data em que for verificada a recuperação da capacidade;
  b) com redução de cinquenta por cento, no período seguinte de seis meses; e
  c) com redução de setenta e cinco por cento, também por igual período de seis meses, ao término do qual cessará definitivamente.

Por fim, diz o Art. 50 do Decreto 3.048/99 que o segurado que retornar à atividade poderá requerer, a qualquer tempo, novo benefício, tendo este processamento normal. Neste caso, havendo requerimento de novo benefício durante os períodos a que se refere o art. 49 do Decreto (citados anteriormente), caberá ao segurado optar por um dos benefícios, assegurada a opção pelo benefício mais vantajoso. E, na hipótese de opção pelo recebimento de novo benefício, cuja duração se encerre antes da cessação do benefício decorrente do disposto no art. 49, o pagamento deste poderá ser restabelecido pelo período remanescente, respeitadas as reduções correspondentes.

- **Súmulas da TNU sobre aposentadoria por incapacidade permanente:**

- **Súmula n. 47 da TNU** - Uma vez reconhecida a incapacidade parcial para o trabalho, o juiz deve analisar as condições pessoais e sociais do segurado para a concessão de aposentadoria por invalidez.
- **Súmula n. 53 da TNU** - Não há direito a auxílio-doença ou a aposentadoria por invalidez quando a incapacidade para o trabalho é preexistente ao reingresso do segurado no Regime Geral de Previdência Social.
- **Súmula n. 77 da TNU** - O julgador não é obrigado a analisar as condições pessoais e sociais quando não reconhecer a incapacidade do requerente para a sua atividade habitual.
- **Súmula n. 78 da TNU** - Comprovado que o requerente de benefício é portador do vírus HIV, cabe ao julgador verificar as condições pessoais, sociais, econômicas e culturais, de forma a analisar a incapacidade em sentido amplo, em face da elevada estigmatização social da doença.

13. AUXÍLIO-ACIDENTE

Inicialmente cabe esclarecer o conceito de acidente do trabalho, o qual é estabelecido pelo Art. 19 da Lei 8.213/91, em seu artigo 19:

> Art. 19. Acidente do trabalho é o que ocorre pelo exercício do trabalho a serviço de empresa ou de empregador doméstico ou pelo exercício do trabalho dos segurados referidos no inciso VII do art. 11 desta Lei, provocando lesão corporal ou perturbação funcional que cause a morte ou a perda ou redução, permanente ou temporária, da capacidade para o trabalho. (Redação dada pela Lei Complementar nº 150, de 2015)

Conforme a lei 8213/91, bem como a CLT, a empresa é responsável pela adoção e uso das medidas coletivas e individuais de proteção e segurança da saúde do trabalhador, sendo dever da empresa prestar informações pormenorizadas sobre os riscos da operação a executar e do produto a manipular.

Constitui contravenção penal, punível com multa, deixar a empresa de cumprir as normas de segurança e higiene do trabalho.

O Ministério do Trabalho e da Previdência Social fiscalizará e os sindicatos e entidades representativas de classe acompanharão o fiel cumprimento do disposto nos parágrafos anteriores, conforme dispuser o Regulamento.

Além do acidente típico, o Art. 20 da Lei 8213/91 diz que também que se consideram acidente do trabalho as seguintes entidades mórbidas:

- **doença profissional**, assim entendida a produzida ou desencadeada pelo exercício do trabalho peculiar a determinada atividade e constante da respectiva relação elaborada pelo Ministério do Trabalho e da Previdência Social[6];
- **doença do trabalho**, assim entendida a adquirida ou desencadeada em função de condições especiais em que o trabalho é realizado e com ele se relacione diretamente, constante da relação elaborada pelo Ministério do Trabalho e da Previdência Social.

Mas atenção!!! NÃO são consideradas como doença do trabalho:

- a doença degenerativa;
- a inerente a grupo etário;
- a que não produza incapacidade laborativa;
- a doença endêmica adquirida por segurado habitante de região em que ela se desenvolva, salvo comprovação de que é resultante de exposição ou contato direto determinado pela natureza do trabalho.

Conforme Art. 21 da Lei 8.213/91, equiparam-se também ao acidente do trabalho, para efeitos desta Lei:

- o acidente ligado ao trabalho que, embora não tenha sido a causa única, haja contribuído diretamente para a morte do segurado, para redução ou perda da sua capacidade para o trabalho, ou produzido lesão que exija atenção médica para a sua recuperação;
- o acidente sofrido pelo segurado no local e no horário do trabalho, em consequência de:
- ato de agressão, sabotagem ou terrorismo praticado por terceiro ou companheiro de trabalho;
- ofensa física intencional, inclusive de terceiro, por motivo de disputa relacionada ao trabalho;
- ato de imprudência, de negligência ou de imperícia de terceiro ou de companheiro de trabalho;
- ato de pessoa privada do uso da razão;
- desabamento, inundação, incêndio e outros casos fortuitos ou decorrentes de força maior;
- a doença proveniente de contaminação acidental do empregado no exercício de sua atividade;
- o acidente sofrido pelo segurado ainda que fora do local e horário de trabalho:
- na execução de ordem ou na realização de serviço sob a autoridade da empresa;
- na prestação espontânea de qualquer serviço à empresa para lhe evitar prejuízo ou proporcionar proveito;
- em viagem a serviço da empresa, inclusive para estudo quando financiada por esta dentro de seus planos para melhor capacitação da mão-de-obra, independentemente do meio de locomoção utilizado, inclusive veículo de propriedade do segurado;
- no percurso da residência para o local de trabalho ou deste para aquela, qualquer que seja o meio de locomoção, inclusive veículo de propriedade do segurado.

Observe-se que a lei previdenciária considera que, nos períodos destinados à refeição ou a descanso, ou por ocasião da satisfação de outras necessidades fisiológicas, no local do trabalho ou durante

6. Em caso excepcional, constatando-se que a doença não incluída na relação resultou das condições especiais em que o trabalho é executado e com ele se relaciona diretamente, a Previdência Social deve considerá-la acidente do trabalho.

este, o empregado é considerado no exercício do trabalho.

Além disso, não é considerada agravação ou complicação de acidente do trabalho a lesão que, resultante de acidente de outra origem, se associe ou se superponha às consequências do anterior.

A perícia médica do Instituto Nacional do Seguro Social (INSS) considerará caracterizada a natureza acidentária da incapacidade quando constatar ocorrência de nexo técnico epidemiológico entre o trabalho e o agravo, decorrente da relação entre a atividade da empresa ou do empregado doméstico e a entidade mórbida motivadora da incapacidade elencada na Classificação Internacional de Doenças (CID), em conformidade com o que dispuser o regulamento (Art. 21-A, da Lei 8.213/91).

A perícia médica do INSS deixará de aplicar o disposto neste artigo quando demonstrada a inexistência do nexo de que trata o caput deste artigo.

A empresa ou o empregador doméstico poderão requerer a não aplicação do nexo técnico epidemiológico, de cuja decisão caberá recurso, com efeito suspensivo, da empresa, do empregador doméstico ou do segurado ao Conselho de Recursos da Previdência Social.

Ademais, a empresa ou o empregador doméstico deverão comunicar o acidente do trabalho à Previdência Social até o primeiro dia útil seguinte ao da ocorrência e, em caso de morte, de imediato, à autoridade competente, sob pena de multa variável entre o limite mínimo e o limite máximo do salário de contribuição, sucessivamente aumentada nas reincidências, aplicada e cobrada pela Previdência Social (Art. 22, da Lei 8.213/91).

Desta comunicação receberão cópia fiel o acidentado ou seus dependentes, bem como o sindicato a que corresponda a sua categoria.

Na falta de comunicação por parte da empresa, podem formalizá-la o próprio acidentado, seus dependentes, a entidade sindical competente, o médico que o assistiu ou qualquer autoridade pública, não prevalecendo nestes casos o prazo previsto neste artigo.

Finalmente, considera-se como dia do acidente, no caso de doença profissional ou do trabalho, a data do início da incapacidade laborativa para o exercício da atividade habitual, ou o dia da segregação compulsória, ou o dia em que for realizado o diagnóstico, valendo para este efeito o que ocorrer primeiro (Art. 23, da Lei 8.213/91).

Quanto ao benefício de auxílio-acidente, esse está previsto no art. 104 do Decreto 3.048/99, que assim dispõe:

> Art. 104. O auxílio-acidente será concedido, como indenização, ao segurado empregado, inclusive o doméstico, ao trabalhador avulso e ao segurado especial quando, após a consolidação das lesões decorrentes de acidente de qualquer natureza, resultar sequela definitiva que, a exemplo das situações discriminadas no Anexo III, implique redução da capacidade para o trabalho que habitualmente exercia. (Redação dada pelo Decreto nº 10.410, de 2020)

- **Assim:**

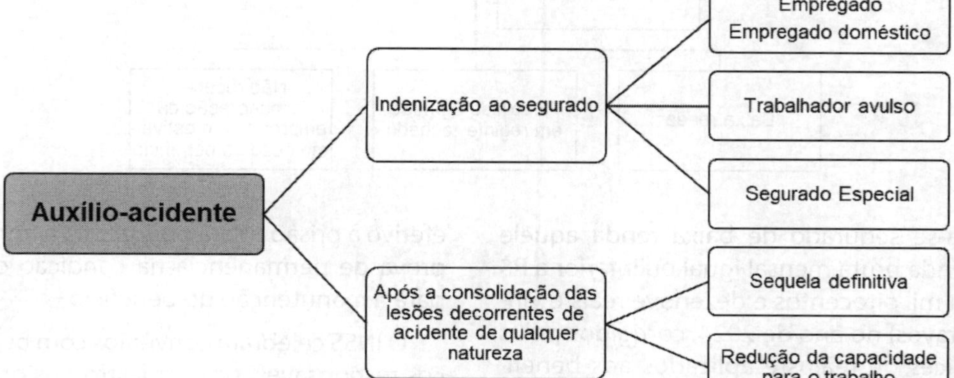

Para fins de verificação da redução da capacidade para o trabalho que habitualmente exercia, considerar-se-á a atividade exercida na data do acidente.

Quanto ao valor, o auxílio-acidente mensal corresponderá a cinquenta por cento **(50%)** do salário-de-benefício que deu origem ao auxílio-doença do segurado, corrigido até o mês anterior ao do início do auxílio-acidente e será devido até a véspera de início de qualquer aposentadoria ou até a data do óbito do segurado.

O auxílio-acidente será devido a partir do dia seguinte ao da cessação do auxílio por incapacidade temporária, independentemente de qualquer remuneração ou rendimento auferido pelo acidentado, vedada a sua acumulação com qualquer aposentadoria.

O recebimento de salário ou concessão de outro benefício, exceto de aposentadoria, não prejudicará a continuidade do recebimento do auxílio-acidente.

▷ Fique atento!!! **NÃO** dará ensejo ao benefício a que se refere este artigo o caso:

- que apresente danos funcionais ou redução da capacidade funcional sem repercussão na capacidade laborativa; e
- de mudança de função, mediante readaptação profissional promovida pela empresa, como medida preventiva, em decorrência de inadequação do local de trabalho.

A perda da audição, em qualquer grau, somente proporcionará a concessão do auxílio-acidente quando, além do reconhecimento do nexo entre o trabalho e o agravo, resultar, comprovadamente, na redução ou perda da capacidade para o trabalho que o segurado habitualmente exercia.

No caso de reabertura de auxílio por incapacidade temporária por acidente de qualquer natureza que tenha dado origem a auxílio-acidente, este será suspenso até a cessação do auxílio por incapacidade temporária reaberto, quando será reativado.

Cabe a concessão de auxílio-acidente oriundo de acidente de qualquer natureza ocorrido durante o período de manutenção da qualidade de segurado, desde que atendidas as condições inerentes à espécie.

14. AUXÍLIO-RECLUSÃO

O auxílio reclusão é benefício previsto na legislação previdenciária, para o dependente do segurado de baixa renda, recolhido à prisão. Veja o que dispõe o art.116 do Decreto 3.048/99:

> Art. 116. O auxílio-reclusão, cumprida a carência prevista no inciso IV do **caput** do art. 29, será devido, nas condições da pensão por morte, aos dependentes do segurado de baixa renda recolhido à prisão em regime fechado que não receber remuneração da empresa nem estiver em gozo de auxílio por incapacidade temporária, de pensão por morte, de salário-maternidade, de aposentadoria ou de abono de permanência em serviço. (Redação dada pelo Decreto nº 10.410, de 2020)

▪ **Logo:**

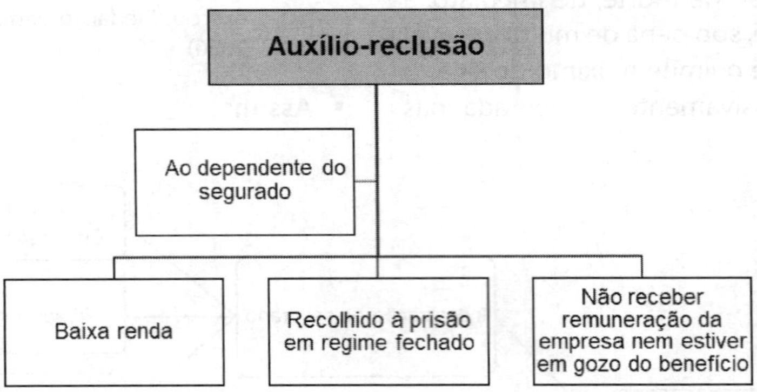

Considera-se segurado de baixa renda aquele que tenha renda bruta mensal igual ou inferior a R$ 1.819,26 (um mil oitocentos e dezenove reais e vinte e seis centavos) no ano de 2024, corrigidos pelos mesmos índices de reajuste aplicados aos benefícios do RGPS, calculada com base na média aritmética simples dos salários de contribuição apurados no período dos doze meses anteriores ao mês do recolhimento à prisão.

O requerimento do auxílio-reclusão será instruído com certidão judicial que ateste o recolhimento efetivo à prisão e será obrigatória a apresentação de prova de permanência na condição de presidiário para a manutenção do benefício.

O INSS celebrará convênios com os órgãos públicos responsáveis pelo cadastro dos presos para obter informações sobre o recolhimento à prisão.

A certidão judicial e a prova de permanência na condição de presidiário serão substituídas pelo acesso à base de dados, por meio eletrônico, a ser disponibilizada pelo Conselho Nacional de Justiça, com dados cadastrais que assegurem a identificação plena do segurado e da sua condição de presidiário.

Ressalta-se que se aplicam ao auxílio-reclusão as normas referentes à pensão por morte e, no caso de qualificação de cônjuge ou companheiro ou companheira após a prisão do segurado, o benefício será devido a partir da data de habilitação, desde que comprovada a preexistência da dependência econômica.

A data de início do benefício será:

- a do efetivo recolhimento do segurado à prisão, se o benefício for requerido no prazo de cento e oitenta dias, para os filhos menores de dezesseis anos, ou de noventa dias, para os demais dependentes; ou
- a do requerimento, se o benefício for requerido após os prazos acima mencionado.

▷ **Atenção!** O auxílio-reclusão será devido somente durante o período em que o segurado estiver recolhido à prisão sob regime fechado.

Mas o exercício de atividade remunerada iniciado após a prisão do segurado recluso em cumprimento de pena em regime fechado não acarreta a perda do direito ao recebimento do auxílio-reclusão para os seus dependentes.

Ainda, conforme o Art. 117 do Decreto 3.048/99, o valor do auxílio-reclusão será apurado na forma estabelecida para o cálculo da pensão por morte, não poderá exceder o valor de um salário-mínimo e será mantido enquanto o segurado permanecer em regime fechado.

No caso de fuga, o benefício será suspenso e, se houver recaptura do segurado, será restabelecido a contar da data em que esta ocorrer, desde que esteja ainda mantida a qualidade de segurado.

Se houver exercício de atividade dentro do período de fuga, o mesmo será considerado para a verificação da perda ou não da qualidade de segurado.

Ainda, nos termos do Art. 118 do Decreto 3.048/99, na hipótese de óbito do segurado recluso, o auxílio-reclusão que estiver sendo pago será cessado e será concedida a pensão por morte. E, não havendo concessão de auxílio-reclusão, em razão da não comprovação da baixa renda, será devida pensão por morte aos dependentes se o óbito do segurado tiver ocorrido no prazo de manutenção da qualidade de segurado.

Por fim, o Decreto dispõe no Art. 119 que é vedada a concessão do auxílio-reclusão após a soltura do segurado.

15. SALÁRIO-MATERNIDADE

Outro benefício da previdência social é o salário maternidade, devido para a segurada em razão a maternidade. No Decreto 3.048/99, encontramos que:

> Art. 93. O salário-maternidade é devido à segurada da previdência social, durante cento e vinte dias, com início vinte e oito dias antes e término noventa e um dias depois do parto, podendo ser prorrogado na forma prevista no § 3º.

- **Logo:**

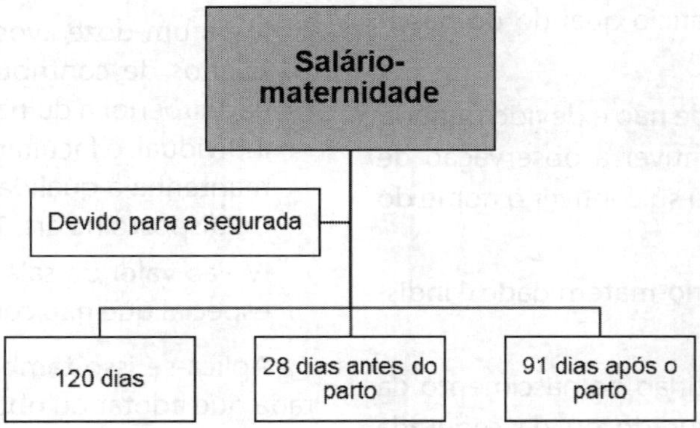

O salário-maternidade de que trata este artigo é pago diretamente pela previdência social. Para a segurada empregada consiste numa renda mensal igual à sua remuneração integral e será pago pela empresa, efetivando-se a compensação (Art. 94, § 3º, do Decreto 3.048/99).

A empregada deve dar quitação à empresa dos recolhimentos mensais do salário-maternidade na própria folha de pagamento ou por outra forma admitida, de modo que a quitação fique plena e claramente caracterizada.

Para a segurada **empregada**, inclusive a doméstica, observar-se-á, no que couber, as situações e condições previstas na legislação trabalhista relativas à proteção à maternidade. Tais disposições tratam da garantia de emprego desde a confirmação de gravidez até cinco meses após o parto.

Também, será devido o salário-maternidade à **segurada especial**, desde que comprove o exercício de atividade rural **nos últimos dez meses imediatamente anteriores à data** do parto ou do requerimento do benefício, quando requerido antes do parto, mesmo que de forma descontínua.

Em casos excepcionais, os períodos de repouso anterior e posterior ao parto podem ser aumentados de mais duas semanas, por meio de atestado médico específico submetido à avaliação médico-pericial.

Em caso de parto antecipado ou não, a segurada tem direito aos cento e vinte dias previstos.

Em caso de aborto não criminoso, comprovado mediante atestado médico, a segurada terá direito ao salário-maternidade correspondente a duas semanas.

Também, conforme Art. 93-A do Decreto 3.048/99, o salário-maternidade é devido ao segurado ou à segurada da previdência social que **adotar ou obtiver guarda judicial**, para fins de adoção de criança de até doze anos de idade, pelo período de cento e vinte dias.

O salário-maternidade é devido ao segurado ou à segurada independentemente de a mãe biológica ter recebido o mesmo benefício quando do nascimento da criança.

Mas o salário-maternidade não é devido quando o termo de guarda não contiver a observação de que é para fins de adoção ou só contiver o nome do cônjuge ou companheiro.

Para a concessão do salário-maternidade é indispensável:

- que conste da nova certidão de nascimento da criança o nome do segurado ou da segurada adotante; ou
- no caso do termo de guarda para fins de adoção, que conste o nome do segurado ou da segurada guardião.

Ademais, na hipótese de haver adoção ou guarda judicial para adoção de mais de uma criança, será devido somente um salário-maternidade.

A renda mensal do salário-maternidade é calculada na forma de contribuição da segurada à Previdência Social.

Ressalvadas as hipóteses de pagamento de salário-maternidade à mãe biológica e de pagamento ao cônjuge ou companheiro sobrevivente, não poderá ser concedido salário-maternidade a mais de um segurado ou segurada em decorrência do mesmo processo de adoção ou guarda, ainda que o cônjuge ou companheiro esteja vinculado a regime próprio de previdência social.

No caso de óbito do segurado ou da segurada que fazia jus ao recebimento do salário-maternidade, o benefício será pago, pelo tempo restante a que o segurado ou a segurada teria direito ou por todo o período, ao cônjuge ou companheiro sobrevivente que tenha a qualidade de segurado, exceto no caso de óbito do filho ou de seu abandono.

O pagamento do benefício deverá ser requerido até o último dia do prazo previsto para o término do salário-maternidade originário, sendo que os requerimentos de salário-maternidade efetuados após a data serão indeferidos.

O benefício será pago diretamente pela previdência social durante o período entre a data do óbito e o último dia do término do salário-maternidade originário e corresponderá:

- I - à remuneração integral, para o empregado e o trabalhador avulso, observado o disposto no art. 248 da Constituição e no art. 19-E;
- II - ao último salário de contribuição, para o empregado doméstico, observado o disposto no art. 19-E;
- III - a um doze avos da soma dos doze últimos salários de contribuição, apurados em período não superior a quinze meses, para o contribuinte individual, o facultativo ou o desempregado que mantenha a qualidade de segurado, nos termos do disposto no art. 13; e
- IV - ao valor do salário-mínimo, para o segurado especial que não contribua facultativamente.

Aplica-se isso também ao segurado ou à segurada que adotar ou obtiver guarda judicial para fins de adoção.

Nos termos do Art. 93-C do Decreto 3.048/99, a percepção do salário-maternidade está condicionada ao afastamento do trabalho ou da atividade desempenhada pelo segurado ou pela segurada, sob pena de suspensão do benefício.

Conforme o Art. 95 do Decreto 3.048/99, compete à interessada instruir o requerimento do salário-maternidade com os atestados médicos necessários. Sendo que, quando o benefício for requerido após o parto, o documento comprobatório é a Certidão de Nascimento, podendo, no caso de dúvida, a segurada ser submetida à avaliação pericial junto ao Instituto Nacional do Seguro Social.

O início do afastamento do trabalho da segurada empregada, inclusive da doméstica, será determinado com base em atestado médico ou certidão de nascimento do filho (Art. 96, do Decreto 3.048/99).

O salário-maternidade da segurada empregada será devido pela previdência social enquanto existir relação de emprego, observadas as regras quanto ao pagamento desse benefício pela empresa (Art. 97, do Decreto 3.048/99).

Durante o período de graça a segurada desempregada fará jus ao recebimento do salário-maternidade, situação em que o benefício será pago diretamente pela previdência social.

A segurada que exerça atividades concomitantes fará jus ao salário-maternidade relativo a cada atividade para a qual tenha cumprido os requisitos exigidos, conforme Art. 98 do Decreto 3.048/99, observadas as seguintes condições:

- I - na hipótese de uma ou mais atividades ter remuneração ou salário de contribuição inferior ao salário-mínimo mensal, o benefício somente será devido se o somatório dos valores auferidos em todas as atividades for igual ou superior a um salário-mínimo mensal;
- II - o salário-maternidade relativo a uma ou mais atividades poderá ser inferior ao salário-mínimo mensal; e
- III - o valor global do salário-maternidade, consideradas todas as atividades, não poderá ser inferior ao salário-mínimo mensal.

Nos meses de início e término do salário-maternidade da segurada empregada, inclusive da doméstica, o salário-maternidade será proporcional aos dias de afastamento do trabalho (Art. 99, do Decreto 3.048/99).

O salário-maternidade da segurada trabalhadora avulsa, pago diretamente pela previdência social, consiste em renda mensal igual à sua remuneração integral (Art. 100, do Decreto 3.048/99).

Conforme art. 100-A do Decreto 3.048/99, o salário-maternidade devido à empregada do MEI, será pago diretamente pela previdência social, e o valor da contribuição previdenciária será deduzido da renda mensal do benefício, cabendo ao MEI recolher a contribuição previdenciária a seu cargo durante a percepção do salário-maternidade pela segurada a seu serviço.

E, o salário-maternidade devido à empregada intermitente será pago diretamente pela previdência social, e o valor da contribuição previdenciária será deduzido da renda mensal do benefício, conforme Art. 100-B, do Decreto 3.048/99. Nesse caso, o salário-maternidade consistirá na média aritmética simples das remunerações apuradas no período referente aos doze meses que antecederem o parto, a adoção ou a obtenção da guarda para fins de adoção. Na hipótese de empregos intermitentes concomitantes, a média aritmética será calculada em relação a todos os empregos e será pago somente um salário-maternidade. Por sua vez, a contribuição previdenciária a cargo da empresa terá como base de cálculo a soma das remunerações pagas no período de doze meses anteriores à data de início do salário-maternidade, dividida pelo número de meses em que houve remuneração.

Já o salário-maternidade devido à empregada com jornada parcial cujo salário de contribuição seja inferior ao seu limite mínimo mensal, será pago diretamente pela previdência social, e o valor da contribuição previdenciária deverá ser deduzido da renda mensal do benefício, nos termos do Art. 100-C, do Decreto 3.048/99. Na hipótese de empregos parciais concomitantes, se o somatório dos rendimentos auferidos em todos os empregos for igual ou superior ao limite mínimo mensal do salário de contribuição, o salário-maternidade será pago pelas empresas, sendo que a empresa que pagar remuneração inferior ao limite mínimo mensal do salário de contribuição deverá exigir da empregada cópia dos comprovantes de pagamento efetuado pelas demais empresas. Ademais, cabe à empresa recolher a contribuição previdenciária a seu cargo durante a percepção do salário-maternidade pela segurada a seu serviço, mesmo na hipótese de o benefício ser pago pela previdência social. Essa contribuição terá como base de cálculo a remuneração integral que a empresa pagava à empregada antes da percepção do salário-maternidade.

O valor do salário-maternidade será de um salário-mínimo.

Nos termos do Art. 101, do Decreto 3.048/99, o salário-maternidade, pago diretamente pela previdência social, consistirá:

- no valor correspondente ao do último salário de contribuição, para a segurada empregada doméstica;
- em um salário-mínimo, para a segurada especial;

- em um doze avos da soma dos doze últimos salários de contribuição, apurados em período não superior a quinze meses, para as seguradas contribuinte individual e facultativa e para a desempregada que mantenha a qualidade de segurada.

O documento comprobatório para requerimento do salário-maternidade da segurada que mantenha esta qualidade é a certidão de nascimento do filho, exceto nos casos de aborto espontâneo, quando deverá ser apresentado atestado médico, e no de adoção ou guarda para fins de adoção, devendo o evento gerador do benefício ocorrer, em qualquer hipótese, dentro do período da manutenção da qualidade de segurada.

> ▷ **Fique atento!** Conforme o Art. 102, do Decreto 3.048/99, o salário-maternidade NÃO pode ser acumulado com benefício por incapacidade, de modo que, quando ocorrer incapacidade em concomitância com o período de pagamento do salário-maternidade, o benefício por incapacidade, conforme o caso, deverá ser suspenso enquanto perdurar o referido pagamento, ou terá sua data de início adiada para o primeiro dia seguinte ao término do período de cento e vinte dias.

Por fim, diz o Art. 103 do Decreto 3.048/99, que a segurada aposentada que retornar à atividade fará jus ao pagamento do salário-maternidade.

- **Súmula da TNU sobre licença-maternidade:**
- **Súmula n. 45 da TNU** - Incide correção monetária sobre o salário-maternidade desde a época do parto, independentemente da data do requerimento administrativo.

16. SALÁRIO-FAMÍLIA

A Constituição Federal estabelece, no seu art. 7º, que são direitos dos trabalhadores urbanos e rurais, além de outros que visem à melhoria de sua condição social: "XII - salário-família pago em razão do dependente do trabalhador de baixa renda nos termos da lei;"

No Decreto 3.048/99, encontra-se no art. 81 que o salário-família é devido, mensalmente, ao segurado empregado, inclusive o doméstico, e ao trabalhador avulso com salário de contribuição inferior ou igual a R$ 1.819,26 (um mil oitocentos e dezenove reais e vinte e seis centavos) no ano de 2024, na proporção do respectivo número de filhos ou de enteados e de menores tutelados, desde que comprovada a dependência econômica dos dois últimos. Para o ano de 2024, o valor da cota foi fixado em R$ 62,04 (sessenta e dois reais e quatro centavos).

- **Assim:**

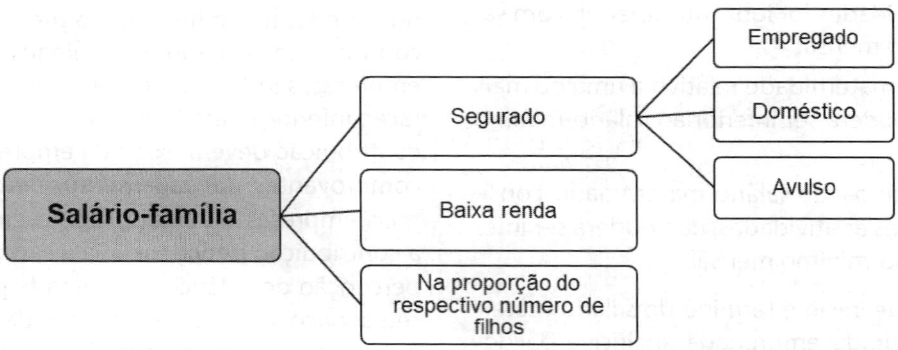

O art. 82, do mesmo diploma, refere que o salário-família será pago mensalmente:

- ao empregado, inclusive o doméstico, pela empresa ou pelo empregador doméstico, juntamente com o salário, e ao trabalhador avulso, pelo sindicato ou órgão gestor de mão de obra, por meio de convênio; (quando o salário do empregado não for mensal, o salário-família será pago juntamente com o último pagamento relativo ao mês)
- ao empregado, inclusive o doméstico, e ao trabalhador avulso aposentados por incapacidade permanente ou em gozo de auxílio por incapacidade temporária, pelo INSS, juntamente com o benefício;
- ao trabalhador rural aposentado por idade aos sessenta anos, se do sexo masculino, ou cinquenta e cinco anos, se do sexo feminino, pelo Instituto Nacional do Seguro Social, juntamente com a aposentadoria; e
- aos demais empregados, inclusive os domésticos, e aos trabalhadores avulsos aposentados aos sessenta e cinco anos de idade, se homem,

ou aos sessenta anos, se mulher, pelo INSS, juntamente com a aposentadoria.

O salário-família do trabalhador avulso independe do número de dias trabalhados no mês, devendo o seu pagamento corresponder ao valor integral da cota.

As cotas do salário-família pagas pela empresa ou pelo empregador doméstico serão deduzidas quando do recolhimento das contribuições.

▷ Fique atento: quando o pai e a mãe são segurados empregados, inclusive domésticos, ou trabalhadores avulsos, ambos têm direito ao salário-família.

O pagamento do salário-família será devido a partir da data de apresentação da certidão de nascimento do filho ou da documentação relativa ao enteado e ao menor tutelado, desde que comprovada a dependência econômica dos dois últimos, e fica condicionado à apresentação anual de atestado de vacinação obrigatória dos referidos dependentes, de até seis anos de idade, e de comprovação semestral de frequência à escola dos referidos dependentes, a partir de quatro anos de idade (Art. 84, do Decreto).

A comprovação semestral de frequência escolar será feita por meio da apresentação de documento emitido pela escola, na forma estabelecida na legislação específica, em nome do aluno, de qual conste o registro de frequência regular, ou de atestado do estabelecimento de ensino que comprove a regularidade da matrícula e a frequência escolar do aluno.

Na hipótese de o segurado empregado ou de o trabalhador avulso não apresentar o atestado de vacinação obrigatória e a comprovação de frequência escolar do filho, do enteado ou do menor tutelado, desde que comprovada a dependência econômica dos dois últimos, nas datas definidas pelo INSS, o benefício do salário-família será suspenso até que a documentação seja apresentada.

NÃO é devido salário-família no período entre a suspensão do benefício motivada pela falta de comprovação da frequência escol

Para recebimento do salário-família, o empregado doméstico apresentará ao seu empregador apenas a certidão de nascimento do filho ou a documentação relativa ao enteado e ao menor tutelado, desde que comprovada a dependência econômica dos dois últimos.

Ainda, nos termos do art. 85 do Decreto, a invalidez do filho, do enteado ou do menor tutelado, desde que comprovada a dependência econômica dos dois últimos, maior de quatorze anos de idade será verificada em exame médico-pericial realizado pela Perícia Médica Federal.

O salário-família correspondente ao mês de afastamento do trabalho será pago integralmente pela empresa, pelo empregador doméstico ou pelo sindicato ou pelo órgão gestor de mão de obra, conforme o caso, e, ao mês da cessação de benefício, pelo INSS (Art. 86, do Decreto).

Tendo havido divórcio, separação judicial ou de fato dos pais, ou em caso de abandono legalmente caracterizado ou perda do pátrio-poder, o salário-família passará a ser pago diretamente àquele a cujo cargo ficar o sustento do menor, ou a outra pessoa, se houver determinação judicial nesse sentido (Art. 87, do Decreto).

Atenção, conforme art. 88 do Decreto, o direito ao salário-família cessa automaticamente:

- I - por morte do filho, do enteado ou do menor tutelado, a contar do mês seguinte ao do óbito;
- II - quando o filho, o enteado ou o menor tutelado completar quatorze anos de idade, exceto se inválido, a contar do mês seguinte ao da data do aniversário;
- III - pela recuperação da capacidade do filho, do enteado ou do menor tutelado inválido, a contar do mês seguinte ao da cessação da incapacidade; ou
- IV - pelo desemprego do segurado.

Observe-se, por fim, que para efeito de concessão e manutenção do salário-família, o segurado firmará termo de responsabilidade, no qual se comprometerá a comunicar à empresa, ao empregador doméstico ou ao INSS, conforme o caso, qualquer fato ou circunstância que determine a perda do direito ao benefício e ficará sujeito, em caso de descumprimento, às sanções penais e trabalhistas. A falta de comunicação oportuna de fato que implique cessação do salário-família e a prática, pelo segurado, de fraude de qualquer natureza para o seu recebimento autorizam a empresa, o empregador doméstico ou o INSS, conforme o caso, a descontar dos pagamentos de cotas devidas com relação a outros filhos, enteados ou menores tutelados ou, na falta delas, do próprio salário do segurado ou da renda mensal do seu benefício, o valor das cotas indevidamente recebidas, sem prejuízo das sanções penais cabíveis.

O empregado, inclusive o doméstico, ou o trabalhador avulso deve dar quitação à empresa ou ao empregador doméstico de cada recebimento mensal do salário-família, na própria folha de pagamento ou por outra forma admitida, de modo que a quitação fique claramente caracterizada (Art. 91 do Decreto).

E, conforme Art. 92 do Decreto, as cotas do salário-família **NÃO** serão incorporadas, para qualquer efeito, ao salário ou ao benefício.

17. ACUMULAÇÃO DE BENEFÍCIOS

O recebimento conjunto de mais de um benefício previdenciário sofre limitações. Essas limitações são impostas pela EC n.º 103/2019, pela Lei n.º 8.213/1991 e pelo Decreto n.º 3.048/1999.

O Decreto 3.048/99, em seu art. 167-A, diz que será admitida a cumulação dos seguintes benefícios:

- de pensão por morte deixada por cônjuge ou companheiro do RGPS com pensão por morte concedida por outro regime de previdência social ou com pensões decorrentes das atividades militares;
- de pensão por morte deixada por cônjuge ou companheiro do RGPS com aposentadoria do mesmo regime e de regime próprio de previdência social ou com proventos de inatividade decorrentes das atividades militares; ou
- de aposentadoria concedida no âmbito do RGPS com pensão deixada por cônjuge ou companheiro de regime próprio de previdência social ou com proventos de inatividade decorrentes das atividades militares.

Nessas hipóteses, fica assegurada a percepção do valor integral do benefício mais vantajoso e de uma parte de cada um dos demais benefícios, apurada cumulativamente de acordo com as seguintes faixas:

- sessenta por cento do valor que exceder um salário-mínimo, até o limite de dois salários-mínimos;
- quarenta por cento do valor que exceder dois salários-mínimos, até o limite de três salários-mínimos;
- vinte por cento do valor que exceder três salários-mínimos, até o limite de quatro
- dez por cento do valor que exceder quatro salários-mínimos.

Por outro lado, conforme o Art. 167, exceto na hipótese de direito adquirido, não é permitido o recebimento conjunto dos seguintes benefícios do RGPS, inclusive quando decorrentes de acidente do trabalho:

- aposentadoria com auxílio por incapacidade temporária;
- mais de uma aposentadoria;
- aposentadoria com abono de permanência em serviço;
- salário-maternidade com auxílio por incapacidade temporária;
- mais de um auxílio-acidente;
- mais de uma pensão deixada por cônjuge;
- mais de uma pensão deixada por companheiro ou companheira;
- mais de uma pensão deixada por cônjuge e companheiro ou companheira; e
- auxílio-acidente com qualquer aposentadoria.

Nas hipóteses de que tratam os incisos mais de uma pensão deixada por cônjuge; mais de uma pensão deixada por companheiro ou companheira e mais de uma pensão deixada por cônjuge e companheiro ou companheira fica facultado ao dependente optar pela pensão mais vantajosa.

Ademais, é vedado o recebimento conjunto do seguro-desemprego com qualquer benefício de prestação continuada da previdência social, exceto pensão por morte, auxílio-reclusão, auxílio-acidente, auxílio-suplementar ou abono de permanência em serviço.

- **Súmulas da TNU e do STJ sobre acumulação de benefícios:**

- **Súmula n. 36 da TNU** - Não há vedação legal à cumulação da pensão por morte de trabalhador rural com o benefício da aposentadoria por invalidez, por apresentarem pressupostos fáticos e fatos geradores distintos.
- **Súmula n. 507 do STJ** - A acumulação de auxílio-acidente com aposentadoria pressupõe que a lesão incapacitante e a aposentadoria sejam anteriores a 11/11/1997, observado o critério do art. 23 da Lei n. 8.213/1991 para definição do momento da lesão nos casos de doença profissional ou do trabalho.

18. REGRAS DE TRANSIÇÃO

Como sabemos, a reforma da previdência de 2019 trouxe várias mudanças, e consequentemente, houve necessidade de serem estabelecidas regras de transição para quem já estava no mercado de trabalho, de forma a ser possível escolher a forma mais vantajosa de aposentadoria.

No Regime Geral de Previdência Social, há cinco regras de transição, sendo quatro por tempo de contribuição e uma por idade.

Vamos analisar cada uma delas:

- **Transição por sistema de pontos**

Essa regra soma o tempo de contribuição com a idade.

Para isso, o tempo mínimo de contribuição dos professores que comprovarem tempo de efetivo exercício exclusivamente em função de magistério na educação infantil, no ensino fundamental ou no ensino médio será de trinta anos de contribuição, se homem, e vinte e cinco anos de contribuição, se mulher. Ao resultado da soma da idade do professor e de seu tempo de contribuição serão acrescidos cinco pontos.

Ademais, as mulheres poderão se aposentar a partir de 86 pontos e homens, de 96, em 2019, sendo que o tempo mínimo de contribuição de 30 anos, para elas, e de 35 anos, para eles, deverá ser respeitado. E, a cada ano será exigido um ponto a mais, chegando a 105 pontos para os homens, em 2028, e 100 pontos para as mulheres, em 2033.

O valor do benefício seguirá a regra geral de cálculo da Nova Previdência: 60% da média de todas as contribuições registradas desde julho de 1994 mais dois pontos percentuais a cada ano de contribuição que exceder 15 anos, para as mulheres, e 20 anos, para os homens.

Para os professores da educação básica que comprovarem, exclusivamente, exercício da função de magistério na educação infantil e nos ensinos fundamental e médio terão redução de cinco pontos. Assim, de imediato, as professoras poderão pedir aposentadoria a partir da soma de 81 pontos, desde que tenham o mínimo de 25 anos de contribuição, e os professores, com 91 pontos e, no mínimo, 30 anos de contribuição. Os pontos subirão até 92, para elas, e até 100, para eles.

Veja-se o que diz a EC 103:

> Art. 15. Ao segurado filiado ao Regime Geral de Previdência Social até a data de entrada em vigor desta Emenda Constitucional, fica assegurado o direito à aposentadoria quando forem preenchidos, cumulativamente, os seguintes requisitos:
>
> I - 30 (trinta) anos de contribuição, se mulher, e 35 (trinta e cinco) anos de contribuição, se homem; e
>
> II - somatório da idade e do tempo de contribuição, incluídas as frações, equivalente a 86 (oitenta e seis) pontos, se mulher, e 96 (noventa e seis) pontos, se homem, observado o disposto nos §§ 1º e 2º.
>
> § 1º A partir de 1º de janeiro de 2020, a pontuação a que se refere o inciso II do **caput** será acrescida a cada ano de 1 (um) ponto, até atingir o limite de 100 (cem) pontos, se mulher, e de 105 (cento e cinco) pontos, se homem.
>
> § 2º A idade e o tempo de contribuição serão apurados em dias para o cálculo do somatório de pontos a que se referem o inciso II do **caput** e o § 1º.
>
> § 3º Para o professor que comprovar exclusivamente 25 (vinte e cinco) anos de contribuição, se mulher, e 30 (trinta) anos de contribuição, se homem, em efetivo exercício das funções de magistério na educação infantil e no ensino fundamental e médio, o somatório da idade e do tempo de contribuição, incluídas as frações, será equivalente a 81 (oitenta e um) pontos, se mulher, e 91 (noventa e um) pontos, se homem, aos quais serão acrescidos, a partir de 1º de janeiro de 2020, 1 (um) ponto a cada ano para o homem e para a mulher, até atingir o limite de 92 (noventa e dois) pontos, se mulher, e 100 (cem) pontos, se homem.
>
> § 4º O valor da aposentadoria concedida nos termos do disposto neste artigo será apurado na forma da lei.

- **Transição por tempo de contribuição e idade mínima**

Por essa regra, as mulheres poderiam se aposentar aos 56 anos, desde que tenham pelo menos 30 anos de contribuição, em 2019. Já para os homens, a idade mínima será de 61 anos e 35 anos de contribuição. A idade mínima exigida sobe seis meses a cada ano, até chegar aos 62 anos de idade para elas, em 2031, e aos 65 anos de idade para eles, em 2027.

O valor do benefício seguirá a regra geral de cálculo atual: 60% da média de todas as contribuições efetuadas desde julho de 1994 mais dois pontos percentuais a cada ano de contribuição que exceder 15 anos, para as mulheres, e 20 anos, para os homens.

Os professores da educação básica que comprovarem, exclusivamente, exercício da função de magistério na educação infantil e nos ensinos fundamental e médio terão redução de cinco anos na idade e no tempo de contribuição.

Na EC 103, encontra-se que:

> Art. 16. Ao segurado filiado ao Regime Geral de Previdência Social até a data de entrada em vigor desta Emenda Constitucional fica assegurado o direito à aposentadoria quando preencher, cumulativamente, os seguintes requisitos:
>
> I - 30 (trinta) anos de contribuição, se mulher, e 35 (trinta e cinco) anos de contribuição, se homem; e
>
> II - idade de 56 (cinquenta e seis) anos, se mulher, e 61 (sessenta e um) anos, se homem.
>
> § 1º A partir de 1º de janeiro de 2020, a idade a que se refere o inciso II do **caput** será acrescida de 6 (seis) meses a cada ano, até atingir 62 (sessenta e

dois) anos de idade, se mulher, e 65 (sessenta e cinco) anos de idade, se homem.

§ 2º Para o professor que comprovar exclusivamente tempo de efetivo exercício das funções de magistério na educação infantil e no ensino fundamental e médio, o tempo de contribuição e a idade de que tratam os incisos I e II do **caput** deste artigo serão reduzidos em 5 (cinco) anos, sendo, a partir de 1º de janeiro de 2020, acrescidos 6 (seis) meses, a cada ano, às idades previstas no inciso II do caput, até atingirem 57 (cinquenta e sete) anos, se mulher, e 60 (sessenta) anos, se homem.

§ 3º O valor da aposentadoria concedida nos termos do disposto neste artigo será apurado na forma da lei.

- **Transição com fator previdenciário – pedágio de 50%**

Nessa regra, as mulheres com mais de 28 anos de contribuição e os homens com mais de 33 anos de contribuição poderão optar pela aposentadoria sem idade mínima, desde que cumpram um pedágio de 50% sobre o tempo mínimo que faltava para se aposentar (30 anos para elas e 35 anos para eles).

E o valor do benefício será calculado levando em consideração a média de todas as contribuições desde julho de 1994, sobre ela aplicando-se o fator previdenciário.

Na EC 103, encontra-se que:

Art. 17. Ao segurado filiado ao Regime Geral de Previdência Social até a data de entrada em vigor desta Emenda Constitucional e que na referida data contar com mais de 28 (vinte e oito) anos de contribuição, se mulher, e 33 (trinta e três) anos de contribuição, se homem, fica assegurado o direito à aposentadoria quando preencher, cumulativamente, os seguintes requisitos:

I - 30 (trinta) anos de contribuição, se mulher, e 35 (trinta e cinco) anos de contribuição, se homem; e

II - cumprimento de período adicional correspondente a 50% (cinquenta por cento) do tempo que, na data de entrada em vigor desta Emenda Constitucional, faltaria para atingir 30 (trinta) anos de contribuição, se mulher, e 35 (trinta e cinco) anos de contribuição, se homem.

Parágrafo único. O benefício concedido nos termos deste artigo terá seu valor apurado de acordo com a média aritmética simples dos salários de contribuição e das remunerações calculada na forma da lei, multiplicada pelo fator previdenciário, calculado na forma do disposto nos §§ 7º a 9º do art. 29 da Lei nº 8.213, de 24 de julho de 1991.

- **Transição com idade mínima e pedágio de 100%**

Essa regra estabelece uma idade mínima e um pedágio de 100% do tempo que faltava para atingir o mínimo exigido de contribuição (30 anos para elas e 35 anos para eles). Para mulheres, a idade mínima será de 57 anos e, para homens, de 60 anos. Por exemplo, uma mulher de 57 anos de idade e 28 anos de contribuição terá de trabalhar mais quatro anos (dois que faltavam para atingir o tempo mínimo de contribuição mais dois anos de pedágio), para requerer o benefício.

Para trabalhadores vinculados ao RGPS, o valor da aposentadoria será de 100% da média de todos os salários de contribuição desde julho de 1994.

Professores da educação básica que comprovarem, exclusivamente, exercício da função de magistério na educação infantil e nos ensinos fundamental e médio terão redução de cinco anos na idade e no tempo de contribuição (52 anos de idade e 25 de contribuição, para mulheres, e 55 anos de idade e 30 de contribuição, para homens).

- **Transição – Aposentadoria por idade (RGPS)**

A regra da aposentadoria por idade exige idade mínima de 65 anos para homens. Ou seja, no caso deles, nada muda. Para as mulheres, a idade mínima começa em 60 anos, em 2019, e sobe seis meses a cada ano, até chegar a 62 anos em 2023. Em ambos os casos é exigido tempo de contribuição mínima de 15 anos.

O valor do benefício segue a regra geral de cálculo atual: 60% da média de todas as contribuições mais dois pontos percentuais a cada ano de contribuição que exceder 15 anos, para mulheres, e 20 anos, para homens.

Art. 20. O segurado ou o servidor público federal que se tenha filiado ao Regime Geral de Previdência Social ou ingressado no serviço público em cargo efetivo até a data de entrada em vigor desta Emenda Constitucional poderá aposentar-se voluntariamente quando preencher, cumulativamente, os seguintes requisitos:

I - 57 (cinquenta e sete) anos de idade, se mulher, e 60 (sessenta) anos de idade, se homem;

II - 30 (trinta) anos de contribuição, se mulher, e 35 (trinta e cinco) anos de contribuição, se homem;

III - para os servidores públicos, 20 (vinte) anos de efetivo exercício no serviço público e 5 (cinco) anos no cargo efetivo em que se der a aposentadoria;

IV - período adicional de contribuição correspondente ao tempo que, na data de entrada em vigor desta Emenda Constitucional, faltaria para atingir o tempo mínimo de contribuição referido no inciso II.

§ 1º Para o professor que comprovar exclusivamente tempo de efetivo exercício das funções de magistério na educação infantil e no ensino fundamental e médio serão reduzidos, para ambos os sexos, os requisitos de idade e de tempo de contribuição em 5 (cinco) anos.

§ 2º O valor das aposentadorias concedidas nos termos do disposto neste artigo corresponderá:

I - em relação ao servidor público que tenha ingressado no serviço público em cargo efetivo até 31 de dezembro de 2003 e que não tenha feito a opção de que trata o § 16 do art. 40 da Constituição Federal, à totalidade da remuneração no cargo efetivo em que se der a aposentadoria, observado o disposto no § 8º do art. 4º; e

II - em relação aos demais servidores públicos e aos segurados do Regime Geral de Previdência Social, ao valor apurado na forma da lei.

§ 3º O valor das aposentadorias concedidas nos termos do disposto neste artigo não será inferior ao valor a que se refere o § 2º do art. 201 da Constituição Federal e será reajustado:

I - de acordo com o disposto no art. 7º da Emenda Constitucional nº 41, de 19 de dezembro de 2003, se cumpridos os requisitos previstos no inciso I do § 2º;

II - nos termos estabelecidos para o Regime Geral de Previdência Social, na hipótese prevista no inciso II do § 2º.

§ 4º Aplicam-se às aposentadorias dos servidores dos Estados, do Distrito Federal e dos Municípios as normas constitucionais e infraconstitucionais anteriores à data de entrada em vigor desta Emenda Constitucional, enquanto não promovidas alterações na legislação interna relacionada ao respectivo regime próprio de previdência social.

19. EMPRESA E EMPREGADOR DOMÉSTICO: CONCEITO PREVIDENCIÁRIO

O conceito de empresa e empregador doméstico para fins previdenciários está relacionado com o risco da atividade econômica envolvida, em especial no que diz respeito às obrigações legais decorrentes desta condição.

Entretanto, destaque especial está nos que são equiparados à condição de empresa. Não são necessariamente uma pessoa jurídica, mas, mesmo assim assumem esta condição em matéria previdenciária. Em alguns casos, pessoas físicas são equiparadas a empresas (por exemplo, incisos I e IV do § único do artigo 12 do Decreto 3048/99), Estes recorrentemente aparecem nas provas a partir do que está disposto no Decreto 3048/99:

Art. 12. Consideram-se:

I - empresa - a firma individual ou a sociedade que assume o risco de atividade econômica urbana ou rural, com fins lucrativos ou não, bem como os órgãos e as entidades da administração pública direta, indireta e fundacional; e

II - empregador doméstico - aquele que admite a seu serviço, mediante remuneração, sem finalidade lucrativa, empregado doméstico.

Parágrafo único. Equiparam-se a empresa, para os efeitos deste Regulamento:

I - o contribuinte individual, em relação a segurado que lhe presta serviço;

II - a cooperativa, a associação ou a entidade de qualquer natureza ou finalidade, inclusive a missão diplomática e a repartição consular de carreiras estrangeiras;

III - o operador portuário e o órgão gestor de mão de obra de que trata a Lei nº 12.815, de 2013;

IV - o proprietário ou dono de obra de construção civil, quando pessoa física, em relação a segurado que lhe presta serviço.

O mais importante é o candidato compreender que, sendo pessoa jurídica ou pessoa física que contrate alguém, será considerado para fins previdenciários como empresa. Logo, a leitura atenta do enunciado ou da alternativa é fundamental.

20. FINANCIAMENTO DA SEGURIDADE SOCIAL

Para além da previsão constitucional, o financiamento da seguridade social está previsto entre os artigos 194 e 213 do Decreto 3048/99. Trata-se de assunto recorrente nas provas do INSS, razão pela qual você não pode deixar de estudar.

O artigo 194 retoma o conceito constitucional de seguridade social como conjunto integrado de ações de iniciativa público e privada, afirmando que será financiada por toda a sociedade de forma direta e indireta. O artigo 195 detalha genericamente o modo de custeio da seguridade social:

Art. 195. No âmbito federal, o orçamento da seguridade social é composto de receitas provenientes:

I - da União;

II - das contribuições sociais; e

III - de outras fontes.

Parágrafo único. Constituem contribuições sociais:

I - as das empresas, incidentes sobre a remuneração paga, devida ou creditada aos segurados e demais pessoas físicas a seu serviço, mesmo sem vínculo empregatício;

II - as dos empregadores domésticos, incidentes sobre o salário-de-contribuição dos empregados domésticos a seu serviço;

III - as dos trabalhadores, incidentes sobre seu salário-de-contribuição;

IV - as das associações desportivas que mantêm equipe de futebol profissional, incidentes sobre a receita bruta decorrente dos espetáculos desportivos de que participem em todo território nacional em qualquer modalidade desportiva, inclusive jogos internacionais, e de qualquer forma de patrocínio, licenciamento de uso de marcas e símbolos,

> publicidade, propaganda e transmissão de espetáculos desportivos;
>
> V - as incidentes sobre a receita bruta proveniente da comercialização da produção rural;
>
> VI - as das empresas, incidentes sobre a receita ou o faturamento e o lucro; e
>
> VII - as incidentes sobre a receita de concursos de prognósticos.

Cada uma dessas formas de contribuição será estudada de forma detalhada a seguir.

20.1 Receitas da União

Para fins de otimizar seu estudo, o financiamento da seguridade social terá sua estrutura toda a partir do Decreto 3048/99, que é o Regulamento Geral da Previdência Social, o qual está atualizado com a Emenda Constitucional 103/19.

> Art. 196. A contribuição da União é constituída de recursos adicionais do Orçamento Fiscal, fixados obrigatoriamente na Lei Orçamentária anual.
>
> Parágrafo único. A União é responsável pela cobertura de eventuais insuficiências financeiras da seguridade social, quando decorrentes do pagamento de benefícios de prestação continuada da previdência social, na forma da Lei Orçamentária anual.
>
> Art. 197. Para pagamento dos encargos previdenciários da União poderão contribuir os recursos da seguridade social referidos no inciso VI do parágrafo único do art. 195, na forma da Lei Orçamentária anual, assegurada a destinação de recursos para as ações de saúde e assistência social.

Alguns pontos de atenção aqui são: a contribuição da União é fixada em Lei Orçamentária anual, bem como a responsabilidade da União em caso de insuficiência de recursos da seguridade social em razão de pagamentos de benefício de prestação continuada.

Como visto nos conceitos constitucionais, os benefícios previdenciários dependem de contribuição. Por sua vez, os benefícios assistenciais independem de contribuição. Logo, se houver insuficiência de recursos por conta dos benefícios assistenciais, a União será responsabilizada, também, via Lei Orçamentária anual.

20.2 Receitas das Contribuições Sociais

Nos termos do parágrafo único do artigo 195 do Decreto 3048/99, constituem contribuições sociais. A leitura deve levar vocês a compreensão da razão pela qual a seguridade social é um conjunto integrado de ações de iniciativa público e privada.

Enquanto a União, Estados, Distrito Federal e Municípios contribuirão mediante recursos adicionais do Orçamento Fiscal, a iniciativa privada contribuirá mediante contribuições sociais, abaixo especificadas:

> I - as das empresas, incidentes sobre a remuneração paga, devida ou creditada aos segurados e demais pessoas físicas a seu serviço, mesmo sem vínculo empregatício;
>
> II - as dos empregadores domésticos, incidentes sobre o salário-de-contribuição dos empregados domésticos a seu serviço;
>
> III - as dos trabalhadores, incidentes sobre seu salário-de-contribuição;
>
> IV - as das associações desportivas que mantêm equipe de futebol profissional, incidentes sobre a receita bruta decorrente dos espetáculos desportivos de que participem em todo território nacional em qualquer modalidade desportiva, inclusive jogos internacionais, e de qualquer forma de patrocínio, licenciamento de uso de marcas e símbolos, publicidade, propaganda e transmissão de espetáculos desportivos;
>
> V - as incidentes sobre a receita bruta proveniente da comercialização da produção rural;
>
> VI - as das empresas, incidentes sobre a receita ou o faturamento e o lucro; e
>
> VII - as incidentes sobre a receita de concursos de prognósticos.

Serão estudadas a partir de agora cada uma dessas modalidades de contribuição, a começar pela contribuição dos segurados (empregado, empregado doméstico, trabalhador avulso, contribuinte individual, segurado facultativo e segurado especial).

20.2.1 Contribuições dos Segurados

Os segurados empregado, empregado doméstico e trabalhador avulso contribuem da mesma forma, conforme disposto no artigo 198 do Decreto 3048/99. **A contribuição ocorre de forma progressiva**. Quanto maior o valor, maior o percentual de contribuição. Para isto, foram criadas pelo legislador faixas incidentes sobre o salário de contribuição. As faixas são alteradas anualmente, juntamente com o salário-mínimo, por meio de portaria do Ministério do Trabalho e Previdência. Depois será feito um exemplo, mas é importante que fique claro desde já que o percentual incidirá sobre a faixa de salário de contribuição, sendo os percentuais de 7,5%, 9,0%, 12,0% e 14%. Neste sentido:

> **Art. 198.** A contribuição do segurado empregado, inclusive o doméstico, e do trabalhador avulso é calculada por meio da aplicação da alíquota correspondente, de forma progressiva, sobre o seu salário de contribuição mensal, observado o disposto no art. 214, de acordo com a seguinte tabela, com vigência a partir de 1º de março de 2020:

Salário de Contribuição (R$)[7]	Alíquota para Fins de Recolhimento ao INSS
Até R$ 1.412,00	7,5%
de 1.412,01 até 2.666,68	9%
de 2.666,69 até 4.000,03	12%
de 4.000,04 até 7.786,02	14%

Por exemplo: uma pessoa é contratada por uma empresa e recebe salário de contribuição fixo de R$ 3.000,00 (três mil reais) por mês. Neste caso, tendo em visto o valor do salário de contribuição, o cálculo da contribuição incidirá nas faixas de 7,5%, 9,0%, e, 12%. Esta conclusão se chega a partir da tabela que faz parte do artigo 198 do Decreto 3048/99.

A contribuição da pessoa do exemplo, na faixa de 7,5%, será até um salário-mínimo (em 2024 = R$ 1.412,00). Logo, 7,5% de R$ 1.412,00 totaliza **R$ 105,90.**

Até R$ 1.412,00 × 7,5% = R$ 105,90

Na faixa de 9,0%, a contribuição será calculada sobre o salário de contribuição entre R$ 1.412,01 à R$ 2.666,68. Diminuindo esses valores, tem-se R$ 1.254,67. Este valor deverá ser multiplicado por 9,0%. Assim, a contribuição nesta faixa de salário de contribuição será de **R$ 112,92.**

R$ 2.666,68 − R$ 1.412,01 = R$ 1.254,67

R$ 1.254,67 × 9% = R$ 112,92

Na faixa de 12%, a contribuição será calculada sobre o salário de contribuição entre R$ 2.666,69 à R$ 3.000,00, que é o salário de contribuição da pessoa do exemplo. Diminuindo esses valores, tem-se R$ 333,31, que será o valor a ser multiplicado por 12,0%. Assim, a contribuição nesta faixa de salário de contribuição será de **R$ 51,44**.

R$ 3.000,00 − R$ 2.666,69 = R$ 333,31

R$ 333,31 × 12% = R$ 39,99

Assim, a contribuição será o resultado da soma dos valores apurados em cada uma das faixas de percentuais sobre o salário de contribuição, totalizando, neste exemplo, em **R$ 258,81**.

R$ 105,90 + R$ 112,92 + R$ 39,99 = R$ 258,81

Os segurados contribuinte individual e segurado facultativo, como regra geral, contribuem com 20% do salário de contribuição, que deverá ser no mínimo de um salário-mínimo, e, no máximo, no teto de contribuição do INSS para o ano. Este percentual está previsto no artigo 199 do Decreto 3048/99:

> **Art. 199.** A alíquota de contribuição dos segurados contribuinte individual e facultativo é de vinte por cento aplicada sobre o respectivo salário-de-contribuição, observado os limites a que se referem os §§ 3º e 5º do art. 214.

7. Conforme Portaria Interministerial MPS/MF nº 2, de 11 de janeiro de 2024. Disponível em: https://www.in.gov.br/en/web/dou/-/portaria-interministerial-mps/mf-n-2-de-11-de-janeiro-de-2024-537035232.

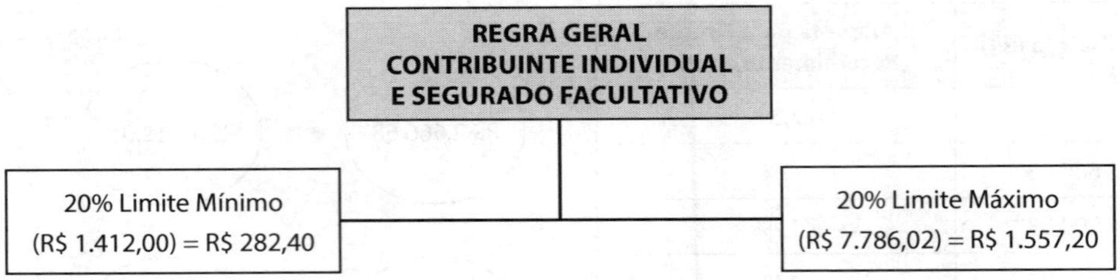

Entretanto, caso os segurados contribuinte individual e segurado facultativo façam a escolha de não ter direito à aposentadoria por tempo de contribuição, e da emissão de certidão de tempo de contribuição, podem contribuir 11% do salário do limite mínimo de contribuição, o que em 2024 representa R$ 155,32. Esta possibilidade está prevista no artigo 199-A do Decreto 3048/99:

> **Art. 199-A.** A partir da competência em que o segurado fizer a opção pela exclusão do direito ao benefício de aposentadoria por tempo de contribuição, é de onze por cento, sobre o valor correspondente ao limite mínimo mensal do salário-de-contribuição, a alíquota de contribuição:

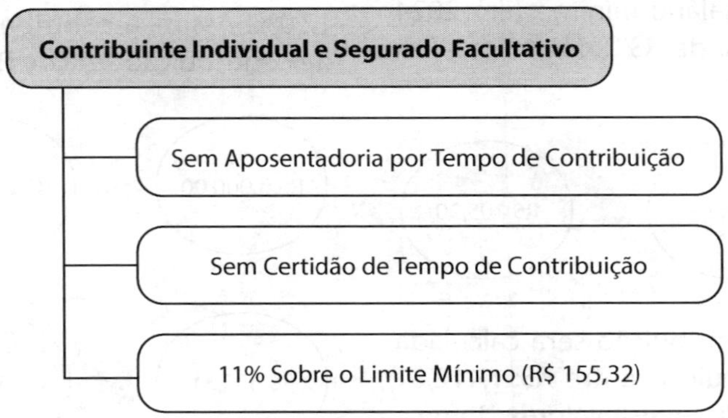

O contribuinte individual que foi microempreendedor individual (MEI) poderá contribuir com a alíquota de 5% do limite mínimo mensal (salário-mínimo), o que em 2024 representa R$ 70,60. Nesta modalidade, também não há direito à aposentadoria por tempo de contribuição e certidão de tempo de contribuição. A previsão está no § 1º, inciso I, do artigo 199-A do Decreto 3048/99:

> **Art. 199-A.** A partir da competência em que o segurado fizer a opção pela exclusão do direito ao benefício de aposentadoria por tempo de contribuição, é de onze por cento, sobre o valor correspondente ao limite mínimo mensal do salário-de-contribuição, a alíquota de contribuição:
>
> § 1º A alíquota de contribuição de que trata o *caput* é de cinco por cento:
>
> I - a partir da competência maio de 2011, para o MEI, de que trata o § 26 do art. 9º, cuja contribuição deverá ser recolhida na forma regulamentada em ato do Comitê Gestor do Simples Nacional;

O segurado facultativo que se dedique exclusivamente ao trabalho doméstico no âmbito de sua residência, se pertencente à família de baixa renda, poderá contribuir com a alíquota de 5% do limite mínimo mensal (salário-mínimo), o que em 2024 representa R$ 70,60. Nesta modalidade, também não há direito à aposentadoria por tempo de contribuição e certidão de tempo de contribuição. O enquadramento como família de baixa renda se dá por meio do cadastro no CADÚNICO (Cadastro Único para Programas Sociais do Governo Federal), cuja renda mensal seja de até dois salários-mínimos mensais. A previsão está no § 1º, inciso II, do artigo 199-A do Decreto 3048/99:

> **Art. 199-A.** A partir da competência em que o segurado fizer a opção pela exclusão do direito ao benefício de aposentadoria por tempo de contribuição, é de onze por cento, sobre o valor correspondente ao limite mínimo mensal do salário-de-contribuição, a alíquota de contribuição:
>
> § 1º A alíquota de contribuição de que trata o *caput* é de cinco por cento:

II - a partir da competência setembro de 2011, para o segurado facultativo sem renda própria que se dedique exclusivamente ao trabalho doméstico no âmbito de sua residência, desde que pertencente a família de baixa renda, observado o disposto no § 5º.

Dono(a) de casa Baixa Renda → **5% Limite Minimo**

Por fim, o segurado especial não tem limite mínimo de contribuição. A contribuição deste segurado não está condicionada ao salário de contribuição, mas sim a receita bruta da comercialização da produção rural. A contribuição do segurado especial será de 1,3%, sendo 1,2% para a Seguridade Social, e, 0,1% para o RAT (riscos ambientais do trabalho). A previsão legal está no artigo 200 do Decreto 3048/99:

> **Art. 200.** A contribuição do empregador rural pessoa física, em substituição à contribuição de que tratam o inciso I do art. 201 e o art.202, e a do segurado especial, incidente sobre a receita bruta da comercialização da produção rural, é de:
>
> I - um inteiro e dois décimos por cento; e
>
> II - zero vírgula um por cento para o financiamento dos benefícios concedidos em razão do grau de incidência de incapacidade laborativa decorrente dos riscos ambientais do trabalho.

Finaliza-se este ponto, destacando a importância de se observar percentuais diferentes para diferentes categorias de trabalhador. Em verdade, estes percentuais refletem o princípio da equidade na participação do custeio, bem como comprovam o caráter de solidariedade previsto na Seguridade Social.

20.2.2 Contribuições das Empresas

Em função de existirem inúmeras possibilidades de arranjos empresariais, as contribuições serão distintas, tal qual o modelo adotado, com previsão no artigo 201 e seguintes do Decreto 3048/99. Como regra geral, tem-se que:

> **Art. 201.** A contribuição a cargo da empresa, destinada à seguridade social, é de:
>
> I - vinte por cento sobre o total das remunerações pagas, devidas ou creditadas, a qualquer título, no decorrer do mês, aos segurados empregado e trabalhador avulso, além das contribuições previstas nos arts. 202 e 204; (Redação dada pelo Decreto nº 3.265, de 1999)
>
> II - vinte por cento sobre o total das remunerações ou retribuições pagas ou creditadas no decorrer do mês ao segurado contribuinte individual;
>
> **Art. 202.** A contribuição da empresa, destinada ao financiamento da aposentadoria especial, nos termos dos arts. 64 a 70, e dos benefícios concedidos em razão do grau de incidência de incapacidade laborativa decorrente dos riscos ambientais do trabalho corresponde à aplicação dos seguintes percentuais, incidentes sobre o total da remuneração paga, devida ou creditada a qualquer título, no decorrer do mês, ao segurado empregado e trabalhador avulso:
>
> I - um por cento para a empresa em cuja atividade preponderante o risco de acidente do trabalho seja considerado leve;
>
> II - dois por cento para a empresa em cuja atividade preponderante o risco de acidente do trabalho seja considerado médio; ou
>
> III - três por cento para a empresa em cuja atividade preponderante o risco de acidente do trabalho seja considerado grave.

▷ **Observações:** Em se tratando de instituições bancárias, deve-se somar as contribuições dos artigos 201, 202 e 204, o percentual de 2,5%. Neste sentido: § 6º No caso de banco comercial, banco de investimento, banco de desenvolvimento, caixa econômica, sociedade de crédito, financiamento e investimento, sociedade de crédito imobiliário, inclusive associação de poupança e empréstimo, sociedade corretora, distribuidora de títulos e valores mobiliários, inclusive bolsa de mercadorias e de valores, empresa de arrendamento mercantil, cooperativa de crédito, empresa de seguros privados e de capitalização, agente autônomo de seguros privados e de crédito e entidade de previdência privada, aberta e fechada, além das contribuições referidas nos incisos I e II do caput e nos arts. 202 e 204, é devida a contribuição adicional de dois vírgula cinco por cento sobre a base de cálculo definida nos incisos I e II do caput.

20.2.3 Contribuições do Empregador Doméstico

O empregador doméstico tem sua contribuição, que é diferente da contribuição do empregado doméstico, prevista no artigo 211 do Decreto 3048/99. Apenas para que não fique qualquer possibilidade de dúvida, o empregado doméstico retém do pagamento do empregado doméstico a contribuição enquanto segurado, conforme a alíquota progressiva anteriormente vista, e, repassa o valor retido do empregado juntamente com a sua cota "patronal" para o financiamento da seguridade social.

> **Art. 211.** A contribuição previdenciária do empregador doméstico sobre o salário de contribuição do empregado doméstico a seu serviço será de:
>
> I - oito por cento de contribuição patronal; e (Incluído pelo Decreto nº 10.410, de 2020)
>
> II - oito décimos por cento de contribuição social para financiamento do seguro contra acidentes do trabalho.

▷ **Observações:** Em razão do princípio da primazia da realidade do direito do trabalho, a legislação previdenciária prevê no Art. 211-A do Decreto 3048 que "O empregador doméstico não poderá contratar o MEI, de que trata o § 26 do art. 9º, quando existentes os elementos da relação de emprego doméstico, sob pena de ficar sujeito às obrigações dela decorrentes, inclusive trabalhistas, tributárias e previdenciárias."

20.2.4 Contribuições do Produtor Rural

Como regra geral, a contribuição do produtor rural está prevista no inciso IV do artigo 201 do Decreto 3048/99:

> IV - um inteiro e sete décimos por cento sobre o total da receita bruta proveniente da comercialização da produção rural, em substituição às contribuições previstas no inciso I do **caput** e no art. 202, quando se tratar de pessoa jurídica que tenha como fim apenas a atividade de produção rural.

Agora, se a questão tratar de agroindústria, a previsão da contribuição está no artigo 201-A do Decreto 3048/99:

> Art. 201-A. A contribuição devida pela agroindústria, definida como sendo o produtor rural pessoa jurídica cuja atividade econômica seja a industrialização de produção própria ou de produção própria e adquirida de terceiros, incidente sobre o valor da receita bruta proveniente da comercialização da produção, em substituição às previstas no inciso I do art. 201 e art. 202, é de:
>
> I - dois vírgula cinco por cento destinados à Seguridade Social; e,
>
> II - zero vírgula um por cento para o financiamento do benefício previsto nos arts. 64 a 70, e daqueles concedidos em razão do grau de incidência de incapacidade para o trabalho decorrente dos riscos ambientais da atividade.
>
> § 1º Para os fins deste artigo, entende-se por receita bruta o valor total da receita proveniente da comercialização da produção própria e da adquirida de terceiros, industrializada ou não.

Produtor Rural	Alíquota para fins de Recolhimento ao INSS
Apenas atividade de produção rural	1,7%
Agroindústria	2,6% (2,5% para Seg Social e 0,1% SAT)

20.2.5 Contribuições do Clube de Futebol Profissional

As contribuições dos clubes de futebol profissional estão previstas no art. 205 do Decreto 3048/99:

> Art. 205. A contribuição empresarial da associação desportiva que mantém equipe de futebol profissional, destinada à seguridade social, em substituição às previstas no inciso I do **caput** do art. 201 e no art. 202, **corresponde a cinco por cento da receita bruta decorrente dos espetáculos desportivos de que participe em todo território nacional**, em qualquer modalidade desportiva, inclusive jogos internacionais, e de qualquer forma de patrocínio, licenciamento de uso de marcas e símbolos, publicidade, propaganda e transmissão de espetáculos desportivos.

20.2.6 Contribuições sobre Concursos de Prognósticos

Os concursos de prognósticos são todo e qualquer concurso de sorteio de números ou quaisquer outros símbolos, loterias e apostas de qualquer natureza no âmbito federal, estadual, do Distrito Federal ou municipal, promovidos por órgãos do Poder Público ou por sociedades comerciais ou civis. A previsão do financiamento para seguridade social está no art. 212 do Decreto 3048/99:

> **Art. 212.** Constitui receita da seguridade social a renda líquida dos concursos de prognósticos, excetuando-se os valores destinados ao Programa de Crédito Educativo.
>
> § 1º Consideram-se concurso de prognósticos todo e qualquer concurso de sorteio de números ou quaisquer outros símbolos, loterias e apostas de qualquer natureza no âmbito federal, estadual, do Distrito Federal ou municipal, promovidos por órgãos do Poder Público ou por sociedades comerciais ou civis.
>
> § 2º A contribuição de que trata este artigo constitui-se de:
>
> I - renda líquida dos concursos de prognósticos realizados pelos órgãos do Poder Público destinada à seguridade social de sua esfera de governo;
>
> II - cinco por cento sobre o movimento global de apostas em prado de corridas; e
>
> III - cinco por cento sobre o movimento global de sorteio de números ou de quaisquer modalidades de símbolos.

20.2.7 Outras Receitas da Seguridade Social

Finalizando o ponto das receitas da seguridade social, existem as chamadas outras receitas da seguridade social, dispostas no artigo 213 do Decreto 3048/99:

> **Art. 213.** Constituem outras receitas da seguridade social:
>
> I - as multas, a atualização monetária e os juros moratórios;
>
> II - a remuneração recebida pela prestação de serviços de arrecadação, fiscalização e cobrança prestados a terceiros;
>
> III - as receitas provenientes de prestação de outros serviços e de fornecimento ou arrendamento de bens;
>
> IV - as demais receitas patrimoniais, industriais e financeiras;
>
> V- as doações, legados, subvenções e outras receitas eventuais;
>
> VI - cinqüenta por cento da receita obtida na forma do parágrafo único do art. 243 da Constituição Federal, repassados pelo Instituto Nacional do Seguro Social aos órgãos responsáveis pelas ações de proteção à saúde e a ser aplicada no tratamento e recuperação de viciados em entorpecentes e drogas afins;
>
> VII - quarenta por cento do resultado dos leilões dos bens apreendidos pela Secretaria da Receita Federal; e
>
> VIII - outras receitas previstas em legislação específica.
>
> Parágrafo único. As companhias seguradoras que mantêm seguro obrigatório de danos pessoais causados por veículos automotores de vias terrestres, de que trata a Lei nº 6.194, de 19 de dezembro de 1974, deverão repassar à seguridade social cinqüenta por cento do valor total do prêmio recolhido, destinados ao Sistema Único de Saúde, para custeio da assistência médico-hospitalar dos segurados vitimados em acidentes de trânsito. (Redação dada pelo Decreto nº 3.265, de 1999)

A praxe nos concursos do INSS é sempre cobrar questões relacionadas ao financiamento da Seguridade Social, seja em relação a União, Estados, Distrito Federal e Municípios, seja em relação aos segurados, seja ainda sobre as contribuições sociais ou ainda sobre outras fontes de receita.

20.3 Salário de Contribuição

Ao estudarmos as contribuições dos segurados em muitas oportunidades foi mencionado o salário de contribuição. Entretanto, não se tinha, até o momento, falado especificadamente sobre o salário de contribuição.

O salário de contribuição nada mais é que a base de cálculo/incidência das contribuições previdenciárias. E, como será visto a seguir, algumas verbas que o trabalhador recebe podem não ser consideradas salário de contribuição. Esta é a razão pela qual nos exemplos dados até aqui utiliza-se a expressão salário de contribuição, e não simplesmente a palavra salário.

O artigo 214 do Decreto 3048/99 estabelece o que é o salário de contribuição para cada uma das categorias de segurados do Regime Geral de Previdência Social, com exceção do segurado especial, que tem a contribuição a partir da receita bruta da comercialização da produção rural, sendo:

> **Art. 214.** Entende-se por salário-de-contribuição:
>
> I - para o empregado e o trabalhador avulso: a remuneração auferida em uma ou mais empresas, assim entendida a totalidade dos rendimentos pagos, devidos ou creditados a qualquer título, durante o mês, destinados a retribuir o trabalho, qualquer que seja a sua forma, inclusive as gorjetas, os ganhos habituais sob a forma de utilidades e os adiantamentos decorrentes de reajuste salarial, quer pelos serviços efetivamente prestados, quer pelo tempo à disposição do empregador ou tomador de serviços, nos termos da lei ou do contrato ou, ainda, de convenção ou acordo coletivo de trabalho ou sentença normativa;
>
> II - para o empregado doméstico: a remuneração registrada na Carteira Profissional e/ou na Carteira de Trabalho e Previdência Social, observados os limites mínimo e máximo previstos nos §§ 3º e 5º;
>
> III - para o contribuinte individual: a remuneração auferida em uma ou mais empresas ou pelo exercício de sua atividade por conta própria, durante o mês, observados os limites a que se referem os §§ 3º e 5º;
>
> VI - para o segurado facultativo: o valor por ele declarado, observados os limites a que se referem os §§ 3º e 5º.

Ainda sobre o salário de contribuição, uma importante consideração precisa ser feita sobre o § 9º do artigo 214, o qual apresenta rubricas que não integram o salário de contribuição, das quais destacamos algumas:

> § 9º Não integram o salário-de-contribuição, exclusivamente:
>
> I - os benefícios da previdência social, nos termos e limites legais, ressalvado o disposto no § 2º;
>
> III - a parcela **in natura** recebida de acordo com programa de alimentação aprovado pelo Ministério do Trabalho e Emprego, nos termos da Lei nº 6.321, de 14 de abril de 1976;
>
> IV - as importâncias recebidas a título de férias indenizadas e respectivo adicional constitucional, inclusive o valor correspondente à dobra da remuneração

de férias de que trata o art. 137 da Consolidação das Leis do Trabalho;

V - as importâncias recebidas a título de:

h) indenizações previstas nos arts. 496 e 497 da Consolidação das Leis do Trabalho;

i) abono de férias na forma dos arts. 143 e 144 da Consolidação das Leis do Trabalho;

j) ganhos eventuais expressamente desvinculados do salário por força de lei; (Redação dada pelo Decreto nº 10.410, de 2020)

k) licença-prêmio indenizada; (Incluído pelo Decreto nº 10.410, de 2020)

l) outras indenizações, desde que expressamente previstas em lei; e (Redação dada pelo Decreto nº 10.410, de 2020)

n) prêmios e abonos; (Incluído pelo Decreto nº 10.410, de 2020)

VI - a parcela recebida a título de vale-transporte, ainda que paga em dinheiro, na forma da legislação própria; (Redação dada pelo Decreto nº 10.410, de 2020)

VII - a ajuda de custo, em parcela única, recebida exclusivamente em decorrência de mudança de local de trabalho do empregado, na forma do art. 470 da Consolidação das Leis do Trabalho;

X - a participação do empregado nos lucros ou resultados da empresa, quando paga ou creditada de acordo com lei específica;

XIII - a importância paga ao empregado a título de complementação ao valor do auxílio-doença desde que este direito seja extensivo à totalidade dos empregados da empresa;

XVIII - o ressarcimento de despesas pelo uso de veículo do empregado, quando devidamente comprovadas; (Redação dada pelo Decreto nº 3.265, de 1999)

XXII - o valor da multa paga ao empregado em decorrência da mora no pagamento das parcelas constantes do instrumento de rescisão do contrato de trabalho, conforme previsto no § 8º do art. 477 da Consolidação das Leis do Trabalho.

XXVI - o valor correspondente ao vale-cultura. (Incluído pelo Decreto nº 10.410, de 2020)

Tratam-se de verbas que são, em sua maior parte, de caráter indenizatório, não representando remuneração por tempo do trabalhador à disposição do empregador ou tomador do serviço. Logo, se aparecerem na tua prova, você saberá que sobre estes valores não incide contribuição previdenciária.

> ▷ **Observações:** Prestar atenção as inclusões realizadas pelo Decreto 10.410/2020, pois eles têm relação com adequação do Decreto 3048/99 com a Emenda Constitucional 103/2019. j) ganhos eventuais expressamente desvinculados do salário por força de lei; k) licença-prêmio indenizada; l) outras indenizações, desde que expressamente previstas em lei; m) importâncias, ainda que habituais, pagas a título de ajuda de custo, auxílio-alimentação, vedado o seu pagamento em dinheiro, e diárias para viagem; n) prêmios e abonos; VI - a parcela recebida a título de vale-transporte, ainda que paga em dinheiro, na forma da legislação própria, XXVI - o valor correspondente ao vale-cultura.

20.4 Limites Mínimo e Máximo

Os limites mínimo e máximo para o salário de contribuição estão expressos nos parágrafos 3º e 5º do artigo 214 do Decreto 3048/99:

> § 3º O limite mínimo do salário de contribuição corresponde:
>
> I - para os segurados contribuinte individual e facultativo, ao salário-mínimo, tomado no seu valor mensal; e
>
> II - para os segurados empregado, inclusive o doméstico, e trabalhador avulso, ao piso salarial legal ou normativo da categoria ou, inexistindo este, ao salário-mínimo, tomado no seu valor mensal, diário ou horário, conforme o ajustado e o tempo de trabalho efetivo durante o mês.
>
> § 5º O valor do limite máximo do salário-de-contribuição será publicado mediante portaria do Ministério da Previdência e Assistência Social, sempre que ocorrer alteração do valor dos benefícios.

- **Dados para o ano de 2024:**

DIÁRIO OFICIAL DA UNIÃO

Publicado em: 12/01/2024 | Edição: 9 | Seção: 1 | Página: 44

Órgão: Ministério da Previdência Social/Gabinete do Ministro

Art. 2º A partir de 1º de janeiro de 2024, o salário de benefício e o salário de contribuição não poderão ser inferiores a R$ 1.412,00 (um mil quatrocentos e doze reais), nem superiores a R$ 7.786,02 (sete mil setecentos e oitenta e seis reais e dois centavos).

Em relação a valor mínimo de contribuição, a Emenda Constitucional 103/19 fez uma adaptação das contribuições previdenciárias, muito em razão do que se chama no direito de trabalho de "uberização" das relações de trabalho, bem como da regulamentação de novas formas de trabalho pela Reforma Trabalhista de 2017, que criou, entre outros, o trabalho intermitente, modelo no qual o trabalhador pode, a depender do caso concreto, receber valores inferiores ao salário-mínimo. Assim, o artigo 145, § 14º da Constituição Federal estabeleceu que, para fins previdenciários, só será computado como tempo de contribuição que for igual ou superior à contribuição mínima mensal exigida para a categoria, que, com exceção do segurado especial, será de um salário-mínimo mensal. Neste sentido:

> **Art. 195.** A seguridade social será financiada por toda a sociedade, de forma direta e indireta, nos termos da lei, mediante recursos provenientes dos orçamentos da União, dos Estados, do Distrito Federal e dos Municípios, e das seguintes contribuições sociais:
>
> (...)
>
> § 14. O segurado somente terá reconhecida como tempo de contribuição ao Regime Geral de Previdência Social a competência cuja contribuição seja igual ou superior à contribuição mínima mensal exigida para sua categoria, assegurado o agrupamento de contribuições.

A parte final do § 14º contempla a solução para quem, porventura, contribua com valor abaixo do salário-mínimo. É possível que o segurado opte pela complementação, pelo agrupamento, ou ainda, pela utilização de valores superiores ao mínimo exigido em outras competências do mesmo ano, o que foi regulamentado de forma infraconstitucional no § 27-A do artigo 216, do Decreto 3048/99:

> **Art. 216.** A arrecadação e o recolhimento das contribuições e de outras importâncias devidas à seguridade social, observado o que a respeito dispuserem o Instituto Nacional do Seguro Social e a Secretaria da Receita Federal, obedecem às seguintes normas gerais:
>
> (...)
>
> § 27-A. O segurado que, no somatório de remunerações auferidas no período de um mês, receber remuneração inferior ao limite mínimo mensal do salário de contribuição poderá solicitar o ajuste das competências pertencentes ao mesmo ano civil, na forma por ele indicada, ou autorizar que os ajustes sejam feitos automaticamente, para que o limite mínimo mensal do salário de contribuição seja alcançado, por meio da opção por:

O inciso I do § 27-A trata da possibilidade de complementação da contribuição. Isso significa que o segurado, por iniciativa própria, contribui para a Previdência Social com o valor que falta entre o que foi recebido no mês e valor da contribuição mínima.

Por exemplo, um empregado intermitente teve seu salário de contribuição de R$ 800,00 (oitocentos reais). Sobre este valor, já houve contribuição. Entretanto, como o salário-mínimo a partir de janeiro de 2024 é de R$ 1.412,00 (mil quatrocentos e doze reais), o trabalhador deverá complementar a contribuição sobre o valor de R$ 612,00 (seiscentos e doze reais), que é a diferença entre o que ele recebeu e a contribuição mínima mensal exigida. Neste sentido:

> **Art. 216.**
>
> (...)
>
> § 27-A.
>
> I complementar a sua contribuição, observado que:
>
> a) o recolhimento da complementação deverá ser efetuado pelo próprio segurado até o dia quinze do mês seguinte ao da competência de referência e, após essa data, com incidência dos acréscimos legais de que tratam os art. 238 e art. 239;
>
> b) para o empregado, o empregado doméstico e o trabalhador avulso, a complementação será efetuada por meio da aplicação da alíquota de sete inteiros e cinco décimos por cento, inclusive para o mês em que exista contribuição concomitante na condição de contribuinte individual; e
>
> c) para o contribuinte individual que preste serviço a empresa, de que trata o § 26, e que contribua exclusivamente nessa condição, a complementação será efetuada por meio da aplicação da alíquota de vinte por cento.

O inciso II do § 27-A trata da possibilidade de utilização de valor excedente ao limite mínimo de outra competência. Em outras palavras o segurado utiliza o valor da contribuição acima do limite mínimo em um mês para aproveitamento em um mês onde a contribuição seja inferior ao limite mínimo legal, realizando uma espécie de compensação.

Sigamos com o exemplo do empregado intermitente. No mês "x/2024", o salário de contribuição foi R$ 2.012,00 (dois mil e doze reais). No mês "y/2024", o salário de contribuição foi R$ 812,00 (oitocentos e vinte reais). Para que a contribuição no mês "y/2024" seja considerada como tempo de contribuição, ele utiliza o valor superior ao mínimo legal do mês "x/2024", ficando as contribuições da seguinte forma: "x/2024" R$ 1.412,00, e, "y/2024" R$ 1.412,00. Em outras palavras, ele desloca os R$ 600,00 que excederam o limite mínimo no mês "x/2024" para o mês "y/2024". Neste sentido:

SEG. SOCIAL

Art. 216.

(...)

§ 27-A.

II - utilizar o valor da contribuição que exceder o limite mínimo de uma competência em outra, observado que:

a) para efeito de utilização da contribuição, serão considerados os salários de contribuição apurados por categoria, consolidados na competência de origem;

b) o salário de contribuição poderá ser utilizado para complementar uma ou mais competências com valor inferior ao limite mínimo, mesmo que em categoria distinta; (Incluída pelo Decreto nº 10.410, de 2020)

c) poderão ser utilizados valores excedentes ao limite mínimo do salário de contribuição de mais de uma competência para compor o salário de contribuição de apenas uma competência; e

d) utilizado o valor excedente, caso o salário de contribuição da competência favorecida ainda permaneça inferior ao limite mínimo, esse valor poderá ser complementado nos termos do disposto no inciso I; ou

Por fim, o inciso III do § 27-A trata da possibilidade de agrupar valores inferiores ao limite mínimo legal. Isto significa que o segurado somará uma ou mais contribuições inferiores ao limite mínimo legal, de forma a conseguir que ao menos em uma competência/mês tenha considerada a contribuição como tempo de contribuição.

Sigamos com o exemplo do empregado intermitente. No mês "w/2024" o salário de contribuição foi R$ 612,00 (seiscentos e doze reais). No mês "z/2024", o salário de contribuição foi R$ 800,00 (oitocentos reais). Tanto no mês "w/2024" quanto no mês "z/2024", as contribuições não são contadas como tempo de contribuição, conforme previsão do art. 195, § 14º da CF/1988. A partir disso, o segurado faz o agrupamento, deixando as contribuições da seguinte forma: no mês "w/2024" R$ 1.412,00, e, mês "z/2024" R$ 00,00. No mês "w/2024", ele tem o cômputo do tempo de contribuição, e, no mês "z/2024" ele permanece sem o computo do tempo de contribuição, o que poderá ser posteriormente regularizado, caso o trabalhador assim deseje. Neste sentido:

Art. 216.

(...)

§ 27-A.

III - agrupar contribuições inferiores ao limite mínimo de diferentes competências, para aproveitamento em contribuições mínimas mensais, observado que:

a) as competências que não atingirem o valor mínimo do salário de contribuição poderão ser agrupadas desde que o resultado do agrupamento não ultrapasse o valor mínimo do salário de contribuição;

b) na hipótese de o resultado do agrupamento ser inferior ao limite mínimo do salário de contribuição, o segurado poderá complementar na forma prevista no inciso I ou utilizar valores excedentes na forma prevista no inciso II; e

c) as competências em que tenha havido exercício de atividade e tenham sido zeradas em decorrência do agrupamento poderão ser objeto de recolhimento pelo segurado, respeitado o limite mínimo.

- **Em síntese:**

O § 27-A tem grande probabilidade de estar na prova.

- Contribuições de valor inferior a 1 salário-mínimo não contam como tempo de contribuição.
- Diante desta situação, o segurado pode:
- fazer a complementação da contribuição, para que atinja o valor de 1 salário-mínimo.
- utilizar o valor que exceder 1 salário-mínimo em outro mês do mesmo ano, para que se chegue ao valor do salário-mínimo.
- fazer o agrupamento de contribuições abaixo do mínimo, para que juntas alcancem o valor de 1 salário-mínimo e ocorra a contagem do tempo de contribuição.

20.5 Arrecadação e Recolhimento

Neste tópico serão estudadas as formas de arrecadação da contribuição previdenciária, ou, em outras palavras, a forma e a determinação de quem é o responsável por indicar o valor de contribuição previdenciária devida, e, o recolhimento, que é o repasse do valor da contribuição previdenciária para os cofres da Seguridade Social.

Ainda neste ponto serão estudadas as datas para recolhimento, bem como as consequências em razão do recolhimento em atraso, como juros, correções e multas.

Art. 216. A arrecadação e o recolhimento das contribuições e de outras importâncias devidas à seguridade social, observado o que a respeito dispuserem o Instituto Nacional do Seguro Social e a Secretaria da Receita Federal, obedecem às seguintes normas gerais:

I - a empresa é obrigada a:

a) arrecadar a contribuição do segurado empregado, do trabalhador avulso e do contribuinte individual a seu serviço, descontando-a da respectiva remuneração; (Redação dada pelo Decreto nº 4.729, de 2003)

b) recolher o produto arrecadado na forma da alínea "a" e as contribuições a seu cargo incidentes sobre as remunerações pagas, devidas ou creditadas, a qualquer título, inclusive adiantamentos decorrentes de reajuste salarial, acordo ou convenção coletiva, aos segurados empregado, contribuinte individual e trabalhador avulso a seu serviço, e sobre o valor bruto da nota fiscal ou fatura de serviço, relativo a serviços que lhe tenham sido prestados por cooperados, por intermédio de cooperativas de trabalho, até o dia vinte do mês seguinte àquele a que se referirem as remunerações, bem como as importâncias retidas na forma do art. 219, até o dia vinte do mês seguinte àquele da emissão da nota fiscal ou fatura, antecipando-se o vencimento para o dia útil imediatamente anterior quando não houver expediente bancário no dia vinte; (Redação dada pelo Decreto nº 6.722, de 2008).

c) recolher as contribuições de que trata o art. 204, na forma e prazos definidos pela legislação tributária federal; (Redação dada pelo Decreto nº 4.729, de 2003)

II - os segurados contribuinte individual, quando exercer atividade econômica por conta própria ou prestar serviço a pessoa física ou a outro contribuinte individual, produtor rural pessoa física, missão diplomática ou repartição consular de carreira estrangeiras, ou quando tratar-se de brasileiro civil que trabalha no exterior para organismo oficial internacional do qual o Brasil seja membro efetivo, ou ainda, na hipótese do § 28, e o facultativo estão obrigados a recolher sua contribuição, por iniciativa própria, até o dia quinze do mês seguinte àquele a que as contribuições se referirem, prorrogando-se o vencimento para o dia útil subseqüente quando não houver expediente bancário no dia quinze, facultada a opção prevista no § 15; (Redação dada pelo Decreto nº 4.729, de 2003)

III - a empresa adquirente, consumidora ou consignatária ou a cooperativa são obrigadas a recolher a contribuição de que trata o art. 200 no prazo referido na alínea "b" do inciso I, no mês subseqüente ao da operação de venda ou consignação da produção rural, independentemente de estas operações terem sido realizadas diretamente com o produtor ou com o intermediário pessoa física;

IV - o produtor rural pessoa física e o segurado especial são obrigados a recolher a contribuição de que trata o art. 200 no prazo referido na alínea "b" do inciso I, no mês subseqüente ao da operação de venda, caso comercializem a sua produção com adquirente domiciliado no exterior, diretamente, no varejo, a consumidor pessoa física, a outro produtor rural pessoa física ou a outro segurado especial;

V - (Revogado pelo Decreto nº 3.452, de 2000)

VI - a pessoa física não produtor rural que adquire produção para venda, no varejo, a consumidor pessoa física é obrigada a recolher a contribuição de que trata o art. 200 no prazo referido na alínea "b" do inciso I, no mês subseqüente ao da operação de venda;

VII - o produtor rural pessoa jurídica é obrigado a recolher a contribuição de que trata o inciso IV do *caput* do art. 201 e o § 8º do art. 202 no prazo referido na alínea "b" do inciso I, no mês subseqüente ao da operação de venda; (Redação dada pelo Decreto nº 3.452, de 2000))

VIII - o empregador doméstico fica obrigado a arrecadar a contribuição do segurado empregado doméstico a seu serviço e recolhê-la, além dos demais valores de que trata o *caput* do art. 211-B, até o dia 7 do mês seguinte ao da competência; (Redação dada pelo Decreto nº 10.410, de 2020)

VIII-A - durante o período da licença-maternidade da empregada doméstica, o empregador doméstico fica obrigado a recolher apenas os valores de que tratam os incisos II ao V do *caput* do art. 211-B; (Incluído pelo Decreto nº 10.410, de 2020)

IX - a empresa que remunera empregado licenciado para exercer mandato de dirigente sindical é obrigada a recolher a contribuição deste, bem como as parcelas a seu cargo, na forma deste artigo;

X - a entidade sindical que remunera dirigente que mantém a qualidade de segurado empregado, licenciado da empresa, ou trabalhador avulso é obrigada a recolher a contribuição destes, bem como as parcelas a seu cargo, na forma deste artigo; e

XI - a entidade sindical que remunera dirigente que mantém a qualidade de segurado contribuinte individual é obrigada a recolher a contribuição prevista no inciso II do *caput* do art. 201 na forma deste artigo, observado o disposto no § 26; (Redação dada pelo Decreto nº 4.729, de 2003)

XII - a empresa que remunera contribuinte individual é obrigada a fornecer a este comprovante do pagamento do serviço prestado consignando, além dos valores da remuneração e do desconto feito, o número da inscrição do segurado no Instituto Nacional do Seguro Social; (Redação dada pelo Decreto nº 4.729, de 2003)

XIII - cabe ao empregador, durante o período de licença-maternidade da empregada, recolher apenas a parcela da contribuição a seu cargo.

§ 15. É facultado aos segurados contribuinte individual e facultativo, cujos salários-de-contribuição sejam iguais ao valor de um salário-mínimo, optarem pelo recolhimento trimestral das contribuições previdenciárias, com vencimento no dia quinze do mês seguinte ao de cada trimestre civil, prorrogando-se o vencimento para o dia útil subseqüente quando não houver expediente bancário no dia quinze. (Redação dada pelo Decreto nº 3.265, de 1999)

§ 28. Cabe ao próprio contribuinte individual que prestar serviços, no mesmo mês, a mais de uma empresa, cuja soma das remunerações superar o limite mensal do salário-de-contribuição, comprovar às que sucederem à primeira o valor ou valores sobre os quais já tenha incidido o desconto da contribuição, de forma a se observar o limite máximo do salário-de-contribuição. (Incluído pelo Decreto nº 4.729, de 2003)

§ 29. Na hipótese do § 28, o Instituto Nacional do Seguro Social poderá facultar ao contribuinte individual que prestar, regularmente, serviços a uma ou mais empresas, cuja soma das remunerações seja igual ou superior ao limite mensal do salário-de-contribuição, indicar qual ou quais empresas e sobre qual valor deverá proceder o desconto da contribuição, de forma a respeitar o limite máximo, e dispensar as demais dessa providência, bem como atribuir ao próprio contribuinte individual a responsabilidade de complementar a respectiva contribuição até o limite máximo, na hipótese de, por qualquer razão, deixar de receber remuneração ou receber remuneração inferior às indicadas para o desconto. (Incluído pelo Decreto nº 4.729, de 2003)

20.5.1 Competência do INSS e da Receita Federal do Brasil

Desde o ano de 2004 quem é responsável pela arrecadação, fiscalização e cobrança de contribuições previdenciárias é a Secretaria da Receita Federal do Brasil.

Art. 230. A Secretaria da Receita Federal é o órgão competente para:

I - arrecadar e fiscalizar o recolhimento das contribuições sociais previstas nos incisos VI e VII do parágrafo único do art. 195;

II - constituir seus créditos por meio dos correspondentes lançamentos e promover a respectiva cobrança;

III - aplicar sanções; e

IV - normatizar procedimentos relativos à arrecadação, fiscalização e cobrança das contribuições de que trata o inciso I.

▷ **Atenção!** Até outubro de 2004 o INSS era encarregado por todos os aspectos operacionais (benefícios, arrecadação, fiscalização, cobrança, etc).

Art. 33 Lei 8.212/91 - À Secretaria da Receita Federal do Brasil compete planejar, executar, acompanhar e avaliar as atividades relativas à tributação, à fiscalização, à arrecadação, à cobrança e ao recolhimento das contribuições sociais previstas no parágrafo único do art. 11 desta Lei, das contribuições incidentes a título de substituição e das devidas a outras entidades e fundos.

20.5.2 Obrigações das empresas e demais contribuintes

Neste ponto, o objeto de estudo são as obrigações das empresas e dos demais contribuintes em relação as contribuições para a Seguridade Social. Dentre as obrigações constam preparação da folha de pagamento, lançamento de fatos geradores na contabilidade, prestação de informações ao INSS e a Receita Federal do Brasil, entregas de guias, comunicação aos empregados, entre outros.

Art. 225. A empresa é também obrigada a:

I - preparar folha de pagamento da remuneração paga, devida ou creditada a todos os segurados a seu serviço, devendo manter, em cada estabelecimento, uma via da respectiva folha e recibos de pagamentos;

II - lançar mensalmente em títulos próprios de sua contabilidade, de forma discriminada, os fatos geradores de todas as contribuições, o montante das quantias descontadas, as contribuições da empresa e os totais recolhidos;

III - prestar ao Instituto Nacional do Seguro Social e à Secretaria da Receita Federal todas as informações cadastrais, financeiras e contábeis de interesse dos mesmos, na forma por eles estabelecida, bem como os esclarecimentos necessários à fiscalização;

IV - informar mensalmente ao Instituto Nacional do Seguro Social, por intermédio da Guia de Recolhimento do Fundo de Garantia do Tempo de Serviço e Informações à Previdência Social, na forma por ele estabelecida, dados cadastrais, todos os fatos geradores de contribuição previdenciária e outras informações de interesse daquele Instituto;

V - (Revogado pelo Decreto nº 10.410, de 2020)

VI - afixar cópia da Guia da Previdência Social, relativamente à competência anterior, durante o período de um mês, no quadro de horário de que trata o art. 74 da Consolidação das Leis do Trabalho.

VII - informar, anualmente, à Secretaria da Receita Federal do Brasil, na forma por ela estabelecida, o nome, o número de inscrição na previdência social e o endereço completo dos segurados de que trata o inciso III do § 15 do art. 9º, por ela utilizados no período, a qualquer título, para distribuição ou comercialização de seus produtos, sejam eles de fabricação própria ou de terceiros, sempre que se tratar de empresa que realize vendas diretas. (Incluído pelo Decreto nº 6.722, de 2008).

VIII - comunicar, mensalmente, os empregados a respeito dos valores descontados de sua contribuição previdenciária e, quando for o caso, dos valores da contribuição do empregador incidentes sobre a remuneração do mês de competência por meio de contracheque, recibo de pagamento ou documento equivalente. (Incluído pelo Decreto nº 10.410, de 2020)

§ 5º A empresa manterá arquivados os documentos comprobatórios do cumprimento das obrigações de que trata este artigo e os documentos comprobatórios do pagamento de benefícios previdenciários reembolsados até que ocorra a prescrição relativa aos créditos decorrentes das operações a que os documentos se refiram, observados o disposto no § 22 e nas normas estabelecidas pela Secretaria Especial da Receita Federal do

Brasil do Ministério da Economia e pelo Conselho Curador do Fundo de Garantia do Tempo de Serviço. (Redação dada pelo Decreto nº 10.410, de 2020)

§ 14. A empresa deverá manter à disposição da fiscalização os códigos ou abreviaturas que identifiquem as respectivas rubricas utilizadas na elaboração da folha de pagamento, bem como os utilizados na escrituração contábil.

De modo a evitar fraudes em pagamentos, concessão ou manutenção de benefícios, o Cartório de Registro Civil deve prestar informações no prazo de um dia útil de nascimentos, casamentos, óbitos, averbações e anotações.

Art. 228. O titular do Cartório de Registro Civil de Pessoas Naturais remeterá ao INSS, no prazo de um dia útil, pelo Sistema Nacional de Informações de Registro Civil, ou pelo sistema que venha a substituí-lo, a relação dos nascimentos, dos natimortos, dos casamentos, dos óbitos, das averbações, das anotações e das retificações registradas na serventia. (Redação dada pelo Decreto nº 10.410, de 2020)

§ 6º O descumprimento de obrigação imposta por este artigo e o fornecimento de informação inexata sujeitarão o titular do Cartório de Registro Civil de Pessoas Naturais, além de outras penalidades, à penalidade prevista na alínea "e" do inciso I do *caput* do art. 283 e a ação regressiva, na forma estabelecida pelo INSS. (Incluído pelo Decreto nº 10.410, de 2020)

20.5.3 Prazo de recolhimento

A legislação estabelece também os prazos para pagamento das contribuições previdenciárias, estabelecendo critérios conforme a modalidade de contribuinte da Seguridade Social. Neste sentido:

Art. 216. A arrecadação e o recolhimento das contribuições e de outras importâncias devidas à seguridade social, observado o que a respeito dispuserem o Instituto Nacional do Seguro Social e a Secretaria da Receita Federal, obedecem às seguintes normas gerais:

I - a empresa é obrigada a:

b) recolher o produto arrecadado na forma da alínea "a" e as contribuições a seu cargo incidentes sobre as remunerações pagas, devidas ou creditadas, a qualquer título, inclusive adiantamentos decorrentes de reajuste salarial, acordo ou convenção coletiva, aos segurados empregado, contribuinte individual e trabalhador avulso a seu serviço, e sobre o valor bruto da nota fiscal ou fatura de serviço, relativo a serviços que lhe tenham sido prestados por cooperados, por intermédio de cooperativas de trabalho, **até o dia vinte do mês seguinte àquele a que se referirem as remunerações**, bem como as importâncias retidas na forma do art. 219, até o dia vinte do mês seguinte àquele da emissão da nota fiscal ou fatura, antecipando-se o vencimento para o dia útil imediatamente anterior quando não houver expediente bancário no dia vinte;

II - os segurados contribuinte individual, quando exercer atividade econômica por conta própria ou prestar serviço a pessoa física ou a outro contribuinte individual, produtor rural pessoa física, missão diplomática ou repartição consular de carreira estrangeiras, ou quando tratar-se de brasileiro civil que trabalha no exterior para organismo oficial internacional do qual o Brasil seja membro efetivo, ou ainda, na hipótese do § 28, e o facultativo estão obrigados a recolher sua contribuição, por iniciativa própria, **até o dia quinze do mês seguinte àquele a que as contribuições se referirem**, prorrogando-se o vencimento para o dia útil subseqüente quando não houver expediente bancário no dia quinze, facultada a opção prevista no § 15

Lei 8212/91

Art. 30, V - o empregador doméstico fica obrigado a arrecadar e a recolher a contribuição do segurado empregado a seu serviço e a parcela a seu cargo, até o vigésimo dia do mês seguinte ao da competência; (Redação dada pela Lei nº 14.438, de 2022)

Prazos de recolhimento das contribuições previdenciária	
Empresa	**Até dia 20 do mês subsequente**
Contribuinte individual e segurado facultativo	Até o dia 15 do mês subsequente
Empregador doméstico	Até o dia 20 do mês subsequente

20.5.4 Recolhimento fora do prazo: juros, multa e atualização monetária

A legislação também prevê casos onde o pagamento não respeita os prazos fixados em lei. Nestes casos haverá incidência de atualização monetária, juros de mora e multa, que será variável conforme a situação do atraso. Em outras palavras, em todos os casos haverá aplicação idêntica de atualização monetária e de juros de mora, sendo variável apenas a multa.

Importante mencionar, ao se tratar de pagamento em atraso, a possibilidade de parcelamento em até 60 (sessenta) meses, nos termos do art. 195, § 11, da Constituição Federal.

Neste sentido:

Constituição Federal

Art. 195, § 11: São vedados a moratória e o parcelamento em prazo superior a 60 (sessenta) meses e, na forma de lei complementar, a remissão e a anistia das contribuições sociais de que tratam a alínea "a" do inciso I e o inciso II do **caput**.

Visto isso, vamos ao art. 239 do Decreto 3048/99 para compreender a dinâmica da multa variável para pagamento em atraso, que terá como variáveis:

1) não inclusão em notificação fiscal de lançamento;

2) a inclusão em notificação fiscal de lançamento; e

3) a inscrição em dívida ativa.

> **Art. 239.** As contribuições sociais e outras importâncias arrecadadas pela Secretaria Especial da Receita Federal do Brasil do Ministério da Economia, incluídas ou não em notificação fiscal de lançamento, pagas com atraso, objeto ou não de parcelamento, ficam sujeitas a: (Redação dada pelo Decreto nº 10.410, de 2020)
>
> I - atualização monetária, quando exigida pela legislação de regência;
>
> II - juros de mora, de caráter irrelevável, incidentes sobre o valor atualizado, equivalentes a:
>
> a) um por cento no mês do vencimento;
>
> b) taxa referencial do Sistema Especial de Liquidação e de Custódia nos meses intermediários; e
>
> c) um por cento no mês do pagamento; e
>
> III - multa variável, de caráter irrelevável, nos seguintes percentuais, para fatos geradores ocorridos a partir de 28 de novembro de 1999: (Redação dada pelo Decreto nº 3.265, de 1999)

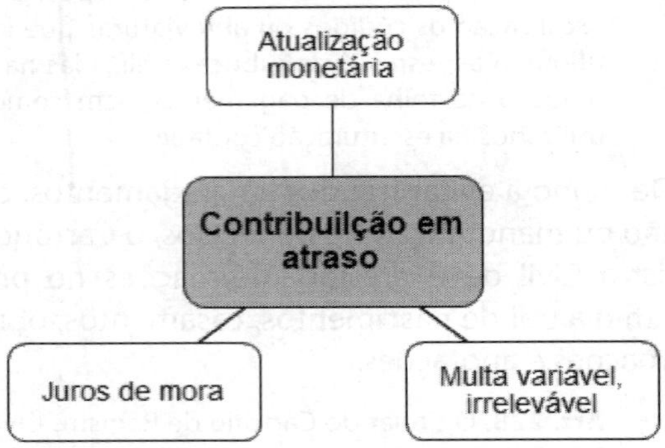

> a) para pagamento após o vencimento de obrigação não incluída em notificação fiscal de lançamento:
>
> 1. oito por cento, dentro do mês de vencimento da obrigação; (Redação dada pelo Decreto nº 3.265, de 1999)
>
> 2. quatorze por cento, no mês seguinte; ou (Redação dada pelo Decreto nº 3.265, de 1999)
>
> 3. vinte por cento, a partir do segundo mês seguinte ao do vencimento da obrigação; (Redação dada pelo Decreto nº 3.265, de 1999)

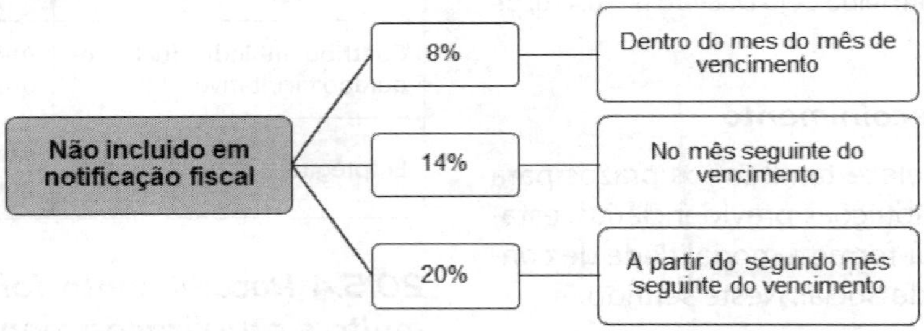

> b) para pagamento de obrigação incluída em notificação fiscal de lançamento:
>
> 1. vinte e quatro por cento, até quinze dias do recebimento da notificação; (Redação dada pelo Decreto nº 3.265, de 1999)
>
> 2. trinta por cento, após o décimo quinto dia do recebimento da notificação; (Redação dada pelo Decreto nº 3.265, de 1999)
>
> 3. quarenta por cento, após apresentação de recurso desde que antecedido de defesa, sendo ambos tempestivos, até quinze dias da ciência da decisão do Conselho de Recursos da Previdência Social; ou (Redação dada pelo Decreto nº 3.265, de 1999)
>
> 4. cinqüenta por cento, após o décimo quinto dia da ciência da decisão do Conselho de Recursos da Previdência Social, enquanto não inscrita em Dívida Ativa; e (Redação dada pelo Decreto nº 3.265, de 1999)

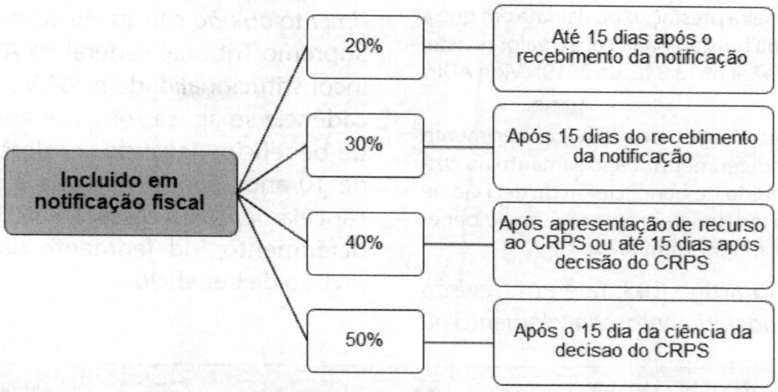

c) para pagamento do crédito inscrito em Dívida Ativa:

1. sessenta por cento, quando não tenha sido objeto de parcelamento; (Redação dada pelo Decreto nº 3.265, de 1999)

2. setenta por cento, se houve parcelamento; (Redação dada pelo Decreto nº 3.265, de 1999)

3. oitenta por cento, após o ajuizamento da execução fiscal, mesmo que o devedor ainda não tenha sido citado, se o crédito não foi objeto de parcelamento; ou (Redação dada pelo Decreto nº 3.265, de 1999)

4. cem por cento, após o ajuizamento da execução fiscal, mesmo que o devedor ainda não tenha sido citado, se o crédito foi objeto de parcelamento. (Redação dada pelo Decreto nº 3.265, de 1999)

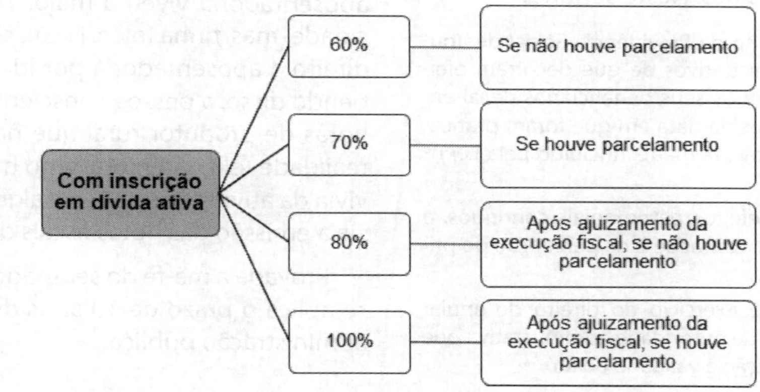

21. DECADÊNCIA E PRESCRIÇÃO

A decadência e a prescrição são assuntos que dizem respeito aos efeitos do tempo em relação aos atos administrativos previdenciários. A decadência diz respeito a possibilidade de revisão.

Por exemplo, uma pessoa foi aposentada mas no cálculo da aposentadoria não foram considerados valores de contribuição decorrentes do êxito em uma ação trabalhista. Isto dá ao segurado o direito de pedir a revisão do seu benefício.

Outro exemplo, em uma pensão por morte não foi considerado pelo INSS que havia um dependente em condição de pessoa inválida, com deficiência intelectual, mental ou grave. Assim o benefício foi concedido a partir da regra da cota familiar de 50% acrescido de cotas de 10% por dependente. Entretanto, a regra que deveria ter sido utilizada é de 100%. Isto também confere ao segurado o direito de pedir revisão do seu benefício.

Vistos estes exemplos, veja-se o que diz o artigo 103 da Lei 8.213/91 a respeito da decadência para o segurado:

> **Art. 103.** O prazo de decadência do direito ou da ação do segurado ou beneficiário para a revisão do ato de concessão, indeferimento, cancelamento ou cessação de benefício e do ato de deferimento, indeferimento ou não concessão de revisão de benefício é de 10 (dez) anos, contado: (Redação dada pela Lei nº 13.846, de 2019) (Vide ADIN 6096)

SEG. SOCIAL

> I - do dia primeiro do mês subsequente ao do recebimento da primeira prestação ou da data em que a prestação deveria ter sido paga com o valor revisto; ou (Incluído pela Lei nº 13.846, de 2019) (Vide ADIN 6096)
>
> II - do dia em que o segurado tomar conhecimento da decisão de indeferimento, cancelamento ou cessação do seu pedido de benefício ou da decisão de deferimento ou indeferimento de revisão de benefício, no âmbito administrativo.

Embora o caput do artigo 103, fale em *"revisão do ato de concessão, indeferimento, cancelamento ou cessação de benefício e do ato de deferimento, indeferimento ou não concessão de revisão de benefício"*, o Supremo Tribunal Federal na ADIN (Ação Direta de Inconstitucionalidade nº 6096) entendeu que a decadência se aplica somente aos atos de concessão de benefício, devendo ser desconsiderado o prazo de 10 anos para revisão de ato de indeferimento, cancelamento ou cessação de benefício e do ato de deferimento, indeferimento ou não concessão de revisão de benefício.

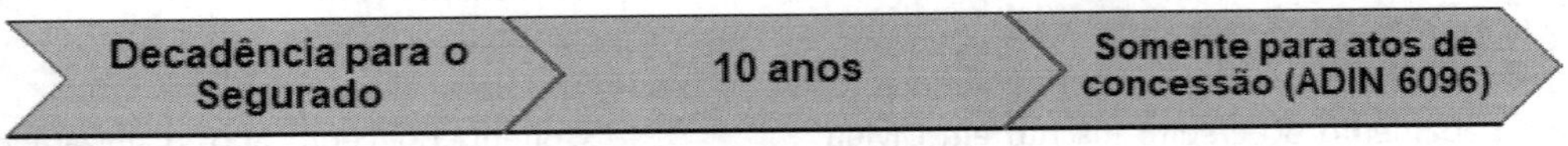

O artigo 103-A, por sua vez, aborda o assunto da decadência sob a perspectiva da Administração Pública revisar e anular seus próprios atos administrativos. Se acima foram vistas algumas possibilidades de revisão de benefício que podem ser solicitadas pelo segurado, agora entenderemos que a lógica inversa se aplica. Ou seja, a Administração Pública pode revisar e anular, atos proferidos por ela mesmo quando verificar erro no ato. Neste sentido:

> Art. 103-A. O direito da Previdência Social de anular os atos administrativos de que decorram efeitos favoráveis para os seus beneficiários decai em dez anos, contados da data em que foram praticados, salvo comprovada má-fé. (Incluído pela Lei nº 10.839, de 2004)
>
> § 1º No caso de efeitos patrimoniais contínuos, o prazo decadencial contar-se-á da percepção do primeiro pagamento.
>
> § 2º Considera-se exercício do direito de anular qualquer medida de autoridade administrativa que importe impugnação à validade do ato.

Importante observação existe na parte final do artigo 103-A, pois, se comprovada a má-fé do segurado, inexiste prazo de decadência para anulação do ato administrativo.

Por exemplo, uma pessoa solicita aposentadoria por idade rural mediante apresentação de notas de talão de produtor rural, mas, quem vivia no meio rural eram os familiares. A pessoa que solicitou a aposentadoria viveu a maior parte da sua vida na cidade, mas, tinha talão. Nesta situação, ela não teria direito a aposentadoria por idade rural. Mesmo sabendo disso, a pessoa conscientemente apresentou notas de produtor rural que não condiziam com a realidade (ela não morava no meio rural, tampouco vivia da atividade rural), era alguém próximo que fazia a emissão das notas fiscais de produtor rural.

Provada a má-fé do segurado nesta situação, não se aplica o prazo de 10 anos de decadência para a administração pública.

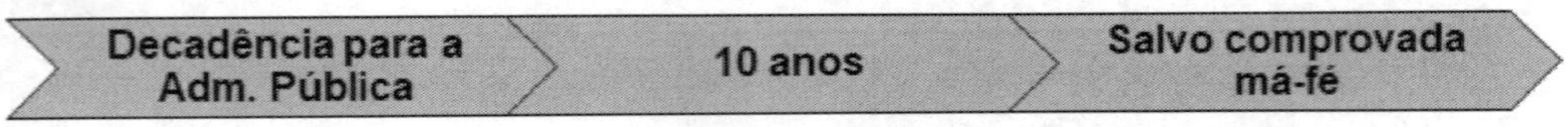

Vejamos agora o assunto da prescrição, que nada mais é do que o efeito do tempo aplicado ao reflexo econômico de uma revisão de benefício a pedido do segurado. Sua previsão está no parágrafo único do artigo 103 da Lei 8.213/91:

> **Art. 103**, § único. Prescreve em cinco anos, a contar da data em que deveriam ter sido pagas, toda e qualquer ação para haver prestações vencidas ou quaisquer restituições ou diferenças devidas pela Previdência Social, salvo o direito dos menores, incapazes e ausentes, na forma do Código Civil.

Como referido no início deste tópico, tanto a decadência quanto a prescrição dizem respeito aos efeitos do tempo nos atos administrativos. Assim, embora o segurado tenha o prazo de 10 anos para pedir a revisão de um benefício, isto não significa dizer que, reconhecido o direito, ele receberá as diferenças de todo o período.

A lei estabelece a limitação temporal para recebimento das diferenças aos últimos cinco anos. Por isso, falar em prescrição é falar do reflexo econômico da revisão de ato administrativo, que será sempre limitado aos últimos 5 (cinco) anos.

Importante também dizer que essa limitação temporal precisa ser avaliada na situação específica apresentada na prova. Por exemplo, se a assertiva apresenta um caso em que a pessoa se aposentou há dois anos e obteve em seu favor revisão da aposentadoria, ela receberá a diferença destes dois anos. Não há como pagar as diferenças dos últimos cinco anos, afinal, ela está aposentada há apenas dois anos.

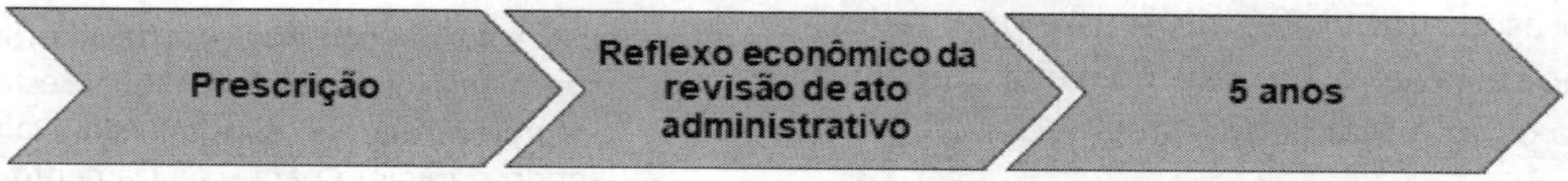

22. CRIMES CONTRA A SEGURIDADE SOCIAL

Nos crimes contra a seguridade social é necessário se valer da legislação penal. Entre os tipos penais, existem os que se aplicam aos segurados e outros que se aplicam aos servidores públicos.

22.1 Apropriação indébita previdenciária

Para abordarmos a apropriação indébita previdenciária precisamos lembrar das obrigações das empresas e dos equiparados a realizar a arrecadação e o recolhimento das contribuições previdenciárias dos segurados a seu serviço.

Em outras palavras, o empresário precisa, por exemplo, descontar em folha de pagamento as contribuições de seus empregados (arrecadação) e fazer o repasse do valor (recolhimento) para os cofres da Seguridade Social.

No crime da apropriação indébita previdenciária ele faz o desconto em folha dos seus empregados, mas não efetua o repasse para a Seguridade Social. Fica com o valor da contribuição dos segurados para si, por qualquer situação que seja.

Neste caso, ele incorre no crime de apropriação indébita previdenciária, prevista no artigo 168-A do Código Penal:

> **Art. 168-A**. Deixar de repassar à previdência social as contribuições recolhidas dos contribuintes, no prazo e forma legal ou convencional: (Incluído pela Lei nº 9.983, de 2000)
>
> Pena – reclusão, de 2 (dois) a 5 (cinco) anos, e multa. (Incluído pela Lei nº 9.983, de 2000)
>
> § 1º Nas mesmas penas incorre quem deixar de: (Incluído pela Lei nº 9.983, de 2000)
>
> I – recolher, no prazo legal, contribuição ou outra importância destinada à previdência social que tenha sido descontada de pagamento efetuado a segurados, a terceiros ou arrecadada do público; (Incluído pela Lei nº 9.983, de 2000)
>
> II – recolher contribuições devidas à previdência social que tenham integrado despesas contábeis ou custos relativos à venda de produtos ou à prestação de serviços; (Incluído pela Lei nº 9.983, de 2000)
>
> III - pagar benefício devido a segurado, quando as respectivas cotas ou valores já tiverem sido reembolsados à empresa pela previdência social. (Incluído pela Lei nº 9.983, de 2000)

Na apropriação indébita, existe a possibilidade de extinção da punibilidade. Neste sentido:

> § 2º É extinta a punibilidade se o agente, espontaneamente, declara, confessa e efetua o pagamento das contribuições, importâncias ou valores e presta as informações devidas à previdência social, na forma definida em lei ou regulamento, antes do início da ação fiscal. (Incluído pela Lei nº 9.983, de 2000)

Pode ainda, na apropriação indébita, o juiz optar por deixar de aplicar a pena ou aplicar somente a pena de multa, quando o agente for primário, tiver bom antecedentes e preencher os requisitos dos incisos I e II do § 3º:

> § 3º É facultado ao juiz deixar de aplicar a pena ou aplicar somente a de multa se o agente for primário e de bons antecedentes, desde que: (Incluído pela Lei nº 9.983, de 2000)
>
> I – tenha promovido, após o início da ação fiscal e antes de oferecida a denúncia, o pagamento da contribuição social previdenciária, inclusive acessórios; ou (Incluído pela Lei nº 9.983, de 2000)
>
> II – o valor das contribuições devidas, inclusive acessórios, seja igual ou inferior àquele estabelecido pela previdência social, administrativamente, como sendo o mínimo para o ajuizamento de suas execuções fiscais. (Incluído pela Lei nº 9.983, de 2000)

Entretanto, a opção do juiz por deixar de aplicar a pena ou aplicar somente a pena de multa deixa de existir quando o parcelamento das contribuições seja de valor superior ao estabelecido como mínimo para ajuizamento de execução fiscal:

> § 4º A faculdade prevista no § 3º deste artigo não se aplica aos casos de parcelamento de contribuições cujo valor, inclusive dos acessórios, seja superior àquele estabelecido, administrativamente, como sendo o mínimo para o ajuizamento de suas execuções fiscais. (Incluído pela Lei nº 13.606, de 2018)

▷ **Observações:** Apropriação Indébita é o tradicional "devo, não nego".

22.2 Sonegação de contribuição previdenciária

Para abordarmos a sonegação de contribuição previdenciária retomamos também ao assunto das obrigações das empresas e dos equiparados a realizar a arrecadação e o recolhimento das contribuições previdenciárias dos segurados a seu serviço.

Como visto na apropriação indébita, o empresário precisa, por exemplo, descontar em folha de pagamento as contribuições de seus empregados (arrecadação) e fazer o repasse do valor (recolhimento) para os cofres da Seguridade Social.

Entretanto, aqui na sonegação de contribuição previdenciária, ele omite a informação a Seguridade Social. Ele sequer faz a arrecadação, e, se não faz a arrecadação, também não faz o recolhimento.

O exemplo clássico dessa situação é o caso onde existe pagamento de salário não registrado em carteira de trabalho (salário por fora). Existe o trabalho, existe o pagamento, mas parte deste pagamento é omitido pelo empregador, por liberalidade entre ele e o empregado.

A sonegação previdenciária está prevista no artigo 337-A do Decreto 3048/99:

> Art. 337-A. Suprimir ou reduzir contribuição social previdenciária e qualquer acessório, mediante as seguintes condutas: (Incluído pela Lei nº 9.983, de 2000)
>
> I – omitir de folha de pagamento da empresa ou de documento de informações previsto pela legislação previdenciária segurados empregado, empresário, trabalhador avulso ou trabalhador autônomo ou a este equiparado que lhe prestem serviços; (Incluído pela Lei nº 9.983, de 2000)
>
> II – deixar de lançar mensalmente nos títulos próprios da contabilidade da empresa as quantias descontadas dos segurados ou as devidas pelo empregador ou pelo tomador de serviços; (Incluído pela Lei nº 9.983, de 2000)
>
> III – omitir, total ou parcialmente, receitas ou lucros auferidos, remunerações pagas ou creditadas e demais fatos geradores de contribuições sociais previdenciárias: (Incluído pela Lei nº 9.983, de 2000)
>
> Pena – reclusão, de 2 (dois) a 5 (cinco) anos, e multa. (Incluído pela Lei nº 9.983, de 2000)
>
> Na sonegação previdenciária, assim como na apropriação indébita, existe a possibilidade de extinção da punibilidade. Neste sentido:
>
> § 1º É extinta a punibilidade se o agente, espontaneamente, declara e confessa as contribuições, importâncias ou valores e presta as informações devidas à previdência social, na forma definida em lei ou regulamento, antes do início da ação fiscal. (Incluído pela Lei nº 9.983, de 2000)

Pode também, na sonegação previdenciária, o juiz optar por deixar de aplicar a pena ou aplicar somente a pena de multa, quando o agente for primário, tiver bons antecedentes e preencher os requisitos do inciso II do § 2º:

> § 2º É facultado ao juiz deixar de aplicar a pena ou aplicar somente a de multa se o agente for primário e de bons antecedentes, desde que: (Incluído pela Lei nº 9.983, de 2000)
>
> I – (VETADO) (Incluído pela Lei nº 9.983, de 2000)
>
> II – o valor das contribuições devidas, inclusive acessórios, seja igual ou inferior àquele estabelecido pela previdência social, administrativamente, como sendo o mínimo para o ajuizamento de suas execuções fiscais. (Incluído pela Lei nº 9.983, de 2000)

Pode ainda, na sonegação previdenciária, o juiz optar por reduzir a pena de um terço até metade, quando se aplicar o disposto no § 3º. Neste ponto, o valor apresentado na legislação é atualizado a data da aplicação da pena, uma vez que o valor contido no dispositivo legal é datado do ano de 2000, conforme dispõe o § 4º:

> § 3º Se o empregador não é pessoa jurídica e sua folha de pagamento mensal não ultrapassa R$ 1.510,00 (um mil, quinhentos e dez reais), o juiz poderá reduzir a pena de um terço até a metade ou aplicar apenas a de multa. (Incluído pela Lei nº 9.983, de 2000)
>
> § 4º O valor a que se refere o parágrafo anterior será reajustado nas mesmas datas e nos mesmos índices do reajuste dos benefícios da previdência social. (Incluído pela Lei nº 9.983, de 2000)

> ▷ **Observações:** Sonegação é ato voluntário de deixar de informar fato gerador de contribuição previdenciária

22.3 Falsificação do selo ou sinal público

A falsificação de selo ou sinal público está prevista no artigo 296 do Código Penal, sendo que, se tal conduta for cometida por servidor público, haverá aumento da pena em um sexto. Neste sentido:

> **Art. 296** - Falsificar, fabricando-os ou alterando-os:
> I - selo público destinado a autenticar atos oficiais da União, de Estado ou de Município;
>
> II - selo ou sinal atribuído por lei a entidade de direito público, ou a autoridade, ou sinal público de tabelião:
>
> Pena - reclusão, de dois a seis anos, e multa.
>
> § 1º - Incorre nas mesmas penas:
>
> I - quem faz uso do selo ou sinal falsificado;
>
> II - quem utiliza indevidamente o selo ou sinal verdadeiro em prejuízo de outrem ou em proveito próprio ou alheio.
>
> III - quem altera, falsifica ou faz uso indevido de marcas, logotipos, siglas ou quaisquer outros símbolos utilizados ou identificadores de órgãos ou entidades da Administração Pública. (Incluído pela Lei nº 9.983, de 2000)

§ 2º - Se o agente é funcionário público, e comete o crime prevalecendo-se do cargo, aumenta-se a pena de sexta parte.

22.4 Inserção de dados falsos em sistema de informações

Com a virtualização dos procedimentos, tornou-se necessária a criação de um tipo penal relacionado à inserção ou à facilitação de inserção de dados falsos, ou ainda para os casos de alteração ou exclusão indevida de dados corretos nos sistemas informatizados, sendo as condutas realizadas com o objetivo de obter vantagem ilícita para si ou para outrem.

Estes são os casos em que se assiste corriqueiramente nos jornais a respeito de fraudes contra o INSS envolvendo segurados e servidores públicos, tendo a conduta prevista no artigo 313-A do Código Penal:

> Art. 313-A. Inserir ou facilitar, o funcionário autorizado, a inserção de dados falsos, alterar ou excluir indevidamente dados corretos nos sistemas informatizados ou bancos de dados da Administração Pública com o fim de obter vantagem indevida para si ou para outrem ou para causar dano: (Incluído pela Lei nº 9.983, de 2000)
>
> Pena – reclusão, de 2 (dois) a 12 (doze) anos, e multa. (Incluído pela Lei nº 9.983, de 2000)

▷ **Observações:** Conduta que se aplica ao servidor público que causa prejuízo à Seguridade Social.

22.5 Estelionato

Em matéria previdenciária, o estelionato se aplica em casos de obtenção de vantagem mediante indução ou manutenção de alguém em erro, com a pena aumentada em um terço em razão do INSS ser entidade de direito público. A previsão está no artigo 171, e, § 3º, do Código Penal:

> Art. 171 - Obter, para si ou para outrem, vantagem ilícita, em prejuízo alheio, induzindo ou mantendo alguém em erro, mediante artifício, ardil, ou qualquer outro meio fraudulento:
>
> Pena - reclusão, de um a cinco anos, e multa, de quinhentos mil réis a dez contos de réis. (Vide Lei nº 7.209, de 1984)
>
> § 3º - A pena aumenta-se de um terço, se o crime é cometido em detrimento de entidade de direito público ou de instituto de economia popular, assistência social ou beneficência.

▷ **Observações:** Fraudar o sistema previdenciário para fins de receber benefício indevido.

23. RECURSOS DAS DECISÕES ADMINISTRATIVAS

O processo administrativo previdenciário prevê no Decreto 3048/99 os recursos para a Junta de Recursos e Câmaras de Julgamento. Para a Junta de Recursos tem-se o Recurso Ordinário e para as Câmaras de Julgamento tem-se o Recurso Especial. Existe ainda o Pedido de Uniformização para o Conselho Pleno do CRPS (Conselho de Recursos da Previdência Social.

Como funciona: a pessoa faz um requerimento no sistema "Meu INSS" e o segurado entende que a decisão não está adequada, recorrendo desta decisão inicial. Isso se chama de Recurso Ordinário, que é interposto/apresentado para a Junta de Recursos do CRPS (Conselho de Recursos da Previdência Social).

A previsão do Recurso Ordinário está no artigo 578 da Instrução Normativa 128/22:

> Art. 578. Das decisões proferidas pelo INSS poderão os interessados interpor recurso ordinário às Juntas de Recursos do Conselho de Recursos da Previdência Social - CRPS.
>
> § 1º É vedado ao INSS recusar o recebimento do recurso ou sustar-lhe o andamento, ressalvadas as hipóteses disciplinadas neste ato normativo ou em ato conjunto do INSS e CRPS.
>
> § 2º Não cabe recurso ao CRPS da decisão que promova o arquivamento do requerimento sem avaliação de mérito, decorrente da não apresentação de documentação indispensável à análise do requerimento.
>
> § 3º O arquivamento do processo de que trata o § 2º não prejudica a apresentação de novo requerimento pelo interessado, que terá efeitos a partir da data da nova solicitação.

Seguindo no exemplo, se o segurado entende que a decisão da Junta de Recursos também não está adequada, pode fazer novo recurso. Isso se chama de Recurso Especial, que é interposto/apresentado para a Junta de Recursos do CRPS (Conselho de Recursos da Previdência Social), previsto no artigo 579 da Instrução Normativa 128/2022:

> Art. 579. Das decisões proferidas no julgamento do recurso ordinário, ressalvadas as matérias de alçada, na forma do Regimento Interno do CRPS, poderão os interessados interpor recurso especial às Câmaras de Julgamento do CRPS.

Caso o segurado entenda que a decisão da Câmara de Julgamento também não está adequada, pode fazer novo recurso, desde que ela encontre decisões em diferentes sentidos nas Câmaras de Julgamento. Em outras palavras, nas Câmaras de

Julgamento, são mais de uma, tem-se decisões que lhe garantem o direito e outras que não.

A esse recurso se dá o nome de pedido de uniformização de jurisprudência, que é interposto/apresentado para a Conselho Pleno do CRPS (Conselho de Recursos da Previdência Social), previsto no artigo 303, IV do Decreto 3048/99:

> Art. 303, IV - Conselho Pleno, com a competência para uniformizar a jurisprudência previdenciária mediante enunciados, podendo ter outras competências definidas no Regimento Interno do Conselho de Recursos da Previdência Social.

Em relação ao prazo para apresentação de recursos, é de 30 dias, conforme IN 128/2022, contados da intimação da decisão que se pretende recorrer ou da ciência de apresentação de recurso pela parte contrária. Neste sentido:

> Art. 580. O prazo para interposição dos recursos ordinário e especial, bem como para o oferecimento de contrarrazões, é de 30 (trinta) dias a partir da data da intimação da decisão ou da ciência da interposição de recurso pela parte contrária, respectivamente.
>
> § 1º O prazo para o INSS começa a contar a partir da data da entrada do processo na unidade competente para apresentação das razões recursais.
>
> § 2º Em se tratando de recurso ordinário, as razões do indeferimento e demais elementos que compõem o processo administrativo previdenciário substituirão as contrarrazões do INSS.

Importante ressaltar que o Conselho de Recursos da Previdência Social é autônomo em relação ao INSS, razão pela qual, por exemplo, no artigo 581 da IN 128/2022 estabelece que:

> Art. 581. É vedado ao INSS escusar-se de cumprir diligências solicitadas pelo CRPS, bem como deixar de dar efetivo cumprimento às decisões definitivas daquele colegiado, reduzir ou ampliar o seu alcance ou executá-las de maneira que contrarie ou prejudique o seu evidente sentido.
>
> § 1º Em se tratando de diligência, a utilização pelo INSS de procedimento administrativo alternativo àquele solicitado pelo CRPS, desde que tenha como objetivo o esclarecimento da questão objeto da diligência, não deve ser considerado como descumprimento de diligências solicitadas pelo CRPS.

Por fim, a IN 128/2022 estabelece que a apresentação de recursos com elementos novos/provas (não apresentados na data de entrada do requerimento) farão com que os efeitos financeiros sejam fixados na dada de apresentação dos novos elementos/provas:

> Art. 582. No caso de recurso de decisão do INSS com apresentação de novos elementos extemporâneos à decisão administrativa proferida pelo Instituto, os efeitos financeiros devem ser fixados na data de apresentação dos novos elementos.

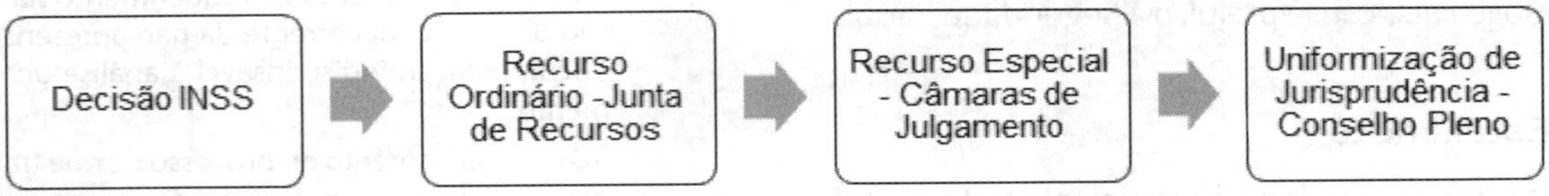

24. SERVIÇOS PREVIDENCIÁRIOS

Os serviços previdenciários dividem-se em: serviço social e reabilitação profissional.

O serviço social tem como escopo prestar ao segurado/dependente orientação e apoio no que diz respeito a problemas pessoas e familiares, bem como na sua relação com a previdência social. Está prevista no artigo 161 do Decreto 3048/99:

> Art. 161. O serviço social constitui atividade auxiliar do seguro social e visa prestar ao beneficiário orientação e apoio no que concerne à solução dos problemas pessoais e familiares e à melhoria da sua inter-relação com a previdência social, para a solução de questões referentes a benefícios, bem como, quando necessário, à obtenção de outros recursos sociais da comunidade.

Prevê atendimento prioritário a segurados em recebimento de benefícios por incapacidade (auxilio por incapacidade temporária e aposentadoria por incapacidade permanente):

> § 1º Será dada prioridade de atendimento a segurados em benefício por incapacidade temporária e atenção especial a aposentados e pensionistas. (Incluído pelo Decreto nº 6.722, de 2008).
>
> § 2º Para assegurar o efetivo atendimento aos beneficiários, poderão ser utilizados mecanismos de intervenção técnica, ajuda material, recursos sociais, intercâmbio com empresas, inclusive mediante celebração de convênios, acordos ou contratos, ou pesquisa social. (Incluído pelo Decreto nº 6.722, de 2008).
>
> § 3º O serviço social terá como diretriz a participação do beneficiário na implementação e fortalecimento da política previdenciária, em articulação com associações e entidades de classes. (Incluído pelo Decreto nº 6.722, de 2008).
>
> § 4º O serviço social prestará assessoramento técnico aos estados, Distrito Federal e municípios na

elaboração de suas respectivas propostas de trabalho relacionadas com a previdência social. (Incluído pelo Decreto nº 6.722, de 2008).

§ 5º O Ministro de Estado da Previdência Social editará atos complementares para a aplicação do disposto neste artigo. (Incluído pelo Decreto nº 6.722, de 2008)

A seu turno, a reabilitação profissional, que é assistência (re)educativa e de (re)adaptação profissional, com foco nos segurados incapacitados parcial ou totalmente para o trabalho, e, as pessoas com deficiência, tem por objetivo proporcionar o (re)ingresso no mercado.

Por exemplo, um motoboy que se acidenta e fica tetraplégico. Ele não conseguirá retornar a sua atividade de motoboy. A reabilitação profissional para ele se aplica a partir da instrução para outra atividade laborativa que lhe garanta o sustento.

Ou ainda, em se tratando de uma pessoa com deficiência, o objetivo é lhe proporcionar os meios necessários para que ela (re)ingresse no mercado de trabalho, tendo uma fonte de renda que lhe garanta o sustento.

Importante lembrar que o conceito de pessoa com deficiência está disposto no artigo 70-C, § 3º do Decreto 3048/99:

Art. 70-C, § 3º Considera-se pessoa com deficiência aquela que tem impedimentos de longo prazo de natureza física, mental, intelectual ou sensorial, os quais, em interação com diversas barreiras, podem obstruir sua participação plena e efetiva na sociedade em igualdade de condições com as demais pessoas.

Isto posto, a reabilitação profissional está disposta entre os artigos 136 e 141 do Decreto 3048/99, destacando-se:

Art. 136. A assistência (re)educativa e de (re)adaptação profissional, instituída sob a denominação genérica de habilitação e reabilitação profissional, visa proporcionar aos beneficiários, incapacitados parcial ou totalmente para o trabalho, em caráter obrigatório, independentemente de carência, e às pessoas portadoras de deficiência, os meios indicados para proporcionar o reingresso no mercado de trabalho e no contexto em que vivem.

§ 1º Cabe ao Instituto Nacional do Seguro Social promover a prestação de que trata este artigo aos segurados, inclusive aposentados, e, de acordo com as possibilidades administrativas, técnicas, financeiras e as condições locais do órgão, aos seus dependentes, preferencialmente mediante a contratação de serviços especializados.

§ 2º As pessoas portadoras de deficiência serão atendidas mediante celebração de convênio de cooperação técnico-financeira.

A habilitação e reabilitação profissional será desenvolvida a partir de cada caso concreto, a partir da avaliação do potencial de trabalho, da orientação e acompanhamento em programa profissional, da articulação com a comunidade, e, do acompanhamento e pesquisa da fixação no mercado de trabalho:

Art. 137. O processo de habilitação e de reabilitação profissional do beneficiário será desenvolvido por meio das funções básicas de:

I - avaliação do potencial laborativo; (Redação dada pelo Decreto nº 3.668, de 2000)

II - orientação e acompanhamento da programação profissional;

III - articulação com a comunidade, inclusive mediante a celebração de convênio para reabilitação física restrita a segurados que cumpriram os pressupostos de elegibilidade ao programa de reabilitação profissional, com vistas ao reingresso no mercado de trabalho; e (Redação dada pelo Decreto nº 4.729, de 2003)

IV - acompanhamento e pesquisa da fixação no mercado de trabalho.

Como anteriormente mencionado, a (re)inserção no mercado de trabalho ocorrerá por meio de desenvolvimento de cursos e/ou treinamentos, de modo a capacitar a pessoa incapacitada para a atividade que desenvolvia e a pessoa com deficiência ao (re)ingresso no mercado de trabalho.

Art. 139. A programação profissional será desenvolvida mediante cursos e/ou treinamentos, na comunidade, por meio de contratos, acordos e convênios com instituições e empresas públicas ou privadas, na forma do art. 317.

§ 1º O treinamento do reabilitando, quando realizado em empresa, não estabelece qualquer vínculo empregatício ou funcional entre o reabilitando e a empresa, bem como entre estes e o Instituto Nacional do Seguro Social.

§ 2º Compete ao reabilitando, além de acatar e cumprir as normas estabelecidas nos contratos, acordos ou convênios, pautar-se no regulamento daquelas organizações.

Importante dizer que ao final do curso/treinamento, a pessoa receberá um certificado, com a observação de que não existe obrigação do INSS a manutenção do emprego da pessoa no local onde trabalhava ou ainda a colocação em outro para o qual foi reabilitado.

Art. 140. Concluído o processo de reabilitação profissional, o Instituto Nacional do Seguro Social emitirá certificado individual indicando a função para a qual o reabilitando foi capacitado profissionalmente, sem prejuízo do exercício de outra para a qual se julgue capacitado.

§ 1º Não constitui obrigação da previdência social a manutenção do segurado no mesmo emprego ou

SEG. SOCIAL

a sua colocação em outro para o qual foi reabilitado, cessando o processo de reabilitação profissional com a emissão do certificado a que se refere o **caput**.

Entretanto, como forma de auxiliar a (re)inserção no mercado de trabalho, a legislação estabelece que empresas com 100 ou mais empregados deverão ter um percentual de pessoas reabilitadas ou pessoas com deficiência. Neste sentido:

> **Art. 141.** A empresa com cem ou mais empregados está obrigada a preencher de dois por cento a cinco por cento de seus cargos com beneficiários reabilitados ou pessoas portadoras de deficiência, habilitadas, na seguinte proporção:
>
> I - até duzentos empregados, dois por cento;
>
> II - de duzentos e um a quinhentos empregados, três por cento;
>
> III - de quinhentos e um a mil empregados, quatro por cento; ou
>
> IV - mais de mil empregados, cinco por cento.
>
> § 1º A dispensa de pessoa com deficiência ou de beneficiário reabilitado pela previdência social ao final de contrato por prazo determinado de mais de noventa dias e a dispensa imotivada em contrato por prazo indeterminado somente poderão ocorrer após a contratação de outro trabalhador com deficiência ou beneficiário reabilitado pela previdência social. (Redação dada pelo Decreto nº 10.410, de 2020)

25. BENEFÍCIOS DECORRENTES DE LEGISLAÇÕES ESPECIAIS

Para alguns casos específicos, a legislação confere o direito a benefícios a partir daquela premissa de igualdade material, tratando iguais como iguais e desiguais como desiguais, na medida de suas desigualdades. Cada uma dessas desigualdades será estudada em tópico específico.

25.1 Pensão Especial – Síndrome de Talidomida

A síndrome da talidomida é marcada em especial pela má formação dos membros anteriores, em razão da utilização da medicação "talidomida", que tinha como objetivo controlar ansiedade, tensão, e, náuseas, entre os anos de 1958 e 1965.

A pensão é concedida a partir da Lei 7.070/82, paga de forma mensal, a partir da data do requerimento, de forma vitalícia e intransferível, com caráter indenizatório. Neste sentido:

> **Art. 1º** - Fica o Poder Executivo autorizado a conceder pensão especial, mensal, vitalícia e intransferível, aos portadores da deficiência física conhecida como "Síndrome da Talidomida" que a requererem, devida a partir da entrada do pedido de pagamento no Instituto Nacional de Previdência Social - INPS.

Para ter direito ao benefício, é necessária exclusivamente a apresentação de atestado médico comprovando a existência da deficiência física conhecida como "Síndrome da Talidomida".

> **Art. 2º** - A percepção do benefício de que trata esta Lei dependerá unicamente da apresentação de atestado médico comprobatório das condições constantes do artigo anterior, passado por junta médica oficial para esse fim constituída pelo Instituto Nacional de Previdência Social, sem qualquer ônus para os interessados.

Por ser um benefício decorrente de uma situação especial e excepcional, trata-se de benefício de natureza indenizatória. Isso é importante pois via de regra os benefícios previdenciários possuem natureza alimentar de substituição de salário, o que não é o caso da "Síndrome da Talidomida".

> **Art. 3**, § 1º. O benefício de que trata esta Lei é de natureza indenizatória, não prejudicando eventuais benefícios de natureza previdenciária, e não poderá ser reduzido em razão de eventual aquisição de capacidade laborativa ou de redução de incapacidade para o trabalho, ocorridas após a sua concessão.

A lei dispõe ainda a possibilidade de recebimento de um adicional de 25% sobre o valor do benefício, quando o maior de 35 anos necessitar de assistência permanente de outra pessoa ou que tenha recebido pontuação igual ou superior a 6, em função dos pontos indicadores da natureza e do grau da dependência, as quais, no termos no art. 1,§ 2º da Lei 7.070/82 compreendem a incapacidade para o trabalho, a deambulação, a higiene pessoal, e, a alimentação.

> **Art. 3,** § 2º. O beneficiário desta pensão especial, maior de trinta e cinco anos, que necessite de assistência permanente de outra pessoa e que tenha recebido pontuação superior ou igual a seis, conforme estabelecido no § 2º do art. 1º desta Lei, fará jus a um adicional de vinte e cinco por cento sobre o valor deste benefício.

Além do adicional de 25% previsto no § 2º, poderá a pessoa com "Síndrome da Talidomida" receber mais um adicional de 35% desde que fique comprovado ao menos 25 anos de tempo de contribuição para o homem e 20 anos de tempo de contribuição para a mulher, ou 55 anos de idade para o homem e 50 anos de idade para a mulher que tenham ao menos 15 anos de contribuição para a Previdência Social.

> **Art. 3,** § 3º. Sem prejuízo do adicional de que trata o § 2º, o beneficiário desta pensão especial fará jus a mais um adicional de trinta e cinco por cento sobre

o valor do benefício, desde que comprove pelo menos: (Incluído pela Lei nº 10.877, de 2004)

I – vinte e cinco anos, se homem, e vinte anos, se mulher, de contribuição para a Previdência Social; (Incluído pela Lei nº 10.877, de 2004)

II – cinqüenta e cinco anos de idade, se homem, ou cinqüenta anos de idade, se mulher, e contar pelo menos quinze anos de contribuição para a Previdência Social. (Incluído pela Lei nº 10.877, de 2004)

A pensão será paga pelo INSS e é isenta de imposto de renda, face seu caráter indenizatório.

Art 4º - A pensão especial será mantida e paga pelo Instituto Nacional de Previdência Social, por conta do Tesouro Nacional.

Art. 4º-A. Ficam isentos do imposto de renda a pensão especial e outros valores recebidos em decorrência da deficiência física de que trata o **caput** do art. 1º desta Lei, observado o disposto no art. 2º desta Lei, quando pagos ao seu portador.

25.2 Pensão Especial dos Seringueiros

A pensão especial dos seringueiros é destinada aos que trabalharam durante a Segunda Guerra Mundial nos seringais da Região Amazônica e que não possuam meios para sustento próprio e da família.

A pensão é concedida também aos seringueiros que, atendendo ao chamamento do governo brasileiro, trabalharam na produção da borracha na Região Amazônica, contribuindo para o esforço de guerra.

O benefício tem valor correspondente a 2 (dois) salários mínimos mensais, dependendo de início de prova material. Assim, não se admite apenas prova testemunhal. Neste sentido:

Art. 1º É assegurado aos seringueiros recrutados nos termos do Decreto-Lei nº 5.813, de 14 de setembro de 1943, que tenham trabalhado durante a Segunda Guerra Mundial nos Seringais da Região Amazônica, amparados pelo Decreto-Lei nº9.882, de 16 de setembro de 1946, e que não possuam meios para a sua subsistência e da sua família, o pagamento de pensão mensal vitalícia correspondente ao valor de 2 (dois) salários-mínimos vigentes no País.

Parágrafo único. O benefício a que se refere este artigo estende-se aos seringueiros que, atendendo ao chamamento do governo brasileiro, trabalharam na produção de borracha, na região Amazônica, contribuindo para o esforço de guerra.

Art. 2º O benefício de que trata esta Lei é transferível aos dependentes que comprovem o estado de carência.

Art. 3º A comprovação da efetiva prestação de serviços a que alude esta Lei, inclusive mediante justificação administrativa ou judicial, só produzirá efeito quando baseada em início de prova material, não sendo admitida prova exclusivamente testemunhal.

Art. 4º A comprovação da carência do beneficiário ou do dependente será feita com a apresentação de atestado fornecido por órgão oficial.

25.3 Pensão Especial de Ex-Combatente

Esta pensão é dirigida aos que participaram de operações bélicas durante a Segunda Guerra Mundial, que será pago mensalmente ao ex-combatente ou a seus dependentes, em caso de falecimento, que corresponderá à pensão deixada por segundo-tenente das forças armadas.

A pensão poderá ser requerida a qualquer tempo, com a observação em relação aos dependentes que a ex-esposa/companheira que comprovar a dependência econômica em relação ao ex-combatente, terá direito a uma cota da pensão especial. Neste sentido:

Art. 1º Esta lei regula a pensão especial devida a quem tenha participado de operações bélicas durante a Segunda Guerra Mundial, nos termos da Lei nº 5.315, de 12 de setembro de 1967, e aos respectivos dependentes.

Art. 3º A pensão especial corresponderá à pensão militar deixada por segundo-tenente das Forças Armadas.

Art. 9º Até o valor de que trata o art. 3º desta lei, a ex-esposa que estiver percebendo alimentos por força de decisão judicial terá direito a pensão especial no valor destes.

Art. 10. A pensão especial pode ser requerida a qualquer tempo.

25.4 Pensão Especial às Vítimas de Hemodiálise de Caruaru

Esta pensão, que possui valor de 1 (um) salário-mínimo mensal, é dirigida ao cônjuge, companheiro(a), descendente, ascendente e colaterais até segundo grau de vítimas fatais de hepatite tóxica em razão de processo de hemodiálise no Instituto de Doenças Renais do município de Caruaru, entres os meses de fevereiro e março de 1996.

Em relação aos beneficiários, quando se fala em descendentes estar-se-á falando dos filhos. Por sua vez, os ascendentes são os pais. Por fim, os ascendentes colaterais até segundo grau são os irmãos.

Para ter direito ao benefício é necessário o atestado de óbito da vítima, com o indicativo da relação com o processo de hemodiálise no Instituto de Doenças Renais do município de Caruaru, entres os meses de fevereiro e março de 1996, comprovados por prontuário médico, e, da prova do parentesco reconhecida judicialmente, quando não houver documento oficial que o comprove. Neste sentido:

> **Art. 1º** Fica o Poder Executivo autorizado a conceder pensão especial mensal, retroativa à data do óbito, no valor de um salário-mínimo vigente no País, ao cônjuge, companheiro ou companheira, descendente, ascendente e colaterais até segundo grau das vítimas fatais de hepatite tóxica, por contaminação em processo de hemodiálise no Instituto de Doenças Renais, com sede na cidade de Caruaru, no Estado de Pernambuco, no período compreendido entre fevereiro e março de 1996, mediante evidências clínico-epidemiológicas determinadas pela autoridade competente.
>
> **Art. 2º** Havendo mais de um pensionista habilitado ao recebimento da pensão de que trata o artigo anterior, aplica-se, no que couber, o disposto no art. 77 da Lei nº 8.213, de 24 de julho de 1991.
>
> **Art. 3º** A percepção do benefício dependerá do atestado de óbito da vítima, indicativo de *causa mortis* relacionada com os incidentes mencionados no art. 1º, comprovados com o respectivo prontuário médico, e da qualificação definida no art. 1º, justificada judicialmente, quando inexistir documento oficial que a declare.
>
> **Art. 4º** A pensão de que trata esta Lei não se transmitirá ao sucessor e se extingüirá com a morte do último beneficiário.

25.5 Pensão Vitalícia às Vítimas de CÉSIO 137

Esta pensão é dirigida às vítimas do acidente com CÉSIO 137 ocorrido em Goiânia – GO. Não é transmissível ao cônjuge sobrevivente ou aos herdeiros em caso de morte do beneficiário.

Será paga a partir da incapacidade funcional laborativa, se parcial ou permanente, resultante do acidente com CÉSIO 137. A comprovação da condição de vítima do acidente depende junta médica oficial, na qual deve-se anotar o tipo de sequela que impede o desempenho profissional e/ou aprendizado de maneira total ou parcial.

Se houver condenação judicial da União ao pagamento de indenização por responsabilidade civil, o montante da pensão será deduzido/descontado do valor da condenação. Neste sentido:

> **Art. 1º** É concedida pensão vitalícia, a título de indenização especial, às vítimas do acidente com a substância radioativa CÉSIO 137, ocorrido em Goiânia, Estado de Goiás.
>
> Parágrafo único. A pensão de que trata esta Lei, é personalíssima, não sendo transmissível ao cônjuge sobrevivente ou aos herdeiros, em caso de morte do beneficiário.
>
> **Art. 3º** A comprovação de ser a pessoa vítima do acidente radioativo ocorrido com o CÉSIO 137 e estar enquadrada nos incisos do artigo anterior deverá ser feita por meio de junta médica oficial, a cargo da Fundação Leide das Neves Ferreira, com sede em Goiânia, Estado de Goiás e supervisão do Ministério Público Federal, devendo-se anotar o tipo de seqüela que impede o desempenho profissional e/ou o aprendizado de maneira total ou parcial.
>
> **Art. 4º** Havendo condenação judicial da União ao pagamento de indenização por responsabilidade civil em decorrência do acidente de que trata esta Lei, o montante da pensão ora instituída será obrigatoriamente deduzido do *quantum* da condenação.

25.6 Aposentadoria e Pensão Excepcional ao Anistiado Político

A aposentadoria e pensão excepcional ao anistiado político tem relação com o artigo 8º do Ato das Disposições Constitucionais Transitórias da Constituição Federal de 1988, o qual dispõe:

> **Art. 8º**, ADCT. É concedida anistia aos que, no período de 18 de setembro de 1946 até a data da promulgação da Constituição, foram atingidos, em decorrência de motivação exclusivamente política, por atos de exceção, institucionais ou complementares, aos que foram abrangidos pelo Decreto Legislativo nº 18, de 15 de dezembro de 1961, e aos atingidos pelo Decreto-Lei nº 864, de 12 de setembro de 1969 , asseguradas as promoções, na inatividade, ao cargo, emprego, posto ou graduação a que teriam direito se estivessem em serviço ativo, obedecidos os prazos de permanência em atividade previstos nas leis e regulamentos vigentes, respeitadas as características e peculiaridades das carreiras dos servidores públicos civis e militares e observados os respectivos regimes jurídicos.

Assim é garantido ao anistiado político, conforme Lei 10.559/02, o direito reparação econômica, de caráter indenizatório, podendo ser em prestação única ou em prestação mensal, permanente e continuada, nos seguintes termos:

> **Art.** 1, II - reparação econômica, de caráter indenizatório, em prestação única ou em prestação mensal, permanente e continuada, asseguradas a readmissão ou a promoção na inatividade, nas condições estabelecidas no caput e nos §§ 1º e 5º do art. 8º do Ato das Disposições Constitucionais Transitórias;

Em se tratando de reparação econômica em prestação única, a mesma ocorrerá no pagamento de trinta salários mínimos por ano de punição. Neste sentido:

> **Art. 4º** A reparação econômica em prestação única consistirá no pagamento de trinta salários mínimos por ano de punição e será devida aos anistiados

políticos que não puderem comprovar vínculos com a atividade laboral.

§ 1º Para o cálculo do pagamento mencionado no caput deste artigo, considera-se como um ano o período inferior a doze meses.

§ 2º Em nenhuma hipótese o valor da reparação econômica em prestação única será superior a R$ 100.000,00 (cem mil reais).

Entretanto, se a indenização for mediante prestação mensal, a mesma será de valor igual ao da remuneração que o anistiado político recebia se estivesse na ativa:

> **Art. 5º** A reparação econômica em prestação mensal, permanente e continuada, nos termos do art. 8º do Ato das Disposições Constitucionais Transitórias, será assegurada aos anistiados políticos que comprovarem vínculos com a atividade laboral, à exceção dos que optarem por receber em prestação única.
>
> **Art. 6º** O valor da prestação mensal, permanente e continuada, será igual ao da remuneração que o anistiado político receberia se na ativa estivesse, considerada a graduação a que teria direito, obedecidos os prazos para promoção previstos nas leis e regulamentos vigentes, e asseguradas as promoções ao oficialato, independentemente de requisitos e condições, respeitadas as características e peculiaridades dos regimes jurídicos dos servidores públicos civis e dos militares, e, se necessário, considerando-se os seus paradigmas.

Em se tratando de prestação mensal, a legislação dispõe que o valor não será inferior ao salário-mínimo nem superior ao teto da administração pública, hoje o subsídio dos ministros do Supremo Tribunal Federal:

> Art. 7º O valor da prestação mensal, permanente e continuada, não será inferior ao do salário-mínimo nem superior ao do teto estabelecido no art. 37, inciso XI, e § 9º da Constituição.

Em se tratando de valor indenizatório, tanto no pagamento em parcela única, quanto no pagamento em prestações mensais, não haverá incidência de imposto de renda.

> Art. 9º, § único. Os valores pagos a título de indenização a anistiados políticos são isentos do Imposto de Renda.

Por fim, em caso de óbito do anistiado, o direito a reparação, seja em parcela única ou em prestação mensal, se transfere aos dependentes:

> Art. 13. No caso de falecimento do anistiado político, o direito à reparação econômica transfere-se aos seus dependentes, observados os critérios fixados nos regimes jurídicos dos servidores civis e militares da União.

25.7 Pensão Especial às Pessoas Atingidas por Hanseníase

Esta pensão é destinada as pessoas atingidas por hanseníase que foram submetidas a isolamento e internação compulsórios, com previsão na Lei 11.520/07.

Trata-se de pensão especial, mensal, vitalícia e intransferível, com valor fixo mensal, reajustado anualmente. A comprovação da condição de pessoa atingida por hanseníase se faz por meio prova documental e testemunhal. Se necessário, pode ser comprovada mediante prova pericial.

Por fim, a legislação não impede o recebimento de benefício previdenciário.

> **Art. 1º** Fica o Poder Executivo autorizado a conceder pensão especial, mensal, vitalícia e intransferível, às pessoas atingidas pela hanseníase e que foram submetidas a isolamento e internação compulsórios em hospitais-colônia, até 31 de dezembro de 1986, que a requererem, a título de indenização especial, correspondente a R$ 750,00 (setecentos e cinqüenta reais).
>
> § 1º A pensão especial de que trata o **caput** é personalíssima, não sendo transmissível a dependentes e herdeiros, e será devida a partir da entrada em vigor desta Lei.
>
> § 2º O valor da pensão especial será reajustado anualmente, conforme os índices concedidos aos benefícios de valor superior ao piso do Regime Geral de Previdência Social.
>
> § 3º O requerimento referido no **caput** será endereçado ao Secretário Especial dos Direitos Humanos da Presidência da República, nos termos do regulamento.
>
> § 4º Caberá ao Instituto Nacional do Seguro Social - INSS o processamento, a manutenção e o pagamento da pensão, observado o art. 6º.
>
> **Art. 3º** A pensão especial de que trata esta Lei, ressalvado o direito à opção, não é acumulável com indenizações que a União venha a pagar decorrentes de responsabilização civil sobre os mesmos fatos.
>
> Parágrafo único. O recebimento da pensão especial não impede a fruição de qualquer benefício previdenciário.

25.8 Pensão Especial Destinada às Crianças com Síndrome Congênita do Zika Virus

Esta pensão, regulamentada pela Lei 13.985/2020, é destinada as crianças com Síndrome Congênita do Zika Vírus, nascida entre 01/01/2015 e 31/12/2019, beneficiárias do Benefício de Prestação Continuada (BPC).

O Benefício de Prestação Continuada é aquele regulamentado no artigo 20 da Lei 8.742/93, destinado à pessoa com deficiência que não possui condição de sustento próprio ou provido pela Família.

Nestes casos, a pensão, que será paga de forma mensal, vitalícia e intransferível, será no valor de 1 (um) salário-mínimo mensal. Neste sentido:

> Art. 1º Fica instituída a pensão especial destinada a crianças com Síndrome Congênita do Zika Vírus, nascidas entre 1º de janeiro de 2015 e 31 de dezembro de 2019, beneficiárias do Benefício de Prestação Continuada (BPC) de que trata o art. 20 da Lei nº 8.742, de 7 de dezembro de 1993.
>
> § 1º A pensão especial será mensal, vitalícia e intransferível e terá o valor de um salário-mínimo.

A pensão especial será devida a partir do dia posterior à cessação do benefício de prestação continuada. A vantagem da pensão especial em relação ao benefício de prestação continuada é que este é revisto a cada dois anos, e, a pensão especial, vitalícia.

De todo modo, assim como o benefício de prestação continuada, a pensão especial não gera direito a 13º salário ou pensão por morte.

> Art. 1
>
> § 4º A pensão especial será devida a partir do dia posterior à cessação do BPC ou dos benefícios referidos no § 2º deste artigo, que não poderão ser acumulados com a pensão.
>
> § 5º A pensão especial não gerará direito a abono ou a pensão por morte.

26. SEGURO DESEMPREGO DO PESCADOR ARTESANAL

Este é um benefício previdenciário regulamentado pela Lei 10.779/03 e Decreto 8.424/15, devido ao pescador artesanal, que faça desta atividade sua única fonte de renda, de forma individual ou em regime de economia familiar, durante o período de defeso de atividade pesqueira, que tem por objetivo a preservação das espécies marinhas, com valor de 1 (um) salário-mínimo mensal.

> **Art. 1º** O pescador artesanal de que tratam a alínea "b" do inciso VII do art. 12 da Lei nº 8.212, de 24 de julho de 1991, e a alínea "b" do inciso VII do art. 11 da Lei nº 8.213, de 24 de julho de 1991, desde que exerça sua atividade profissional ininterruptamente, de forma artesanal e individualmente ou em regime de economia familiar, fará jus ao benefício do seguro-desemprego, no valor de 1 (um) salário-mínimo mensal, durante o período de defeso de atividade pesqueira para a preservação da espécie. (Redação dada pela Lei nº 13.134, de 2015)
>
> § 1º Considera-se profissão habitual ou principal meio de vida a atividade exercida durante o período compreendido entre o defeso anterior e o em curso, ou nos 12 (doze) meses imediatamente anteriores ao do defeso em curso, o que for menor. (Redação dada pela Lei nº 13.134, de 2015)
>
> § 2º O período de defeso de atividade pesqueira é o fixado pelo Instituto Brasileiro do Meio Ambiente e dos Recursos Naturais Renováveis - IBAMA, em relação à espécie marinha, fluvial ou lacustre a cuja captura o pescador se dedique.
>
> § 3º Considera-se ininterrupta a atividade exercida durante o período compreendido entre o defeso anterior e o em curso, ou nos 12 (doze) meses imediatamente anteriores ao do defeso em curso, o que for menor. (Incluído dada pela Lei nº 13.134, de 2015)

Para fazer jus ao benefício, deverá o pescador artesanal inscrito no Registro Geral da Atividade Pesqueira – RGP, que não disponha de outra fonte de renda diversa da decorrente da atividade pesqueira. Neste sentido dispõe o Decreto 8424/15:

> Art. 1, § 4º O benefício será devido ao pescador profissional artesanal inscrito no Registro Geral da Atividade Pesqueira - RGP que não disponha de outra fonte de renda diversa da decorrente da atividade pesqueira, observado o disposto no Decreto nº 8.425, de 31 de março de 2015, sem prejuízo da licença de pesca concedida na esfera federal, quando exigida nos termos do art. 3º, § 2º, da Lei nº 11.959, de 29 de junho de 2009. (Redação dada pelo Decreto nº 8.967, de 2017)

Deverá ainda comprovar, para ter direito ao benefício, além do registro, o enquadramento como segurado especial, o pagamento da contribuição previdenciária, provar não estar em recebimento de nenhum benefício decorrente de programa federal de transferência de renda ou benefício de prestação continuada, e, não ter vinculo de emprego ou outra fonte de renda, conforme artigo 2º do Decreto 8424/15:

> **Art. 2º** Terá direito ao benefício do seguro-desemprego o pescador profissional artesanal que preencher os seguintes requisitos:
>
> I - ter registro no RGP, com situação cadastral ativa decorrente de licença concedida, emitido pelo Ministério da Agricultura, Pecuária e Abastecimento, na condição de pescador profissional artesanal, observada a antecedência mínima prevista no art. 2º da Lei nº 10.779, de 2003 ; (Redação dada pelo Decreto nº 8.967, de 2017)
>
> II - possuir a condição de segurado especial unicamente na categoria de pescador profissional artesanal;
>
> III - ter realizado o pagamento da contribuição previdenciária, nos termos da Lei nº 8.212, de 24 de julho de 1991 , nos últimos doze meses imediatamente anteriores ao requerimento do benefício ou desde o último período de defeso até o requerimento do benefício, o que for menor, observado,

quando for o caso, o disposto no inciso IV do **caput** do art. 5º ;

IV - não estar em gozo de nenhum benefício decorrente de programa federal de transferência de renda com condicionalidades ou de benefício de prestação continuada da Assistência Social ou da Previdência Social, exceto auxílio-acidente ou pensão por morte; e

V - não ter vínculo de emprego, ou outra relação de trabalho, ou outra fonte de renda diversa da decorrente da atividade pesqueira vedada pelo período de defeso.

Caso a pesca seja de mais de uma espécie, e, que as espécies tenham períodos de defeso diferentes, será pago o benefício uma única vez ao ano, conforme disposto na Lei 10.779/03.

Art. 1, § 5º O pescador profissional artesanal não fará jus, no mesmo ano, a mais de um benefício de seguro-desemprego decorrente de defesos relativos a espécies distintas. (Incluído dada pela Lei nº 13.134, de 2015)

§ 6º A concessão do benefício não será extensível às atividades de apoio à pesca nem aos familiares do pescador profissional que não satisfaçam os requisitos e as condições estabelecidos nesta Lei. (Incluído dada pela Lei nº 13.134, de 2015)

Por fim, nos termos da Lei 10.779/03, o seguro defeso do pescador artesanal é pessoal e intransferível.

Art. 1, § 7º O benefício do seguro-desemprego é pessoal e intransferível. (Incluído dada pela Lei nº 13.134, de 2015)

27. LEI ORGÂNICA DA ASSISTÊNCIA SOCIAL

A assistência social, conforme disposto no artigo 203 da CF/1988 será prestada a quem dela necessitar, garantindo-se o benefício de prestação continuada à pessoa com 65 anos ou mais, ou, pessoa com deficiência, sendo que, em ambos os casos, o postulante ao benefício deverá comprovar não possuir meios de prover à própria manutenção ou de tê-la provida por sua família.

Em âmbito infraconstitucional, o benefício de prestação continuada é regulamentado pela Lei 8742/93, mais especificadamente no artigo 20, a saber:

Art. 20. O benefício de prestação continuada é a garantia de um salário-mínimo mensal à pessoa com deficiência e ao idoso com 65 (sessenta e cinco) anos ou mais que comprovem não possuir meios de prover a própria manutenção nem de tê-la provida por sua família.

O conceito de pessoa com deficiência se extrai da leitura do artigo § 2º do artigo 20 da Lei 8742/93:

§ 2º Para efeito de concessão do benefício de prestação continuada, considera-se pessoa com deficiência aquela que tem impedimento de longo prazo de natureza física, mental, intelectual ou sensorial, o qual, em interação com uma ou mais barreiras, pode obstruir sua participação plena e efetiva na sociedade em igualdade de condições com as demais pessoas.

O impedimento de longo prazo é fixado pelo § 10º do artigo 20 da Lei 8742/93:

§ 10. Considera-se impedimento de longo prazo, para os fins do § 2º deste artigo, aquele que produza efeitos pelo prazo mínimo de 2 (dois) anos.

A fixação deste lapso temporal mínimo permite afirmar que uma doença ou incapacidade pode ser considerada deficiência, desde que produza efeito pelo prazo mínimo de 2 (dois) anos. De todo modo, quando não produzir efeito pelo prazo mínimo de 2 (dois) anos, não se terá o reconhecimento da condição da pessoa com deficiência.

▷ **Atenção!** Caso o conceito de pessoa com deficiência seja cobrado na prova, o enunciado obrigatoriamente deverá trazer subsídios para isto. Não há como criar uma regra geral e abstrata. A condição de pessoa com deficiência será aferida no caso concreto.

O conceito de família também é apresentado na Lei 8742/93:

Art. 20. (...)

§ 1º Para os efeitos do disposto no **caput**, a família é composta pelo requerente, o cônjuge ou companheiro, os pais e, na ausência de um deles, a madrasta ou o padrasto, os irmãos solteiros, os filhos e enteados solteiros e os menores tutelados, desde que vivam sob o mesmo teto.

A legislação ainda exige que a família esteja cadastrada no **CadÚnico** (Cadastro Único para Programas do Governo Federal):

Art. 20. (...)

§ 12. São requisitos para a concessão, a manutenção e a revisão do benefício as inscrições no Cadastro de Pessoas Físicas (CPF) e no Cadastro Único para Programas Sociais do Governo Federal - Cadastro Único, conforme previsto em regulamento.

Além disto, a renda per capita familiar não pode ser superior à ¼ do salário-mínimo, conforme disposto no § 3º do artigo 20. Neste sentido:

Art. 20. (...)

§ 3 Observados os demais critérios de elegibilidade definidos nesta Lei, terão direito ao benefício financeiro de que trata o caput deste artigo a pessoa com deficiência ou a pessoa idosa com renda familiar mensal per capita igual ou inferior a 1/4 (um quarto) do salário-mínimo.

Na prática, isto é aferido caso a caso. Por exemplo: em 2023 o salário-mínimo é de R$ 1.320,00 (mil trezentos e vinte reais). ¼ do salário-mínimo representa R$ 330,00 (trezentos e trinta). Logo, para calcular a renda per capita familiar é feito o somatório das rendas dos integrantes do grupo familiar, que será dividida pelo numero de integrantes. O resultado precisa ser inferior a R$ 330,00, em 2023, para que o seja preenchido o requisito de renda per capita inferior a ¼ do salário-mínimo.

Outra observação importante a ser feita é que se alguém do grupo familiar receber benefício de prestação continuada ou benefício previdenciário com valor de um salário-mínimo, o valor deste benefício não entrará no computo da renda familiar caso exista mais uma pessoa com 65 anos ou uma pessoa com deficiência naquele grupo familiar postulando o benefício de prestação continuada. Neste sentido:

Art. 20. (...)

§ 14. O benefício de prestação continuada ou o benefício previdenciário no valor de até 1 (um) salário-mínimo concedido a idoso acima de 65 (sessenta e cinco) anos de idade ou pessoa com deficiência não será computado, para fins de concessão do benefício de prestação continuada a outro idoso ou pessoa com deficiência da mesma família, no cálculo da renda a que se refere o § 3º deste artigo. (Incluído pela Lei nº 13.982, de 2020)

O benefício será mantido até o óbito do beneficiário, ou, enquanto permanecerem as condições que lhe deram origem, sendo, nos termos do artigo 21 da Lei 8742/93 *"revisto a cada 2 (dois) anos para avaliação da continuidade das condições que lhe deram origem."*

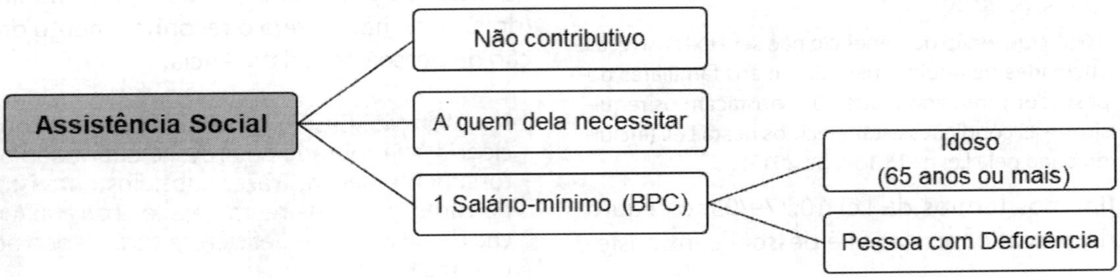

Além do benefício de prestação continuada, a Lei 8742/93 prevê a possibilidade do benefício denominado **auxílio-inclusão**, que é destinado à pessoa com deficiência moderada ou grave que receba benefício de prestação continuada e passe a exercer atividade remunerada, com limites previstos no artigo 26-A da Lei 8742/93, a saber:

Art. 26-A. Terá direito à concessão do auxílio-inclusão de que trata o art. 94 da Lei nº 13.146, de 6 de julho de 2015 (Estatuto da Pessoa com Deficiência), a pessoa com deficiência moderada ou grave que, cumulativamente: (Incluído pela Lei nº 14.176, de 2021) (Vigência)

I – receba o benefício de prestação continuada, de que trata o art. 20 desta Lei, e passe a exercer atividade:

a) que tenha remuneração limitada a 2 (dois) salários-mínimos; e

b) que enquadre o beneficiário como segurado obrigatório do Regime Geral de Previdência Social ou como filiado a regime próprio de previdência social da União, dos Estados, do Distrito Federal ou dos Municípios;

II – tenha inscrição atualizada no CadÚnico no momento do requerimento do auxílio-inclusão;

III – tenha inscrição regular no CPF; e

IV – atenda aos critérios de manutenção do benefício de prestação continuada, incluídos os critérios relativos à renda familiar mensal per capita exigida para o acesso ao benefício, observado o disposto no § 4º deste artigo.

Tem-se então alguns requisitos a serem preenchidos para acesso ao benefício. Além da deficiência moderada ou grave, precisa estar recebendo o benefício de prestação continuada, passar a exercer atividade remunerada, limitada a 2 (dois) salários-mínimos mensais, ser segurado obrigatório do Regime Geral de Previdência Social ou Regime Próprio de Previdência Social, ter cadastro atualizado no **CadÚnico** (Cadastro Único para Programas do Governo Federal), e, atender aos critérios de manutenção do benefício de prestação continuada, em especial, a renda per capita familiar de até ¼ do salário-mínimo.

De modo a não constituir um ônus à pessoa com deficiência moderada ou grave, o artigo § 4º, inciso I do artigo 26-A da Lei 8742/93 determina que será desconsiderada do cálculo da renda familiar *"as remunerações obtidas pelo requerente em decorrência de exercício de atividade laboral, desde que o total recebido no mês seja igual ou inferior a 2 (dois) salários-mínimos".*

O valor do auxílio-inclusão será de 50% do valor do benefício de prestação continuada. Em outras palavras, o auxílio-inclusão é no valor de meio salário-mínimo mensal, sendo devido enquanto permanecerem preenchidos os critérios para o recebimento do benefício de prestação continuada, bem como os requisitos do próprio benefício.

De todo modo não é apenas do benefício de prestação continuada e do auxílio-reclusão que dispõe a Lei Orgânica da Assistência Social. Isto porque a Assistência Social é, nos termos do artigo 1º da Lei 8.742/93 *"é Política de Seguridade Social não contributiva, que provê os mínimos sociais, realizada através de um conjunto integrado de ações de iniciativa pública e da sociedade, para garantir o atendimento às necessidades básicas."*

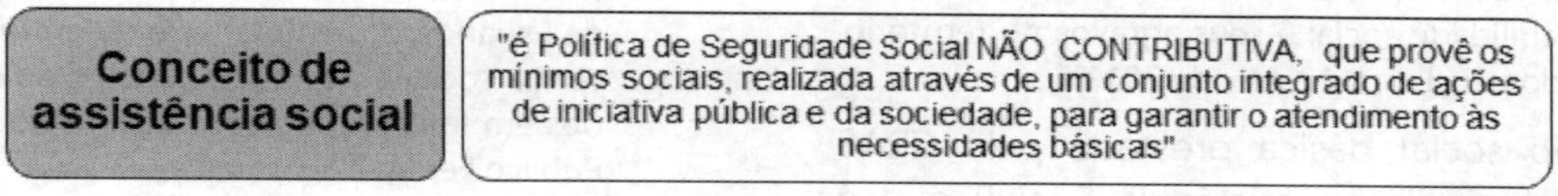

Possui ainda objetivos, princípios e diretrizes, dispostos nos artigos 2º, 4º e 5º da Lei 8.742/93, abaixo sistematizado:

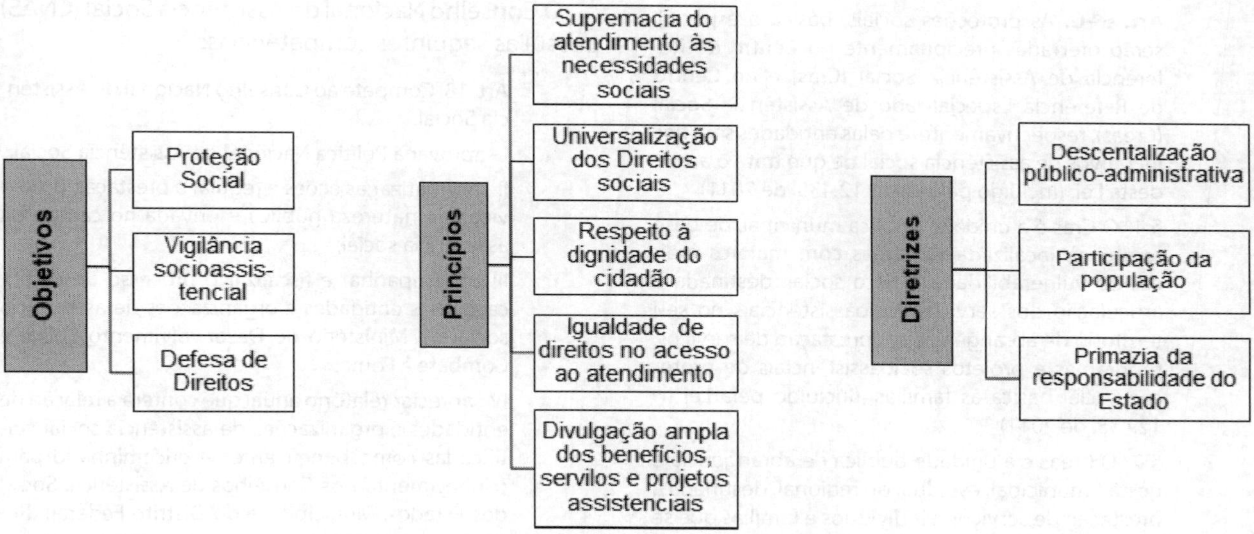

As pessoas atendidas pela Assistência Social terão registro mediante inscrição no CADÚNICO, que consiste em um registro público para identificação e caracterização socioeconômica das famílias de baixa renda, sendo este cadastro obrigatório para acesso a programas socias do Governo Federal.

> **Art. 6º-F**. Fica instituído o Cadastro Único para Programas Sociais do Governo Federal (CadÚnico), registro público eletrônico com a finalidade de coletar, processar, sistematizar e disseminar informações georreferenciadas para a identificação e a caracterização socioeconômica das famílias de baixa renda.
>
> § 1º As famílias de baixa renda poderão inscrever-se no CadÚnico nas unidades públicas de que tratam os §§ 1º e 2º do art. 6º-C desta Lei ou, nos termos do regulamento, por meio eletrônico.
>
> § 2º A inscrição no CadÚnico é obrigatória para acesso a programas sociais do Governo Federal.

Importante destacar que a Assistência Social organiza-se em dois meios de proteção: proteção social básica e proteção social especial. A primeira tem como objetivo prevenir situações de vulnerabilidade e risco social. A segunda tem por objetivo contribuir para a reconstrução de vínculos, a defesa de direitos, o fortalecimento de potencialidades com o objetivo de enfrentamento das situações de violação de direitos.

> **Art. 6º-A**. A assistência social organiza-se pelos seguintes tipos de proteção: (Incluído pela Lei nº 12.435, de 2011)
>
> I - proteção social básica: conjunto de serviços, programas, projetos e benefícios da assistência social que visa a prevenir situações de vulnerabilidade e risco social por meio do desenvolvimento de potencialidades e aquisições e do fortalecimento de vínculos familiares e comunitários; (Incluído pela Lei nº 12.435, de 2011)

II - proteção social especial: conjunto de serviços, programas e projetos que tem por objetivo contribuir para a reconstrução de vínculos familiares e comunitários, a defesa de direito, o fortalecimento das potencialidades e aquisições e a proteção de famílias e indivíduos para o enfrentamento das situações de violação de direitos. (Incluído pela Lei nº 12.435, de 2011)

Parágrafo único. A vigilância socioassistencial é um dos instrumentos das proteções da assistência social que identifica e previne as situações de risco e vulnerabilidade social e seus agravos no território. (Incluído pela Lei nº 12.435, de 2011)

A proteção social básica prestada pelo CRAS (Centro de Referência e Assistência Social) que é unidade pública municipal. Por sua vez a proteção social especial é prestada pelo CREAS (Centro de Referência Especializado de Assistência Social), unidade pública municipal, estadual ou regional.

Art. 6º-C. As proteções sociais, básica e especial, serão ofertadas precipuamente no Centro de Referência de Assistência Social (Cras) e no Centro de Referência Especializado de Assistência Social (Creas), respectivamente, e pelas entidades sem fins lucrativos de assistência social de que trata o art. 3º desta Lei. (Incluído pela Lei nº 12.435, de 2011)

§ 1º O Cras é a unidade pública municipal, de base territorial, localizada em áreas com maiores índices de vulnerabilidade e risco social, destinada à articulação dos serviços socioassistenciais no seu território de abrangência e à prestação de serviços, programas e projetos socioassistenciais de proteção social básica às famílias. (Incluído pela Lei nº 12.435, de 2011)

§ 2º O Creas é a unidade pública de abrangência e gestão municipal, estadual ou regional, destinada à prestação de serviços a indivíduos e famílias que se encontram em situação de risco pessoal ou social, por violação de direitos ou contingência, que demandam intervenções especializadas da proteção social especial. (Incluído pela Lei nº 12.435, de 2011)

§ 3º Os Cras e os Creas são unidades públicas estatais instituídas no âmbito do Suas, que possuem interface com as demais políticas públicas e articulam, coordenam e ofertam os serviços, programas, projetos e benefícios da assistência social.

O Conselho Nacional de Assistência Social (CNAS) é o órgão superior de deliberação colegiada, vinculado à Administração Pública Federal, obedecendo as seguintes regras:

Art. 17. Fica instituído o Conselho Nacional de Assistência Social (CNAS), órgão superior de deliberação colegiada, vinculado à estrutura do órgão da Administração Pública Federal responsável pela coordenação da Política Nacional de Assistência Social, cujos membros, nomeados pelo Presidente da República, têm mandato de 2 (dois) anos, permitida uma única recondução por igual período

§ 1º O Conselho Nacional de Assistência Social (CNAS) é composto por 18 (dezoito) membros e respectivos suplentes, cujos nomes são indicados ao órgão da Administração Pública Federal responsável pela coordenação da Política Nacional de Assistência Social, de acordo com os critérios seguintes:

I - 9 (nove) representantes governamentais, incluindo 1 (um) representante dos Estados e 1 (um) dos Municípios

II - 9 (nove) representantes da sociedade civil, dentre representantes dos usuários ou de organizações de usuários, das entidades e organizações de assistência social e dos trabalhadores do setor, escolhidos em foro próprio sob fiscalização do Ministério Público Federal.

§ 2º O Conselho Nacional de Assistência Social (CNAS) é presidido por um de seus integrantes, eleito dentre seus membros, para mandato de 1 (um) ano, permitida uma única recondução por igual período.

O Conselho Nacional de Assistência Social (CNAS) possui as seguintes competências:

Art. 18. Compete ao Conselho Nacional de Assistência Social:

I - aprovar a Política Nacional de Assistência Social;

II - normatizar as ações e regular a prestação de serviços de natureza pública e privada no campo da assistência social;

III - acompanhar e fiscalizar o processo de certificação das entidades e organizações de assistência social no Ministério do Desenvolvimento Social e Combate à Fome;

IV - apreciar relatório anual que conterá a relação de entidades e organizações de assistência social certificadas como beneficentes e encaminhá-lo para conhecimento dos Conselhos de Assistência Social dos Estados, Municípios e do Distrito Federal; (Redação dada pela Lei nº 12.101, de 2009)

V - zelar pela efetivação do sistema descentralizado e participativo de assistência social;

VI - a partir da realização da II Conferência Nacional de Assistência Social em 1997, convocar ordinariamente a cada quatro anos a Conferência Nacional de Assistência Social, que terá a atribuição de avaliar a situação da assistência social e propor diretrizes para o aperfeiçoamento do sistema; (Redação dada pela Lei nº 9.720, de 26.4.1991)

VII - (Vetado.)

VIII - apreciar e aprovar a proposta orçamentária da Assistência Social a ser encaminhada pelo órgão da Administração Pública Federal responsável pela coordenação da Política Nacional de Assistência Social;

IX - aprovar critérios de transferência de recursos para os Estados, Municípios e Distrito Federal, considerando, para tanto, indicadores que informem sua regionalização mais eqüitativa, tais como: população, renda per capita, mortalidade infantil e concentração de renda, além de disciplinar os procedimentos de repasse de recursos para as entidades e organizações de assistência social, sem prejuízo das disposições da Lei de Diretrizes Orçamentárias;

X - acompanhar e avaliar a gestão dos recursos, bem como os ganhos sociais e o desempenho dos programas e projetos aprovados;

XI - estabelecer diretrizes, apreciar e aprovar os programas anuais e plurianuais do Fundo Nacional de Assistência Social (FNAS);

XII - indicar o representante do Conselho Nacional de Assistência Social (CNAS) junto ao Conselho Nacional da Seguridade Social;

XIII - elaborar e aprovar seu regimento interno;

XIV - divulgar, no Diário Oficial da União, todas as suas decisões, bem como as contas do Fundo Nacional de Assistência Social (FNAS) e os respectivos pareceres emitidos.

Isto posto, o candidato precisa realizar o concurso entendendo que a Assistência Social é muito mais do que somente a concessão do benefício de prestação continuada à pessoa com deficiência e ao idoso que não tenham condições de manter o sustento próprio ou tê-lo provido pela família.

A Assistência Social oferece serviços de proteção social básica e especial, tento em matéria de conscientização, quanto em matéria de reparação de danos e direitos à pessoas em situação de vulnerabilidade social.

Isto tudo ocorre dentro de um grande sistema organizado pelo Conselho Nacional de Assistência Social.

28. REGIMES PRÓPRIOS DE PREVIDÊNCIA SOCIAL

Os Regimes Próprios de Previdência Social existem para os servidores públicos ocupantes de cargos efetivos, mediante contribuição de servidores ativos, de aposentados e de pensionistas. Assim dispõe o § 18 do artigo 40 da Constituição Federal:

> § 18. Incidirá contribuição sobre os proventos de aposentadorias e pensões concedidas pelo regime de que trata este artigo que superem o limite máximo estabelecido para os benefícios do regime geral de previdência social de que trata o art. 201, com percentual igual ao estabelecido para os servidores titulares de cargos efetivos.

Aqui já se verifica uma grande diferença entre os regimes próprios e o regime geral de previdência social. No regime geral não há cobrança de contribuição de aposentados e pensionistas, ao contrário do que ocorre nos regimes próprios.

A previsão constitucional dos regimes próprios está no artigo 40 da Constituição Federal, a saber:

> **Art. 40.** O regime próprio de previdência social dos servidores titulares de cargos efetivos terá caráter contributivo e solidário, mediante contribuição do respectivo ente federativo, de servidores ativos, de aposentados e de pensionistas, observados critérios que preservem o equilíbrio financeiro e atuarial.
>
> § 1º O servidor abrangido por regime próprio de previdência social será aposentado:
>
> I - por incapacidade permanente para o trabalho, no cargo em que estiver investido, quando insuscetível de readaptação, hipótese em que será obrigatória a realização de avaliações periódicas para verificação da continuidade das condições que ensejaram a concessão da aposentadoria, na forma de lei do respectivo ente federativo; (Redação dada pela Emenda Constitucional nº 103, de 2019)
>
> II - compulsoriamente, com proventos proporcionais ao tempo de contribuição, aos 70 (setenta) anos de idade, ou aos 75 (setenta e cinco) anos de idade, na forma de lei complementar;
>
> III - no âmbito da União, aos 62 (sessenta e dois) anos de idade, se mulher, e aos 65 (sessenta e cinco) anos de idade, se homem, e, no âmbito dos Estados, do Distrito Federal e dos Municípios, na idade mínima estabelecida mediante emenda às respectivas Constituições e Leis Orgânicas, observados o tempo de contribuição e os demais requisitos estabelecidos em lei complementar do respectivo ente federativo. (Redação dada pela Emenda Constitucional nº 103, de 2019)

Nos regimes próprios, os valores do benefício terão a mesma dinâmica do regime geral. Não poderão ser inferiores ao salário-mínimo, nem superiores ao teto do INSS, o qual em 2023 corresponde a R$ 7.507,49 (sete mil, quinhentos e sete reais e quarenta e nove centavos). Neste sentido:

> § 2º Os proventos de aposentadoria não poderão ser inferiores ao valor mínimo a que se refere o § 2º do art. 201 ou superiores ao limite máximo estabelecido para o Regime Geral de Previdência Social, observado o disposto nos §§ 14 a 16.

É possível que o servidor público protegido por regime próprio faça a adesão facultativa a previdência complementar, nos termos do § 14 do artigo 40:

> § 14. A União, os Estados, o Distrito Federal e os Municípios instituirão, por lei de iniciativa do respectivo Poder Executivo, regime de previdência complementar para servidores públicos ocupantes de cargo efetivo, observado o limite máximo dos benefícios do Regime Geral de Previdência Social para o valor das aposentadorias e das pensões em regime próprio de previdência social, ressalvado o disposto no § 16. (Redação dada pela Emenda Constitucional nº 103, de 2019)

Apresentada a questão constitucional relacionada aos regimes próprios, a Lei 9.717/98 surgiu para dispor sobre regras gerais de organização e funcionamento dos regimes próprios de previdência social, o qual deverá obedecer aos seguintes critérios:

> **Art. 1º** Os regimes próprios de previdência social dos servidores públicos da União, dos Estados, do Distrito Federal e dos Municípios, dos militares dos Estados e do Distrito Federal deverão ser organizados, baseados em normas gerais de contabilidade e atuária, de modo a garantir o seu equilíbrio financeiro e atuarial, observados os seguintes critérios:
>
> I - realização de avaliação atuarial inicial e em cada balanço utilizando-se parâmetros gerais, para a organização e revisão do plano de custeio e benefícios; (Redação dada pela Medida Provisória nº 2.187-13, de 2001)
>
> II - financiamento mediante recursos provenientes da União, dos Estados, do Distrito Federal e dos Municípios e das contribuições do pessoal civil e militar, ativo, inativo e dos pensionistas, para os seus respectivos regimes;
>
> III - as contribuições e os recursos vinculados ao Fundo Previdenciário da União, dos Estados, do Distrito Federal e dos Municípios e as contribuições do pessoal civil e militar, ativo, inativo, e dos pensionistas, somente poderão ser utilizadas para pagamento de benefícios previdenciários dos respectivos regimes, ressalvadas as despesas administrativas estabelecidas no art. 6º, inciso VIII, desta Lei, observado os limites de gastos estabelecidos em parâmetros gerais; (Redação dada pela Medida Provisória nº 2.187-13, de 2001)
>
> IV - cobertura de um número mínimo de segurados, de modo que os regimes possam garantir diretamente a totalidade dos riscos cobertos no plano de benefícios, preservando o equilíbrio atuarial sem necessidade de resseguro, conforme parâmetros gerais;
>
> V - cobertura exclusiva a servidores públicos titulares de cargos efetivos e a militares, e a seus respectivos dependentes, de cada ente estatal, vedado o pagamento de benefícios, mediante convênios ou consórcios entre Estados, entre Estados e Municípios e entre Municípios;
>
> VI - pleno acesso dos segurados às informações relativas à gestão do regime e participação de representantes dos servidores públicos e dos militares, ativos e inativos, nos colegiados e instâncias de decisão em que os seus interesses sejam objeto de discussão e deliberação;
>
> VII - registro contábil individualizado das contribuições de cada servidor e dos entes estatais, conforme diretrizes gerais;
>
> VIII - identificação e consolidação em demonstrativos financeiros e orçamentários de todas as despesas fixas e variáveis com pessoal inativo civil, militar e pensionistas, bem como dos encargos incidentes sobre os proventos e pensões pagos;
>
> IX - sujeição às inspeções e auditorias de natureza atuarial, contábil, financeira, orçamentária e patrimonial dos órgãos de controle interno e externo.
>
> X - vedação de inclusão nos benefícios, para efeito de percepção destes, de parcelas remuneratórias pagas em decorrência de local de trabalho, de função de confiança ou de cargo em comissão, exceto quando tais parcelas integrarem a remuneração de contribuição do servidor que se aposentar com fundamento no art. 40 da Constituição Federal, respeitado, em qualquer hipótese, o limite previsto no § 2º do citado artigo; (Redação dada pela Lei nº 10.887, de 2004)
>
> XI - vedação de inclusão nos benefícios, para efeito de percepção destes, do abono de permanência de que tratam o § 19 do art. 40 da Constituição Federal, o § 5º do art. 2º e o § 1º do art. 3º da Emenda Constitucional nº 41, de 19 de dezembro de 2003. (Redação dada pela Lei nº 10.887, de 2004)

O artigo 5º da Lei prevê expressamente a vedação a criação de benefícios em regime próprio diversos dos existentes no regime geral, salvo disposição em sentido contrário na Constituição Federal:

> **Art. 5º** Os regimes próprios de previdência social dos servidores públicos da União, dos Estados, do Distrito Federal e dos Municípios, dos militares dos Estados e do Distrito Federal não poderão conceder benefícios distintos dos previstos no Regime Geral de Previdência Social, de que trata a Lei nº 8.213, de 24 de julho de 1991, salvo disposição em contrário da Constituição Federal.

Para casos de extinção de regime próprio, a União, o Estado, o Distrito Federal e os Municípios assumirão a responsabilidade pelo pagamento dos benefícios concedidos durante o período de vigência do regime próprio. Neste sentido:

> **Art. 10.** No caso de extinção de regime próprio de previdência social, a União, o Estado, o Distrito Federal e os Municípios assumirão integralmente a responsabilidade pelo pagamento dos benefícios concedidos durante a sua vigência, bem como daqueles benefícios cujos requisitos necessários a sua concessão foram implementados anteriormente à extinção do regime próprio de previdência social.

Mais recentemente, no ano de 2019 foi editado o Decreto 10.188/19, que trata da certidão de tempo de contribuição, documento que é expedido para utilização do tempo de contribuição de um regime previdenciário em outro. Por exemplo você candidato, supondo que até o presente momento você só tenha trabalhado na iniciativa privada. Todo seu tempo de contribuição está vinculado ao regime geral. Entretanto, após aprovação, nomeação e posse, você será protegido por regime próprio.

Neste contexto, a certidão de tempo de contribuição é o documento que possibilitará que você utilize seu tempo de contribuição no regime geral lá no regime próprio.

O artigo 511 da Instrução Normativa 128/2022 regulamenta a expedição deste documento pelo INSS, afirmando que será um documento único onde constarão os períodos de efetiva contribuição ao regime geral. Neste sentido:

> **Art. 511.** A Certidão de Tempo de Contribuição - CTC emitida pelo INSS é o instrumento que permite que o tempo de contribuição vertido para o RGPS seja aproveitado por Regimes Próprios de Previdência Social - RPPSs ou Regimes de Previdência Militar, para fins de contagem recíproca.
>
> § 1º A CTC deverá ser única, devendo nela constar os períodos de efetiva contribuição ao RGPS, de forma integral, e os respectivos salários de contribuição a partir de 1º de julho de 1994.
>
> § 2º Para a expedição da CTC, não será exigido que o segurado se desvincule de suas atividades abrangidas pelo RGPS.

A Instrução Normativa prevê ainda a possibilidade de revisão a qualquer tempo da Certidão de Tempo de Contribuição, nos seguintes termos:

> **Art. 517.** A CTC pode ser revista a qualquer tempo, a pedido do interessado ou de seus dependentes, desde que não seja alterada a destinação dos períodos já averbados e utilizados para obtenção de aposentadoria ou vantagem no RPPS.

Com o aproveitamento de tempo de contribuição de um regime em outro haverá a chamada compensação previdenciária, mecanismo pelo qual ocorre o ressarcimento previdenciário entres os regimes de previdência envolvidos. Neste sentido dispõe o artigo 520 da Instrução Normativa 128/2022:

> **Art. 520.** A Compensação Previdenciária é o ressarcimento financeiro entre o RGPS e os RPPSs dos servidores da União, dos Estados, do Distrito Federal e Municípios, referente ao tempo de contribuição utilizado na concessão de benefícios nos termos da contagem recíproca.
>
> **Art. 522.** A Compensação Previdenciária será realizada conforme as disposições contidas na Lei nº 9.796, de 5 de maio de 1999, no Decreto nº 10.188, de 20 de dezembro de 2019, e na Portaria MPAS nº 6.209, de 1999.

29. SERVIDOR PÚBLICO COMO AGENTE DE DESENVOLVIMENTO SOCIAL

A concepção do servidor público como agente de desenvolvimento social ocorre tanto a partir dos deveres do servidor público estabelecidos na Lei 8.112/91, quanto nas funções primordiais por ele desenvolvidas, como por exemplo sob a ótica da Lei 8742/93, que regulamenta a Assistência Social.

O artigo 116 da Lei 8.112/90 ao abordar os deveres do servidor público determina que:

> **Art. 116.** São deveres do servidor:
>
> I - exercer com zelo e dedicação as atribuições do cargo;
>
> II - ser leal às instituições a que servir;
>
> III - observar as normas legais e regulamentares;
>
> IV - cumprir as ordens superiores, exceto quando manifestamente ilegais;
>
> V - atender com presteza:
>
> a) ao público em geral, prestando as informações requeridas, ressalvadas as protegidas por sigilo;
>
> b) à expedição de certidões requeridas para defesa de direito ou esclarecimento de situações de interesse pessoal;
>
> c) às requisições para a defesa da Fazenda Pública.
>
> VI - levar as irregularidades de que tiver ciência em razão do cargo ao conhecimento da autoridade superior ou, quando houver suspeita de envolvimento desta, ao conhecimento de outra autoridade competente para apuração; (Redação dada pela Lei nº 12.527, de 2011)
>
> VII - zelar pela economia do material e a conservação do patrimônio público;
>
> VIII - guardar sigilo sobre assunto da repartição;
>
> IX - manter conduta compatível com a moralidade administrativa;
>
> X - ser assíduo e pontual ao serviço;
>
> XI - tratar com urbanidade as pessoas;
>
> XII - representar contra ilegalidade, omissão ou abuso de poder.
>
> Parágrafo único. A representação de que trata o inciso XII será encaminhada pela via hierárquica e apreciada pela autoridade superior àquela contra a qual é formulada, assegurando-se ao representando ampla defesa.

Ao seu turno, a Lei 8742/93 afirma serem objetivos da Assistência Social:

> **Art. 2º** A assistência social tem por objetivos: (Redação dada pela Lei nº 12.435, de 2011)
>
> I - a proteção social, que visa à garantia da vida, à redução de danos e à prevenção da incidência de riscos, especialmente: (Redação dada pela Lei nº 12.435, de 2011)
>
> a) a proteção à família, à maternidade, à infância, à adolescência e à velhice; (Incluído pela Lei nº 12.435, de 2011)
>
> b) o amparo às crianças e aos adolescentes carentes; (Incluído pela Lei nº 12.435, de 2011)
>
> c) a promoção da integração ao mercado de trabalho; (Incluído pela Lei nº 12.435, de 2011)
>
> d) a habilitação e reabilitação das pessoas com deficiência e a promoção de sua integração à vida comunitária; e (Incluído pela Lei nº 12.435, de 2011)
>
> e) a garantia de 1 (um) salário-mínimo de benefício mensal à pessoa com deficiência e ao idoso que

comprovem não possuir meios de prover a própria manutenção ou de tê-la provida por sua família;

Seja a proteção social, da família, da maternidade, da infância, da adolescência, da velhice o amparo as crianças e adolescentes carentes, a promoção e integração ao mercado de trabalho, a habilitação e reabilitação profissional e a garantia do benefício de prestação continuada estão vinculadas a servidores públicos que prestarão estes serviços à comunidade.

Importante referir que por se tratarem de pessoas em situação de vulnerabilidade social a grande maioria delas desconhece ou sequer tem acesso à informação dos serviços prestados pela assistência social.

Logo, o servidor público é condição de possibilidade para o desenvolvimento social.

30. SAÚDE E QUALIDADE DE VIDA NO SERVIÇO PÚBLICO

A qualidade de vida no serviço público pode ser compreendida como uma gestão compartilhada de fatores físicos, tecnológicos, sociais e psicológicos que guardam relação com o clima organizacional. Em outras palavras, são um complexo de situações que farão com que aquele trabalhador se sinta motivado e valorizado em sua atividade profissional.

Os servidores públicos são o elo entre a Administração Pública e o cidadão. Estudos dão conta de que parcela da sociedade visualiza no servidor público a má vontade e a falta de comprometimento, razão pela qual é preciso se falar em saúde e qualidade de vida no trabalho.

Neste sentido existem programas de qualidade de vida no trabalho com o escopo de analisar os aspectos que influenciam na satisfação dos trabalhadores, visando o aumento na qualidade de vida dos servidores, gerando melhorias de atendimento e de clima organizacional.

Falar em qualidade de vida no serviço público é falar em um estado ideal ou próximo a ele, onde os servidores se sintam em boas condições físicas e mentais para desenvolver suas atividades, que procurem o desenvolvimento intelectual e emocional, e, como resultado deste estado de vida, sintam-se realizados com sua carreira profissional no serviço público.

31. INSTRUÇÃO NORMATIVA 128/2022

A Instrução Normativa 128/2002 é uma norma infralegal, com validade dentro do Instituto Nacional do Seguro Social, devendo ser observada pelo servidor público no exercício de sua função administrativa.

Trata-se de um grande livro dividido em algumas partes: beneficiários (art. 1 à art. 188), benefícios e serviços (art. 189 à art. 510), contagem recíproca (art. 511 à art. 522), processo administrativo previdenciário (art. 523 à art. 602), manutenção dos benefícios (art. 603 à art. 638), disposições diversas e finais (art. 639 à art. 674), e, 27 anexos.

Existem ainda algumas portarias que merecem destaque: 991/2022 (benefícios), 992/2022 (manutenção de benefícios), 993/2022 (processo administrativo previdenciário, 994/2022 (acumulação de benefícios), 995/2022 (acordos internacionais), 996/2022 (recursos), 997/2022 (revisão), 998/2022 (compensação previdenciária), 999/2022 (reabilitação profissional), e, 1.005/2022 (administração das informações dos segurados do RGPS).

Para fins de otimização do estudo, e, tendo em vista que a maior parte deste conteúdo já foi estudado sob o prisma legal, será analisado neste ponto o processo administrativo previdenciário, Livro IV da IN 128/2022.

Importante destacar de início os princípios do processo administrativo previdenciário, constantes na Portaria 993/2002, artigo 4º:

> Art. 4º Nos Processos Administrativos Previdenciários serão observados, entre outros, os seguintes preceitos:
>
> I - presunção de boa-fé dos atos praticados pelos interessados;
>
> II - atuação conforme a lei e o direito;
>
> III - atendimento a fins de interesse geral, vedada a renúncia total ou parcial de poderes e competências, salvo autorização em lei;
>
> IV - objetividade no atendimento do interesse público, vedada a promoção pessoal de agentes ou autoridades;
>
> V - atuação segundo padrões éticos de probidade, decoro e boa-fé;
>
> VI - condução do Processo Administrativo com a finalidade de resguardar os direitos subjetivos dos segurados, dependentes e demais interessados da Previdência Social, esclarecendo-se os requisitos necessários ao benefício ou serviço mais vantajoso;
>
> VII - o dever de prestar ao interessado, em todas as fases do processo, os esclarecimentos necessários para o exercício dos seus direitos, tais como documentação indispensável ao requerimento administrativo, prazos para a prática de atos, abrangência e limite dos recursos, não sendo necessária, para tanto, a intermediação de terceiros;
>
> VIII - acesso aos atos praticados no curso do Processo Administrativo restrita aos interessados e seus

representantes legais, resguardando-se o sigilo médico e dos dados pessoais, exceto se destinado a instruir processo judicial ou apuração administrativa de irregularidades.

IX - adequação entre meios e fins, vedada a imposição de obrigações, restrições e sanções, quando cabíveis, em medida superior àquelas estritamente necessárias ao atendimento do interesse público;

X - fundamentação das decisões administrativas, indicando os documentos e os elementos que levaram à concessão ou ao indeferimento do benefício ou serviço;

XI - identificação do servidor responsável pela prática de cada ato e a respectiva data;

XII - adoção de formas e vocabulário simples, suficientes para propiciar adequado grau de certeza, segurança e respeito aos direitos dos usuários da Previdência Social, evitando-se o uso de siglas ou palavras de uso interno da Administração que dificultem o entendimento pelo interessado;

XIII - compartilhamento de informações com órgãos públicos, na forma da lei;

XIV - garantia dos direitos à comunicação, à apresentação de alegações finais, à produção de provas e à interposição de recursos, nos processos de que possam resultar sanções e nas situações de litígio;

XV - proibição de cobrança de despesas processuais, ressalvadas as prevista em lei;

XVI - impulsão, de ofício, do Processo Administrativo, sem prejuízo da atuação dos interessados; e

XVII - interpretação da norma administrativa da forma que melhor garanta o atendimento do fim público a que se dirige, vedada aplicação retroativa de nova interpretação.

Apresentados os princípios do processo administrativo previdenciário, é importante que se saiba as fases previstas no artigo 523, § 2º, da IN 128/2022:

Art. 523. (...)

§ 2º O processo administrativo previdenciário contemplará as fases principais - inicial, instrutória e decisória - e as fases recursal e revisional de todos os serviços do INSS vinculados ao benefício previdenciário, incluindo administração de informações do segurado, reconhecimento de direitos, manutenção de direitos e apuração de irregularidades.

A partir do artigo 550 a IN 128/2022 apresenta as características da fase inicial do processo, a saber:

Art. 550. A fase inicial do processo administrativo previdenciário compreende o requerimento do interessado ou a identificação, pelo INSS, de ato ou fato que tenha reflexos sobre a área de benefícios e serviços.

Art. 551. O requerimento de benefícios e serviços deverá ser solicitado pelos canais de atendimento do INSS previstos na Carta de Serviços ao Usuário do INSS.

Art. 553. A formalização do requerimento eletrônico ocorre com a manifestação de vontade do usuário pelos canais remotos, mediante o uso de login e senha ou confirmação de dados pessoais, sendo dispensada a apresentação de requerimento assinado em meio físico.

Em relação ao prazo de instrução do processo administrativo, o artigo 523, § 3 da IN 128/2022 remete a Lei do Processo Administrativo Federal (9.784/99), o qual prevê no artigo 49:

Art. 49 (9.784/99). Concluída a instrução de processo administrativo, a Administração tem o prazo de até trinta dias para decidir, salvo prorrogação por igual período expressamente motivada.

A partir do artigo 547 a IN 128/2022 dispõe sobre a forma de comunicação dos segurados a respeito de exigências a serem eventualmente necessárias:

Art. 547. O servidor ou unidade responsável pela tramitação do processo administrativo deverá notificar os interessados sobre as exigências a cargo destes, bem como sobre as decisões e seus fundamentos, mediante comunicação formal.

Art. 548. A comunicação deverá ser feita preferencialmente por meio eletrônico ou por meio de correspondência enviada ao endereço informado pelo interessado, e, excepcionalmente, pessoalmente.

§ 1º Cabe ao interessado manter seu meio de comunicação eletrônico e endereço atualizados, comunicando ao INSS eventual alteração por meio de requerimento do serviço de atualização de dados cadastrais.

§ 2º A base de dados de Pessoa Física do CNIS poderá ser utilizada como fonte na obtenção do endereço para a comunicação postal.

§ 3º As notificações que representem intimações para comparecimento deverão ocorrer com antecedência mínima de 3 (três) dias úteis.

§ 4º As notificações podem ser efetuadas por ciência no processo, por via postal com aviso de recebimento, ou outro meio que assegure a certeza da ciência do interessado.

§ 5º A notificação por via postal considera-se válida a partir da data de recebimento constante do aviso de recebimento.

§ 6º São consideradas válidas as notificações realizadas pela rede bancária que comunicam os atos do processo de revisão de autotutela.

§ 7º As notificações serão consideradas ineficazes quando feitas sem observância das prescrições legais, mas o comparecimento do interessado ou de seu representante legal supre sua falta ou irregularidade, observado o § 8º.

§ 8º A consulta do interessado ou de seu representante ao processo eletrônico, devidamente identificados, quando do acesso ao seu conteúdo no ambiente de acesso destinado aos usuários do sistema, tornam válidas as notificações efetuadas no processo.

Art. 549. Quando o requerente opta por acompanhar o processo pelos Canais Remotos ou quando

> seu endereço eletrônico é informado no ato do requerimento e está corretamente cadastrado no Portal de Atendimento, a notificação é presumida após cinco dias da data de sua disponibilização.

O artigo 563 apresenta uma informação bem importante em relação a autenticação dos documentos que são apresentados. Salvo expressa disposição legal não há necessidade de serem autenticados pelos cartórios, por exemplo, ressalvando-se o INSS no direito de exigir a qualquer momento a apresentação dos documentos originais. Neste sentido:

> Art. 563. Dispensa-se a autenticação dos documentos apresentados, ainda que em cópias simples, seja por meio físico ou eletrônico, para a análise de requerimento de benefícios e serviços, salvo expressa previsão legal ou existência de dúvida fundamentada quanto à autenticidade ou integridade do documento, ficando o responsável pela apresentação das cópias sujeito às sanções administrativas, civis e penais aplicáveis.
>
> § 3º O INSS poderá exigir a qualquer tempo os documentos originais das cópias apresentadas no processo, para fins de instrução de programa permanente de revisão da concessão e da manutenção dos benefícios por ele administrados.

Para os casos onde a documentação apresentada não seja suficiente para a formação do convencimento a respeito do deferimento ou indeferimento do benefício, o servidor terá a justificação administrativa como forma de produção de prova a respeito de algo que tenha se demonstrado insuficiente. Neste sentido:

> Art. 567. A JA constitui meio utilizado para suprir a falta ou insuficiência de documento ou para produzir prova de fato ou circunstância de interesse dos beneficiários, perante o INSS, por meio da oitiva de testemunhas.
>
> Parágrafo único. Quando o processamento da JA for necessário para corroborar início de prova material, deve ser verificada a razoabilidade da relação entre o documento apresentado e aquilo que se pretende comprovar.
>
> Art. 568. Somente será processada JA para fins de comprovação de tempo de serviço, dependência econômica, união estável ou outra relação não passível de comprovação em registro público, se estiver baseada em início de prova material contemporânea aos fatos.
>
> § 1º Não será admitida a JA quando:
>
> I - depender de prova exclusivamente testemunhal;
>
> II - o fato a comprovar exigir registro público de casamento, de idade ou de óbito, ou de qualquer ato jurídico para o qual a lei prescreve forma especial.
>
> Art. 570. Para o processamento de JA, o interessado deverá apresentar, além do início de prova material, requerimento expondo os fatos que pretende comprovar, elencando testemunhas idôneas em número não inferior a 2 (dois) e nem superior a 6 (seis), cujos depoimentos possam levar à convicção dos fatos alegados.
>
> Parágrafo único. Não podem ser testemunhas os menores de 16 (dezesseis) anos e o cônjuge, o companheiro ou a companheira, os ascendentes, os descendentes e os colaterais, até o terceiro grau, por consanguinidade ou afinidade.
>
> Art. 569. As provas de união estável e de dependência econômica exigem início de prova material contemporânea dos fatos, produzido em período não superior a 24 (vinte e quatro) meses anterior à data do óbito ou do recolhimento à prisão do segurado, não admitida a prova exclusivamente testemunhal, exceto na ocorrência de motivo de força maior ou caso fortuito, conforme disposto no regulamento.
>
> Art. 571. O início de prova material para fins de atualização do CNIS deve ser contemporâneo aos fatos alegados (...)

A instrução processual poderá ocorrer ainda por meio da carta de exigência, prevista no artigo 566 da IN 128/2022:

> Art. 566. Constatada a ausência de elemento necessário ao reconhecimento do direito ou serviço pleiteado, o servidor deverá emitir carta de exigências elencando providências e documentos necessários, com prazo mínimo de 30 (trinta) dias para cumprimento, contados da data da ciência.
>
> § 4º Esgotado o prazo para o cumprimento da exigência sem que os documentos tenham sido apresentados, o processo deverá ser encerrado com ou sem análise de mérito, conforme disposto no § 4º do art. 574.
>
> § 7º Na hipótese de apresentação extemporânea da documentação disposta no § 6º, os efeitos financeiros serão fixados na data da apresentação desta documentação.
>
> § 8º Para efeito do disposto no § 7º, considera-se apresentação extemporânea aquela efetuada após a decisão do INSS, em sede de requerimento de revisão ou recurso.

Outra alternativa existente ainda é a pesquisa externa, prevista no artigo 573 da IN 128/2022:

> Art. 573. Entende-se por Pesquisa Externa as atividades realizadas junto a beneficiários, empresas, órgãos públicos, entidades representativas de classe, cartórios e demais entidades e profissionais credenciados, necessárias para a atualização do CNIS, o reconhecimento, manutenção e revisão de direitos, bem como para o desempenho das atividades de serviço social, habilitação e reabilitação profissional, além do acompanhamento da execução dos contratos com as instituições financeiras pagadoras de benefícios.

Após a instrução processual, chega-se a fase decisória, que tal como no processo judicial, deverá ser fundamentada de forma clara e coerente, indicando quais requisitos foram ou não atendidos. Neste sentido:

> Art. 574. A decisão administrativa, em qualquer hipótese, deverá conter despacho sucinto do objeto do requerimento administrativo, fundamentação com análise das provas constantes nos autos, bem como conclusão deferindo ou indeferindo o pedido formulado, sendo insuficiente a mera justificativa do indeferimento constante no sistema corporativo do INSS.
>
> § 1º A motivação deve ser clara e coerente, indicando quais requisitos legais foram ou não atendidos, podendo fundamentar-se em decisões anteriores, bem como em notas técnicas e pareceres do órgão consultivo competente, os quais serão parte do processo se não estiverem disponíveis ao público e não forem de circulação restrita aos servidores do INSS.
>
> § 2º Todos os requisitos legais necessários à análise do requerimento devem ser apreciados no momento da decisão, registrando-se no processo administrativo a avaliação individualizada de cada requisito legal.
>
> Art. 575. O interessado será comunicado da decisão administrativa com a exposição dos motivos, a fundamentação legal e o prazo para protocolo de processo administrativo de recurso, quando houver.
>
> Parágrafo único. Sempre que a decisão gerar efeitos em relação a terceiros, o INSS deverá também comunicá-los e oferecer prazo para recurso.
>
> Art. 576. Conclui-se o processo administrativo com a decisão administrativa, ressalvado o direito de o requerente solicitar recurso ou revisão nos prazos previstos nas normas vigentes.

Em caso de discordância com a decisão administrativa, tem-se a possibilidade de recurso (ordinário – para as juntas de recurso), (especial – para as câmaras de julgamento do CRPS), ou (pedido de uniformização de jurisprudência para o pleno do CRPS). É o que dispõe o artigo 579 da IN 128/2022:

> Art. 579. Das decisões proferidas no julgamento do recurso ordinário, ressalvadas as matérias de alçada, na forma do Regimento Interno do CRPS, poderão os interessados interpor recurso especial às Câmaras de Julgamento do CRPS.

O prazo recursal é de 30 (trinta) dias contados da data de intimação ou da ciência de interposição de recurso pela parte contrária, com a observação de que o prazo é contado em dias corridos:

> Art. 580. O prazo para interposição dos recursos ordinário e especial, bem como para o oferecimento de contrarrazões, é de 30 (trinta) dias a partir da data da intimação da decisão ou da ciência da interposição de recurso pela parte contrária, respectivamente.
>
> Art. 597. Todos os prazos previstos em relação aos pedidos de interesse dos segurados junto ao INSS são contados em dias corridos, a partir da data da cientificação, excluindo-se da contagem o dia do começo e incluindo-se o do vencimento.

Caso o segurado opte por ajuizar ação judicial sobre o mesmo assunto em que se encontra pendente julgamento administrativo, operam-se os efeitos da desistência tácita, nos termos do artigo 19 da Portaria 996/2022:

> Art. 19. A propositura, pelo interessado, de ação judicial que tenha objeto idêntico ao pedido sobre o qual versa o processo administrativo importa em renúncia tácita ao direito de recorrer na esfera administrativa e desistência do recurso interposto.

No processo administrativo previdenciário a intempestividade (apresentação de recurso fora do prazo) pode ser relevada, quando houver indícios de viabilidade jurídica do pedido, conforme artigo 17, § 2º da Portaria 996/2022:

> Art. 17 § 2º A intempestividade do recurso pode ser relevada pelo CRPS na forma prevista pelo RICRPS.

Por fim, observado o prazo decadencial, é possível que o segurado ou a Administração Pública requeiram revisão de benefício, nos casos em que:

> Art. 583. A revisão é o procedimento administrativo utilizado para reavaliação dos atos praticados pelo INSS, podendo ser iniciada de ofício, mediante controle interno, a pedido do titular ou seu representante, por determinação judicial ou recursal, ou por determinação de órgãos de controle externo, observadas as disposições relativas à prescrição e decadência.

EDITORA JusPODIVM
www.editorajuspodivm.com.br

RENOVA GRAF
www.renovagraf.com.br

JUS3215